KB185605

조선 건국의 개혁사상과 문명론

도현철

도현철 都賢喆

연세대학교 사학과를 졸업하고 같은 대학 대학원에서 수학하였다. 연세대학교 문과
대학 사학과 교수이다. 연세대 국학연구원장과 한국사상사학회 회장, 역사학회 회장
을 역임했다. 고려 후기와 조선 초기의 정치사상을 주로 연구하고 있다. 《고려말 사
대부의 정치사상 연구》(1999), 《목은 이색의 정치사상 연구》(2011), 《조선전기 정치
사상사 -《삼봉집》과 《경제문감》의 실증적 분석을 중심으로》(2013), 〈조선건국기 성리
학 지식인의 네트워크와 개혁사상〉(2018), 〈조선 건국 과정에서 역사 기록의 상이한
평가와 해석〉(2020), 《이곡의 개혁론과 유교 문명론》(2021), 《고려와 원, 간섭 속의
항쟁과 개혁 그리고 그 유산》(2022) 등 한국 중세 사상사 관련 논저가 다수 있다.

조선 건국의 개혁사상과 문명론

초판 1쇄 인쇄   2024. 10. 21.
초판 1쇄 발행   2024. 11. 12.

지은이   도현철
펴낸이   김경희
펴낸곳   (주)지식산업사
본사 ● 10881, 경기도 파주시 광인사길 53(문발동)
전화 031 - 955 - 4226~7 팩스 031 - 955 - 4228
서울사무소 ● 03044, 서울시 종로구 자하문로6길 18 - 7
전화 02 - 734 - 1978, 1958 팩스 02 - 720 - 7900
영문문패   www.jisik.co.kr
전자우편   jsp@jisik.co.kr
등록번호   1 - 363
등록날짜   1969. 5. 8.

책값은 뒤표지에 있습니다.

조선 건국의
개혁사상과 문명론

도현철

지식산업사

개성 송악산 인근은 지방호족 왕건의 본거지였고, 후삼국 통일전쟁 이후 고려의 수도가 되었다. 고려의 정궁인 만월대 역시 이 산의 기슭에 지어졌다.

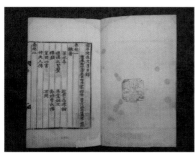

1364년 이곡의 문집인 《가정집》의 표지와 본문. 이색이 처음으로 간행했다.

《역옹패설》은 1342년 이제현이 왕실의 세계에서부터 항간의 이야기까지 다양한 주제로 쓴 책

이색의 과거시험 문제와 답안지인 대책문 (《동인책선》, 서울대규장각 한국학연구원)

원나라 수도 연경에 설치된 국자감

고려 말 최고 교육기관인 개성 성균관

정도전이 1366년 1월과 12월 부모님상에 3년
동안 시묘살이를 했다는 문천서당(경북 영주)

정몽주가 공민왕 9년 과거시험에 장원급제한
답안지(《책문》, 일본 나고야 호사문고)

1392년 정몽주가 후에 태종이 되는 이방원 일파에게 죽임을 당한 선죽교

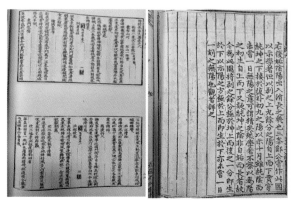

권근이 정도전이 쓴 〈신도팔경〉을 차운한 시와 정도전이 《주역》
의 음양 소장의 글의 취지를 잘 설명했다는 《입학도설》의 글

충청남도 서천군에 있는 이색의 묘

하조대는 조선 건국의 두 주역인 하륜
과 조준이 말년에 휴양했다고 전해지
는 곳(강원도 양양)

조선을 건국하여 수도를 개성에서 한양으로 옮기고 경복궁을 지었다.

경복궁 근정전과 태조 5년에 정도전이 시관인 과거시험의 문제와 장원한 김익정의 답안지(《동국장원책》(갑)(국립중앙도서관)). 정도전은 '근정'을 출제하여 국왕이 정치에 임해야 하는 태도는 어떠해야 하는가를 질문하였다.

정도전의 집터로 알려진 사복시
(조선경성도, 서울특별시 종합자료실)

　이 책은 고려 말의 사회변동을 성리학의 정치사상에 입각하여 타개하되, 고려를 유지하기도 하고, 새로운 왕조 개창을 주도하기도 하며, 처음에는 반대하다가 후에는 긍정하는 등 다양한 정치활동을 전개한 안향(1243–1306)부터 길재(1353–1419)에 이르는 14명(17주제)의 유학자 지식인의 삶과 사상을 계통적으로 파악하고 그 역사적 의미를 살펴보려는 것이다.

　널리 알려져 있듯이 고려 후기는 정치, 경제, 사회 등 여러 분야에서 변화와 변동이 진행되는 시기였다. 이에 이 시기 유학자 지식인들은 성리학을 수용하여 개혁을 추구하고 이상사회를 모색하여 갔다. 그런데 이들 유학자 지식인들은 각자가 처한 현실과 대응 논리에 따라 서로 다른 정치적 행동을 보여 주었다. 이들은 한편으로 고려왕조의 체제 유지와 왕조재건에 치중하고 다른 한편으로 체제 변혁적인 입장에서 근본적인 문제 해결을 추구하기도 하였다. 또한 온건한 입장의 학문적 논거를 갖고도 점차 급진적인 노선을 지향하고, 고려왕조 안의 개혁을 꾀하면서 새 왕조에 참여한 유학자 지식인들이 있었다. 이들은 원·명 교체라는 국제정세의 변화, 무엇보다도 정치 사회 상황의 변화와 정치적 지향에 따라 상호경쟁 과정을 거치면서 도태와 성장 그리고 재등장이라는 다양한 측면을 보여 준다. 이는 현실 변화, 사회변동을 극복하고 새로운 이상사회를 지향하는 유학자 지식인의 치열한 분투를 생생하게 보여 주는 것이고, 한국 중세사회의 역동적인 역사상을 말해 준다고 하겠다.

　제1부에서는 고려 후기 신지식, 신사상으로서 성리학의 수용을 둘러싼 여러 문제를 파악하고자 하였고 이를 위해 안향·이제현·이곡의 정치사상을 살펴보았다. 이는 원 간섭기 유학자 지식인의 사상과 행동을 파악하는 동시에

고려 말의 개혁론과 왕조교체의 찬반 혹은 조선 건국 이후의 정치와 사상의 지적 배경을 이해하는 것, 곧 성리학을 수용하여 공통적으로 지향하고 공유하는 유학 사상의 특징을 검토하는 사항이기도 하다.

제2부에서는 성리학을 통하여 고려왕조를 유지하고 재건하려는 이색·정몽주·이숭인의 삶과 사상을 이해하려고 했다. 아울러 처음에는 성리학을 개혁 사상으로 활용하다가 사상을 전환하여 권력자로 변신한 염흥방의 정치활동도 살펴보았다. 이는 외래사상인 성리학을 주체적으로 수용하되, 유교적 명분 질서에 부응하여 고려의 제도나 예제를 보강하고 왕조를 성리학적 기반 위에 중흥하려는 바를 파악하는 일이다.

제3부에서는 성리학의 개혁적 측면을 발굴하고 고려왕조의 변혁을 추구한 윤소종·조준·정도전 등의 정치사상을 살펴보았다. 고려 말 정치 사회 변화 속에서, 춘추 전국시대 유학 탄생의 본래 취지를 이해하고 유교적 이상사회를 모델로 고려사회를 변혁시키려는 것이다. 곧 성리학의 정치이념을 기준으로 불교 등에서 파생하는 정치 사회의 문제점을 개혁하여 유교사회를 지향하였음을 알아보는 일이다.

제4부에서는 개혁과 왕조 개창의 찬반이라는 이분적인 선택이 아닌 성리학적 이상사회라는 공통의 지향점을 목표로 '제3의 길'을 걸은 이첨·권근·하륜의 삶과 생각을 살펴보았다. 이들이 성리학의 체제 유지적인 성격에 유의하면서 처음에는 고려왕조 안의 개혁을 꾀하다가, 조선왕조가 건국되자 새 왕조에 참여하여, 유학에서 제시하는 정치 사회 제도를 조선사회에 실현시키려는 바를 파악하고자 하였다.

5부에서는 새로운 조선왕조 건국의 정치 사회 이념을 정도전과 김익정을 중심으로 이해하고자 하였고, 아울러 절의에 충실한 길재의 삶과 생각을 살펴보았다. 전자에서 성리학의 주요 정치이념인 군주수신론(군주성학론)이 제시된 점을, 후자에서 절의의 상징인 길재의 삶과 그에 대한 추앙 그리고 후대의 평가를 파악함으로써 조선왕조의 지향이 유교 문치사회의 실현임을 검토하였다.

고려에서 조선으로 왕조교체기에 유학자 지식인들이 당시로서는 신지식, 신사상인 성리학을 수용하여 다양한 정치활동과 사상을 전개한 것은 사회 불안, 체제 동요로 표현되는 사회변동을 확인시켜 주고 이를 극복하려는 이들의 현실적 고뇌와 극복 노력, 분투를 알게 해준다. 이는 한국 중세 역사의 역동적이고 진취적인 노력을 보여주고, 한국 중세 나아가 한국사를 더욱 풍부하게 해준다. 그러므로 이들의 삶과 행동, 곧 정치활동과 정치사상을 분석하게 되면 고려 후기 급변하는 대내외적 정치 사회 상황을 유학자 지식인의 모습을 통해 살펴볼 수 있고, 왕조교체기, 한국 중세의 사상과 사회의 특징을 이해하는 데 기여할 것이다.

저자는 박사학위 논문으로 왕조교체기의 이색과 정도전 사상의 비교 연구와 그 후속으로 이색과 정도전 개별 연구를 수행한 뒤에, 이번 연구를 통하여 체제 유지와 체제 변혁이라는 단선의 삶이 아닌 여러 길의 다양한 유학자의 삶을 살펴보게 되었다. 이 연구를 통해서 한국 중세 사상의 한 특징의 일면을 파악할 수 있다면 천만다행일 것이다.

본 연구를 수행하는 과정에서 재직하는 학교의 선생님들과 한국학을 포함한 인문학을 연구하는 동료 선·후배 선생님들은 한국사를 바로 보는 역사적 안목과 문제의식을 새롭게 다지게 하고, 새로운 연구 방법을 모색하도록 지적 자극을 주었다. 뿐만 아니라 선생님들은 연구 생활에 전념하도록 크고 작은 일들까지 의론해 주었다. 이번에도 타산이 맞지 않는 인문학 서적의 간행을 흔쾌히 허락해 주신 지식산업사 김경희 사장님과 김연주 편집자님께 감사의 마음을 전한다.

2024년 9월
도현철

차 례

제 I 부

들어가는 말

고려 후기는 정치, 경제, 사회 등 여러 분야에서 변화와 변동이 진행되는 시기였다. 생산력이 발전하고 토지 소유관계가 변화하였으며, 왕실 권위가 실추되고 권신이 출현하며, 국가의 기강이 이완되고 제도가 문란하며, 왜구와 홍건적의 침입, 원·명의 압력과 간섭이 있었다. 고려의 지배층으로서는 이를 극복할 수 있는 대응 논리로 사상과 정책이 필요하였다. 이에 고려 후기 유학자 지식인들은 성리학을 수용하여 개혁을 추구하고 이상사회를 모색하여 갔다.[1]

유학자 지식인들은 사회변동에 대하여 각자의 현실 인식과 지향에 따라 고려왕조의 중흥에 힘쓰기도 하고, 체제 변혁적인 입장에서 근본적인 문제 해결을 추구하였으며,[2] 다른 한편, 고려왕조 안의 개혁을 꾀하면서 새 왕조에 참여하기도 하였다. 이색과 정몽주·이숭인 등이 전자라면, 윤소종·조준·정도전 등은 후자의 입장이고, 권근·이첨·하륜 등은 제 3의 길을 모색하며 양쪽의 논리와 사상을 종합하려고 하였다. 이들의 대응은 변화, 변동하는 당시 사회의 실상을 보여 주고, 새로운 이상사회를 담고 있으며, 조선 건국의 역사적 의의를 말해 주고 있다.

그러므로 이 시기 유학자들의 사상과 행동을 유형화하여 살펴보게 되면 14세기 사회변동을 타개하고 유교적 이상사회를 건설하려는 유학자 지식인의 고투를 파악할 수 있다. 이는 14-5세기 왕조교체기의 사회와 사상의 특징

---

1 김용섭, 〈고려국가의 몽골·원과의 관계 속 문명 전환 정책〉, 《(신정·증보판) 東아시아 역사 속의 한국 문명의 전환 –충격, 대응, 통합의 문명으로》(지식산업사, 2015); 金駿錫, 〈儒敎思想論〉, 《韓國史認識과 歷史理論》(金容燮敎授停年紀念韓國史學論叢1)(지식산업사, 1997).
2 도현철, 《고려말 사대부의 정치사상 연구》(일조각, 1999).

이나 한국 중세사의 성격을 파악하는 데 도움을 줄 것이다.

위와 같은 문제의식을 바탕으로 이 책은 다음과 같은 점을 유의하고자 한다.

첫 번째, 고려 후기에 성장한 신흥세력3들이 성리학을 수용함으로써 달라진 세계관과 인간론에 대한 이해이다. 이 시기에는 과거시험 증가로 다수의 합격자가 배출되어 유학자 지식인들이 늘었다. 이들은 유교 경전의 이해를 바탕으로 군자를 지향하며, 세계와 인간 그리고 사회변화를 유학의 논리로 설명하고 이를 지식인 상호 간에 공유하며 확산시켰다.4 이는 다양한 성리학 이론으로 현실을 설명하면서 시대에 뒤떨어진 제도와 관습을 개혁하도록 유도하는 것이었다. 그러므로 이에 대한 파악은 고려 말의 개혁 정치나 조선 건국의 지적 배경 나아가 조선시대 유교사회를 이해하는 중요한 단서를 제공할 것이다.

두 번째, 고려 후기 수용된 외래사상인 성리학의 성격을 파악하고, 성리학(정주학·도학)이 장차 여말의 개혁론, 조선시대의 지배사상으로 확립되는 배경과 이유를 파악하는 문제이다. 고려 후기에는 송학의 여러 학문 가운데 성리학이 수용되고 국가의 정통, 정학으로 자리 잡았는데, 이러한 흐름은 조선이 건국된 뒤에도 이어진다. 널리 알려져 있듯이 송·원·명의 학문에는 성리학뿐만 아니라 류서학·사공학·륙상산학 등 다양한 학문이 있었다. 하지만, 고려나 조선에서는 오직 성리학만을 정학·정통으로 삼았고, 15, 16세기에 4·7 논변을 거치면서 성리학 중심의 사상 이해는 확고해졌다. 그러므로 여말선초 유학자의 삶과 사상을 통하여 중국 송학의 여러 학문 가운데 조선사회가 성리학 일

---

3 민현구, 〈권문세족과 신흥사대부〉, 《한국사연구입문》(지식산업사, 1981); 이익주, 〈권문세족과 신흥사대부〉, 《한국역사입문》(청년사, 1996); 〈고려말 신흥유신의 성장과 조선 건국〉, 《역사와 현실》 29(1998); 도현철, 〈고려말의 사회변동과 왕조교체〉, 《새로운한국사의 길잡이(상)》(지식산업사, 2008); 김인호, 〈고려말 사대부 개념의 역사성과 정치적 분화에 대한 논의〉, 《한국사상사학》 64(2020).
4 도현철, 〈고려말 유학자의 성장과 재상정치론〉, 《한국사상사학》 72(2022).

색으로 변한 이유를 파악할 필요가 있는 것이다.

세 번째는 고려 후기 수용된 성리학의 전승 과정, 성리학 수용의 계보에 대한 연구의 체계적인 정리와 계통적인 이해가 필요하다. 고려 후기 성리학의 수용은, 고려와 원의 긴밀한 관계 속에서 원에서 활동한 안향·백이정·이제현·이곡·이색으로 이어지는 계승 관계가 파악되고, 건국 후에는 권근·하륜·이첨·변계량으로 이어지는 관학파의 성리학 전승이 이루어지며, 정몽주·길재에서 김숙자, 김종직으로 전승되는 계보가 상정된다. 그런데 최근의 연구에서는 사림파의 정몽주–길재–김숙자–김종직의 계보에서 15세기 관학을 주도한 권근을 중시하고 있다. 조선 건국 뒤 권근은 당대 학술과 문화를 주도하였고, 새로운 왕조의 군신 의리의 확립을 위하여 길재의 충절을 추숭하였다는 것이다.5 여기에서 길재의 위상이 달라진 것은 없으나 기존의 길재의 도통이 기존의 정몽주가 아닌 권근에게서 왔다는 이해이다. 이와 아울러 정도전 사상 연구를 통하여 정도전의 이단 배척이나 성리학적 경세론은 조선시대 성리학에 영향을 준 것으로 파악하고 있다.6 그러므로 기왕의 학문적 계보와 함께 최근의 연구를 반영하는 종합적인 연구가 필요해 보인다.

네 번째, 고려 후기에 유학자 지식인들이 개혁 사상을 수용하여 이루려는 이상사회상은 무엇인가 하는 문제이다. 유학은 문치, 곧 무력이 아닌 문덕文德에 의한 정치와 사회를 추구한다. 공자는 '덕·예에 의한 정치'인 인정仁政을 말하고, 맹자는 '인륜적 덕성에 기반한 왕도정치'를 제시했다. 인륜적 덕성 또는 본성을 생활양식으로 제도화한 것이 예이고 정치 경제 군사 등 각 방면에서 구체적 제도를 통해 이를 뒷받침하는 시스템이 예치이다.7 이 같은 유학

5 김훈식, 〈조선 초기의 정치적 변화와 사림파의 등장〉, 《조선전기 도학파의 사상》(계명대출판부, 2013).
6 도현철, 《조선전기정치사상사》(태학사, 2013).
7 이봉규, 〈인륜: 쟁탈성 해소를 위한 유교적 구성〉, 《泰東古典硏究》 31(2013).

본연의 문제의식이 송·원대에 형이상학적 이론화와 정치 제도적 체계화의 과정을 거쳐 성리학으로 정립되고, 여말선초 유학자 지식인들은 이러한 성리학을 활용하여 유교적 이상사회, 곧 유교의 문치, 문명사회를 지향했음을 이해하는 일이다.

고려 후기부터 조선 초기까지 유학자 지식인을 중심으로 성리학의 수용을 통한 유교 문치, 문명화를 실현 과정을 살펴보려는 본 연구는 다음과 같은 순서로 구성되었다.

우선 성리학의 수용 초기에 안향과 이제현·이곡의 사상과 행동을 알아보고 이들 사상의 개혁 정치와 조선 건국과의 관련성을 알아본다. 두 번째는 이색·정몽주·이숭인 등을 통하여 수용된 성리학이 고려왕조의 체제 유지에 활용된 바를 검토한다. 세 번째는 윤소종·조준·정도전의 정치사상을 분석하여 성리학이 체제 변혁적인 입장에서 근본적인 문제 해결을 추구한 바를 살펴본다. 네 번째는 권근·하륜·이첨의 삶과 사상을 파악하여 처음에는 고려왕조 안에서 개혁을 꾀하며 새 왕조에 참여한 유학자 지식인의 삶과 사상을 이해한다. 다섯 번째는 정도전의 사상을 통하여 조선왕조의 정치 사회 이념을 살펴보고 길재의 삶을 파악하여 절의의 실천과 그 의미를 음미하여 조선이 전망하는 사회의 성격을 살펴보고자 한다.[8]

---

8 본 연구를 위하여 《한국문집총간》(민족문화추진회, 1990))을 주된 자료로 이용하였고, 국사편찬위원회의 한국사 데이터베이스의 한국 고전의 원문·번역과 한국고전번역원의 한국 고전 종합 DB의 원문·번역을 참고하였다.

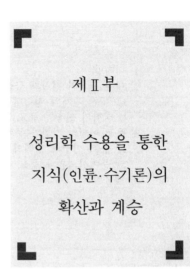

제II부

성리학 수용을 통한
지식(인륜·수기론)의
확산과 계승

제1장 안향의 성리학의 수용과 유교의 확산

1. 머리말

무신집권기와 원 간섭기를 거치면서 고려사회는 내우외환에 휩싸인 변화, 변동을 맞았다. 무신이 정권을 잡은 상황에서 몽골 침입으로 천도를 통한 대몽항쟁을 전개하다가 강화협정을 맺은 뒤 개경으로 환도하였다. 그 결과 몽골 원나라와 사대관계를 맺고 당시로서는 세계적 수준인 원나라의 문화를 수용하면서 문화적으로 한 단계 도약할 수 있는 전환기를 맞게 되었다. 특히 당시 수용된 성리학은 그 이전의 사상체계와 질적으로 구분되는 높은 수준의 것이었으므로 한국사의 변화를 추동하는 계기를 마련해 주었다.

고려 후기 성리학 수용은 대몽항쟁기와 원 간섭기를 겪은 유학자 지식인이 현실에 대해 반성적으로 성찰함과 동시에 신지식을 수용하고 이를 제도화하여 당면한 문제를 해결하려는 가운데 이루어졌다. 그러한 역할을 수행했던 주요 인물 가운데 한 사람이 안향(1243-1306)이다. 안향은 고려시기 유학의 전통을 계승하여 국학을 진흥하는 한편으로, 원으로부터 성리학을 수용하여 백이정·최성지·우탁·권부·이제현·이곡·이색·정도전에게 전수함으로써 개혁 추진 기반을 조성하는 역할을 수행하였다. 그 점만으로도 안향은 성리학 수용사나 조선시대 유학 사상의 전개에서 토양을 마련한 인물로, 분석의 대상이 될 만하다.

종래 안향에 대한 연구는 성리학 수용의 측면에서 백이정과 함께 처음 전래자[1]로서 위상을 규명하거나 국학진흥[2]이나 문묘 종사[3]에 초점을 맞추어 진행되었다. 그런데 종래 연구는 개별 분산적으로 수행되어 14세기 동아시아의 변동 속에서 그의 정치활동과 사상의 특징을 파악하는 데는 미흡하였다. 최근 안향 개인에 대한 연구[4]뿐만 아니라 고려 원 관계사 연구가 심화되고[5] 그 주변에 대한 연구[6]가 활성화되며, 원 고려 관련 자료집이 정리[7]되는 사실은

---

1 고려 후기 주자학 전래와 관련하여, 충렬왕 16년(1290) 안향에 의해 처음 전래되었다는 설의 근거는 《고려사》 安珦傳·《회헌집晦軒集》 年譜와 '論因子諸生文'인데, 이 자료는 후손들에 의하여 윤색되어 신빙성이 약하다고 보고, 《고려사》 白頤正傳, 《역옹패설》, 《동국통감》에 근거하여 백이정을 주자학의 초전자로 본다(洪淳昶, 〈易姓革命과 朱子學的 政治思想의 定着〉, 《朝鮮朝政治思想研究》(평민사, 1987), 16–17쪽)고 한다.

2 李秉休·朱雄英, 〈麗末鮮初의 興學運動 –性理學 수용과 그 背景과 관련하여〉, 《歷史教育論集》 13·14(1990); 朴贊洙, 〈安珦의 국학진흥〉, 《高麗時代教育制度史研究》(경인문화사, 2001).

3 金鎔坤, 〈高麗 忠肅王 6年 安珦의 文廟從祀〉, 《李元淳教授華甲紀念歷史學論叢》(1986).

4 장동익, 〈安珦의 生涯와 行蹟〉, 《退溪學과 儒教文化》 44(2009); 森平雅彦, 〈朱子學の高麗傳來と對元關係(その一) –安珦朱子學書將來說の再檢討〉, 《史淵》 143(2006); 〈朱子學の高麗傳來と對元關係(その二) –初期段階における禿魯花·ケシク制度との接點〉, 《史淵》 148(2011).

5 安部健夫, 《元代史の研究》(創文社, 1972); 愛宕松南, 《元朝史》(三一書房, 1988); 李益柱, 《高麗·元 關係와 高麗後期 政治體制》(서울대박사논문, 1996); 이강한, 《고려와 원제국의 역사》(창비, 2013); 《어떤 제국과의 조우 –13~14세기 고려와 몽골 원》(경인문화사, 2024); 森平雅彦, 《モンゴル覇權下の高麗》(名古屋大學出版會, 2013); 張東翼, 《モンゴル帝國期の北東アジア》(汲古書院, 2016); 이명미, 《13–14세기 고려·몽골 관계 연구》(혜안, 2016); 김윤정, 《고려·원 관계의 추이와 복식문화의 변천》(연세대박사논문, 2017).

6 文喆永, 〈麗末 新興士大夫의 新儒學 수용과 그 특징〉, 《韓國文化》 3(1982); 周采赫, 〈元 萬卷堂의 設置와 高麗儒者〉, 《孫寶基博士停年紀念韓國史學論叢》(1988); 張東翼, 《高麗後期外交

매우 고무적인 일이라 하겠다.

이 장에서는 기왕의 연구 성과를 바탕으로 안향에 대한 더 종합적이고 체계적인 시각을 제시하고, 나아가 안향의 정치적, 사상적 위상을 14세기 동아시아사 또는 유학 사상사의 맥락에 초점을 맞추어 살펴보고자 한다.

2. 대원 관계의 정립과 국학의 진흥

1) 대원 관계의 정립과 성리학 수용

안향이 활동한 13-14세기는 동아시아의 변혁기로서, 고려로서는 국제정세 변동기라고 할 수 있다. 몽골과 대몽항쟁이 마무리되고 새로운 대원 관계가 성립되면서 고려 국가의 위상을 다지고 중국과 외교 관계를 새롭게 설정해야 하는 시기였기 때문이다.

고려는 원종 11년(1270) 몽골과 강화 협상을 타개하고 개경으로 환도하였다. 당시 대몽항쟁을 벌이던 강화도 정부에서 권력 변동이 일어나 강화론이 대두되었다. 류경과 김준이 최의를 죽이고 최씨 정권을 무너뜨리면서 강화 협상에 진전이 있었다. 그 결과 협상 조건이 국왕이 나아가서 맞이하는 출영出迎에서 태자의 입조入朝로 바뀌었고 고종 46년(1259) 4월 태자의 입조가 실현되었다. 태자가 몽골에 가 있는 사이 고종이 죽자, 김준이 몽골에 있는 태자를 폐하고 안경공 창淐을 옹립하려 하였지만, 양부(중서문하성과 추밀원)가 이를

史 研究》(일조각, 1994); 森平雅彦, 〈朱子學受容の國際的背景 - モンゴル時代と高麗知識人〉, 《アジア遊學》 50(2003); 채웅석, 〈원 간섭기 성리학자들의 화이관과 국가관〉, 《역사와 현실》 49(2003); 도현철, 《이곡의 개혁론과 유교 문명론》(지식산업사, 2021); 《고려와 원 - 간섭 속의 항쟁과 개혁 그리고 그 유산》(동북아역사재단, 2022).

7 張東翼, 《元代麗史資料集錄》(서울대학교출판부, 2000).

반대하여 태자를 받들었고 1260년에 원종이 즉위하였다.

당시 몽골에 간 태자(뒷날 원종)는 헌종(몽케)이 죽고 왕위 계승의 논란에 있던 쿠빌라이를 개봉에서 만나게 되었다. 쿠빌라이는 "고려는 만리 밖의 나라로, 당 태종이 친히 정복하려 했어도 복종시키지 못했는데, 그 나라의 세자가 오니 이는 하늘의 뜻이다"[8]라고 기뻐하였다. 고려 태자가 조회하러 온 것이 쿠빌라이에게는 천명이 자신에게 돌아온 징표로 여겼거나 적어도 그렇게 선전할 수 있는 근거가 되었다[9]고 본 것이다. 이 만남이 계기가 되어 쿠빌라이는 고려와 사대 형식의 외교관계를 맺기 시작하였다. 태자 전倎을 번국의 예로 대우하고[10] 고려 국왕에 책봉하며 연호를 사용하도록 했을 뿐 아니라 역을 하사하기도 하였다.[11] 당시 세조 쿠빌라이는 한법漢法을 수용하여 중통中統이라는 연호를 사용하고 중앙 관제를 중국식으로 개편한 상태였다.

이러한 양국 관계의 진전은 원을 천자국, 고려를 제후국으로 하는, 상대적으로 예속이 강한 사대관계로 정립하는 것으로서, 사대 외교는 나라를 보전하는 도[保國之道][12]이고 선왕의 도[13]라는 고려의 전통적인 대중국 외교 노선을 벗어나는 것이 아니었다. 뿐만 아니라 당시 고려는 개경 환도로 지배 질서를 안정시키고 새로운 대원 관계를 모색해야 했는데, 30여 년에 걸친 대몽항쟁을 끝내고 원과 사대관계를 정립한 것은 국가를 보전하고 왕권을 안정

---

8 《고려사》 권25, 世家25 元宗(원년 3월 정해);《고려사》 권110, 列傳23 李齊賢.

9 李益柱,《高麗·元關係의 構造와 高麗後期 政治體制》(서울대박사논문, 1996).

10 《고려사》 권25, 世家25 元宗(원년 3월 정해).

11 《고려사》 권25, 世家25 元宗(원년 8월 임자).

12 고려말 회군을 단행할 때 작은 나라가 큰 나라를 섬기는 것은 나라를 보전하는 도라고 하였다("以小事大, 保國之道, 我國家, 統三以來, 事大 ……").《고려사》 권137, 列傳50 辛禑5(우왕 14년 5월 병술).

13 《고려사》 권15, 世家15 仁宗1(4년 3월 辛卯), "召百官議事金可否, 皆言不可. 獨李資謙拓俊京曰, 金昔爲小國事遼, 及我今旣暴興滅遼 與宋政修兵强, 日以强大, 又與我境壤相接, 勢不得不事, 且以小事大, 先王之道, 宜先遣使聘問. 從之."

시키려던 노력의 일환이었다.

당시 대몽항쟁을 끝내고 강화를 주도한 인물은 유승단·최린·최자·김보정 등 유학을 공부한 과거급제자였다. 안향의 좌주였던 류경(1211-89)은 최린의 문생이었으며 금의·최장 등으로 이어지는 문신 집단에 속해 있었다. 류경이 김준과 함께 정변을 일으킬 수 있었던 것은 유공권의 손자이고 문극렴의 외증손이라는 무신정권 초기부터 다져온 가문적 배경이 있었고, 금의 이후 좌주문생 관계로 결집된 문신 집단의 존재가 있었기 때문이다. 정변이 성공한 뒤 류경은 왕정복구를 실현하고 곧바로 《맹자》의 사대론에 근거하여 몽골과 강화 협상에 나섰다.[14]

고려는 국가 성립 초기부터 송·요·금 등과 사대 외교를 전개하였다. 오랑캐 이민족인 요나라나 금나라와도 사대관계를 맺고 평화를 유지하였던 것이다. 몽골이 침입하자 항쟁코자 강화도로 천도할 것을 논의하는 과정에서 4품 이상의 신하들은 "저들은 군사가 많고 우리는 적습니다. 만약 사신을 맞아들이지 않으면 저들은 반드시 쳐들어 올 것입니다. 어찌 적은 병력으로 많은 적들을 대적하며 약한 군대가 강한 군사에 대적할 수 있겠습니까"[15]라고 하면서 강화를 강력하게 주장하였다. 유승단 또한 전통적인 《맹자》의 사대론에 따라 몽골을 인정하고 사대할 것을 주장하였다.[16]

원종이 즉위하였음에도 무신정권의 주축인 김준은 여전히 대몽항쟁을 주장하였다. 원종 5년(1264) 몽골이 국왕의 친조親朝를 요구하였고 조정 회의에서는 모두가 불가하다고 하였으나, 이장용(1201-72)만은 "왕이 화회和會하면 서

---

14 李益柱, 〈高麗 對蒙抗爭期 講和論의 研究〉, 《歷史學報》 151(1996).

15 《고려사》 권22, 世家22 高宗1(8년 9월 정해).

16 《고려사》 권102, 列傳15 俞升旦, "升旦獨曰, 以小事大, 義也. 事之以禮, 交之以信. 彼亦何名而困我哉? 弃城郭, 捐宗社, 竄伏海島, 苟延歲月, 使邊氓丁壯, 盡於鋒鏑, 老弱係爲奴虜, 非爲國長計也. 怡不聽."

26   제Ⅱ부 성리학 수용을 통한 지식(인륜·수기론)의 확산과 계승

로 가까이 지낼 것이요, 그렇지 않으면 틈이 생길 것이다"[17]라고 역설하였고 결국 원종이 몽골에 입조하는 것으로 결정되었다. 당시 회의에 참석했던 인물은 류경을 비롯하여 고종 말 이후 고위직에 있으면서 강화론을 지지했던 자들이었다. 이러한 결정에 반발하는 김준을 교정도감으로 삼아 국왕이 자리를 비운 사이 감국監國하도록 하고 후侯에 봉하며 시중으로 높이는 등의 조치를 함께 시행하여 국왕과 강화파와 김준 세력 간의 타협이 유지되었다.

원종 9년 무렵 몽골에서 출륙환도出陸還都와 공물 납부 등 6사六事의 이행과 김준의 소환을 요구하였다. 이때 김준은 몽골의 압력에 반대하여 몽골 사신을 죽이고 다시 항전하고자 했고, 원종이 이에 반대하자 국왕마저 폐위하려 하는 등 정치적 대립이 격화되었다. 이때, 임연은 김준을 제거하였고, 출륙환도를 서두르는 원종과 대립하다가 원종을 폐위시키고 안경공安慶公 창淐을 세운 뒤 교정별감이 되어 무신정권을 재건하려 하였다(원종 10년, 1269).

몽골에 가 있던 태자(뒷날 충렬왕)는 고려로 돌아오는 도중에 그 소식을 듣고는 몽골로 되돌아가 고려에 군사 개입을 요청하였다. 원 세조는 태자 심을 특진상주국特進上柱國으로 임명하고 병력 3천 명을 주어 귀국케 하였고, 그다음 달에는 병부시랑 흑적黑的 등을 파견하여 원종을 복위시켰다. 원종은 원에 친조親朝하면서 임연을 숙청하고, 출륙환도를 시행하기 위해 필요한 병력을 지원해 줄 것을 요청하여 군대를 대동하고 귀국하였다. 이에 호응한 홍문계와 송송례 등이 정변을 일으켜 마침내 무신정권을 종식시켰다.[18]

안향은 무신정권 말기 대몽 항전이 끝나고 새로운 대원 관계가 성립되던 시기에 활동하였다. 초명은 유裕였고 뒤에 향珦으로 고쳤다. 조선 문종의 휘가 향珦이었으므로 다시 향向으로 바꾸었다.[19] 아버지는 밀직부사를 역임한 안

---

17 《고려사절요》 권18, 元宗(5년 5월).
18 李益柱, 《高麗·元 關係와 高麗後期 政治體制》(서울대박사논문, 1996).
19 안향의 시호는 문성공文成公인데, 시호가 문성인 학자는 김인존·정린지·이이 그리고

부女孚이고 본관은 순흥이다.[20] 모친은 우성윤禹成允의 딸이다. 안향은 2남 5녀
를 두었다. 첫째 아들이 우기于器(1264-1329), 둘째는 인연仁衍이다.[21] 안우기
는 최씨 부인과의 사이에 두 아들을 두었는데 첫째인 정음頂音은 조계종 혜감
국사惠鑑國師 문하에 출가하여 대선사가 되었고 둘째인 안목(1290-1360)[22]은
김태현金台鉉의 사위가 되어 이곡(1298-1350)과 교류하였다.[23]

이색에 따르면, 순흥 안씨는 문성공 안향 이후로 높은 관직에 오른 이가
많았다고 한다. 안향의 친척인 안석安碩은 급제를 했지만 벼슬하지 않았는데,
그의 아들 삼형제(안축·안보·안집)와 안축 아들 안종원(1325-1394)의 세 아
들(안중온·안경량·안경공)은 모두 과거에 급제했다.[24] 이색과 동년인 안종원
은 "내 선친 삼형제가 과거로 현달하여 재상에 이르렀고 또 내 아들 삼형제
가 모두 요행히 과거에 말석으로나마 합격하였으니, 이는 하늘이 준 것이다.
문성공(안향)은 충렬왕을 섬겨 학교를 일으키고 인재를 양성하였으며, 근래에
없는 훌륭한 문장을 지녔는데도 오히려 3대를 지나서야 그 손자가 과거에 올
랐으니 늦었다고 하겠다."[25]고 술회하였다. 고려 후기 순흥 안씨가의 번성은
안향이 그 디딤돌을 놓았음을 확인할 수 있다.

안향은 몽골과 강화를 주장한 이장용과 류경이 시관이던 원종 1년(1260)
에 김훤金晅 등과 함께 과거에 급제하였다. 이장용은 대몽항쟁기의 유종儒宗이

왕양명 등이다. 도덕이 높고 견문이 넓음이 문이고 임금을 도와 끝맺음이 있음이 성
이라고 한다("道德博聞文, 佐相克終成", 《성종실록》 권98, 9년 11월 계미).

20 《씨족원류》 순흥안씨(보경문화사, 1991), 379쪽.

21 《근재집》 권3, 高麗國匡靖大夫·檢校僉議贊成事·兼判典儀寺事·上護軍·安公墓誌銘(안우기)

22 박경안, 〈安牧(1290-1360의 坡州 農莊에 대한 小考〉, 《實學思想研究》 15·16(2001).

23 《가정집》 권15, 賀安謙齋; 권18, 寄安謙齋.

24 《목은집》 文藁 권19, 鷄林府尹諡文敬公安先生墓誌銘 幷序, "順興安氏, 自文成公珦以下, 多達官.
文成之曾孫, 政堂文學元崇生子三人, 皆登科. 文成族子及第諱碩隱不仕, 謹齋先生之父也. 三子登科,
而謹齋之子今密直公之三子又登科. 謹齋伯仲皆登中國制科, 受朝命, 光耀一時 ……."

25 《목은집》 文藁 권8, 賀竹溪安氏三子登科詩序.

28　제Ⅱ부 성리학 수용을 통한 지식(인륜·수기론)의 확산과 계승

면서 재상이었다.[26] 류경[27]은 4번의 문형과 3번의 시관을 맡아, 기국과 식견을 보고 사람을 선발하였다[28]고 한다. 안향을 비롯하여 《고금록》을 저술한 원부元傅·허공許珙[29]과 이존비·안전·이혼은 모두 그의 문생이었다.[30] 당시 좌주 문생 관계는 부자 관계처럼 긴밀하였으므로[31] 안향을 선발한 류경의 사상과 주장이 안향에게 영향을 주었을 것이다. 원종 11년(1270) 6월 배중손 등이 삼별초를 거느리고 반란을 일으켜 승화후 왕온王溫을 옹립하고 관부를 설치하여 관원을 임명하였다. 삼별초는 당시 명망이 있던 안향을 기용코자 회유하고 감시하였지만 끝내 강화도를 탈출하여 원종이 그를 의롭게 여겼다[32]고 한다.

충렬왕 5년(1279) 안향은 뚤르게(禿魯花)로 선발되었다. 당시 원에 뚤르게로 파견되면 3단계를 뛰어넘는 직을 주는 관례[33]에 따라 전중시어사(6품)에서 국자사업(종4품)으로 승진하였다. 뚤르게는 원나라가 정복지의 왕자, 귀족 등 고관의 자제를 인질로 삼은 것이다. 고려는 몽골과 강화한 뒤 원이 요구한 6사의 하나로, 왕족과 귀족 등의 자제를 원의 인질로 보냈다. 고종 28년(1241) 영녕공永寧公 왕순을 친자로 위장하여 의관자제 10명을 몽골에 보낸이래,[34] 충숙왕 대까지 모두 13차례에 걸쳐 파견이 이루어졌다. 그들은 4반으로 나누어 3일 교대로 황제의 신변 경호를 맡았고 황제를 가까이서 모시

---

26 《고려사》 권102, 列傳15 李藏用.
27 《고려사》 권105, 列傳18 柳敬.
28 《역옹패설》 前集2.
29 《고려사》 권29 世家29 忠烈王2(10년 6월 병자).
30 《고려사》 권105, 列傳18 柳敬.
31 《목은집》 詩藁 권26, 雨中 門生掌試圖并序, "門生於座主 猶子之於父也, 門生座主恩義之全, 足以培養國家之元氣."
32 《고려사》 권105, 列傳18 安珦.
33 《고려사》 권29, 世家29 忠烈王2(5년 3월 정사).
34 《고려사》 권23, 世家23 高宗(28년 4월 신축), "以族子永寧公綧稱爲子, 率衣冠子弟十人, 入蒙古爲禿魯花, 遣樞密院使崔璘·將軍金寶鼎·左司諫金謙伴行. 禿魯花華言質子也."

면서 그의 훈도를 받았으며 능력을 인정받으면 원 정부의 관료로 뽑히기도 하였다. 인질로 간 왕자들은 대부분 국왕이 되었고 의관의 자제들은 원 조정에 출사하거나 고려에 귀국하여 정치 일선에서 활약하였다.35

둘르게는 역설적이기는 하지만 의관의 자제들이 신문물을 접하는 계기가 되었다. 충렬왕 5년 원 세조의 조서에 따라 의관의 자제들을 선발하여 입시入侍케 하였는데, 박전지朴全之(1250-1325) 또한 이때 참여하였다. 그는 원나라에 체류하는 동안 중국의 명사들과 사귀면서 고금의 역사를 상론하였고 중국의 산천과 풍토를 손바닥을 들여다보듯이 환하게 알았으므로 왕이 이것을 중히 여겼다.36 안향 역시 둘르게가 되어 원에서 궁정생활을 하며 원의 문화를 접하고 원의 문사들과 교류하여 중국의 선진 문명을 수용하였다.37 백이정(1247-1323)은 1198년부터 충선왕을 수종하여 숙위로서 북경에서 10년 동안 머물렀고 다수의 정주성리학 관련 서책을 구하여 돌아왔다.38 최성지(1265-1330)는 이제현과 함께 충선왕을 호종하였는데 정주학을 좋아하여 선배들이 모두 그와 교유하였다.39 최문도(1292-1345)는 왕고를 따라 숙위하였는데 집 밖

---

35 양의숙, 〈고려 후기의 禿魯化에 대하여〉, 《소한남도영박사고희기념논총》(민족문화사, 1993); 邊東明, 〈제1장 고려 후기 성리학의 수용과 그 주도계층〉, 《高麗後期性理學受容研究》(일조각, 1995).

36 《고려사》 권109, 列傳22 朴全之, "忠烈五年, 元世祖詔, 選衣冠子弟入侍, 全之與焉. 因留元, 與中原名士遊, 商搉古今山川風土, 如指諸掌, 王重之. 元授征東省都事."

37 森平雅彦, 〈朱子學の高麗傳來と對元關係(その二) - 初期段階における禿魯花・ケシク制度との接點〉, 《史淵》 148(2011).

38 《역옹패설》 前集2, "其後白彝齋從德陵, 有道下十年, 多求程朱性理之書以歸, 我外舅政丞菊齋權公得四書集註, 鏤板以廣其傳, 學者又知有道學矣.";《담암일집》 권2, 文憲公 彝齋先生行狀(공민왕 20년), "忠烈王甲申, 權旧掌試取士, 與權漢功・金元祥・崔誠之・蔡洪哲登第. 戊戌, 元遣使册世子爲王, 卽忠宣王也. 八月徵王入朝, 王如元, 公以宿衛從之, 留都下十年, 多取程朱全書而歸, 與同門四五人, 日相講授, 以經籍爲淵海, 篆疏爲梯航, 東方學者, 始知有性理之學."

39 김용선, 《역주 고려묘지명집성(하)》(2012), 崔誠之墓誌銘(이제현), "…… 隨德陵朝元, …… 讀書喜程朱學, 先進皆從之遊, ……"

에서는 화살과 검을 손에 쥐고 집에서는 주렴계·이정자二程子·주자의 성리학서를 읽었다.[40] 이처럼 초기 원과 밀접한 관계에 있었던 의관의 자제들이 문화 교류, 특히 성리학 수용에 큰 역할을 수행하였다.[41]

당시 몽골족 원나라는 세계 제국을 건설하여 원 중심의 세계 질서를 확립하고자 하였다. 이를 위해서 초기 유목 국가의 약탈적 정복 정책을 탈피하여 정복지에 대한 효율적인 지배와 관리를 목적으로 한 유화 정책으로 방향을 전환하였다. 이에 따라 중국에 대한 지배 정책도 "중국의 법으로 중국을 다스린다(以漢法治漢也)"는 한화漢化 정책을 시행하였다. 야율초재耶律楚材(1190-1244)·허형(1209-81) 등 유학자를 등용하여 유교적 통치를 강화해 간 것도 이러한 정책의 일환이었다.

세조 쿠빌라이가 집권한 중통(1260-63)과 지원(1264-94) 연간에 이러한 정책이 활성화되었다. 특히 요추(1203-1280)는 남방학자인 조복趙復을 북방으로 초빙하고, 양유중楊惟中(1205-1256)의 제의로 태극 서원을 창립하였으며, 1287에 국자감을 세워 학칙을 정한 뒤 허형을 국자좨주겸집현전학사로 임명하여 이를 관장하게 하였다.[42] 아울러 1313년 과거제를 실시하고 1329년 규장각을 세우는 등 교육 학문 기관이 설립되고 국학 연구자들이 확산되면서 이 같은 지적 분위기는 확고하게 자리 잡아 가고 있었다.[43]

당시 상황을 구양현(1274-1358)은 "중통中統·지원至元의 치세는, 위로는 불세출의 임금이 있어 그 신하들이 옛 성인을 이으려는 뜻을 장려하고, 아래로는 불세출의 신하가 있어 그 임금이 옛 성인을 본받아 실천하려는 마음을 보

---

40 김용선, 《역주 고려묘지명집성(하)》(2012), 崔文度墓誌銘(이제현).
41 《천추금경록》을 지은 정가신(-1298) 역시 숙위로서 원에 머물렀고 이때에 《효경》·《논어》·《맹자》 등의 경전을 읽었다고 한다(《고려사》 권105, 列傳18 鄭可臣).
42 《원사》 권81, 志31 選擧1 學校; 정재철, 《이색 시의 사상적 조명》(집문당, 2002), 11-12쪽.
43 安部健夫, 《元代史の研究》(創文社, 1972); 姜一涵, 《元代奎章閣及奎章人物》(聯經出版事業公司, 1981); 周采赫, 〈元 萬卷堂의 設置와 高麗儒者〉, 《孫寶基博士停年紀念韓國史學論叢》(1988).

필하였으니, 이에 우리 원나라의 넓고 먼 규모가 삼대 이하 다른 나라들이 미칠 수 없는 수준이 되었다"[44]고 평가하였다. 이제현(1287-1367) 또한 "세조가 이미 사해를 통일하고 나서 단아한 선비를 등용하였으므로, 법도와 문물이 모두 중화의 옛 모습을 회복하였다"[45]고 하였다.

안향은 이러한 원나라의 학문적, 교육적 분위기 속에서 뚤르게의 일원으로 원에 가서 그곳 유학자들과 교류하고 성리학을 수용하였다. 그가 "만년에 항상 회암(주자) 선생의 초상화를 걸어두고 그를 사모하여 드디어 자호를 회헌晦軒이라 지었다"[46]라고 한 것은 당시의 정황을 잘 보여 주는 기록이라고 할 수 있다.

안향은 귀국하여 우사의대부, 좌부승지에 임명되었다. 충렬왕 14년(1288) 첨의중찬 허공과 함께 시관이 되어 윤선좌 등 33인을 뽑았고,[47] 충렬왕 20년에도 민지와 함께 윤안비 등 33인을 선발하였다.[48] 충렬왕 15년(1289)에 정동행성 유학제거사(종5품)가 되고, 이어 정동행성 좌우사, 원외랑과 낭중이 되었다. 정동행성의 관원은 원 정부의 일원으로서 원의 문화와 정책을 집행하였는바, 안향은 원 관원으로서 원 문화 수용에 중요한 역할을 수행하였다.

충렬왕이 퇴위하고 즉위한 충선왕은 사림원을 설치하는 등 개혁 정치를 추진하였다. 그런데 그는 고려 왕비인 조비(조인규의 딸)를 가까이 하고 원 공주를 멀리하였다. 이에 원 공주가 원나라 태후(성종의 모후)에게 이를 알렸다(조

44 《규재문집(圭齋文集)》 권9, 文正許先生神道碑(影印 文淵閣 四庫全書 集部, 1210-37), "中統至元之治, 上有不世出之君, 能表其章其臣繼述往聖之志, 下有不世出之臣, 能贊襄其君憲章往聖之心, 於是我元之宏規有非三代以下有家國者之所可及矣."

45 《역옹패설》 後集2, "世祖旣 一四海, 登用儒雅, 憲章文物, 皆復中華之舊."

46 《고려사》 권105, 列傳18 安珦, "晚年常掛晦庵(朱熹)先生眞, 以致景慕, 遂號晦軒."

47 《고려사》 권73, 志27 選擧1 科目1, "(충렬왕)十四年九月, 中贊許珙知貢擧, 左承旨安珦同知貢擧, 取進士賜尹宣佐等三十三人及第."

48 《고려사》 권73, 志27 選擧1 科目1, "(충렬왕)二十年十月, 安珦知貢擧, 閔漬同知貢擧, 取進士賜尹安庇等三十三人及第."

비무고사건). 이후 원은 충선왕 소환을 명하고 국왕인을 빼앗았다. 《원사》에서는 충선왕의 폐위 이유를 '왕이 명령을 제멋대로 처리하고 함부로 관원들을 죽였다〔擅命妄殺〕'고 하였다.49

황제의 명을 받은 승상이 안향에게 "그대의 왕은 왜 공주를 가까이하지 않는가?"라고 하자, 안향은 "안방 깊은 데서 일어나는 일을 외부에 있는 신하가 어찌 알 수 있겠습니까?" 하였다. 승상이 황제께 이를 말하자, 황제는 "이 사람은 대체를 알고 있는 사람이라 할 수 있다. 어찌 먼 외국 사람으로 경시할 수 있겠는가?"라고 하였다50고 한다.

2) 국학의 진흥과 유교 교육 강화

안향은 유학자로서 학교 교육을 강화하여 유교 이념을 확산시키고자 하였지만 현실 상황은 열악하였다. 즉 "국가가 반역한 탐라를 정벌하고 왜구를 문책하며 정해년(1287)의 근황과 경인년(1290)의 왜구를 제압하는 일 때문에 군사를 동원한 것이 거의 20여 년이 되었다. 때문에 선비들은 모두 갑옷과 투구 차림으로 칼과 창을 잡았고 책을 끼고 글을 읽는 자는 열에 한둘일 뿐이었다. 게다가 선배와 노유老儒들이 모두 죽어서 육경이 실낱같이 겨우 전해질 뿐이었다"51고 한 것이 당시의 상황을 잘 보여 준다. 조선 중종 20년(1525)에 《소문쇄록》에서 "안향이 성균관 사업이었을 때 시를 지어 문묘에 관해 "한 칸의 공자 사당 외로이 남아 뜰 앞에 잡초 무성하고 사람 자취 없으니, 강개한 마음으로 사문을 일으키는 것 나의 임무로 삼았네"라고 썼다"52고 묘사하

49 이승한, 〈제3장 책략 혼미한 정치〉, 《몽골과 고려② 혼혈왕, 충선왕》(푸른역사, 2012), 257-261쪽.

50 《고려사》 권105, 列傳18 安珦.

51 《역옹패설》 前集2, "國家伐早耽羅, 問罪東倭. 丁亥之勤王, 庚寅之禦寇, 用兵幾二十年. 士皆衽金革操弓矢, 狹策而讀書者, 十不能一二, 而先輩老儒, 物故且盡, 六籍之傳, 不絕如縷."

였다.

충렬왕 30년(1304) 안향은 학교를 복구하고 섬학전이라는 장학재단을 만들고자 하였다. 안향은 학교가 날이 갈수록 쇠퇴되는 것을 근심하여 양부와 의논하기를 "재상의 직임은 인재 교육이 제일 긴급한 일인데 지금 양현고가 완전히 탕진되어 선비들을 양성할 비용이 없다. 6품 이상 인원들에게는 각각 은 1근씩, 7품 이하 인원들에게는 베를 차등 있게 내게 하여 양현고에 돌려주어 그 본전을 남겨 두고 이식만을 가져다 쓰도록 하되 이름을 섬학전이라고 하기를 바란다."라고 제안하였다. 예종 14년에 국자감에 둔 양현고는 선비를 기르기 위한 일종의 장학재단으로 설치되었는데, 이때에 이르러 양현고가 텅 비어 재정 상태가 어려웠기 때문이었다.[53] 이를 관철시킨 뒤 충렬왕에게 보고하자 왕 또한 내고內庫의 돈과 양곡을 내주어 그 밑천을 삼도록 하였다. 당시 밀직이었던 고세高世는 자기는 무인武人으로 돈 내기를 꺼렸다. 이에 안향은 공자의 도는 만대의 규범으로, 신하가 임금에게 충성을 다하고 아들이 어버이에게 효도를 다하며 아우가 형을 공손히 대해야 한다는 것인데 무인이기 때문에 문인 생도들을 양성하는 일에 반대한다면 이는 공자를 무시하는 것이라 설득하였다. 고세가 그 말을 듣고는 부끄러워하며 즉시 돈을 내었다는 일화가 전해진다.[54]

안향은 장학 사업에 쓰고 남는 돈으로 박사 김문정을 중국 관내에 보내 공자와 공자 제자 70명의 초상화와 함께 제기 그릇·악기·육경·자사 등의 서책을 구입해 오게 하였고,[55] 밀직부사로 치사致仕한 이산李㦃과 전법판서 이진

---

52 《소문쇄록(謏聞瑣錄)》권상, "高麗文成公安珦, 嘗作詩, 書于學宮曰, …… 獨有一間夫子廟, 滿庭春草寂無人, 慨然以興起斯文爲己任."

53 《고려사》권77, 志31 百官2 養賢庫(예종 14년).

54 《고려사》권105, 列傳18 安珦;《고려사절요》권22, 忠烈王(30년 5월);《고려사》권74, 志28 選擧2 學校.

55 《고려사》권105, 列傳18 安珦, "珦又以餘貲付博士金文鼎等, 送中原畫先聖及七十子像并求祭器

을 경사교수도감사로 천거하여 임명하게 하였다. 경사교수도감은 충렬왕 22년(1296)에 처음 설치되었다.[56] 그보다 앞서 충렬왕은 유사儒士들이 다만 과거시험에 필요한 글만 공부하여 경사經史를 널리 통달한 자들이 없으니, 경서와 사서에 통달한 자를 국자감의 교수로 임명할 것이라 하였고, 김제·최옹·방유·유연·설조·이극·오한경 등을 경사교수經史教授로 삼은 바가 있다.[57] 안향은 이성·추적·최원충 등을 기용하고 한 경서에 두 교수를 두어 금학禁學·내시內寺·오거五軍·삼군三軍의 7품 이하로부터 생원에 이르기까지 모두 경서를 익히게 하였다.[58] 그 결과 경서를 배우는 자들이 수백 명이나 되었다.[59] 이성李晟은 과거에 합격한 뒤 유교 경전을 연구하여 성균좨주가 되었는데, 가는 곳마다 배우러 오는 자가 구름같이 모이니, 사람들이 그를 '오경의 상자五經箱'라고 일컬었다.[60] 또한 안향은 전낭중 유함兪咸의 아들로 승려가 된 이가 사주泗州에 사는데 《사기》와 《한서》에 능하다는 말을 듣고 그를 개경에 오게 한 뒤 윤신걸·김승인·서인·김원식·박이 등을 그에게 보내 강설을 듣게 하였다. 그에 따라 선비의 무리들이 경서에 능통하고 옛일을 널리 아는 것을 일삼게 되었다.[61] 유자가 아닌 승려임에도 사서史書에 능통하다는 것만으로 불러서 가르치게 한 일은, 신분 등 여타 조건에 구애받지 않고 학문 수준을 진전시켜, 학문의 기풍을 일신시키려는 안향의 의지를 보여 준다.

안향이 경학을 중시한 것은, 원나라에서 성리학이 관학화하는 것과 발맞추

樂器六經諸子史以來."

56 《고려사》 권77, 志31 百官2 經史教授都監(충렬왕 22년).

57 《고려사》 권29, 世家29 忠烈王2(6년 3월 신유), "下旨曰, 今之儒士, 唯習科舉之文, 未有博通經史者. 其令通一經一史已上者 教授國子. 乃以司宰尹金磾·正郎崔雍·左司諫方維·前通事舍人柳沈·權知祗候薛調·前祗候李郡·吳漢卿爲經史教授."

58 《역옹패설》 前集2.

59 《고려사》 권105, 列傳18 安珦.

60 《고려사절요》 권24, 忠肅王(12년 3월).

61 《역옹패설》 前集2.

어 시·부 위주의 사장학 중시 풍조를 타파하고 경학을 강조하는 쪽으로 방향을 전환하고자 한 것이었다. 안향의 경학 중시는 충선왕의 질문에 답하면서 시부장구에만 매달려 벌레를 아로새기듯이 문장 다듬기만 하는 것을 비판하고 인륜=오륜을 밝히는 실학을 역설한 이제현[62]과 지금의 학자들은 녹을 구하기만 하고 문장과 시구를 조탁하는 데 마음을 지나치게 써 성의·정심의 도를 알지 못한다는 이색의 언설로 발전한다.[63] 시·부보다 경학을 중시하는 것은 우주 자연과 인간사회의 원리를 파악하려는 것으로, 성리학의 핵심인 사서四書를 바탕으로 격물과 성정 공부를 통해 그 이념을 구현해 갈 것을 역설한 것이다. 이제현이 충목왕에게 《효경》·《논어》·《맹자》·《대학》·《중용》을 학습해 격물·치지·성의·정심의 도를 익히고 윤리 도덕을 밝히라고 한 것이 그 단적인 사례라고 할 수 있다.[64]

안향이 성리학을 익히고 고려 국학의 진흥과 장학재단의 설립에 진력할 수 있었던 기반은 원의 유학 진흥 분위기를 반영한 정동행성 관원의 지원이 있었다.[65] 충렬왕 29년 6월 국학의 대성전이 완공되었는데, 이는 충렬왕 27년 야율희일耶律希逸이 건물이 협소하고 누추하여 반궁泮宮의 제도를 잃었다고 지적하고 왕에게 신축할 것을 제안한 것에서 비롯되었다.[66] 충렬왕이 국학에 나아가자 원나라의 홀련忽憐과 임원林元이 뒤를 따랐고 칠관(국학의 칠재)의 생도들이 관복을 갖추고 길에 나와 맞이하며 가요歌謠를 올렸다. 왕이 대성전에 들어가 공자를 배알하고 밀직사 이혼李混에게 명하여 입학송入學頌을 짓게 하

---

62 《역옹패설》 前集1.
63 《고려사》 권115, 列傳28 李穡.
64 《고려사》 권110, 列傳23 李齊賢.
65 이승한, 〈제3장 책략 혼미한 정치〉, 《몽골과 고려② 혼혈왕, 충선왕》(푸른역사, 2012), 257-261쪽.
66 《고려사》 권32, 世家32 忠烈王5(27년 5월 갑진), "耶律希逸還. 希逸喩國王, 理民之術, 責宰輔憂國之事. 嘗以國學殿宇隘陋, 甚失泮宮制, 度言於王, 遂新文廟, 以振儒風."

며 임원에게는 애일잠愛日箴[67]을 짓게 하여 여러 생도들에게 보여 주었다.[68]

세조 쿠빌라이는 고려 세자와의 만남을 자신에게 내린 천명으로 이해하였고[69] 고려는 소국이지만 유학자의 수준이 한족漢族보다 높다[70]고 말할 정도로 고려를 높이 평가하였다. 세조는 고려인 외손자 충선왕의 독서에 관심을 보이며 정비 소생인 장자 감마자甘麻剌의 딸을 왕비로 맞이하도록 하였다. 원과 고려는 그 어느 시기보다도 밀접한 관계를 유지하였다고 할 수 있다.

원나라가 1289년에 고려의 정동행성에 학교 교육 출판 관계의 행정을 담당토록 한 유학제거사를 두고 안향을 유학제거로 임명한 것은 요양(1313)·사천(1313)·운남(1314)·감숙(1314) 등 원나라의 다른 내지 행성을 만든 것보다 20여 년이나 빠른 것이었다.[71] 정동행성 관원에는 원나라 유학자들이 포함되어 있다. 당초에는 고려인이 관원으로 임명되었지만, 14세기에 이르러 한인漢人이 취임하는 것이 관례로 굳어졌기 때문이다.[72] 이에 따라 고려와 원과의 인적 교류를 증가시키고 고려인의 한인漢人 지식인과의 지적 교류를 확대

---

67 날을 아껴 쓰라는 箴言으로 두 가지 용례가 있다. 첫째, 공부하는 데 잠시도 게을리 하지 말라는 의미(《대대례》〈노자입사魯子立事〉에 "군자는 날을 아껴 배우고, 때가 되어서 행한다(君子愛日以學, 及時以行)." 둘째, 부모를 효도로 봉양함을 의미(《논어》〈里仁〉에 "부모의 나이는 몰라서는 안 된다. 한편으로는 이로써 기쁘고 한편으로는 이로써 두렵기 때문이다. 날을 아끼는 정성에 스스로 그만둘 수 없는 것이 있다(父母之年, 不可不知也. 一則以喜, 一則以懼, 於愛日之誠, 自有不能已者).")(동아대 석당학술원, 《국역고려사》 8, 世家32, 忠烈王5(30년 6월), 397-398쪽)).

68 《고려사절요》 권22, 忠烈王(30년 6월), "國學大成殿成. 初元耶律希逸, 以殿宇隘陋, 甚失泮宮制度, 言於王新之, 至是乃成. 王詣國學, 忽憐·林元, 從之, 七管諸生, 具冠服, 迎謁於道, 獻歌謠, 王入大成殿, 謁先聖, 命密直使李混, 作入學頌, 林元作愛日箴, 以示諸生."

69 《고려사》 권25, 世家25 元宗(원년 3월 정해);《고려사》 권110, 列傳23 李齊賢.

70 《원사》 권159 列傳46, 趙良弼, "帝嘗從容問曰, 高麗小國也. 匠工奕技 皆勝漢人, 至於儒人, 皆通經書 學孔孟, 漢人惟務課賦吟詩, 將何用焉."

71 高柄翊, 〈麗代 征東行省의 研究〉,《東亞交涉史의 研究》(서울대학교 출판부, 1970), 256쪽.

72 周采赫, 〈元 萬卷堂의 設置와 高麗儒者〉,《孫寶基博士停年紀念韓國史學論叢》(1988);森平雅彦, 〈朱子學受容의 國際的背景 - モンゴル時代と高麗知識人〉,《アジア遊學》50(2003).

시켰다. 노비 개혁을 요구한 활리길사와 앞서 말한 야율희일·홀련·임원 등이
대표적인 한인漢人 문사였다.

충렬왕 25년 10월부터 27년 5월까지 정동행중서성 좌승상으로 야율희일이 임
명되었다. 야율희일은 원나라 초기 유교적 지배체제 확립에 공이 큰 야율초재
(1190–1244)의 손자이고, 우승상 야율주耶律鑄(1221–1285)의 아들이다.[73] 그
는 1303년 원에서 폐정개혁을 위한 전국적인 선무작업을 추진할 때 주역의
한 사람이었다. 그는 충렬왕에게 백성들을 다스리는 방책을 조언하였고 재상
들에게는 국가사업을 근심하고 책임질 것을 강조하였다. 일찍이 국학의 건물
이 좁고 누추하여 반궁의 제도에 맞지 않으므로 왕에게 건의하여 문묘를 새
로 짓게 하고 유학의 기풍을 떨치도록 당부하기도 하였다. 그 밖에 왕사겸
등 정동행성 관원은 강남 출신의 유학자로, 학문 수준이 높아 고려에 유학을
전래하는 데 기여했다.[74] 이처럼 우수한 원나라 유학자들은 정동행성을 매개
로 고려에 유학을 전수하고 국가정책에 유학적 이념을 구현하기 위해 노력
하는 모습을 보여 주었다.[75]

국학을 진흥하고자 했던 안향의 문제의식과 활동은 이후에도 계승 발전된
다. 충숙왕은 중국 강남에서 1만 권의 서적을 구입하도록 조치하고[76] 송 비각
소장의 서적을 얻도록 함으로써[77] 성리학 수용의 토대를 조성해 갔다. 백이정

---

73 《원사》권146, 列傳33 耶律楚材 子鑄附.

74 張東翼, 〈후기 정동행성의 존재 형태와 운영 실태〉,《高麗後期外交史 研究》(일조각, 1994),
   56–63쪽.

75 이곡은 충혜왕 복위 1년(1340), 정동행성의 유학교수로 근무하다가 연경으로 돌아가는 백
   운빈을 참된 유학자라고 칭찬하였다. 당시에 유술을 미끼로 작위를 낚고, 일단 작위를 얻고
   나면 시서詩書를 주구芻狗로 여기거나 다른 길을 택하고, 성취한 바가 없으면 유술이 자기
   신세를 망쳤다고 하였다. 그러나 백운빈은 관직으로는 현달하지 못했어도 지조는 변한 것이
   없었다. 고려는 풍속이 중국과 같지 않고 봉록도 넉넉하지 않지만 사람들을 가르치는 데 피
   곤한 줄을 몰랐다 하니 존경할 만하다고 하였다(《가정집》권9, 送白雲賓還都序).

76 《고려사》권34, 世家34 忠肅王1(원년 6월 경인).

은 일찍이 권부·우탁과 함께 안향의 문하에서 성리학을 배웠고,[78] 재원 기간 배워 익힌 성리학을 이제현·박충좌에게 전했다.[79] 우탁(1262-1346)은 경전과 역사에 능통하였고 역학易學에 밝았으며, 특히 정이천(程子)의 《역전》을 연구하여 생도를 가르치니 의리의 학이 비로소 행해졌다.[80] 권부(1262-1346)는 《사서집주》를 가지고 와 판각하고 보급함으로써 학자들에게 도학道學이 있음을 알게 하였다.[81] 안향·백이정·우탁·권부가 성리학을 도입하기 위해 애쓴 노력은 다음 세대인 이제현·이곡·최해·이인복·백문보 등에게 전해져 결실을 맺게 된다.

3. 유교 이념의 강화와 문치사회론

1) 유교 이념의 강화와 실천 윤리

원과 정치적 문화적으로 긴밀한 관계를 유지하는 과정에서 원의 문화가 고려에 수용되고 특히 성리학이 전래되었다. 당시 성리학은 철학적 이론적 논의가 활발한 조선시대와는 달리, 불교와 도교 등 유교 이외의 사상과 유교를 엄격히 구분하는 측면과 윤리도덕을 추구하는 유교 본연의 문제의식에

---

77 《고려사》 권34, 世家34, 忠肅王1(원년 가을 7월 갑인), "元皇太后遣使賜公主酒果, 帝賜王書籍四千三百七十一冊, 共計一萬七千卷, 皆宋秘閣所藏, 因洪瀹之奏也."

78 《담암일집(淡庵逸集)》 권2, 文憲公 彛齋先生行狀(공민왕 20년, 1371), "(公:백이정) ······ 早與權文正溥, 禹文僖倬, 遊晦軒安先生門, 講磨訓誨, 自任以性理之學."

79 《고려사》 권106, 列傳19 白文節 白頤正, "時程朱之學, 始行中國, 未及東方, 頤正在元, 得而學之, 東還, 李齊賢·朴忠佐, 首先師受."

80 《고려사절요》 권23, 忠烈王(34년 10월), "倬通經史, 尤深於易學, 卜筮無不中, 程傳初來, 東方無能知者, 倬乃閉門, 月餘參究, 乃解, 敎授生徒, 義理之學, 始行矣."

81 《역옹패설》 前集2, "其後白彛齋頤正, 從德陵, 留都下十年, 多求程朱性理之書以歸. 我外舅政丞菊齋權公, 得四書集註, 鏤板以廣, 其傳學者, 又知有道學矣."

집중하는 방향으로 활용 전개된다. 안향에게서도 이러한 두 방향의 전개를 확인할 수 있다.

안향은 충렬왕 원년 상주 판관이 되었는데, 유교의 합리주의에 입각해서 음사를 없애고자 하였다. 당시 상주에는 여자 무당 세 사람이 요망한 신을 받들고 사람들을 유혹하고 있었다. 그들은 합주陝州로부터 여러 군현들을 돌아다니면서 이르는 곳마다 공중에서 사람이 부르는 소리를 지어 내었는데, 그 소리가 은은하게 울려오는 것이 마치 길을 치우라(喝道)고 호령하는 것 같았다. 그에 놀라 듣는 사람들이 분주히 제사를 지냈고 수령으로서도 그와 같은 행동을 하는 자가 있었다. 마침내 상주에 오자 안향은 그들을 붙잡아서 곤장을 치고 칼을 씌워 놓았다. 무당들이 귀신의 말이라면서 자기들을 붙잡아 두면 화를 면치 못한다고 위협하자 상주 사람들이 모두 겁을 내었지만 안향은 조금도 동요하지 않았다. 며칠이 지나 무당들이 용서해 달라고 빌므로 그제야 놓아주었고 요망한 귀신이 드디어 사라지게 되었다[82]고 한다.

안향은 윤리 규범과 도덕의 실천을 중시하였다. 전술한 대로 그가 섬학전을 모으면서 무인 고세의 반발에 대하여 "부자夫子의 도는 만대의 규범이 되었다. 신하가 임금에게 충성을 다하고 아들이 어버이에게 효도를 다하며 아우가 형에게 공손히 대해야 한다[83]고 하였다. 이는 그가 공자의 도는 효제충신이고 윤리=오륜은 인간이 당연히 지켜야 할 도리라는 확고한 인식을 가지고 있었으며 이를 실천하고자 하였음을 보여 준다.

안향은 학생의 선배들에 대한 예의 실천을 강조하였다.[84] 유학에서는 예 있는 삶을 지향하고 예의 출발은 인사에서 비롯된다. 인사는 어른이나 선후배에 대한 경의와 존중의 표시로 자신과 함께한다는 마음의 표시이다. 기왕의

---

82 《고려사》 권105, 列傳18 安珦.
83 《고려사》 권105, 列傳18 安珦.
84 《고려사》 권105, 列傳18 安珦.

연구에서 고려 후기에 수용된 성리학은 사물의 본질과 도덕적 의미에 대한 철학적 담론보다는 주어진 직분에 충실하려는 수분적守分的 명분론과 실천 윤리에 중점을 둔 것이었다고 평가되는 것[85]도 바로 이러한 측면을 지적한 것이다.

유학은 효제충신을 중심으로 한 인간의 도덕적 본성에 대한 신뢰를 바탕으로 대화, 설득, 자각을 통해 합리적이고 이성적인 도덕 사회를 지향하는 것이 그 본질이다. 중국 춘추전국시대 사유와 세습을 기반으로 약육강식의 논리가 횡행하며 법술을 위주로 정치가 행해지고 있을 때, 유학은 인간이 마땅히 지키고 행해야 할 인륜 도덕을 강조하면서 등장하였다.[86] 유학은 부국강병이나 공리적 국가 그리고 형정 위주의 국가 운영 방식과 대비되어 명분과 의리를 밝히고 이에 기초하여 백성을 자발적으로 귀복케 하는 정치방식으로, 법치가 아닌 예치와 덕치를 추구하는 학문이다. 그 점에서 인간의 윤리 도덕, 곧 오륜의 실천은 가장 기본적 강령으로 중시되었다.

안향은 성리학에 침잠하여 유학적 윤리 의식을 견지하고 있었지만 불교를 이단시하고 배척하지는 않았다. 그는 만년에 항상 회암(주자) 선생의 초상화를 걸어두고 그를 사모하여 드디어 자기 호를 회헌晦軒이라 지었다[87]고 하듯이, 승려가 부처에 예불하는 것을 연상시키는 화상에 대한 존숭 의식을 보여주었는데, 이는 조선시대 성균관이나 가례에서 위패를 모시는 것과는 대비되는 것이라고 평가되었다.[88]

---

85 文喆永, 〈麗末 新興士大夫의 新儒學 수용과 그 특징〉, 《韓國文化》 3(1982), 118-123쪽; 周采赫, 〈元 萬卷堂의 設置와 高麗儒者〉, 《孫寶基博士停年紀念韓國史學論叢》(1988), 225-239쪽.

86 이봉규, 〈인륜: 쟁탈성 해소를 위한 유교적 구성〉, 《泰東古典研究》 31(2013), 111-112쪽.; 〈동아시아 고전과 21세기 -《노자》와 《논어》의 德 개념〉, 《인문학, 소통과 공생의 지혜》(글로벌콘텐츠, 2010).

87 《고려사》 권105, 列傳18 安珦, "晩年常掛晦庵(朱熹)先生眞, 以致景慕, 遂號晦軒."

88 梶村秀樹, 〈家族主義の形成に關する一試論〉, 《朝鮮社會の構造と思想》(研文出版, 1982), 42쪽.

당시 새롭게 단장한 성균관에는 위패가 아닌 화상이 모셔져 있었다. 충렬왕 때 선성 10철의 화상이 원으로부터 들어왔고,[89] 충숙왕대에 문선왕의 초상을 조각할 때는 왕과 대신들이 비용을 내이 보조하였으며,[90] 공민왕 16년 성균관이 중영될 때도 원으로부터 소상塑像이 들어왔다.[91] 이처럼 성균관에 화상畫像이나 소상을 모신 것은 불교의 영향이 여전히 남아 있던 고려 사상계의 분위기를 그대로 보여 주는 것이다. 조선시대 성종은 중국의 국자감과 평양, 개성부에 모두 소상을 사용하여 선성先聖·선사先師를 제사하므로 성균관 대성전에도 소상을 쓰는 것이 어떠한가를 신하들에게 질문하자, 선유들은 "흙과 나무로 만든 초상은 불교의 소상과 다를 바 없어 불가합니다"라고 하였고, 좌승지 채수는 "사당에 소상을 쓴 것은 원나라에서 시작되었습니다. 소상은 오랑캐 풍속에서 나왔고 고려가 또한 본받은 것입니다"라고 하면서 비판하였기 때문이다.[92]

안향은 첨의중찬 시절 첨의찬성사 원관元瓘과 함께 대장경 1부를 인출하여 중국 강절행성江浙行省 사명산四明山에 있는 천동사天童寺에 봉안하였고 다시 1부를 인출하여 항주의 혜인사慧因寺에 봉안하였다.[93] 대장경은 불교의 교리를

---

89 《신증동국여지승람》 권4, 開城府上 成均館

90 《고려사》 권35, 世家35 忠肅王2(7년 9월 무인), "塑文宣王像, 王出銀瓶三十, 以助其費, 宰樞皆出幣助之."

91 《고려사》 권62 志16 禮4 吉禮中祀 文宣王廟, "恭愍王十六年七月庚子, 移文宣王塑像于崇文館, 文武百官冠帶侍衛."

92 《성종실록》 권110, 11년 8월 병자, "傳于承政院曰, 中朝國子監及我國平壤·開城府之學, 皆用塑像, 以祀先聖·先師, 予欲於成均館大成殿, 用塑像, 於卿等意何? 對曰, 先儒云, 土木肖像, 無異浮屠塑像. 不可. 傳曰, 儒者, 以別嫌異端, 故有是論也. 然元朝·高麗, 豈無所見, 而爲之歟? 都承旨金季昌曰, 自祖宗朝, 用位版, 莫如仍舊. 左承旨蔡壽曰, 文廟用塑像, 自元朝始, 意謂塑像, 出於胡俗, 而高麗又從而效之也. 傳曰, 子意以謂 用塑像, 則望之尊嚴. 元朝之法, 如不可法也, 則高麗, 奚爲效尤也?"

93 張東翼, 〈高麗國僉議贊成事元公捨大藏經記〉, 《元代麗史資料集錄》(서울대학교 출판부, 2000), 173-176쪽; 토니노 푸지오니, 〈忠宣王代의 麗 元 불교관계와 高麗 杭州寺〉, 《韓國思想史學》 18(2002), 314-315쪽.

소개하고 확산시킬 때 발판이 되는 불교의 경전이다. 안향이 대장경의 간행에 적극적이었다는 것은 불교 교리를 긍정하고 그것을 보급하는 데 앞장섰음을 의미하는 것이다. 그러나 이러한 행적은 안향에만 국한된 것이 아니었다. 이제현은 불교의 자비를 유교의 인仁으로, 희사를 의義의 일이라고 정의하였고,[94] 이곡도 불교의 인과와 죄복에 대한 설이 사람의 마음을 크게 움직여 왕공으로부터 사서士庶에 이르기까지 부처를 섬긴다고 하였다.[95] 이는 성리학 수용 초기에는 불교와 유학이 서로의 존재를 인정하였고 안향도 이러한 사회적 분위기에서 예외가 아니었음을 보여 주는 것이다.

고려 후기에 성리학을 수용한 안축(1287-1348)·이제현(1287-1367) 등은 도학, 성학이라는 성리학적 표현을 자유롭게 구사하면서 그 이념에 대한 이해와 실천에 주력하게 된다. 다만 이들은 원과의 사대관계 속에서 국가를 보위하고자 하는 문제의식에서 고려의 이념인 불교를 인정하는 기반 아래 성리학을 수용하였고, 한 걸음 더 나아가 현실정치의 이념적 기반으로 불교를 활용하고자 하였다. 성리학 수용 초기에 유교와 불교를 조화롭게 절충하려는 분위기가 우세하였던 것 또한 바로 그 때문이다. 그 과정에서 유교와 불교의 대립적인 측면보다는 유사점에 주목하면서 유교와 불교가 추구하는 목표가 근본적으로 동일하다는 유불동원儒佛同源, 유불동도儒佛同道의 인식을 보였다.[96] 불교 국가인 고려의 국가 체제를 근본으로 삼고 군신, 부자, 장유의 명분을 강조하는 실천 윤리적 성격이 짙었던 원 관학 성리학을 받아들여 이를 공고화하고자 했다. 그들은 불교와 성리학이 공존할 수 있다는 신념을 공유하고 있었다.

불교와 성리학의 공존을 확신했던 당시 유학자들은 불교가 가진 윤리적

---

94 《익재난고》 권5, 金書密敎大藏序.
95 《가정집》 권2, 京師金孫彌陁寺記.
96 《동안거사집》 雜著 上蒙山和尙謝賜法語, "也知三敎一根源"

기능에 주목한다. 평화롭고 행복한 인간의 삶을 통해 가족, 사회, 국가의 안정을 도모하려 한다는 점에서 유교와 불교는 큰 차이가 없다고도 할 수 있다. 평화롭고 행복한 삶의 추구가 윤리적 측면의 목표라면 국가 안정의 도모는 사회적 정치적 측면의 목표이다. 불교의 윤리적 기능에 주목하는 유학자들의 주장에는 불교의 교화 기능을 통해 주어진 정치적 상황을 유지 강화하려는 의도가 담겨 있다. 그들은 형정刑政을 중심으로 한 정치방식에 백성들이 심복心服하기 위해서는 불교에 의한 교화가 필요하다고 인식하였다.97 이는, 개인의 마음 닦기에 초점을 맞추는 불교의 가르침은 사회 정치적 측면에서는 약점을 보이지만, 유학이 현실정치를 중심으로 기능할 때 부족함을 보완하는 역할을 일정 정도 수행할 수 있을 것이란 전망에 기초한 것이다. 한 걸음 더 나아가 하늘에서 사시四時가 순환하면서 만물을 생성하는 것처럼 성인이 가르침을 세워 세상을 교화한 것도 서로 간에 잇고 보완함으로써 최대의 효과가 있도록 하는 것이 목표이므로 유교와 불교의 가르침은 조화를 이루어야 한다고 주장한다.

안향이 국학을 진흥하고 유교를 확산시킬 터전을 마련하기 위해 전력을 다한 것은 유교의 문치사회를 구현하려는 지향 때문이었다고 할 수 있다. 불교가 지배적인 영향력을 행사하고 있던 당시 상황에서 불교의 윤리적 순기능을 인정함으로써 문치라는 궁극적 지향점에 더 효과적으로 도달할 수 있는 제3의 길을 모색한 것으로 평가할 수 있다. 즉 불교의 강력한 영향력 속에서 유교가 공존을 모색하던 당시 상황에서, 불교의 윤리적 기능을 인정하는 방식을 통해 유교의 문치를 관철함으로써 결과적으로 유학적 윤리 도덕 사회를 구현하는 길을 열어간 것이라고 해석할 수 있다.

---

97 박경환, 〈유불논쟁〉, 《논쟁으로 보는 한국철학》(예문서원, 1995); 도현철, 〈조선건국기 성리학자의 불교인식〉 《한국사상사학》 50(2015).

2) 문치사회론과 문묘 종사

안향은 당대의 재상이고 유종儒宗으로 추앙받았고 충숙왕 6년(1319) 문묘에 배향되었다. 그는 대몽항쟁이 끝나고 대원 사대관계가 성립되던 시기에 성리학을 포함한 원 문화를 받아들이고 고려의 교육, 유학 진흥 나아가 문치사회를 실현하여 갔다. 문묘 배향에는 그의 이러한 공적이 참작되었던 것이다. 안향의 공적은 다음의 세 가지로 정리할 수 있다.

첫째, 안향은 충렬왕 5년(1279) 돌르게, 충렬왕 15년(1289) 정동행성의 유학제거사·원외랑員外郎·낭중郎中이 되었는데, 이를 통하여 원 문화를 수용하고 원 명사들과 교류하며 성리학을 익혔다. 또한 충렬왕 24년(1298)에 원나라로 가는 충선왕을 수종하면서 원나라 유학을 더 깊이 있게 학습하였다. 둘째, 안향은 충렬왕 29년(1303)에 찬성사로 임명되어 학교가 날이 갈수록 쇠퇴하는 것을 근심하여 장학기금인 섬학전贍學錢을 마련하였다. 또한 중국에서 육경六經과 자사子史 등의 서책을 구입하고 모든 관원들이 익히게 하였다. 셋째, 이상과 같은 성리학의 습득을 통하여 미신과 같은 음사를 배격하고 유학 진흥에 앞장섰다. 학교를 흥하게 하고 인재를 양성하는 일을 자기 임무로 삼았고 비록 관직에서 물러나서 집에 있을 때라 할지라도 마음속으로 그것을 잊어버린 일이 없었다.[98] 유학 진흥에 큰 공이 있어서 문묘에 배향했다는 언급[99]은 안향의 이러한 노력과 성과에 기초한 것이다.

당시 자료에 따르면, 충숙왕 6년 문묘에 그를 배향하자는 의논이 있었다. 어떤 사람이 이르기를 "안향이 비록 섬학전을 두자고 건의하여 설치하기는 하였지만 어찌 이것만으로 문묘에 종사게 할 수 있겠는가?" 하였으나, 안향

---

98 《고려사》 권115, 列傳18 安珦,"常以興學養賢爲己任, 雖謝事家居, 未嘗忘于懷."
99 《근재집》 권3, 高麗國匡靖大夫·檢校僉議贊成事·兼判典儀寺事·上護軍, 安公墓誌銘(안우기), "文成公有中興儒學大功, 食夫子廟, 公繼父業, 以文雅顯名."

의 문생인 신천辛蔵이 강력히 주장하고 요청하여 마침내 관철되었다.[100] 당시의 주장대로 학교를 설치하고 인재를 양성하는 것은 고려시대 내내 지속된 일이었다. 예종은 학교를 설치하고 인재를 양성할 것을 주장하여 양현고를 설치한 바 있다.[101] 이는 당시 고려와 북송의 문화적 관계가 긴밀해지면서 관학 진흥책으로 소식이나 범중엄의 학제와 과거제 개혁 또는 북송의 학문을 받아들인 것이었다. 대내외적 여건도 학교를 세우고 인재를 양성하는 데 문제가 되지 않던 상황이었다. 하지만 안향이 활동하던 시기는 대몽항쟁기를 거치면서 국토가 황폐화되어 교육에 힘을 쏟을 여력이 없던 때였다. 이러한 척박한 조건에서 안향은 학교를 세우고 인재를 양성하며 원에서 유학을 수용하여 유학 발전에 공을 세웠던 것이다.

이러한 사실은 백문보(1303~1374)가 쓴 백이정의 묘지명에서 확인된다. 백이정은 권부·우탁과 함께 회헌 선생의 문하에서 노닐면서 가르침을 받았고 성리학자로 자임하였다. 당시 고려는 전란이 빈번하여 선비들은 갑옷을 입고 활과 화살을 잡았으며 독서하는 자가 열에 한둘도 안 되어 육경의 글은 겨우 이어지고 있던 상황이었다. 이에 안향(회헌공)이 성묘聖廟를 수리하여 공씨孔氏를 종주로 삼자, 우수한 품행을 지닌 여러 현인들이 경전에 통하고 옛것에 해박하게 되는 데 힘썼던[102] 것이다.

---

100 《고려사》 권115, 列傳18 安珦, "忠肅六年, 議以從祀文廟, 有謂珦雖建議置瞻學錢, 豈可以此從祀? 其門生辛蔵力請, 竟從祀."; 《高麗史節要》 권24, 忠肅王(6년 6월)(612쪽), "以文成公安珦, 從祀文廟, 時議者, 以爲珦雖建議置國子瞻學錢, 有養育人才之功, 豈可以此從祀乎? 珦之門生, 摠郎辛蔵, 力請故, 有是命."

101 《고려사》 권74, 志28 選擧2 學校; 《고려사절요》 권7, 睿宗(2년 춘정월), "制曰 置學養賢, 三代以降, 至治之本也. ……."

102 《담암일집》 권2, 文憲公 彝齋先生行狀(공민왕 20년, 1371), "公(백이정) …… 早與權文正溥, 禹文僖倬, 遊晦軒安先生門, 講磨訓誨, 自任以性理之學. 時國家伐叛問罪二十年矣. 士皆袵金革操弓矢, 讀書者十不一二, 六籍之傳, 不絶如縷, 晦軒公葺聖廟, 宗孔氏, 於是門行諸賢, 獨以通經博古爲事, 以洗葱嶺之陋."

고려는 원과의 사대관계를 유지하면서 원의 문화를 적극 수용하였고 이를 통해 정치 사회질서를 정립하고 고려의 국가 의식을 다져갔다.[103] 예제 정비로 국가 위상을 강화하고 왕권의 권위를 회복하려고 노력한 것이 그 구체적인 사례이다. 충선왕은 태묘를 정비하였고 충숙왕 역시 국가 의례를 정비하였다. 충숙왕은 4년 넘게 원에서 억류되었다가 고려로 돌아온 뒤 국정 쇄신의 일환으로 교서를 반포하면서 풍속을 개혁하여 유신의 덕화를 이루겠다고 선언하고 예제 및 유교 제사와 관련한 개혁 조치를 추진하였다. 우선 명산대천에 덕호를 가하고 원구·적전 등을 수리한 뒤 제사 지내고 선대의 능에서는 벌목을 금하고 역대 국왕에게 존호를 더하였다. 효자와 정부를 표창하여 풍속을 장려하고자 하였고 기자箕子 사우를 수리하여 제사 지내며 공자 10철 72제자와 최치원에게 제사 지내도록 조치하였다. 얼마 지나지 않은 충숙왕 12년(1325) 평양에 기자 사당을 세웠고 고려의 풍속을 개혁하였으며 새로운 외국의 제도를 근간으로 혁신을 추진해 가고 있었다.[104]

원 간섭기에 고려 국가를 일신하고 새로운 문화국가 건설을 목표로 개혁을 추진하던 과정에서 문묘 배향과 관련한 논의가 있었다. 문묘는 공자를 모신 사당으로 공자의 도를 발전시키나 성인의 도를 확산시키는 데 기여한 인물을 배향한다.[105] 학문적으로 유학의 도를 연마하여 학적 수준을 높이는 데 기여한 경우와 유학의 도를 현실에 실현하는 데 기여한, 곧 실천적 측면을 강조하는 흐름이 있었다. 후자의 흐름은 유교에서 제시한 성인의 도를 확산시키는 사업과 연관된 것이라고 할 수 있다.

---

103 李康漢, 〈고려 충숙왕대 科擧制 정비의 내용과 의미〉, 《大東文化硏究》 71(2010) ; 〈1325년 기자사 재개의 배경 및 의미〉, 《한국문화》 50(2010).
104 《고려사》 권35, 世家35 忠肅王(12년 10월 乙未), "箕子始封本國, 禮樂敎化自此, 而行宜令平壤府, 立祠以祭其祭. 文宣王十哲七十子, 本國文昌侯弘儒侯, 務致蠲潔"; 《고려사》 권63, 志17 禮5 吉禮小祀 雜祀(충숙왕 12년 10월), "令平壤府, 立箕子祠以祭."
105 朴贊洙, 〈文廟享祀制의 成立과 變遷〉, 《藍史鄭在覺博士古稀紀念東洋學論叢》(1984, 고려원).

고려 후기 성리학의 특징은 실천적 윤리적 성격이 농후하다는 점에 있다고 평가된다. 성리학은 거경居敬이라는 실천적 측면과 궁리窮理라는 사변적 측면이 있다. 이는 유교 본래의 문제의식인 효제충신의 원리를 사변적 탐색을 통해 정립하고 이를 실천함으로써 윤리 도덕의 확립에 기여하고자 하는 것이다. 당시 유학을 정통, 정학으로 보고 불교를 이단으로 배척하는 벽이단의 논의를 찾아보기는 어렵지만 유학 본래의 이념을 정립하고 이를 실천하는 데 매진한 것이 이 시기 성리학의 특징이었다고 할 수 있다. 그런 점에서 안향은 괴력난신怪力亂神이라는 미신에 맞서 목숨을 걸고 싸우는, 자신이 믿고 신봉하는 진리로서 유학을 실천해 갔다고 할 수 있다.106 고려 후기 성리학 수용기에는 조선시대처럼 이기심성에 대한 이론적 논의가 활발하지는 않았지만, 유학과 유학 이외의 사상과의 차이를 분명히 인식하고 유학 본연의 문제의식을 현실 사회에 구현하는 측면에 집중한 것으로 바라볼 필요가 있다. 이는 유교의 사회화가 진전되는 과정의 하나이며 새로운 차원의 유교 문치사회를 열어가려는 표징이라고 할 수 있다.

이와 관련해서 주목되는 것이 고려의 유종儒宗이라는 표현이다. 이제현은 안향의 손자인 안목의 영전에 대한 찬을 쓰면서 안향을 한 시대의 유종이라고 칭송하였다.107 최충은 누대에 걸쳐 유종이며 삼한의 기덕耆德이었고,108 최증崔証은 세상에서 유학을 소중하게 여겼는데, 당시 공과 두 아우가 모두 문장과 학문으로 이름을 빛내었으므로 세상에서 유종이라고 불렀다.109 이색

---

106 문철영, 《고려 유학 사상의 새로운 모색》(경세원, 2005), 148–149쪽.
107 《익재난고》 제9권하, 論頌銘眞贊箴 安謙齋眞贊 竝序, "…… 安文成公爲世儒宗 ……"
108 《고려사》 권95, 列傳8 崔冲; 《고려사절요》 권4, 文宗(7년 12월), "(문종)七年 冲以年滿七旬, 乞退. 制曰, 侍中崔冲, 累代儒宗, 三韓耆德, 今雖請老, 未忍允從, 宜令攸司, 稽古典, 賜几杖, 視事."
109 김용선, 《역주 고려묘지명집성(하)》(2012), 崔証墓誌銘, "時公及二弟口, 以文學顯世, 號爲儒宗."

은 《익재난고》의 서문을 쓰면서 이제현을 한 시대의 유종이라고 하였다.[110] 이수李需가 왕명으로 이규보의 묘지명을 지을 때 이규보를 당대의 유종이라고 하였고,[111] 윤회가 하륜의 제문을 지으며 하륜은 일대의 유종이라 하였다.[112] 이에 따르면 유종이란 당대 유학을 대표하는 유학자로서 그의 높은 학문적 수준을 평가하는 말이다.

고려시대 유종은 학통을 중시하는 경향을 보였고[113] 그것을 바탕으로 문묘에 배향하였다. 조선 초의 문묘 종사 논의에서 성인의 도에 공이 있는 사람에게 제사하는 것은 한漢나라 때부터 시작되었는데 우리나라에서는 최치원·설총·안향 뒤에, 이제현이 도학을 창명하였고 이색이 그 정통을 전하였는데, 권근이 홀로 그 종지를 얻었다고 하여 문묘 종사를 주장하였다.[114] 고려의 문묘에 배향된 안향은 조선시대에도 유학에 기여한 공적을 인정받고 유학을 진흥한 선례로서 언급되었다.

충숙왕 6년 안향은 문묘에 배향되었다. 원의 지배와 간섭 속에서 성리학

---

110 《급암시집》 권1, 古詩 送鄭諫議之官金海得見,"…… 儒宗益齋公 ……";《목은집》 文藁 권 13, 跋愚谷諸先生送洪進士詩卷, "一時儒宗益齋先生 ……"

111 《동국이상국집》 권종 諛書, 守太保金紫光祿大夫門下侍郞平章事修文殿太學士監修國史判禮部事翰林院事太子太保 致仕贈諡 文順公 墓誌銘,"英英我公, 一代儒宗, 賦形殊特."

112 《동문선》 권110, 祭文 浩亭先生河文忠公崙(윤회), "惟公才爲王佐, 學冠儒宗, 應時而挺生, 高世而特立 ……"

113 유종은 학문적 성취에 초점을 맞춘 것으로 정치적 처신과 연관성이 떨어진다. 이장용은 경서와 역사책을 읽어 일대의 유종이 되었지만, 임연이 원종을 폐할 때 토벌하지 못하였다(《고려사절요》 권19, 元宗(13년 춘정월), "前門下侍郞中李藏用卒. 藏用恭儉沈重, 博覽書史, 爲一代儒宗, 然以冢宰, 當林衍廢立, 旣不能討, 又從而爲之謀, 罪莫大焉.")고 하였다. 이색은 유종으로 불교에 아첨하였는데(《고려사》 권115, 列傳28 李穡, "恭讓王元年十二月, 左司議吳思忠·門下舍人趙璞等上疏曰, 判門下李穡事我玄陵, 以儒宗位輔相. …… 又以儒宗, 佞佛印成藏經 ……"), 이색이 왕씨를 가로막고 신우의 아들 신창을 세운 것은 임연의 원종 폐위에 주저한 이장용보다 못하다(《고려사》 권119, 列傳32 鄭道傳, "道傳又上書都堂請誅穡玄寶曰, …… 今李穡之爲儒宗, 孰與藏用 ……")고 하였다.

114 《태종실록》 권17, 9년 3월 임술.;《세종실록》 권59, 15년 2월 계사.

을 비롯한 원의 세계 문화를 수용하여 고려 국가의 위상을 정립하고 정치 질서를 안정시키려는 목적 아래, 유교의 교화 그리고 그 기반으로서 인재 양성에 매진했음이 인정되었기 때문이다. 안향에게 주어졌던 유종이라는 지칭이나 문묘 배향이라는 명예는 모두 성인의 도를 높이고 이를 선양한 것에 대한 당대의 역사적 평가였다. 달리 말하면 유교적 문치사회를 건설하고 확립하고자 한 것이 안향의 궁극적 지향이었음을 분명하게 보여 주는 것이다.

4. 맺음말

이 장에서는 고려 후기 성리학의 수용을 안향의 학교 진흥과 인재 등용 문제로 파악하되, 최근의 연구 성과 예컨대 고려 원 관계사 연구와 그 주변 연구를 참고하여 더 종합적이고 체계적으로 안향의 상을 살펴보려고 하였다.

안향이 활동한 13-14세기는 국제사회변동기로서 고려로서는 세계 제국인 원의 간섭과 지배를 받던 시기이면서 성리학을 비롯한 세계 문화를 수용하는 시기였다. 안향은 고려 국가의 보위를 전제하면서 원과의 문화적 관계 속에서 국학 진흥과 유교 확산에 주력하여 유교사회를 건설하고자 하였다. 즉 안향은 첫째, 원나라의 똘르게 또는 정동행성의 유학제거사, 좌우사, 원외랑과 낭중이 되었고, 이때 성리학을 익혔다. 당시 똘르게는 원 궁정 생활을 통하여 원의 문화를 접하고 원의 문사들과 교류하여 중국의 선진 문명을 습득하였는데, 안향 역시 똘르게를 통하여 성리학을 수용하고 이를 고려에 전래하였다. 또한 충렬왕 24년(1298) 충선왕이 원나라에 갈 때 안향이 수종하였고, 원나라 유학을 배웠다. 둘째, 충렬왕 29년(1303) 찬성사로 임명되어 학교가 날이 갈수록 쇠퇴하는 것을 근심하여 학교를 복구하고 섬학전을 마련하였다. 또한 중국에서 육경, 자사 등의 서책을 구입하고 모든 관원에서 이를 익히도록 하였다. 셋째, 성리학의 습득을 통하여 미신과 같은 음사를 배격하고 주자를 흠모하며 유학 진흥에 앞장섰다. 안향은 이후 백이정·권부·우탁에게 전하고, 이들은 다시 이제현·이곡·이색에게 성리학을 전수하였다.

안향의 성리학의 특징은 초기 성리학 수용과 관련해서 유학의 독자성, 정체성을 확립하고, 실천 윤리를 중시하였다고 할 수 있다. 안향은 상주 판관 시절에, 유교의 합리주의에 입각해서 음사를 없애고자 하였고, 부자의 도는 만대의 규범으로 신하가 임금에게 충성을 다하고 아들이 어버이에게 효도를 다하며 아우가 형에게 공손히 대해야 한다고 하였다. 효제충신을 골간으로 하는 유교의 핵심 사상을 강조하는 가운데 오륜을 인간이 당연히 지켜야 할 도리로 주장하였다.

단, 첨의중찬 시절 첨의찬성사 원관과 함께 대장경을 인출하여 중국 강절 행성 사명산에 있는 천동사와 항주의 혜인사에 봉안하였다. 대장경 간행은 불교의 교리의 의의를 긍정하였다고 할 수 있는데, 이는 당시 불교와 유교과 같은 근원, 같은 사상이라는 시대적 분위기를 반영한 것이다. 성리학 수용 초기에는 불교와 유학의 공존 분위기를 반영하였고 안향도 이에 따른 것이다. 불교의 윤리적 기능은 불교의 문치적 성격을 드러낸 것으로 유교가 말하는 인문 문치와 크게 다르지 않다. 유교의 문치사회는 인간의 도덕적 신뢰를 바탕에 두고 대화, 설득, 자각을 통한 합리적이고 이성적인 도덕사회를 지향한다. 불교와 유교의 공통점이 있다고 하겠다.

무신집권기와 대몽항쟁기를 거치면서 국토는 황폐화되고 교육에 힘을 쏟을 여력이 없었다. 그러나 안향은 척박한 시대에 학교를 세우고 인재를 양성하고 원에서 유학을 수용하여 유학 발전에 공을 세웠다. 이를 두고 이제현은 안향이 한 시대의 유종이라고 하였고, 충숙왕 6년에 문묘에 배향하는 이유가 되었다. 성인의 도를 높이고 이를 선양하여 유교가 지배하는 사회를 건설하고 문치사회를 확립하는 데 기여한 것을 평가한 것이라 할 수 있다.

제2장 이제현의 군신 정치론과 문치사회 지향

1. 머리말

이제현(1287-1367)은 원 간섭기라 불리는 고려 후기에 원으로부터 국왕의 소환, 입성책동, 공민왕의 반원개혁 등 중요 국가의 정치 현안에 관여하여 고려의 향방에 큰 영향을 미쳤다. 그리고 성리학을 수용하고 개혁 정치를 추구하며 성리학을 이색과 권근 등에게 전수하였다.

그런데 조선시대에 그에 대한 평가는 녹록하지 않다. 세종 15년에 김반과 세종 18년에 김일자는 공자와 맹자의 도학이 우리나라에 행하게 된 것은 이제현·이색·권근이므로, 이 세 사람을 문묘에 종사할 것을 주장하였다.[1] 하지만 이제현은 주자학에 순수하지 못하였다는 것 때문에, 이색은 불교에 아첨했다는 것을 이유로 배향에서 제외되었다.[2] 문종 대 편찬된 《고려사》에 "이

---

1 《세종실록》 권59, 15년 2월 癸巳;《세종실록》 권72, 18년 1월 丁丑.
2 《성종실록》 권82, 8년 7월 丙戌, "任仕洪曰, …… 又曰, …… 我國人文廟者, 崔致遠·安珦·

제현은 성리학을 즐겨하지 않으며 그에 대한 정론도 없어 공자·맹자를 공담으로 말하고 심술心術이 단정하지 못하여 사업을 매우 합리적으로 하지 못하였기 때문에 식자들이 단점으로 여겼다"3고 하였다. 조선 초기 이제현에 대한 평가는 긍정적이지 않았던 것이다.

이와 달리 근현대 한국사 연구에서 이제현은 원 제국 아래에서 개혁을 모색한 인물로 평가되었고,4 동아시아 세계시민으로서 고려 국가를 보전하고 반원 운동에 적극적이지 않은 인물로서 파악되기도 하였으며,5 세조구제로 대원 관계를 긍정하여 공민왕의 반원개혁에 소극적이었고, 충목왕 대에는 성리학적 이념의 확산을 주장하였지만 신돈의 개혁에서는 좌주문생 관계로 얽힌 개혁의 대상으로 파악되었다.6 그렇다면 이제현의 사상과 정치활동을 어떻게 이해할 수 있는가?

역사 속의 인간은 사회적, 시대적 배경 속에서 탄생하고 주어진 조건 속에서 이해된다. 원의 간섭과 지배를 받던 시기에 이제현 역시 원의 간섭과 성리학 수용이라는 역사적 조건과 환경 속에서 이해되어야 할 것이다. 또한 역사 속 인물 평가는 당대의 문제의식, 시대적 과제 속에서 이루어지고, 시대 상황이나 역사적 과제의 변화에 따라 평가 기준이 달라지면서 다양한 해석이 가능해진다. 조선시대의 부정적 평가 역시 성리학의 학적 수준과 절의를 강조하는 시대적 배경을 염두에 두어야 할 것이다.7

薛聰而已. 其後李齊賢·鄭夢周·李穡·權近, 皆東人之賢者也. 夢周則誠無間, 然未知齊賢之學, 果純正否, 穡近多有議之者矣. 上曰, 李穡佞佛者也, 安可入文廟乎?"

3 《고려사》 권110, 列傳23 李齊賢, "然不樂性理之學, 無定力, 空談孔孟, 心術不端, 作事未甚合理, 爲識者所短."

4 鄭求福, 〈李齊賢의 歷史意識〉, 《震檀學報》 51(1981); 이승한, 〈제2장 국가존망의 위기, 입성책동〉, 《몽골과 고려③ 고려왕조의 위기 혹은 세계화시대》(푸른역사, 2015).

5 민현구, 〈13-4세기 東아시아 世界 市民으로서의 이제현〉, 《高麗政治史論》(고려대출판부, 2004).

6 이익주, 〈이제현, 시대를 증언하나, 시대를 따라가지 못하다〉, 《한국사인물열전1》(돌베개, 2003).

7 金乾坤, 〈고려시대 文人年譜 研究(1)-〈益齋先生年譜〉의 分析〉, 《藏書閣》 5(2001); 이정호, 〈《益

이 장에서는 이러한 문제의식에서 이제현의 사상적 특성을 살펴보고 그가 지향했던 바가 무엇인가를 당시의 시대적 배경 속에서 파악하고,[8] 그의 삶과 행동이 갖는 역사적 의미를 규명하는 한편으로 시대를 뛰어넘어 평가할 수 있는지를 살펴보고자 한다.[9]

2. 사대관계의 유지와 정치운영론

1) 사대관계의 유지와 고려 국가의 보위

이제현은 본관이 경주이고 아버지는 이진[10]이다.[11] 어머니는 박인육의 딸이고, 자식은 관瑄·해여海如, 체원體元·제현·지정之正 등 4남이다. 이제현의 부인은 3명이다. 안동 권씨 사이에 2남(서종瑞鍾, 달존達尊) 3녀(임덕수任德壽, 이계손李係孫, 김희조金希祖와 혼인), 박씨 사이에 1남(창로彰路) 3녀(박동생朴東生, 송무宋懋와 혼인, 혜비惠妃(공민왕의 비)), 서씨 사이에 2녀(김남우金南雨, 이유방李有芳과 혼인)를 두었고, 측실 소생으로 2녀(임부양林富陽과 혼인)가 있다. 충렬왕 27년(1301) 성균시에 합격하고 시관이던 권보의 사위가 되었다.[12] 권

　齋集》의 사료적 가치와 詩文 제작시기〉,《韓國史學報》52(2013).

8　최봉준, 〈이제현의 성리학적 역사관과 전통문화 인식〉,《韓國思想史學》31(2008).

9　도현철, 〈원 간섭기를 어떻게 볼 것인가〉,《쟁점한국사》(창비, 2017).

10　이진이 아들 이제현의 세력을 빙자하여 남의 노비를 많이 빼앗았으므로 식자들이 그를 하찮게 여겼다(《고려사절요》권24, 忠肅王(8년 9월), "檢校僉議政丞李瑱卒. 爲人體貌魁梧局量寬弘. 然倚其子齊賢勢, 多奪人臧獲, 識者以此少之")는 기록이 있다.

11　《목은집》文藁 권16, 雞林府院君諡文忠李公墓誌銘.

12　권근에 따르면, 이제현은 20살도 안되었으나 학문을 좋아하므로, 이를 가상하게 여겨 사위로 삼았다. 이제현은 글을 잘 다룬다는 말을 들으면 반드시 가서 수업하고, 누가 무슨 책을 가지고 있다는 말을 들으면 반드시 빌려다가 읽되, 밤을 낮삼아 부지런히 하였으며, 가끔 손님이 오게 되면 벽 하나 사이라, 글 읽는 소리가 손님과의 대화를 방해하므로

보는 5남 4녀를 두었는데, 권준과 왕후가 그 아들이고, 셋째 딸은 순정대군順正大君 왕숙王璹에게, 넷째 딸은 회안대군淮安大君 왕순王珣에게 출가하였다. 한 집안에 군君으로 봉해진 사람이 아홉 명이나 되니, 옛날에도 없던 일이라고 한다.[13] 당시 안동 권씨는 염제신·이제현·홍언박·한수·이색처럼 과거에 합격한 우수한 인재를 사위로 삼아 가문의 영예를 이어갔다.[14]

충정왕과 공민왕 초기에 기철은 이제현과 혼인을 통해 연결을 꾀했다.[15] 이제현의 아들인 이달존의 딸이 기철의 조카 기인걸奇仁傑에게 출가하였다. 이제현 손자들이 연이어 기씨와 혼인하였는데, 이제현은 기씨의 세력이 너무 성한 것을 꺼려하였다.[16] 기씨가 평장사에 임명되자 공민왕이 시를 지어 축하하도록 내린 명령을 이제현은 사양하였다.[17]

이제현은 고려의 신하로서 충성을 다하고자 하였다. 그는 충숙왕 3년(1316)에 봉명사신이 되어 충선왕과 함께 사천성 아미산峨眉山에 제사를 지내러 갔고, 충숙왕 6년에 황제의 명으로 충선왕이 명산대천에 향을 내려주는 강향사

선군께서 중지하라 하여도 그치지 않았다. 그러므로 학문은 날로 진보되고 명성은 날로 전파되어 선묘宣廟께서 큰 기국으로 여기게 되었다. 뒤에 충선왕을 연경에 조회하고, 중국의 명유名儒·석사碩士들과 절차탁마하여 높은 학문을 보여 주었으며, 촉에 봉사하여 유람하고 돌아왔기 때문에 또한 그 기위奇偉하고 장엄한 관람을 한없이 하여 가슴속에 쌓았으니, 말을 하매 문장이 되고, 실행하매 도덕이 되었으며, 국가에 시행하매 공로와 업적이 됨으로써, 여섯 조정의 문명한 교화를 보좌하고, 태평을 장식하여 한없이 전함이 빛났다(《양촌집》 권15, 贈李生蟠(우왕 5년 3월 1379)고 하였다.

13 《익재집》 권7, 贈諡文正公權氏墓銘, "一家九封君, 古未之有焉."

14 金光哲, 《高麗後期世族層研究》(동아대출판부, 1991); 閔賢九, 〈高麗後期 安東權氏 家門의 展開 - 元 干涉期의 政治的 位相을 중심으로〉, 《道山學報》 5(1996); 朴龍雲, 〈安東權氏의 사례를 통해 본 高麗社會의 一斷面 - '成化譜'를 참고로 하여 〉, 《歷史敎育》 94(2005).

15 김당택, 〈제5장 원 간섭기 말의 반원적 분위기와 고려 정치사의 전개〉, 《원 간섭하의 고려정치사》(일조각, 1998).

16 《고려사》 권110, 列傳23 李齊賢, "齊賢之孫, 連姻奇氏, 齊賢忌其盛滿."

17 《목은집》 文藁 권16, 雞林府院君諡文忠李公墓誌銘, "公之孫連姻奇氏, 公忌其盛滿. 及其拜平章, 玄陵勑兩制賦詩以賀, 且命公敍其事, 公辭不爲."

降香使가 되어 절강성 보타사에 갔을 때 동행했다. 충숙왕 9년에 충선왕이 참소를 받아 티베트吐蕃로 유배를 가게 되었는데, 최성지와 함께 원 낭중과 배주拜住에게 충선왕을 구원하는 글을 올렸다.[18] 충선왕은 얼마 뒤 타사마朶思麻로 옮겼는데, 이는 배주의 건의에 의한 것이라고 한다.[19]

또한 충숙왕이 죽고 조적曹頔이 백관을 협박하여 "임금의 곁에 있는 간악한 소인들을 쫓아내겠다"고 하면서 심양왕 왕고를 옹립하려 하였다. 이에 충혜왕이 기병을 이끌고 그를 죽였으나 연경에 있는 심양왕 무리들이 충혜왕에게 죄를 씌우려고 하였다. 이때 이제현은 충혜왕의 옹립을 주장하며 "나는 우리 임금님의 아들만을 알 뿐이다"라고 하였고 충혜왕 복위 1등 공신이 되었다. 충혜왕 대에는 벼슬하지 않고 《역옹패설》을 저술하였다.[20] 당시 이제현은 충혜왕이 유자를 좋아하지 않아도,[21] 충혜왕에게 왕위가 이어지는 것이 고려의 전통적인 정치 질서에 부합하는 것으로 보았다.[22]

얼마 후 원나라는 충혜왕을 압송하여 게양현(광동성)으로 유배시켰고, 조정에서 충혜왕을 구원하는 방안을 논의하였다.[23] 권한공과 이능간은 왕이 무도하여 황제에게 죄를 얻은 것인데 어찌 구원할 수 있는가 하였지만, 김영돈

---

18 《고려사》 권110, 列傳23 李齊賢, "忠宣被讒, 流吐蕃, 齊賢又與崔誠之, 獻書元郎中日 …… 又上書丞相拜住日 ……"

19 《고려사》 권110, 列傳23 李齊賢, "…… 旣而帝命量移忠宣于朶思麻之地. 從拜住所奏也."

20 《목은집》 文藁 권16, 雞林府院君諡文忠李公墓誌銘; 《고려사》 권110, 列傳23 李齊賢, "己卯春二月, 忠肅王薨, 其秋政丞曹頤脅百官, 屯兵永安宮, 宣言逐去君側惡小, 而陰爲瀋王地, 忠惠王率精騎擊殺之, 而其黨之在都者甚衆, 必欲抵王罪, 人心疑危, 禍且不測. 公憤不顧曰, 吾知吾君之子而已, 從之如京師, 代舌以筆, 事得辨析, 功在一等. 旣還群小盆熾, 公屛迹不出, 著櫟翁稗說."

21 김용선, 《역주 고려묘지명집성(하)》(2012), 閔思平墓誌銘, "庚午永陵(충혜왕)卽位. 頗不喜儒, 苟非有得於中者, 惟虎是効, 爲之媚悅."

22 이익주, 〈이제현, 시대를 증언하나, 시대를 따라가지 못하다〉, 《한국사인물열전1》(돌베개, 2003).

23 《고려사》 권36, 世家36 忠惠王(후4년 癸丑), "帝以檻車流王于揭陽縣. 論王若曰, 爾王禎爲人上, 而剝民已甚, 雖以爾血, 喋天下之狗, 猶爲不足. 然朕不嗜殺, 是用流爾揭陽, 爾無我怨往哉."

은 왕이 욕을 당하였을 때 그 신하가 죽음으로 구원하는 것이 마땅하다고 하였고, 이제현은 충혜왕을 구하는 글을 작성하였다.[24] 여기에서 권한공·이능간 등은 원을 중심으로 하는 세계 질서 속에서 원의 황제에 대한 배신陪臣을 강조하였다면, 김영돈과 김륜은 고려 국가에서의 군신관계를 중시함으로써 고려의 독자적인 왕조체제를 유지하는 입장을 취하였다.[25] 권한공과 이제현은 같이 충선왕을 호종하였지만, 권한공이 원 제국을 우선하였다면, 이제현은 고려 국가를 우선하는 태도를 보였다.[26] 이는 이제현이 고려 국왕인 충혜왕에 대한 신하의 도리를 다하려는 것이었다. 성리학이 오륜을 기초로 한 명분을 인간관계에서는 반드시 지켜야 할 합당한 도리로 파악하여, 군주에 대해서는 신하, 부모에 대해서는 자식으로서 주어진 직분과 분수에 충실히 하는 것이 자연의 이치로 파악한 것의 영향이라고 할 수 있다.

또한 이제현은 충숙왕 10년(1323) 유청신과 오잠의 3차 입성책동에 반대하여 도당에 반대상소를 올리면서, 4백 년이 넘는 고려왕조의 오랜 역사를 강조하고 원 제국에 신복하여 공물을 바친 지 100여 년이 되었다고 하였다. 고려의 옛 풍속을 고치지 않고 종묘사직을 보존하겠다는 세조구제의 원칙을 재확인하였다.[27] 세조구제는 원 세조 쿠빌라이가 고려의 의관은 본국의 풍속을 따르고 모두 바꾸지 않는다는 불개토풍不改土風의 원칙을 제시하였는데,[28] 이는 고려가 종묘사직의 보전, 곧 왕조 체제의 존속을 보장받는 근거가 되었

---

24 《고려사》 권110, 列傳23 李齊賢, "忠惠被執于元, 宰相國老會旻天寺, 議上書請赦王罪, 齊賢草其書曰……: 《고려사절요》 권25, 忠惠王(후4년 12월), "…… 令金海君李齊賢, 草其書."

25 李益柱, 《高麗·元 關係와 高麗後期 政治體制》(서울대박사논문, 1996), 183-184쪽.

26 장동익, 〈권한공의 생애와 행적〉, 《대구사학》 104(2011).

27 《고려사》 권110, 列傳23 李齊賢, "齊賢爲書上都堂曰, 中庸曰 …… 竊惟小邦, 始祖王氏, 開國以來, 凡四百餘年, 臣服聖朝, 歲修職貢, 亦且百餘年. 有德於民, 不爲不深, 有功於朝廷, 不爲不厚. …… 不更舊俗, 以保其宗祧社稷. 緊世皇詔旨是賴 ……."

28 《고려사》 권25, 世家25 元宗 원년 8월 임자.

고, 고려의 풍속 유지, 문화를 존중하는 의미로 사용하게 되었다.[29]

더욱 이제현은 안축과 함께 원에서 고려인과 색목인을 동일하게 취급해달라는 상소를 올렸다.[30] 어기에서 고려가 칭기스칸이 거란군과 대립할 때 함께 적을 섬멸하고 형제 맹약을 맺었으며, 1259년 태자 전(원종)이 중국에 갔을 때 계승 분쟁 중인 세조 쿠빌라이를 도와 그에게 큰 힘이 되어 주었고, 그리하여 왕과의 왕실 혼인이 성립되었다고 하였다. 그러므로 고려는 색목인과 동등하게 대우받아야 한다는 것이다. 당시 한인漢人과 같은 부류로 인정된 고려인은 몽골인, 색목인 다음으로 구분되었다. 원은 한반도 고려인을 대상으로 무기소지 금령, 충혜왕의 구금 등 고려의 정치적 독자성과 법제적 독립성을 부인하는 조치를 취하였다. 이에 이제현은 색목인론을 주장하여 고려인의 신분 상승이나 처우개선의 문제를 넘어서서 고려인의 정체성을 천명하고 그 점을 원 조정으로부터 인정받고자 하였다.[31] 원과의 사대관계를 통하여 국가를 존속하고 국가의 위상을 높이려는 생각을 보여 준다고 하겠다.

2) 왕권의 안정과 군자 등용론

이제현은 원과 긴밀한 관계에서 왕권을 안정시키고 고려 국가를 중흥하고자 하였다. 그는 소목昭穆 정비의 글을 올려[32] 유학의 예제, 곧 종법 질서를 유지하고 고려 국왕의 왕위계승에 관한 원칙을 확인하고자 하였다. 종묘는 고려 국왕의 위패를 모신 사당으로 현 국왕의 조선 숭배가 이루어지고 이를 통해 왕위 승계의 정통성을 확인해 준다. 천자의 경우 3소 3목과 태조

---

29 李益柱, 《高麗·元 關係와 高麗後期 政治體制》(서울대박사논문, 1996).
30 《익재난고》 권8, 乞比色目表.
31 김호동, 〈고려 후기 '乞比色論'의 배경과 의의〉, 《역사학보》 200(2008).
32 《고려사》 권61, 志15 禮3 吉禮大祀 諸陵, "(공민왕)六年八月, 命李齊賢定昭穆之次. 齊賢上議曰, ……"

의 묘를 합쳐 7묘가 되고, 제후는 2소 2목과 태조의 묘를 합쳐 5묘가 된다. 고려의 종묘는 성종대 5묘제가 실행된 이래 동당이실을 바탕으로 5묘 9실로 운영되었고, 소목의 배열은 왕위계승 순서인 위차位次를 중심으로 하는지 아니면 왕들의 사적인 혈연적 계보 관계인 세차世次를 중심으로 하는가의 차이가 있는데, 형제 동반의 소목제로 운영되었다.[33] 의종대 혜종과 현종이 불천지주不遷之主가 되면서 7묘 9실제로 변했다. 원 간섭기 이후 고려의 위상이 제후국으로 변하면서 천자의 7묘가 아닌 제후의 5묘(9실제)로 바뀌는데[34] 이제현은 동당이실제同堂異室制를 전제로 형제 동반의 의리에 입각한 소목제를 바탕으로 하면서 제후국의 5묘를 재확인하였다. 이제현은 민지가 성리학의 예론을 알고 있었지만, 전통사상에 치우쳤다고 하였다. 민지는 처음 소목을 말할 때는, "소昭는 체천遞遷되어 목穆이 되어야 하고 목은 체천되어 소가 되어야 한다"고 하여 주자를 비판하였는데, 그가 쓴 《세대편년》에서 소목은 만세도록 바꾸지 않을 것이라고 하여, 민지의 주장은 앞의 글과 뒤의 글이 모순된다고 비판하였다.[35]

이러한 종묘 논의는 고려 국왕의 안정적 계승으로, 국왕을 정점으로 하는 지배 질서를 확립하려는 것이다. 무신집권기에는 최충헌은 6명 국왕을 폐위하고 4명의 왕을 옹립하는 등 변칙적인 왕위계승이 있었고, 원 간섭기에는 중조重祚, 곧 원에 의해 국왕이 옹립되고 폐위되는 등 왕권의 불안정성을 드러냈다. 이에 유학의 종법으로 왕실의 종묘 위차 논의를 제기하고 왕위계승의 객관성, 합리성을 도모하고 왕권을 안정시킬 수 있는 최소한의 근거를 마련하려 했던 것이다.

---

33 池斗煥, 〈廟制의 整備와 王室 正統論의 確立〉, 《朝鮮前期儀禮研究》(서울대 출판부, 1994); 崔順權, 〈高麗前期 五廟制의 運營〉, 《歷史敎育》 66(1998).
34 金澈雄, 〈고려시대 太廟와 原廟의 운영〉, 《국사관논총》 106(2005).
35 《역옹패설》 前集一.

같은 맥락에서 이제현은 군주권의 안정화를 위하여 군주수신(君主聖學)을
강조하였다. 충목왕에게 《효경》·《논어》·《맹자》·《대학》·《중용》 등의 유교 경
전을 학습해 격물·치지·성의·정심의 도를 익히고 윤리도덕을 밝히라고 하
여,36 군주의 수신, 성리학의 수기치인 공부로 국가를 올바르게 다스리도록
유도하고자 하였다. 당시 원나라의 내정 간섭에는 고려 왕정의 불안정과 국
왕의 자질 문제가 지적되었다. 충선왕은 독단적으로 처결하고 많은 사람이
의심한다는 이유로,37 충혜왕은 군주로서 백성을 수탈하였다는 명분으로38 국
왕을 교체했다. 이제현은 국왕 폐위 이유가 군주의 도덕성, 자질에도 있으므
로, 군주의 자질 함양이 중요하다고 보는 것이다.

　　물론 중조(重祚)에서 보듯이 고려 권력 변동, 국왕 교체의 원천은 원나라에
있었다. 원 공주를 둘러싼 원 조정의 간섭, 국왕에 불만을 품은 자들이 원
황실에 고소하는 일이 반복되었다. 고려 왕권은 불안정한 것이 사실이지만,
원 제국 아래의 사대관계에서 부마국, 제후국으로서 고려 국왕의 위상은 있
었다. 고려는 유교 왕조국가로서 유교의 종법론을 통하여, 군주수신론을 통하
여 최소하나마 왕위계승의 정당성과 객관성을 확보하고 왕권의 안정을 도모
하고자 했던 것이다.

　　이제현은 유학의 군신 정치론에 충실하고 재상이 정치를 주도하는 정치를
지향하였다. 군신 질서를 절대적인 관계로 파악하면서 정치운영의 주체는 재

---

36 《고려사》 권110, 列傳23 李齊賢, "上書都堂曰, 今我國王殿下, 以古者元子入學之年, 承天子明
　命, 紹祖宗重業, 而當前王顚覆之後, 可不小心翼翼以敬以愼. 敬愼之實, 莫如修德. 修德之要, 莫
　如嚮學. 今祭酒田淑蒙, 已名爲師, 更擇賢儒二人, 與淑蒙講孝經語孟大學中庸, 以習格物致知誠意
　正心之道, 而選衣冠子弟, 正直謹厚好學愛禮者十輩爲侍學, 左右輔導, 四書旣熟, 六經以次講明."

37 《고려사》 권31, 世家31 忠烈王4(24년 8월 계유), "詔曰, …… 頗涉專擅, 處決失宜, 衆心疑
　懼, ……"

38 《고려사》 권36, 世家36 忠惠王(후4년 12월 癸丑), "帝以檻車流王于揭陽縣. 論王若曰, 爾王
　禎爲人上, 而剝民已甚, 雖以爾血, 啖天下之狗, 猶爲不足. 然朕不嗜殺, 是用流爾揭陽, 爾無我怨
　往哉."

상이어야 한다는 유학의 정치론에 동의하였던 것이다. 이러한 사실은 지공거 김구가 충렬왕의 고명을 받는 방식에 대한 평가에서 알 수 있다. 원종 14년 김구가 지공거일 때 승선인 홍자번과 예제에 관해 논란을 벌인 일이 있다. 구제에 따르면, 과거시험 날 승선承宣이 임금의 명령이 담긴 금인金印를 받들 어 오면 동지공거가 뜰에 내려가 맞이하고 지공거는 자리를 피하여 기다리도 록 되어 있다.[39] 그런데 이보다 앞서 홍자번은 왕에게 아뢰기를 "승선이 어 보를 받들고 공원貢院에 가면 지공거로서 어떤 사람은 계단을 내려오고 어떤 사람은 가만있으니 지금 어느 편 예식을 따르는 것이 좋겠습니까?"라고 하 니 왕이 말하기를 "도장을 가진 자가 있으면 계단을 내려서는 것이 마땅할 것이다"라고 대답하였다. 그래서 홍자번이 공원에 이르러 김구를 힐난하면서 말하기를 "나는 왕명을 받고 어보를 받들고 왔는데 지공거가 뜰에 내려와 맞이하지 않으니 나는 감히 들어갈 수 없다"라고 하였다. 김구가 대답하기를 "승선이 재상에게 오면 재상은 앉아서 그를 기다리는 법이다. 지금 내가 일 어나 자리를 피한 것만 하여도 지나친 예식이라고 하겠거늘 하물며 뜰에 내 려가 맞겠는가?"라고 하였으나 홍자번은 그래도 "왕의 명령이 그렇다"라고 하였다. 그러다가 해가 기울어지게 되었으므로 김구가 할 수 없이 계단을 내 려왔는데 마지막 한 계단을 다 내려가지도 않았을 때에 홍자번이 들어갔다.

이에 대하여 《고려사》는 김구가 피하면 되었을 계단 아래로 내려와 대신 의 체모를 잃었다고 비판하였다.[40] 하지만 이제현은 "문정(김구)의 말은 선

---

39 《고려사》 권74, 志28 選擧2 科目2 試官, "元宗十四年十月, 叅知政事金坵知貢擧. 舊制 二府 知貢擧. 卿監同知貢擧, 其赴試, …… 貢擧齋奉 到試院 試日未明放題. 承宣奉金印至, 同知貢擧 庭迎, 知貢擧避位待之 詳在禮志. …… 至是初場日, 承宣洪子藩, 至貢院詰日, 予承命而來, 知 貢擧必庭迎. 金坵不得已下階."

40 《고려사》 권105, 列傳18 洪子藩, "舊制 承宣奉御寶 至試院, 同知貢擧庭迎, 知貢擧面北立堂 上, 金坵爲知貢擧, 子藩奉御寶將往, 奏曰, 承宣奉御寶, 至貢院, 知貢擧或下階以迎, 或否今從何 禮? 王曰, 有寶宜下階. 子藩至貢院詰曰, 予承命奉御寶來, 知貢擧不庭迎, 予不敢入. 坵曰, 承宣詣宰相, 宰相坐而待之. 今乃起避尙過禮, 況庭迎乎? 子藩曰, 有旨日將晚. 坵不得已下階,

제2장 이제현의 군신 정치론과 문치사회 지향 61

왕의 제도로서 대신을 공경하기 때문이고, 충정(홍자번)의 말은 임금을 높이고자 한 것이다. 그 임금으로 하여금 선왕의 법을 본받아 대신을 공경하게하는 것 역시 임금을 높이는 뜻이 아니겠는가"라고 하였다. 김구가 선왕의제도를 지키려는 것이라고 해석하였던 것이다.[41] 유교의 예치는 왕권을 공적인 권력으로 객관화하고, 군자의 공론을 집약한 재상정치를 지향하는데,[42] 이제현은 선왕의 도를 지키고 재상을 높이는 정치를 추구했다[43]고 할 수 있다.

한편 이제현은 충선왕의 뜻에 부응해서 유교문화를 수용하고 유교의 확산을 도모하였다. 이제현은 충선왕에게 우리나라 문물은 중화와 비견되었는데무신집권기 이래 글 읽는 사람들이 승려를 쫓아 장구만을 익히게 되었으니,학교를 증설하고 선왕의 도를 가르친다면 실학이 다시 일어날 것이라 하였고, 문장 다듬기에만 치중하는 것을 비판하고 경학에 밝고 행실을 닦은 선비〔經明行修의 士〕를 제시하였다. 곧 경학을 통해 사물의 이치와 인간의 도리를터득해서 윤리 도덕을 실현하는 것, 구체적으로는 권귀의 발호, 정치 기강의이완, 왜구와 홍건적의 침입이라는 현실 변화에 효과적으로 대응할 수 있는인물을 구했다. 이는 그 뒤 고려의 인재 선발에 반영되었다. "훌륭한 재간과큰 덕이 있고 효도하고 청렴하며 품행이 바른 선비나 경서에 밝고 행실이바르며 훌륭한 재능이 있고 절개를 지키는 선비를 천거하도록 하고",[44] "산림이나 향곡에 경명행수經明行修의 사가 있으면 안렴사는 전리사와 군부사

未盡一級, 子藩乃入. 或謂子藩不恭 坵起避可也. 遽爾下階, 亦失大臣體."

41 《익재집》 櫟翁稗說 前集1, " …… 曰, 文貞之言, 先王之定制, 所以敬大臣也. 忠正之言, 欲以尊王也. 使其君法先王敬大臣, 不亦尊王之義乎."

42 이봉규, 〈王權에 대한 禮治의 문제의식 - 宗法과 君子 개념을 중심으로〉, 《철학》 72(2002).

43 도현철, 〈고려 후기 성리학 도입에 관한 제설의 검토와 지포 김구의 역할〉, 《역사와 실학》 59(2016).

44 《고려사》 권75, 志29 選擧3 凡薦擧之制(충선왕 즉위년), "用人不可專用世家子弟 其有茂才碩德孝廉方正之士"; 《고려사》 권75, 志29 選擧3, 凡薦擧之制(충숙왕 12년 10월), "敎茂才碩德孝廉方節正之士 側微無聞者 所在官司錄名升薦."

에게 보고하여 임용하도록 하라"45 등이 그것이다.

경학에 밝고 윤리를 실천할 수 있는 인물 등용은 현실에 대한 책임의식의 강조로 이어진다. 이제현은 "하늘이 대인에게 벼슬을 준 것은 백성을 구제하고자 함이다. 곤궁하여 하소연할 곳 없는 사람을 보고 태연히 부끄러워하지 않는다면 어찌 하늘이 책임을 부여한 본뜻이겠는가"46라고 하여 완성된 인간형인 군자(대인)가 관리가 되어야 한다고 하였다. 유교적 기준에 기초한 군자·대인이 현실정치를 이끄는 경세의식, 책임의식을 견지하였던 것이다.

유망·유이 현상에서 알 수 있듯이 일반 민은 경제적으로 불안정하였다. 유교의 인정·왕도론을 논하지 않더라도 나라의 근본인 민을 안정시키는 것이 최우선 과제였다. 이때 민이 곤궁에 빠지고 유망하는 원인의 하나는, 수령이 적합한 인물로 채워지지 못하고 또 그러한 수령들이 임무를 제대로 수행하지 못하거나 자의적인 수탈을 행하기 때문이라고 하였다. 그러므로 수령이나 관료 임명에 신중을 기하도록 하고 공적이고 합리적인 인물이 관리가 되어야 한다고 하였다. 이제현은 "적합한 인물이 관리가 되어야 백성이 복을 받는다"47고 하였다. 민의 휴척休戚의 관건은 적합한 관리의 임용에 있다는 것이다.

이제현은 유교적 지식에 철저한 사대부＝군자가 관리가 되어야 하며, 이러한 인재 등용이야말로 정치의 근본이라고 하였다. 이를 통하여 민을 이끌 책임, 주체의식으로 중앙정계 진출의 명분과 논리 근거를 확보하여, 자신들과 같은 유학자가 관리가 되어 민을 이끄는 주체가 되어야 한다고 주장하게 된다.

---

45 《고려사》 권75, 志29 選擧3 凡薦擧之制(공민왕 원년 2월), "敎日, 山林鄕曲, 如有經明行修茂才苦節之士, 按廉使以聞典理軍簿隨才擢用."
46 《고려사》 권110, 列傳26 李齊賢, "又上書丞相拜住日, …… 天之降任于大人, 本欲使之濟斯人也. 苟視其困窮無吿者, 恬不爲愧, 豈天之降任意耶."
47 《고려사》 권110, 列傳23 李齊賢, "忠穆襲位, 進判三司事封府院君. 上書都堂日, …… 勤恤之意, 刺史守令, 得其人, 則民受其福, 不得其人, 則民遭其害."

3. 유교적 개혁과 문치사회 지향

1) 유교적 개혁과 관료제 정비

이제현은 주자의 주석에 입각한 사서오경을 핵심으로 하는 성리학을 익혔고, 성리학에서 제시하는 정치사회상을 고려 현실에 실현하려 하였다. 그는 충렬왕 27년(1301)에 《사서집주》를 간행한 권보[48]와 조간이 시관이던 과거에 합격하였고, 충숙왕 7년(1320)과 공민왕 2년(1353)에 걸쳐 시관을 역임했다. 충숙왕 원년(1314)에 충선왕의 명으로 원나라 연경의 만권당[49]에 머물러 요수·염복·원명선·조맹부·장양호 등 원나라 최고의 학자들과 교류하였다.[50] 그리하여 그는 충목왕에게 《효경》·《논어》·《맹자》·《대학》·《중용》을 학습해 격물·치지·성의·정심의 도를 익히라고 하였고, 과거시험 문제에서 《맹자》의 정전제를 제시하였다.[51] 더욱 주자학의 역사관에 충실하고 역사적 판단 기준을 《주자강목》의 근거하여 제시하기도 하였다.[52]

---

48 《고려사》 권107, 列傳20 權旦 權溥, "嘗以朱子四書集註, 建白刊行, 東方性理之學, 自溥倡"; 《櫟翁稗說》 前集 2 "其後白彝齋(頤正)從德陵, 有道下十年, 多求程朱性理之書以歸, 我外舅政丞菊齋權公得四書集註, 鏤板以廣其傳, 學者又知有道學矣."

49 金庠基, 〈李益齋의 在元 生涯에 對하여 - 忠宣王의 侍從의 臣으로서〉, 《大東文化研究》 1(1963); 鄭玉子, 〈麗末 朱子性理學의 導入에 관한 試考〉, 《震檀學報》 51(1981); 朴現圭, 〈李齊賢과 元 文士들과의 交遊攷 - 《益齋亂藁》와 元代 文集을 위주로〉, 《嶠南漢文學》 3(1990).

50 《익재난고》 권9, 忠憲王世家; 《목은집》 文藁 권8, 益齋先生亂藁序; 文藁 권18, 鷄林府院君諡文忠李公墓誌銘; 《고려사》 권110, 列傳23 李齊賢, "請傳國于忠肅以大尉留燕邸 構萬卷堂, 書史自娛. 因曰, 京師文學之士, 皆天下之選, 吾府中未有其人是吾羞也. 召齊賢至都. 時姚燧閻復元明善趙孟頫等咸游王門, 齊賢相從, 學益進, 燧等稱嘆不置."

51 《익재난고》 권9, 策問 "問孟子曰, …… 然則經界井田什一者, 爲天下國家所宜先務也. …… 古者, 經界井田什一之法, 有同不同乎."

이제현은 충선왕이 원나라 문물제도를 적극 수용하여 고려를 개혁하려는 것에 부응하였다. 그가 고려 국왕 찬에서 성종 연간에 거란의 침입에 대하여 타방이법他方異法, 곧 중국의 제도를 수용하려는 것에 반대한 이지백의 견해를 반박한 것도 그러한 맥락에서 이해할 수 있다.[53] 이때, 제도개혁의 기준을 선왕지법·고제·구제 등에 두고,[54] 고려의 제도를 복구하고, 국왕 주도의 정치질서를 확립하려고 하였다.

이제현은 무신집권기 이래로 누적된 모순과 제도를 개혁하려고 하였고, 특히 관료제를 개편하고 합리적인 정치운영을 모색하였다. 그는 충선왕에게 무신집권기에 글 읽는 사람들이 승려를 쫓아 장구만을 익히게 되었으니, 학교를 증설하고 선왕의 도를 가르친다면 실학이 다시 일어날 것이라 하였다.[55] 유교 교육을 강화하고 학교 교육의 확대를 통하여 현실을 이끌어갈 참된 학문으로서의 실학을 내세우고 유교화된 국가 체제를 만들어 가려고 하였다.

그는 충목왕 즉위년 5월에 도당에 올린 상소에서 무신집권기 이래 만들어진 제도나 제도 운영상의 문제점을 지적하였다. 즉 정방은 무신집권기에 만들어진 인사 행정 기구로 고제占制가 아니므로 마땅히 폐지하여 인사권(銓注權)을 이부典理·병부軍簿 두 관서에 맡기자고 하였고, 고공사를 설치하여 관리의 공과를 표시하고 6월 12월의 도목에 따른 정기적인 인사 행정을 펴자고 하였다.[56] 정방이나 고공사, 도목정都目政은 고려 전기 이래 관원의 임용, 고

---

52 《목은집》 文藁 권16, 鷄林府院君諡文忠李公墓誌銘(《고려사》 권110, 列傳23 李齊賢), "初公讀史, 筆削大義, 必法春秋. 至則天紀日, 那將周餘分續我唐日月, 後得朱子綱目, 自驗其學之正."
53 《익재난고》 제9권하, 史贊 成王.
54 《목은집》 文藁 권16, 鷄林府院公諡文忠李公墓誌銘(《고려사》 권110, 列傳23 李齊賢), "齊賢務遵舊法, 不喜更張. 嘗曰, 吾志豈不如古人, 但吾才不及今人耳.
55 《역옹패설》 前集一.
56 《고려사》 권110, 列傳23 李齊賢, "上書都堂曰, …… 政房之名, 起于權臣之世, 非古制也. 當革政房, 歸之典理軍簿, 置考功司, 標其功過, 論其才, …… 則可以絶請謁之徒, 杜僥倖之門."

과 등을 관장하는 곳인데,[57] 원래의 모습대로 복귀하자는 것이다. 특히 정방은 원 간섭기에 국왕이 미약한 국내 세력을 육성하고자 측근 세력을 등용하는 수단으로 활용하여 정치 문란의 원인으로 지목되었는데[58] 이를 혁파하자는 것이었다.

또한 그는 지방 수령제의 운영 방안을 제시하였다. 청탁에 의해 농부까지도 수령에 임명되어 수령의 자질이 떨어졌음을 비판하고 그 대안으로 참상參上[6품 이상]으로 승진하기 위해서는 반드시 감무와 현령을 거치게 하고, 다시 4품이 되면 외관을 거친 뒤에 승진케 하자고 하였다. 이것은 경외순환제를 시행하여 조사朝士를 강제로 외관으로 파견함으로써 외관의 자질이 떨어지고 인사권이 난립하는 폐단을 막자는 것이었다. 자질 미달자는 물론이고 열심히 일하지 않는 고관자나 나이 많은 자는 경관을 줄지언정 외관을 주어서는 안 된다는 것이다. 외관은 감찰사와 안렴사를 통해 반드시 포폄을 해야 한다는 것으로, 직제 정비와 조사 파견에 호응하여 수령에 대한 감찰과 포폄제를 마련하자는 것이다. 이제현이 인사제도 관리 규정의 회복과 경외순환제를 주장한 것은 수령 중심의 군현 운영체제를 강화하고, 이를 위해서 수령의 자질을 높이는 방안을 제시한 것이었다.[59]

이제현은 다른 한편으로 충선왕의 원 문화 수용에 부응해서 유교에 입각한 사회 개혁에 동의하였다. 그는 충선왕과 대화에서 태조와 광종 이후에는 문교가 발달하였지만 무인이 정권을 잡고 쇠퇴하였으니, 문치를 회복하고자 학교를 넓히고 오륜의 가르침을 밝힐 것을 요구하였다.[60] 중화와 비견되는 유

57 박용운, 〈고려시대 관원의 陞黜과 考課〉, 《고려시대 官階·官職 연구》(고려대출판부, 1997).
58 閔賢九, 〈高麗 恭愍王代 《誅奇轍功臣》에 대한 檢討〉, 《李基白先生古稀紀念韓國史論叢》(1995); 金昌賢, 《高麗後期 政房研究》(고려대출판부, 1998).
59 임용한, 〈고려 후기 수령제의 현황과 과제〉, 《조선전기 수령제와 지방통치》(혜안, 2002).
60 《고려사》 권110, 列傳23 李齊賢; 《역옹패설》 前集1.

교 문명사회를 지향하였던 것이다. 당시 충선왕은 세조 쿠빌라이의 한화 정책에 부응하여 원나라의 과거제 시행에 기여하였고,[61] 허형의 관학 주자학을 체제 교학화하는 사업에서 중핵의 역할을 수행하였다.[62] 또한 중국 연경에 만권당을 설치하여 이제현과 같은 고려인들이 성리학 익히기를 희망하였고, 원나라 과거시험에 응시할 수 있도록 응거시를 만들어[63] 고려인의 원 제과 응시를 독려하였다.[64] 그리하여 고려에서 보낸 유학생이 원의 국자감에 입학하고 원나라 제과에 응시하였다. 이제현은 충선왕의 뜻에 따라 원나라 만권당에 머물렀고, 당대 최고의 유학자들과 교류하였다. 원 문화를 수용하고 고려를 개조하여 문명국가로 발돋움하기를 바랐다.

충선왕은 고려의 제도를 개혁하고[65] 원나라의 문화를 적극 수용하려 하였다. 충선왕은 복위한 뒤 정동행성의 관리들에게 원나라의 예를 쓰라고 하였고,[66] 복위 교서에서 정동행성 복설, 원제에 따른 군민구별, 동성혼 금지, 전농사 설치 등을 제시하였다.[67] 이는 원제의 도입을 통한 동아시아 보편질서 속에서 고려의 위상을 세우려는 뜻이다.[68] 하지만 이러한 것은 행해지지 않았다. 충선왕 대 유청신과 박경량이 "도평의사사의 관원을 원나라 황제의 명으로 제수하면 원 조정과 같이 될 것이니 조정 대신들이 감히 능멸하지 못할

---

61 《익재난고》忠憲王世家, "科擧之說, 王嘗以姚樞之言, 白于帝, 許之. 及李孟爲平章政事, 奉行焉, 其源盖自王發也."

62 주채혁, 〈이지르부카 審王〉,《동아시아의 인간상》(황원구교수정년기념논총)(1995), 164쪽.

63 《고려사》 권73, 志27 選擧 科目1 製述業(충숙왕 2년 정월), "瀋王改東堂, 爲應擧試."

64 이강한, 〈고려 충숙왕대 科擧制 정비의 내용과 의미〉,《大東文化硏究》71(2010).

65 《고려사》 권104, 列傳17 羅益禧, "忠宣好立新法, 益禧多所封駁. 或撼以危言不爲動. 遂落職";《高麗墓誌銘集成》羅益禧, "…… 德陵痛革舊弊 ……."

66 《고려사》 권33, 世家33 忠宣王1(복위년 2월 무오), "王始署征東省事, 宰樞及行省左右司官吏, 謁見用元朝禮."

67 《고려사》 권33, 世家33 忠宣王1(복위년 11월 신미).

68 김형수, 〈고려 후기 元律의 수용과 法典編纂試圖〉,《전북사학》 35(2009);《고려 후기 정책과 정치》(지성인, 2013).

것입니다. 이는 국가의 만전지책"69이라고 하였지만, 김이金怡의 반대가 있었고,70 원나라처럼 군민軍民을 구별하자는 의견은 최우엄의 반대로 무산되었다.71

또 복위 교서에서 유교적인 예제와 윤리를 강조하고 동성불혼의 원칙을 제시하였다. 이미 세조 쿠빌라이가 "동성이 혼인할 수 없음은 천하의 통리通理인데 너희 나라는 문자를 알고 공자의 도를 행하니 응당 동성 간에는 혼인하지 말아야 한다"72는 한 사실을 염두에 두고, 왕실과 혼인할 수 있는 가문 15개를 정하였다. 충선왕의 동성혼 금지는 가족 윤리를 중심으로 사회 안정을 도모하는 유교문화의 확산 결과로 유교 단일의 사회로 나가려는 디딤돌이 되었다고 하겠다.73 또한 충선왕은 원나라의 각화령權貨令을 참고하여 각렴제를 시행하였다.74 소금의 생산이나 유통에 대한 권리를 국가 기관이 관리 아래에 두고 그로부터의 수익을 국가가 수취하는 소금의 독점 제도를 실시한 것이다.

이제현은 충선왕의 이러한 유교사회 지향 개혁에 부응해서, 풍속의 훼손, 곧 사회 기강의 문란을 문제로 삼고, 유교적 풍속 개혁을 주장하며 복식 개

---

69 《고려사》 권108, 列傳21 金怡, "(충렬왕)三十年, 柳淸臣朴景亮等, 欲專國柄, 誣忠宣言, ……, 今其官亦受帝命除拜之, 與朝廷爲一, 朝廷大臣不敢凌蔑. 是國家萬全之策. ……."

70 《고려사》 권108, 列傳21 金怡, "忠宣深然之. 將表聞. 大寧君崔有渰, 密語怡曰, 若從二人言, 東國之業已矣. 政令自中國出, 幾何不爲其所并也. 怡乘閒具陳忠宣, 乃止."

71 《고려사》 권120, 列傳23 崔有渰, "時忠宣欲遵元法, 別軍民, 有渰諫, 止之."

72 《고려사》 권33, 世家33 忠宣王1(복위년 11월), "辛未. 王在金文衍家, 百官會梨峴新宮. 王下教曰, …… 世祖皇帝聖旨云, 同姓不得通婚, 天下之通理. 況爾國識會文字, 行夫子之道, 不應要同姓. ……."

73 이종서, 〈고려 후기 상반된 질서의 공존과 그 역사적 의미〉, 《한국문화》 72(2015).

74 위은숙, 〈원 간섭기 元 律令의 受容問題와 權貨令〉, 《민족문화논총》 27(2007); 충선왕은 국가 재정 확보책의 일환으로 관이 주도하여, 원의 관매법인 식염법을 도입하여 고려 실정에 맞게 연해군현의 염창이 있는 곳에서는 직접 화매하고 경중에서는 염포鹽鋪에서 화매를 하였는데, 판매는 이속들이 맡았다. 내륙 군현민은 본관 관사에게 포를 바치고 소금을 지급받았다고 한다.

혁을 주장하였다. 당시 '풍속이 지나치게 사치스러워진 것(風俗窮極奢侈)'은 국왕의 입조 비용이 과다하여 민생이 곤궁해지고 국가 재정이 부족하게 된 때문이다. 이에 이제현은 이러한 국가 재정의 문제를 덕녕창德寧倉과 보흥창寶興倉 등 왕실에서 별도로 운영하는 재정 창고를 없애고 사치 풍조를 지양하며 '값비싼 기물'과 더불어 '화려한 복식'을 시정할 것을 주장했다. 이제현이지적하는 '화려한 복식'은 충혜왕이 금으로 수놓은 옷(鏤金之衣)과 깃털을 꽂은 삿갓(揷羽之笠)을 꼽는 것으로 이는 '우리 조상의 풍속(舊法)이 아닌 것'으로 충혜왕이 호례胡禮를 행하고 호복胡服을 입어 충숙왕에게 꾸중을 들었던 것을 연상시킨다. 당시 충혜왕을 비롯하여 지배층뿐만 아니라 피지배층도 원의 복식문화를 따르고 있었다. 이제현의 주장은 성리학이 수용되고 유학의 근면을 강조하는 경제윤리와 함께 검약을 강조하는 흐름을 반영한 것이다.[75]

곧 이제현은 충선왕과 함께 고려의 역사와 전통을 전제하면서 중국 유교문화를 수용하였고, 원나라의 제도와 법을 수용하고자 하였다.

2) 역사서의 편찬과 문치사회 지향

이제현은 역사 편찬을 통하여 역사의식을 고취하고 유교 문명사회를 지향했다. 그는 충선왕의 명으로 민지(1248–1326)가 지은 《편년강목》[76]이 빠진 것이 많아 안축·이곡·안진·이인복과 함께 증수하여 올렸고,[77] 충렬왕·충선왕·

---

75 《고려사절요》 권25, 忠惠王(後5年 5月) "上書都堂曰, ……"; 김인호, 〈高麗後期 經濟倫理와 奢侈禁止〉《역사와 실학》 15·16(2000); 朴晉勳, 〈고려사람들의 사치·허영과 검약 인식〉《한국사학보》 22(2006); 김윤정, 《고려·원 관계 추이와 복식문화의 변천》(연세대박사 논문, 2017).

76 《고려사절요》 권24, 忠肅王(4년 夏四月), "檢校僉議政丞閔漬, 撰進本朝編年綱目, 上起國初, 下訖高宗, 書凡四十二卷."

77 《고려사절요》 권25, 忠穆王(2년 冬十月); 《고려사》 권37, 世家37 忠穆王(2년 동 10월 경신), "敎曰, 太祖開國四百二十有九年于玆, 其間, 典章文物, 嘉言善行, 秘而不傳, 何以示後, 故

충숙왕의 3조 실록을 완성하였다.[78] 또한 그는 국사國史가 미비한 것을 알고 백문보·이달충과 함께 《기년紀年》·《전傳》·《지志》를 완성했다.[79]

또한 이제현은 당시 새롭게 형성된 대원 관계를 역사적으로 설명하고 그 의미를 밝혀서, 천자—제후라는 새로운 지배 질서를 유지하고 왕조의 정체성을 확립하고자 하였다. 그에 따라 형제 맹약 이후 당시까지 양국 관계를 중심으로 한 약 1백여 년의 역사를 새롭게 인식하고 서술할 필요성이 제기되었다. 이제현은 1216년에서 1220년까지 거란군과의 전투, 몽골군과 형제 맹약, 의주 반란민과 거란 잔당 진압 과정 등에 참여한 김취려의 군사 활동이 정리된 〈김공행군기〉와 고려 태조에서 충선왕까지 역사를 다룬 〈충헌왕세가〉 등으로 자신의 직접 체험한 고려와 원 관계의 역사를 정리하였다. 원나라는 새로운 세계 질서를 구축하려는 의도에서 고려에 대한 역사 문화적 관심을 가졌고, 고려 또한 제후국으로서의 위상과 그 정체성을 유지하기 위해 두 나라 사이의 역사에 대해 관심을 가지게 되었던 것이다.[80]

이제현은 역사 속에서 사대 외교 또는 평화 외교를 긍정적으로 평가했다. 그는 《사략》에서 고려왕 34명 가운데 태조부터 숙종까지 국왕 15명에 대한 평을 쓰고 자신의 대외관을 드러냈는데,[81] 여기에서 중국과의 사대 외교를 지지하고 이민족 왕조를 천자국으로 존중하는 입장을 취했다. 문종 대에 송나라

我忠宣王, 命閔漬, 修編年綱目, 尙多闕漏, 宜加纂述, 頒布中外, 乃命府院君李齊賢, 贊成事安軸, 韓山君李穀, 安山君安震, 提學李仁復, 撰進."

78 《고려사》 권109, 列傳22 李穀; 《고려사》 권112, 列傳25 李仁復, "嘗修閔漬編年綱目, 忠烈忠宣忠肅三朝實錄及古今金鏡二錄."

79 《고려사》 권110, 列傳23 李齊賢, "撰國史於其第史官及三館皆會焉. …… 齊賢嘗病國史不備. 與白文寶李達忠作紀年傳志. 齊賢起太祖至肅宗, 文寶達忠撰睿宗以下, 文寶僅草睿仁二朝, 達忠未就薨."

80 박종기, 〈원 간섭기 역사학의 새 경향 - 當代史 연구〉, 《한국중세사연구》 31(2011).

81 정총은 《고려국사》 서에서 이제현의 《사략》이 숙종까지, 이인복과 이색의 《금경록》이 정종까지 기록되어 있다고 하였다(《동문선》 권92, 高麗國史序).

가 포상하는 명을 내리고, 요나라가 왕의 생일날 예를 표시하며 왜가 바다를 건너 보배를 바치고 맥이 찾아와서 백성이 된 것은 국제관계를 평화롭게 유지한 것이라 하였고,[82] 정종이 거란의 침입에 대하여 왕가도가 화친을 끊고 전쟁 불사를 주장한 것과 백성들의 휴식을 위하여 화친하자는 황보유의의 견해 속에서 후자를 지지하였다.[83] 물론 이제현은 북방지역에 대한 고토 의식이 있었다. 태조 왕건을 평하면서, 후삼국을 통일하기 전인데도 자주 평양에 행차하여 친히 북방의 변경을 순수하였는데, 이는 동명왕의 옛 영토를 집안에 대대로 전해오는 물건처럼 여겨서 반드시 모두 차지한 것이고, 압록강 이북에도 염두에 둔 것이라 하였다.[84] 옛날 고구려 영토까지 의식한 발언이라 하겠다. 그는 고려 역사에서 이민족의 침입과 맞서 싸워 이긴 사실을 높이 평가하면서도 이민족의 침입을 격퇴하되 전쟁보다는 외교론을 중시하였다. 유학의 외교론, 사대 외교를 중시한 것의 반영이라고 할 수 있다.[85] 뒷날 이제현이 공민왕의 반원운동에 소극적이었고 주기철공신誅奇轍功臣에서 배제되었는데, 이는 세조구제 자체가 고려왕조의 존속과 원에 대한 사대 그리고 원의 정치적 간섭을 전제하기 때문에 고려와 원의 관계를 중시한 결과였다.[86]

이제현은 원나라의 유교문화를 받아들이고 문명사회로 전환을 꾀하였다. 그는 원나라에서 충선왕을 호종하며 쓴 명이행明夷行에서 국왕의 유배와 고려 국가의 위기를 절감하고 국가의 개혁을 통하여 밝은 미래를 전망하였다.[87] 충선왕을 잘 보필하지 못한 자신에 대한 질책과 후회를 담아 장차 국가 개조를

---

82 《익재난고》 제9권하, 史贊 文王.
83 《익재난고》 제9권하, 史贊 成王.
84 《익재난고》 제9권하, 史贊 太祖.
85 채웅석, 《〈제왕운기〉로 본 이승휴의 국가의식과 유교 관료정치론》, 《국학연구》 21(2012).
86 이익주, 〈이제현, 시대를 증언하나, 시대를 따라가지 못하다〉, 《한국사인물열전1》(돌베개, 2003).
87 《익재난고》 권2, 明夷行.

염원한 것이다.[88]

이는 원 간섭기 역사서술을 통한 유교 문명의 확산을 의도하는 것이다. 앞서 충목왕이 교서에서 "태조께서 개국한 지 4백 29년인데, 그 사이의 법전과 문화와 좋은 말씀과 훌륭한 행실[典章文物, 嘉言善行]을 숨기고 전하지 않는다면 무엇을 후세에 보일 수 있겠는가를 반문하면서 《편년강목》의 빠진 것을 보태어 찬술하라"[89]고 하였다. 고려 400년 동안의 역사에서 문물제도와 좋은 말과 훌륭한 행실을 후세에 전하고자 역사책을 서술하게 했다는 것이다. 충렬왕은 정가신에게 《천추금경록》을 짓도록 하였는데, 이는 당의 장구령이 역사상의 흥망을 기록한 《금경록》을 바쳤던 고사에 근거해서 지은 것으로 고려 400년 역사를 살펴 오늘을 경계하려는 역사주의가 반영된 것이다.[90]

원 간섭기 역사서 편찬과 역사의식의 확대는 인문 문치사회를 지향하는 것이다. 역사는 과거를 되돌아보고 어떠한 역사가 의미 있고 바람직한 역사인지 생각하게 하며, 현실을 어떻게 살아가야 하는가를 생각하게 한다. 이는 곧 인간에 대한 도덕적 신뢰를 바탕으로 인간의 삶을 객관화시키고 예치 덕치의 윤리 도덕이 확립된 사회를 지향하게 한다.[91]

이제현은 원나라의 성립을 통하여 천하가 통일되고 유교 문명사회를 열었다고 보았다. "세조가 이미 사해를 통일하고 나서 단아한 선비를 등용하였으므로, 헌장憲章과 문물이 모두 중화의 옛 모습을 회복하였다."[92]고 하였고,

---

88 명이明夷는 《주역》에서 명은 위에 땅이 있고 아래에 불이 있는 모양으로, 절망적인 상황, 어려운 시대를 비유한 것이지만 극복하고 희망을 제시할 수 있는 상황을 말해 준다. 황종희의 《명이대망록》을 연상시킨다(전호근, 《한국철학사》 메멘토, 2015).

89 《고려사》 권37, 世家37, 忠穆王(2년 동 10월 경신), "敎曰, 太祖開國四百二十有九年于茲, 其開典章文物, 嘉言善行, 秘而不傳, 何以示後? ……."

90 邊東明, 〈鄭可臣과 閔漬의 史書編纂活動과 그 傾向〉, 《歷史學報》 130(1991).

91 《익재난고》 권8, 乞免書筵講說 舉贊成事安軸, 密直副使李穀自代牋, "…… 右文之化 ……."

92 《역옹패설》 後集2, "世祖既 一四海, 登用儒雅, 憲章文物, 皆復中華之舊."

"번성한 시기를 만나 천하가 같은 문자를 쓰게 되어 집마다 정주의 책을 갖추고 성리학을 익히며 교화의 도를 갖추었다"[93]고 한 것이 그것이다. 이는 동시대의 이곡의 동년 김동양이 "원나라는 무력으로 중국을 통일하였지만 이제는 문교로서 사해四海를 다스린다"[94]고 말한 것과 같은 맥락이라고 하겠다. 이제현은 원나라가 천자국, 문명국가가 된 사실을 인정하고 원으로부터 새로운 문물제도를 수용하고 고려 문명사회를 건설하고자 하였다. 곧 문화론적 화이관을 견지하여 문화 수준이 높은 나라가 천자국이라는 인식을 강고히 하고자 하였다. 《중용》의 동문同文 의식,[95] 한자와 삼강오륜이라는 윤리관을 바탕으로 중국을 천자국으로 고려를 제후국으로 하는 유교 문명사회를 건설하려는 것이다.

이는 성리학을 수용하여 문명사회를 건설하려는 당시 지성의 지향을 반영한 것이라고 할 수 있다. 세계 제국 원의 성립을 통하여 천하가 통일되고 유교문화가 보편화되고 있었던 점을 감안하여, 이제현은 원나라의 유교 국교화와 유교문명 중심지로서 위상을 확인하고 원 문화를 통한 고려의 유교 문명사회를 지향하였던 것이다.

4. 맺음말

이 장에서는 원 간섭기에 고려 국왕의 소환, 입성책동, 공민왕의 반원개혁 등 중요 국가의 정치 현안에 관여하여 국가 향방에 큰 영향을 미쳤던 이제현

---

93 《익재난고》 권9下 策問, "幸際休明, 天下同文, 家有程朱之書, 人知性理之學, 教之之道, 亦庶幾矣."
94 《가정집》 권8, 送金同年東陽遊上國序, "今我皇元, 巍巍林林, 始以武功定天下, 今以文理洽海內."
95 《중용》 28장, "今天下, 車同軌, 書同文, 行同倫."

의 정치사상을 살펴보았다.

이제현은 충선왕의 원 문화 수용과 고려 국가 중흥에 부응해서 성리학을 수용하고 유교사회로 전화를 꾀하였다. 그는 새롭게 형성된 대원 관계를 역사적으로 설명하고 그 의미를 밝혀서, 천자-제후라는 새로운 지배 질서를 유지하고 왕조의 정체성을 확립하고자 하였다. 그는 안축과 함께 원에서 고려인과 색목인을 동일하게 취급해달라는 상소를 올렸다. 고려는 몽골과 형제 맹약을 맺고 왕실 혼인을 맺은 것 등의 긴밀한 관계를 설명하는 가운데 고려는 색목인과 동등하게 대우받아야 한다는 것이었다. 이는 당시 고려인을 대상으로 무기소지 금령, 충혜왕의 구금 등 고려의 정치적 독자성과 법제적 독립성을 부인하는 조치를 취한 것에 반발하여 고려인의 신분 상승이나 처우개선의 문제를 넘어서서 고려인의 정체성을 천명하고 그 점을 원 조정으로부터 인정받고자 하였던 것이다.

이제현은 유학의 군신 정치론에 충실하고 재상이 정치를 주도하는 정치를 지향하였다. 유학은 군신 질서를 절대적인 관계로 파악하면서도 정치운영의 주체는 재상이어야 한다고 보는데 이제현도 이에 동의하였다. 이러한 사실은 지공거 김구가 충렬왕의 고명을 받는 방식에서 재상에 대한 예우를 강조하는 것이 선왕의 도를 지키는 것이라고 한 것에서 알 수 있다.

또한 그는 관료제를 개편하고 합리적인 정치운영을 모색하였다. 이제현은 유교 경전에 능통하고 윤리를 실천할 수 있는 자를 관료로 등용하여, 이들이 유교 사상에 근거한 합리적인 정치운영으로 나라를 편안하게 만들고 민생을 안정시키는 책임의식을 견지하도록 하였다. 곧 성리학을 익혀 사물의 이치를 파악하고 변화하는 현실 사회에 대응할 수 있는 경세의식을 갖추도록 하였던 것이다. 이는 군주성학론과 연결되어, 유학자 관료는 군주의 마음을 바로잡고 올바른 데로 이끌어야 하는 책무를 진다고 보았다. 이제현은 나라를 다스리고 백성을 구제하는 대인의 책임을 강조하였다.

이제현은 사서오경 중심의 성리학을 수용하고 유교의 예제를 통한 고려 국가의 질서 확립을 도모하였다. 그는 소목昭穆 정비를 통하여 왕권계승의 원칙을 재확인하고자 하였다. 종묘는 고려 국왕의 위패를 모신 사당으로, 왕위 승계의 정통성을 확인해 주는 기능을 한다. 이제현은 동당이실同堂異室을 전제로 형제 동반의 의리에 입각해서 고려의 소목제를 존중하였다. 그는 고려 국왕을 정점으로 하는 종법적 질서를 확립하여 왕위계승의 객관성, 합리성을 도모하고자 하였다, 이는 당시 원나라에 의해 옹립되고 폐위되는 왕권의 불안정성을 유학의 종법을 통하여 극복하려는 노력의 일단이라고 할 수 있다.

아울러 이제현은 역사편찬을 통하여 역사의식을 고취하고 문치사회를 확립하고자 하였다. 그는《본조편년강목》이나 충렬왕·충선왕·충숙왕의 3조 실록을 편찬하면서 유교적 가치관과 역사의식을 담아 고려사회가 나아갈 방향이 유교 문치사회임을 보여 주었다.

말하자면, 이제현은 세계 제국 원의 성립으로 천하가 통일되고 일시동인一視同仁, 천하동문天下同文이라는 유교문화가 보편화되고 있는 점을 기초로, 원나라의 문화를 수용하고 고려의 개혁 정치를 추구하는 가운데 유교 문치(문명)사회를 건설하고자 하였다.

제3장 이곡의 경 중시의 성리학과 유학자 관료 등용론

1. 머리말

이곡(1298-1351, 충렬왕 24년-충정왕 3년)은 고려의 과거와 원 과거인 제과에도 합격하여 고려와 원 관료를 역임하였다. 그는 당시 몽골과의 전쟁과 강화 그리고 개경 환도와 원과의 사대관계, 왕실 혼인을 통하여 긴밀해진 고려와 원의 정치적 문화적 관계 속에서 세계 제국 원나라 문화를 이해하고, 중국 역사와 경학에 대한 깊은 이해를 바탕으로 고려 국가의 자주성과 문화의 독자성을 바탕으로 선진 유교를 수용하여 문명국가로 도약하고자 하였다. 특히 그는 성리학을 수용하여 유학 탄생 본래의 문제의식에 충실해서 인의 도덕과 효제충신을 강조하고 군자가 되기 위한 수양 방법을 제시하며 윤리 도덕사회를 지향하였고, 그러한 사회를 만들기 위하여 현실을 개혁하고 새로운 정치를 지향하였다. 이에 따라 이곡의 정치적 사상적 활동에 세계 제국 원과의 관계 속에서 고려가 직면한 역사적 과제, 곧 국가의 독립성과 문화의 독자성을 유지하는 가운데 개혁 정치를 추구하고 지향하는 유교적 이상사회상이 제시되어 있다. 그러므로 이곡의 국가관과 정치적 사상적 활동을 살펴보게 되면 이곡 개인뿐만 아니라 고려 후기의 정치적 외교적 실상과 함께 이곡이 견지한 정치사상의 역사적 의미도 파악할 수 있을 것이다.

기왕의 연구에서 이곡에 대한 많은 사실이 밝혀졌다.[1] 그리고 최근에는 고려 후기 사회에 대한 연구가 진행되고, 《가정집》에 대한 자료적 검토가 심화되었다.[2]

이 장에서는 기왕의 연구와 새로운 연구와 그리고 발굴된 자료를 바탕으로 고려와 원 관료를 역임한 이곡의 원과 고려의 국가 운영과 유교 문명사회 지향을 살펴보고자 한다.[3]

2. 경 중시의 성리학과 군주수신론

이곡은 원 관학 주자학을 받아들이고 인성·수양을 강조하는 논의를 전개하였다. 그는 천리天理와 인욕·리·경 등 성리학의 핵심 개념을 활용하여 우주·자연·인간을 이해하고 있었지만, 세계와 우주, 자연에 대한 자연과학적, 형이상학적 논의보다는 인간의 본성과 수양 등 마음에 관한 논의에 치중하였다. 성리학의 인간론에 따라 인성을 본연의 성과 기질의 성으로 나누고, 본연의 성은 원래 선한 것이었으나 기질과 물욕으로 이것이 가려진다고 보

---

1 張東翼, 〈麗·元 文人의 交流〉《高麗後期外交史硏究》(일조각, 1994); 高惠玲, 〈이곡과 원 사대부와의 교류〉, 《高麗後期 士大夫와 性理學 受容》(일조각, 2001); 도현철, 〈원 제과(1333년)의 고려인·중국인 對策文 비교 연구〉, 《역사와 현실》 43(2013).

2 이성규, 〈고려와 원의 관료 이곡(1298-1351) 年報橋〉, 《동아시아 역사의 환류》(지식산업사, 2000); 김창현, 〈가정시 분석을 통한 이곡의 인생여정 탐색〉, 《한국인물사연구》 22(2014); 권용철, 〈李穀의 《稼亭集》에 수록된 대원제국 역사 관련 자료 분석〉, 《역사학보》 237(2018); 김윤정, 〈李穀의 사회관계망과 在元 고려인 사회 -《稼亭集》에 대한 분석을 중심으로〉, 《학림》 44(2019).

3 도현철, 《이곡의 개혁론과 유교 문명론》(지식산업사, 2021).

았다. 이민족과 대치하고 외적을 물리쳤지만 어머니를 죽게 한 조포의 행위를 《맹자》가 말한 대로 모친을 업고 도망친 다음에 흔연히 즐기며 천하를 잊는 도리에 입각해서 일을 처리했다면, 천리와 인욕에 따른 공과 사의 구별이 분명해 졌을 것이라고 하였다.[4] 여기에서 이곡은 시비선악 판단의 기준을 천리와 인욕의 구분에 두고 있음을 알 수 있다. 이곡의 영향을 받은 이색은 천리를 보존하고 기질과 물욕의 사사로움을 제거하는 것을 성학에 이르는 길이라고 하였다.[5]

이곡은 사람 본래의 선한 본성을 되찾기 위한 수양 방법으로 경敬을 제시하였다. 《예기》에 "공경하지 않음이 없어야 한다"[6] 하였는데 이는 마음을 바르게 해야 함을 의미한다고 하였다.[7] 또 다른 글에서 부지런히 하는 것은 당연히 권면할 일이지만, 부지런함 속에 의義와 이利를 구분해야 한다고 하였다. 홍수겸에게 주는 글에서 새벽에 닭이 울자마자 일어나 부지런히 행하는 것은 순 임금 같은 분이나 도척의 무리나 공통적이지만, 순 임금은 선을 행하는 일에 힘쓰고 도척의 무리는 이익을 탐한다[8]고 하여 부지런함 속에 의와 이를 구분해야 한다고 보고 이를 위해서는 경敬의 방법을 써야 한다고 하였다.[9]

---

4 《가정집》권1, 趙苞忠孝論 "苞以區區節義, 惟知食祿不避難之爲是, 而不知助桀富桀之爲非, 知殺母市功之爲忠, 而不知保身事親之爲孝. …… 故曰, 苞於忠孝有未盡焉者此也. 然則爲苞之計奈何, 曰以孟子竊負而逃, 樂而忘天下之義處事, 則天理人欲之公私判然矣. 以孔子有道則見, 無道則隱之道處身, 則無倉卒一朝之患矣."

5 《목은집》文藁 권10, 伯中說贈李狀元別, "願受一言以行, 孝於家忠於國, 將何以爲之本乎? 子曰, 大哉問乎? 中焉而己矣. …… 是則事君事親, 行己應物, 中和而已. 欲致中和, 自戒愼始, 戒愼之何? 存天理也. 愼獨焉何? 遏人欲也. 存天理遏人欲, 皆至其極, 聖學斯畢矣."

6 《예기》曲禮上, "曲禮曰, 毋不敬, 儼若思, 安定辭. 安民哉!"

7 《가정집》권13, 廷試策, "…… 禮則曰, 毋不敬, 言其正心也. ……"

8 《맹자》盡心章句上, "雞鳴而起, 孶孶爲善者, 舜之徒也, 雞鳴而起, 孶孶爲利者, 跖之徒也. 欲知舜與跖之分, 無他利與善之間也."

9 《가정집》권7, 題勤後說 "守謙幼而好學, 當務于勤而去其惰, 則余在三人可師之一. 然勤有義利

수양 방법으로 경을 제시한 것은 이양직李養直의 자를 설명하는 글에서도 드러난다.

　천지의 도가 혹 움직이기도 하고 고요하기도 하면서 조금도 차질이 없는 것은 성誠 때문이요, 사물의 이치가 한 번 굽혀지고 한 번 펴지면서 조금도 잘못이 없게 되는 것은 경敬 때문이다. 성과 경이 이름은 비록 다르지만 그 이치는 같다. 《주역》에 "공경하는 마음을 가지고 내면을 곧게 한다."는 것은, 곧 곧게 하는 것은 당연의 이치요, 공경하는 것은 곧게 함을 기르는 도구를 말한다. 이를 미루어 자기의 밝은 덕을 밝히고 백성을 새롭게 하면, 어떤 상황에 처하든 천리 아닌 것이 없을 것이다.[10]

　《중용》[11]의 성誠과 경敬을 활용하여 천지의 도가 움직이기도 하고 고요하기도 하면서 조금도 차질이 없는 것은 오직 성 때문이요, 사물의 이치가 한 번 굽혀지고 한 번 펴지면서 조금도 잘못이 없게 되는 것은 오직 경 때문이라고 하였다. 그리하여 성과 경이 이름은 비록 다르지만 그 도리는 같다고 하였다. 또한 구체적인 실천 덕목으로 《주역》의 "공경하는 마음을 가지고 내면을 곧게 한다."[12]를 인용하였다. 이는 곧게 하는 것은 소당연의 리요, 공경하는 것은 곧게 함을 기르는 도구임을 밝힌 것으로 성리학의 성과 경으로 수양론의 대강을 설명하였다.
　이곡이 경을 중시한 것은 아들 이색이 경을 중시하는 것으로 이어진다.

　之分, 雞鳴孜孜, 舜跖俱有焉. 故必以敬爲主, 守謙其思之."

10 《가정집》 권7, 敬父說, "天地之道或動或靜而不差者, 誠而已矣. 事物之理一曲一直而不過者, 敬而已矣. 誠敬之名雖殊, 而其理則一. 易曰, 敬以直內, 盖直者理之當然, 而敬者養直之具也. 以此推之於明德新民之用, 則何適而非天理耶."

11 《중용》, "誠者, 天之道也, 誠之者, 人之道也. 誠者不勉而中, 不思而得, 從容中道, 聖人也. 誠之者, 擇善而固執之者也."

12 《주역》 坤卦, "六二, 君子敬以直內, 義以方外."

이색은 《예기》의 '무불경毋不敬'[13]과 《서경》의 '흠欽'[14]을 인용하여 예의 본질을 경으로 파악하거나, 학문하는 자는 물론 정치하는 자, 부부간이나 전야·조정과 향당·옥루에서도 경이 가장 기초적인 덕목이라[15]고 하였다. 또한 《사서집주》의 경[16]을 활용하여 '주일무적主一無適(마음을 전일하게 하는 것을 위주로 하고 마음이 딴 데 가는 것이 없도록 하는 것)'을 주석하여 주일主一은 지키는 바가 있는 것이고 무적無適은 옮겨가는 것이 없는 것으로, 다스리는 밝은 효과와 위육位育의 큰 효험이 이를 통해 드러나게 될 것이라고 하였다.[17] 경이 수기의 기초요 치인의 전제가 된다고 본 것이다.

경 중시의 수양법은 이색의 제자인 권근에게 이어진다. 권근은 이색의 명으로 《예기천견록》[18]을 지었고, 경을 "경건하지 않음이 없도록 하라는 것은 예의 전체에 대하여 통괄적으로 말하는 것이다. 몸가짐을 생각에 잠긴 듯이 근엄하게 하라는 것은 경건함이 밖으로 드러나는 것은 내면에 근본을 두고 있기 때문이다. 살펴서 차분히 말하라는 것은 내면에 간직한 경건함을 밖으로 드러내는 것이다. 경건함을 위주로 하는 군자의 공부가 말과 용모에 이와 같이 드러난다"[19]고 하였다.[20] 경함으로써 마음속의 근본됨을 항상 견지할

---

13 《예기》 曲禮上, "曲禮日, 毋不敬, 儼若思, 安定辭, 安民哉."
14 《서경》 商書 堯典.
15 《목은집》 文藁 권10, 韓氏四子名字說, "禮日, 毋不敬, 禮儀三百, 威儀三千, 冠之以敬, 卽堯典先書欽之義也. 學道者由敬以誠正, 出治者由敬以治平, 夫婦之相敬, 史又書之, 田野間亦不可無敬也. 況於朝廷乎況於鄕黨乎? 況於屋漏乎?"
16 《논어》 學而, "敬事而信"; "敬者, 主一無適之謂."
17 《목은집》 文藁 권6, 寂菴記, "敬者, 主一無適而已矣. 主一有所守也, 無適無所移也."
18 《태종실록》 권8, 4년 11월 병인(1책, 325쪽), "叅贊議政府事權近欲撰禮經淺見錄, 上箋乞免. 不允. 箋日, 近言昔臣座主韓山李穡嘗謂臣言, 六經俱火于秦, 禮記尤甚散逸, 漢儒撥拾煨燼之餘, 隨其所得先後而錄之, 故其文錯亂無序, 先儒表出大學一書, 考定節, 次其餘則未之, 及子欲分門類聚別爲一書, 而未就, 汝其勉之. 臣承指授, 每欲編次, 從仕鞅掌, 亦莫克成."
19 《예기천견록》 曲禮 경1장 주석, "近按, 毋不敬者, 統言禮之全體也. 儼若思, 敬之見於外者, 本乎中也. 安定辭, 敬之存於中者, 發乎外也. 君子主敬之功, 見乎言貌如此, 內外交養, 而無有一

수 있다고 본 것이다. 성리학의 수양 방법의 주 내용인 경은 이곡이 제창하고 이색, 권근에게로 계승 발전되고 있음을 확인할 수 있다.

이곡이 수양 방법인 경을 강조한 것은 인간의 도덕적 본성과 인간의 주체적 행위를 중시하고 있음을 보여 준다. 경은 도심道心 또는 천리天理를 체득하는 실천 원리이고 도덕적 완성을 위한 방법론이다.[21] 그러므로 경을 중시했다는 것은 인간의 도덕적 본성을 자각하고 그 본성을 깨닫기 위하여 무엇보다도 수양·수신에 주력했음을 보여 주는 것이다. 이처럼 인성 함양과 수양 방법을 강조한 것은, 윤리 도덕의 회복이 교화의 실현, 사회 질서의 안정과 직결된다고 본 것이다. 곧 인간 본성의 수양 정도가 사회질서의 안정에 핵심이 된다는 것이다.

성리학의 인간론과 그에 기초한 수양론을 중시한 것은 마음을 바르게 하는, 곧 정심正心을 중시한 것으로 이어진다. 이곡은 군주 수신의 방법으로 정심을 제기하였다.

마음은 한 몸의 주재이고, 모든 것의 근본이므로 군주의 마음은 정치를 하는 근원이고 천하를 다스리는 기틀이 됩니다. 그러므로 군주가 마음을 바로잡게 되면 조정을 바로잡을 수 있고 조정이 바로잡히면 백관을 바로잡을 수 있으며 멀고 가까움이 한결같이 바른 데로 돌아가지 않을 수 없습니다. 덕은 마음에서 얻고 정치는 덕으로써 행해야 합니다. 마음에서 얻지 못하고 착한 정치를 베푼 자는 없습니다. 옛날의 군주는 그러한 사실을 알고 천하를 평정하고자 하면 먼저 나라를 다스리고 나라를 다스리고자 하면 먼저 집을 다스리고 집을 다스리고자 하면 먼저 몸을 닦았으며 몸을 닦고자 하면 먼저 그 마음을 바르게 했으

毫之慢, 故其效至於安民. 此修己治人之道, 學之成始成終者也. 此章乃古禮經之言, 引之以冠篇首, 其下雜引諸書精要之語, 集以成篇, 以釋此章之義."

20 이봉규, 〈권근(權近)의 경전 이해와 후대의 방향〉, 《韓國實學硏究》 13, 2007.
21 이봉규, 〈인륜 : 쟁탈성 해소를 위한 유교적 구성〉, 《泰東古典硏究》 31, 2013.

니 일찍이 조금도 마음을 일삼지 않을 수 없던 것이었습니다.[22]

　마음은 한 몸의 주재이고 모든 것의 근본이므로 군주의 마음은 정치를 하는 근원이고 천하를 다스리는 기틀이 된다. 그러므로 군주가 마음을 바로잡게 되면 조정을 바로잡을 수 있고 조정이 바로잡히면 백관을 바로잡을 수 있다.[23] 유학에서는 마음을 바르게 하고 이를 기초로 다른 사람을 다스리는 수기치인을 제시한다. 동중서는 임금이 위에서 마음이 바르면 조정이 바르고 백관이 바르면 만민이 바르게 되니 조정이 바르게 된다[24]고 하였다.

　군주 수신 특히 군주의 마음을 바르게 해야 한다는 정심正心은 송대에 인성론과 결합하여 군주성학론으로 발전한다.[25] 주자는 군주의 심술이 공명정대하여 편당偏黨을 두둔하거나 변덕을 부리는 사심이 없게 된 다음에야 기강이 설 수 있다고 하였다.[26] 군주가 성인이 되는 공부인 성학은 사사로움을 배제하고 공정한 마음을 갖는 것, 천리를 보존하고 인욕을 막는 것과 연결된다. 군주는 성학, 곧 격물치지의 공부를 통하여 사물의 도를 파악하고 이에 기초

---

22 《가정집》 권13, 廷試策, "臣聞, 心者一身之主, 萬化之本, 而人君之心, 出治之原, 天下治亂之機也. 故人君正心以正朝廷, 正朝廷以正百官, 而遠近莫敢不一於正. 德於以得, 政以德行, 未有不得於心, 而能措諸政者也. 古之人主, 知其然, 欲平天下, 先治其國, 欲治其國, 先齊其家, 欲齊其家, 先修其身, 欲修其身, 先正其心, 未嘗須臾, 不從事於心."
23 이러한 논의는 고려 후기에 더욱 강화된다. 임금의 마음이 종사의 안위, 백서의 휴척과 관련된다고 본다(《고려사》 권134, 列傳47 辛禑 2(8년 6월);《고려사》 권115, 列傳28 李崇仁(與同僚上疏曰);《고려사》 권112, 列傳25 白文寶(上疏言事日);《고려사》 권134, 列傳47 辛禑 2(6년 11월);《고려사》 권137, 列傳50 辛禑 5(창왕 즉위년 8월).
24 《한서》 권56, 列傳26 董仲舒, "武帝卽位, 擧賢良文學之士前後百數, 而仲舒以賢良對策焉. …… 仲舒對日 …… 故爲人君者, 正心以正朝廷, 正朝廷以正百官, 正百官以正萬民, 正萬民以正四方, 四方正, 遠近莫敢不壹於正."
25 張立文, 〈心術, 王覇, 道統的 唯心史觀〉, 《朱熹思想研究》(中國社會科學出版社, 1981); 金駿錫, 〈17세기 正統朱子學派의 政治社會論〉, 《東方學志》 67(1990), 106−110쪽.
26 《주자대전》 권11, 庚子應詔封事 "然而綱紀不能以自立, 必人主之心術, 公平正大無偏黨反側之私, 然後綱紀有所繫而立."

하여 명철함을 가지고 정치에 임하며, 어진 현자를 등용하고 경연을 제도화해서 군주 자신을 돕도록 해야 한다고 하였다. 국가 정치의 시비와 사회의 강약과 성쇠 그리고 역사 발전의 변화 등 모든 것이 군주 한 사람에게 달려 있다고 본다. 곧 군주의 한 마음이 국가 운영의 성패를 좌우한다는 군주일심성패론君主一心成敗論을 제시한 것이라 할 수 있겠다.[27]

만화萬化의 근본인 군주의 바른 마음이 중요하므로, 예로부터 천자와 제후의 아들이라고 할지라도 반드시 학교에 들어가게 하여 날마다 단정한 선비와 함께 하루 종일 생활하면서 본성을 함양하게 하였다. 이에 따라 군주는 어려서부터 교육을 받아야 하고 군주를 이끌 스승의 역할이 필요하다. 구두를 가르쳐서 글을 익히게 하고 예술을 교습해서 현실에 활용하며 덕의를 전수해서 바른 마음을 갖게 하도록 한다는 것이다. 그리하여 나이를 높이고 덕성을 귀하게 여기는 의리를 알게 함으로써 한나라 유방이 유학자를 업신여기며 유자의 갓에 오줌을 누는 일이나,[28] 진나라의 민회태자가 바른 말을 듣기 싫어해서 스승의 방석에 침을 꽂는 일[29]이 없게 하였기 때문에 사도가 행해질 수 있었다.[30]

이때 스승은 먼저 자기를 바르게 하는 것이 필수다. 왜냐하면 자기가 바르지 못하고서 남을 바로잡을 수는 없기 때문이다.[31] 유학자로서 군자가 된

---

27 《주자대전》 권12, 己酉擬上封事, "臣聞, 天下之事, 其本在於一人, 而一人之身, 其主在於一心, 故人主之心一正, 則天下之事, 無有不正, 人主之心一邪, 則天下之事, 無有不邪. 如表木而影直, 源濁而流汗, 其理有必然者";《朱子大全》 권11, 戊申封事, "故人主之心正, 則天下之事, 無一出於正, 人主之心不正, 則天下之事, 無一得由於正."

28 《사기》 권97, 列傳 酈生陸賈.

29 《진서》 권53, 列傳 愍懷太子.

30 《가정집》 권7, 師說贈田正夫別, "天子·諸侯·卿士·庶人, 其位雖不同, 聖人·賢人·愚人, 其道雖不一, 而所以磨礱其事業, 變化其氣質者, 未嘗不係其師. 而德義術藝句讀之敎, 則一也. 訓之句讀, 以習其文, 傳之術藝, 以適其用, 傳之德義, 以正其心, 師之爲師, 亦勤矣哉."

31 《가정집》 권7, 師說贈田正夫別.

관료는 군주를 바로잡는 일에 나설 수 있다. 그는 《맹자》를 이용하여[32] 오직 대인만이 임금의 마음속 잘못을 바로잡을 수 있고, 한 번 임금을 바로잡으면 국가가 안정된다고 하였다.[33]

이곡의 이러한 논의는 자신의 좌주인 이제현이 군주 수신(君主聖學)을 강조하여, 충목왕에게 어진 유학자를 뽑아 유교 경전을 학습해 격물·치지·성의·정심의 도를 익히고 윤리 도덕을 밝히라고 한 것과도 같은 맥락이라고 할 수 있다.[34] 이곡과 이제현은, 고려 국왕이 원에 의하여 폐위된 이유가 고려 왕의 권력 원천이 원에 있기 때문이기도 하지만, 다른 한편 고려 군주의 도덕성, 자질에도 문제가 있으므로, 군주의 자질 함양이 중요하다고 본다. 국왕의 자질 부족은 고려 정치의 불안정을 불러오고 이는 몽골(원) 제국의 정치적 간섭을 더욱 강하게 불러오는 이유도 된다고 본 것이다. 정치적 외압과 왕권의 불안정을 극복하고자 군주의 수신이 필요하며, 왕위계승의 객관성, 합리성을 도모하고 왕권을 안정시킬 수 있는 최소한의 근거를 마련하려 하였던 것이다.

이곡이 송학 가운데 사공학이나 류서학 등을 배제하고 성리학(도학 정주학)만을 수용하고 인성·수양론을 중시한 것은 원 관학의 영향이라고 할 수 있다. 널리 알려져 있듯이 원나라는 한화정책을 추진하여 유교를 국교로 삼았고 유교 특히 송대의 학문 가운데 성리학을 정통으로 삼았다.[35] 원나라는 학

"古之爲敎者, 雖天子諸侯之子, 必使之入學, 日與端人正士游居息食, 薰陶德性, 知上齒貴德之義, 而無溺冠鍼屨之事, 故師道可行也. 雖然, 凡爲人師, 必先正己, 未有己不正而能正人者也."

32 《맹자》 離婁章句上, "孟子曰, 人不足與適也, 政不足閒也, 唯大人爲能格君心之非. 君仁, 莫不仁, 君義, 莫不義, 君正, 莫不正. 一正君而國正矣."

33 《가정집》 권7, 師說贈田正夫別, "雖然, 凡爲人師, 必先正己, 未有己不正, 而能正人者也. …… 正夫其必先正其己, 而正王心. 毋爲聲色狗馬珎奇異味之所先, 毋爲佞倖便嬖之所奪. 斯可已是其道大故任重, 德高貴深, 豈若庶人之師, 而威之朴之委而去之乎? 豈直卿士之師, 而害倍於庶人而已乎? 孟子曰, 惟大人爲能格君心之非, 一正君而國正也. 大人者, 蓋師嚴道尊之謂也."

34 《고려사》 권110, 列傳23 李齊賢.

교의 교과목이나 과거 시험과목으로는 주자의 사서오경 주석을 정론으로 정하였다. 원나라 때 완성된 《송사》에서는 구법당인 성리학의 관점에서 왕안석의 신법당 계열을 비판하였다.[36] 처음에는 이민족인 몽골족 원나라는 화이華夷 관념에 따라 이민족과 이민족의 사상에 적대적이던 성리학을 그대로 받아들이기 어려웠다. 성리학은 한족漢族 중심의 중국 지배 이념이기 때문이다. 따라서 원은 한족 중심의 화이론을 변용하여 이민족인 몽골족을 인정하였고, 성리학이 갖는 본래적 문제의식보다는 중국 지배에 유리한 부분을 강조하였다. 그리하여 원은 사물에 대한 본원적 탐구와 도덕 본질에 대한 철학 논의보다는 주어진 직분에 충실하는 수분적 성리학과 도덕 윤리 규범을 중시하였다.[37]

원과 긴밀한 고려인은 원 관학에 충실하고 송학의 여러 분파 가운데 성리학을 적극 수용하였고 정치적으로 성리학 계열인 구법당의 정치 행적을 옹호하였다. 충선왕이 송의 역사를 읽으면서, 사마광 등 구법당 계열 인사가 수록된 명신전에 대해서는 경모하였지만, 채경 등 신법당 계열이 수록된 간신전에서는 이를 갈았다는 기록[38]은 성리학에 대한 고려의 정향을 잘 보여 준다. 이곡은 사마광이 신법의 폐단을 논해서 왕안석의 간사하고 음특함을 밝혔다[39]고 하였고, 만년에 경상도 흥해현을 유람하면서 왕안석의 신법이 없고 유능한 관원을 파견하여 안찰하고 살펴보는데 백성들이 왜 괴로운가 하면서[40] 왕안석의 신법이 백성의 폐해를 상징하는 것으로 인식하고 있었다. 왕

---

35 원나라 성리학의 특성에 대해서는 다음의 글을 참고하여 정리하였다(도현철, 《목은 이색의 정치사상 연구》(혜안, 2011), 72~79쪽.

36 金陽燮, 〈遼·金·宋 三史 編纂에 대하여〉, 《中央史論》 6(1988), 257~261쪽; 權重達, 〈中國 近世의 國家權力과 儒學思想의 變遷〉(같은 책), 276쪽.

37 文喆永, 〈麗末 新興士大夫의 新儒學 수용과 그 특징〉, 《韓國文化》 3(1982), 118~123쪽; 周采赫, 〈元 萬卷堂의 設置와 高麗儒者〉, 《孫寶基博士停年紀念韓國史學論叢》(1988), 239~243쪽.

38 《역옹패설》 前集1; 《고려사》 권34, 世家34 忠宣王2.

39 《가정집》 권13, 鄕試策, "故司馬溫公, 以此論其新法之弊, 以折荊公之姦, 是知天下之財信有是數, 四海之民信有是數."

안석이 제창한 신법이 시행되어 천하가 어지럽혀졌고 심지어 송이 망한 원인이 되었다고도 하였다. 구법당의 통상적인 왕안석에 대한 비판적 견해를 그대로 수용하고 있있다고 볼 수 있다.

이곡의 성리학적 이념과 군주수신론 강조는 여말 개혁 정치로 이어진다. 공민왕 대 이후 고려 중흥에 힘쓴 이색은 "유교의 도가 요·순·공자·맹자·주렴계·정이천을 거쳐 원의 허형에게 이어져 원나라로 계승되었다"[41]고 하여 성리학의 도통을 제시하였다. 개혁파 유학자인 윤소종은 공양왕에게 당 태종이 아니라 《대학연의》[42]에 서술되어 있는 이제삼왕을 본받아야 한다고 건의하여 성리학의 군주관을 주장하였고[43] 성균 생원 박초는 맹자가 양주·묵적의 설을 배격하고 공자를 높인 이래 동중서·한유·정이천·주자는 모두 도를 옹호하고 이단을 배격하여 천하 만세의 군자가 되었고, 왕안석과 장천각은 불교를 제창하고 풍속을 바꾸어 천하 만세의 소인이 되었다고 평가하여 성리학을 정통으로 삼았다.[44] 왕조교체에 반대하는 이색 계열이든 왕조 개창의 편에 서 있는 정도전 계열이든 송학 가운데 성리학을 받아들이고 명시적으로 언급하고 있지는 않지만 그러한 도통이 고려가 추구해야 할 정치사상으로 파악하였다. 곧 사회변동과 왕조교체의 기운이 있고 불교의 문제점이 제시되고 있을 때 불교 비판론이 제기되고 불교 비판에 철저한 성리학, 곧 도학 계통이 송학 가운데에서도 주류적인 지위를 차지하게 된 것이다.

---

40 《가정집》 권20, 題興海縣客舍.

41 《목은집》 文藁 권9, 選粹集序, "孔氏祖述堯舜, 憲章文武, 刪詩書, 定禮樂. 出政治, 正性情, 以一風俗, 以立萬世大平之本, 所謂生民以來, 未有盛於夫子者, 詎不信然. 中灰於秦, 僅出孔壁, 詩書道缺, 泯泯棼棼. 至于唐韓愈氏, 獨知尊孔氏, 文章逐變, 然於原道一篇, 足以見其得失矣. 宋之世, 宗韓氏學古文者, 歐公數人而已, 至於講明鄒魯之學, 黜二氏詔萬世, 周程之功也. 宋社旣屋, 其說北流, 魯齋許先生用其學, 相世祖, 中統至元之治, 胥此焉出, 嗚呼！盛哉."

42 池斗煥, 〈朝鮮前期 君子小人論議 -《大學衍義》 王安石論을 중심으로 〉, 《泰東古典硏究》 9(1993).

43 《고려사》 권120, 列傳33 尹紹宗(공양왕 원년).

44 《고려사》 권120, 列傳33 金子粹, "成均生員朴礎等亦上疏日, ⋯⋯."

3. 유학자 관료의 등용론과 인성 중시 교화론

이곡은 성리학이 지향하는 수기치인의 인간론, 군자를 지향하였다. 그는 군자는 의를 중시하고 소인은 이익에 밝은 것을 염두에 두면서[45] 염치를 알고 덕행을 닦는 군자상을 지향하였다. 충숙왕 7년(1320) 한양에 관리로 나가는 정영세에게 토지 겸병과 백성의 어려운 사정을 말하면서, 성인이 경전을 만들고 공자가 이익을 드물게 말하며, 맹자가 이익 취함을 경계한 것[46]을 명심하도록 당부하고 있다.[47] 또한 쌍성등처군민총관 조림趙琳에게 금강산 도산사都山寺의 기문을 써주면서 무릇 어떤 일을 행하든 간에 만물에 이롭고 사람에게 편리하도록 도모해야 마땅하니, 자기만을 위해서 복을 구하는 것은 하찮은 일이라고 하였다.[48]

당시 "유학자들은 소박하고 꾸밈이 없고, 경서를 익히며 염치를 안다"[49]고 하고, 민지는 김순金恂의 묘지명을 쓰면서 "옛말에 군자는 덕행을 말하는 것이고, 공업은 말하는 것이 아니라"고 하였다. 덕행은 사람이 마음을 닦을 수 있으나 공업은 하늘이 주는 때에 달려 있다는 이유에서였다. 그리하여 사람이 닦을 수 있는 것을 닦으면 군자라고 하였다.[50] 이때 군자가 시서詩書나 일삼

---

45 《가정집》 권9, 寄朴持平詩序, "…… 夫小人之急於利, 猶君子之重於義 ……"
46 《맹자》 梁惠王上, "王曰, 何以利吾國? 大夫曰, 何以利吾家? 士庶人曰, 何以利吾身? 上下交征利而國危矣."
47 《가정집》 권8, 送鄭參軍序(충숙왕 7년, 1320);《稼亭集》 권14, 古詩 紀行一首 贈淸州參軍, "…… 孔氏罕言利, 孟子惡交征, ……."
48 《가정집》 권3, 刱置金剛都山寺記, "凡爲事, 當利於物而便於人, 爲己而求福者末也."
49 《익재집》 권7, 有元高麗國·誠勤翊贊勁節功臣·重大匡·星山君·贈諡文烈公, 李公墓誌銘(이조년);《高麗史節要》 권25, 忠肅王 后8년 5월, "夫儒者雖朴拙 皆能習經書, 識廉恥".
50 김용선, 《역주 고려묘지명집성(하)》(2012) 김순묘지명(민지), 725쪽, "古所謂君子者, 德行云乎哉, 功業云乎哉. 子曰, 惟德行耳, 非功業也. 何也? 德行在心, 功業在時, 在心者人所修也, 在時者天所授也. 能修人之所可修者爲君子耳."

는 것이 아니라 법률처럼 현실에 유용한 학문을 갖고 있어야 한다고 했다.[51] 군자는 덕행을 닦아 나라를 편안하게 하고 백성을 위하는 구체적인 일을 해야 한다고 본다. 이곡은 경서를 읽고 인의를 닦고 염치를 알며 법률가 같은 실용적인 학문을 하는 유학자 군자상을 견지하였다.

이곡은 충목왕의 즉위를 통한 새로운 정치가 모색되자, 이부령李府令에게 신하를 여섯으로 나누어 설명하였다. 여기에서 중신重臣·충신·직신直臣을 바람직한 신하로 권신·간신·사신邪臣을 그렇지 못한 신하로 규정하였다. 중신은 위태로운 시기에 대의를 주장하고 자기 한 몸을 희생하며 사태를 수습하는 인물, 예컨대 이윤·주공·진평·주발과 같은 인물이라고 한다면, 권신은 권세를 이용하여 그의 사적인 세력을 형성하고 군주를 끼고서 환심을 산 뒤 몰래 칼자루를 거꾸로 돌려 잡고 군주를 협박하여 압제하는 신하라고 한다. 충신은 나라만을 생각하고 자기의 집은 잊어버리며 공적인 것만을 생각하고 사적인 것을 잊어버리는 신하로, 한나라의 기신紀信과 진나라의 혜소嵇紹와 같은 인물이라고 한다. 간신은 번지르르한 말과 알랑거리는 말로 흉계를 꾸미며 임금을 기망하고 이익은 자기가 차지하면서 원망은 뒤로 돌리며, 상대방을 위험에 빠트리는 신하라고 한다면, 직신은 임금에게 잘못이 있으면 간하고 일에 허물이 있으면 직언을 하며 오직 임금을 불의에 빠트릴까 두려워하고 백성이 억울함을 당하지 않도록 걱정하는 신하로, 용봉龍逄과 비간比干과 같은 신하이다. 사신邪臣은 대도를 따르지 않고 온갖 수단과 방법을 동원하여 교묘하게 영합하고 불법으로 결탁하면서 못하는 짓이 없는 신하로, 결국 화란이 일어나 패망하게 되는 간사한 무리라고 한다.[52]

이곡은 특히 충신을 강조하면서 "충신은 나라만 알 뿐 자기 집을 잊고,

---

51 《가정집》 권1, 策問, "諸生將以試有用之學, 若曰, 吾儒事詩書, 安用法律, 則有司所不取."
52 《가정집》 권7, 臣說送李府令歸國, "若權臣則倚勢以成其私, 挾主以市其恩, 陰倒其柄而制脅之, 人雖怨憤而不敢言.

공적인 일만 알고 사적 일은 잊어버리며 임금에게 우환이 있으면 굴욕당하는 것을 무릅쓰고, 임금이 굴욕을 당하면 임금을 위해 목숨을 바쳐, 분발하면 자신을 돌아보지 않고, 오직 의로움만 따른다"고 하였다.[53] 그리고 최소한 이곡은 현실정치의 복잡한 상황과 군주의 지향점에 따라서 신하의 도가 다양하다고 하면서, 중신은 아니더라도 간신과 사신은 되지 말라고 하였다.[54]

이는 유학의 오륜에 입각한 충의와 의를 중시하고 이익을 멀리하는 가치관을 반영해서 공의를 추구하는 신하를 지향하고 사리를 추구하는 신하를 비판한 것이다. 현실정치에서 특권 귀족층의 사적 권력 행사나 사적인 정치운영을 배제하고, 공적이고 합리적인 정치운영을 모색한 것이다. 당시 수용된 성리학이 사적인 영역을 축소하고 공공성을 강조하는 정치문화를 낳고 더나아가 정치운영상의 도덕 규범으로서뿐만 아니라 공적 관계, 공적인 지배질서를 확립하는 이념적 기반으로 자리 잡아 가고 있었음을 보여 준다.[55] 말하자면, 이곡은 한나라의 역사와 생생한 인물에 대한 평가를 통하여 어떠한관료가 되어야 하며 어떠한 삶이 바람직한가를 고민하면서, 군자라는 유교적인간형을 모델로 하여 도덕 규범에 충실하고 충과 의리에 투철한 인물이 국가를 공적으로 운영하기를 기약하고 있었다.

이곡은 유학자가 관료가 되기 위해서는 임명권자인 국왕이나 재상들의 역할이 중요하다고 보았다. 그는 충혜왕이 죽고 충목왕이 즉위하자 경장을 통한 신정新政을 추구하며 개혁 상소를 올리고 무엇보다도 인재 등용을 역설하였다.[56] 그는 당시를 풍속은 무너지고 형정은 문란해져서 백성들이 도탄에

53 《가정집》 권7, 臣說送李府令歸國, "…… 且其爲忠臣, 國耳忘家, 公耳妄私, 主憂身辱, 主辱身死, 奮不自顧, 惟義之從."

54 《가정집》 권7, 臣說送李府令歸國.

55 김훈식, 〈여말선초의 민본사상과 명분론〉, 《애산학보》 4(1986); 金貞信, 〈朝鮮前期'公'認識과 君臣共治論〉, 《學林》 21(2000).

56 《고려사절요》 권25, 忠穆王(즉위년 5월); 《稼亭集》 권8 寓本國宰相書 "判典校寺事李穀在

빠져 나라가 나라답지 못한 상황이라고 진단하였다. 즉 재물이 있으면 능력이 있고 권세가 있으면 지혜가 있고, 심지어 조복朝服을 입고 유관儒冠을 쓰는 것을 배우가 잡극에서 연기하는 것으로 간주하며, 직언과 정론을 민간의 허튼 이야기로 여긴다. 따라서 군자를 등용하여 사직을 안정시키고 백성을 편안하게 하라고 하였다.[57] 충목왕이 즉위하고 한종유가 좌승상이 되자 이곡은 그에게 기대를 걸면서[58] 군자를 관료로 등용해서 직언과 정론으로 바른 정치를 행하라고 권하였던 것이다.[59]

여기에는 이곡의 유학적 출처관이 반영되어 있다. 사람의 출처는 세상의 치난治亂과 연관이 있다. 사람이 어려서부터 배우는 까닭은 장성해서 그것을 행하기 위해서라는 것이 유학의 지향이다. 그런데 "물이 깊으면 옷 입은 채로 건너가고 물이 얕으면 바지를 걷고 건너가는 것이고,"[60] "등용하면 나의 도를 행하고, 등용되지 않으면 숨는"[61] 시대 상황을 고려하는 유학의 출처관에 따라 행동 방향을 정하도록 하였다. 충숙왕 16년 예성강에서 한산으로 갈 때 풍랑을 만나 가야할지 말아야 할지 방황하던 상황을, 당시의 험난한 시대와 빗대어 성현의 말에 따라 밝은 지혜로 몸을 보존할 것을 기약하였던 것이다.[62]

당시 충혜왕과 권력자들은 유학자를 싫어하였고 자신의 마음에 드는 사람

元, 致書宰相曰, ……."

57 《고려사절요》 권25, 忠穆王(즉위년 5월); 《가정집》 권8, 寓本國宰相書, "判典校寺事李穀在元, 致書宰相曰, …… 幸今國王丞相受命之國, 民之望之若大旱之望甘澍然. 國王丞相以春秋之富, 謙恭沖默, 一國之政, 聽於諸公, 則其社稷安危, 人民利病, 士君子之進退, 皆出於諸公. 夫進君子則社稷安, 退君子則人民病, 此古今之常理也. 然則用人又爲政之本也."

58 《가정집》 권17, 送韓相國 二首.

59 김형수, 〈충혜왕의 폐위와 고려 유자儒者들의 공민왕 지원 배경〉, 《국학연구》 19(2001).

60 《가정집》 권8, 上政堂啓, "切以人之出處, 世所否臧, 幼而學壯而行, 斯乃業儒之義, 深則厲淺則揭, 亦爲持己之方."

61 《논어》 권7, 述而, "用之則行, 舍之則藏."

62 《가정집》 권14, 天曆己巳六月, 舟發禮成江南往韓山, 江口阻風(충숙왕 16, 1329).

만을 등용하였다.63 충혜왕이 총애하는 신하인 배전裴佺과 주주朱柱 등에게 중요 업무를 맡기고, 날마다 내시와 함께 씨름을 하며 놀기만 하자 상하의 예가 없어졌고, 군자가 배척당하고 직언이 사라졌다. 기거주 이담李湛은 임금의 동정을 기록하였는데, 충혜왕은 자신의 잘못을 기록하는 것을 서생書生이라 하여 하찮게 여겼다. 충혜왕은 이 때문에 유학자를 더욱 싫어하게 되었다.64 또한 안축이 흥녕군에 제수되었는데, 이는 권세를 잡은 자들이 유학자를 좋아하지 않았기 때문이라고 한다.65 이에 대하여 이곡은 유학의 출처관으로 현실정치의 유효성을 파악하고 적극적으로 대처하고자 하였던 것이다.

한편 이곡은 유학자는 관료가 되어 무엇보다도 백성을 편안하게 하는 책임의식과 경세의식을 가져야 한다고 하였다. 군자가 관료가 되어 풍속을 교정하고 나라를 부강하게 하며 백성을 편안하게 하는 일, 곧 임금을 성군으로 만들어 백성이 혜택을 받게 해야 한다는 것이다.66 그는 백성의 안정과 관련하여 지방관의 역할을 강조하였다. 이곡은 천인상관적 역사인식으로 홍수와 가뭄의 대책으로 백성을 옮기고 곡식을 먹이는 등 눈앞의 위급한 상황(目前之急)만을 모면할 것만 생각할 것이 아니라 일이 그렇게 된 자취에 따라(已然之迹) 환난을 미연(未然之患)에 방지하는 근본적인 대책을 세워야 하고, 그 근본적인 대책은 백성의 목숨을 관장하는 관리, 곧 송사訟事로 억울함을 당해 백성이 원한을 품고 화기和氣를 상하게 해 홍수와 가뭄을 부르지 않도록 하는

---

63 김용선, 《고려묘지명집성(하)》(2012), 민사평묘지명(이달충), 976쪽, "庚午永陵(충혜왕)卽位. 頗不喜儒, 苟非有得於中者, 惟虎是効, 爲之媚悅."

64 《고려사》권36, 世家36 忠惠王(즉위년 3월, 1330), "王委機務於嬖臣裴佺·朱柱等, 日與內竪, 爲角力戲, 無上下禮. 由是, 君子見斥, 直言不得進, 起居注李湛白王曰, 君擧不可不愼, 一動一靜, 左右書之. 王曰, 書者誰歟? 湛曰, 史臣之職也. 王曰, 書我過失者, 皆書生也. 王本不好儒, 由是, 益惡之."

65 《가정집》권11, 大元故將仕郎·遼陽路蓋州判官·高麗國三重大匡·興寧府院君·領藝文館事, 諡文貞安公墓誌銘;《高麗史》권109, 列傳22 安軸(하책, 392쪽), "除興寧君, 蓋執事者, 不喜吾儒."

66 《가정집》권1, 吊黨錮文, "致君澤民兮 君子所期 …… 苟讒說之殄行兮 雖聖智而低眉."

관리를 선발해야 한다[67]고 하였다.

이곡은 어려서부터 향리에서 성장하여 백성의 화복이 수령에게 달려 있다는 것을 알았고,[68] 민은 나라의 근본인데 민은 관리를 하늘로 삼는다[69]고 하여, 백성의 휴척과 관련하여 수령의 역할이 중요함을 역설하였다. 그는 한양 지방관이 된 정영세에게, 당시가 염치가 없어지고 상하가 서로 이익만 다투며, 혹리는 수탈하여 송곳 하나 꽂을 땅이 없고 집에는 곡식 한 톨도 없이 텅비게 되었다고 하면서, 한 집안이 인仁하면 한 나라가 인을 일으킬 것이니 관료로서 군자의 본분을 다하여 백성의 마음을 자기의 마음으로 삼는다면 풍속을 교정하고 나라를 부강하게 하며 백성을 편안하게 다스릴 수 있을 것이라 하였다.[70]

이때 이곡은 백성을 안정시키는 데는 인간 본연의 선한 마음을 간직하는 것이 중요하다고 본다. 이러한 태도는 그의 현실 문제 인식과 대응, 대민 대책과 연관된다. 이곡은 당시 큰 사회문제였던 농민들의 유망 현상의 원인으로 항심恒心 부재, 곧 항상적인 마음의 부재로 보았다. 쌍성총관인 조림趙琳은 백성들이 유랑하다가 경내에 들어오자 거절하면서 말하기를 "너희가 항산이 없는 것은 항심이 없기 때문이니 그 때문에 무리로 떠돌아다닌다. 사람이 항심이 없으면 어딜 간들 능히 용납되겠는가" 하였는데 이곡은 조림과 뜻이 같았다.[71] 같은 시기의 홍자번[72]이나 충선왕의 대민 인식과 대책[73]에도 이러한

---

67 《가정집》 권1, 原水旱.

68 《가정집》 권6, 韓州重營客舍記(충정왕 2년 3월, 1350), "余少長鄕里, 知民之禍福, 實繫于守令."

69 《가정집》 권9, 送安修撰序, "國以民爲本, 民以吏爲天."

70 《가정집》 권8, 送鄭參軍序.

71 《가정집》 권3, 栅置金剛都山寺記, "凡爲事, 當利於物而便於人, 爲己而求福者末也. …… 近有 東南邊民流入彼境, (趙)侯則詰責所由, 拒而不納曰, …… 爾無恒産, 因無恒心, 故流徒耳. 人無 恒心, 焉往而能容哉."

72 《고려사》 권78, 志32 食貨1 貢賦, "(충렬왕)二十二年六月, 中贊洪子藩上書, …… 田無役主, 亡丁多矣. 民無恒心, 逃戶衆矣.

항심 중시의 관점은 이어진다.

고려 후기에는 농민의 유망이 국가의 기반을 위태롭게 하고 있었다. 자연재해[74]와 지배층의 수탈은 민의 생산 기반을 파괴하고 있었다. 전국 각지에서 기근이 들어 굶어 죽거나 도적으로 봉기하기도 하였다.[75] 그리하여 민은 생존을 위하여 유망하였다. 지방 군현과 향·부곡이 텅 비게 되었고 역을 담당할 자원이 없게 되었다.[76] 유망으로 표현되는 민의 동요·사회불안은 상하 신분 질서를 무너뜨리고 있었다. 정부에서는 이에 대한 심각성을 느끼고 대응방안을 마련하였다. 우선 소수의 지배층에 의한 토지 겸병을 해소하기 위하여 과도한 사패전賜牌田 지급, 특히 사패를 빙자한 탈점 방지, 전주田主의

---

73 《고려사》 권84, 志38 刑法1 公式 職制, "(충선왕 24년)是年正月, 忠宣王卽位下敎曰, 民無恒心, 因無恒産, 憚於賦役, 彼此流移. 凡有勢力, 招集以爲農場, 按擦使與所在官, 推刷還本, 具錄以聞."

74 동아시아의 역사적인 기상 추이에서 보면 고려는 12세기 이후 냉랭한 불안정한 기후와 이것에 수반한 종종의 기상이변이 나타나는데 이는 천간산淺間山과 백두산의 대규모 화산분출에 연유한 것으로 추측된다. 이에 따라 고려사회는 농업생산력 저하, 기근 등의 현상이 나타난다(須長泰一,〈高麗後期の異常氣象に關する 一考察〉,《朝鮮學報》119·120(1985)).

75 이곡은 원 관료 생활을 통하여 농민의 굶주림과 유망을 목도하였다. "가을에 곡식을 거두지 못해 겨울에 먹을 것이 없게 되니, 하북과 하남의 백성들이 유망하고, 도적들이 일어나서 군사를 내어 붙잡아 죽여도 줄지 않았다. 봄이 되어 굶주린 백성들이 서울에 구름처럼 모여 도성 안팎에서 울부짖으며 구걸하고 엎어지고 넘어져 서로를 베개 삼아 누워 있었다. …… 유사들은 분주하게 모든 것을 베풀어 구제하려고 창고를 열어 진휼하고 죽을 쑤어 먹이기까지 하였으나 죽는 자가 반이 넘었다."(《가정집》 권4, 小圃記(충목왕 1년 5월), "秋果不熟, 冬闕食, 河南北民, 多流徙, 盜賊竊發, 出兵捕誅, 不能止. 及春飢民雲集京師, 都城內外, 呼號丐乞, 僵仆不起者, 相枕藉, 廟堂憂勞. 有司奔走, 其所以設施救活, 無所不至, 至發廩以賑之, 作粥以食之, 然死者已過半矣.")고 하였다. 이곡은 현실 사회에서 무엇보다도 굶주리는 백성들을 없애야할 일로 보았다.

76 《고려사》 권84, 志38 刑法1 公式 職制, "(충선왕 24년)是年正月, 忠宣王卽位下敎曰, 民無恒心, 因無恒産, 憚於賦役, 彼此流移. 凡有勢力, 招集以爲農場, 按擦使與所在官, 推刷還本, 具錄以聞.";《高麗史節要》 권24, 忠肅王(3년 하4월), "西海道民, 多流移, 州郡空虛者五六, 海州納其印于都堂, 以順正君璹, 奪州田五千餘結故也, 璹以其妹伯顔忽篤得幸於帝, 憑藉宮掖, 多行不法, 見王, 亦倨傲無禮."

침탈을 방지하는 방안을 마련하였고, 부세 수탈을 방지하기 위한 조치와 유민추쇄책을 통해 백성을 추쇄시키되, 유리한 지 오래되었다가 안착한 민은 현 거주시에 적籍을 두어 공민公民으로 파악하려 하였다.77

이곡은 《맹자》를 활용하여 항심을 중시하면서 항심이 없어서 농민의 유망이 발생한다고 보았다. 《맹자》는 항심·항산 가운데 항상적인 생산(恒産)이 있어야 항상적인 마음(윤리도덕), 곧 항심恒心이 발현될 수 있다고 보았는데,78 이곡은 《맹자》와 정반대로 유망의 원인을 항심이라는 인간의 도덕적 본성의 상실에 있다고 보았다. 항산이라는 물질적·사회적인 측면보다는 항심이라는 정신적·개인적 측면을 중시한 것, 곧 유망으로 표현되는 민의 동요·사회불안을 인간 개개인의 인성와 윤리문제로 환원시킨 것이다. 물론 보민, 애민 의식을 견지하고 권세가의 수탈이나 국가의 불합리한 경제 제도를 지적하기도 하였지만, 이러한 것들은 인간 개개인의 도덕적 본성과 그러한 본성을 자각하는 인성문제에 견줘 부차적인 것으로 보았다. 공리功利보다는 교화를 우선한 것이었다.79 이러한 항심 중심의 사고는 항심을 위한 조치로 앞서 언급한 교육과 교화를 중시하는 논의로 발전하였다.80

항심 위주의 사고는 고려 후기에 항산을 중시하여 사전私田 제도의 개혁을 주장한 것과 대비된다. 조준 등은 항산이 있어야 항심이 생긴다81고 보는

---

77 김순자, 〈원 간섭기 민의 동향〉, 《14세기 고려의 정치와 사회》(민음사, 1993).

78 《맹자》梁惠王章句上, "曰, 無恒産而有恒心者, 惟士爲能. 若民, 則無恒産, 因無恒心. 苟無恒心, 放辟邪侈, 無不爲已. 及陷於罪, 然後從而刑之, 是罔民也. 焉有仁人在位罔民而可爲也?"

79 《가정집》권5, 寧海府新作小學記.

80 세종대 박안신은 《맹자》에서 백성이 항산과 항심을 갖게 하는데, 백성이 죽어 장사지내거나 옮겨 그 고장을 나가는 법이 없다 하였으니, 백성의 유망을 금지하여, 일정한 거처가 있게 하는 것이 백성을 다스리는 큰 방비책이라고 하였다(《세종실록》권33, 8년 8월 무자 (3책, 41쪽) 곧 이주를 금지시켜 한곳에 정착시키는 것이 항심을 갖게 하는 방법이라고 하였다.

81 《삼봉집》권8, 朝鮮經國典 下 憲典 盜賊, "人性皆善, 羞惡之心, 人皆有之, 盜賊豈人之情哉?

데, 사전私田이 부자 사이의 소송을 일으켜 인간을 금수로 전락시킨다고 하였다.[82] 조준 등은《맹자》의 항심과 항산론을 그대로 활용하여, 항산이 있어야 항심이 있다고 보고 백성의 항산을 마련하는 토지제도의 개혁, 곧 사전혁파를 주장하였다.

이곡이 주장하는 항심 중시는 학교의 교육을 강화하는 것으로 이어진다. 이곡은 유학의 교화론에서 고려의 유교 교화를 강조하였다. 그는 "공자가 제나라가 한번 변하면 노나라가 되고 노나라가 한번 변하면 선왕의 도에 이른다 하였는데, 이는 두 나라의 정치와 풍속이 혹 아름답고 사악함이 있으므로, 변하여 도에 나가는 데 어렵고 쉬운 차이가 있다고 말한 것"이라고[83] 한 것은 풍속을 변화시키고 폐단을 구제하는 방법은 나라마다 차이가 있음을 지적한 것이다. 제나라는 공리를 중시하고 패도정치가 횡행한 반면, 노나라는 예교를 중시하고 신의를 숭상하여 선왕의 유풍이 남아 있었다. 이에 공자는 변화의 완급을 조절하여 선왕의 도를 실현할 수 있다고 보았다.[84] 이러한 태도는 원 관료로서 고려의 교화에 관여하면서 나타난다.

그는 충숙왕 복위 3년(원통 2년, 1334) 4월에 한림국사원검열관으로 재직

無恒産者因無恒心, 飢寒切身, 不暇顧禮義, 多迫於不得已而爲之耳. 故長民者, 能施仁政, 民安其業, 使之不奪其時, 取之不傷其力, 男有餘粟, 女有餘布, 上足以事父母, 下足以育妻子, 則民知禮義, 俗尙廉恥, 盜不待弭而自息矣."

82 《고려사》 권78, 志32 食貨1 田制, "大司憲趙浚等上書曰, …… 子之於父母, 一畝之求, 或不如意, 則反生怨恨如視路人, 甚者縺釋衰経, 鞭其侍病之奴婢, 求其某田之公文, 至親尙爾, 而況於兄弟乎. 是以私田, 而陷人倫於禽獸也.";《고려사》 권78, 志32 食貨1 田制, "版圖判書黃順常等上疏曰 …… 各執高曾之卷, 互相爭奪, 于以詞訟曰, 尊卑長幼, 視如仇讐, 兄弟親戚, 反爲途人, 風俗之敗, 實爲痛心."

83 《가정집》 권13, 應擧試策, "盖因其二國之俗而爲理, 故不可變也. 然夫子曰, 齊一變至於魯, 魯一變至於道, 則變其俗而救其弊, 豈無其術焉? 夫孔子之此言, 雖爲二國之俗有美惡, 而變之之道, 有難易, 故言之."

84 《논어》 권6, 雍也(子曰 齊一變至於魯 魯一變 至於道), "(注)孔子之時 齊俗急功利 喜夸詐 乃覇政之餘習 魯則重禮教崇信義 猶有先王之遺風焉 但人亡政息 不能無廢墜耳 道則先王之道也 言二國之政俗有美惡 故其變而之道有難易."

할 때, 원 순제의 흥학에 관한 조칙[85]을 가지고 귀국하였다.[86] 순제가 조칙으로 학교 교육을 강화하고 유교 교화를 확산하려고 하였는데, 이곡은 이 조칙을 가지고 고려의 여러 군을 순시하면서, 학교 교육을 넓히고자 하였다. 김해의 수령인 이국향李國香이 향교를 지은 뒤 요청한 기문을 지으면서, 이곡은

> 내가 생각건대, 원나라가 문치를 크게 펼쳐 천하에 조칙을 내려 학교를 새롭게 일으키도록 하였다. 내가 외람되게 천자의 조정에서 진신縉紳의 반열에 끼어 이번에 이 조칙을 받들어 우리나라에 왔다. 그리하여 여러 군현을 두루 돌아보았는데 사당과 학교는 퇴락하여 무너지고 생도는 학업에 태만한 것이 있으니, 원나라가 유학을 숭상하는 아름다운 뜻을 그 누가 알 수 있겠는가.[87]

라고 하여, 원나라가 문치를 크게 펼치고자 천하에 조칙을 내려 학교를 새롭게 일으키도록 하였는데, 고려의 여러 군현을 돌아보니 사당이 퇴락하고 생도는 학업에 태만하다고 했다. 이때 김해 수령으로 부임한 이국향은 임금과 어버이를 섬기는 일과 자기를 닦고 남을 다스리는 일은 학문을 통해서 행할 수 있다고 보고, 이를 위해서 비좁고 누추한 학사를 넓히고, 생도들이 시험 볼 수 있는 정자를 지었다. 이곡은 이국향의 학교 진흥과 문풍 진작의 뜻을 기문에 담아 앞으로 배우려는 자들이 그의 뜻을 알도록 하였다.[88]

---

85 《원사》 권38, 本紀 順帝1 元統(2년 2월), "己未朔, 詔內外興擧學校."
86 《고려사》 권109, 列傳22 李穀, "奉興學詔, 還國";《가정집》 권2, 金海府鄕校水軒記 "今詔天下作新學校, 余猥厠天朝搢紳之列, 得奉是詔, 來布東方, …… 熟知聖元崇儒美意";《가정집》 권20, 稼亭雜錄 送李中父征東行省序(陳旅), "明年上大興學校, 中父得捧制書東還. 且將以其得於朝廷者悅乎親, 以及其鄕黨也. 余壯其行告之日, 子歸見邦人諸友, 宜言上文明, 立賢無方, 未嘗鄙夷遠人. …… 元統二年四月十八日, 國子助敎莆田陳旅 序"; 稼亭雜錄(謝端), "…… 皇明右文開詔書, 明年鹿鳴早充賦."
87 《가정집》 권2, 金海府鄕校水軒記, "余惟聖元文治大洽, 今詔天下, 作新學校. 余猥厠天朝搢紳之列, 得奉是詔, 來布東方. 歷觀諸郡, 廟學頹壞, 生徒惰業, 往往皆是, 孰知聖元崇儒美意乎?"
88 《가정집》 권2, 金海府鄕校水軒記.

이곡이 고려의 학교를 진흥하려는 뜻은 1347년 과거시험의 시관이 될 무렵에 지은 글에서 알 수 있다. 그는 당시 세태가 공리를 우선하고 교화를 뒷전을 돌려 문풍文風이 부진하였는데, 이천년李天年이 영해의 장서기가 되어 학교를 짓고, 생도 가운데 나이가 든 자를 뽑아 동자들을 가르치게 하며, 고을의 아이들이 입에서 젖을 떼기만 하면 소학에 나와서 배우지 않는 자가 없게 되었다고 하였다. 그러면서 이곡은 생도들이 단순히 구두나 시문을 익히는 것보다는 물을 뿌리고 청소하며 응대하고 나아가고 물러나는 절차와 유학의 6예(예·음악·활쏘기·말타기·글쓰기·셈하기)를 배워야 한다고 하였다.[89] 교육 내용이 유학 본령을 제시하여 유학의 기본 교육에 충실하도록 하였던 것이다.

학교는 풍화의 근원이 되고 국가의 다스림이 연유되는 곳이다. 따라서 교육을 통해서만이 윤리 도덕을 구현하고 교화를 실현할 수 있는 것이다. 물론 고려시기에 학교가 있었고 교화의 기반으로서 기능했다. 교육은 인재 양성과 교화를 명분으로 인륜을 확립하려는 것이었다. 이러한 학교의 기능은 고려 초기 이래 이어져 왔고 후기에 더욱 확대되었다. 향교는 인간이면 누구나 지켜야 할 도리, 윤리도덕을 교육시킴으로써 사회를 교화시키고자 하였다. 당시 향교에는 일반 민의 자제 가운데 이제 막 젖을 뗀 어린아이에서 성인에 이르기까지 연령 제한이 없었다.[90] 고려 후기에 인륜 의식이 강화되고 교화와 문풍이 진작되어 갔다. 이를 통해 덕성을 함양하는 것이 개인적인 것에

---

89 《가정집》 권5, 寧海府新作小學記(충목왕 3년 5월, 1347), "…… 由是凡民有子, 口可離乳者 莫不就學焉. …… 余惟本國文風不振也. 久矣. 蓋以功利爲急務, 敎化爲餘事. 自王宮國都, 以及 州縣, 凡曰, 敎基, 鮮不廢墜. 李君乃能留意於斯, 可謂知所先務矣. 獨不知小學之規當讀何書, 當 隸何事. 若曰習句讀斯可矣, 何必問洒埽應對進退之節, 工篇翰則足矣, 何必學禮樂射御書數之文, 此乃鄕黨風村學耳. 予爲諸生恥之. 諸生勉旃, 其屋宇之廢興, 當有任其責者, 玆不論. 至正七年五月 旣望. 記."

90 《가정집》 권5, 寧海府新作小學記(충목왕 3년), "由是凡民有子, 口可離乳者, 莫不就學焉."

머무르지 않고 사회적인 방향으로 이어지고 그런 삶을 살도록 공동체 구성원에게 지향점을 제시하고 있었다고 하겠다.

학교 교육의 강화는 문자에 의한 교화와 연관된다. 충목왕 2년(1346)에 간행된 《효행록》은 《사서집주》를 간행한 권부의 아들 권준과 사위 이제현이 간행한 것으로 효행의 사례를 제시함으로써 효를 권장하려던 것이었다. 《효행록》은 고려 초기 이래 《효경》과 같이 유교 윤리 교화서라는 점에서 동일하다. 그런데 《효경》의 교화 대상은 관료가 될 유생을 중심으로 한 지배층에 한정되고 일반 백성은 정표정책과 형률의 대상에 지나지 않았다. 이에 견줘 《효행록》은 교화 대상이 들이나 밭에서 일하는 농민이었다.[91] 물론 고려 후기에도 정표 정책이나 형률이 통치의 주요한 수단이었던 것만은 사실이지만 《효행록》에서는 일반민을 그 대상으로 유교 윤리를 보급하려고 했던 것이다.[92]

이곡 역시 농민의 마음을 존중하고 농민을 교화의 대상으로 파악하였다. 이곡은 천명은 지혜로 구할 수 있는 것이 아니고 민심은 무력으로 얻을 수 있는 것이 아니라[93]고 하였다. "비록 임금에게 인정받았다고 할지라도 백성들이 좋아하지 않는다면 높은 벼슬로 부귀를 누릴지라도 백성에게서 원망을 받지 않을 수 없다. …… 옛날 신하된 자는 차라리 임금에게 잘 보이지 못할지라도 감히 백성의 원망을 사는 일은 없었으므로 벼슬자리에 급급하지 않았다."[94] 하였다. 한양 참군으로 가는 정영세에게 백성의 마음을 자기의 마음으로 삼으라고 하였다.[95] 곧 백성의 마음을 얻는 가운데 일을 도모해야 한다

---

91 《효행록》(연세대 고서실) 序(이제현), "其辭語未免於冗且稗, 皆欲田野之民, 皆得易讀而悉知也."
92 金勳埴, 〈高麗後期의 《孝行錄》普及〉, 《韓國史硏究》73(1991), 33-46쪽.
93 《가정집》권7, 杯羹說, "天命不可以智求, 民心不可以力得. 三代之革命也, 皆積功累德, 天命之, 民心之."
94 《가정집》권7, 臣說送李府令歸國, "雖得之君, 不得之民, 爵祿之豐則有之, 不能不取怨於民矣. 雖譽於今, 不譽於後, 功業之多則有之, 不能不取譏於後矣. 古之爲臣者, 寧不得於君, 不敢取怨於民, 爵祿非所急也."

는 것이다. 《맹자》의 "편하게 해주는 도리에 입각해서 백성을 부리면 아무리 수고롭더라도 백성이 원망하지 않는다"[96]는 말과 다름이 없다. 이는 고려 후기 유학자의 대민의식으로 이어진다. 농민을 교화 대상으로 파악하는 것은 인간관의 변화와 맞물려 있다. 무신집권기와 원 간섭기를 거치면서 하층민의 정치 사회적 진출이 활발해져 아무리 미천한 하층민이라도 천민天民이라는 의식[97]이 등장하고, 인간에 대한 가치의 재발견과 함께 농민의 도덕적 자각 능력을 인정하는 분위기가 조성되고 있었다.

이곡이 학교 교육을 강화하고 백성의 자각 능력을 높이려 한 것은 백성의 안위와 직결되는 지방관의 행적 평가에서 나타난다. 그는 고려와 원 관료 생활을 통하여 알게 된 유학자 지방관의 모범적인 활동을 소개하였다. 이곡은 1339년에 정동행성의 유학 교수로 개경에 왔다가, 충혜왕 복위 1년(1340)에 연경으로 되돌아간 한족漢族인 백운빈白雲賓을 시서와 예악을 가르치는 데 매진한 참된 유학자라고 칭찬하였다. 백운빈은 관직으로는 현달하지 못했어도 지조는 변한 것이 없이 풍속이 다르고, 녹봉이 넉넉하지 않지만 사람들을 가르치는 데 애쓴 참된 유학적인 삶을 살았다고 하였다.[98]

이곡은 고려인 한영韓永이 원 지방관으로서, 예치를 시행하고 백성을 위한 정치를 했다고 보았다. 한영은 부친인 한사기韓謝奇가 세가의 자제를 원나라에 인질로 보낼 때, 가족들과 함께 중국에 갔다. 한영은 1322년에 고주자사高州刺史가 되었다. 고주는 해계단奚契丹에 속한 지역으로 잦은 전쟁으로 인

---

95 《가정집》 권8, 送鄭參軍序, "自國家多故, 事異古先, 廉恥道喪, 而上下交征利, 豪家得以兼并, 酷吏因而掊克, 地無立錐之閑, 室有懸磬之嘆, 爲守令者, 坐視莫敢言, 厲民自奉而已, 民之困且無聊, 未有甚於此時也. …… 一家仁, 一國興仁, 君子盡己而已. 苟能盡己, 而以百姓之心爲心, 則雖不中, 亦不遠矣. 豈必計班資之崇庳, 風俗之澆朴哉?"

96 《맹자》 盡心章句上, "以佚民使民, 雖勞不怨, 以生道殺民, 雖死不怨殺者."

97 《고려사》 권85, 志43 刑法2 奴婢(공양왕 3년), "郎舍上疏曰, …… 奴婢雖賤, 亦天民也."

98 《가정집》 권9, 送白雲賓還都序(충혜왕 복위 1, 1340).

민과 물자가 부족하였고 변방의 이민족들이 도둑질을 일삼고 있었는데, 그는 덕화에 힘써 그들을 감화시켰고 불법을 자행하며 잘못된 자를 법대로 처리하였다. 1328년에 하서롱북도첨렴방사사河西隴北道僉廉訪司事가 되었을 때 영하寧夏의 토호들이 전쟁의 혼란을 틈타 헌사憲司를 교란하며 무력화시켰다. 이때 한영은 점리點吏인 장능張能을 데리고 사안에 따라 단안을 내려 1년 만에 풍기風紀를 다시 진작시켰다. 또 둔전과 수리를 맡은 자들이 불법행위를 자행하자 80여 인을 쫓아내고, 청렴하고 유능한 자들을 선발하여 하도河道를 수개하자 백성들이 편하게 되었다. 영하寧夏는 변방의 먼 지역으로 나그네가 여행 중에 죽으면 빈장殯葬할 수가 없어서 해골이 그대로 야외에 방치되어 있었는데, 한영이 경력 장규張珪로 하여금 담을 쌓고 집을 지어 그중 570여 구軀를 거두어 안치하게 하고, 천자문의 순서대로 기록하여 성명과 관향을 표시해 둠으로써 그들의 친척이 쉽게 알아볼 수 있도록 하여 담 안에 매장하게 하였다. 또한 관섬關陝에 한재가 발생하여 기근이 들자 유랑하는 백성들이 먹을 것을 찾아 야외에서 노숙하다가 병들곤 하였는데, 한영이 자신의 봉록을 희사하고, 부호들이 돈을 내어 유민을 수용할 가옥 20여 칸을 지었다. 이 밖에 전당 잡혀 팔려 가는 남녀에게 관청에서 옷과 밥을 지급하고 그들 부모에게 돌아가게 해주었다. 이렇게 해서 이미 죽은 자는 쉴 곳을 얻게 되고 살아 있는 자는 병들지 않을 수 있게 되었다고 하였다.

더욱 한영은 옥사를 평결할 때에는 한결같이 흠휼을 위주로 하였다. 영하의 죄수 가운데 당씨黨氏의 며느리가 간부姦夫 때문에 남편을 독살했다는 죄목으로 옥사가 일어났다. 그 안건을 심리한 지 2년이 되도록 다른 말들이 없다가, 그가 한 번 심문하고 두 번 심문하여 그 실정을 알아본 결과 그 남편이 실제로 병들어 죽은 것이 확인되었으므로 그 간부와 함께 며느리를 즉시 재판하여 석방하니, 사람들이 귀신처럼 잘 알아낸다고 탄복하였다. 1333년에 하남부로총관으로 자리를 옮겼을 때는 부임하자마자 백성들의 병폐를 알아

보고서 이익이 되는 일은 일으키지 않고 해가 되는 일은 제거하였다. 당시 이곳은 열 집에 아홉은 텅 비어 있는 상태였는데, 한영은 실정을 정확히 파악하여 빈약한 자를 면제해 주고 풍후한 자에게서 보충하도록 했다. 또 관사를 신축하고 주로州路를 닦으며 이문里門을 세우고 농상을 권장하였으며 혜민약국을 개설하여 궁민을 구제하였다. 이렇게 해서 백성들이 일단 마음으로 복종하게 되자 다시 영을 내리기를 "치도를 강구하려면 학교보다 우선하는 것이 없다. 그런데 사당이 허물어지고 재사齋舍가 퇴락하였으니, 이것이 어찌 스승을 높이고 사도를 존중하는 조정의 뜻이겠는가"하고는 봉록을 덜어내며 대성을 비롯한 무서 등 9칸을 건립하게 하였다.99 이곡은 한영이 지방관으로서 백성을 위한 시책을 펼치고 유학의 도를 높였다고 칭찬하였다.

이곡은 고려 지방관의 활동에서 백성의 마음을 얻어 나라와 지방의 공적인 일을 순리대로 처리한 사례를 제시하였다. 그는 한산의 객사를 중건하는 기문에서, 백성의 화복은 수령에 달려 있는데 수령은 백성을 잘살게 하고자 은혜로운 보살핌으로 백성의 마음을 얻고 그다음에는 객사를 지어 천자의 덕음을 들으며 국가의 명령을 받든다고 하였다. 군수 박시용朴時庸은 백성들에게 이로운 일을 행하고 해로운 일은 제거하며 백성을 화합하게 하였으며, 사람을 성의로 대하였고 빈객을 접대함에 게으르지 않았다. 공급해야 하는 물품은 비축한 것에서 공급하고 백성에게 거둔 것이 없었다.100

이곡은 천안 수령 성원규成元揆 역시 같은 방식으로 정사에 임했다고 보았다. 성원규는 백성에게 이익이 되는 일은 행하고 해가 되는 일은 반드시 제거하려고 노력하였으며, 농사를 권면하고 학문을 장려하고 부세를 균등히 하

99 《가정집》 권12, 有元故亞中大夫·河南府路摠管兼本路諸軍與魯摠管·管內勸農事·知河防事·贈集賢直學士·輕車都尉·高陽侯諡正惠韓公行狀.
100 《가정집》 권6, 韓州重營客舍記(충정왕 2년 3월, 1350), "朴君之至, 能兼二李之才, 數年之間, 利興害除, 事集民和, 實非前日之韓山也. 又能待人以誠意, 接賓無惰容, 至於供需之物, 牀褥什器之微, 皆致完潔, 然其取足於公帑贓物, 而無一毫斂及於民, 故其聲譽藹然冠於一方."

고 흉년에 구휼하였다. 백성들이 일단 마음속으로 복종할 수 있는 단계에 이르자, 백성들을 설득하여 관사館舍와 공해公廨를 수리하게 하였다. 이에 고을 사람들을 동원하되 호강한 자들을 불문하고 집집마다 일을 시키며 균등하게 배정하였다. 그리고 재목을 마련하고 기와를 구워서 우선 신궁과 주변 예전 禮殿과 재방齋房을 신축하였다.[101]

이곡은 수령의 가장 중요한 일은 백성의 마음을 편안하게 하는 것으로 보았다. 백성의 마음을 얻은 연후에 의미 있는 건축물과 시설을 건설하는 일, 곧 고을 통치에 필요한 토목 공사를 시행할 수 있다는 것이다. 본성을 함양하고 마음으로 감복하게 하는 일은 상대방을 인정하고 존중하며 소통의 가능성을 제시하는 것으로서 국가 정치, 작게는 지방 정치의 방책으로 활용될 수 있을 것으로 여겼다.

4. 맺음말

이곡은 원 제과 합격자로서 원 관학 성리학을 수용했다. 그는 성리학 가운데 구법당 계열에 충실했고, 이기 심성에 관한 철학적 논의보다는 윤리 실천을 강조하였다. 이곡은 성리학의 인간론, 수양론, 특히 경을 중시하고 인성의 함양, 인간의 윤리도덕 회복을 통하여 교화의 실현, 사회질서의 핵심은 인간 본성의 수양 여하에 좌우된다고 보았다.

이곡은 유학자 군자가 관료가 되어 나라를 안정시키고 무엇보다도 백성을 편안케 해야 한다고 보고, 이를 위해서 지방관의 역할을 강조하였다. "백성이 자기 목숨을 맡기는 자는 유사이다", "민은 나라의 근본인데 민은 관리로

---

101 《가정집》 권6, 寧州懷古亭記(충정왕 1년, 1349).

서 하늘을 삼는다", "어려서부터 향리에서 성장하여 백성의 화복이 실로 수령에게 달려 있다는 것을 알았다"고 하여 백성의 휴척과 관련하여 수령의 역할이 중요함을 역설하였다.

이곡은 당시 사회문제였던 농민들의 유망 현상의 원인으로 항심 부재를 제시하였다. 이곡은 《맹자》의 항심·항산 가운데 항심을 중시하고, 항심이 없어서 농민 유망이 발생한다고 보았다. 《맹자》는 항상적인 생산恒産이 있어야 항상적인 마음, 곧 항심이 발현될 수 있다고 보았지만, 이곡은 맹자와 정반대로 이해하여 유망의 원인을 항심이라는 인간의 도덕적 본성의 상실에 있다고 본 것이다. 이는 항산이라는 물질적·사회적인 측면보다는 항심이라는 정신적·개인적 측면을 중시한 것이다. 곧 유망으로 표현되는 민의 동요·사회 불안을 인간 개개인의 인성문제·윤리문제로 파악하였다. 이러한 항심 중시의 사고는 고려 후기에 항산을 중시하여 사전제도의 개혁을 주장한 것과 대비된다. 조준 등은 농업 생산에서 필수적인 토지가 농민의 삶을 힘들게 한다고 사전私田이 부자 사이에 소송을 일으켜 윤리 도덕의 타락을 가져오고 인간을 금수로 전락시키는 것이라고 보았다.

이곡은 백성이 항심을 갖기 위하여 학교 교육을 강화하고 풍속을 두텁게 하며 도덕 교육을 강화시키려 하였다. 그는 공리보다는 교화를, 제도의 개혁보다는 인성의 자각을 우선시하였다. 향교를 통하여 인간이면 누구나 지켜야 할 도리, 윤리도덕을 교육시킴으로써 사회를 교화시켜야 했던 것이다. 당시 향교에는 일반 백성의 자제 가운데 갓 젖 떨어진 어린아이에서 성인에 이르기까지 연령 제한이 없었다. 이를 통해 덕성을 함양하는 것이 개인적인 것에 머무르지 않고 사회적인 방향으로 이어지고 그런 삶을 살도록 공동체 구성원에게 지향점을 제시하고 있다고 하겠다.

한편 이곡은 백성의 안위와 연결된 지방관은 백성의 마음을 편안하게 해야 한다고도 하였다. 천명은 지모로 구할 수 있는 것이 아니고 민심은 무력으로 얻을 수 있는 것이 아니라고 하였다. 백성이 마음으로 복종하도록 하고 이를 통하여 일을 도모하여야 한다는 것이다. 백성을 위한 정치의 핵심은 수령이라고 할 때 가장 중요한 일은 백성의 마음을 편안하게 하는 것이다. 백성의 마음을 얻은 연후에 의미 있는 건축물과 시설을 건설하는 일, 곧 고을 통치에 필요한 토목 공사를 시행하도록 하였다. 본성 함양과 마음 감복은 상대방을 인정하고 존중하며 소통의 가능성을 제시하며 국가 정치, 작게는 지방 정치의 원리로 활용될 수 있다고 하였다.

이곡은 유교의 문치 문명사회를 지향하였고, 덕성 함양과 이를 통하여 인문 의식을 고양하고자 하였다. 그는 형률을 이용해 타율적으로 인민에게 국역을 담당하게 하는 패도정치에서 예악으로 인민을 교화시켜 자발적으로 복무하도록 유도하는 이른바 왕도정치를 추구하였다. 덕치의 근저에는 인륜의 수행을 통해 인간이 공동체적 삶을 이루어 낼 때 인간의 존재성이 실현되고, 그러한 인륜을 온전히 발현한다고 할 때 비로소 참다운 정치가 된다는 유교의 고유한 정치론이 있는 것이다.

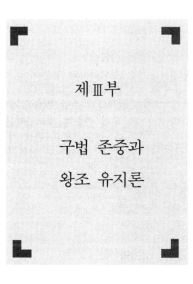

제Ⅲ부

구법 존중과
왕조 유지론

제1장 이색의 심성·수양 중시의 성리학과 구법 존중

1. 머리말

고려 말 삼은의 한 사람인 목은 이색(1328~1396)은 원으로부터 성리학을 수용하여 고려사회를 개혁하여 유교사회를 실현하려 하였다. 그는 세계제국 원에 유학하여 선진문명을 받아들이고, 불교국가인 고려에서 이단 배척에 철저한 성리학을 수용하여 유교 윤리를 강화하고 학제와 과거제 개혁에 나섰다. 그의 사상은 정몽주·정도전·이숭인·권근 등에게 영향을 주어 이들이 유학을 확산하는 데 기여하게 하였다.[1]

조선왕조 건국 후 성리학이 국정 교학으로 정해지고 그의 제자들이 관학을 주도하게 되면서, 성리학 수용에 공이 있는 이제현과 이색 등을 평가하고 문묘에 종사하고자 하였다. 권근의 제자인 김반과 김일자는 성리학 정착

---

[1] 도현철, 《고려말 사대부의 정치사상연구》(일조각, 1999);《목은 이색의 정치사상 연구》(혜안, 2011).

의 공을 들어 이제현과 함께 이색과 권근의 문묘 종사를 주장하였고,[2] 이것은 성리학 수용의 공적과 의리를 실천하는 절의론으로 확대되었다.[3] 그러나 이들의 주장은 이색이 불교에 아첨하였다는 반론[4]에 부딪혀 실현되지 못했지만, 그만큼 이색 사상의 영향은 큰 것이었다. 그러므로 이색 사상의 성격과 그 사상적 의의를 정밀하게 파악할 필요가 있다.

이색에 대한 연구는 문학·사학·철학에서 많은 성과를 거두어 그의 삶과 사상의 특징이 밝혀졌다.[5] 최근에 기초 자료인 《목은집》의 연대기적 정리[6]가 행해지고, 《목은집》에 없는 이색의 글 예컨대 과거시험 답안지인 대책문과 불교서의 서, 발문 등이 발견 조사되었다.[7] 고려 말 상황과 지적 배경에 대한 연구가 활발해져, 기존 연구에 더하여 최신의 연구를 수렴할 수 있는 종합적인 연구가 필요해졌다. 그러므로 이색의 사상과 그 지향을 파악하는 것은 이색 사상으로 집약된 고려 말 사상계의 동향뿐만 아니라 고려에서 조선으로 왕조 교체되는 시기의 사상적 특징을 이해하고 한국 중세사를 이

---

2 《세종실록》 권59, 15년 2월 계사, "成均司藝金泮上言曰, ……"; 《세종실록》 권72, 18년 5월 정축, "成均生員金日孜等上言, ……"

3 池斗煥, 〈朝鮮初期 文廟從祀論議 ­鄭夢周·權近을 중심으로〉, 《釜大史學》 9(1985); 金錫坤, 《朝鮮前期 道學政治思想研究》(서울대 박사논문, 1994).

4 《성종실록》 권82, 8년 7월 병술, "…… 上曰, 李穡佞佛者也. 安可入文廟乎?"

5 대표적인 연구로 다음이 있다(呂運弼, 《李穡의 詩文學 研究》(太學社, 1995); 정재철, 《이색 시의 사상적 조명》(집문당, 2002); 정재철, 〈이색의 경학사상; 程傳과 朱註의 수용 양상을 중심으로〉, 《태동고전연구》 24(2008); 어강석, 《목은 이색의 삶과 문학》(한국학술정보, 2007); 최영진, 〈목은(牧隱) 시대정신의 철학적 기반〉, 《민족문화논총》 50(2012); 권오영, 〈고려말 조선초 성리학의 주요 개념의 이해의 추이〉, 《포은학연구》 27(2021).

6 이익주, 《이색의 삶과 생각》(일조각, 2013).

7 남동신, 〈목은 이색과 불교 승려의 시문(詩文) 교유〉, 《역사와 현실》 62(2006); 《牧隱 李穡의 전기 자료 검토》, 《한국사상사학》 31(2008); 도현철, 〈이색의 유교교화론과 일본인식 새로 발견된 대책문을 중심으로­〉, 《韓國文化》 49(2010); 〈부록: 이색의 대책문 역주〉, 《목은 이색의 정치사상 연구》(혜안, 2011), 339357쪽; 곽승훈, 《고려시대 전적 자료 집성》(혜안, 2021).

해하는 또 하나의 방법이 될 것이다.

2. 경세의식과 심성·수양 중시의 성리학

1) 생애와 경세의식

이색의 본관은 한산이고 원 제과에 합격하고 원 관료를 역임하고 고려에
서 찬성사를 지낸 이곡의 외아들이다. 외가인 경상도 영해 출생이고 부인은
안동 권씨이다.[8]

이색은 공민왕 2년 과거에 장원 급제하기 이전인 충목왕 4년(1348) 5월
에, 원나라 국자감에 입학하여 충정왕 3년(1351) 정월까지(31개월) 유학 생
활을 하였고, 사서오경을 기본 과목으로 하는 원 과거시험인 제과에 제2갑
2명(5등)으로 합격하여 한림원의 응봉한림문자에 임명되었다.[9] 당시 고려인
원 과거 합격자는 합격 등급이 낮아 지방의 관리가 된 것과 달리 중앙의
문한직에 임명되었다.[10] 이색은 원 생활을 통하여 원나라의 선진 유교문화
와 문물제도를 이해하고, 원의 학자들과 교류하였다.

이색은 성리학을 수용하여《대학》의 공부론, 곧 성학聖學을 익히고 세상을
교화하며 백성을 구제할 것을 생각했다. 공자·맹자의 성인의 도를 배워 유

---

8 《씨족원류》한산이씨(보경문화사, 1991), 100쪽.

9 《고려사》권74, 志28 選擧2 科目2 制科, "恭愍王二年, 以李穡充書狀官應擧. 三年, 穡中制科
第二甲第二名, 授應奉翰林文字."

10 원 제과는 50명을 선발하는 데 제1갑에 3명, 제2갑에 15명, 제3갑에 32명을 뽑았다. 이
곡은 제2갑 8명(11등)으로 합격하여 문한직인 한림국사원겸열관이 되었다. 그런데 안축은
제3갑 7명(25등)으로 요양로 개주판관, 최해는 요양로 개주판관, 조렴은 요양등로 총관지
부사, 이인복이 대녕로 금주판관이 되는 등 성적이 좋지 않아 행성이나 그 예하의 지방관
에 임명되었다.

가적 이상적 인간형인 위기지학爲己之學에 힘쓰는 군자君子儒[11]를 지향하였고,[12] 《대학》의 8조목에 입각해서 마음을 공평하게 하고 기운을 평이하게 다스려 수신, 제가, 평천하를 이루려고 하였다.[13] 이색은 사람의 성을 본연의 성과 기질의 성으로 구분하고, 천리天理를 보존하고 기질과 물욕의 사사로움을 제거하는 수양 방법을 제시하였다.[14] 사람의 마음은 사물에 접하는 순간마다 시비와 선악의 실마리가 갈리게 되므로, 인욕의 사사로움을 버리고 천리의 공정함을 견지해야 한다고 보는 것이다.

그는 수기·수양을 거쳐 인격적 완성(군자, 성인)을 이루어 집안뿐만 아니라 나라와 천하, 나아가 세상을 바르게 다스릴 것을 기약했다. 군자(대인)가 되고 관료가 되어 사직을 안정시키고 백성을 구제한다는 유학의 전형적인 경세론을 보여 주었던 것이다. 그는 요·순, 하은주(唐虞 三代)를 지향하며, 현왕을 요·순과 같은 성인 군주로 만들어 당대를 요·순 시대로, 백성들을 요·순의 백성으로 만들고자 하였고[15] 이를 위하여 경세제민經世濟民[16]·경방제세經邦濟世[17]를 위한 대책을 강구하였다.

이색은 하·은·주 삼대, 특히 주나라의 정치는 유학자 지식인으로 이루어진 것으로 보고, 이들이 천하의 일을 자임하고 천자를 도와 그 뜻을 행하

---

11 《논어》 권6, 雍也, "子謂子夏曰, 女爲君子儒! 無爲小人儒!"

12 《목은집》 詩藁 권27, 漫興 三首, "…… 初從冑子學, 肯慕小人儒 ……"; 권34, 示孫孟畇敬童, "…… 終爲君子儒, ……"; 권35, 長湍吟 寄省郎諸兄, "玄陵一代小人儒, ……"

13 《목은집》 文藁 권6, 平心堂記, "吾儒者, 用心以平, 治氣以易, 所以修齊而及天下平耳."

14 《목은집》 文藁 권10, 伯中說贈李狀元別, "願受一言以行, 孝於家忠於國, 將何以爲之本乎? 子曰, 大哉問乎? 中焉而已矣.…… 是則事君事親, 行己應物, 中和而已. 欲致中和, 自戒愼始, 戒愼之何? 存天理也. 愼獨焉何? 遏人欲也. 存天理遏人欲, 皆至其極, 聖學斯畢矣."

15 《목은집》 文藁 권10, 孟陽說, "士君子幼也學, 壯也行始于家, 而終于天下, 致君澤民, 移風易俗, 必曰, 堯舜其人, 唐虞其時."; 詩藁 권10, 有感, "致君須澤吾民."

16 《목은집》 詩藁 권23, 江山, "…… 經世自有策 ……"; 文藁 권16, 重大匡淸城君韓謚平簡公墓誌銘, "…… 經濟之具 ……"

17 《목은집》 詩藁 권16, 自詠, "…… 濟世經邦當盡己 ……"; 권26, 有何不可篇, "經邦濟世何杳茫."

라[18]고 하였다. 은나라 이윤伊尹의 뜻은 필부匹夫, 필부匹婦라도 요·순의 혜택을 입지 못하면 마치 자기가 그를 밀쳐서 도랑 가운데로 넣은 것처럼 여겨 천하를 자기 책임으로 여긴 것이 지극함을 볼 수 있다[19]고 하였다.

공자가 "만일 나를 등용하는 자가 있다면 동쪽의 주나라를 만들겠다"라는 말을 들어 후학들에게 "주나라의 도를 우리나라(동방)에서 일어나게 하는 것이 오늘날에 있지 않은가"[20]라고 하여, 유가의 도를 실현할 것을 당부하였다. 그리하여 뜻을 같이하는 동지同志들과 국가의 정체와 현실 문제를 논의한 것[21]은 이러한 경세의식, 책임의식을 보여 주는 것이다.

고려 후기에는 군자가 이상적 인간형으로 제시되어, 수기와 치인을 겸하여 현실을 책임지는 인물로 부각되었다. 유학자 군자가 관리가 되어야 하고, 이러한 인재 등용이야말로 정치의 근본이라는 생각이 널리 공유되었다. "군자를 나아가게 해야 사직이 편안하고 인민이 병들지 않는다. 이것이 고금의 이치이다. 그런즉 사람을 등용하는 것이 정치를 행하는 근본이다",[22] "하늘이 대인에게 벼슬을 준 것은 백성을 구제하고자 함이다. 곤궁하여 하소연할 곳 없는 사람을 보고 태연히 부끄러워하지 않는다면 어찌 하늘이 책임을 부여한 본뜻이겠는가"[23]라고 하여 군자·대인이 관리가 되어야 한다

---

18 《목은집》 文藁 권10, 孟周說, "士也雖微, 必以天下之事自任者, 將以佐天子, 行其志, 施其學焉耳."

19 《목은집》 文藁 권6, 覺菴記, "…… 尹之志有匹夫匹婦不被堯舜之澤者, 若己推而內之溝中. 其以天下自任也至矣. ……"

20 《목은집》 文藁 권10, 孟周說, "仲尼蓋嘗曰, 如有用我者, 吾其爲東周乎? 與周道於東方, 不在今日乎?"

21 〈목은집〉 詩藁 권18, 昨至九齋座松下 ……, "…… 幸我同志觀吾詩"; 文藁 권2, 萱庭記, "政體國風之關係, 子嘗讀而玩之、思與同志講之久矣."; 권7, 送江陵道按廉金先生詩序, "子之念此蓋久, 志子同者, 數人而止耳."; 권20, 白氏傳 "…… 是同志也. ……"

22 《가정집》 권8, 寓本國宰相書, "夫進君子則社稷安, 退君子則人民病, 此古今之常理也. 然則用人, 又爲政之本也."

23 《고려사》 권110, 列傳23 李齊賢, "又上書丞相拜住曰, …… 天之降任于大人, 本欲使之濟斯人

고 하였다. 곧 유학자 관료의 사명을 강조하고 정치 사회를 경영하는 책임 감·자신감을 드러내면서 경세의식, 정치 참여의식을 보여 주었다.

이색은 공민왕 원년에 올린 상서에서 토지문제, 학교제, 왜구와 불교 대 책 등을 제시하였다.[24] 또한 공민왕 5년에 시정에 관한 8가지 상서를 올렸 는데, 그 가운데 하나는 정방의 혁파였다.[25] 무신집권기에 만들어진 정방을 혁파하여 삼성 육부의 제도, 곧 문종의 구제를 회복하고자 하였던 것이다.[26]

공민왕 16년에 이색은 성균관 대사성이 되어 학술을 주도하고 정몽주· 이숭인·정도전 등과 함께 성리학을 연구하고 교육하였다. 여기에서는 학식 을 다시 정하고 날마다 명륜당에 앉아 경전을 나누어 수업한 뒤에 강학이 끝 나면 서로 논란하였다.[27] 정도전은 "정몽주가 《대학》·《중용》·《논어》·《맹자》· 《주역》·《시경》·《춘추》 그리고 《서경》의 도통설 등을 강의하면서 생도들이 제 기한 이설異說을 그 물음에 따라 명확히 분석하여 설명을 하되[隨問講析] 털 끝만큼도 차이가 나지 않았다"[28]고 하였다. 이색은 문장을 지을 때나 신선술 등 특정 주제에 대한 토론을 즐겼고,[29] 학도들이 서로 의심나는 부분을 토론 하고 각각 그 극진함을 다하였는데, 이색은 중도를 잡아 분석하고 절충折衷 하며 정주학의 본의를 이해하도록 하였다.[30] 절충은 충衷, 곧 진실로 마음으

也. 苟視其困窮無告者, 恬不爲愧, 豈天之降任意耶."

24 《고려사》 권115, 列傳28 李穡, "服中上書曰, ……"

25 《고려사》 권115, 列傳28 李穡, "(공민왕)五年, 上書言時政八事, 其一罷政房, 復置兵部選也. 王嘉納, 遂以穡爲吏部侍郎兼兵部郞中, 以掌文武之選."

26 《고려사》 권76, 志30 百官1 尙書省, "恭愍王五年, 革三司, 復置尙書省, 並復文宗舊制"; 吏 曹; 書雲觀.

27 《고려사》 권113, 列傳28 李穡.

28 《삼봉집》 권3, 圃隱奉使藁序 丙寅, "諸生各執其業, 人人異說, 隨問講析, 分毫不差."

29 《목은집》 詩藁 권11, 野菊, "…… 共討登仙術 ……"

30 《양촌집》 권40, 牧隱先生李文靖公行狀, "明年戊申春, 四方學者坌集, 諸公分經授業, 每日講 畢, 相與論難疑義, 各臻其極. 公怡然中處, 辨析折衷, 必務合於程朱之旨, 竟夕忘倦. 於是, 東方 性理之學大興, 學者祛其記誦詞章之習, 而窮身心性命之理, 知宗斯道而不惑於異端, 欲正其義而

로 자기 주장에 대한 집착과 대립되는 주장에 대한 편견을 끊고, 여러 유파에 대한 사적 감정이나 입장을 배제하고 대상을 객관화하여 올바름을 찾는 것이다. 절충은 여러 요소만을 병렬하는 방식인 혼합과 야합, 타협과 구별되어, 충정의 '참마음', '정성스러운 마음'을 바탕으로 의견을 교화하고 사물이 나아갈 바 최선의 길을 모색하고 합의하는 창조의 길을 의미한다. 이색은 당대의 학술을 주도하고 학자들을 이끌며 분석과 토론, 절충의 학문 방법을 통하여 성리학의 세계와 인간사회에 대한 이론을 학습하고 당시 사회에 적용 가능성, 이론 개발에 주력하였다.

이색은 4번의 과거시험(공민왕 14년, 18년, 20년, 우왕 12년)의 시관, 공민왕 17년에 독권관을 맡았다. 합격시킨 문생이 모두 312명이었다. 이들 문생들은 고려 말과 조선 초기에 성균관이나 예문관의 고관으로 재직하면서 외교문서나 중요 문서 작성의 담당자로 활약하였다.[31] 이들은 겸대사성, 문

不謀於功利, 儒風學術, 煥然一新, 皆先生敎誨之力也."
31 〈표 1〉 이색 학파의 성균관 대사성 역임자

번호	시기	내용	이색과의 관계
1	공민왕 16년 12월	이색 겸대사성	이색
2	20년 7월	임박	
3	공민왕 22년 7월	정추	공민왕 2년 과거 동년 합격
4	우왕 원년 5월	정몽주	성균관 후배 교관
5	5년	하륜	문생
6	우왕 8년	김구용	성균관 후배 교관
7	우왕 11년(1385)	박의중	성균관 후배 교관
8		권근	문생
9	우왕 14년 8월	정도전	성균관 후배 교관
10	창왕 원년 2월	윤소종	문생
11	공양왕 원년 12월	이첨	문생
12	2년 4월	정도전(겸대사성)	성균관 후배 교관
13	2년 8월	송문중	
14	3년 5월	김자수	
15	태조 원년 8월	류경	성균관 제자
16	태조 2년 9월	권근(겸대사성)	문생

형文衡이 되어 당대 학술을 주도하고 문치사회를 이루는 데 참여하였다.

이색은 유학의 예제 정비 작업을 수행하였다. 그는 홍건적의 침입으로 공민왕이 안동으로 파천한 이후에 예문禮文이 끊기고 퇴락하여 석전의 의식이 법식에 맞지 않은 잘못을 고치고 예법 제도를 바로잡고자 하였다.[32] 이는, 이보다 앞서 이제현이 공민왕 6년에 소목昭穆 정비의 글을 올려, 고려의 왕위계승과 왕실 내부의 질서를 바로잡아 종법 질서를 확립코자[33] 하였고, 박상충이 의례를 기록해 둔 전범이 없어서 자주 착오를 일으킨 것을 시정하고자 옛날의 의례를 참고하고 고증하여 항목대로 정리한 뒤 제사의 준칙[祀典]으로 삼도록 하였던[34] 것을 잇는 것이다. 그리고 이색은 권근에게 육경六經이 진나라 때 불탔고 《예경》이 더욱 심하게 훼손되었는데, 복구가 잘되지 않았으니 예에 관한 학문적 정리를 마무리하라[35]고 하였다. 이에 권근은 《예기천견록》[36] 등을 저술하였다. 이제현·박상충·이색의 예제 정비 작업은

17	태조 4년	김약항	
18	5년	정탁 함부림	
19	7년	변중량	
20	정종 2년 9월	조용 이첨(겸대사성)	문생
21	태종 3년 9월	권근(겸대사성)	문생

32 《고려사》 권62, 志16 禮4 吉禮中祀 文宣王廟, "恭愍王十八年八月丁卯, 命三司右使李穡釋奠于文廟, 自辛丑播遷之後, 禮文廢墜, 釋菜之儀, 不中法式. 穡考正其失選, 諸生爲執事, 肄儀三日, 禮度可觀."

33 《고려사》 권61, 志15 禮3 吉禮大祀 諸陵, "(공민왕)六年八月, 命李齊賢定昭穆之次. 齊賢上議曰, ……"

34 《고려사》 권112, 列傳25 林尙衷, "恭愍朝登第, 累遷禮曹正郎. 凡享祀, 禮儀司悉掌之, 舊無文簿, 屢致錯誤. 尙衷桼證古禮, 序次條貫, 手寫之, 以爲祀典, 後之繼是任者, 得有所據."

35 《태종실록》 권8, 4년 11월 병인.

36 《예기천견록》은 상하 신분 질서를 옹호하는 예를 풍부하고 구체적으로 설명하는 가운데, 실생활에서 필요한 가치 규범, 행동의 이론적 근거를 제공하였다. 즉 《예기천견록》은 사욕을 교정하는 기준으로, 법의 강제성을 극복하는 자발성의 텃밭으로 삼았으며, 나아가 다른 개체들과 구별되는 인간의 정체성을 담아내는 근거로 제시된 예에 대한 탐구를 통하여 궁극적으로는 유교의 예가 지배하는 유교 사회화를 추구한 저술이라(이봉규, 〈권근(權近)의

권근에게 이어졌던 것이다.

이색은 공민왕 20년에 모친상을 당하여 3년상을 치르고, 공민왕 23년에 왕마저 돌아가자 병이 들어 관직을 맡지 않은 채 7-8년 동안을 두문불출하였다.

우왕 5년 5월에 왕의 사부가 되어 12년까지 이어졌다. 이색은 실직을 얻지 못하였지만, 왕명으로 글을 지어 국가와 국왕을 위하여 헌신하였다. 우왕 3년에 〈광통보제선사비문〉, 우왕 3년 11월에 당 태종 〈백자비百字碑〉 주석, 우왕 6년에는 성균관에 〈반궁수조비문泮宮修造碑文〉을 지었다. 뿐만 아니라 공민왕과 우왕 대의 외교 문서 윤색 작업을 도왔다.

우왕 13년에 이색은 이성림과 염흥방이 토지와 인민을 광점하여 일시에 세 저택을 소유하고 수탈을 일삼는다고 비판하였다.[37] 우왕 14년 정월에 이들이 제거되자 최영이 문하시중, 이성계가 수문하시중이 되는 것과 함께 판삼사사(종1품)가 되었다.[38] 우왕 14년 3월에 명이 철령위 설치를 통고하자, 이색은 백관을 거느리고 명나라 사신을 설득하였다. 최영은 요동정벌을 주장하였는데, 이색은 이에 반대하였고, 우왕 14년 6월에 단행된 위화도회군에 이색은 찬성하였다. 명에 대해 사대 외교를 지향하는 처지에서 요동 정벌은 명분 질서를 어기는 것이라고 인식했기 때문이다. 또한 우왕을 폐위하고 창왕을 즉위시키는 데에 동의하였다. 우왕 폐위는 북벌, 곧 요동 정벌에 대한 책임을 묻는 것으로 이해되었기 때문이다. 우왕 14년 6월 좌군도통사 조민수는 새로운 왕의 옹립을 논의하였는데, 이색은 전왕의 아들을 세워야 한다[39]고 하였다. 이

경전 이해와 후대의 방향〉,《한국실학연구》13(2007))고 한다.

37 《고려사》권115, 列傳28 李穡.

38 《고려사절요》권33, 禑王(14년(1388년 정월), "以崔瑩爲門下侍中, 我太祖守門下侍中, 李穡判三司事."

39 《고려사》권115, 列傳28 李穡, "曹敏修謀立昌, 以穡爲時名儒, 欲藉其言, 密問於穡. 穡亦欲立昌, 乃曰, 當立前王之子. 遂立昌.";《고려사절요》권33, 禑王(14년(1388) 6월 신해);《고려

색은 다른 글에서 "아버지를 폐하고 그 아들을 옹립하는 것이 국가의 상례이다"[40]라고 하였다.

창왕이 즉위한 뒤 조준 등은 권세가들의 토지탈점으로 국가 재정이 악화되고 농민들의 생활이 어려워졌다는 명분으로 토지제도 개혁을 주장하였다. 이색은 구법舊法은 가벼이 고쳐서는 안 된다는 이유로 사전혁파에 반대하였다. 이성계·정도전·윤소종 등은 조준의 의견에 동의하였고, 우현보·변안렬·유백유 등은 이색의 의견을 좇았다.[41] 이색은 토지제도와 마찬가지로 지배질서의 근간이 되는 예제의 경우에도 온건하고 점진적인 입장을 취하였다. 이색은 고려의 유불도 3교가 결합된 예제 대신《주자가례》의 보급에 적극적이었지만, 구래의 예제는 그 뿌리가 깊고 튼튼히 박혀 있으므로 갑자기 혁파되어서는 안 된다[42]는 의견과 뜻을 같이하였다. 당시 상황에서 개혁의 필요성은 인정하지만, 고려의 법과 제도를 유지하는 가운데 점진적이고 온건한 개혁을 주장하였던 것이다.

창왕 즉위년(1388) 8월에 이색은 문하시중이 되고 이성계는 수문하시중이 되었다.[43] 이색은 정도전 등에 적극 대처하고자 하였다. 이색은 창왕 원년(1388) 10월 이숭인과 함께 명에 신년을 하례하러 가 감국監國과 자제의 입학을 아울러 청하였다.[44] 명나라는, 고려왕이 중국에 입조하러 오기를 청

사》권137, 列傳50 禑王5(창왕 즉위년(1389) 6월).

40 《고려사》권117, 列傳30 鄭夢周, "…… 故曰, 父廢子立, 有國之常. ……"

41 《고려사》권118, 列傳31 趙浚.

42 《고려사》권78 志32 食貨1 田制, "大司憲趙浚等上疏曰, …… 而世臣巨室, 猶踵弊風, 以爲本朝成法, 不可一朝遽革, 苟革之, 則士君子生理日蹙, 必趨工商相."; 《고려사》권117, 列傳30 李詹, "成均博士金貂上書曰, …… 剃髮者殺無赦, 淫祀者殺無赦, 議者謂, 此二弊根深蔕固, 不可遽革. 然殿下中興一新法制, 豈可因循? 若能革之, 堯舜之治可及也."

43 《고려사절요》권33, 禑王5(창왕 즉위년(1389) 8월), "以李穡爲門下侍中, 我太祖守侍中."

44 《고려사》권137, 列傳50 禑王5(창왕 원년(1389) 10월); 《고려사절요》권33, 禑王(창왕 원년(1389) 10월); 《고려사》권115, 列傳28 李穡.

하나 군이 올 필요 없고, 왕을 세우는 것도 너희에게 있고 폐하는 것도 역시 너희들에게 있으니 중국과는 서로 관계가 없다[45]고 하여, 고려의 정치문제에 관여하지 않겠다고 하였다. 명과 군신관계를 명확히 하고, 명의 감국을 통해 왕조를 수호하려던 이색의 시도는 실패하고 말았다. 이색은 1389년 10월에 사직하였다.

1389년 11월에 최영의 조카인 전 대호군 김저가 여흥에 있던 우왕 복위를 시도하는 김저 사건이 일어나고, 이 일을 계기로 가짜를 폐하고 진짜를 옹립한다[廢假立眞]는 명분으로 창왕이 폐위되고 공양왕이 옹립되었다. 이색은 공양왕이 즉위하자 장단현에서 개경으로 돌아와 하례하였다.[46]

정도전 계열은 정치 변혁의 반대파 중심인물인 이색을 제거하려 하였다. 공양왕 원년(1389) 12월에 오사충과 조박은 이색이 왕씨가 아닌 창왕을 옹립했으며, 유종儒宗으로서 대장경을 인쇄하여 불교에 미혹되어 많은 사람을 현혹시키고 풍속을 어지럽혔다[47]고 탄핵하였다. 공양왕 3년 5월에 정도전은 창왕의 왕위계승이 대의명분을 저버린 행위라는 논리로 이색과 우현보를 죽여야 한다[48]는 상소를 올렸다.

이색은 공양왕과 정몽주 등과 함께 이성계·조준 등에 적극적으로 대처하였다. 곧 윤이·이초의 옥이 무고임을 표방하였고, 공양왕 2년의 호적 정리사업을 전개하였다. 공양왕 3년 11월 이첨은 공양왕에게 왕조를 보존해야 한다는 보업保業을 포함한 구규九規를 올렸다. 공양왕 4년 3월에 이성계가 낙마하자, 정몽주가 조준·정도전·남은·윤소종 등을 논핵할 때 이색도 참여하였

---

45 《고려사절요》 권33, 禑王(창왕 원년(1389) 3월).
46 《고려사》 권115, 列傳28 李穡, "恭讓卽位, 穡自長湍還詣闕賀."
47 《고려사》 권115, 列傳28 李穡, "恭讓王元年十二月, 左司議吳思忠·門下舍人趙璞等上疏曰, …… 又以儒宗, 侫佛印成藏經 ……"
48 《고려사》 권119, 列傳32 鄭道傳, "道傳又上書都堂請誅穡玄寶曰, …… 胡氏曰, ……"

다.[49] 그러나 이해 4월 정몽주가 죽임을 당하였다.

1392년 7월에 조선왕조가 건국되고, 이색은 고려 말에 당을 결집하여 난을 일으켰다는 56인의 한 사람이라 하여 논죄의 대상이 되어 우현보·설장수 등과 함께 우선 거명되어 바다 위 섬으로 유배 보내고 직첩을 회수하며 서인庶人으로 삼아 종신토록 등용하지 말도록 하였다.[50] 이해 10월에 조정에서 지방에서 편의대로 살게 하도록 하자, 이색은 한산으로 돌아왔다. 이색은 태조 4년 11월에 한산백과 오고도제조五庫都提調에 임명되었고,[51] 류청신의 행장을 쓰면서 한산백韓山伯이라 하였으며, 이성계를 아태조我太祖로 표현하였다.[52] 그런데 태조 5년에 간행된 《인천안목人天眼目》의 서문에서 이색은 전벽상삼한삼중대광·영예문춘추관사·한산부원군[53]이라 하여 고려왕으로부터 받은 직함을 썼다. 이색은 고려에 대한 절의로 조선에서 벼슬을 하지는 않았으나, 이성계를 국왕으로 인정한 것으로 보인다.

2) 심성·수양 중시의 성리학과 유불동도론

이색은 성리학적 세계관과 인간론을 견지하였고, 성리학의 핵심 개념인 태극·성·리·체·용·중화·천리와 인욕 등을 자유롭게 구사하며 우주와 자연,

---

49 《고려사》 권117, 列傳30 金震陽, "鄭夢周·李穡·禹玄寶等以謂, 若劾浚·闇置極刑, 則璞·紹宗·思忠之輩, 不足制也. 陰誘臺諫, 連日交章, 伏閤廷諍, 請訴浚·道傳等. ……"

50 《태조실록》 권1, 원년 7월 기사, "敎中外大小臣僚閑良耆老軍民. 王若曰, …… 有司上言, 禹玄寶·李穡·偰長壽等五十六人, 在前朝之季, 結黨謀亂, 首生屬階, 宜置於法, 以戒後來. 子尙憫之, 俾保首領其禹玄寶·李穡·偰長壽等, 收其職貼, 廢爲庶人, 徒諸海上, 終身不齒."

51 《태조실록》 권8, 4년(1395) 12월 신해, "以李穡爲韓山伯, 仍命爲義成·德泉等五庫都提調."

52 《고흥류씨세보》(이색) 高麗 宣忠同德佐理翊祚功臣·侍中·壁上三韓三重大匡·都僉議政丞·高興府院君·英密公·信庵柳公行狀, "韓山伯 牧隱 李穡撰; 국역가정목은문집 편찬위원회, 〈부록〉 《국역 가정집 목은집》(1980).

53 《인천안목(人天眼目)》, "…… 洪武乙亥(태조 4년, 1395)十月日, 前壁上三韓三重大匡·領藝文春秋館事·韓山府院君 李穡 謹誌."

인간과 사회를 설명했다.54

그리고 그는 성리학 가운데 특히 심성·수양을 중시하였다. 성학을 추구하
고 군자를 지향하며 마음 수양을 강조하였다. 본연의 성은 원래 선한 것이
었으나 기질과 물욕에 의해 이것이 가려진다고 보고, 본연의 성품을 회복할
방법론으로 천리를 보존하고 기질과 물욕의 사사로움을 억제해야 한다고 하
였다. 그리고 이를 위한 방법으로 경敬을 중시하였다. 학문하는 자는 물론
정치하는 자, 부부 간이나 밭과 들 조정과 향당 보이지 않는 곳에서도 경敬
해야 한다고 하였다.55 또한 성정性情의 도야를 위해서 《시경》의 생각에 사
특함이 없다(思無邪)는 방법을 제시하였고, 마음을 바르게 하는 정심正心을
위하여 《맹자》의 존심存心과 조심操心·조수操守의 개념을 활용하여 설명하였
다. 학문은 놓친 마음을 찾는 것이라고56 하여 존심하는 것이 방심放心을 구
하는 근본임을 제시하였다.57 도심을 보존하고 지키기 위하여 빈궁과 부귀에
흔들림 없이 마음을 굳게 잡아 자신의 신념을 고수해야 할 것으로 보았다.58
또한 마음을 기르는 방법(養心之術)으로 물질적 욕망을 자제하고, 도덕규범을
지향하여 과욕寡欲을 최우선으로 내세우기도 하였다.59 그는 유학의 본령인
인성 함양과 수양 방법을 이해하고 실천하였으며, 이것이 성리학 연구와 학

---

54 도현철, 《고려말 사대부의 정치사상연구》(일조각, 1999), 62~74쪽.
55 《목은집》 文藁 권10, 韓氏四子名字說, "禮曰, 毋不敬, 禮儀三百, 威儀三千, 冠之以敬, 卽堯
典先書欽之義也. 學道者由敬以誠正, 出治者由敬以治平, 夫婦之相敬, 史又書之, 田野間亦不可無
敬也. 況於朝廷乎況於鄕黨乎? 況於屋漏乎?"
56 《맹자》 告子章句上, "孟子曰, 仁, 人心也, 義, 人路也. 舍其路而弗由, 放其心而不知求, 哀哉!
人有雞犬放, 則知求之, 有放心而不知求. 學問之道無他, 求其放心而已矣."
57 《목은집》 詩藁 권16, 初十日 進講仁以爲己任 ……, "…… 惻隱存心壯本根 ……"
58 《목은집》 詩藁 권8 初八日, 丁祭膰肉至, 作詩以記, "老來有箇存心處"; 권11, 卽事, "存心忘
得喪"; 권14, 少年行 "存心養氣力未徹"; 권16, 消災法席輟講, "惻隱存心要在堅"; 권17, 遣興
"閑中自有存心處"; 文藁 권2, 漁隱記, "存心愛物."
59 《목은집》 文藁 권3, 養眞齋記, "子也口耳之學耳, 所以養心之術, 非不知也. 而莫能行. 鄒國有
言曰, 養心莫先於寡欲, 請以寡欲爲養眞第一義."

교 교육으로 확대되어 윤리도덕의 회복, 교화 실현으로 이어져 그것을 통한 사회질서의 안정을 염원하였다.

이색의 심성·수양 중시 성리학은 유불동도론과 연관된다. 그는 유교와 불교가 추구하는 목표가 같다는 유불동도론을 견지했다. 그는《대학》의 8조목을 통하여 수신에서 천하를 다스리는 것과 불교의 수양을 통하여 깨달음을 얻는 것을 같다고 보았다.[60]

또한 두 사상은 마음을 바르게 하는 수양론에서 비슷하다고 본다. 이색은 불교와 유교의 그것을 비교하는 가운데 "성문聖門의 심학이 어찌 헛되이 전해졌겠는가. 주일主一 공부는 좌선과 흡사하다. ……"[61]고 하여, 경과 좌선은 모두 마음을 바르게 하는 바에 같다는 것이다. 원래 정좌靜坐로서 마음의 안정을 찾고 본래의 마음을 유지하는 성리학의 수양법인 경과, 무념무상의 상태를 추구하는 좌선은 비슷한 점이 많다. 그리고 사람의 마음을 바르게 한다는 점에서 유교와 불교는 조금도 차이가 없다[62]고 보았다.

이색은 간화선, 화두 참구의 방법을 행하는 승려를 지켜봤다. "무열 선사는 뜰앞에 잣나무가 바로 지남이라"[63]고 하였고, 환암 스님은 "마음은 초조의 심법 전한 백수를 따랐다"[64]고 하였으며, 남계의 총수좌에게 "언덕 너머 오이밭은 나락논과 닿아 있고 무성한 고목나무는 푸른 연기 띠었는데, 의연히 문전 길 세 번씩 지나치는 이때, 해로 소리 속에 홀로 좌선만 하는구

---

60 《목은집》文藁 권3, 澄泉軒記, "子曰, …… 吾儒以格致誠正而致齊平, ……"
61 《목은집》詩藁 권21, 有感, "聖門心學肯虛傳, 主一功夫似坐禪, ……"
62 《목은집》文藁 권3, 澄泉軒記, "子曰, …… 吾儒以格致誠正而致齊平, 則釋氏之澄念止觀, 以見本源, 自性天眞佛, 度人於生死波浪, 而歸之寂滅, 豈有異哉?"; 文藁 권6, 雪山記, "語曰, 繪事後素, 素質之無文者也. 能受五采, 故譬之性, 湛然不動, 純一無雜, 而爲五常之全體者也. 性吾所當養, 儒與釋共無少異焉.
63 《목은집》詩藁 권30, 得無說書(우왕 7년 8월), "我以菊花居右, 公將柏樹指南."
64 《목은집》詩藁 권17, 憶幻菴, "心從柏樹傳初祖."

나"65고 하였다.

당시는 선종의 일파인 임제종의 간화선이 유행하여 화두를 가지고 참구參
究하였다. 활용된 화두는 '정전백수자庭前柏樹子'와 '조사서래의祖師西來意'이다.
뜰 앞의 잣나무란 어떤 중이 조주趙州 종심선사從諗禪師에게, "어떤 것이 조사
祖師가 서쪽에서 온 뜻입니까?" 하니, 종심 선사가 "뜰 앞의 잣나무"라고 한 데
서 유래한다.66 이색은 절에서 뜰 앞에 잣나무의 화두를 가지고 참선을 행하
는 모습을 의미 있게 이해하고 있었다.

이색은 불교는 당시 사람에게 믿음을 주고 의지하게 하고, 화복 인과의 설
은 많은 사람에게 공감을 얻었다고 긍정적으로 평가하였다.67 더 나아가 이색
은 "부처는 대성인이다", "부처는 지극히 성스럽고 공정하다"68고 하여 불교 자
체를 존중하였다.

이는 당시의 일반적 경향을 반영한 것이다. 이제현은 불교의 자비를 유교
의 인仁이라고, 불교의 희사喜捨를 유교의 의義의 일이라고 하였다.69 이곡은
유교의 살리기를 좋아하는 덕은 불교의 살생하지 말라는 계율이고, 같은 인
애, 같은 자비라고 하였다.70 궁극적으로 유교와 불교가 추구하는 이상은 맑
고 참된 본연의 세계라고 본다. 곧 유교와 불교가 지향하는 바가 동일하다
는 유불동도론을 말한 것이다.

당연히 이색은 유학자로서 성인의 도와 16자 심법을 전제하고 유학적 세

---

65 《목은집》 詩藁 권18, 戱南溪聰首座(우왕 5년), "…… 隔岸菰田接稻田 扶疏老木帶蒼煙 依然
三過門前路 薤露聲中獨坐禪 ……"
66 임정기 옮김, 《국역목은집》(민족문화추진회, 2000), 1책, 204쪽, 주) 139), 6책, 197쪽,
주) 12; 趙明濟, 《高麗後期 看話禪 硏究》(혜안, 2004).
67 《목은집》 文藁 권1, 麟角寺無無堂記.
68 《고려사》 권115, 列傳28 李穡, "服中上書曰, …… 佛氏入中國, 王公士庶尊而事之, 自漢迄
今, 日新月盛. …… 佛大聖人也. …… 佛者至聖至公, ……"
69 《익재난고》 권5, 金書密敎大藏序, "佛氏之道, 以慈悲喜捨爲本, 慈悲仁之事, 喜捨義之事也."
70 《가정집》 권6, 金剛山長安寺重興碑, "盖聖人好生之德, 佛者不殺之戒, 同一仁愛, 同一慈悲也."

계관과 인간론, 수양론에 충실했다. 우왕 5년에 "요·순시대를 생각하며 유가의 도인 16자 심법을 새겼는데, …… 이단인 불교가 나를 그르칠까 염려하여, 사심邪心을 막아 나의 성을 보존코자 한다"[71]고 하였다. 16자 심법[72]을 전제하고 사악함을 막으면 성은 저절로 보존된다[73]는 유학의 뜻에 충실하여[74] 불교의 논리를 경계하였다. 또한 이색은 보법사 노승의 소신燒身을 비판하고,[75] 면벽을 한다고 좌선을 배울 수 있겠는가[76] 하여 불교의 수양법을 비판적으로 보았다.

원래 주자학과 불교는 세계와 인간에 대한 이해가 다르고 공부 방법론도 다르다.[77] 주자학에서 경과 좌선은 구분하고, 더욱 주자학의 불교 비판은 철저한 것이었다. 이색은 유교의 정체성을 유지하는 가운데 불교를 유교의 원리

---

71 《목은집》詩藁 권15, 半夜歌(우왕 5년), "…… 平生服膺十六字, …… 只恐異端或誤我, 閑邪直欲存吾誠."

72 도통론은 유가의 학문의 요지인 "人心惟危 道心惟微 惟精惟一 允執厥中"의 16자가 전수해 간 내력으로서, 요·순·우·탕·문·무의 제왕과 주공으로 이어진 뒤 공자가 이것을 계승하였고, 이것이 다시 안자·증자를 거쳐 자사·맹자에게 전해졌다(金駿錫, 〈17세기 畿湖朱子學의 動向 -宋時烈의 道統繼承運動-〉, 《孫寶基博士停年紀念韓國史學論叢》(지식산업사, 1988), 352~354쪽)는 것이다.

73 《주역》文言 閑邪存誠; 《心經附註》권1, 易 閑邪存誠.

74 《목은집》詩藁 권20, 君子 "…… 閑邪且存誠 ……"; 권33, 因事有感 "…… 閑邪何日竟存誠."

75 《목은집》詩藁 권28, 聞報法老僧燒身(우왕 6년), "詩話當年一笑新, 笑他焚却坐禪身, 分明燒殺活和尙, 弟子不知何等人."

76 《목은집》詩藁 권35, 衿州吟(공양왕 4년), 請竹菴設菲食 "…… 面壁安能學坐禪 ……"

77 주자학은 심心에 있는 리理가 성性(性卽理)이라고 하고, 마음속에 갖추어져 있는 이치를 외계 사물을 통하여 밝히고 이를 기초로 사물의 완성을 이루도록 한다(修己治人, 成己成物). 이에 견주어 불교는 심이 이치이고 본체로 심의 작용인 성性은 공空으로, 일체의 작용이 허망하다고 파악한다. 이에 따라 존심存心과 진심盡心의 수양 공부가 없고 이치를 궁구하지 않는다. 오직 마음을 갈고 닦아 본체만을 터득하면 된다. 즉 마음 작용에만 기초한 일체 행위는 그 객관적 정당성(理)을 확보하지 못한다. 따라서 불교는 도덕적 원리로서의 천리天理를 심心 속에서 밝혀내지 못하게 되어 도덕적 원리(天理)를 어기는 일도 정당화된다(韓正吉, 〈朱子의 佛敎批判 -'作用是性'과 '識心'說에 대한 비판을 중심으로-〉, 《東方學志》116(2002); 이상돈, 《주자의 수양론》(도서출판사철, 2013)).

로 설명하고 불교의 근본이 유교와 어긋나지 않는다고 보았다. 고려의 지배 이념인 불교와 성리학과 유사성에 주목하고 두 사상의 조화 가능성을 타진하였던 것이다.

이색은 불교의 효와 충과 같은 윤리를 긍정하였다. 당시 윤리도덕이 무너지고 풍속이 나빠지는 상황에, 불교가 비록 인간의 천상天常을 어기기는 하지만, 은혜의 소중함을 알고,[78] 부모를 사랑하고 군자를 아끼며[79] 강상綱常을 바로 잡는다[80]고 하였다.

이색의 불교의 효·충이라는 윤리 기능의 긍정은 유교의 교화 기능을 보조한다. 유교는 인륜을 천리天理로 삼아 인간이 인간일 수 있는 기본 규범, 오륜을 인간관계에서는 반드시 지켜야 할 합당한 도리로 제시한다. 물론 불교의 효는 출가를 허용하고 윤리에 어긋나는 점이 있고, 불교 사상 자체에 천륜으로서 인륜에 대한 개념이 없지만, 불교의 윤리적 기능은 유교의 효 충과 같은 윤리의 확립에 도움이 된다고 보는 것이다.

유교 입장에서 불교의 윤리 기능 긍정은 체제의 안정에 기여한다. 유교와 불교는 평화롭고 행복한 인간의 삶을 지향하는데, 모두 마음의 닦음과 안정 그리고 이를 통한 가족, 사회, 국가의 평화를 도모한다. 불교의 윤리적 기능을 인정하는 주장에는 깨달음이라는 지향점을 통한 마음의 안정과 이로 오는 효와 충으로 상징되는 가족과 사회질서에 순응이라는 불교의 교화 기능이 전제되어 있고, 이를 활용해 주어진 정치적 상황을 유지 강화하려는 의도가 담겨 있다. 교화를 중심으로 한 불교의 가르침이 유학 중심의

---

78 《목은집》 文藁 권8, 贈休上人序, "今夫風俗之敗也, 父子相夷, 兄弟相猶, 逆臣繼起, 頑民屢倡亂, 而浮屠氏滅天常, 反如此知報重恩."

79 《목은집》 文藁 권5, 無隱菴記, "今師異端也, 不足以語此. 雖然, 師之心, 旣非常髮矣, 旣孝父母矣, 旣愛君子矣, 則吾儒者, 當進之又進, 不當以異端麾之也."

80 《목은집》 文藁 권5, 迷月堂記, "雖其志在於棄世, 遠慕西方之人, 而扶吾之綱常, 以興慈孝之風, 以善一鄕之俗, 盖可知也."

현실정치를 보완하는 기능을 한다는 것이다. 하늘에서 사계절이 순환하면서 만물이 생성하는 것처럼 성인이 가르침을 세워 세상을 교화하는 것도 상호 보완함으로써 이상사회를 구현하고자 하는 것이다.

더 나아가 불교가 영향력을 행사하고 있던 당시 상황에서 불교의 윤리적 기능은 문치라는 궁극적 지향점에 도달하는 데 하나의 역할을 하게 한다. 유교의 문치사회는 인간의 도덕적 신뢰를 바탕에 두고 대화, 설득, 자각을 통한 합리적이고 이성적인 도덕사회를 지향한다. 불교의 윤리적 기능 긍정은 유교의 윤리도덕사회 실현의 한 방법으로 인정되어 유교의 문치사회를 실현시키는 데 기여한다고 평가하게 된다.

3. 구법 존중과 유교문명론

1) 구법 존중과 관료 자율의 정치론

이색은 선왕지법·고법·구제 등으로 표현되는 고려의 제도를 회복하고 유지하는 공적인 국가 질서를 유지하고 왕조를 중흥하고자 하였다.[81] 이색이 올린 공민왕 5년의 관제 개혁은 문종 대의 구제를 회복하려는 것이었다. 창왕 원년의 전제 개혁 논의에서 구법舊法을 가벼이 고쳐서는 안 된다며 반대하였고, 고려의 성법[成法]을 하루아침에 바꿀 수 없다고 하였으며, 예제에서도 전통적인 습속은 뿌리가 깊으므로 갑자기 바꾸기 어렵다[82]고 하였다.

---

81 이하 이색의 고려의 중흥과 관료 자율 정치 지향은 필자의 연구(도현철, 《고려말 사대부의 정치사상연구》(일조각, 1999), 138–155쪽)와 최신의 연구를 반영하여 정리한 것이다.

82 《고려사》 권117, 列傳30 李詹, "成均博士金貂上書曰, …… 剃髮者殺無赦, 淫祀者殺無赦. 議者謂, '此二弊根深蔕固, 不可遽革. 然殿下中興一新法制, 豈可因循. 若能革之, 堯舜之治可及也.'"

이색은 김지가 편찬한 《주관육익》의 편찬 취지에 찬동하여 육부 중심의 정치운영을 정상화하고자 하였다. 《주관육익》은 《주례》의 6전 체계를 원용하면서 그 배열순서는 《주례》를 모방하지 않고 《고려사백관지》의 순서를 따랐다. 이색은 《주관육익》의 서문을 쓰면서 《주례》의 6전 원리를 바탕으로 삼성 육부의 기능과 원리를 밝히고, 제도의 문제점을 제시하며 구체적인 매뉴얼과 해당 관리의 합리적인 운영을 주문했다.[83] 곧 이색은 《주례》 6전이라는 유교 관직제도의 기본이념이 담긴 《주관육익》에 충실하여 고려의 삼성 육부 중심의 정치운영을 정상화하고 왕조 체제를 유지하고자 하였다.

또한 《주관육익》은 법전뿐만 아니라 고려 왕실의 정통과 왕실 세계 그리고 각 지방의 산물·성씨와 천문·지리까지도 포함하고 있다. 특히 왕씨의 세계世系와 삼한 및 삼국시대의 역사를 서술하여, 고려 왕씨의 세계를 밝힘으로써 고려왕조의 내력과 신성함을 과하고, 태조 왕건의 건국 과정을 기술하여, 고려왕조 성립의 필연성, 성립의 의의를 밝히고 그 존립 근거를 재확인하려고 하였다. 《주관육익》은 고려의 정치체제와 문물제도를 재정리함으로써 관직 체계를 정상화시키려 한 것이었는데 이색은 이에 찬성하였다.[84]

그는 고려의 삼성 육부 중심의 정치체제, 제도를 전제하는 가운데 그 제도의 운영상 폐단을 시정하고, 주어진 법과 제도 안에서 관료의 양식과 재량에 따라, 곧 관료의 자율권을 보장하여 정치 사회가 운영되기를 바랐다.

이색은 유학의 경세론 가운데 교육·교화 문제를 더 중시하였다. 그는 인간의 본성과 도덕적 실천을 중시하였고, 이를 위한 윤리 도덕의 교육을 강화하고자 하였다. 그는 인간의 본성을 천리天理로서 재확인하고 인간은 백성이 욕망을 절제하고 자각하여 본래 갖고 있는 마음을 보존케 해야 한다. 정치는

---

83 《목은집》 文藁 권9, 周官六翼序.
84 許興植, 〈金祉의 選粹集·周官六翼과 그 價值〉, 《奎章閣》 4(1981); 《고려말 사대부의 정치사상연구》(일조각, 1999); 김인호, 〈金祇의 周官六翼 편찬과 그 성격〉, 《역사와 현실》 40(2001).

백성을 편안하게 하는 것인데, 백성의 편안함은 인간 본래의 선한 성정을 보존하고 기르는 데 있다[85]고 하였다. 백성의 어른된 자가 교육·교화를 행하여 백성의 본성을 되찾아 주어야 한다고 주장하였다.

당시 고려는 초기부터 유교적 정치이념과 학교 교육에 힘썼고, 개경에 국자감·오부학당과 지방에도 향교가 개설되었는데 한계가 있었다. 원으로부터 성리학이 수용된 이후 개경에서 학교 진흥과 지방학교의 설립을 본격적으로 모색하였다.[86]

이색은 학교 교육을 중시하고 전국적으로 학교 설립이 미비한 현실을 감안하여 개별 지방관이 자율적으로 학교를 세우고 교화를 주도하기를 바랐다. 그는 1344년에 진사가 된 구사평丘思平이 경상도 선산의 화곡華谷에 서재를 두고 생도 30여 명을 가르치는 일을 듣고 시를 지었고,[87] 강원도 통주의 학장 장자의張子儀가 "글방에서 유풍儒風을 떨침이 무엇보다 어여쁘다."[88]고 하였다. 즉 이색은 학교 설립을 국가 차원에서 정책적, 제도적으로 시행하는 것을 염두에 두면서도, 지방관이 지방 유력자와 함께 자율적으로 학교를 세워 교화에 힘쓸 것을 권장했다.

이색은 유교 교화를 위하여 농민 생활의 안정이 필요하고 이를 위해서 농업생산력 향상과 농업기술의 진전에 관심을 가졌다. 《농상집요》의 후서를 쓰며 중시해야 할 곡식이 무엇인지 가르치고 가축들을 어떻게 활용하는지를

---

85 《목은집》 詩藁 권17, 雲龍吟, "只得立政安吾民 吾民之安在循性"
86 충선왕 15년(1313)에서 1392년까지 17개의 향교가 설립되었다. 그 이전부터 존재한 향교를 保安(부안)와 합하면 29곳이다(朴贊洙, 《高麗時代敎育制度硏究》(경인문화사, 2001), 158–165쪽, 196쪽, 213쪽). 여기에 6곳이 추가되어 모두 35곳이 된다(신동훈, 〈여말선초 향교 건립의 추이〉, 《한국사학사학보》 43(2021)).
87 《목은집》 詩藁 권24, 甲申進士丘思平, 予少也從之游, 乖離已久, 不知存亡久矣. 尙州同年金直之言, 丘公在善州支縣華谷, 治居第甚整, 置書齋, 授徒三十餘人, ……."
88 《목은집》 詩藁 권34, 留別通州張學長" …… 最憐黌舍振儒風 ……."

보여 주며 솜과 목화를 가지고 따뜻한 옷 만드는 방법을 알려 주어, 백성들의 의식을 풍족하게 하더라도 반드시 인의와 연관하여야 한다[89]고 하였다. 곧 농사를 가르치더라도 인의를 염두에 두고 그 기준에 따라 적절한 방향으로 인도해야 한다[90]고 보았다.

이색은 학교제와 과거제 그리고 관료제를 연결하는 개혁방안을 제시하였다. 그는 개경에 학당과 지방에 학교를 설치하여 학생들의 재능을 보고 12도로 올리며, 또다시 살펴서 성균관에 올리게 하면, 성균관에서는 덕과 재능을 시험하고 과거에 응시하게 하여, 합격자에게는 관직을 주게 하자는 것이다. 아울러 그는 관직자를 제외하고 국학생만을 과거에 응시할 수 있게 하자고 주장하였다. 이는 과거와 학교 교육, 관직 수여까지의 과정을 하나의 계통으로 연결시켜, 관료 선발을 더 공정하고 엄격하게 관리함으로써 과거의 권위를 높이려는 생각이다.

이색의 관리 자율 운영 방안은 토지 문제 해결에서 드러난다. 그는 토지 문제에서 과전제도 자체는 그대로 두고 운영상 폐단만을 시정하려고 하였다. 당시 토지 문제는 사전私田의 가산화家産化와 대토지소유화, 곧 농장이 발달하는 사전私田 문제로 집약되었다. 무신난 이후 수조권에 따른 토지 점유와 전객 지배는 엄존하면서 그 수수授受 관리는 붕괴되어 갔다. 사전私田 소유자는 사전을 사적으로 관리하면서 세습하였으며 수조지 겸병에 참여하였다. 이러한 수조지의 세습과 겸병에는 불법과 침탈이 포함되었고, 특히 전객에 대한 수조권의 강화로 전주의 전객에 대한 수취 강화를 동반하게 되었다. 사전에서는 규정된 조율租率이 있었지만 수조권자가 직접 답험踏驗을 실시하여 풍년·흉년을 결정하고 직접 수조하도록 되어 있었다. 수조지 겸병으로

89 《목은집》 文藁 권9, 農桑輯要後序.
90 이현욱, 〈국왕이 주도하는 국가적 프로젝트의 정당화: 《農桑輯要後序》와 《農事直說序》의 비교 검토〉, 《한국문화》 101(2023).

농민들은 한 토지에 3-4번 심지어 8-9번까지의 전조田租를 부담해야 했다. 이에 따라 전주에 대한 전객농민의 불만은 고조되고 있었다.

그리하여 이색은 갑인주안甲寅柱案(1314년에 완성된 토지대장)을 위주로 하고 공문주필公文朱筆을 참작해서 쟁탈되고 있는 수조지의 전주田主를 명백히 가려내야 한다고 하였다. 이색은 현재의 사전私田 및 그 점유 상황은 문제될 것이 없고, 따라서 이 범위 안에서 점유상의 분쟁이나 여기에서 일어나는 농민 수탈의 과중·중복을 개선함으로써 사태를 수습하자는 견해였다.

이색은 제도를 운영하는 주체인 관리나 수조권자의 양식과 도덕만으로 토지 문제를 해결할 수 있고, 백성에 대한 과도한 수탈을 제어할 수 있을 것으로 보았다. 그리하여 그는 전주田主의 양식과 이에 따른 전객田客 보호로 전주와 전객 간의 조화·질서를 회복하고 고려국가가 회생되기를 기대하였다.[91]

이색은 민의 항산을 마련하기 위한 대책으로 의창을 통한 진휼을 제시하였는데, 이 역시 의식 있는 사대부의 개인적인 노력으로 군현에 의창을 세워야 한다고 하였다. 당시 왜구와 홍건적의 침입 등 대외적인 불안과 기근·유망 등 대내적인 불안으로 말미암아 백성이 불안정하고 생산 기반이 붕괴되는 시기에, 국가와 제도 차원에서 근본적으로 백성의 생산 기반을 마련해주기보다는 개별적으로 의식 있는 사대부의 양식에 의해 기존의 제도를 합리적으로 운영하는 가운데 민의 고통을 해결하려고 하였던 것이다.

이는 앞서 이색이 심성·수양(경) 중시의 성리학을 전개한 것과 같은 맥락에서 정치 사회 운영에 인간 본성을 중시하는 정치론을 강조한 것이다. 곧 사회질서 유지의 핵심은 인간 본성의 수양 여하에 좌우되고, 수기 수양을 갖춘 군자와 대인이 관료가 되어 나라를 다스려야 한다는 경세론의 반영이다. 곧 사회변동을 법과 제도의 개폐와 같은 구조적이고 체제적인 문제

---

91 李景植, 〈高麗末의 私田抹弊策과 科田法〉, 《朝鮮前期土地制度硏究》(일조각, 1986), 66-83 쪽; 김기섭, 〈고려 후기 이색의 토지문제 인식과 개혁 방향〉, 《역사와 경계》 51(2022).

보다는 관료 개개인의 자질과 양식 그리고 백성들의 윤리도덕을 회복하는
방향에서 파악한 것이다.

2) 유교문명론과 형세·문화 중시의 화이론

이색은 인간의 도덕적 신뢰를 바탕에 두고 대화, 설득, 자각을 통한 합리
적이고 이성적인 이상사회, 곧 하·은·주 삼대를 지향하였다. 그는 이를 인
수仁壽의 나라, 곧 어질고 장수하며 편안히 사는 군자의 나라,[92] 또는 성왕
이 행한 덕화로 집집마다 표창을 받을 수 있는〔比屋可封〕 사회로 설명하였
다. "세상의 도가 평화롭고 안락할〔平康〕 때에는 집집마다 표창을 할 만할
테니, 성인께서 굳이 하실 일이 무엇이 있겠는가. 바르고 곧게 하면서 그
상도常道를 따를 뿐이니, 옷자락을 늘어뜨리고서 행한 무위無爲의 정치를 볼
수 있을 것이다"[93]라고 하여 요임금은 가만히 남쪽을 바라만 보아도 정치가
행해졌고, 사람이 본래의 성품을 발현하고 백성의 삶이 넉넉하여 명덕을 밝
힐 수 있도록 하였다[94]고 하였다.

원래 유교 문명의 문文은 인문의 문으로 본체이고, 명은 그 발현 형태에
해당한다. 즉 태양의 빛이 세상을 밝게 비춰 개명해지는 형국이고 문이 고
도로 실현된 상태이다. 문은 문장이기도 하고 예악제도이기도 하다.[95] 이때

---

92 《목은집》 詩藁 권3, 婆娑府, "鴨江東岸是吾土 靑嶂白波相媚嫵 東韓仁壽君子國 唐堯戊辰稱
始祖 綿歷夏商不純臣 箕子受封師道新 九疇森列照天下 當時親炙知何人."; 권5, 獨吟 "…… 天
東仁壽君子國 ……"; 권13, 卽事 "…… 東方仁壽君子國 ……"; 권18, 賞蓮坐久 "…… 東方
仁壽君子國 ……"; 권21, 有感呈圓齋 "…… 三韓君子仁壽國 ……"

93 《목은집》 文藁 권10, 李氏三子名字說, "世道平矣康矣, 比屋可封矣, 聖人夫何爲哉. 亦曰正焉
直焉. 順乎其常而已. 垂衣無爲之治, 可見矣."

94 《목은집》 詩藁 권7, 讀禹書, "聖人端拱化當今, 天地無爲德澤深, 稽古四篇雖紀事, 執中數語是
傳心, 命從賜谷分羲宅, 歌與熏風入舜琴, 比屋可封非力致, 只垂衣處要推尋."

95 주자는 "도가 표현된 상태를 문이라 하는데 예악 제도를 가리킨다(《논어》 子罕, "道之顯

도와 문은 하나로서 예악제도라는 세상을 다스리는 경세론으로 이어지고, 천하의 질서를 바로잡는다는 경위천지經緯天地를 의미하게 된다. 곧 유교 문명은 도가 표현된 예악제도[文]가 태양의 빛이 세상을 밝게 비춰[明] 세상에 실현되는 것을 말한다.

이색은 이러한 유교문명이 원나라에 구현되었다고 보았다. 그는 "유교의 도가 요·순·공자·맹자·주렴계·정이천을 거쳐 원의 허형에게 이어져 원나라로 계승되었다"[96]고 하였다. 그리하여 "원나라가 일어난 지 백년이 지나면서 문치가 행해져 사방의 학사들은 자신의 재능을 발휘하여 한 시대의 성황을 이루고 있다"[97]고 하였다. 원나라가 유교의 문치가 실현되고 태평성대를 이루는 유교문명의 본령을 계승하고 있다고 보는 것이다.

더 나아가 이색은 원으로 이어진 공맹의 도가 고려에까지 전해졌고, 이는 고려의 문치사회, 소중화 의식을 나타난 것으로 보았다. 그는 "인간 문명[人文]이 어찌 삼천년에 그치랴마는",[98] "도와 기예 강론하여 인문을 널리 펴고",[99] "어찌하면 인문人文이 예전보다 빛나서, 소중화의 풍속이 중원과 같아질 수 있을까"[100]라고 하였다. 이색은 고려 왕실의 권위를 회복하고 문물제

者謂之文, 蓋禮樂制度之謂")"라고 하였다.

96 《목은집》 文藁 권9, 選粹集序, "孔氏祖述堯舜, 憲章文武, 刪詩書, 定禮樂. 出政治, 正性情, 以一風俗, 以立萬世大平之本, 所謂生民以來, 未有盛於夫子者, 詎不信然. 中灰於秦, 僅出孔壁, 詩書道缺, 泯泯棼棼. 至于唐韓愈氏, 獨知尊孔氏, 文章遂變, 然於原道一篇, 足以見其得失矣. 宋之世, 宗韓氏學古文者, 歐公數人而已, 至於講明鄒魯之學, 黜二氏詔萬世, 周程之功也. 宋社既屋, 其說北流, 魯齋許先生用其學, 相世祖, 中統至元之治, 胥此焉出, 嗚呼！ 盛哉."

97 《목은집》 文藁 권13, 書上札補正雪菴大字卷後, "元興百餘年, 文理大洽, 四方學士, 咸精其能, 蔚乎 一代之盛矣."

98 《목은집》 詩藁 권15, 自和, "…… 人文豈向三千止 ……"

99 《목은집》 詩藁 권22, 一上人爲僕淨書, 亂道間被選書大藏, 追福玄陵也. …… 以副國家追福玄陵之意. 吟成一首以誌. "…… 論道講藝宣人文 ……"

100 《목은집》 詩藁 권23, 五月初七日 徐承制考閱進士卷進呈 ……, "…… 焉得人文光古昔, 小中華俗似中原."

도를 정비하여 인문을 넓힌 공민왕과 우왕의 공적을 높이 평가하였다.[101] 이색은 자신이 공민왕을 도와 예를 잘 닦고 인문을 넓혔다[102]고 하였고, 우왕대를 유학을 숭상하고 문치를 지향한 태평성대로 평가하였다.[103] 문치, 문교가 이루어져 글을 숭상하고[104] 문교를 숭상하여 교화를 드높였다는 것이다.[105] 인문이 실현된 문치는 주 문왕의 통치를 표현한 것으로, 부국강병을 지향하는 공리적 국가나 형정 위주의 국가 운영에 대비해서 학술 진흥과 문물 정비를 통해 국가를 운영하는 것을 가리킨다. 문교를 숭상하여 교화를 넓혀 성인의 도를 실현한다는 것이다. 이는 이색이 고려의 중흥을 기약하며 유교 문치사회를 지향하는 것이라고 하겠다.

이색의 이러한 유교문명의 지향은 소중화 의식으로 분명해진다.[106] 그는 "우리나라의 풍속은 인수仁壽와 가깝다[107]"고 하였고, 우리를 소중화로 일컬어 중원의 풍속과 같아지려 한다[108]고 하였으며, 중원이 우리의 문풍을 부러워한다[109]고 하였다. 신라 이래로 고려는 중국의 변방 이민족(夷) 가운데서는 가장 문화적으로 우월하고 인물이 많아 중화와 비견된다고 파악해 왔는데,

---

101 박종기, 〈이색의 당대사當代史 인식과 인간관—묘지명을 중심으로〉, 《역사와 현실》 66(2007).

102 《목은집》 詩藁 권22, 一上人爲僕淨書, 亂道間被選書大藏, 追福玄陵也. …… 以副國家追福玄陵之意. 吟成一首以誌, "…… 論道講藝宣人文 ……"

103 《목은집》 文藁 권8, 贈宋子郊序, "中原多故以來, 我東方崇儒右文, 無異太平之世."

104 《목은집》 詩藁 권25, 閔子復來言, '已得廟學碑石, 將置館中'. 子日, 朝廷右文之美如此, 斯文其興乎. 吟爲一首. 八月十九日也, "馬巖東畔水如城, 一朶峯前地勢平, 吾道興衰關國體, 王風升降本民情, 詩書禮樂乾坤大, 日月星辰政敎明, 幸値右文身已老, 更楷病眼敎諸生."

105 《목은집》 詩藁 권33, 頒綠右文此日方崇化.

106 이하 이색의 형세·문화적 화이관과 소중화 의식 부분은 필자의 연구(《고려말 사대부의 정치사상연구》(일조각, 1999), 101-115쪽)에 새로운 자료와 내용을 추가한 것이다.

107 《목은집》 詩藁 권23, 雜興, "…… 東方俗仁壽 君子之所居 中爲箕子國 井井洪範書 ……"; 詩藁 권33, 初八日, 冬至也 "…… 鄕風俗禮稍仁壽 ……"

108 《목은집》 詩藁 권23, 五月初七日 徐承制考閱進士卷進呈 ……, "…… 小中華俗似中原."

109 《목은집》 詩藁 권17, 閔祗候安仁, 集諸家詩藁, 將續拙翁東文, 予喜之甚, 作短謌以勗其成.

이를 긍정한 이색은 중국 다음가는 문화국·문명국으로 자부하고 있었다.

이색의 유교문명론과 소중화론에는 형세·문화적 화이관이 연관되어 있다. 이색은 중국 중심의 세계관을 받아들여, 원나라를 천자국, 고려를 제후국으로 파악하는 조공 책봉 관계, 사대 외교를 지향하였다. 그는 중국 유교 문명이 현실화된 원나라의 선진 문화, 유교사상을 적극적으로 수용하여 고려사회를 유교 문명사회로 전환시키려 하였다. 세계는 천자의 덕화가 미치고 그 은덕을 입는 주변 국가로 구성되었으며, 주변국은 천자국의 덕화로 인의 도덕을 실천하고 문명국으로 전환될 수 있다는 의식을 견지하였다.

이색은 천자국, 화華의 기준을 종목이나 명분이 아닌 형세와 문화에 두었다. 그는 중국 중원을 차지하고 한화 정책을 추진한 몽골족 원나라를 천자국으로 파악하고, 중국 역대 왕조의 일원으로 정통성을 인정하였다.110 그는 공민왕 15년에 충렬왕과 충선왕의 이름(諱)을 고친 사례를 근거로 공민왕의 이름을 왕기祺에서 왕전顓으로 고쳐 줄 것을 원 황제에게 요청하였다. 이때 원을 천자국으로 설정하고 사대의 예에 근거하여 정중한 표문을 지었다.111 공민왕 18년에 명이 건국한 사실을 알려오자, 이색은 명의 중원 지배를 축하하는 표문을 지어 명이 중국의 정통을 회복하고 화하華夏의 문명을 열었다고 칭송하였다.112 몽골족인 원나라와 정통 한족인 명나라를 천자국으로 파악하였던 것이다. 이는 천자국의 기준을 종족과 관계없이 형세, 곧 중국 중원의 지배 여부로 삼은 것이다.

당시 몽골족 원은 한족漢族 우위의 화이론을 변화시켜, 중국 중원의 지배

---

110 《목은집》 文藁 권7, 益齋先生亂藁序, "元有天下, 四海旣一, 三光五嶽之氣, 渾淪磅礴, 動盪發越, 無中華邊遠之異."

111 《고려사》 世家 恭愍王 15년(1366) 8월 임신; 《牧隱集》 文藁 권11, 請改名表.

112 《고려사》 世家 恭愍王 18년(1369) 5월 갑진; 《牧隱集》 文藁 권11, 賀登極表, "…… 復中國皇王之統."; 권11, 請冠服表, "議禮制度, 大開華夏之明, 慕義濡風, 庶變要荒之陋, 敢攄愚抱, …… 憐臣以小事大, 許臣用夏變夷."

여부, 곧 형세와 문화로 천자국의 기준을 설정하였다. "중국이 오랑캐 예를 수용하면 오랑캐가 되고, 오랑캐가 중국에 들어오면 중국이 된다"[113]라는 논리를 통하여 유교의 도덕, 예와 덕의 실행 여부가 문명국 화華의 변별기준이 된다고 하였다. 이색은 이러한 형세·문화적 화이관을 기초에 두고 문화·문명을 강조하는 소중화 의식을 견지하였던 것이다.

이색은 이처럼 원으로부터 성리학을 수용하여 춘추 전국시대 유가儒家 발생 당초의 문제의식에 충실해서 고려를 개혁하여 유교 문명사회를 구현하려 하였다고 하겠다.

4. 맺음말

이색의 정치사상을 살펴보고 그 사상의 성격을 파악하는 것이 이 장의 목표였다.

이색은 원나라 국자감에 입학하고 제과에 2갑 2명이라는 우수한 성적으로 합격하여 원의 한림원에 응봉한림문자에 임명되었으며, 원의 선진문화를 익혔다. 그는 공민왕 원년과 5년에 상서를 올려 고려 문종의 구제를 회복하고자 했다. 공민왕 16년에 성균관에서 정몽주·이숭인·정도전 등과 성리학 연구와 교육을 담당하고, 4번의 과거시험(공민왕 14년, 18년, 20년, 우왕 12년) 시관과 공민왕 17년에 독권관을 역임하였다. 이색은 우왕 5년 5월부터 12년까지 우왕의 사부가 되었고, 서연에서 《논어》를 가르쳤다.

우왕 14년에 염흥방 등이 최영에게 부정과 비리로 죽음을 당하고, 판삼사사(종1품)가 되었다. 이색은 최영의 요동 정벌을 반대하고 위화도회군에 찬

---

113 《고문진보》 後集 권2, 原道, "孔子之作春秋也, 諸侯用夷禮則夷之, 夷而進於中國則中國之.";
　　《원문류》 권32, 正統八例總序(楊奧) "中國而用夷禮, 則夷之, 夷而進於中國, 則中國之也."

성하였다. 명에 대해 사대 외교를 지향하는 관점에서 요동 정벌은 명분 질서를 어기는 것이라고 인식했기 때문이다.

위화도회군 뒤 조준 등은 토지제도를 비롯한 제도개혁을 주장할 때 이색은 구법舊法은 가벼이 고쳐서는 안 된다고 하였고, 구래의 예제는 그 뿌리가 깊고 튼튼히 박혀 있으므로 갑자기 혁파하기 어렵다고 하였다. 이색은 명의 감국과 창왕의 입조를 요구하였지만 실패하였고, 정몽주가 죽임을 당하고 고려는 멸망하였다. 그는 이성계를 국왕으로 인정하였지만, 고려에 대한 절의를 지켰다.

이색은 위기지학에 힘쓰는 군자를 지향하였고, 성학聖學을 목표로 하였다. 그는 《대학》의 8조목에 기초하여 수기를 전제한 치인을 제시하면서, 경학에 밝고 행실이 닦여진(經明行修) 선비로서 나라를 다스려 백성을 구제하는 것(經世濟民)을 지향하였다. 이색은 당대가 요순시대로, 백성들이 요순의 백성으로 되기를 기약하였다. 그는 유학자 군자가 관리가 되어야 하며, 이러한 인재 등용이야말로 정치의 근본이라는 바에 동의하였다.

이색은 성리학적 세계관과 인간론을 견지하였고, 특히 심성론과 수양론을 중시하였다. 그는 천리를 보존하고 기질과 물욕의 사사로움을 억제하는 방법으로 경敬을 중시하였다.

이색은 심성 수양 중시 성리학이 불교의 마음 수양론과 유사하다고 보았다. 정좌로서 마음의 안정을 찾고 본래의 마음을 유지하는 성리학의 수양법인 경敬과 무념무상의 상태 추구가 닮았다고 보는 것이다. 주자학과 불교는 세계와 인간에 대한 이해가 다르고 공부 방법론도 다르며, 경과 좌선 역시 다르다. 이색은 유교의 정체성을 유지하는 가운데 고려의 지배 이념인 불교와 성리학과의 유사성에 주목하고 두 사상의 조화 가능성을 타진하였다. 이색은, 불교가 효와 충의 윤리적 기능을 긍정하여 불교가 윤리도덕이 확립된 유교의 문치사회 실현에 도움이 된다고 보았다.

이색은 선왕지법·고법·구제 등으로 표현되는 고려의 제도를 회복하고자 하였으며, 김지가 편찬한 《주관육익》의 편찬 취지에 찬동하였다. 즉 《주관육익》에 있는 고려왕실의 정통과 왕실의 세계 그리고 각 지방의 산물·성씨와 천문·지리까지 재정리함으로써 왕조의 내력과 신성함을 과시함으로써 고려 왕조 성립의 필연성, 성립의 의의를 밝히고 그 존립 근거를 재확인하려고 하였다. 이색은 고려의 삼성 육부 중심의 정치체제, 제도를 전제하는 가운데 그 제도의 운영상의 폐단을 시정하고, 주어진 법과 제도 안에서 관료의 양식과 재량에 따른 자율권을 보장하여 정치 사회가 운영되기를 바랐다.

이색은 유학적 문명관을 견지했다. 그는 하·은·주 삼대의 유교적 이상사회를 지향하였고, 인수仁壽의 나라와 사람이 본래의 성품을 발현하고 백성의 삶이 넉넉하여 명덕을 밝힐 수 있어서 집집마다 표창할 수 있는 성인의 덕화가 이루어진 유교문명사회를 지향하였다.

이색의 유교문명의 지향은 소중화 의식으로 나타났다. 우리나라의 풍속은 인수仁壽와 가깝고, 중원의 풍속과 같은 소중화라고 하였으며, 중원이 우리의 문풍을 부러워한다고 하였다. 고려는 중국의 변방 이민족(夷) 가운데서는 가장 문화적으로 우월하고 인물이 많아 중화와 비견된다고 파악해 왔는데, 이를 긍정한 이색은 중국 다음가는 문화국·문명국으로 자부하였다.

이색의 유교문명론과 소중화론에는 형세·문화적 화이관이 연관되어 있다. 그는 조공 책봉 관계, 사대 외교를 지향하였고, 중국 유교문명이 현실화된 원나라의 선진문화, 유교사상을 수용하였다. 곧 이색은 형세와 문화를 결합한 화이관으로 중국 유교문명을 이상화하고 이를 기초로 고려에 인륜 도덕이 실현된 유교 문치, 문명사회를 건설하려고 했다.

보론1: 염흥방의 성리학 이념 확산과 사상의 변화

1. 머리말

고려 후기 사회는 무신집권기 이래 변동이 급격히 진행되었고, 이를 타개할 수 있는 체계적인 대응이 요구되었다. 생산력 발전이 있었고 토지 분급제와 토지 소유관계가 동요하였으며, 왕실의 권위가 실추되고 권신이 출현하며, 정치 기강의 이완, 체제의 파탄 현상이 나타났다. 더욱 왜구와 홍건족의 침입으로 국토가 황폐되었고, 원·명 교체에 따른 적극적인 대외정책이 요구되었다.

고려 후기 성장한 신진문신세력은 성리학을 수용하여 이에 대응하며 개혁 정치를 추구하였다. 기왕의 연구에서 보여 주듯이, 이들은 현실 인식과 정치 사회적 위치에 따라 다양한 사상과 행동으로 대처하였고, 고려왕조를 유지하려는가 하면, 체제 변혁을 꾀하기도 하였다. 그리고 처음부터 성리학적 원론에 충실한 개혁을 추구하였고, 체제 유지를 위한 학문적 논거를 갖다가

점차 급진적인 노선을 지향하기도 하였으며, 혁신적인 생각을 갖고도 보수화
되는 경우도 있었고, 고려왕조 안에서의 개혁을 꾀하며 새 왕조에 참여한 인
물도 있었다. 이러한 신진 문신들의 존재 양태는 각자의 정치적 지향과 정치
상황의 변화에 따라 상호경쟁 과정을 거치고 도태와 성장 그리고 재등장이
라는 측면을 보여 준다.

이 장에서는 당시로서는 선진적인 사상으로 이해된 성리학을 익혔으면서
체제 유지에 주력한 염흥방(?-1388)을 주목하고자 한다.[1] 염흥방은 공민왕
대 개혁세력의 일원으로 활약하고, 우왕 원년 북원 사신 영접에 반대하다가
유배가고, 말년에는 이인임과 결합하여 죽임을 당하고 《고려사》 간신 열전에
실린 인물이다. 말하자면, 염흥방은 개혁을 추구하다가 체제 안정을 꾀하는
가운데 보수화되고, 사적인 이익을 추구한 인물이다. 그러므로, 염흥방을 통
하여 고려 말 개혁정치 시기의 다양한 인물 가운데 성리학을 익히고 정치
사회변화에 적극 대응한 유교 지식인의 한 유형을 파악할 수 있을 것이다.

염흥방의 문집인 《동정집東亭集》[2]은 남아 있지 않다. 단, 《신증동국여지승
람》과 《동문선》에 시가 전하고,[3] 이색과 정도전, 김구용, 이숭인, 권근, 이집이

---

1 염흥방에 대한 전문적인 연구는 없지만, 개괄한 글로 다음이 참고된다(한정수, 〈고려시대
　권력형 비리의 결정판 '염흥방 토지탈점 사건'〉, 《고려시대 사람들은 어떻게 살았을까2》
　(청년사, 1997) ; 申千湜, 〈염흥방〉, 《牧隱 李穡의 學問과 學脈》(일조각, 1998) ; 陳錫宇,
　〈高麗 趙胖事件의 政治的 性格〉, 《호남대학교논문집》 21(2000) ; 최용범·함규진, 〈염흥방〉,
　《다시 쓰는 간신열전》(페이퍼로드, 2007).
2 《용재총화》 권8, "東亭集一帙 廉興邦所著", 學民文化史, 2000.
3 〈표 2〉 《신증동국여지승람》과 《동문선》의 염흥방 글 모음

번호	출전	기사 내용	비고
1	《신증동국여지승람》 권7, 京畿 驪州牧 古跡 枕流亭	詩酒歡娛近百年 古人遺迹在林泉 紅塵十載銀臺寵 爭似尹菴一枕眠 金沙居士枕流亭 楊柳鋢金暑氣清 洗耳不聞塵世事 潺爰只有小溪聲 麥壟高低水滿也 荒村寂寂傍江湄 紅塵南北粉紅事 說與沙頭白鳥知 驪江渺渺軒空龍門 隔岸漁燈惢惢村	《동문선》 권22 七言絕句 枕流亭

보낸 시문이 있다.4 이 가운데 《목은집》 문고에 있는 염흥방 관련 글5과 시고

		田父夜歸無雜語 但斫火稼滿郊原	
2	《신증동국여지승람》 권15, 忠淸道 淸州牧 樓亭 拱北樓	起樓知幾日 金碧炯如初 掩映森仙杖 淋漓古板書 淸秋方省斂 白日欲凌虛 盛事眞堪頌 廬詩況屬予	
3	《신증동국여지승람》 권25, 慶尙道 龍宮縣 佛宇 白華寺	樓回星河手可擊 松杉滿目坦公山 龍眠法出雲初散 鳥誦經來聲更閒 徒奇一身兜率上 跏夫三世利那間 無人解得觀空意 爲說分明亦强顏	

* 염흥방이 천녕현寧縣(여주)의 금사金沙에서 귀양살이를 하면서 여덟 제목의 글을 지었는
데, 돌아와서 이색에게 함께 짓기를 청한 글(《목은집》 詩藁 권16, 金沙八詠)이 있다.

4 〈표 3〉 염흥방을 위해 시를 남긴 사람

번호	보낸 사람	출전	기사제목
1	권근(1352-1409)	《양촌집》 권4	東亭廉相國爲前後門生設宴 興邦
2	김구용(1338-84)	《척약재학음집》권상	呈漁隱先生東亭相公
		권상	奉和東亭相公枕流亭四絕 足成八首 次韻
		권하	同靜亭謁東亭相公
		권하	奉答東亭相公次韻
3	이숭인(1347-92)	《도은집》 권2	奉次廉東亭扈駕長湍詩韻(공민왕 20년 4월)
		권3	舟行自高郵湖過范光白馬二湖 奉懷東亭圃隱二先生
4	이집(1327-87)	《둔촌잡영》	七言絶句 寄東亭
5	정도전(-1398)	《삼봉집》 권1	奉次廉東亭興邦詩韻
		권1	奉寄東亭(우왕 2년 입춘)
		권1	月夜奉懷東亭
		권1	奉次東亭詩韻(우왕 2년)
		권1	奉寄東亭
		권2	奉題東亭竹林(2년 6월)
		권4	讀東亭隱者後序 錦韓緝題
6	정추(1333-82)	《원재선생문고》권中	次韓山君韻 奉賀廉東亭掌試後慶親
7	한수(1333-84)	《류항선생시집》	用前韻壽呈廉東亭二首

5 《목은집》 문고에 보이는 염흥방 관련 기문으로는 漁隱記(권2,우왕 초년), 枕流亭記(권2,
우왕 초년), 驪江縣神勒寺普濟舍利石鐘記(권2,우왕 5년), 陽軒記(권2), 無隱菴記(권5), 報法
寺記(권6, 우왕 10년), 宋子郊序(권8), 高麗國忠誠守義同德論道輔理功臣壁上三韓重大匡曲城
府院君贈諡忠敬公廉公神道碑(권15, 우왕 8년)가 있다. 또한 우왕 7년 9월 염흥방이 대장경
을 인쇄할 때, 이색이 써준 발문이 전한다(《大般若波羅密多經》 권10(日本 京都 大谷 大學

에 있는 이색이 염흥방을 위하여 지은 시6는 남아 있는 염흥방 연구 자료로
풍부하다.

2. 공민왕 대 개혁 참여와 좌주문생제의 옹호

1) 공민왕 대 개혁 참여와 성리학자와 교류

염흥방은 곡성부원군 염제신의 3남 5녀 가운데 차남으로, 자는 중창仲昌
父·동정東亭, 호는 어은漁隱이다. 서원(파주) 염씨는 정당문학을 지낸 염승약廉
承若의 후손 집안으로 왕비를 배출하고 재상이 나온 세가대족世家大族7이었다.
염흥방의 아버지 염제신廉悌臣(1304~1382)은 대원 활동을 한 염승익廉承益의
손자이고, 조인규의 딸을 부인으로 맞이한 염세충의 아들로,8 공민왕 대에 수
문하시중(5년 11월), 문하시중(7년 2월),9 우왕 대에는 영삼사사가 되었다.10

소장)(小田幹治郎, 〈內地に渡れる高麗大藏經〉, 《朝鮮》74(1921); 梶浦晋, 〈本館所藏高麗版大
藏經-傳存と現狀〉, 《書香》 11(1990); 馬場久幸, 〈고려판대장경의 일본 전존에 관한 연구〉,
《韓國宗敎》 27(2003)).

6 〈표 4〉 이색이 염흥방을 위해서 지은 시의 연도별 빈도 수

연도	《목은집》	빈도수
우왕 4년 7월~12월	권9~13	7
5년	권15~21	16
6년	권22~27	13
7년	권28~30	13
8년	권31~34	8

7 염제신의 묘지명에는 서원 염씨를 '西原大族', '世臣舊家'로 표현했다(《목은집》 文藁 권15,
高麗國·忠誠守義同德論道輔理功臣·壁上三韓重大匡·曲城府院君, 贈諡忠敬公, 廉公神道碑).
8 염제신의 부친은 《고려사》에 염승익으로 되어 있는데(《고려사》 권123, 列傳36, 嬖幸1 廉承
益), 이색이 쓴 묘지명과 《씨족원류》에는 염세충廉世忠으로 되어 있다.
9 《고려사》 권38, 世家38 恭愍王(3년 정월); 《고려사》 권39, 世家39 恭愍王(5년 11월, 7년 2월).

딸은 공민왕의 신비愼妃가 되었다.[11] 공민왕이 홍륜과 한안으로 하여금 제비 諸妃를 욕보이게 하였는데, 신비는 이에 저항하였고 공민왕이 죽은 뒤에 승 려가 되었다.[12] 염제신의 부인은 세족 가문인 안동 권씨 권한공의 딸이다. 당시 안동 권씨는 과거에 합격한 우수한 인재를 사위로 삼아 가문의 영예를 이어갔는데, 염흥방의 아버지 염제신, 이제현·한수·이색이 이에 포함되었 다.[13] 이색과 염제신은 안동 권씨의 여식을 부인으로 맞이하였는데, 염제신은 이색 부인의 고모부가 되고 염흥방은 이색의 처이종사촌이 된다. 염제신의 3 남 가운데 첫째 아들은 염국보, 둘째가 염흥방, 셋째가 염정수이다. 염국보는 공민왕 4년 이공수·안보 문하에서 급제하였고, 우왕 11년 정몽주와 함께 과거 시험을 주관하였다.[14] 염정수는 공민왕 20년(1371) 이색 문하에서 급제하였 고,[15] 우왕 9년(1383) 이색의 손자인 이맹균을 성균시에 합격시켰다.[16]

염흥방은 평양 조씨 조문경趙文慶의 딸과 혼인하고, 다시 청주 한씨 한

---

10 공민왕 12년에 우정승이 되었으나 홍건적의 난때 어머니를 버리고 피난하였다는 이유로 대간들이 고신에 서명하지 않아 파면되었다(《고려사절요》 권27, 恭愍王(12년 4월)).

11 《고려사》 권89, 世家43 恭愍王6(20년 11월), "(丁丑)納曲城伯廉悌臣女爲愼妃."

12 《고려사》 권43, 世家 권43 恭愍王6(21년 10월);《고려사》 권89, 列傳2 后妃2 愼妃廉氏, "愼妃廉氏, 瑞原縣人. 曲城府院君悌臣之女, 以選入封愼妃. 洪倫韓安之强辱諸妃也, 妃拒不從. 恭愍旣見弑, 剃髮爲尼."

13 金光哲,《高麗後期世族層研究》, 동아대출판부, 1991; 閔賢九,〈高麗後期 安東權氏 家門의 展開 -元 干涉期의 政治的 位相을 중심으로〉,《道山學報》5, 1996; 朴龍雲,〈安東權氏의 사 례를 통해 본 高麗社會의 一斷面 -'成化譜'를 참고로 하여-〉,《歷史敎育》94, 2005.

14 《고려사》 권73, 志 권27 選擧1 科目1, "(우왕11년 4월) 瑞城君廉國寶知貢擧, 政堂文學鄭 夢周同知貢擧, 取進士賜禹洪命等三十三人及第."; 이색이 염국보에게 보낸 시가 있다(《목은 집》 詩藁 권5, 次韻廉郞中國寶詩卷 : 詩藁 권26, 昨訪李商議設酌 ……).

15 이색은 염정수에게 萱庭記(《목은집》 文藁 권2)를 써주며 격려해 주고,《목은집》 시고에 염정수 관련 시 5개가 보인다(《목은집》 詩藁 권18, 昨至九齋坐松下 ……; 권21, 趙廉廷秀 東牀讌 : 권21, 病不出數日矣 ……; 권25, 醴泉君夫人蔡氏忌日 ……; 권28, 賀廉代言廷秀).

16 《고려사》 권74, 志28 選擧2 科目2 國子監之額, "(우왕 9년 4월) 知申事廉廷秀, 取禹洪命 等九十九人, 明經六人."

공의의 3남 3녀 가운데 3녀와 혼인하였는데, 한수가 처남이 된다. 4녀를 두었는데, 맏딸은 임견미의 아들과 혼인하였고, 그다음은 임헌任獻·정희계·이송李竦 등과 혼인하였다.[17] 세족으로 알려진 서원 염씨는 왕실이나 같은 세족인 안동 권씨, 청주 한씨와 혼인 관계를 맺고 있었던 것이다.

염흥방은 부친인 염제신과 더불어 공민왕의 개혁을 뒷받침한다.[18] 염제신은 공민왕 5(1356)년 기철 일파를 제거하고 원나라의 공격을 대비하기 위하여 서북면도원수가 되었으며,[19] 3개항에 걸친 국방개혁안을 제시하였다. 이는 반원개혁을 뒷받침하는 군사력 증강을 목표로 하는 것으로, 군인의 확보, 둔전의 확대, 역제의 재정비 등[20]이 주 내용이다.[21]

염흥방은 공민왕 2년(1353) 송천봉[22] 문하에서 성균시에 합격하고,[23] 공민왕 6년(1357) 이인복과 김희조 문하에서 장원으로 급제하였다.[24] 과거 과목은

---

17 《씨족원류》瑞原廉氏(787쪽)(보경문화사, 1991);《목은집》文藁 권15, 高麗國忠誠守義同德論道輔理功臣·壁上三韓重大匡·曲城府院君·贈諡忠敬公·廉公神道碑.

18 공민왕 6년 9월 여러 도에 염철별감을 파견하는 문제를 놓고 이색·전록생·이보림·정추가 반대하였으나 좌시중이었던 염제신은 이미 정해진 법이라 하여 파견을 주장하였다(《고려사》권79, 志33 食貨2 鹽法(공민왕 6년 9월)).

19 《고려사》권39, 世家 권39 恭愍王2, "(5년 9월)癸未, 以曲城伯廉悌臣爲西北面都元帥, 刑部尙書柳淵 判司宰寺事金之順, 上將軍金元命副之, 賜貂裘金帶, 仍授鉞, 遣之."

20 《고려사절요》권26, 恭愍王(5년 11월), "悌臣上箋論軍務曰";《고려사》권111, 列傳24, 廉悌臣, "上疏論軍務曰";《고려사》권81, 志35, 兵1 兵制 五軍(공민왕 5년 11월), "西北面都元帥廉悌臣上箋";《고려사》권82, 志36, 兵2 屯田(공민왕 5년 11월).

21 홍영의, 〈공민왕의 반원정책과 염제신의 군사활동〉,《軍史》23(1991).

22 허인욱, 〈고려말 宋郊의 정읍 산내 낙향과 조선후기 宋公菴 重修〉,《중앙사론》54(2021).

23 《고려사》권74, 志28 選擧2 科目2 國子監之額, "(공민왕 2년 4월) 宋天鳳取韓達漢等八十二人, 明經五.";《고려사》권73, 志 권27 選擧1 科目1, "(우왕 6년 5월) 瑞城君廉興邦知貢擧, 密直使朴形同知貢擧, 取進士賜李文和等三十三人, 明經六人及第.";《목은집》文藁 권8, 宋子郊序, "崔疏齋來日, 彪與廉東亭, 俱出星山宋公門下. 今其孫子郊, 又爲東亭所取.";권13, 跋愚谷諸先生送洪進士詩卷(우왕 6년), "洪氏名敏求, 字好古, 益齋先生所命也. 與今年知貢擧廉東亭, 同登癸巳進士科, 故其會試也."

24 《고려사》권73, 志27 選擧1 科目1, "(공민왕)六年四月, 政堂文學李仁復知貢擧, 簽書樞密院

충목왕 원년 이래 육경의사서의六經義四書疑였으므로,[25] 주자학의 핵심 내용이 들어 있는 《사서집주》를 익혔다고 할 수 있다. 염흥방은 과거시험 준비 과정에서 이색의 도움을 받았다. 우왕 6년 과거에 염흥방이 지공거, 박형이 동지공거가 된 것에 대하여, 이색은 염흥방이 자신과 인친으로 과거를 준비하는 데 도움을 주었고, 박형朴形은 이곡의 문생으로 자신을 종백이라 부른다[26]고 하였다. 얼마 뒤 지신사로 승진하고 홍건적의 침입을 물리쳐 수도를 회복한 공로로 2등 공신에 책록되었으며, 밀직부사에 뒤이어 제학이 되었다.[27]

염흥방은 교육·과거제도 활성화와 성리학 진흥에 노력하였다. 공민왕 16년 성균관을 숭문관의 옛터에 중건하였는데, 염흥방은 이 일을 주관하면서 문신들에게 관품에 따라서 포를 내게 하였다. 이때 전교랑 윤상발은 옷을 팔아서 포50단을 마련하여 그 비용을 보태었으므로, 염흥방이 이를 구실로 열흘 만에 1만단을 얻었다고 한다.[28] 널리 알려져 있듯이 이때의 성균관에는 이색·김구용·정몽주·박상충·박의중·이숭인 등이 참여하여 성리학에 입각해서 세계와 인간을 새롭게 이해하고 현실에 대한 문제의식을 다졌다.[29] 염흥방은 이들과 교류하며 성리학을 연구하고 장차 고려를 이끌 인재들을 양성하고자

事金希祖同知貢, 擧取進士賜, 廉興邦等三十三人及第."

25 《고려사》 권73, 志27 選擧1 科目1(충목왕 즉위년 8월), "改定初場試六經義四書疑, 中場試古賦, 終場試策問."

26 《목은집》 詩藁 권22, 今庚申年, 東堂監試主司, 皆與僕親厚. 知貢擧廉東亭, 從僕習擧業, 且姻親也. 同知貢擧朴密直, 先君門生, 稱僕則曰宗伯. 監試試員徐承旨, 同年之子, 其習擧業也, 亦以其所爲文求是正. 吾老矣, 病也久矣, 獲觀盛事, 自幸之甚, 吟成一首.

27 《고려사》 권126, 列傳39 姦臣2 廉興邦, "尋陞知申事, 與諸將平紅賊收復京都, 策功爲二等, 拜密直副使, 轉提學."

28 《고려사》 권126, 列傳39 姦臣2 廉興邦, "王欲興儒術, 重營國學于崇文館舊址. 興邦主其事, 令文臣隨品出布, 典校郎尹商拔, 賣衣得布五十端, 以助其費. 興邦責不出布者曰, 商拔寒儒祿, 不足以度朝夕, 尙賣衣助費, 公等可出商拔下乎. 旬日開得布至萬端. 時影殿役大興倉庾虛竭, 而不仰公廩得營國學."

29 《고려사》 권115, 列傳28 李穡.

하였다.[30]

염흥방을 포함하여 성균관에서 성리학을 연구한 이들은 우왕 원년에 북원 사신의 영접 문제에 대하여 같은 입장을 취하였다. 북원이 고려에 사신을 보내자 이인임과 지윤 등은 사신을 영접하고자 하였으나, 이숭인·김구용·정도전·권근은 이에 반대하였다. 경복흥과 이인임은 이를 무시하고 정도전으로 하여금 원 사신을 맞이하게 하였는데, 정도전은 원 사신을 죽이거나 명으로 압송하겠다고 하였다.[31] 이에 이인임 등은 염흥방을 비롯한 신진문신세력을 처벌하였다. 전록생과 박상충은 유배 도중에 죽었고, 염흥방은 정몽주·이숭인·김구용·염정수 등과 더불어 유배당했다.[32] 이때, 정도전은 전라도 회진현에 귀양보내졌는데, 염흥방이 배상도를 보내 말하기를 "이미 시중에게 말하였고 시중의 노기가 좀 풀렸으니 잠시 늦추고 기다리라"고 하였는데, 정도전은 "내가 주장하고 시중이 그에 분노한 것은 각각 자기의 의견을 고집한 것으로 모두가 나라를 위해서이다. 지금 왕의 명령을 받았는데 어찌 공의 말때문에 멈출 수 있겠는가"라고 하고 떠났다고 한다.[33] 여기에서 정도전을 염려하는 염흥방의 마음과 정도전과 염흥방의 친밀함을 짐작하게 해준다.

성균관에서 학문을 익히고 북원 사신의 영접에 반대하여 유배를 당하거나 관직에서 밀려나 있었던 이들은 성리학적 이상과 문제의식을 다지며 상호간의 이해를 더해 갔다. 정도전은 북원 사신 영접을 반대하여 나주의 회진현으로 유배갔는데, 여기에서 염흥방이 쓴 〈도시후서〉를 읽고 〈독동정도시후서〉를 지었다.[34] 〈도시후서〉는 지금 남아 있지 않지만, 〈독동정도시후서〉를

---

30 우왕이 성균관의 학생들에게 가요를 바치게 하였다. 그때 학생들이 적었는데, 염흥방은 지난 때에는 양현고가 풍족하여 학생들을 잘 양성할 수 있었는데 지금은 재원이 부족하여 학생을 양성할 수 없다(《고려사》 권135, 列傳48 辛禑3(9년 2월)고 대답하였다.

31 《고려사절요》 권30, 辛禑(원년 5월).

32 《고려사절요》 권30, 辛禑(원년 秋7월).

33 《고려사》 권119, 列傳32 鄭道傳.

통해 대략 그 내용을 짐작할 수 있다.

염흥방은 정도전과 함께 도연명[35]의 안빈낙도하며 절개 있는 행동에 공감하였다.[36] 염흥방은 도연명이 배고픔과 추위에 시달렸던 것은 관직을 가치 없는 것으로 보고, 술로 날을 보낸 것은 옛 나라에 대한 고절한 마음을 간직한 것으로 보았다. 또한 도연명의 심성이 도체 본연의 지극히 순수하고 선한 천리 그대로이기 때문에 모든 사물이 즐겁고 마땅하지 않는 데가 없으며, 마음과 행적 모두가 도에 합당한 것으로 보았다. 염흥방은 도연명을 시인의 경계를 넘어서 성현으로 존숭하였다.[37] 정도전은 그의 도연명에 대한 생각에 깊이 공감하면서 자신의 처지에 연결시키고 마음의 안정을 도모하였다. 우왕 초년 북원 사신의 영접 반대로 유배를 떠난 이들은 도연명을 떠올리며[38] 정서적 안정과 공감대를 형성하고 있었다.[39]

이색 역시 북원 사신의 영접에 반대하여 천녕현川寧縣(경기도 여주)에 유배되어온 염흥방과 성리학적 의식을 공유하였다. 이색은 염흥방을 위하여 어은漁隱이라는 호와 침류정枕流亭이라는 정자의 기문을 써주었다. 여기에서 염흥방의 절제된 삶과 백성을 생각하는 행동을 높이 평가했다.

동정은 옛것을 좋아하고 몸을 단속하며, 참된 마음을 간직하고 사물을 아끼는 사람이다. 가렴주구로 백성들을 괴롭히는 자들을 개, 돼지보다 못하게 보았고, 물고기나 자라까지도 덕화를 입도록 힘쓰는 것을 자신의 임무로 삼았다.[40]

---

34 《삼봉집》 권4, 讀東亭陶詩後序.

35 朴美子, 《韓國高麗時代における〈陶淵明〉觀》(白帝社, 2000).

36 《삼봉집》 권4, 讀東亭陶詩後序.

37 金宗鎭, 〈〈讀東亭陶詩後序〉에 대하여〉, 《어문논집》 27(1987); 〈鄭道傳의 陶淵明에 대한 好尙〉, 《碧史李佑成先生定年退職紀念國語國文學論叢》(1990).

38 《삼봉집》 권2, 奉題東亭竹林; 권4, 讀東亭陶詩後序錦南雜題.

39 《삼봉집》 권1, 奉次廉東亭興邦詩韻; 권1, 月夜奉懷東亭.

공민왕 16년 성균관 중영에 염흥방이 기여한 바를 알고 있는 이색은 염흥방이 자신을 단속하고 수기修己에 힘쓰며 백성을 위하는 인물로 보았던 것이다. 우왕 말년에 염흥방이 가렴주구를 일삼는다고 이색이 비판한 것과 전혀 다른 이해를 보여 준다.

또한 〈침류정기〉에는 "염흥방은 환경이 바뀌면 이에 맞춰 적응을 하며, 그 식견이 당대의 어떤 사람들보다 뛰어났다. 부귀한 환경에 처하면 부귀한 상황에 맞게 처신하고, 환란을 당하게 되면 또한 그러한 상황에 맞게 처신을 하니, 이는 자득한 경지가 깊기 때문이다"라고 하였다.[41] 염흥방이 세상을 초월하여 홀로 우뚝 서 있다고 보는 것이다.

우왕 원년 이후 염흥방과 이색의 교류는 더욱 빈번하다. 《목은집》 문고에서 염흥방 관련 글이 보이고, 시고에는 우왕 4년부터 9년 무렵까지 이색이 염흥방을 위하여 지은 57편의 시가 있는데, 이는 《목은집》 시고에 있는 이색의 교류 문신 가운데 한수韓脩에 이어 두 번째로 많다.[42] 우왕 4년 겨울 염흥방이 술과 안주를 가지고 이색을 찾자, 이색은 눈이 오는 날 마음이 울적하던 차에 마음을 나누는 친구와 회포를 푼다[43]고 하였다.

그리고 〈표3〉과 같이 염흥방은 공민왕 16년 성균관에서 성리학을 연구한 권근, 김구용, 이숭인, 이집 등과 시문 교류를 하였다. 이들은 고려 말 개혁정치 시기에 성리학적 이념을 제시한 인물이다. 염흥방은 이들과 교류하며 성

---

40 《목은집》 文藁 권2, 漁隱記, "東亭好古律己, 存心愛物, 其視聚斂掊克之流, 不啻犬彘, 汲汲於魚鼈咸若之效自任."

41 《목은집》 文藁 권2, 枕流亭記, "東亭居移養移, 識高一世, 素富貴, 則行乎富貴, 素患難, 則行乎患難, 盖其自得者深矣. 吾知夫雲散月出, 水流風生, 東亭翛然遺世而獨立, 尙何富貴患難之有動於其心哉."

42 〈표 5〉《목은집》 시고에 보이는 이색 교류 인물에게 보낸 시의 빈도 수

한수	염흥방	정추	이집	이종학	권중화	정몽주	이무방	환암	이숭인	이인임	최영	나잔자	이성계
130	57	31	22	22	22	19	19	18	17	16	16	15	14

43 《목은집》 詩藁 권10, 廉東亭冒雪携酒見訪.

리학적 의식을 공유하고 있었던 것이다.

2) 좌주문생제의 옹호와 신진문신세력의 결집

북원 사신의 영접 문제로 중앙정계에서 물러나 있던 염흥방은 강순룡·정
사도·성대용·정우·윤호·정몽주[44] 등과 함께 우왕 2년 무렵 유배에서 풀려난
것으로 보인다.[45] 우왕 6년(1380) 5월에는 박형과 더불어 이문화 등 33명과 명
경 6명을 선발하였다.[46] 이는 앞서 공민왕 23년(1374) 4월에 이무방과 함께
김자수 등 33명에게 급제를 주고,[47] 우왕 12년(1386) 5월에 이색과 맹사성·길
재 등 33명을 뽑은 것[48]을 종합하면 세 차례에 걸쳐 과거를 주관하며 105명
의 문생을 둔 것이다.

염흥방은 과거제를 존중하고 과거제에 기초한 유대감을 강조하였다. 과거
제에서 파생되는 좌주문생제·동년회·명족회 등을 중시하고 이런 모임을 예
가 있는 자랑스러운 일로 생각했다. 고려 후기 성리학 수용기에는 과거제를
매개로 인적 결합, 성리학의 전수, 정치세력의 형성 등이 나타났다. 당시 과
거시험의 시험관과 응시자의 관계인 좌주문생제는 부모와 자식처럼 긴밀한
인간적 유대 관계를 유지하여 학문적 결합이나 중앙정계에서 인적관계를 이
루는 고리 역할을 했다.[49] 염흥방은 성균시 좌주인 송천봉의 손자 송자교가

---

44 《고려사》 권117, 列傳30 鄭夢周, "(우왕)池李忌之, 貶流彦陽, 二年許任便居住."
45 우왕 원년 북원 사신의 영접에 반대한 이들이 우왕대 다시 복권된 사실은 다음의 글에
   자세하다(洪榮義, 〈고려말 신흥유신의 추이와 분기〉, 《역사와 현실》 15(1995)).
46 《고려사》 권73, 志27 選擧1 科目1, "(우왕 6년 5월) 瑞城君廉興邦知貢擧, 密直使朴形同知
   貢擧, 取進士賜李文和等三十三人, 明經六人及第."
47 《고려사》 권73, 志27 選擧1 科目1, "(공민왕 23년 4월) 政堂文學李茂芳知貢擧·密直副使廉
   興邦同知貢擧, 取進士, 王親試取金子粹等三十三人, 至十二月賜及第."
48 《고려사》 권73, 志27 選擧1 科目1, "(우왕 12년 5월) 韓山府院君李穡知貢擧·三司左使廉興
   邦同知貢擧, 取進士賜孟思誠等三十三人及第."

자신의 문생이 된 사실을 흐뭇하게 생각하였는데, 이는 이색이 좌주인 이제현의 손자 이보림이 이제현의 문생인 안보 문하의 출신이고, 장남인 종학이 이곡의 문생인 한수의 문생이라고 하여 아버지의 문생을 아들의 좌주로 삼게 한 사실을 자랑스럽게 생각한 것과 같은 이유에서였다.[50]

또한 염흥방은 장원급제자 모임인 용두회, 같은 해에 급제한 모임인 동년회와 명족회, 영친연을 통하여 인적 결합과 유대 관계를 돈독히 하려고 하였다. 영친연榮親讌은 과거 급제자가 부모님을 찾아뵐 때 베풀던 연회이다.[51] 여기에는 좌주가 참석하고 문생이 좌주에 대한 예를 다한다.[52] 염흥방은 이색과 더불어 영친연의 잔치를 보고 기쁨을 누리고 영원히 존재할 것으로 기약했다.[53] 경신년(우왕 6년) 과거에 급제한 이정언(이문화)이 자신들의 이름을 써넣은 족자를 좌주인 염흥방에게 증정하였는데, 여기에는 기유년(공민왕 18년), 갑인년(공민왕 23년) 과거에 합격한 문생까지 참석하였다.[54] 이색은 염흥방의 갑인년 문생이 연회를 주선하여 이야기꽃을 피우며 사문의 흥성을 보여준다고 하였는데,[55] 이것은 이색과 염흥방의 동일한 생각으로 보인다.

용두회는 영친연이 확대된 것으로 역대 과거의 장원이 연회를 베푸는 것이다. 우왕 6년 염흥방이 과거를 주관한 뒤에 성균시 좌주인 송천봉을 모시고

49 李南福, 〈麗末鮮初 座主 門生에 關한 一考察〉, 《藍史鄭在覺博士古稀記念東洋學論叢》(1984); 이익주, 〈14세기 전반 성리학 수용과 이제현의 정치활동〉, 《典農史論》 7(2001); 채웅석, 《《목은시고》를 통해본 이색의 인간관계망 -우왕3년(1377)~우왕9년(1383)을 중심으로-〉, 《역사와 현실》 62(2006).

50 《목은집》 文藁 권8, 贈宋子郊序.

51 《고려사》 권68, 志19 禮10 嘉禮 新及第進士榮親儀.

52 《목은집》 詩藁 권22, 門生盤果関子復同榜諸公 ……; 권28, 外舅花原君諸孫 …….

53 《목은집》 詩藁 권24, 至正癸巳四月 …….

54 《목은집》 詩藁 권29, 庚申科及第李正言等, 呈名簇於其座主廉東亭. 東亭呼其前門生己酉科 甲寅科, 合享之, 穑承招與坐, 酒酣聯句有云, …….

55 《목은집》 詩藁 권31, 東亭甲寅門生設宴, 昆季旣會, 使騎招僕與韓孟雲侑坐. 至則鄭密直圃隱先在, 知門下朴學士又來. 劇飮入夜而歸, 閏月晦日也.

헌수하였는데, 이는 영친의 관례인 용두회라고 한다. 여기에서 이색은 염흥방의 문생인 김자수가 고향으로 돌아갈 때, 염흥방·윤소종·정총 등과 함께 용두회를 여니 한아(閒雅)한 풍류는 한 시대의 성스러운 일이라고 하였다.[56] 공민왕 6년의 장원급제자인 염흥방은 공민왕 2년의 이색, 공민왕 23년의 김자수, 우왕 2년의 정총과 함께 용두회라는 이름으로 연결되고 있음을 보여 준다.[57] 또한 이색은 염흥방이 문하평리가 된 것을 축하하면서 용두회 출신인 정몽주(공민왕 9년 장원급제자)와 더불어 묘당에 들어간 것을 기뻐하고 있다.[58]

이러한 염흥방은 과거제 운영에 사정(私情)에 얽매이지 않는 모습을 보여 주었다. 염흥방과 공민왕 2년(1353) 진사과 동년이면서 26년 뒤 본시험에 응시한 홍민구(洪敏求)는 염흥방이 지공거이던 우왕 6년(1380)에도 떨어졌다. 모든 사람들이, 염흥방은 많은 사람을 자기 문하에 두고 싶어 동년도 문생으로 삼으려고 할 것이고, 홍민구도 혹시 44세의 자신을 가련하게 여겨 이번에는 합격할 것이라는 마음이 분명히 있을 것이라고 하였다. 하지만, 홍민구는 불합격하였다. 이색은 자신도 지공거로서 동년을 떨어뜨린 적이 있었는데, "시험 답안지를 대할 때 마음을 단정히 하고 시선을 집중하여 오직 공도에 입각해서 처리하려 하였으니, 조금이라도 동년인 옛 친구를 생각할 여유를 가질 수 없었다"고 하면서, "염흥방 역시 그러한 공정한 태도로 과거에 임했을 것"이라고 하였다.[59]

염흥방은 이색과 생각을 같이하여, 과거제에 기초한 유대감 강화에 찬성하였다. 좌주문생제·동년회·용두회·영친연 등을 통하여 긴밀한 인간관계를 유

---

56 《목은집》 詩藁 권25, 歷科壯元作讌, 曰龍頭會, 凡於迎餞慶慰, 無不如禮. …….
57 《목은집》 詩藁 권31, 鄭簽書金正言兩會長見訪, 旣去, 朴正子虛與斯文李睟又來.
58 《목은집》 詩藁 권29, 東亭復入都堂 詩以陳賀(7년 3월), "龍頭今在廟堂中, 只有鴻樞圃隱公, 最喜東亭拜評理, 定敎黃閣振文風."
59 《목은집》 文藁 권13, 跋愚谷諸先生送洪進士詩卷.

지하고 그 관계가 오래 이어지기를 바랐다. 과거제는 관료 진출의 통로로서 정치활동의 실마리가 되므로 정치적 결집의 수단으로 활용할 수 있었고, 관료제 운영의 중요한 원리로 작용하였다.[60] 하지만, 이러한 인간관계는 이념 지향이거나 주체적 선택이라기보다는 처음부터 주어진 것이었으므로 그 관계가 영속되기 어려웠고 취약하였다.[61] 우왕 14년초 염흥방의 부정과 탈법 혐의로 함께 처형된 인물들은 〈표 6〉에서처럼 친인척 이른바 족당族黨이 많다.[62] 조준·한상질·권집경·길재 등 염흥방의 문생이나 김자수·이문화·이색·윤소종 등 용두회 일원은 보이지 않는다. 염흥방이 생각하는 것만큼 과거제에 기초한 유대감이 정치적 유대감이나 정치 기반으로 이어지지 못하고 있음을 보여 준다. 이는 과거시험 과목이 사서오경이므로, 사서오경을 통하여 익힌 성리학의 공사론, 의리론이 과거제에서 파생되는 좌주문생 관계라는 사

---

60 도현철, 같은 책, 60-66쪽.
61 채웅석, 같은 논문, 104-107쪽.
62 〈표 6〉 염흥방과 관련되어 죽임을 당한 자(《고려사절요》 권33, 辛禑(14년 정월).

번호	이름	관계	관직	과거합격시기
1	廉興邦		三司左使	공민왕 6년
2	洪徵	염흥방매부	密直	
3	洪尚淵	홍징아들	左郎	
4	洪尚濱	홍징아들		우왕 6년(성균시)
5	洪尚溥	홍징아들		우왕 9년
6	任獻	염흥방매부	大司憲	
7	任公緯	임헌아들		
8	任公約	임헌아들		
9	任公縟	임헌아들		
10	李竦	염흥방매부	典法判書	
11	林樧	염흥방사위(임견미 아들)	密直提學	
12	尹典	염흥방사위	成均祭酒	우왕 11년
13	崔遲	염흥방사위	護軍	
14	廉國寶	염흥방 형	瑞城君	공민왕 4년
15	廉治中	염국보아들	同知密直	
16	安致同	염국보사위	知部	우왕 2년
17	廉廷秀	염흥방아우	大司憲	공민왕 20년

적이고 인위적인 인간관계와 어울리기 어려운 측면이 있기 때문이다.[63]

3. 우왕 대 권문적 기반의 확대와 정치적 좌절

1) 권문적 기반의 확대와 한계

북원 사신의 영접에 반대하여 유배를 떠난 염흥방은 우왕 2년 무렵 복귀하고, 우왕 6년에는 지공거가 되었다. 이인임의 외교정책에 반대한 바 있지만 이인임 정권 하에 지공거를 맡으므로써 권력의 핵심으로 부각되었다고 할 수 있다.[64]

우왕 초반기 정국은 이인임과 최영을 중심으로 운영되고 있었다. 이인임은 공민왕의 죽음으로 일어난 혼란을 수습하고 우왕을 추대함으로써 권력의 핵심에 설 수 있었다.[65] 공민왕 23년 2만 5천 명이 넘는 병력을 지휘하여 제주 정벌에 나갔던[66] 최영은 이인임과 협력관계를 유지하고 도평의사사를 중심으로 정국을 운영해 갔다. 여기에 참여한 정치세력은 공민왕 대 이래의 신진

---

63 좌주문생제는 개혁 세력의 결집에 기여하였으나 처음부터 가부장적 성격이 있었고 관료의 사적인 결합을 초래할 수 있었다. 태조 이성계의 좌주문생제 비판은 왕조 개창에 반대한 이색 일파에 대한 비판이었지만, 이색의 문생, 제자들이 다시 등용되고 그들이 정치적 실권을 장악해도 좌주문생제는 부활되지 않았다(김훈식, 〈여말선초의 명분 사상과 민본론〉, 《애산학보》 4(1986), 38쪽).

64 우왕대 정국 동향과 정치세력의 추이에 대하여 다음의 연구가 참고된다(高惠玲, 〈李仁任 정권에 대한 一考察〉, 《歷史學報》 9(1981); 柳昌圭, 〈高麗末 崔瑩勢力의 형성과 遼東 공략〉, 《歷史學報》 143(1994); 姜芝嫣, 《高麗 禑王代(1374–88년) 政治勢力의 研究》(이화여대박사논문, 1996); 李亨雨, 《高麗 禑王代의 政治的 推移와 政治勢力 研究》(고려대박사논문, 1999); 오종록, 〈정치세력의 변동과 조선건국〉, 《중세사회의 변화와 조선건국》(혜안, 2005); 홍영의, 《高麗末期政治史研究》(혜안, 2005)).

65 《고려사절요》 권29, 恭愍王(23년 9월 정해).

66 《고려사》 권44, 世家44 恭愍王7(23년 추7월); 《고려사》 권113, 列傳26 崔瑩.

문신세력이 아니라 과거급제자이면서 적어도 조부대에는 중앙 고위 관직에 올랐거나 이미 세족으로 인정받은 가문 출신이라는 특징이 있다. 지윤(우왕 3년 3월), 양백연(5년 7월), 유온 장씨 일파(5년 9월), 경복흥(6년 2월)을 숙청하는 정국 변화에서도 이러한 기조는 유지되었다.[67]

우왕 6년 무렵에는 권력 변동이 일어나고 정국 운영의 변화가 생긴다. 중국으로부터 고명을 받지 못한 상태에서,[68] 국정 운영에 일정한 역할을 수행한 명덕왕후 홍씨가 죽음으로써, 우왕으로서는 고려왕실의 최고 후원자를 잃게 되었다.

이에 이인임과 최영 중심의 정국 운영은 강화되었다. 그런데, 이들 중심의 정국 운영에서 임견미의 등장이 주목된다. 최영과 이인임이 중심이 되어 우왕 대 정국을 운영해 갔지만, 둘 사이에 반드시 의견 일치를 본 것은 아니었다. 천도 논의에서 왜구 방비를 위해 개경을 떠나 충주나 철원으로 옮기자는 이인임 주장에 대하여 최영은 천도에 반대하여 개경을 굳게 지켜야 한다고 하여 관철시켰고,[69] 불법으로 양민을 사역시키고 토전을 광점한 마경수馬坰秀를 가볍게 처리하려는 이인임에 대하여 최영은 강력한 처벌을 요구하였고 결국 그를 죽음에 이르게[70] 하는 등 의견 충돌이 있었는데, 그때마다 최영의 의견이 반영되었다. 이는 최영이 물리적 기반인 군사력을 가지고 있었기 때문에 가능했던 것으로 추정된다. 이에 이인임은 최영의 군사력을 견제하면서 자신을 적극적으로 지원해 줄 무장 세력을 포섭하려 하였고 이 과정에서 임견미, 조민수가 주목된다.[71]

---

67 李亨雨, 같은 논문, 127-164쪽; 홍영의, 같은 책, 173-192쪽; 오종록, 같은 논문, 92-104쪽.
68 우왕이 명으로부터 고명을 받은 것은 11년 9월 이후의 일이다. 이에 대해서는 다음의 글이 참고 된다(金順子, 《韓國 中世 韓中關係史》(혜안, 2007)).
69 《고려사절요》권30, 辛禑(3년 5월), "禑命築宮城于鐵原. 崔瑩曰, 夏月遷都, 恐防農業, 且以京城委賊, 國將日蹙可乎. 事遂寢."
70 《고려사》권113, 列傳26, 崔瑩.

임견미는 공민왕 대 홍건적 침입을 막고 '흥왕사의 난'을 처리하였고, 우왕 대에는 왜구 방비에 공을 세웠지만, 중요 관직에 오른 바 없었다. 이에 정치적 실권자로서의 도약을 꾀하는데, 무장세력과 결합하려는 이인임의 의도와 맞아 이인임과 혼인 관계를 맺는다. 이인임의 얼자인 이헌을 사위[72]로 맞아들여 집권 권력자와 긴밀하게 결합하게 되었다.[73]

조민수는 공민왕 대 홍건적을 막는 군공을 세우고 우왕 대 역시 왜구를 격퇴하는 공을 세웠다. 그리고 조민수의 부친인 조우희가 이인임의 조부인 이조년의 형인 이만년의 딸과 혼인한다. 이인임과 조민수는 6촌 형제가 되는 셈이다.[74] 하지만, 임견미가 도길부, 이존성이 정방 제조가 되어 인사를 마음대로 하므로 조민수와 홍영통은 시중이 되었지만 관여하지 못하였다[75]고 한다.

이러한 상황에서 염흥방은 권력의 핵심부에 다가간다. 그는 정국 변화 속에서 정치권력에 한계를 느끼고, 새로운 변화를 모색하였다.[76] 다음 자료는 염흥방이 임견미와 혼인 관계를 맺게 된 배경을 설명한 것이다.

이인임이 오랫동안 나라의 권세를 도둑질하여 당의 뿌리를 유지하였다. 임견미는 그의 심복이 되어 문신들을 미워하고 내쫓았는데 그 수가 매우 많았다. 염흥방 또한 쫓겨난 사람 가운데 포함되어 있었다. 후에 임견미가 염흥방이 세가대족이므로 혼인하기를 청하니 염흥방 역시 전일 유배당하고 무시당했던 것을 억누르고 자신의 몸을 보존하고자 오직 이인임과 임견미의 말이 옳다고 쫓

---

71 李亨雨, 같은 논문, 158쪽.

72 《고려사절요》 권33, 辛禑(14년 1월), "曦仁任之孽子, 而堅味之壻."; 《씨족원류》, 星州李氏 (53쪽)(보경문화사, 1991).

73 李亨雨, 같은 논문, 139–141쪽; 김창현, 〈고려말 평택 임씨의 정계진출과 활약〉, 《평택시사》 상권(2001).

74 李亨雨, 같은 논문, 135–137쪽.

75 《고려사절요》 권32, 辛禑(9년 3월).

76 盧明鎬, 〈高麗後期의 族黨勢力〉, 《李載龒博士還曆紀念韓國史論叢》, 1990.

았다. 이에 염흥방의 이종 사촌형인 이성림을 시중으로 삼으니, 권세 있고 간사한 이들이 양부(중서문하성과 추밀원)에 포진하고 중외의 요직이 사적인 사람이 아닌 자가 없었다. 권력을 전횡하고 오만방자하였으며, 관작을 팔고, 다른 사람의 토지를 빼앗으며, 산야를 점거하고, 남의 노비를 빼앗은 것이 천백이나 되었다. 게다가 능침陵寢·궁고宮庫·주현州縣·진진津·역驛의 토지를 차지하지 않은 것이 없었다. 주인을 배반한 노비와 부역을 회피한 백성들이 못에 물고기가 모여들고 숲에 새들이 모여드는 것과 같이 모여들었지만 안렴사와 수령이 감히 징발하지 못하였다. 이로 말미암아 백성은 흩어지고 도적은 성해져서 공사의 재물이 고갈되었으므로 중앙과 지방이 이를 갈았다.77

이인임의 얼자인 이헌을 사위로 맞아들인 임견미는 성리학자이며 유력 가문 출신인 염흥방과 혼인 관계를 맺는다. 임견미는 이인임과 함께 경복흥과 그 일당을 숙청하여 권력을 장악하는 데 성공하였지만, 염흥방 가문과 혼인 관계를 맺어 그 권력을 더욱 공고히 하려고 하였던 것이다.78 염흥방 역시 우왕 원년 유배당한 것을 경계하여 그 몸을 보존하고자 권력자와 밀착하려고 하였다. 염흥방은 자신의 딸과 임견미의 아들인 임치와 혼인시켰고, 이인임, 임견미와 결합하여 정국 운영의 중심에 서게 되었다. 두 집안의 혼인 관계 성립 시기는《목은집》을 놓고 볼 때 대략 우왕 7년 정월에 해당한다.79

이인임, 임견미와 결합한 염흥방은 권력을 좌우하면서 권문적 기반의 확대에 주력했다. 당시 삼사좌사인 염흥방은 염정수, 우현보와 함께 나랏일을 전결하는데, 모두 구두로 처리하였고, 우왕에게 보고하지 않고 시행한 것들도

---

77 《고려사》 권126, 列傳39 姦臣2 林堅味.

78 李亨雨, 같은 논문, 144쪽.

79 《목은집》 詩藁 권27, 東亭納贄貧不克助禮以黃豆二石表意 吟一首呈去. 염제신 묘지명(우왕 8년 3월)에 따르면 염흥방의 딸은 위위소윤 임치에게 시집갔고 나머지는 어리다(《목은집》 文藁 권15, 高麗國忠誠守義同德論道輔理功臣壁上三韓重大匡 曲城府院君 贈諡 忠敬公 廉公神道碑, "…… 生女, 長適衛尉少尹林樵, 餘幼 ……")는 이색의 기록에서 짐작된다.

있었다.[80] 염흥방은 이인임과 임견미의 말을 쫓고, 이성림을 시중으로 삼아 권력을 전횡하였다. 우왕 14년 2월 염흥방이 죽고 나서 이성계는 임(견미)·염(흥방)이 정권을 잡은 지 오래되어 사대부들은 모두 그들이 임용한 사람들이라고 하였다.[81] 임견미와 염흥방과 함께 제거된 관료는 50여 명이 넘었고, 이는 고려와 조선의 왕조 교체 때 관료 변화 폭[82]보다 큰 것이라고 한다.[83]

염흥방은 우왕의 총애를 받았고 그 관계가 긴밀하였다. 김흥경이 창기倡妓 소근장小斤莊을 사랑하고 남이 빼앗을까 두려워하여 최인철을 시켜 엿보게 하였는데, 이성림이 그 집에서 자고 간 것을 알고 우왕에게 말하여, 이성림은 양광도 도순문사가 되었다. 이성림은 마침 왜구를 막다가 패하였으므로, 도순찰사 최영이 김흥경의 뜻에 맞추어 이성림을 죽이려 하였다. 이때 이성림[84]의 이종사촌 동생인 염흥방은 우왕의 총애로 구하여 죽음을 면하게 하였다.[85] 우왕이 신하의 집에 자주가 연회를 베풀었는데, 염흥방의 집도 이에 해당하였다. 우왕 10년 5월 우왕이 밤에 궁녀를 데리고 자하동으로 갔다가 염흥방의 집에 갔고, 이튿날 또 궁녀를 데리고 자하동에 가서 목욕하며 희롱하였다.[86]

---

80 《고려사》 권126, 列傳39 姦臣2 廉興邦, "除三司左使, 禑不親政, 興邦與弟廷秀及禹玄寶, 專秉國務, 皆決於口, 或有不啓而行者."

81 《고려사》 권113, 列傳26 崔瑩, "(우왕 14년) 禑與瑩密議, 誅林堅味廉興邦, 復拜瑩侍中, 瑩與我太祖入政房, 欲盡黜林廉所用, 太祖曰, 林廉執政日久, 凡士大夫皆其所擧, 今但問才之賢否耳. 惡咎其旣往, 瑩不聽."

82 고려 전기 문종때에 동반(문반)은 1품에서 9품까지 정원이 532명, 서반은 3,867명으로, 모두 4,399명이다. 조선시대의 동반은 1,779명, 서반이 3,826명으로 5,605명이다. 고려의 당시 인구를 최대 500만명으로 볼 때 0.1%로 그친다(박종기, 《새로쓴 오백년 고려사》(휴머니스트, 2020), 265–266쪽)고 한다.

83 오종록, 같은 논문, 99쪽, 103–104쪽.

84 경주 이씨인 이성림은 어머니가 안동 권씨 권한공의 딸로 염제신의 부인과 자매간이다. 그러므로 염흥방은 이성림에게 이모의 아들, 곧 이종사촌이다(《씨족원류》 안동 권씨(463쪽)).

85 《고려사》 권124, 列傳37 嬖幸2 金興慶.

86 《고려사》 권135, 列傳48 辛禑3.

염흥방과 우왕의 긴밀함에는 염흥방의 사위이며 임견미의 아들인 임치가 어릴 때부터 우왕을 시종하며 같이 어울렸던 것도 작용했을 것이다.[87]

염흥방이 정치권력의 핵심에 다가가고 권문적 기반을 확대할 때 주목되는 것은 이색, 정도전 등 공민왕 대 긴밀했던 신진 문신들의 염흥방에 대한 태도이다. 성리학적 사고를 공유하였던 정도전·이색·이숭인·김구용 등은 우왕 대 권력에 밀착하는 염흥방에 대하여 무시하고 언급하지 않는다. 위화도회군 이후 등장하는 성리학자들이 우왕 대 정치를 비판하는 것을 반영하는 것이라고 할 수 있다. 창왕 대 윤소종을 비롯한 개혁론자들이 우왕 대 정치권력을 농단한 임견미와 이를 근저에서 뒷받침한 이인임에 대한 철저한 비판을 가하고 이미 죽은 이인임을 논죄하여 관을 쪼개어 시신의 목을 베고 집터에 연못을 파야 한다[斬棺과 瀦宅]고 하였다.[88]

염흥방의 달라진 행동에 주목되는 인물은 이색이다. 이색은 염흥방과 인척이면서 염흥방의 부친인 염제신을 어른으로 모셨다. 염제신이 죽었을 때 그의 죽음을 애도하는 시[89]와 신도비를 지었고, 그의 죽음을 애도하기 위해서 사흘 동안 시를 짓는 것을 끊었으며,[90] 염흥방 어머니의 죽음을 애도하는 시[91]와 장례식에 참석하고 시를 남기기도 하였다.[92]

이색은 일찍부터 염흥방과 한수, 이강과 사귀었다. 공민왕 17년(1368) 이강이 36세로 죽자 세 사람이 모여 "이제 우리 벗이 죽었으니, 어찌 명문을 남

---

87 《고려사》 권126, 列傳39 姦臣2 林堅味, "時知密直樞, 自總角昵侍, 禂遊戲出入, 動必相隨, 累遷密直副使, 常直禁中, 至是勒歸其家."; 《고려사》 권134, 列傳47 辛禑2(6년 10월).

88 《고려사》 권126, 列傳39 姦臣2 李仁任, "(창왕 즉위년 12월)右司議大夫尹紹宗與同列上疏曰 ……."

89 《목은집》 詩藁 권31, 哭廉侍中(8년 3월).

90 《목은집》 詩藁 권31, 因曲城喪, 三日不吟, 今成長句(8년 3월).

91 《목은집》 詩藁 권32, 哭廉侍中夫人(8년 7월).

92 《목은집》 詩藁 권32, 八月初十日 葬曲城夫人權氏, 冒雨因甚, 明日歸歇馬, 午飧入城, 日已西矣(8년 8월 10일).

기지 않으리오" 하여 이색이 묘명을 짓고, 한수가 글씨를 쓰고 염흥방이 글을 새겼다. 실무 총괄은 염흥방과 한수가 맡았다고 한다.[93] 공민왕 16년에 성균관이 중영되고 성리학이 진흥될 때, 두 사람은 뜻을 같이 하고 성리학적 의식을 공유하였다. 우왕 원년 북원 사신의 영접 반대로 어려움에 처했을 때, 이색은 〈어은기〉나 〈침류정기〉를 통해서 염흥방을 높이 평가하였고, 시를 쓰며 정감을 나누었다.

이색과 염흥방은 공민왕의 기재나 인척의 기재, 꽃구경을 통해서 시문을 주고받고 회포를 풀며 정분을 나누었다.[94] 특히 이색은 염흥방으로부터 경제적 물질적 도움을 받았다. 음식물, 고기, 갓 찧은 밀, 보리, 술, 햅쌀, 노루고기 등을 받고 고마워하는 시문을 지었다.[95] 염흥방이 사위를 들이는 데 가난해서 혼례를 도울 수 없어 황두 두섬으로 마음을 표현하였다.[96]

그런데, 정치권력의 핵심에 있는 염흥방은 우왕 대 정치를 확고히 하고자 명유名儒[97]로서 학문적 위상이 높고, 정치적으로 신망이 있는 이색을 적극적으로 등용하려 하지 않은 것 같다. 당시 이색은 정치적, 학문적 비중에 견줘 소외되고 있었다. 우왕 5년부터 서연 강의를 맡았지만,[98] 정치적 실권은 없었고, 판삼사사가 주어졌지만 병으로 사양하였다.[99] 명 황제가 장부와 주탁을

---

93 《목은집》文藁 권18, 文敬李公墓誌銘, "其友人上黨韓脩孟雲, 曲城廉興邦仲昌父, 謀於韓山李穡曰, 自吾友亡, 人孰不悲之. 然猶未免死吾友使可傳者傳而死, 則吾三人者之責, 而亦所以自慰其悲也. 於是. 以銘屬穡, 脩書, 興邦篆, 而其刻石則仲昌父孟雲實幹之."

94 《목은집》詩藁 권24, 至正癸巳四月 ……; 권25, 歷科壯元作讌, 日龍頭會 …….

95 《목은집》詩藁 권9, 謝廉東亭送肉; 권9, 謝廉東亭惠車來糙米; 권10, 廉東亭冒雪携酒見訪 ; 권30, 廉東亭送獐肉日 分呈兩老人故甚小 以小詩致謝.

96 《목은집》詩藁 권27, 東亭納贅 貧不克助禮 以黃豆二石表意 因吟一首 呈去.

97 《고려사》권137, 列傳50 辛禑5, "(우왕 14년 6월 庚戌) …… 以李穡爲時名儒, 欲籍其言 ……."

98 도현철, 〈이색의 서연강의〉, 《역사와 현실》62(2006).

99 《고려사》권115, 列傳28, 李穡, "(우왕 8년) 判三司事, 稱病不視事, 明年復封韓山君. 尋復判三司事."

보냈는데, 장부 등이 국경에 도착하여 이색의 안부를 묻자, 우왕은 이색을 판삼사사로 명 황제의 조칙을 받게 하였다.[100] 우왕의 사부로서 정치에 관여할 여지가 있었지만[101] 본격적인 정치 참여는 실현되지 않았다.

이색은 성리학의 가치 기준을 가지고 출처를 정했다. 우왕 14년 정월 임견미와 염흥방이 제거될 때 판삼사사가 되고, 창왕 옹립에 찬성하거나 전제 개혁에서 반대 의사를 분명히 표시한 것, 이성계와 정도전에 대항해서 명에 간 것은 그러한 예가 된다.[102] 염흥방으로서는 성리학자인 이색을 등용하여 성리학에 입각한 체제 안정을 추구할 필요가 있었고, 두 사람의 교류로 보아 그 개연성이 높았다. 사실 이색 자신도 그렇게 되기를 원했던 것으로 보인다. 《목은집》에는 병으로 고생한다는 말이 자주 나오지만, 요·순시대를 지향하여 현실에 참여하려는 이색의 마음을 읽을 수 있다.

하지만, 염흥방에게 그러한 노력은 보이지 않는다. 염흥방은 이색, 최영 등 고려의 정통 관리로서 청렴과 지조를 중시하는 부류와 부패의 상징 인물 사이에서 후자에 치우친다. 우왕 대 유배 생활을 겪고, 권력의 힘을 알게 되며, 아버지 염제신이 죽고 난 뒤(우왕 8년), 지향점이나 목표는 희미해져 보인다. 현실의 역할 관계나 세력에 따라 정치활동을 전개하고, 고려왕조의 건실한 체제 안정이나 발전 방향에 대한 적극적인 모색은 보이지 않는다. 오히려 과거시험의 부정한 청탁이나 토지탈점과 같은 행위로 비리의 온상이 되었다. 이색은 염흥방과 거리를 두기 시작한다. 《목은집》 시고에 그렇게 많이 등장하는 염흥방에 대한 시는 우왕 9년 무렵부터 보이지 않는다. 염흥방을 의

---

100 《고려사》 권115, 列傳28, 李穡, "(우왕 10년)帝遣張溥周倬等來, 溥等至境問穡安否. 穡以穡稱爲判三司事, 出迎詰命."

101 《고려사》 권115, 列傳28, 李穡; 《고려사절요》 권32, 辛禑(12년 하4월), "知貢擧以舊例享禑于花園. 禑以穡爲師傳, 敬重之, 親執手引入, 欲對榻坐, 穡固辭. 禑親牽內廐鞍馬賜之."

102 도현철, 〈李穡의 隱仕觀〉, 《韓國史硏究》 133(2006).

심하고 부정한 인물로 인식하기 시작한 것이다. 이색은 염흥방의 행적에 의구심을 드러내고 다음과 같은 말을 하게 된다.

> (우왕 13년) 시중 이성림은 누추한 집에서 성장하였는데, 재상이 되자 토지와 백성을 널리 점유하고 일시에 세 채를 일으켰으며, (삼사)좌사 염흥방 역시 취렴을 일삼았으니, 나라를 잘못되게 한 자는 반드시 이 두 사람일 것이다.[103]

이색은 이성림이 가난하였다가 재상이 되자 토지와 백성을 점유하고 한꺼번에 집 세 채를 지었는데, 염흥방 또한 수탈을 일삼으니 나라를 잘못되게 한 자는 이 두 사람이라고 하였다. 우왕 12년 이색은 지공거가 되어 염흥방과 함께 과거를 주관하였다. 판문하부사 조민수가 동지공거 염흥방을 통하여 불합격한 아들을 합격시키고자 청하였으나 지공거인 이색은 거절하였다.[104] 이색은 달라진 염흥방에 거리를 두고 절연한 것으로 보인다.

정도전, 이숭인, 염흥방 등 〈표 3〉에서 공민왕, 우왕 초년에 시를 보내는 이들의 상호 왕래는 전혀 보이지 않는다. 역시 염흥방과 관계를 끊은 것으로 보인다.

2) 군사력 장악 실패와 정치적 좌절

우왕 대 후반기가 되면 이인임, 임견미, 염흥방의 정치운영은 새로운 국면을 맞는다. 임견미, 염흥방 등은 최영보다 우위의 정치권력을 잡고 군사적 기반을 확보하려 했다. 이와 관련해서 다음의 연구가 주목된다.[105] 우왕 10년 12월

---

103 《고려사》 권115, 列傳28, 李穡, "(우왕 13년) 侍中李成林, 生長矮屋, 及爲宰相, 廣占田民, 一時並起三第, 左使廉興邦, 亦以取斂爲事, 誤國家者, 必此二人也."
104 《고려사》 권113, 列傳28 李穡, "(우왕 12년) 知貢擧 …… 判門下府事曹敏修子赴試不中, 同知貢擧廉興邦欲取之, 力請於穡, 穡不聽."

역인譯人 중랑장 곽해용의 건의로 군사훈련인 강무講武를 담당하는 부서인 무예도감을 설치하였고, 무예도감을 책임지는 무예도감사는 우왕 14년 1월에 염흥방과 함께 처형된 성중용成仲庸이었다.[106]

　　하루는 구정毬庭에서 사열을 거행하려 하는데, 염흥방의 매서妹壻인 대사헌 임헌이 대리臺吏를 보내 도당에 고하기를, "이곳은 선왕이 큰 조회를 행하던 장소이고 경령전과 인접하고 있어 태조와 역대 임금의 신위가 모셔져 있는데, 어찌 군사를 풀어놓고 그 사이에서 말을 달리게 할 수 있겠는가?"라고 하였다. 염흥방이 "일찍이 현릉이 오군을 이곳에서 열병한 일이 있었는데 한적하고 넓은 곳이기 때문이다"라고 하였으나 임헌이 불가하다고 고집하였다. 이에 염흥방이 노하여 말하기를 "강무의 일은 비단 도당만이 아니라 헌사에서도 깊게 생각해야 할 일이다"라고 하였고, 우현보가 대리에게 말하기를 "그만 그치라"고 하였다.[107]

우왕 11년 봄 정월에 우왕이 크게 사열하였는데, 대사헌 임헌任獻이 이곳은 선왕이 조회하고 예를 행하던 곳이므로 군사훈련을 할 수 없다고 하였는데, 염흥방은 공민왕도 이곳에서 5군을 사열하였다고 하였다. 대사헌인 임헌이 불가하다고 고집하였고, 염흥방이 대노하였다. 같은 달 마암馬巖에서는 성중용과 이윤李贇이 주관하는 강무가 실시되었는데, 염흥방이 구정에서 거행되는 대열이 강무임을 명시하였다. 무예도감을 설치하고 왕의 참관 아래 행하는 진陣을 치는 연습을 하는 검열을 반발에도 불구하고

105　尹薰杓,〈麗末鮮初 軍事訓鍊體系의 改編〉,《軍史》53(2004), 190–194쪽.

106　《고려사》 권126, 列傳39 姦臣2 林堅味.

107　《고려사》 권126, 列傳39 姦臣2 廉興邦, "一日將大閱于毬庭, 大司憲任獻興邦妹壻也, 遣臺吏告都堂曰, 此庭非惟先王大朝會行禮之所, 密邇景靈殿, 太祖列聖神御在, 豈可縱軍士馳騁於其間乎. 興邦曰, 玄陵嘗閱五軍於此, 取其閑曠也. 獻執不可. 興邦怒曰, 講武之事, 非惟都堂, 亦憲司所宜深慮也. 玄寶亦謂臺吏曰, 姑且休矣."

염흥방이 행하는 이유는 군사력 강화와 함께 군의 통수권 장악과 관련 있어 보인다. 우왕 대가 되면 패기牌記(사병으로 편입시켜 만든 병적) 따위를 통해 사병화가 크게 진전되면서 통수권이 여러 계통으로 분산되었고, 가장 큰 권한을 행사하던 최영은 염흥방, 임견미와 더불어 군 지휘권을 누가 장악하느냐로 반목했다. 하지만, 염흥방의 매서인 임헌조차 구정에서 대열을 거행하는 것을 반대하듯이 염흥방의 의도는 실패한 것으로 보인다. 그 뒤에 무예도감은 거의 언급되지 않은 것으로도 이를 반증한다고 할 수 있다.[108]

염흥방은 우왕 13년 순군부의 상만호가 되어 치안을 책임지고 있었다. 그가 우왕 13년 12월 조반을 체포하기 위하여 순군 400여 기를 동원한 것이 이를 보여 준다.[109] 하지만 그 자신이 우왕과 최영의 명으로 순군에 잡혀 순군옥에 갇혔다. 우왕 14년 정월 염흥방이 조반을 가두고, 우왕이 최영의 집에 가서 조반의 일을 논하여 염흥방을 순군에 가두게 하였다.[110] 당시 국왕이 동원할 수 있는 순군과 국왕의 명령을 수행할 수 있는 군대가 모두 존재하였다고 할 수 있다. 우왕의 명을 받은 순군이 임견미, 염흥방을 체포한 것으로 보인다.[111]

최영은 누구보다도 부정부패를 싫어하고 특히 이인임·임견미·염흥방의 불법적인 치부 행위에 염증을 느끼고 있었다. 반대로, 이인임과 임견미는 정직한 것을 꺼려 경복흥[112]과 최영[113]을 미워했다. 우왕 10년에 최영은 왜적 방

108 尹薰杓, 같은 논문, 190~194쪽.
109 陳錫宇, 〈高麗 趙胖事件의 정치적 성격〉, 《호남대학교논문집》 21(2000), 90쪽.
110 《고려사절요》 권33, 辛禑(14년 정월).
111 우왕 14년 정월 순군에서 염흥방과 임견미를 잡아 문초하면서 그 죄를 철저히 조사하지 않는다고 하여, 전평리 왕안덕을 도만호, 지문하 이거인을 상만호, 이방원을 부만호로 임명하여 다시 문초케 하였다(《고려사》 권126, 列傳39 姦臣2 林堅味).
112 《고려사》 권111, 列傳24 慶復興, "仁任·林堅味, 忌復興淸直, 訴以嗜酒不視事, 流淸州."

비 등 많은 공로로 받은 토지를 국가재정이 어렵다는 이유로 받지 않고 도리어 자기의 양곡 200석을 내고 또 곡식 80석을 내어 군량에 보태게 하였다. 우왕이 문하시중에 임명하였지만 병을 이유로 사양하였다. 그리고 도당에 나아가서 여러 재상들이 백성의 전토를 침탈하고 겸병하는 폐해를 말하고 이를 금하는 약속(禁約)을 만들어 함께 서명하자고 하였다.[114]

당시 임견미와 염흥방의 불법적인 재산 증식과 매관매직은 널리 알려져 있는 바였다. 첫째, 이들은 권력을 이용하여 정치를 농단하였다.[115] 염흥방은 오직 이인임과 임견미의 말이 옳다고 쫓고, 이성림을 시중으로 삼아 권력을 전횡하였다. 염흥방은 염정수·우현보와 함께 나랏일을 전결하는데, 모두 구두로 처결하였고, 우왕에게 보고하지 않고 시행한 것들도 있었다.[116] 지문하사 안경을 진봉사로 삼아 명에 파견하도록 되어 있는데, 염흥방은 안경의 뇌물을 받고 전문하평리 홍상재로 교체하였다.[117] 배원룡은 평소에 유능한 관리로 칭송을 받았지만, 염흥방에게 아부하기 위하여 그를 양부養父로 모시고 집을 선물하여 계림부윤이 되어서는 백성의 재물을 긁어모았는데 쇠스랑까지 빼앗아 싣고 갔으므로 마을 사람들이 철문어 부윤이라고 불렀다.[118]

---

113 《고려사절요》권33, 辛禑(14년 정월 癸未), "堅味·興邦, 忌瑩淸直, 且握重兵, 常欲加害."
114 《고려사》권113, 列傳26 崔瑩; 《고려사절요》권32, 辛禑(10년 동10월).
115 우왕 11년 과거에 의비懿妃의 아우인 노귀산이 불합격하였는데, 우왕이 시험을 중단시켰다. 이에 염흥방은 이성림과 함께 노귀산의 부친인 노영수의 집에 가 노귀산이 종장에 응시하도록 하였다. 노영수는 아들(노귀산)만 응시시킬 수 없다고 하자, 불합격자 10여 명과 같이 응시하게 하여 노귀산을 합격시켰다(《고려사》권117, 列傳30 鄭夢周). 우왕 12년 동지공거였던 염흥방은 판문하부사 조민수의 불합격한 아들을 합격시키려 지공거 이색에게 청하였으나 거절당하였다(《고려사》권113, 列傳28 李穡).
116 《고려사》권126, 列傳39 姦臣2 廉興邦, "除三司左使, 禑不親政, 興邦與弟廷秀及禹玄寶, 專秉國務, 皆決於口, 或有不啓而行者."
117 《고려사》권126, 列傳39 姦臣2 廉興邦, "時擬遣知門下事安慶爲進奉使如大明, 興邦受慶賂, 以前門下評理洪尙載, 代之."
118 《고려사》권126, 列傳39 姦臣2 廉興邦, "有裴元龍者, 素稱能吏, 附興邦爲養父, 贈以宅舍爲

둘째, 이들은 불법으로 재산을 증식했다. 권력을 전횡하며 관작을 팔고, 다른 사람의 전토를 빼앗으며, 산야를 차지하고, 남의 노비를 빼앗은 것이 천백千百이나 되었다. 더욱 능침陵寢·궁고宮庫·주현州縣·진津·역驛의 토지를 차지하지 않은 것이 없었다. 주인을 배반한 노비와 부역을 도피한 백성들이 물고기가 모여들고 숲에 새들이 모여드는 것과 같이 모여들어서 안렴사와 수령이 감히 징발하지 못하였다.[119]

우왕 8년 9월 한양으로 천도할 때 이인임과 우왕의 장인인 이림 및 임견미·염흥방·도길부·이존성·최렴 등이 호종하였는데, 그들은 각기 수종자들을 보내 백성들의 땅과 집을 빼앗는 것에 한도가 없었다.[120] 임견미·이인임·염흥방 등이 악노惡奴를 보내 좋은 토지를 소유한 자를 수정목水精木으로 매질하고 빼앗았다. 그 주인이 비록 공가의 문권이 있더라도 감히 변명하지 못하였으므로 당시 사람들이 이것을 수정목공문水精木公文이라 하였는데, 우왕이 듣고 이를 미워하였다고 한다.[121]

셋째, 중국의 사신 무역 거래로 이익을 남겼다. 공민왕 때부터 사신으로 가는 사람들은 금과 은, 토산물로 비단 등을 구입해 왔다. 비록 유식한 사람들이라도 권귀들의 부탁을 뿌리치지 못해서 사적으로 휴대한 물품이 공헌물의 10분의 9를 차지하였는데, 중국에서는 고려 사람들이 사대를 구실로 무역을 하기 위해 왔다고 하였다. 임견미와 염흥방이 권세를 부리게 되자 그

鷄林府尹, 侵漁百姓, 至載鐵杷歸之家, 鄕人目爲鐵文魚府尹. 文魚卽八梢魚, 鐵杷之狀似之故云."

119 《고려사》 권126, 列傳39 姦臣2 林堅味, "專權自恣, 賣官鬻爵, 奪人土田, 籠山絡野, 奪人奴婢千百爲群. 以至陵寢宮庫州縣津驛之田, 靡不據占, 背主之隸逃賦之民, 聚如淵藪, 廉使守令, 莫敢徵發. 由是民散寇熾, 公私匱竭, 中外切齒."; 《고려사》 권115, 列傳28 李穡, "(공양왕) 左司議吳思忠·門下舍人趙璞等上疏曰, …… 仁任與其黨堅味興邦, 恣行貪欲, 鬻官賣獄, 賄賂公行, 奪占田民, 怨積罪盈, 卒致敗亡 ……"

120 《고려사》 권126, 列傳39 姦臣2 李仁任, "禑遷都漢陽, 仁任及禑舅李琳·堅味·廉興邦·都吉敷·李存性·崔濂等扈從, 各遣傔從所在成群, 奪民田廬, 無有紀極."

121 《고려사》 권126, 列傳39 姦臣2 林堅味; 《고려사절요》 권33, 辛禑(11년 11월).

폐단이 더욱 심하였다.[122] 염흥방은 권력의 중심에 들어가 정치를 행하였는데, 왕조의 국가운영을 마비시키는 원인으로 지목받게 되었다.

최영은 청렴 정직하였고 이인임, 임견미, 염흥방의 문제를 파악하고 있었으며, 우왕 역시 수정목공문의 예에서 보듯 이들의 폐해를 잘 알고 있었다. 우왕은 부정부패의 원흉인 임견미[123]와 염흥방에 대한 최영의 인식을 믿고 있었다. 그리하여 우왕 13년 2월에는 이인임, 임견미, 염흥방 등이 국용과 왕실 재정을 위한 토지까지 겸병하는 것에 대하여, 도당이 국가와 왕실의 토지나 그에 속한 노비와 일반 백성을 침탈한 사람들을 조사하도록 하였다.[124]

우왕과 최영은 이인임, 임견미의 폐해에 의견을 같이했고, 더욱 최영이 우왕의 신변을 보호해 주는 군사 집단을 거느리고 있었기 때문에 상호 이해가 맞았다고 할 수 있다. 최영의 부정부패 혐오와 군사력 장악은 임견미의 권력 농단에 장애요인이었고[125] 이것이 두 세력이 반목하는 이유가 되었다. 결국 임견미 등의 정치활동은 최영이 거느리고 있던 군사 집단의 힘과 우왕의 비호, 이인임의 애매한 태도[126] 등으로 말미암아 실패하였다. 오히려 임견미 등은 우왕과 최영에 의하여 제거되는 결과를 가져왔다.[127]

---

122 《고려사》 권112, 列傳25 朴宜中, "自恭愍朝奉使者, 多賚金銀土産, 市彩帛輕貨, 雖有識者, 迫於權貴所托, 私裝居貢獻十分之九. 中國以爲高麗人假事大貪貿易來耳.及林廉用事, 其獘尤甚."
123 우왕은 수시중 임견미가 욕심이 많은 것을 미워하여 매번 그 아들에게 일깨워 주었는데 임견미가 병을 이유로 물러가기를 청하였다(《고려사절요》 권32, 辛禑(10년 9월), "禑惡守侍中林堅味貪饕, 每以諷其子托堅味, 托疾乞退."고 한다).
124 《고려사절요》 권33, 辛禑(13년 12월), "禑謂都堂曰, 凡每占倉庫宮司田民者, 具名以聞. 都堂自嫌, 遂閣不行."
125 《고려사절요》 권33, 辛禑(14년 정월 癸未), "堅味膽落就擒, 嘆曰, 廣平君誤我矣. 先是, 堅味興邦 忌瑩淸直, 且握重兵, 常欲加害, 李仁任固止之故云."
126 임견미와 염흥방이 최영을 제거하려고 할 때 이인임이 만류한 바 있었는데, 임견미가 이를 두고 이인임이 자신을 그릇쳤다(《고려사절요》 권33, 辛禑(14년 정월 癸未)고 하였다.
127 柳昌圭, 같은 논문, 45~54쪽.

마침내 염흥방은 자신과 자신의 가노가 부린 횡포로 죽음을 당하기에 이른다. 그의 가노家奴 이광이 염흥방의 권력을 믿고, 불법적으로 조반의 토지를 빼앗았다. 조반이 염흥방에 청하여 땅을 돌려받았으나, 이광이 다시 토지를 빼앗고 능욕하자, 조반이 견디지 못하고 이광을 죽였다. 소식을 들은 염흥방은 격분하여 조반이 반란을 일으킨다고 하여 조반의 모와 처를 잡아 국문하였다. 하지만, 조반은 불복하고 6-7명의 재상들이 토지와 인민을 탈점한다고 하였다. 당시 임견미와 염흥방의 전횡을 알고 있었던 우왕은 최영과 대책을 의론한 끝에 이들을 잡아들이게 하였다.[128] 염흥방을 순군에 가두니 나라 안 사람들이 모두 기뻐하여 우리 임금은 밝으시다 하였다고 한다.[129] 그리고 전국에 찰방을 나누어 파견하여 임견미, 염흥방 등이 빼앗은 전민田民을 조사하여 원래 주인에게 돌려주게 하였고,[130] 전민변정도감을 두어서 임견미 등이 빼앗은 토지와 노비[131]를 조사하고 안무사를 여러 도에 나누어 임견미의 가신家臣과 악노惡奴 천여 명을 베고, 재산도 모두 몰수하였다.[132]

임견미와 염흥방의 제거와 함께 이색이 본격적으로 등장한다. 최영을 문하시중, 이성계를 수문하시중, 이색을 판삼사사, 우현보·윤진·안종원을 문하찬성사, 문달한·송광미·안소를 문하평리, 성석린을 정당문학, 왕흥을 지문하사, 인원보를 판밀직사사로 임명하였다.[133] 판삼사사로 복귀한 이색은 왕조를

---

128 《고려사절요》 권33, 辛禑(14년 정월 癸未);《고려사》 권126, 列傳39 姦臣2 林堅味, "禑命崔瑩及我太祖, 陳兵宿衛, 下領三司事林堅味·贊成事都吉敷于獄."

129 《고려사절요》 권33, 辛禑(13년 12월, 14년 정월);《고려사》 권126, 列傳39 姦臣2 林堅味.

130 《고려사절요》 권33, 辛禑(14년 정월 丙戌), "…… 遂籍堅味等家, 於是, 分遣諸道察訪, 推刷所奪田民, 還其主."

131 이 시기 노비 문제에 대하여 다음이 참고된다(朴晉勳,〈高麗末 改革派 사대부의 奴婢辨正策〉,《學林》19(1997);〈고려 후기 전민변정과 조선초기 노비 정책의 의의와 한계〉,《역사비평》122(2018)).

132 《고려사절요》 권33, 辛禑(14년 정월), "甲午置田民辨正都監, 考覈堅味等奪占田民, 分遣安撫使于諸道, 收捕堅味等家臣, 惡奴誅之."

안정시키기 위한 노력을 행하였는데, 그 방법은 기왕의 질서와 사상을 단순히 묵수하기보다는 신사상인 성리학을 전통사상과 조화시키고, 무신집권기와 원 간섭기를 거치면서 문란해진 법제를 정비하려는 것이었다. 얼마 뒤 위화도회군을 맞으며 새로운 국면을 맞게 된다.

성리학자로서 구상한 정치적 지향과 구체적인 현실 속에서 염흥방은 임견미와 혼인 관계를 맺고, 권력의 핵심부에 도달하여 현실정치를 좌우하였다. 이때 왕조의 체제를 유지하기 위하여 보수적인 입장을 취하되, 체제 확립을 위한 논리 개발이나 제도의 보수와 같은 합리적인 방안을 강구하지 못했다. 심지어 같은 체제 보수의 입장에 있으면서 긴밀한 인간관계를 유지하고 있는 이색과 정치적, 사상적 협력관계를 유지하지도 못했다. 오히려 이색에게 비판받는 처지가 되었다. 염흥방은 개혁적 자세를 포기하고 현실에 안주하며 권세가와 결합하고 권력의 논리에 빠져 더 많은 부와 권력을 추구하였던 것이다.[134]

결국 성리학을 익히며 성리학 이념의 보급에 기여하고 성리학적 경세의식을 견지한 염흥방은 현실 권력과 부딪치고 타협하며 정치사회문제를 일으킨 원인으로 지목받기에 이르렀다. 염흥방을 통해서 성리학을 수용한 유학자의 다양한 정치적 행동의 한 단면을 알 수 있다.

4. 맺음말

고려 후기 성리학을 익힌 신진 문신세력의 다양한 흐름 가운데 성리학을

---

133 《고려사절요》 권33, 辛禑(14년 정월).
134 염흥방의 이러한 행동은 정치세력으로서의 신진사류가 갖는 한계를 절실히 인식하고 자신의 정치적 성장을 위하여 도당을 중심으로 한 연립정권의 정치운영 형태를 받아들인 것이라는 해석(李亨雨, 같은 논문, 157-161쪽)이 있다.

수용하면서 권력과 결합하고 사회모순의 원인으로 지목받은 염흥방을 살펴보려는 것이 이 장의 목표였다.

염흥방은 공민왕 대 과거의 장원급제자로서 성리학을 익혔다. 공민왕 16년 성균관을 숭문관의 옛터에 중건하였는데, 염흥방은 이 일을 주관하면서 국학 운영비를 마련하였다. 이때의 성균관 중영을 계기로 성리학에 기초한 개혁 정치의 이론을 연구하였고, 신진 문신세력이 결집하는 계기가 되었다. 염흥방은 이색·정도전·이숭인 등과 교류하며 여기에 참여하였다.

이색은 염흥방의 절제된 삶과 백성을 위한 행동을 높이 평가했다. 염흥방의 호인 어은漁隱을 설명하면서 염흥방은 옛것을 좋아하고 몸을 단속하며 참된 마음을 간직하고 사물을 아끼며, 가렴주구로 백성들을 괴롭히는 자들을 개, 돼지보다 못하게 여기고 물고기나 자라까지도 함께 덕화를 입게 하는 데 힘쓰는 것을 자신의 임무로 삼았다고 하였다.

염흥방은 우왕 6년에 박형과 더불어 지공거가 되었다. 이는 공민왕 23년 이무방과 더불어 김자수, 조준 등 33명을 뽑고, 우왕 12년 이색과 함께 문생을 뽑은 것과 함께 많은 인재를 등용한 것이라고 할 수 있다. 그는 과거제를 통하여 유학자 상호 간에 유대감을 강화하려고 하였다. 좌주문생제·동년회·용두회·영친연 등의 과거제에 기초한 모임을 통하여 인간적 유대감뿐만 아니라 정치적 유대감까지 강화하려고 하였다. 하지만, 이러한 인간관계는 이념 지향이거나 주체적 선택이라기보다는 처음부터 주어진 요소가 많았으므로 그 관계가 영속적이기 어려웠고 취약하였다. 우왕 14년 초 염흥방이 부정과 탈법 혐의로 함께 처형된 인물들은 친인척 이른바 족당이 많다. 이는 곧 과거제에 기초한 유대감이 정치 기반의 토대로 자리 잡지 못함을 보여 주는 것이다.

한편, 북원 사신 반대로 유배를 떠난 염흥방은 2년 만에 복귀하였다. 북원 사신 반대로 유배당하고 정치권력의 한계를 느낀 그는 권력의 핵심에 있는 임견미와 혼인 관계를 맺는다. 염흥방은 오직 이인임과 임견미의 말이 옳다고 쫓고, 염흥방의 이부형 이성림을 시중으로 삼아 권세를 오로지하였다. 그리고 권력의 중심에 들어가 사권력을 행사하며 치부하고 침탈함으로써 왕조의 정상적인 국가 운영을 마비시키는 원인으로 지목받게 되었다.

염흥방이 정치권력의 핵심에 다가갈 때, 정도전 등 공민왕 대 긴밀했던 신진 문신들은 염흥방에 대하여 무관심한 태도를 보여 준다. 이색 역시 염흥방과 긴밀하게 교류하였는데, 점차 염흥방과 거리를 두다가 절연하게 되고 염흥방이 이성림과 더불어 취렴을 일삼아 나라를 그르친다고 하였다.

최영과 이인임, 임견미가 중심이 된 우왕 대 정치운영은 최영의 부정부패 혐오와 군사력 장악, 그리고 최영의 군사적 장악에 반발하는 임견미, 염흥방의 견제로 새로운 국면을 맞는다. 임견미, 염흥방 등은 최영보다 우위의 정치권력을 잡고 군사적 기반도 확보하려 하였다. 하지만, 최영이 거느리고 있던 군사 집단의 힘과 우왕의 비호, 이인임의 애매한 태도 등으로 말미암아 실패하였다. 오히려 임견미 등은 우왕과 최영에 의하여 제거되는 결과를 가져왔다. 최영은 이인임, 임견미, 염흥방의 문제를 누구보다도 잘 알고 이를 조정하려 하였고, 우왕 역시 이들의 폐해를 알고 있었다. 결국 염흥방은 조반의 토지탈점 사건을 계기로 임견미와 함께 죽임을 당하게 되었다.

염흥방은 성리학자로 정치적 지향과 복잡한 정치 현실 속에서 현실적 이해에 더 충실하여, 권력자와 결합하고 개혁적 자세를 포기한 것이라고 할 수 있다.

고려 말 성리학적 경세의식을 견지하며 현실 권력과 타협하고 체제 보수화의 길을 간 염흥방의 행적을 살펴 성리학 수용기의 유학자로서 한 면모를 볼 수 있다.

제2장 정몽주의 네트워크와 왕조 유지론

1. 머리말

정몽주(1337-1392)는 당시로서는 새로운 사상인 성리학을 수용하여 유교사회를 실현하려 하였다. 그는 유학자로서 왜구·홍건족의 침입이라는 대외적 위기와 시대 변화에 맞지 않은 낡은 제도를 개혁하고 성리학에서 제시하는 제도를 실현하여 고려왕조를 중흥시키려 하였다.

그간 정몽주 연구는 정치활동[1]과 개혁 정치와 조선 건국[2]·외교활동[3]·후대의 평가[4]·중국 사행[5]·문학[6]·불교[7] 등에서 성과를 거두었고, 최근에는 대책

---

1 李亨雨, 〈鄭夢周의 政治活動에 대한 一考察〉, 《史學研究》 41(1990); 〈정몽주의 선택인가, 역사의 선택인가〉, 《내일을 여는 역사》 56(2014).

2 이익주, 〈공민왕대 개혁의 추이와 신흥유신의 성장〉, 《역사와 현실》 15(1995); 〈고려말 신흥유신의 성장과 조선 건국〉, 《역사와 현실》 29(1998); 도현철, 《고려말 사대부의 정치사상 연구》(일조각, 1999); 민현구, 〈고려의 멸망과 조선의 건국〉, 《한국사시민강좌》 35(2004).

3 이익주, 〈14세기말 원·명 교체와 고려왕조의 외교 실패〉, 《내일 읽는 한중관계사》(알에치코리아, 2019).

문8과 지식인 네트워크9가 검토되었다.

이 장에서는 이러한 기존의 연구 성과를 기초로 그가 왕조를 중흥하려는 정치활동, 그의 네트워크와 그를 통한 사상 형성 그리고 원대 법제를 활용한 개혁 정치와 왕조를 유지하려는 노력까지 살펴봄으로써 정몽주의 면모를 다시 한번 짚어보고 고려 말의 정치사상적 성격을 이해하고자 한다. 곧 정몽주의 인적 네트워크와 정치사상, 정치활동을 검토함으로써, 고려왕조를 유지하려는 논리와 근거를 이해하고 고려에서 조선으로 왕조교체의 성격을 더 풍부하게 이해하는 계기를 마련하고자 한다.

2. 인적 네트워크과 외교 활동

1) 인적 네트워크와 유대감 강화

정몽주는 자는 달가, 호는 포은이다. 본관이 영일이고, 영천 출신이다. 어

---

4 김인호, 〈정몽주 숭배의 변화와 위인상〉, 《역사와 현실》 77(2014); 〈정몽주의 신화화와 역사소비〉, 《역사화 현실》 111(2019); 강문식, 《정몽주 ‒다시 읽기》(책과 함께, 2024).

5 이승수, 〈1386년 정몽주의 남경 사행, 路程과 詩境〉, 《민족문화》 46(2015).

6 林鍾旭, 〈鄭夢周의 中國體驗과 性理學的 世界觀〉, 《高麗時代 文學의 硏究》(태학사, 1998); 엄경흠, 〈麗末 明 使臣의 接賓과 詩〉, 《한국중세사연구》 22(2007); 〈麗末 日本通信使의 使行과 送詩〉, 《東洋漢文學硏究》 25(2007).

7 최연식, 〈정몽주의 불교인식에 대한 태도와 인식 재검토〉, 《포은학연구》 24(2019).

8 도현철, 〈대책문을 통해본 정몽주 국방 대책과 문무겸용론〉, 《한국중세사연구》 26(2009).

9 유경아, 〈고려말 정몽주 동조세력의 형성과 활동〉, 《이화사학연구》 25·26(999); 姜文植, 〈圃隱 鄭夢周의 交遊관계〉, 《한국인물사연구》 11(2009); 김보정, 〈포은 정몽주의 교유관계〉, 《지역과 역사》 24(2009); 도현철, 〈高麗末における明·日本との詩文交流の意義〉, 《東方學報》 93집(2018); 〈조선건국기 성리학 지식인의 네트워크와 개혁사상〉, 《역사학보》 240(2018).

머니가 영천 이씨로 외가에서 출생한 것으로 보인다. 부친인 정운관鄭云瓘은 성균관 복응재생服膺齋生이었고, 조부인 정유鄭裕는 직강동정直長同正, 증조부 정인수鄭仁壽는 검교군기감檢校軍器監이었다. 정몽주의 형제는 과過·후厚·도蹈이 고, 자녀는 2남 3녀를 두었다. 첫째 종성宗誠은 박중용朴仲容[10]의 딸과 둘째 종본宗本은 이정견李廷堅[11]의 딸과, 3녀는 각각 성익지成翼之·이장득李長得·한승안韓承顏과 혼인하였다.[12]

정몽주와 사돈 관계인 박형朴形은 본관이 죽산竹山(경기도 안성)이고 아들은 공민왕 23년 이무방과 염흥방이 시관인 과거에 합격한 중용이고, 매부는 우현보[13]로, 이곡이 시관인 충목왕 4년(1347)에 과거에 합격하였다. 박형은 시관의 아들인 이색을 종백이라 하였고,[14] 이색이 박형에게 보내는 시가 있다.[15] 박형은 우왕 6년에 염흥방과 함께 감시의 시관이 되었다.[16] 박형은 우왕 원년에 북원의 사신 영접 문제에 반대하였는데, 정몽주와 함께 유배되었고[17] 이때 인연으로 두 사람은 사돈 관계를 맺은 것으로 보인

10 《척야재하음집》 하, 賀朴代言仲容.
11 李廷堅은 본관이 경주이고, 공민왕 23년 이무방, 염흥방이 시관인 과거에 합격하였다.
12 《씨족원류》 延日鄭氏(보경문화사, 1991), 338쪽.
13 《씨족원류》 竹山朴氏(보경문화사, 1991), 157쪽.
14 《목은집》 詩藁 권22, 今庚申年, 東堂監試主司, 皆與僕親厚. 知貢擧廉東亭, 從僕習擧業 且姻親也. 同知貢擧朴密直, 先君門生, 稱僕則曰宗伯. 監試試員徐承旨, 同年之子, 其習擧業也. 亦以其所爲文求是正. 吾老矣, 病也久矣, 獲覩盛事, 自幸之甚, 吟成一首.
15 《목은집》 詩藁 권24, 謹成古律二篇, 奉呈朴學士座下, 前篇追述錫姓之由, 後篇略陳先君丁亥得人之盛, 中皆言今日榮之○謝. 僕以病不能赴招也, 幸○鹽; 詩藁 권24, 朴學士特過陋巷 邀明日之會而去; 詩藁 권24, 朴學士席上 ; 詩藁 권24, 昨赴朴學士席 夜半醉歸 日午始起.
16 《목은집》 詩藁 권22, 今庚申年, 東堂監試主司, 皆與僕親厚. 知貢擧廉東亭, 從僕習擧業 且姻親也. 同知貢擧朴密直, 先君門生, 稱僕則曰宗伯. ……; 詩藁 권29, 庚申科及第李正言等, 呈名籤於其座主廉東亭. 東亭呼其前門生己酉科·甲寅科, 合享之. 檣承招與坐, 酒酣聯句有云, ……; 詩藁 권31, 東亭甲寅門生設宴, 昆季旣會, 使騎招僕與韓孟雲侑坐, 至則鄭密直圃隱先生在·知門下朴學士, 又來, 劇飮入夜而歸, 閏月晦日也.
17 《고려사절요》 권30, 禑王(원년 7월).

다. 우왕 14년에 밀직제학 박중용이 이인임과 연결되었다고 사형을 당하자[18] 박형은 연좌로 각산수角山戍(경남 사천)로 유배되었다.[19] 박중용은 염흥방의 문생으로 그의 당여로 몰린 것이다. 정몽주는 이와 연관되지는 않았다.

정몽주는 공민왕 6년(1357) 신군평申君平이 주관한 감시[20]에 합격하였고, 공민왕 9년 10월에 김득배(1312-62)[21]와 한방신[22]이 지공거일 때 장원급제하였다. 시험과목은 충목왕 즉위년(1344)에 정한 이래[23]로 이어온 사서오경과 책문이었다. 최근에 발견된 정몽주의 대책문은, 홍건족 침입을 막기 위한 방비책을 질문하였는데 여기에는 태공망·사마양저司馬穰苴·손빈孫臏·오기吳起·공명孔明·이정李靖의 유가적 병서가 제시되고, 문무를 겸비하고 효제충신의 도를 익히고 백성을 인도하는 장수를 등용할 것을 주장하였다.[24] 고려 후기에는

---

18 《고려사》 권139, 列傳39 姦臣2 林堅味.

19 《고려사절요》 권33, 禑王(14년 1월).

20 《고려사》 권74, 志28 選擧2 科目2 國子試之額, "恭愍王六年三月, 御史大夫申君平, 取李瀇 等九十八人."

21 김득배(1312-62)는 충숙왕 후5년(1336) 채홍철과 안규 문하에서 급제하였다. 공민왕을 따라 원나라에 들어가 숙위하였고, 공민왕이 즉위한 뒤 우부대언이 되었다. 공민왕 9년 3월에 홍건적 격퇴의 공으로 수충보절정원공신이 되었다(《고려사》 권73, 志27 選擧1 科目1). 공민왕 10년 10월 홍건적이 10만군으로 다시 침략해 왔을 때, 서북면도병마사가 되어 이를 방어하려고 했으나, 패하여 개경이 함락되었다. 공민왕 11년 정월 개경을 수복할 때 안우, 이방실 등과 함께 홍건적 격퇴의 공을 세웠다. 하지만, 정세운과 권력 싸움에 나서던 김용이 일을 꾸며 안우, 이방실, 김득배에게 정세운을 살해할 것을 명하자, 이들은 정세운을 살해하였다. 김득배는 이 때문에 체포되어 상주에서 죽임을 당했다. 문생인 정몽주는 공민왕에게 청하여 그의 시신을 거두고 제문을 지어 그의 죽음을 애도하였다(《高麗史》 권113, 列傳 권26 安祐 金得培 李芳實).

22 한방신은 공민왕 4년 이공수 안보 문하에서 급제하였다. 공민왕 10년 홍건적에게 빼앗긴 경성을 수복하는데 공을 세웠다. 공민왕 13년 삼선·삼개의 무리가 쳐들어올 때, 승리하여 서원군에 봉해졌다(《고려사》 권114 列傳27 金以道;《고려사》 권41, 世家41 恭愍王4(14년).

23 《고려사》 권73, 志27 選擧1 科目1 東堂試(충목왕 즉위년 8월), "改定初場試六經義四書疑, 中場古賦, 終場策問."

24 도현철, 〈대책문을 통해 본 정몽주의 국방 대책과 문무겸용론〉,《한국중세사연구》 26(2009).

과거제에 기초한 유대감이 강하여, 좌주문생제·동년회·용두회·영친연 등을 통하여 긴밀한 인간관계를 유지하였다. 하지만, 정몽주는 좌주가 일찍 죽음으로써 은혜를 입지 못하게 되고, 동년인 임박(?-1376)·이존오(1341-71)·유구柳珣(1335-98)·문익점(1329-98) 등과 정치적으로 긴밀하게 결합한 모습은 보이지 않는다.[25] 정몽주는 좌주문생 관계의 영향을 덜 받았다.[26]

공민왕 초기 정몽주는 정도전·김구용과 사서오경 공부를 하며 정서적 유대감을 같이 나누며 네트워크를 형성하였다. 정도전은 공민왕 15년 무렵 상중에 정몽주가 《맹자》 한 부를 보내 주자 여유가 있을 때마다 하루에 한 장 또는 반 장을 읽었다. 뒷날 성균관에서 정몽주의 강의를 듣게 되었고 자신이 생각한 것과 합치하는 부분이 많음을 확인하고는 추천을 받아 성균관 학관이 되어 정몽주와 오래도록 종유從遊하여 보고 느낀 바가 깊었으니 자신이 정몽주를 가장 잘 안다고 해도 참람한 말이 아니라고 하였다.[27]

공민왕 16년(1367)에 정몽주는 이색과 더불어 성리학의 연구 진흥에 힘썼다. 당시 공민왕과 신돈은 교육 진흥책을 포함한 개혁 정치를 전개하였는데, 그 과정에서 홍건적의 침입으로 불탄 성균관을 다시 지어, 이색을 비롯한 경학에 밝은 김구용·정몽주·박상충·박의중·이숭인을 불러들여 정주 성리학 연구와 교육을 활성화시켰다. 이들은 서로 어울리며 교감하였다.[28] 하륜은 김구용 문집에 서를 쓰면서, "젊었을 때에 목은 이색 선생 문하에서 포은 정몽주,

---

25 과거제에 기초한 유대감은 관계가 영속적이기 어려웠고 취약한 점이 있다(채웅석, 《《목은 시고》를 통해본 이색의 인간관계망 -우왕3년(1377)~우왕9년(1383)을 중심으로-〉, 《역사와 현실》 62(2006), 104-107쪽).

26 정몽주가 출사 이전에 교류한 인물은 이경과 이존오라고 한다(姜文植, 〈圃隱 鄭夢周의 交遊관계〉, 《한국인물사연구》 11(2009)).

27 《삼봉집》 권3, 圃隱奉使藁序 丙寅(우왕 12년), "先生遺孟子一部, 朔望之暇, 日究一紙或半紙, 且信且疑, 思欲取正於先生. …… 道傳間往聽之, 不意孤陋所得, 往往默契焉. 獲被諸公薦. 側於學官之列, 出入與俱, 自是從遊之久, 觀感之深, 雖曰知先生甚悉, 非僭也."

28 〈표 7〉 유학자들이 정몽주에게 시문을 보낸 시 빈도 수

척약재 김구용, 도은 이숭인과 함께 공부하였다"[29]고 하였고, 정몽주는 명 사행 길에서 "해 길어 동헌 숲에 푸름 가득하니, 도은은 홀로 앉아 시를 짓고, 삼봉은 이끌어 강학하고, 때로 둔촌 맞아 함께 토론하겠지" 하며 옛 친구들과 어울리던 모습을 연상하였다. 이들은 서로 마음을 나누고 뜻을 같이하는 동지로서 굳게 결합하였다. 이색은 정몽주가 성인의 가르침을 믿고 그 길로 정진하기를 바랐다. 우왕 6년에 정몽주가 밀직제학이 되자 사문, 곧 유학의 중흥은 포은에게 달려 있다[30]고 하였고, 우왕 3년에 일본으로 사신으로 갔다가 돌아와 예의판서, 전법판서를 맡고 있을 때, 정몽주는 사도를 자임하고 배우는 이들의 사표가 되고 있다고 하면서 번지의 채마밭[31]의 예를 통해서 출사하여 뜻을 펼친 것을 기약하고 있었다.[32]

김구용(1338-1384)[33]은 정몽주와 마음을 같이하는 벗이었다. 공민왕 13

이색	김구용	이숭인	정도전	민사평	박의중	이집	박익	이존오	우현보
19	12	9	6	1	1	1	1	1	1

〈표 8〉《포은집》 시고에 보이는 정몽주가 교류 인물에게 보낸 시 빈도 수

이숭인	정도전	이색	김구용	권근	이첨
6	5	3	2	1	1

29 《포은집》 권1, 有懷李陶隱 鄭三峯 李遁村 三君子.
30 《목은집》 詩藁 권27, 奉賀鄭圃隱拜密直.
31 《논어》 子路.
32 《목은집》 文藁 권5, 圃隱齋記(우왕 5년 2월), "今達可隱於圃, 而立于朝, 以斯道自任, 抗顔爲學者師, 非其眞隱也, 明矣."
33 김구용의 초명은 경민齋閔, 자는 경지敬之, 호는 척약재惕若齋. 본관은 안동이다. 공민왕 4년(1355)에 이공수, 안보 문하에서 급제하였다. 공민왕 16년에 성균관이 중영될 때 교관으로 참여하였다. 우왕 원년(1375)에 북원 사신 영접에 반대하여 竹州로 유배했다. 이후 천녕현으로 옮겨 7년 동안 한거하며 육우당에서 살았다. 우왕 7년(1381)에 좌사의대부, 성균관대사성이 되었다. 우왕 10년(1384) 정월 행예사로 요동의 도지휘사사에게 가는데 본국에서 헌마獻馬가 지연된 일로 중국 운남성 대리위大理衛에 유배되었다. 가는 도중 사천성의 남쪽 경계인 로주瀘州 영녕현永寧縣 강문참江門站에서 47세의 나이로 병사하였다(《고려사》 104, 列傳17 金方慶 金九容; 成範重, 《惕若齋 金九容의 文學世界》(울산대출판부, 1997)).

년에 정몽주가 한방신의 종사관으로 홍건적을 막으러 떠나자, 김구용은 "잠시 떠나 그대가 없으니 누구와 더불어 자세히 글을 논할까?"[34] 라고 하였다. 두 사람의 헤어짐은 삶의 허전함을 느끼게 하는 것으로, 서로 신뢰하며 알아주는 벗임을 보여 준다. 또한 김구용은 정몽주에게 "나만큼 벗을 아끼는 사람도 없는데, 마음을 알아주는 사람은 오직 그대뿐이네, 봄바람 부는 동해 가에서 손을 잡고 붉은 구름을 밟네"[35] 하였다. 여름에 정몽주와 영통사에서 자며, 소나무 숲 작은 개울가에서 마음을 나누고 편안한 일상을 보냈다.[36] 정몽주는 명의 사행에서 김구용을 그리워하며 "선생의 호탕한 기개 남쪽 고을 떨쳤으니 옛날 다경루多景樓에 오르던 일 생각하네"[37] 하면서 친구에 대한 그리움을 보여 주었고, 함흥에서 도착하자, 김구용이 지은 시를 차운하여 적군과의 대치 속에서 그리운 친구를 떠올리고 있다.[38] 두 사람은 성리학의 세계관과 인간론에 기반한 도의로 맺어진 사귐이라고 할 만하다.

정몽주와 정도전은 북원 사신 영접을 반대하면서 서로 간의 우의를 다졌다.[39] 정도전은 정몽주의 학문과 덕을 학자들이 감복하였다[40]고 하였고, 정몽주가 도덕의 으뜸이라[41] 하였다. 정몽주에게 "마음을 같이하는 벗이, 하늘 한구석에 각각 있는지, 때때로 생각이 여기에 미치니, 저절로 사람을 슬프게 하네, …… 굳고 굳은 지조를 함께 지키며, 서로 잊지 말자 길이 맹

---

34 《척야재학음집》 상, 寄達可 翰林從軍韓政堂幕.

35 《척야재학음집》 상, 寄達可, "愛友無知我 知心獨有君.

36 《척야재학음집》 상, 夏日同達可 宿靈通寺.

37 《포은집》 권1, 楊子 北固山 金若齋.

38 《포은집》 권1, 咸州 惕若齋.

39 이이화, 〈정몽주와 정도전, 권력이 갈라놓은 적과 동지〉, 《그대는 적인가 동지인가》(김영사, 2009).

40 《삼봉집》 권3, 鄭達可書, "惟其學術之正, 德位之達, 爲人所信服者, 然後可以正矣. 吾友達可 其人也. 達可雖無其位, 達可之學, 學者素服其正也, 達可之德, 學者素服其達也."

41 《삼봉집》 권1, 七言古詩 次諸公韻, "圃隱先生道德宗"

세를 하네"[42] 정도전은 정몽주가 오직 학술이 바르고 덕과 지위가 뛰어나서 사람들이 믿고 복종할 사람이라고 보았다.[43] 정몽주도 철령을 넘어가는 정도전을 생각하는 시를 지었다.[44] 또한 그는 "도은은 서쪽으로 가고 약재는 죽었으니 매번 박중서를 생각하네"[45]라고 하여 이숭인과 김구용과 함께 박의중을 중시하였다. 민사평은 제자인 정운관의 아들 정몽주가 훌륭하며 외손자와 교류하고 있음을 정겹게 표현하고 있다.[46]

정몽주는 우왕 3년(1377) 10월부터 다음 해 7월까지 일본을 다녀왔는데,[47] 이색·이숭인·권근·정추는 편안한 무사 귀로를 걱정하며 시를 써주었다. 증행시贈行詩는 붕우가 길 떠나는 사람에게 한마디 말을 선물 주는 것이라고 한다.[48] 정몽주는 중국을 다섯 차례, 일본은 한 차례 사신으로 갔다(공민왕 21년, 우왕 8년, 10년, 12년, 13년).[49] 이 가운데 우왕 8년과 13년에는 요동에 들어가지 못하고 돌아왔다.[50]

---

42 《삼봉집》 권1, 次韻寄鄭達可 夢周, "夫何同心友 各在天一方 時時念至此 …… 共保堅貞操 永矢莫相忘"
43 《삼봉집》 권3, 鄭達可書, "以子昏庸, 不恤譏議, 慨然有志於闢異端者, 亦以達可爲之依歸也. 天生達可, 其斯道之福歟"
44 《포은집》 권1, 寄三峯.
45 《포은집》 권1, 寄密陽朴中書.
46 《급암시집》 권1, 古詩 示鄭夢周.
47 〈표 9〉 정몽주의 일본 사행에 대한 송시送詩(우왕 3년)

대상	작자	전거
정몽주	이색	《목은집》 詩藁 권1, 東方辭 送大司成鄭達可奉使日本國
		《목은집》 詩藁 권6, 代友人日本奉使
	이숭인	《도은집》 권4, 送鄭達可奉使日本詩序
	정추	《원재집》 中, 集句送別鄭圃隱使日本
	권근	《양촌집》 권2, 送鄭大司成奉使日本.

48 《가정집》 권8, 送鄭參軍序, "漢陽參軍鄭永世, 將之府, 有執友十人, 會餞于東郊, 酒旣行. 鄭君起揖曰, 朋友贈行以言, 豈特卮酒而已."
49 공민왕 21년 명에 서장관으로 간 정몽주는 같이 간 5-6명과 함께 배 바닥에서 거칠 것 없이 웅변을 통하고 아름다운 시구를 주고받았다고 하였다(《포은집》 권1, 常州除夜呈諸 書狀官).

당시 일본 사행은 위험한 행로로 인식되었다. 충렬왕 18년(1292) 김유성
金有成과 곽린郭麟이 일본에 파견되었을 때, 일본은 여몽군의 일본 원정에 불
만을 품고 이들을 억류하여 돌려보내지 않았고 이들은 결국 일본에서 죽었
다. 이러한 사정을 잘 알고 있던 상황에서 성균관에서 성리학을 익힌 이색
을 비롯한 이숭인·김구용·이달충은 나흥유51와 정몽주의 안전한 귀로를 기
약하며 시와 글을 써주었다.

한편 정몽주는 고려에 온 명 문인들과 교류하였다.52 서사호는 도교의 도
사로 시를 좋아하였는데, 공민왕 19년에 명 태조의 명으로 고려에 온 사신이
다.53 그는 조천궁 도사로서 명 태조의 명으로 산천에 제사를 지내고, 도성

---

50 〈표 10〉 정몽주의 명·일 사신 왕래와 시문

번호	나라	시기	지역과 활동	비고
1	명	공민왕 21년 3월-22년 7월	하절사 홍사범의 서장관, 남경에 가서 서촉 정벌을 축하, 귀국도중 풍랑. 김구용과 만남	
2	일본	우왕 3년 10월-4년 7월	일본	
3	명	우왕 8년 4월	진공사	불허
4	명	우왕 8년 11월	공민왕 시호와 우왕 책봉	불허
5	명	우왕 10년 7월-11년 4월	성절사 명 금릉, 시호 책봉 요청	
6	명	우왕 12년 2월-7월	명 금릉 임금의 편복과 배신의 조복 편복을 청. 세공 감면	
7	명	우왕 13년 12월	명 조빙 청, 요동에서 거절	불허

51 나흥유는 우왕 원년(1375)에 왜구를 금지해달라고 요청하기 위하여 구주九洲 하카다[博
多 霸家臺)에 가게 되자 동료들은 나흥유의 무사 귀환을 기원하는 시를 지어 주었다(《목
은집》文藁 권4, 永慕亭記(우왕 3년 10월);《원재집》(정추) 題郭諫議永慕亭詩卷;《고려사
절요》권21, 忠烈王(18년 9월);《고려사》권106 列傳19 金有成 郭麟, "…… 日本憾往歲之
征, 皆留不還, 國家懥之.").

52 〈표 11〉 정몽주의 명 사행에 대한 송시

대상	작자	시기	내용
정몽주	이색	우왕 8년	《목은집》李陶隱招飲 送鄭圃隱赴京夜歸
		우왕 8년	《목은집》同諸公送鄭圃隱
	정도전	우왕 8년	《삼봉집》圃隱奉使稿序
	정사도		《동문선》 권22, 칠언절구 西江贈鄭先生達可奉使江南

53 《고려사절요》 공민왕 19년(1370) 4월.

풍천楓川 회빈문會賓門 밖 양릉정陽陵井에 비석을 세웠다.[54] 그가 고려를 떠날 때 정몽주가 전송하는 시를 지었다.[55]

우왕 11년(1385) 9월에 조서사詔書使로 국자감 학록(종 9품) 장부와 행인 단우段祐, 시책사諡册使로 국자감 전부(정 8품) 주탁과 행인行人 낙영雒英이 고려에 왔는데,[56] 이들이 명에서 떠날 때 명나라의 동료 학자들이 격려하는 글을 남겼다.[57] 이들은 문인으로 고려 문인과의 수창酬唱과 증시贈詩에 적극적이었다. 정몽주는 정도전·이숭인 등과 왕래하며 시를 남겼다.[58]

정몽주는 성균관에서 성리학을 익히고 자연과 사회에 대한 문제의식을 공

---

54 《목은집》 文藁 권7, 送徐道士使還序 ; 《신증동국여지승람》 권4, 개성부 상 山川 陽陵井

55 《포은집》 권4, 送徐道士師昊還京師.

56 《고려사》 列傳 우왕 11년(1385) 을해, "溥等謁文廟, 召生員孟思誠講詩." ; 《목은집》 권11, 受命之頌, "洪武十八年秋七月乙亥. 天子臨軒發册 立我署署國事臣王諱爲王. 諡先王日恭愍. 九月乙亥, 國子學錄張溥·行人段祐, 奉封王詔來. 丙子國子典簿周倬·行人雒英, 以諡册誥命至. 皆上所自製也."

57 《아호집(鵝湖集)》 권5, 送周典簿倬·張學錄溥使高麗序(《影印文淵閣四庫全書》 集部6 別集類5).

58 〈표 12〉《포은집》에 보이는 정몽주와 교류한 원명 문인 송시

번호	명 사신	시기	자료
1	徐師昊	공민왕 19	《포은집》 권2, 送徐道士師昊還朝
2	林密	공민왕 22	《포은집》 권2, 送禮部主事林實週還京師
3	林密	공민왕 22	《포은집》 권2, 重贈林主事
4	胡海		《포은집》 권1, 送胡照磨海還浙東
5			《포은집》 권2, 送杭州使
6	張溥 周倬	우왕 11년	《포은집》 권2, 乙丑九月陪天使張學錄溥 周典簿倬 登西京 永明樓 次板上韻
7	張溥		
8	周倬	우왕 11년	《포은집》 권2, 洪武乙丑九月 七站馬上 次江南使張溥詩韻 《포은집》 권2, 乙丑九月 贈天使張溥周倬
9	桑麟(원)	우왕 11년	《포은집》 권2, 贈遼東使桑麟
10	張溥	우왕 11년	《포은집》 권2, 送張學錄溥還朝
11	周倬	우왕 11년	《포은집》 권2, 送周典簿倬還朝
12		우왕 11년	《포은집》 권2, 上遼東葉都指揮
13		우왕 11년	《포은집》 권2, 上遼東梅都指揮
14		우왕 11년	《포은집》 권2, 送別護送遼東任鎭撫
15		우왕 11년	《포은집》 권2, 寄遼東主經歷主都事兩相公
16		우왕 11년	《포은집》 권2, 送程百戶與還遼東

유하는 과정에서 동지적 결합과 인적 유대감을 쌓아 나갔고, 특히 명나라와 일본에 사신으로 왕래하는 동류를 위하여 시문을 주고받으면서 유대감을 강화하였다.

2) 친명 사대론과 외교 활동

정몽주는 유학자로서 중국을 천자국으로 하고 고려를 제후국으로 하는 명분 관계와 유교문명과 그렇지 않은 미개를 전제한 화이론을 견지했다. 즉 중화와 주변국 이민족을 이분화하여 인의도덕이 행해지는 문명의 화華 그렇지 않은 야만의 이夷로 파악하고, 이를 천하동문天下同文의 세계, 곧 일시동인一視同仁으로 한족漢族 이외의 이민족을 교화의 대상으로 파악하였다. 그는 중국과 일본 사행을 통하여 천자국 명나라의 문화 문명에 대한 동경과 선망을 보이고, 중화와 이족이 하나 되어 명나라의 성교聲敎, 곧 교화에 의해 감화하여 대동 세계를 이루고자 하였던 것이다.[59] 성인이 인정을 베풀어 덕과 예로서 정치를 행하기를 기대했다.

널리 알려져 있듯이 화이론은 중국 중원의 지배자인 한족이 주변 지역을 복속해 가는 과정에서 형성된 논리였다. 화이론은 중국문명이 발전하는 과정에서 자기 문화에 대한 우월의식을 근거로 주변 이민족에 대한 지배를 정당화하는 논리였다. 화이론은 문화·종족·지리의 세 측면으로 구성된다. 즉 한족 중심의 문화·종족에 대한 우월감은 자신들이 거주하는 곳을 세계의 중심으로 파악하였다. 한나라 때에 유교가 국교화되고, 유교는 화이론의 핵심적인 준거가 되었다. 유교의 수용 여부와 그 정도는 화와 이를 판별하는 기준이 되었고, 문화를 기준으로 한족은 자국을 중화·화하라고 말하면서 주변 제

---

59 《포은집》 권2, 送周典簿倬還朝, "大明聲敎曁東溟, 藩國年年貢帝庭, 天子遠頒新寵典, 使臣來續舊圖經, 雞林樹葉心同赤, 龍首山光眼共靑, 夷夏卽今歸混一, 臨分不用涕頻零."

국은 이만융적으로 야만시하였다. 천자국인 한족은 이민족에게 인의 도덕을 전파하게 되었고, 이민족은 중국문화의 선진적인 면을 받아들이는 데 적극적이고 자연히 유교의 예적 질서, 화이론에 충실하게 되었다. 주변 이민족은 천자의 봉을 받은 제후국으로 등장하고, 제후국이 지켜야 할 사항은 예로서 규정짓게 되었다.[60]

몽골족 원은 이민족이지만, 천자국을 내세우는 데 주력하였다. 무력으로 중국을 통일하였지만 유교문화를 수용하고 중국화하여 명실상부한 화華가 되었다는 것이다. 당시 성리학을 관학화한 원은 화이론을 통하여 중국과 주변 지역을 사상적으로 통일하고 지배하려고 하였다. 한족漢族을 중심으로 한 성리학은 이민족 몽골족에게 적용되기 어려웠으므로 종족 중심의 화이 개념을 약화시키고 정통의 기준으로, 중국 천하를 지배했느냐의 여부, 곧 형세[61]와 문화를 내세웠다. 이들은 도통道統이란 치통治統에 있다고 규정하고, 요가 이것을 순에게 전했고 순은 이것을 우·탕·문·무·주공·공자·맹자에게 전했으며, 다시 주렴계·정이천·주자에게 전해졌다가, 주자가 죽은 뒤에는 원의 허형에게 이어졌다고 보았다.[62] 이는 중국 중원을 지배하고 있을 뿐 아니라 유교교화를 실현하여 도통을 계승한 원나라가 치통을 달성하였다고 보는 것

---

60 李成珪, 〈中華思想과 民族主義〉, 《哲學》 37(1992).

61 《원사》 권161, 列傳48 劉整, "整又曰, 自古帝王, 非四海一家, 不爲正統. 聖祖有天下十七八, 何置一隅不問, 而自棄正統邪? 世祖曰, 朕意決矣."；《왕충문공집》 권4, 正統論(王禕)(影印文淵閣四庫全書 集部 165, 1226권), "宋旣南渡, 不可謂天下,……自遼幷于金而金幷于元, 及元幷于南宋, 然後居天下之正, 合天下于一, 而後正其統. 故元之紹正統, 當自至元十三年始也."

62 《철경록(輟耕錄)》〈正統辯〉(影印文淵閣四庫全書 子部 346, 1040권), "然則論我元之大一統, 當在平宋, 而不在平遼金, …… 華統之大, 屬之我元, 承乎有宋, 如宋之承唐, 唐之承隋承晉承漢也. …… 道統者治統之所在也. 堯以是傳之舜, 舜以是傳之禹湯文武周公孔子, 孔子沒幾不得其傳, 百有餘年, 而孟子傳焉. 孟子沒又幾不得其傳, 千有餘年, 而濂洛周程諸子傳焉, 及乎中楊氏, 而吾道南矣, 旣而宋亦南渡矣. 楊氏之傳爲豫章羅氏, 延平李氏及於新安朱氏, 朱子沒而其傳及於我朝許文正公, 此歷代道統之源委也. 然則道統不在遼金而在宋, 在宋而後及於我朝, 君子以觀治統之所在矣."

이다. 여기에는 이적夷狄도 본래 선왕의 후예였다고 하거나, 순이 동이 사람이고, 문왕은 서이西夷 사람으로 두 지역은 천여 리 떨어져 있고, 천여 년 차이가 나지만, 뜻을 얻어 중국에서 왕도를 행함은 부절을 합한 듯이 같고, 앞뒤 성인으로 같다는 것이다. 곧 이夷도 중국에 동참하였으므로 당연히 화華로 간주되어야 한다[63]는 것이다. 이를 통해 원은 정복왕조로서 정통성을 합리화시킬 수 있었고 중국사 발전 과정에 하나의 왕조로서 참여할 수 있었다. 이것은 송대의 종족에 따른 화이관과 구별되는 형세와 문화를 중심으로 하는 화이관이라고 할 수 있다. 이처럼 금과 요와 항쟁 과정에서 형성되었던 주자학의 종족 중심의 화이관은 형세와 문화 중심의 화이관으로 바뀌게 되었다.[64] 원은 이러한 이에서 화華 전환의 논리를 기초로 주변 이민족에 대한 지배를 합리화하고, 중국 주변 지역에 대한 천자국으로서 우위를 계속 유지하려고 하였다.[65]

정몽주는 형세와 문화를 중시하는 화이관을 견지했는데,[66] 이는 그가 "벌써 내 몸이 중국의 예에 나아갔거늘, 곁의 사람 알지 못하고 오랑캐에 산다네"[67] 하였다. 한유는 "공자가 《춘추》를 지을 때에 제후가 이적의 예를 사용하면 오랑캐가 되고 오랑캐가 중국으로 나아가면 중국이 된다"[68] 하거나 "중국이 이례夷禮를 이용하면 이夷가 되고 이夷가 중국에 들어오면 중국이 된다"[69]고 말한 것

63 《맹자》 離婁章句下, "子曰, "舜生於諸馮, 遷於負夏, 卒於鳴條, 東夷之人也. 文王生於岐周, 卒於畢郢, 西夷之人也. 地之相去也, 千有餘里, 世之相後也, 千有餘歲. 得志行乎中國, 若合符節, 先聖後聖, 其揆一也."

64 金陽燮, 〈遼·金·宋 三史 編纂에 대하여〉, 《中央史論》 6(1988), 261-265쪽.

65 도현철, 《고려말 사대부의 정치사상 연구》(일조각, 1999), 103-104쪽.

66 이해임, 〈허형과 정몽주의 화이관 연구〉, 《태동고전연구》 46(2021).

67 《포은집》 권2, 冬夜讀春秋, "仲尼筆削義精微, 雪夜靑燈細玩時, 早抱吾身進中國, 傍人不識謂居夷."

68 《고문진보후집》 권2, 圓道, "孔子之作春秋也, 諸侯用夷禮則夷之, 夷而進於中國則中國之."

69 《원문류(元文類)》 권32, 正統八例總序(楊奧)(影印 文淵閣四庫全書 集部 306, 1367권), "中

도 같은 맥락에서 이해할 수 있다. 정몽주는 종족과 관계없이 문화를 기준으로 화이를 구분하였다. 중국 천자국의 기준을 종족 명분이 아닌 문화 형세로 삼았던 것이다. 고려의 형세·문화를 중시하는 화이관을 견지하였고, 중국 정통 왕조인 명이 건국을 통하여 원나라를 대신해서 명과 천자 제후 관계를 맺으면서 명의 문물을 받아들이고자 하였다.[70]

공민왕 17년(1368)에 명이 중국 수도인 북경을 점령하여 나라를 건국하고,[71] 명나라의 설사偰斯가 명의 건국과 홍무제의 즉위를 알려왔다.[72] 이에 조정에서는 명과 통교 여부를 논의하였는데,[73] 정몽주는 공민왕에게 먼저 명에 귀부하도록 권하였다.[74] 그리하여 고려는 예부상서 홍상재를 보내 등극을 축하하였고,[75] 공민왕 19년 5월에 명은 공민왕을 책봉하였으며[76] 고려는 홍무 연호를 사용하였다.[77] 공민왕 18년 8월에는 원수를 보내 동녕부를 공격하여 북원과 절교하고자 하였다.[78]

國而用夷禮, 則夷之. 夷而進於中國, 則中國之也."

70 《포은집》 권2, 送周典簿倬還朝, "大明聲敎曁東溟, 藩國年年貢帝庭, 天子遠頒新寵典, 使臣來 續舊圖經, 雞林樹葉心同赤, 龍首山光眼共靑, 夷夏卽今歸混一, 臨分不用涕頻零."

71 공민왕 17년(1368) 1월 명은 원의 수도인 대도를 점령하고, 사신을 고려에 보내 홍무제의 즉위와 국호를 대명, 연호를 홍무라고 했음을 알려왔다. 이때 명에서 고려에 보낸 문서는 황제의 옥새를 찍은 문서璽書로 대등한 국제관계를 표시해 주는 것으로, 명이 일본에 군주의 입장에서 신하에게 내리는 문서인 조서를 보낸 것과 대비된다고 한다. 하지만, 공민왕 18년(홍무 2년, 1369) 8월에 고려는 국왕 명의로 명 황제에게 奉表稱臣이라고 하여 신하의 입장에서 황제에게 표를 보냈다(정동훈, 〈명과 주변국의 외교관계 수립 절차의 재구성 -이른바 '명질서' 논의에 대한 비판을 겸하여-〉, 《명청사 연구》, 51(2019)).

72 《고려사절요》 권28, 恭愍王(18년 하4월).

73 《고려사절요》 권28, 恭愍王(17년 9월), "王聞元帝奔上都, 會百官, 議通使大明可否."

74 《고려사》 권117, 列傳30 鄭夢周, "初皇明肇興, 夢周力請于朝, 首先歸附."

75 《고려사절요》 권28, 恭愍王(18년 5월).

76 《고려사》 권42, 世家42 恭愍王5(19년 5월), "甲寅 帝遣尙寶司丞偰斯來, 錫王命王率百官郊迎. 詔曰, …… 今遣使齎印, 仍封爾爲高麗王, ……."

77 《고려사》 권42, 世家42 恭愍王5(19년 7월).

78 《고려사》 권41, 世家41 恭愍王4(18년 12월). "又遣元帥, 將擊東寧府, 以絕北元."

공민왕 21년(1372)에 정몽주는 서장관이 되어 홍사범과 함께 촉蜀 지역을 평정한 것을 하례하고 아악雅樂의 종鍾·경磬과 고려 자제의 입학을 청하고자 명 남경에 갔다. 그런데 8월에 돌아올 때 허산許山에서 풍랑을 만나 배가 파선되고, 홍사범도 익사하였으며 자문도 잃어버렸다. 정몽주는 다시 경사에 가서 중서성에 알렸는데, 종과 경에 관한 자문은 중서성관中書省官 초본이 유실되어서 베끼는 것을 허락하지 않고, 단지 촉 지역을 평정했고 고려 자제를 입학시킨 것과 관련한 자문만을 가지고 돌아왔다.[79]

우왕 원년에는 북원과 외교 교섭 문제가 발생하였다. 공민왕 23년(1374) 9월에 공민왕이 시해되자, 우왕이 즉위하고 이인임이 권력을 잡았다. 이해 11월에 고려는 이러한 사정을 알리기 위해 장자온을 명에 보내는 과정에서, 김의가 명 사신 채빈 일행을 죽이고 북원으로 도망한 사건이 발생하였다.[80] 다음 해 1월에 정도전과 박상충은 시호와 승습을 요청하는 사신을 명에 보낼 것을 주장하였다.[81]

한편 북원은 심왕 고의 손자인 탈탈불화脫脫不花를 고려왕으로 임명하였다.[82] 이에 고려에서는 이인임 등이 종친·기로·백관들과 함께 북원의 중서성에 우왕이 공민왕의 유지로 즉위했음을 알리는 글을 올리려 하였다. 하지만 박상충은 임박·정도전 등과 선왕께서 이미 명을 섬기기로 정책을 결정하였으니 지금 북원을 섬기는 것은 부당하다고 하여 서명하지 않았다.[83] 또한 북

---

79 《고려사》 권44, 世家44 恭愍王4(21년 7월 임자) ; 《명태조실록》 권73, 洪武 5년 3월 ; 全淳東, 〈14世紀 後半 明의 對高麗·朝鮮政策〉, 《明淸史硏究》 5, 1996.

80 《고려사절요》 권29, 恭愍王(23년 11월).

81 《고려사》 권133, 列傳46, 禑王1(원년 1월), "遣判宗簿寺事崔源, 如京師告喪, 請諡及承襲".

82 《고려사》 권133, 列傳46, 禑王1(원년 1월), "納哈出遣使來, 問曰, 前王無子, 今誰嗣位耶? 時北元以恭愍無嗣, 乃封瀋王暠孫脫脫不花爲王, 故有是問."

83 《고려사절요》 권30, 禑王(원년 여름 4월), "李仁任 與百官, 連名爲書, 將呈北元中書省, 書曰, 伯顔帖木兒王(공민왕)遺命元子禑襲位, 遣判密直金漦, 申達訃音, 今來, 乃知脫脫不花, 妄生異心, 欲要爭襲, 乞賜禁約. 代左言林樸·典校令朴尙衷·典儀副令鄭道傳, 以先王決策事南, 今

원이 사신을 보내자 이인임·지윤이 북원 사신을 맞이하려 하였으나,[84] 김구용·이숭인·정도전 등이 도당에 글을 올려 반대하였고, 5월에 성균관 대사성 정몽주와 판전교시사 박상충이, 6월에는 이첨·전백영이 반대 상소를 올렸다. 이때 지윤의 당여인 김승득과 김윤승은 임박이 북원 중서성에 보내는 글에 서명을 거부한 것은 심왕을 옹립하려는 뜻이 있기 때문이니 죄를 주어 마땅하다[85]고 하였다. 이에 이첨과 전백영을 가두고 최영과 지윤을 시켜 국문케 하였고 최영이 전녹생과 박상충을 매우 참혹하게 국문하여 길에서 죽음을 당하였다. 이첨·전백영·방순·민중행·박상진은 곤장을 때려 귀양보내고, 정몽주·김구용·이숭인·임효선·염정수·염흥방·박형·장사도·이성림·윤호·최을의·조문신 등이 자기를 해한다고 귀양 보냈다.[86]

이때, 정몽주는 유학이념에 충실해서 박상충[87]과 함께 명에 대한 사대를 주장하였다. 그는 원과 명을 대비하는 가운데 원을 원씨유종元氏遺種, 곧 정통성을 상실한 나라로 명을 대명, 천자인 정통의 왕조로 파악하였다. 즉 "천하

不當事北, 不署名."

84 《고려사절요》 권30, 禑王(원년 5월), "北元, 遣使來曰, …… 李仁任·池奫, 欲迎元使 ……."

85 《고려사》 권111, 列傳24 林樸.

86 《고려사절요》 권30, 禑王(원년 5월).

87 박상충이 북원 사신 영접을 반대한 논리는 형세상 명이 원보다 강하다는 것과 친명 외교 정책은 공민왕의 뜻이라는 것이다. 곧 지금의 정세는 이른바 쌓아 올린 나무 아래에 불을 질러 놓고 그 위에서 잠을 자는 것과 같이 위급한 상황인데, 명 사신을 죽인 김의가 북원 의 사신과 함께 고려로 온다는 것은 국가의 존망, 사직의 화를 부르는 일이라고 하였다. 그러면서 그는 이치에 순응하면 길하고 이를 거슬리면 흉하며, 형세로 보면 남쪽 명은 강하고 북쪽 원이 약하다. 신의를 버리고 역을 쫓는 것은 천하의 불의이고, 강한 자를 배반하고 약한 자들에게 향하는 것은 옳은 계책이 아니라고 하였다. 여기에서 그는 이치와 형세로서 설명하고 명과 북원을 남과 북이라는 방위로서 구별하였다. 또한 상소에서 작은 나라가 큰 나라를 섬길 때는 죄를 면해야 하는데, 4가지 죄가 있다고 하였다. 선왕의 뜻을 어기고 북원을 섬긴 것, 정료위 사람을 죽이고 그 사실을 은폐한 점, 김의 등을 문초하지 않은 것, 최원의 사행길을 막아 명나라의 의심을 산 것 등이다(《고려사》 권112, 列傳 25 朴尙衷). 이는 《맹자》의 이소사대의 형세 논리로서, 명을 천자국으로, 고려를 제후국으로 하는 군신, 상하관계를 확실히 인정하고 그에 입각한 예를 지켜야 한다는 입장이다.

국가를 다스리는 사람은 반드시 먼저 큰 계책을 정해야 하는데, 태조는 중국을 예로써 섬기고 천하의 의로운 군주를 보았을 뿐이라고 하였다. 만약 북원 사신을 대접한다면, 나라의 신민은 스스로 대역의 오명을 뒤집어쓰게 될 것"이라 하였다. 여기에서 의주義主는 명을 가리키는 것이다. 이는 명의 중원 지배를 도덕적 판단에 근거하여 정통의 천자국의 다스림으로, 원은 도덕적으로 천하의 주인이 될 수 없는 불의한 존재로 규정한 것이다.[88] 정의로운 군주만이 현실에서 힘의 우위를 보장받고 정통성을 부여받는다는 뜻이다. 즉 정몽주가 친명정책을 주장한 것은, 명이 중국 중원을 장악했다는 형세 문화론적 화이론이 반영되어 있고,[89] 명이 정통 한족이라는 점이 작용한 것으로 보인다. 원명 교체라는 격변의 시기에 새로운 천자국인 명에 대해 친명정책을 취함으로써 고려의 전통적인 형세 중시의 외교 노선을 따른 것이다.

우왕 8년(1382)에 정몽주는 동지밀직사사로 판도판서 조반趙胖과 함께 명나라 남경에 신년을 하례하고, 진정 표문과 공민왕의 시호와 우왕의 왕위계승을 요청하는 표문을 올렸다.[90] 우왕 10년 7월 황제의 생일을 하례하고, 시호와 책봉을 청하러 명나라 남경에 갔다.[91] 우왕 11년 9월에 명이 우왕을 책봉하고 공민왕의 시호를 내렸다.[92] 그는 우왕 12년에 명에 의관衣冠을 요청하는 표문을 지어 고려의 유지에 주력했다.[93] 정몽주는 유학자로서 중국 유학

---

88 《고려사》 권117, 列傳30 鄭夢周, "初皇明肇興, 夢周力請于朝, 首先歸附, ……"

89 金順子, 〈제 4장 여말선초의 화이론〉, 《韓國 中世 韓中關係史》(혜안, 2007), 173-179쪽.

90 《고려사》 권134, 列傳47 辛禑2(8년 11월), "遣同知密直司事鄭夢周, 版圖判書趙胖如京師, 賀正, 仍進陳情, 請謚承襲表."

91 《고려사절요》 권32, 辛禑3(10년 7월), "遣政堂文學鄭夢周如京師, 賀聖節, 且請謚承襲."

92 《고려사》 권135, 列傳48 辛禑3(11년 9월), "周倬·雒英等來, 册禑爲國王制日, ……"

93 《고려사절요》 권32, 辛禑3(12년 秋七月), "鄭夢周還自京師. 禮部咨曰, 朕觀四海之內, 隣於中國者, 三韓之邦, 非下下之國. 徑一二千里, 豈無人焉, 何正性不常? 且歲貢之說, 中國豈倚此而富? 不過知三韓之誠詐分明, 表至云及, 用夏變夷, 變夷之制, 在彼君臣力行如何耳."

의 수용을 통하여 고려사회의 변화를 유도하였고, 고려 학생의 중국 유학을 장려하였던 것이다. 정몽주는 우왕 13년에 조빙을 청하러 남경으로 출발하였는데,[94] 우왕 14년 1월에 요동에서 되돌아왔다.[95] 말하자면, 정몽주는 명이 건국하자 가장 먼저 친명 사대를 주장하고 우왕 원년에 북원 사신의 영접을 반대하였다. 당시 원과 명이 병존하던 동아시아의 상황은 불투명하였지만, 성리학적 정치이념과 성리학에 기반한 의리·명분과 함께 형세 중시의 사고로 대외 의식, 외교정책을 전개하였다.[96]

한편 정몽주는 우왕 2년에 언양에서의 유배가 풀려 일본에 사신으로 파견되었다. 우왕 3년 6월에 안길상을 파견하여 구주탐제 이마가와 료슌今川了俊에게 일본에 왜구의 금압을 요청하였고, 일본은 승려 신홍信弘을 보내 "귀국을 침범하는 좀도둑들은 우리나라에서 도망친 무리로 우리의 명령을 따르지 않는다"고 하면서,[97] 왜가 토벌을 위하여 구체적인 작전 계획과 앞으로 일정을 고려에 알려 주었다. 고려 정부는 이에 대한 답례사로 정몽주를 파견하여 일본의 해적 금지를 재차 요청하였다.

---

94 《고려사》 권136, 列傳49 辛禑4(13년 12월), "永原君鄭夢周, 如京師, 請通朝聘."

95 《고려사》 권137, 列傳50 辛禑5(14년 정월), "鄭夢周至遼東, 不得入而還."

96 정몽주는 공민왕 17년에 명이 원의 수도를 함락시키자 제일 먼저 친명 사대를 주장하였고, 명나라에 다섯 차례 일본에 한 차례 사신으로 파견되어 양국의 현안 문제를 해결하려고 노력했다. 친명 사대와 관련된 최근의 연구는, 북원이 1368년에 북중국으로 옮겨가 1387년 망할 때까지 20년 동안 중국에는 명과 원이 존재한 시기로 고려는 등거리 외교, 실리외교로 국가의 이익을 위한 정책이 필요한 시기였지만, 성급한 친명사대로 명에 대한 저자세 외교를 초래하고 이것이 명의 고압적 공물 요구, 철령위 설치를 야기시켜 멸망에 이르렀다(이익주, 〈14세기말 원 명 교체와 고려왕조의 외교 실패〉, 《내일 읽는 한중관계사》(알에치 코리아, 2019))고 한다. 그러한 점이 분명 있다. 하지만, 당시는 원 지배의 잔재를 청산하기 위한 개혁사상이 요구되었고, 유교문화의 수용을 통한 이상 국가의 실현을 위해서는 중국의 정통 한족漢族 국가인 명의 문물을 수용하여 주나라로부터 시작된 존주의식과 유교 정통 사상에 충실하여 유교사회를 구현하는 것이 급선무였다는 점도 염두에 두어야 할 것이다.

97 《고려사》 권133, 列傳46 辛禑(3년 6월).

우왕 3년(1377) 9월에 정몽주는 일본에 가게 되었는데, 이는 권신들이 이전의 북원 사신 영접 반대에 마음을 두고 있다가 정몽주를 추천한 것이 계기가 되었다고 한다. 정몽주는 지금의 하카다(博多)에서 옛날과 지금의 이웃 나라와의 이해관계를 이야기하자 주장主將이 놀라고 탄복하여 객사에서 매우 후하게 대접하였다. 돌아올 때에는 구주절도사 미나모토 료슌源了浚이 보낸 주맹인周孟仁과 함께 왔으며, 또 포로가 되었던 윤명·안우세 등 수백 인을 쇄환하였다.[98] 우왕 4년 6월에 승려 신홍에게 군사 69인을 주어 고려에 가서 왜구를 체포하게 하였다.[99] 정몽주의 대일 외교 활동은 성공하였다. 그는 일본 체류 기간에 승려 문인 등과 교류하며 관음사觀音寺에서 지은 기행시 2편을 포함한 사행시 11편을 지었다.[100] 교류한 일본 승려 가운데 시를 구하려는 자가 있으면, 곧 써서 주어 승려들이 모여들었고, 왜인이 오래도록 칭찬하고 사모하였다고 한다. 후에 정몽주가 죽었다는 말을 듣고 애석해하지 않음이 없었고, 재를 올려 명복을 빌었다고 한다.[101]

정몽주는, 일본인 복색이 화려하고 원색을 아롱지게 입는 풍습과 중국 남쪽 지방 월나라 사람들처럼 치아에 물을 들이는 풍속이 있고, 왜인들은 맨발에 나막신을 신고 다니고 어른들을 아랫사람이 무례하게 부르고, 지사가 칼을 차고 다니면서 세상의 원수에게 복수한다고 보았다. 치아를 물들이는

---

98 《고려사》 권133, 列傳46 禑王(4년 7월), "鄭夢周還自日本, 九州道節度使源了浚, 遣周孟仁借來."

99 《고려사》 권133, 列傳46 辛禑1(4년 6월), "日本九州節度使源了浚, 使僧信弘, 率其軍六十九人來, 捕倭賊."

100 《포은집》 권2, 遊觀音寺; 권2, 再遊是寺.

101 《고려사》 권117, 列傳30 鄭夢周; 《고려사》 권133, 列傳46 禑王1(3년 9월). 정몽주의 대일 외교의 성과에는 고려와 일본의 왜구 방비의 공동의 노력이 반영된 것이라(이영, 〈우왕 3년(1377) 정몽주 일본사행의 시대적 배경〉, 《일본역사연구》 46(2017))고 한다.

것을 귀하게 여기고 나막신을 맨발로 신는 것을 공경으로 여긴다고 하였다.[102] 왜인은 복색이 화려하고 원색을 입는 것과 중국 월나라 사람들처럼 치아에 물을 들이는 풍속 그리고 맨발에 나막신을 신고 다니고 어른들을 아랫사람이 무례하게 부르는 것을 보고 예의가 없는 나라로 여겼던 듯하다. 또 지사가 칼을 차고 다니면서 개인적인 원한을 갚는 것을 보고 무법의 나라로 보았을 것이다. 월나라 풍습과 기자의 유풍을 말하면서 화華와 이夷의 문화를 제시하고 고려가 중국문화를 존중하고 일본이 오랑캐문화를 견지함을 대비하고 있다. 화와 이가 구분되어 내포하는 문명과 야만의 차이를 은연중에 드러내고 있다고 하겠다.[103]

널리 알려져 있듯이 왜구는 충정왕 2년(1350)의 경인년 이후부터 본격화되어,[104] 해안뿐만 아니라 내륙까지 침략해 국토를 유린하며 인민을 살상하고, 지방 행정을 마비시키며 국가의 공적 체계를 무너뜨렸다. 특히 교동, 강화 등지를 습격하여 수도 개경을 위협하였다. 왜구의 침입으로 개경은 계엄 상태가 되고,[105] 우왕 2년(1376) 11월부터 우왕 3년 5월까지 더 극성을 부렸고, 천도 논의까지 대두되는 등 위기감이 고조되었다.[106] 고려는 우선 외교적으로 해결하고자 일본 정부에 왜구의 단속을 요구하고 공민왕 15년에 김

---

102 《포은집》 권1, 洪武丁巳奉使日本作十一首.

103 임종욱, 〈여말선초 두 지식인의 일본 체험〉, 《日本學》 22(2003).

104 왜구는 고종 10년(1223)부터 공양왕 4년(1392)에 걸쳐서 169년 동안 529회 침입해 왔는데, 공민왕 대에는 115회, 우왕대에는 378회에 달하였다(金琪燮, 〈14세기 倭寇의 동향과 고려의 대응〉, 《韓國民族文化》 9(1997), 108쪽, 〈표 5〉 고종 이후 왜구의 침입 상황 참조).

105 《고려사》 권39, 世家39 恭愍王2(6년 5월 무자)(7년 5월 신해).

106 당시 일본은 가마쿠라 막부(鎌倉幕府, 1192~1333)가 망한 뒤 남북조로 나뉘어 분열되고, 북조와 결전하기 위하여 송포당松浦黨 등 정서부征西府(규슈 남조) 휘하의 무사들이 미나모토 료순이 이끄는 북조 군과의 전투에 필요한 병량 등 전투 수행 물자를 확보하기 위하여 고려에 침구한 것이라고 한다(이영, 〈경인년 이후의 왜구와 마쓰라토 ─우왕 3년(1377)의 왜구를 중심으로〉, 《일본역사연구》 24(2006)).

용과 김일, 우왕 원년(1375) 2월에 나흥유,[107] 우왕 3년에 안길상, 그리고, 3 달 뒤에 정몽주, 우왕 4년에 한국주와 이자용,[108] 우왕 5년에 윤사충 등을 파견하였다.

고려 조정은 정몽주 등 사신을 일본에 파견하고 나서야 남북조로 분열하던 일본의 국내 상황을 파악하고, 왜와 일본을 구분하여 인식하였다. 고려 조정은 고려를 침략하던 왜구가 일본 정부로서도 통제하기 어려운 상태였음을 깨닫고 일본과 협력하여 이를 금압하고자 노력하였고, 일본 측은 비록 소수이지만 병력을 파견해 고려군과 함께 왜구를 토벌하거나 왜구들에 잡혀간 고려인들을 돌려보내는 등 우호적인 조치를 취하였다.

3. 유교사회 지향과 왕조 유지론

1) 유교사회 지향과 성리학 연구

정몽주는 젊은 시절 과거 준비를 하며 사서오경을 비롯한 유교 경전과 함께 제자백가서를 공부하였다. 그는 정도전에게 《대학》과 《중용》, 그리고 《맹자》를 주어 읽어보게 했다고 한다.[109] 정도전은 "정몽주가 《대학》의 제강提綱과

---

107 처음에 나흥유는 이마가와 료슌[今川了俊]이 있던 하카다[博多]로 가서 화친을 도모했으나 첩자로 오인 받아 투옥되었다가 거의 아사지경에 이르렀다(《고려사》 권117, 列傳30 鄭夢周). 이는 1372년에 이마가와 료슌이 남조의 거점인 태재부를 함락시키자, 수세에 몰린 남조 측과 연결된 해적, 악당 세력의 발호 가능성에 대비하여 경계를 강화하는 과정에서 나타난 일이다(김기섭, 1997, 앞 논문; 이영, 〈고려 우왕 원년(1375)의 나흥유 일본 사행의 외교적 성과〉, 《한국중세사연구》 47(2016)).

108 《고려사》 권133, 列傳46 禑王2(5년 7월), "李子庸還自日本, 九州節度使源了俊, 歸被虜人二百三十餘口, 獻槍劍及馬."

109 《삼봉집》 권3, 上圃隱奉使藁序 丙寅, "道傳十六七, 習聲律爲對偶語, 一日驪江閔子復, 謂道傳曰, 吾見鄭先生達可, 曰詞章末藝耳. 有所謂身心之學, 其說具大學中庸二書. 今與李順卿携二

《중용》의 회극會極에서 도를 밝히고 도를 전하는 뜻을 얻었고, 《논어》·《맹자》에서 정미精微와 조존操存·함양의 요체·확충하는 방법을 파악했다. 《주역》에서는 선천과 후천이 서로 본체와 작용됨을 알았다. 《상서》에서는 정일집중精一執中이 제왕의 전수한 심법임을 알았고, 《시경》은 사람이 지켜야 할 도리와 사물의 법칙이라는 교훈을 근본으로 삼고, 《춘추》는 도의와 공리의 차이를 분변하였다"[110]고 하였다.

공민왕 16년(1367)에 정몽주는 성균관에서 이색과 더불어 성리학의 연구 진흥에 힘썼다.[111] 이색이 학식을 고치고 날마다 명륜당에 앉아 경을 나누어 수업하고, 강의를 마치면 서로 모여 토론하여 한가함을 잊었다.[112] 정도전은 이색이 논의를 주도하며 명유名儒를 발탁하여 학관으로 삼았고 제생들은 경서를 가지고 열을 지어 수업하였는데, 김구용이 휴가를 얻어 집에 있을 때에도 따라와서 질문하는 자가 서로 줄지어 유익된 바가 많았다[113]고 하였다.

정몽주는 예조정랑으로서 성균박사를 겸하고 있었는데, 대사성 이색과 함께 사서오경을 강의하고, 사물 탐구에서 분석과 토론이라는 성리학의 학문

書, 往于三角山僧舍講究之, 子知之乎. 子旣聞之, 求二書以讀, 雖未有得, 頗自喜."

110 《삼봉집》 권3, 上圃隱奉使稿序 丙寅, "先生於大學之提網, 中庸之會極, 得明道傳道之旨, 於論孟之精微, 得操存涵養之要, 體驗擴充之方. 至於易, 知先天後天相爲體用, 於書, 知精一執中爲帝王傳授心法, 詩則本於民彝物則之訓, 春秋則辨其道誼功利之分. 吾東方五百年, 臻斯理者幾何人哉."

111 閔賢九, 〈辛旽의 執權과 그 政治的 性格〉, 《歷史學報》 38, 40(1968); 이익주, 〈공민왕대 개혁의 추이와 신흥유신의 성장〉, 《역사와 현실》 15(1995).

112 《고려사》 권113, 列傳28 李穡, "(공민왕16년) 重營成均館, 以穡判開城府事兼成均大司成, 增置生員, 擇經術之士, 金九容·鄭夢周·朴尙衷·朴宜中·李崇仁, 皆以他官兼敎官. 先是, 館生不過數十, 穡更定學式, 每日坐明倫堂, 分經授業, 講畢相與, 論難忘倦. 於是, 學者坌集, 相與觀感, 程朱性理之學始興."

113 《삼봉집》 권3, 悵若齋遺藁序(우왕 10년), "國家崇重正學, 更張舊制, 增廣生員, 宰相韓山李公, 主盟師席, 拔薦名儒爲學官, 而先生以他官兼直講. 諸生執經受業, 列于席前, 雖告休沐, 從而質問者, 相繼于家, 多所進益, 先生學術之正爲如何."

방법론을 제시하였다. 이색은 학도들이 의심나는 부분을 분석[辨析]하여 절충하였고, 정주程朱의 본의를 이해하도록 하였고,[114] 정몽주는 유교 경전을 강의하고, 생도들 사이에 이설異說이 있었을 때 그 물음에 따라 명확히 분석하여 설명을 하였다[隨問講析].[115] 정몽주의 강의는 매끄럽고 두드러졌고 다른 사람들의 생각을 뛰어넘는 것이어서 듣는 사람들이 자못 의심스러워하였지만, 뒤에 호병문의《사서통》을 얻어 확인한 뒤에 꼭 맞지 않은 것이 없었으므로 여러 유학자들이 더욱 탄복하였다. 이색이 그를 자주 칭찬하여 "정몽주가 이학理學을 논하는 것이나 횡설수설하는 것 모두가 이치에 맞지 않은 것이 없다."면서, '우리나라 이학理學의 조祖'라고 높이 평가하였다.[116] 호병문(1250~1333)은 기존의《사서》주석서들이 잘못된 것이 많고 번쇄할 뿐 아니라 주자의 사서 이해에 미진한 부분이 많다고 비판하고 주자의 설에 근거해 보완하여 정리한《사서통》을 저술하였다.[117] 그 뒤 호병문의 설[118]은 조선 학계의 논의의 중심에 있었다.[119]

정몽주는 성리학 확산에 주력하고, 구결 작업을 했다. 성균관에서 사서오

---

114 《양촌집》 권40, 牧隱先生李文靖公行狀, "明年戊申春, 四方學者坌集, 諸公分經授業, 每日講畢, 相與論難難疑義, 各臻其極. 公怡然中處, 辨析折衷, 必務合於程朱之旨, 竟夕忘倦.

115 《삼봉집》 권3, 圃隱奉使藁序 丙寅 "諸生各執其業, 人人異說, 隨問講析, 分毫不差."

116 《삼봉집》 권3, 圃隱奉使藁序 丙寅(우왕 12), " …… 諸生各執其業, 人人異說, 隨問講析, 分毫不差. 牧隱先生喜而稱之曰, 達可豪爽卓越, 橫說豎說, 無非的當."; 《고려사》 권117, 列傳 30 鄭夢周, "(공민왕)十六年, 以禮曹正郎兼成均博士. 時經書至東方者, 唯朱子集註耳. 夢周講說發越, 超出人意, 聞者頗疑. 及得胡炳文四書通, 無不脗合, 諸儒尤加嘆服. 李穡亟稱之曰, 夢周論理, 橫說豎說, 無非當理. 推爲東方理學之祖."

117 《원사》 권189, 列傳76 儒學1 胡炳文.

118 佐野公治, 〈胡炳文の《四書通》〉, 《四書學史の研究》(創文社, 1987); 유권종, 〈호병문《四書通》에 관한 연구〉, 《원대성리학》(도서출판(사) 포은사상연구원, 1993); 함영대, 〈정도전의 《맹자》 해석에 대한 일고〉, 《한국고전연구》 32(2015).

119 기대승은 이황과 정지운의 四端七情을 호병문의 설로 설명하고(《고봉전서》 理氣四七往復書 上篇 高峯答退溪論四端七情書), 조선 후기에는 《대학장구》의 小註를 둘러싸고 큰 논란을 벌인다(이선열, 〈김창협과 김간의 지각논변〉, 《동양철학연구》 62(2010)).

경을 연구하는 과정에서 한문 문장의 이해를 돕고자 한문 밑에 써 놓은 토씨를 붙인 구결 작업을 통하여 성리학의 이해를 도왔다. 세조는 예조에 선유가 정한 사서오경의 구결과 정몽주의 《시경》의 구결을 널리 구하게 하였고,[120] 3년 뒤에 다시 권근이 《서경》과 《시경》의 구결을 정했다[121]고 한 것으로 보아, 여말선초에 이미 유교 경전인 사서오경에 대한 구결 작업이 행해진 것으로 보이고, 정몽주가 일정 부분 역할을 수행하였고, 이는 조선 초기 성리학 연구의 심화에 기여했다고 할 수 있다.[122]

당시 성리학 수용 단계에서, 정몽주는 성리학의 핵심 사상을 이해하고 리理 중심의 세계관을 견지했다. 그는 크고 작은 것이 분분히 만 가지로 다르지만, 그 속에는 제각각 분명한 이치가 들어 있다[123]고 하여 성리학이 말하는 리가 갖는 당위의 법칙을 이해하였다.

정몽주는 유학을 정통으로 보고 유학 이외의 사상을 이단, 사설邪說로 보았지만, 불교 국가 고려왕조의 관점에서 유학과 불교를 구분하면서 온건한 입장을 취하였다. 공양왕 2년 2월에 공양왕이 찬영을 왕사로 임명하려 하자, 정몽주는 "유자의 도는 모든 것이 일상의 평범한 일에 있으니, 막고 마시는 것은 남녀가 같이 행하는 바로, 지극한 이치가 여기에 있습니다. 요와 순의 도는 여기에서 벗어나지 않습니다. 행동이 조용하고 말이 묵묵하여 그 바름을 얻게 되면 곧 이것이 요순의 도이니, 처음부터 너무 높아서 실행하기 어려운 것이 아닙니다. 저 불교는 친척과 이별하고 남녀 관계를 끊어버린 채 홀로 바위굴에 앉아서 풀로 짠 옷을 입고 나무껍질을 먹으면서 관공적멸觀空

---

120 《세조실록》 권37, 11년 11월 병진, "令禮曹, 廣求本國先儒所定四書五經口訣, 與鄭夢周詩口訣."
121 《세조실록》 권47, 14년 8월 을미.
122 金恒洙, 〈16세기 士林의 性理學 理解〉, 《韓國史論》 7(1981); 〈16세기 經書諺解의 思想史的 考察〉, 《奎章閣》 10(1987).
123 《포은집》 권2, 幻庵卷子.

寂滅을 종지로 삼으니 어찌 이것이 일상의 도이겠습니까?"[124]라고 하여 유학의 일반론에 입각해서 왕사, 곧 왕의 스승을 불교의 승려로 임명하는 것을 반대하였던 것이다. 이는 윤소종이 왕사를 불교 승려로 임명하려는 것에 반대하는 것과 같은 유학자들의 일반적인 생각이다.

또한 공양왕은 구언교(3년 4월)를 내려 신하의 의견을 구했는데, 이때 정도전과 남은의 상소는 받아들이지 않았고 불교 배척 상소를 올린 김초를 죽이고자 하였다. 이때 정몽주는 불교 비판은 유학자의 항상적인 일로, 예로부터 임금은 그대로 두고 논죄하지 않았으니, 관대하신 도량으로 용서해 주라고 하였다.[125] 성리학자로서 유교와 불교의 상존을 모색하는 견해라고 할 수 있다. 불교를 국가 이념으로 하는 고려왕조를 유지하려는 태도로서 유교를 우위에 두면서 불교를 인정하는 견해라고 할 수 있다.

최근 연구에서[126] 정몽주가 사찰을 왕래하고 승려와 교류하는 모습을 보여 주는 시에서는, 불교에 신앙이나 수행에 대한 관심보다는 사찰이 일상생활과 연결된 생활의 공간이나 번잡한 일상생활에서 벗어날 수 있는 휴식 공간으로, 승려들은 존경의 대상이나 수행의 동료가 아닌 인간적인 정의를 나누는 사람들로 나타나 있다고 한다. 고려사회에서 사찰과 승려에 대한 이 정도의 접촉과 교류는 사회구성원이면 누구나 경험할 수 있는 것으로, 결코 사찰이나 승려에 대한 특별한 관심과 교류의 모습이라고 이야기하기엔 힘들다는 것이다. 또한 정몽주가 불교의 여러 용어들에 대해서도 폭넓게 이해하고

---

124 《고려사》 권117, 列傳30 鄭夢周, "王御經筵, 夢周進言曰, 儒者之道, 皆日用平常之事, 飮食男女人所同也. 至理存焉. 堯舜之道, 亦不外此. 動靜語默之得其正, 卽是堯舜之道. 初非甚高難行. 彼佛氏之敎, 則不然. 辭親戚絶, 男女獨坐巖穴, 草衣木食, 觀空寂滅爲宗, 豈是平常之道? 時王欲迎僧粲英爲師, 故夢周講及此. 然王方惑佛不納."

125 《고려사》 권117, 列傳30 鄭夢周;《고려사절요》 권35, 恭讓王(3년 7월), "夢周與同列上疏曰, …… 臣等以爲, 斥詆佛氏儒者之常事, 自古君王, 置而不論, 況以殿下寬大之量 藉爾狂生 在所優容. 乞霈寬恩一, 皆原宥示信國人. 王從之. 貂等得免."

126 최연식, 〈정몽주의 불교에 태도와 인식 재검토〉,《포은학연구》 24(2019).

있지만, 이들 용어는 철학적 개념이나 승려들만의 용어가 아닌 불교가 일반화된 당시 사회에서는 지식인이라면 누구나 쉽게 사용하는 일상적인 수준의 것이었다. 정몽주가 《법화경》·《화엄경》·《원각경》 등의 경전에 대해서 상당한 지식을 갖추고 있었다고도 이야기하지만, 그의 글에는 해당 경전의 내용이나 사상은 전혀 보이지 않고 있다. 정몽주는 불교의 기본 사상에 대해서는 일상 생활과 동떨어진 것으로서 현실 세계에 도움이 되지 않는 것이라고 비판했지만, 당시 현실에서 실제로 존재하는 불교에 대해서는 어떠한 비난도 하지 않았고 불교 세력을 배척하거나 억압하려는 모습도 보여 주지 않았다. 불교 사상의 기반을 비판하되 현실의 존재에 대해서는 별다른 문제를 제기하지 않는 것이 그의 불교에 대한 기본적 인식과 태도였다고 할 수 있다.

2) 유학적 경세론과 왕조 유지론

정몽주는 공민왕 16년 성균관에서 성리학을 같이 학습하고 연구한 유학자들과 네트워크를 형성하며 정서적 유대감과 함께 현실 정치에 참여하였다. 이들은 거의 모두가 앞서 언급한 우왕 원년 북원 사신의 영접에 반대하여 잘못된 정권과 외교정책에 뜻을 같이했다. 하지만, 이들은 이 일로 유배를 가거나 관직에서 물러나고 현실 인식과 대응 방법에서 차이를 보였다. 이숭인 등은 공민왕 대의 개혁 정치처럼 고려왕조 안에서 제도개선과 합리적인 정치운영을 모색하기도 했고, 정도전처럼 현실변화를 더 심각하게 인식하고 체제 변혁까지를 염두에 두기도 하였다. 정몽주는 전자의 입장에서 고려의 중흥을 위하여 성리학을 익힌 유학자들과 네트워크를 형성하고 중국 제도를 활용하고 고려의 제도를 정비하고자 하였다.

정몽주는 위화도회군 뒤 이성계·정도전과 더불어 개혁 목표에 필요성을 공감하고 이들과 행동을 같이했다. 1389년 4월 전제 개혁 논의에서 찬성사 정몽주는 중간에서 분명하게 의사표시를 하지 않았다.[127] 사전 개혁의 필요성을 인지하면서도 급작스러운 개혁에는 주저했던 것이다.

정몽주는 공양왕 옹립 9공신 가운데 한 사람이 되었다. 1389년 11월에 최영의 조카인 전 대호군 김저가 여흥에 있던 우왕을 복위하였다는 김저 사건이 일어나고, 이 일을 계기로 폐가입진廢假立眞의 명분으로 창왕이 폐위되고 공양왕이 옹립되었다. 정몽주는 조준·정지와 같이 우왕과 창왕을 신돈의 아들, 곧 신씨라 보고, 창왕의 즉위는 잘못된 것이므로 왕씨성을 가진 왕을 새로이 옹립해야 한다는 우왕비왕설[128]에 공감했다. 그리하여 우왕비왕설을 근거로 이성계, 정도전 등과 함께 '김저의 옥'[129]을 이유로 창왕 폐위에 찬성하였다. 창왕 폐위의 명분이 우왕비왕설이었으므로, 왕씨로 왕위계승자를 정해야 했다. 1389년 11월 정몽주는 이성계를 비롯한 7명(심덕부·지용기·성석린·조준·박위·정도전)과 함께 군사의 호위 속에 흥국사에 모여 창왕의 뒤를 이을 국왕에 대하여 논의하였다. 이들은, 우왕과 창왕은 본래 왕씨가 아니므로 종사를 받들게 할 수 없고 천자의 명도 있으니 마땅히 가왕假王을 폐하고 진왕眞王을 세워야 한다고 하였다. 그리하여 신종의 7대손으로 그 족속이 가장 가까운 정창근定昌君 요瑤를 (공양)왕으로 옹립하였다.[130]

---

127 《고려사》 권118, 列傳31 趙浚(창왕 원년 4월), "我太祖與浚·鄭道傳議革私田, 浚與同列上疏辛昌極論之, 語在食貨志. …… 都堂議利害. 侍中李穡以爲不可輕改舊法, 持其議不從. 李琳·禹玄寶·邊安烈及權近·柳伯濡, 附穡議. 道傳·紹宗附浚議. 鄭夢周依違兩開."

128 禑王은 신돈이 실각한 뒤, 공민왕이 신돈의 시비侍婢인 반야般若 사이에 아들을 낳았다고 말함으로써(《고려사절요》 권29, 恭愍王 20년 7월) 알려졌다. 그후 우禑로 개명하고 강녕부원대군江寧府院大君에 봉해졌고 백문보를 사부로 삼았다(《고려사절요》 권29, 恭愍王 22년 7월). 공민왕은 우를 죽은 궁인 한씨의 소생으로 말하고 한씨의 3대와 그의 외조에게 벼슬을 추증하였다. 우는 공민왕이 죽자 이인임과 왕안덕의 추대에 의해 10세의 나이로 즉위하였다(《고려사절요》 권29, 恭愍王 23년 9월).

129 김저의 옥은 창왕 원년(1389) 11월 위화도회군 후 여흥에 유배된 우왕과 최영의 족당인 김저와 정만후 등이 우왕의 복위를 모의를 했다는 것이다(《고려사절요》 권34, 恭讓王 (원년 11월 갑술)).

공양왕이 즉위하고 정몽주는 지용기와 함께 문하찬성사가 되었다. 이때 공양왕은 이색을 판문하부사, 변안렬을 영삼사사, 심덕부를 문하시중, 이성계를 수문하시중, 조준을 지문하부사겸사헌부대사헌, 정도전을 삼사우사로 임명하였다.[131] 공양왕과 정몽주를 중심으로 왕조를 유지하려는 유학자들은 정도전·이성계에 적극적으로 대처하였다. 공양왕이 경연관에게 중국의 고사만 알지 고려의 일은 모른다고 하자, 정몽주는 근대의 역사는 편수하지 못하고, 선대의 실록 또한 자세히 알지 못하니, 《통감강목》을 모방해서 역사를 편찬하자는 건의를 하니, 공양왕이 이색과 이숭인의 직첩을 돌려주고 실록을 편수하도록 하였으나, 시행되지 못하였다.[132]

그런데 공양왕 2년 5월 윤이·이초 사건 이후 정몽주는 정도전·이성계의 정치활동에 반감을 가지기 시작했다. 정몽주는 우왕과 창왕이 왕씨가 아니라는 것에 동의하고 정도전, 이성계 등과 같이 공양왕 옹립에 찬성하였지만, 이들의 정치활동에 거부감을 느끼게 되었고 이들과 결별하게 된다.[133] 이첨 역시 정몽주와 의견을 같이하며 정도전, 이성계 등과 거리를 두게 된다. 그 시점은 윤이·이초 사건으로 판단된다.[134] 윤이·이초 사건은 좌사의 김진양이 세 살 난 아이도 그 일이 무고임을 안다고 하듯이,[135] 그 진의를 의심받았다. 정

---

130 《고려사》 권45, 世家45 恭讓王1(즉위년 10월).

131 《고려사》 권45, 世家45 恭讓王(원년 11월 경진).

132 《고려사절요》 권35, 恭讓王(3년 정월).

133 李亨雨, 〈鄭夢周의 政治活動에 대한 一考察〉, 《史學研究》 41(1990).

134 李亨雨, 같은 논문, 85쪽; 유경아, 같은 논문, 213쪽; 이익주, 〈고려말 신흥유신의 성장과 조선 건국〉 《역사와 현실》 29(1998), 33쪽; 이 밖에 공양왕 2년 11월 무렵(민현구, 〈고려에서 조선으로의 왕조교체를 어떻게 이해할 것인가〉 《한국사시민강좌》 35(2004), 15쪽)으로 보는 견해가 있다.

135 《고려사》 권117, 列傳30 金震陽; 《고려사절요》 권34, 恭讓王(2년 6월), "憲府上疏曰, 左司議金震陽嘗語同僚曰, 彛初之事, 三歲小童, 亦知其誣. 輕論大逆, 以沮正論, 請削職遠配, 遂罷之, 其他諫官 亦皆左遷."

몽주는 공양왕에게 대사면을 청해 그 사건과 관련된 인물들이 죄가 없음을 드러냈다.[136] 계속해서 헌부와 형조에서는 윤이·이초 무리의 죄를 다스리도록 청하였지만,[137] 공양왕[138]과 정몽주는 윤이·이초 무리의 죄는 명백하지 않고 또 대사령을 내렸으니 다시 논할 수 없다[139]고 하였다. 이어 정도전 계열 간 관들의 탄핵과 이에 대한 이반 등 정몽주 계열의 탄핵이 잇달았다.

공양왕은 정몽주를 중용하여 고려국가의 수호에 노력했다. 공양왕 2년 11월 정몽주가 수문하시중과 상서시사를 겸하여[140] 인사에 참여하도록 하였다. 이 때 이성계를 살해하려 한다는 고변이 일어나고, 이성계가 중외의 모든 군 사를 통솔하고 원수들이 가지고 있던 인장을 회수하는 조치가 내려졌다.[141] 공양왕 3년 정월 삼군도총제부가 설치되고 이성계가 도총제사, 배극렴, 조 준, 정도전이 총제사가 되었으며, 이해 5월에 과전법이 시행되었다. 정도전 은 구언교(3년 4월)에 답하여 이색과 우현보를 고려 왕씨의 죄인이며 성인 의 가르침을 파괴하는 괴수라 하여 이들을 죽여야 한다는 상소를 올렸 다.[142] 하지만, 공양왕은 상소를 올린 정도전과 남은의 말은 받아들이지 않 고 불교 배척 상소를 올린 김초를 죽이고자 하였다. 공양왕 3년 7월 정몽

---

136 李亨雨, 같은 논문, 86-87쪽.

137 《고려사절요》 권34, 恭讓王(2년 7월), "憲府刑曹上疏, 請治彝初黨. 翌日臺諫復請, 皆不報."

138 《고려사》 권104, 列傳17 金方慶 金士衡, "又上疏言, 尹彝李初之黨, 皆已遠竄, 而禹玄寶權 仲和張夏慶補等, 尙在都下. 不宜罪同罰異, 請一切逐之. 王以情狀未明, 事在赦前, 不允. 又再 請, 皆不報."

139 《고려사》 권104, 列傳17 金方慶 金士衡, "唯贊成事鄭夢周言, 彝初之黨罪, 固不白, 又經赦 宥, 不可復論.";《고려사절요》 권34, 恭讓王(2년 8월), "憲府刑曹復請, 治彝初之黨, 下都堂擬 議. 鄭夢周云, 彝初之黨, 罪固不白, 又經赦宥, 不可復論. 王猶從衆議, 乃流禹賢寶權仲和慶補, 張夏于遠地."

140 《고려사》 권117, 列傳30 鄭夢周, "尋拜壁上三韓三重大匡·守門下侍中·判都評議使司兵曹·尙 瑞寺事·領景靈殿事·右文館大提學·監春秋館事·經筵事·益陽郡忠義伯."

141 이익주, 〈고려말 신흥유신의 성장과 조선 건국〉, 《역사와 현실》 29(1998).

142 《고려사》 권119, 列傳32 鄭道傳(공양왕 3년 5월), "道傳又上書都堂請誅稿玄寶曰, ……"

주와 재상들은 이른바 오죄五罪에 대한 진상을 밝히고자 함으로써 정도전 등과 대결을 시도하였고,143 마침내 공양왕 3년 9월 정도전을 봉화로 유배 보냈다.144

정몽주는 유학의 경세론을 활용하여 고려사회를 중흥시키고자 하였다. 그는 공양왕 4년에 《대명률》과 《지정조격》 그리고 고려의 법령을 참작해서 신율新 律을 제정하였다.145 공양왕은 이첨이 이를 강의하게 하였다.146 당시 고려에 들 어온 원의 법률인 《지정조격》은 그때그때 시대 변화에 따른 사회상을 반영 하는 사례 모음집의 성격을 띠고 있었다. 《지정조격》의 입법 정신은 "고금이 다른 것은 마땅하므로 반드시 서로 따를 필요가 없고, 단지 지금에 타당한 것 을 취한다"147 하였는데, 실용성은 있었으나 일관성이 없었고 서리들이 농간을 부리는 등 폐단이 많았다. 이에 고려 유학자들은 법 적용의 일시성을 비판하 고 통일된 법 적용을 모색하였고 그 과정에서 《대명률》을 주목하였다.148 다 만 혼란을 피하고자 이전까지 써오던 원의 율律과 《대명률》을 혼용하여 그 장단점을 참작하여 고려에 적용하고자 하였다.149 창왕 즉위년 9월 전법사에

---

143 《고려사절요》 권35, 恭讓王(三年七月鄭夢周與宰相上疏曰).

144 《고려사절요》 권35, 恭讓王(3년 9월).

145 《고려사》 권117, 列傳30 鄭夢周, "(공양왕 4년), 夢周取大明律·至正條格·本朝法令, 叅酌 刪定, 撰新律以進."

146 《고려사》 권46, 世家46 恭讓王2(4년 2월 갑인), "守侍中鄭夢周進所撰新定律, 王命知申事 李詹進講凡六日, 屢嘆其美, 謂侍臣曰, 此律須要熟究刪定, 然後可行於世也. 苟不熟審, 一切判付 恐有可刪之條也. 法律一定不可變更. 講至以樂人·倡妓爲室者, 杖八十離異, 政曹外敘用. 乃曰, 世實多有此等人. 深嘉納之."

147 《원사》 권20, 本紀 成宗3(4년 2월 정미), "帝曰, 古今異宜, 不必相沿, 但取宜於今者."

148 김구진, 〈대명률의 편찬과 전래 -경국대전 편찬 배경〉, 《백산학보》 29(1984); 趙志晩, 〈朝鮮初期 《大明律》의 受容過程〉, 《법사학연구》 20(1999), 9~12쪽; 김백철, 《법치국가 조 선의 탄생》(이학사, 2016).

149 《고려사》 권84, 志38 刑法1, "於是, 有建議雜用, 元朝議刑易覽·大明律, 以行者, 又有兼探 至正條格言行事, 宜成書以進."

서 원의 《지정조격》과 《대원통제》를 편찬한 뒤 중국의 속어로 《의형역람》을 만들었는데, 말이 통하지 않아 알기 어렵다고 하여 《대명률》·《의형역람》과 고려의 실정을 참작하여 시행하고, 고려와 중국의 문자, 속어를 잘 아는 자에게 지방의 관리들을 훈도하도록 건의하였다.[150] 윤해가 《통제조격》과 고려의 판지를 함께 유의하여 법을 집행하였다고[151] 하였듯이, 고려 현실을 염두에 두고 원과 명나라의 법전을 수용하였다.

처음 위화도회군 이후 조준 등은 국역부담자의 확보와 관련한 개혁 상소를 올렸다. 이들은 창왕 즉위년 7월에 전제 개혁 상소에서 가산家産화 된 사전을 혁파하고 분급 수조지에 대한 국가의 관리 통제권을 회복하여 그 운영을 정상화할 것을 주장하였다. 마찬가지로 토지의 경작자인 노비 변정을 통하여 국역부담자를 확보하려 하였다. 조준의 노비 변정책은 권호에 의해 조업 노비화된 양인 노비층을 변정하고, 공노비에 대한 대책이었다. 우왕 14년에 임견미·염흥방 일파가 제거되었고, 위화도회군 이후 권신들이 제거되었는데, 이들이 소유한 노비는 모두 공노비로 속공시키자는 것이다. 또한 각 기관별로 소속된 노비를 왕실이나 권신들에 의해 사적으로 소유하고, 공노비 쟁탈을 벌였던 것을 시정하여 계구성적計口成籍하여 공노비를 국가가 공적으로 관리하자고 했다. 창왕 원년 12월 전법판서 조인옥이 사원 노비도 공노비로 확보하여 국가의 관리 아래 두자는 것도 같은 맥락의 주장이다. 이러한 노비 변정, 호구 성적은 구가세족에 물적 피해를 주는 것이었다.

이에 견줘 정몽주는 고려 체제를 정비하고자 왕조의 노비 정책 연장선상에서 점유상 분쟁을 해결하려고 했다. 그는 기존의 노비 문서를 인정하

---

150 《고려사》 권84, 志38 刑法1 職制1(창왕 즉위년 9월), "典法司上疏曰, ……."
151 《목은집》 권18, 坡平君尹公墓誌銘并序, "…… 通制條格, 本國判旨, 留意尤深. ……."

는 가운데 소송訴訟, 상송相訟 등을 처리하는 법적 절차, 행정 절차를 정비하고, 이를 통해 노주奴主 간의 노비소유권 분쟁을 방지하려 하였다.[152] 공양왕 2년 7월 도당에서 호적법 시행을 건의하고 시행한 것 등도 이러한 맥락이다. 정몽주는 공양왕 3년 10월 이성계·김사형과 함께 인물추변도감 제조관으로 임명되었다.[153] 공양왕은 이성계와 김사형을 견제하도록 정몽주를 임명한 것이라고 한다. 공양왕 4년 2월 인물추변도감에서 노비결송책奴婢決訟策을 마련하자, 같은 달 정몽주의 의견이 반영된 도관 상소에서 노비변정책을 제시하였고, 정몽주는 독자적으로 《신율》을 편찬하였다.[154]

공양왕 4년 4월 심덕부·배극렴의 건의로 인물추변도감과 호구 성적을 폐지하였고,[155] 노비 변정 담당은 인물추변도감에서 형조 도관으로 변경되었다. 이는 조준 등이 조업노비祖業奴婢화 된 양인 농민을 변정하여 국역 부담층을 확보하고, 일천칙천一賤則賤을 고쳐 활리길사의 노비 법제, 곧 양천상혼良賤相婚 금지와 그 소생은 양인으로 삼게 하려는 것과 정반대의 정책 방향을 의미하는 것이었다. 사전 문제와 달리 노비 문제는 해결되지 않고 조선왕조가 건국되었다.[156]

---

152 공양왕 2년(1390) 7월 도당에서 "호구가 없는 양반은 고신을 내주는 것을 허락하지 않는다"라는 호적 작성 원칙을 제시하여, 정몽주는 혈통과 신분을 판별하여 천류는 물론 세계가 불분명한 인물까지 관직 진출을 금하도록 하였다고 한다. 이것을 근거로 정도전이 공양왕 3년(1391) 10월에 "가풍이 바르지 않고, 파계가 분명하지 않다"라는 이유로 탄핵 사유가 되었다고 한다. 이는 고려의 전통적 차별 관념인 일천칙천一賤則賤의 원리가 작용한 것이고, 정몽주는 고려의 노비법을 수호하는 가운데 정도전의 가계를 문제 삼았다(이종서, 〈고려말 신분질서와 정도전의 왕조교체 세력 합류〉, 《역사와 현실》 112, 2019)고 한다.

153 《고려사》 권46, 世家46 恭讓王(3년 10월), "丁卯 以我太祖及鄭夢周·金士衡, 爲人物推辨都監提調官."

154 김인호, 〈14세기 형정 계혁의 시도와 《신률》의 편찬〉, 《포은학연구》 29(2022).

155 《고려사》 권116, 列傳29 沈德符; 《고려사절요》 권35, 恭讓王(4년 4월)

156 박진훈, 〈高麗末 改革派 사대부의 奴婢辨正策〉, 《學林》 19(1997), 17쪽; 〈고려 후기 전민변정과 조선초기 노비 정책의 의의와 한계〉, 《역사비평》 122(2018).

공양왕 4년 3월에 이성계가 낙마하자, 정몽주는 대간이 조준·정도전·남은·윤소종 등을 논핵하도록 하였다. 김진양은 "정몽주·이색·우현보가 이숭인·이종학·조호를 시켜 신등에게 말하기를, '판문하부사 이성계가 자신의 공적을 믿고 권력을 휘두르다가 지금 말에서 떨어져 병이 심각하니 마땅히 먼저 우익 조준 등을 제거한 뒤에 도모할 수 있다'라고 하였다. 이에 대간이 조준·정도전 등을 처형할 것을 주장하였다. 이에 공양왕은 정도전을 광주로, 조준을 니산泥山으로 옮기게 하고, 남은·남재·조박·윤소종·오사충을 수원에 있게 하였다.[157]

그러나 정도전, 조준 등이 유배된 지 이틀 뒤 해주에 있던 이성계가 개경으로 돌아오고, 정몽주가 암살되고 김진양 등이 유배되었다.[158] 정몽주가 죽을 무렵 이방원은 이성계의 반대에도 불구하고, "때를 놓칠 수 없다"고 하여, 조영규 등 4~5인을 보내어 길에서 격살하였다. 이성계는 진노하였으나 부득이 황희석을 시켜 공양왕에게 "정몽주당이 죄인을 비호하면서 은밀히 대간을 꾀어 어진 신하들을 모함하다가 죄를 자복하였습니다. 조준·남은 등을 불러 대간과 함께 분별하십시오." 하였다. 이에 공양왕은 대간과 정몽주당을 국문하여 유배 보내고, 정몽주를 효수하고, 방을 내걸어, "거짓된 일을 꾸미고 대간을 꾀어 대신을 해치려 하였고, 국가를 어지럽혔다"라고 하였다.[159]

정몽주가 활동한 고려 말과 조선 건국기는 원·명 교체라는 국제정세 변화와 고려사회 내부의 사회 변화 변동이 심화된 시기로, 당시로서는 선진적인

---

157 《고려사》 권117, 列傳30 金震陽; 《고려사절요》 권35, 恭讓王(4년 4월), "震陽等又言, 古人曰, 去草不去根, 終當復生, 去惡不去根, 其惡長. 浚·道傳惡之根也, 誾·紹宗·在·璞, 養其根而滋蔓者也. 昨臣等上章請誅, 而惟道傳特蒙允許, 餘止貶外, 罪同罰異. 請將浚等並置極刑. 王愕然曰, 我初無誅道傳之語. 命移流道傳于光州, 浚于泥山, 誾·在·璞·紹宗·思忠, 皆聚水原."

158 《고려사절요》 권35, 恭讓王(4년 4월).

159 《고려사》 권117, 列傳30 鄭夢周.

성리학이라는 신지식을 통하여 개혁 정치를 통하여 새로운 유교국가를 모색하는 시점이었다. 정몽주는 성리학을 개혁 이념으로 삼아 정학과 이단을 구분하는 가운데 사익으로 지목된 불교를 비판하고, 경세가로서 실정에 맞는 법률 제정, 명과 일본을 왕래하며 외교 현안을 처리하는 외교가로서 정치활동을 전개하였으며, 무엇보다도 출처를 분명히 하고 절의를 다한 유학자라고 할 수 있다.

그런데 조선이 건국되고, 유교 이념이 정착되면서 정몽주는 왕조교체, 조선 건국의 반대자가 아니라, 절의라는 인륜의 최고의 가치를 실현한 인물로 재탄생한다. 즉 그는 명의 건국 시기에 명과 사대관계를 처음으로 주장하여 주나라로부터 시작된 존주 의식을 높이고, 왕조교체에 죽음으로써 맞서 유교 본래의 이념에 충실하여 유교사회를 구현하는 데 기여한 인물로 재평가되었다. 태종 원년 권근이 정몽주에 대하여 "섬기던 곳에 마음을 오로지하고 그 절조를 변하지 않아서 생명을 잃는 데에 이르렀으니, 이것이 이른바 큰 절개에 임하여 빼앗을 수 없다"[160]는 것이라 하여 추증을 주장한 이래, 정몽주–김숙자–김종직–김굉필–조광조로 이어지는 조선시대 도통의 제일 앞자리에 자리하게 되었다.

4. 맺음말

이 장은 고려왕조를 지키려 한 정몽주의 정치사상과 정치활동을 기왕의 연

---

160 《태종실록》 권1, 1년 1월 갑술, "參贊門下府事權近上書. 書曰 …… 竊見前朝侍中鄭夢周, 本以寒儒, 專蒙太上王薦拔之恩, 以至大拜, 其心豈不欲厚報於太上! 且以才識之明, 豈不知天命人心之所歸, 豈不知王氏危亡之勢, 豈不知其身之不保! 然猶專心所事, 不貳其操, 以至殞命, 是所謂臨大節而不可奪者也. 韓通死於周, 而宋太祖追贈之, 文天祥死於宋, 而元世祖亦追贈之. 夢周死於高麗, 獨不可追贈於今日乎."

구를 바탕으로 종합적으로 정리한 것이다.

정몽주는 과거에 장원급제하고 개인적 능력을 바탕으로 성장하여 갔다. 공민왕 16년(1367)에 이색 등과 더불어 성균관을 복구하고 성리학의 연구 진흥에 힘썼다. 이때 그는 같이 참여한 이색·김구용·박상충·박의중·이숭인 등과 함께 네트워크를 형성하며 동지로서 결합하였다. 정몽주는 이들과 구체적인 생활뿐만 아니라 정치 사회 생활에서 겪는 다양한 경험을 주고받았으며 정서적 유대감을 공유하고 있었고, 성리학을 매개로 세계와 자연, 인간, 사회를 설명하며 정치적 사회적 현안에 대하여 공조하거나 의견 차이를 드러냈다. 정몽주는 이러한 지식인 상호 간의 교류를 통하여 정치 사회의식을 함양하고 고려 현실을 개혁하는 논의의 중심인물로서 유교사회 실현에 힘썼다.

정몽주는 유학적 세계관과 세계관, 교화론으로 중국과 일본을 파악하였다. 그는 중화와 주변국 이민족을 이분화하여 인의 도덕이 행해지는 문명의 화華, 그렇지 않은 야만의 이夷로 파악하고, 한족 이외의 이민족을 교화의 대상으로 파악하였다. 그는 중국과 일본 사행을 통하여 천자국 명나라의 문화 문명에 대한 동경과 선망을 보이고, 중화와 이족이 하나 되어 명나라의 성교聲敎, 곧 교화에 감화하여 대동 세계로 나가고자 하였던 것이다.

정몽주는 고려 국가의 보위에 주력하고, 외교 활동을 통하여 고려의 위상을 높이고 외압에 대처하였다. 정몽주는 중국과 일본에 여러 번 사신으로 갔다(공민왕 21년, 우왕 8년, 10년, 12년, 13년). 이 가운데 우왕 8년과 13년에는 요동에 들어가지 못하고 돌아왔다. 그는 공민왕 17년에 명이 원의 수도를 함락시키자 제일 먼저 친명 사대를 주장하였고 명나라에 다섯 차례 일본에 한 차례 사신으로 파견되어 양국 사이의 현안을 해결하려고 노력했다.

정몽주는 사서오경을 핵심으로 하는 성리학을 익혔고, 성리학의 학문 방법을 가르쳤다. 이색은 정몽주가 이학을 논하는 것은 이치에 맞지 않은 것이 없는, '우리나라 이학의 조'라고 높이 평가하였다.

정몽주는 유교사회의 법제적 기반을 마련하는 데 주력하여 고려의 법과 원과 명의 법제를 참작하고자 하였다. 공양왕 3년 10월에 왕은 이성계와 정몽주, 김사형을 인물추변도감 제조관으로 임명하였다. 공민왕 4년 2월 인물추변도감에서 노비 변정책을 마련하자, 정몽주는 《대명율》과 《지정조격》 그리고 본조 법령을 참작해서 《신율》을 제정하였다. 정몽주는 기존의 노비 문서를 인정하는 가운데 소송, 상송 등을 처리하기 위한 법적 절차, 행정 절차를 정비하고, 이를 통해 노주 간의 노비소유권 분쟁을 방지하는 것에 중점을 두었다. 이는 고려왕조의 노비 정책의 연장선상에서 점유상의 분쟁을 해결하려는 안이었다. 이는 조준 등이 조업노비화된 양인 농민을 변정하여 국역 부담층을 확보하고, 양천 상혼 금지와 그 소생은 양인으로 삼게 하자는 주장과 대비되었다.

조선시대에 정몽주에 대하여, 절의라는 인륜 최고의 가치를 실현한 인물로 평가되었다. 또 중국 명과의 사대관계를 주장하여 주나라로부터 시작된 존주 의식과 유교의 정통 사상에 충실하여 유교의 본원적 이해를 깊게 하고 유교사회를 구현하는 데 기여한 인물로 인정되었다.

제3장 이숭인의 정치활동과 성리학적 예제 인식

1. 머리말

　이숭인(1347-1392)은 이색과 더불어 고려왕조를 유지하려 했던 대표적 인물이었다. 조선이 건국된 뒤 고려 말에 당을 만들어 난을 일으키려 했다는 이유로 논죄의 대상이 되었고,[1] 얼마 지나지 않아 사망하였다. 널리 알려져 있듯이, 고려에서 조선으로 왕조 교체기에 활동했던 유학자들은 다양한 삶의 궤적을 보여 준다. 정몽주처럼 왕조를 유지하는 데 헌신하거나, 정도전처럼 왕조 교체에 적극적으로 참여하기도 하고, 권근과 이첨처럼 나름의 사상적 토대에서 처음에는 왕조를 유지하려 하였다가 왕조가 교체된 뒤에는 새로운 왕조의 사상적 토대를 확립하는 데 주력하기도 하였다.

---

1 《태조실록》 권1, 원년 7월 기사, "教中外大小臣僚閑良耆老軍民. 王若曰, …… 有司上言, 禹玄寶李穡偰長壽等五十六人, 在前朝之季, 結黨謀亂, 首生厲階, 宜置於法, 以戒後來. 予尙憫之,…… 禹洪壽·姜淮伯·李崇仁·趙瑚·金震陽·李擴·李種學·禹洪得等, 收其職貼, 決杖一百, 流于遠方, ……"

이숭인은 초지일관 왕조를 유지하는 데 헌신했던 인물로 여선교체기 유학자의 한 정형을 보여 준다. 이숭인에 대한 기왕의 연구가 있기는 하지만,[2] 구체적인 삶의 내용을 뒷받침해 줄 이론적·사상적 근거에 대한 구명은 미흡하였다.

이 장에서는 이러한 점을 감안하여 이숭인의 사상을 분석하고, 정치적 활동과 관련성을 추적하여, 여선교체기 정치 사회의 변화 양상과 사상계의 동향을 살펴보고자 한다. 특히 성리학 수용기에 활동한 유학자의 사상과 행적을 살펴봄으로써, 왕조 교체기 나아가 조선왕조의 사상적 특징을 조망해 보고자 한다.

2. 개혁 세력의 결집과 정치활동

1) 개혁 세력의 결집과 분화

고려 말 성리학적 개혁을 지향한 유학자들은 공민왕 16년에 중영된 성균관에서 성리학을 매개로 결집하였다. 이색이 성균관 대사성이 되고 김구용·정몽주·박상충·박의중·이숭인 등이 교관이 되어 성균관 생도들과 더불어 성리학을 연구하고 성리학에서 제시하는 정치사회 이념을 현실에 구현하고자 노력하였다.[3] 《고려사》에는 6명이 거론되어 있지만, 〈도은문집서〉에는 정도전·윤소종 2명이 포함되고,[4] 〈정삼봉도전문집서〉에는 윤소종과 권

---

2 姜芝嫣, 〈高麗末 李崇仁의 政治活動 硏究〉, 《全州史學》 28(1995); 고혜령, 〈도은 이숭인의 생애와 역사적 위상〉, 《민족문화논총》 50(2012); 김철웅, 〈이숭인의 明 使行과 〈奉使錄〉〉, 《한국인물사연구》 20(2013).

3 《고려사》 권115, 列傳28 李穡.

4 《삼봉집》 권3, 陶隱文集序.

근이 추가되어 있다.5 정도전은 처음부터 관계하지는 않았지만, 공민왕 19
년(1370)부터 여기에 합류하였다.6 성균관 중영 당시 윤소종은 22살, 권근
은 15살임을 감안할 때 이들은 조금 늦게 합류하였을 것이다. 이들은 성리
학을 통하여 인간과 세계를 설명하고 현실로의 적용 가능성을 타진하였고,
우왕·창왕·공양왕 대를 거치면서도 지속적으로 시문을 주고받으며 인간관
계를 유지했다.

성균관 중영 당시 교류한 인물 가운데 이숭인은 여러 학자들과 폭넓게 교
제하며 네트워크의 중심에 있었다. 스승인 이색과 선배인 정몽주뿐만 아니라
나중에는 정치적 견해를 달리하게 되는 정도전과도 긴밀하게 교류하였다. 이
숭인의 일방적인 생각이 아니라 상대 인물들도 이숭인의 인품과 문장을 높이
평가하며 존중하는 모습을 보여 주었다.7 〈표 13〉에서와 같이8 성균관에서 공
부한 이들은 서로 시를 주고받으며 정감을 나눴다.9 우왕 3년에 정몽주가

---

5 《양촌집》 권16, 鄭三峰道傳文集序.

6 申千湜, 《牧隱 李穡의 學問과 學脈》(일조각, 1998), 274쪽.

7 서울 용산에는 김휘金揮가 벼슬에서 물러나 휴양하던 별장이 있었는데, 김휘가 김구용에게
   정자의 이름을 청하였고, 이숭인이 이에 대한 기문을 써주었다(《도은집》 권6, 秋興亭記).
   여기에 정도전(《삼봉집》 권5, 題秋興亭), 김구용(《척약재학음집》 권6, 秋興亭), 권근(《양촌
   집》 권7, 寄題龍山秋興亭)이 추흥정에 대한 시를 지어 동류로서 정감을 같이하였다.

8 〈표 13〉《도은집》에 보이는 이숭인과 교류 인물 왕래 시

	이숭인	이색	정몽주	정도전	김구용	박의중	권근	염정수	이집
이숭인		2	7	8	4	4	4	12	6
이색	17		19	8	9	9	2	1	22
정몽주	5	3		5	2				
정도전	6	1	6		6	1	8		5
김구용	5	2	12	5		1	1		
박의중	1	2	1		1				
권근	4	7	1	6				3	1

9 《도은집》의 약 300여 수 가운데 가장 많은 이름을 남긴 인물은 염제신의 둘째 아들이자
   염흥방의 동생인 염정수이다(권1, 重九日感懷: 권2, 鄕生朴歸父之行 民望以詩爲贐次韻: 권2,
   至日用民望韻: 권2, 民望傳郭秘丞見心歿 嗚乎 見心已矣 吾與民望流離嶺表行 且徂歲存歿 可哀

왜구 문제로 일본에 가게 되자, 이들은 시와 글로 편안한 귀로를 기약하였다.[10] 또한 이색이 이숭인을 찾아가 차를 마시며 담소하였고,[11] 이숭인과 정몽주·이집이 이색의 집을 방문하자 이색이 시를 짓고,[12] 이숭인이 이집과 함께 영은사에서 연말을 보내기도 하였다.[13] 김경지와 이숭인의 초청으로 이색은 한수와 함께 정포은의 산정에서 꽃구경을 하였다.[14] 공양왕 3년 11월에 이색이 개성으로 올라가는 길에 여강에 머물렀는데, 이색을 후하게 대접하라는 왕명으로 술자리를 같이하며 뱃놀이를 하였다. 이 모임에 이숭인은 이색·이종학·권총·권근과 함께 참석하였다.[15]

우왕 원년에 이인임과 지윤이 북원의 사신을 영접하고자 하였는데, 성균관에서 성리학을 연구한 유학자들은 뜻을 같이하였다. 이숭인은 임박·박상충·김구용·권근 등과 더불어 도당에 글을 올려 반대하다가 처벌되었다.[16]

情見于詩: 권2, 夜坐次民望韻: 권2, 次民望韻: 권2, 元日天氣淸明 可喜夜遂賦一篇呈民望: 권2, 山居卽事 次民望韻: 권2, 舟次高郵湖 憶圃隱萱庭浩亭三峰: 권2, 至日用民望韻 再賦用別韻: 권3, 絶句二十首 用唐詩分字爲韻寄呈民望待制: 권3, 用民望韻 呈天民州判 尹就四首). 이숭인과는 공민왕 9년 성균관시의 동년이고, 여동생의 남편, 곧 매부이기도 하다(《목은집》文藁 권15, 高麗國忠誠守義同德論道輔理功臣壁上三韓重大匡 曲城府院君 贈諡 忠敬公 廉公神道碑(우왕8년); 《씨족원류》瑞原廉氏(보경문화사, 1991). 염정수의 호는 民望, 자는 萱庭이고, 공민왕 20년(1371)에 이색 문하에서 급제하였다(이색은 염정수에게 기문(《목은집》文藁 권2, 萱庭記)를 써주며 격려해 주고, 《목은집》 시고에 염정수 관련 시 5개가 보인다(《牧隱集》詩藁 권18, 昨至九齋坐松下 ……; 권21, 赴廉廷秀東林讌: 권21, 病不出數日矣……; 권25, 醴泉君夫人蔡氏忌旦 ……; 권28, 賀廉代言廷秀). 우왕 14년에 염흥방과 부정과 비리를 저질렀다는 이유로 죽임을 당하였다(《고려사절요》 권33, 辛禑(14년 정월)).
10 《목은집》 詩藁 권1, 東方辭 送大司成鄭達可奉使日本國(우왕 3년); 《도은집》送鄭達可奉使日本詩序.
11 《목은집》 詩藁 권30, 訪李子安夜歸 明日 吟成一首(우왕 7년 9월–10월).
12 《목은집》 詩藁 권31, 謝壎圃隱樞相與李陶隱李遁村見訪(우왕 7년 12월).
13 《목은집》 詩藁 권31, 遁村來過云 將與陶隱 守歲靈隱寺 中菴所居也(우왕 7년 12월)
14 《목은집》 詩藁 권31, 三月十二日, 六友金敬之·陶隱李子安, ……"
15 《양촌집》 권7, 驪江宴集詩序.
16 《고려사절요》 권30, 辛禑(원년 5월); 《고려사》 권134, 列傳47 李仁任.

이때 전록생과 박상충은 유배 도중에 죽었고, 이숭인은 정몽주·김구용·염정수·염흥방 등과 함께 유배되었다.[17] 성리학의 정치이념을 통하여 대명 사대외교를 지향함으로써 북원 사신의 영접에 반대하게 되었던 것이다.

이숭인은 고려왕조를 유지하는 편에 있었지만, 새로운 왕조를 개창하려는 인물을 포함해서 두루 교류하였다. 이숭인은 김진양과 깊게 교류하였다. 공민왕 20년에 실시된 과거의 동년인 김진양을 절조 있는 인물로 높이 평가하였다. 김진양은 강개하고 뛰어났으며 시를 잘 지어 사군자와 노닐기를 좋아하였는데, 그 가운데 가장 친한 이가 도은 이숭인이라고 하였다.[18] 뒷날 김진양은 윤이·이초 사건에 대하여 3살짜리도 무고임을 안다[19]는 말로 유명하며, 왕조를 유지하는 데 주력하였고, 조선이 건국되고 나서는 당을 만들어 난을 일으켰다는 이유로 논죄의 대상이 되었다.

이숭인은 조선 개국 1등 공신인 정도전·정총과도 긴밀하게 교류하였다. 《도은집》에는 정도전에게 보낸 시 8수가 보이고, 《삼봉집》에는 이숭인에게 보낸 시 5수가 보인다. 《도은집》(300수)과 《삼봉집》(220수)에 남아 있는 시를 놓고 보면 적지 않은 수이다. 위화도회군 뒤인 창왕 원년(1388) 7월에 정도전은 《진맥도결》을 짓고 이숭인에게 설명하는 글을 부탁하였다.[20] 정도전은 이숭인의 문학적 재능을 높이 평가하며 《도은집》에 서문을 써주었다. 여기에서 "이숭인의 시문은 《시경》의 흥비興比와 《서경》의 전모에 근본했고, 영화는 예악에서 나왔으므로 도를 깊게 아는 자"라고 평가하였다.[21] 또한 정도전의 꿈

---

17 《고려사절요》 권30, 辛禑(원년 추7월).

18 《도은집》 권5, 草屋子傳.

19 《고려사》 권117, 列傳30 金震陽, "震陽語同僚曰, 彝初之事, 三歲小童, 亦知其誣."

20 《도은집》 권4, 診脈圖誌(1389년 7월), " …… 提調官三峯鄭藝文以爲醫當切脉無差, 然後處方有效, 考諸家之說, 爲圖以疏其凡, 爲訣以盡其曲, 題曰診脉圖. 俾子誌其下方. …… 洪武歲在己巳秋七月旣望. 陶隱道人李崇仁識."

21 《삼봉집》 권3, 陶隱文集序(1388년 10월), "子安氏精深明快, 度越諸子, 其聞先生之說, 默識

에 도은이 말하기를 "항상 바다를 건널 때에는 꾸린 짐들이 물에 젖게 된다면서 초췌한 기색이 있었다"는 시에서 "만리 밖에 떨어져 있는 벗님이, 밤이면 꿈에 보이네, 맥 빠진 노고의 기색, 곤궁한 나그네의 몰골이로세 …… 꿈이 깨자 더욱 측은하여 모르는 사이 두 가닥 눈물이 줄줄 흐르네"[22] 하였다. 외국에 가 있는 이숭인을 그리는 애틋한 마음이 그려져 있다. 하지만, 조선 건국 과정에서 조준·윤소종과 연대하려 한 정도전은 이숭인과 멀어지게 된다.

이숭인은 조선의 개국공신 정총(1358-97)과도 교류하였다. 예문응교로 있던 정총은 이숭인에게 자신이 거처하는 곳의 편액을 복재復齋라고 하고, 그에 대한 풀이를 요청하였다. 이에 이숭인은 《주역》의 복괘復卦를 들어 그 의미를 설명하였다.[23] 여기에서 음양으로 천지의 복이 생기고, 동정으로 성인의 복이 있고, 선악으로 보통 사람의 복이 있다. 괘가 양이 위에서 사라지면 아래서 다시 생겨나는데 천지의 순환을 의미한다. 초효에서는 멀리가지 않고 돌아온다(不遠復)고 하였고, 2효에서는 아름답게 돌아온다고 하였으며, 3효에서는 돌아오기를 자주 온다고 하였고, 4효에서는 홀로 돌아온다고 하였으며, 5효에서는 돈독하게 돌아오며, 6효에서는 돌아옴이 혼미하다고 하였다. 이는 마음을 보존하기 어려움을 말하는 것으로 수신하는 것이라 하였다. 결국 초효인 불원복不遠復을 따르고 6효의 미복迷復을 경계하면 도에 가까울 것이라 하였다.[24] 정총은 먼저 죽은 이숭인 부인에 대한 만사를 짓기

心通, 不煩再請, 至其所獨得, 超出人意表, 博極群書, 一覽輒記, 所著述詩文若干篇, 本於詩之興比, 書之典謨, 其和順之積, 英華之發, 又皆自禮樂中來, 非深於道者, 能之乎?"

22 《삼봉집》 권1, 五言古詩 夢陶隱自言, 常渡海, 裝任爲水所濡, 蓋有憔悴之色焉. "故人在萬里 夜夢或見之 草草勞苦色 瑣瑣羈旅姿 雖謂別離久 宛似平生時 淮海足波浪 道途多嶮崎 君今無羽翼 何以忽在茲 夢覺倍悽惻 不覺雙淚滋."

23 《주역》 권9, 復卦.

24 《도은집》 권4, 復齋記, "吾友藝文應敎西原鄭曼碩氏, 扁其所居曰復齋, 求余文記之. 余嘗讀易 復之一卦, 因以參考先儒之說 …… 曼碩氏識之."

도 하였다.25

　하지만, 공민왕 대 성리학을 익힌 이들은 위화도회군 이후, 창왕과 공양왕 대를 거치면서 다른 길을 걷는다. 이들은 전제 개혁논의에서 의견 차이를 보이고,26 예제나 정치개혁 그리고 불교 대응에서 엇갈린 사상과 정책을 제시하였으며 궁극적으로 조선 왕조의 개창을 둘러싸고 찬반이 갈리게 되었다. 그리하여 이색과 이숭인 등은 조선이 개창될 때 논죄의 대상이 되고,27 정도전과 조준 등은 조선왕조의 개국공신이 되었다.28

　성리학을 공유한 유학자들의 분화는 이색의 같은 제자인 이숭인과 윤소종과의 갈등에서 알 수 있다. 처음 정도전은 한산 이색을 스승으로 섬기고 정몽주·이숭인과 친구로 지냈다. 뒷날 정도전이 조준과 교류하고자 하면서 조준이 이숭인을 미워함을 알고 이숭인을 죽음에 이르게 하였다고 한다.29 이는 조준과 친밀한 윤소종이 이숭인의 높은 재능을 시기하였고30 또 이색이 이숭인을 칭찬하면서도 자기를 칭찬하지 않은 것을 싫어하였으므로 영흥군 사건이 일어나자 조준에게 참소하여 이숭인을 죽이려 했던 사실에서 연유한다는 말에서 알 수 있다.31

　이숭인(1347-1392)과 윤소종(1345-1393)은 이색 문하에서 성리학을 함께 연구하고 친밀한 관계를 유지하였다.32 우왕 5년 윤소종이 충청도 금산군 예현역에 용가龍家 할머니가 100살이 넘게 산 이야기를 이숭인에게 하자

---

25 《복재집(復齋集)》上, 李陶隱夫人洪氏挽詞.
26 《고려사》 권118, 列傳31 趙浚.
27 《태조실록》 권1, 즉위년 7월 정미.
28 《태조실록》 권1, 즉위년 9월 갑오.
29 《태조실록》 권14, 7년 8월 병진;《태조실록》 권1, 태조 즉위년 8월 임신.
30 《고려사절요》 권34, 恭讓王(창왕 원년 9월).
31 《고려사》 권120, 列傳33 尹紹宗.
32 《목은집》 詩藁 권11, 乙巳門生攜酒見訪; 詩藁 권21, 乙巳門生來享, 不可獨飮, 邀同年順興君安公, 鄭長韓簽書同席, 壯元尹紹宗醉呈小詩, 諸公皆見和. 明日讀之如夢中. 和成一首.

이숭인이 이를 시로 노래하였다.[33] 윤소종은 조부인 윤택이 이색의 부친인 이곡과 동년이자 스승으로 모셨던 인물로,[34] 공민왕 14년에 이인복과 이색이 주관한 과거에서 장원으로 급제하였다.[35] 하지만 위화도회군 전후 정도전과 결합하여 전제 개혁을 주장하고 개혁에 미온적인 인물을 비판하는 데 선봉에 섰다.[36] 공양왕 4년 4월에 김진양 등이 정도전·윤소종 등을 탄핵하면서, "윤소종과 조박은 말을 만드는 목구멍과 혀가 되어 사람들에게 형벌을 주었고 그 때문에 여러 사람이 두려워하여 원망하였다"[37]고 하였는데, 이는 윤소종이 고려 말에 조박과 더불어 정도전 계열의 입이 되어 반대파를 비판하고 개혁 정치를 추구하였던 사실을 지적한 것이다.[38]

이숭인과 윤소종은 현실 인식과 개혁 방향에 대하여 서로 다른 진영에 서 있었다. 이숭인은 우왕 대 이인임 정권 아래에서 간관으로 활약하면서 왕조의 재건에 힘쓴 반면, 윤소종은 정도전처럼 당면한 고려의 현실을 더 비판적으로 이해하고 체제 변혁을 구상하여 조준·이성계와 연합하였다. 이숭인과 윤소종은 성리학을 익혔지만 현실 인식과 그에 따른 대응 논리의 차이를 보였는데, 이는 성균관에서 같이 연구한 성리학자들의 결집과 분화의 양상을 잘 보여 주는 것이라고 할 수 있다.

---

33 《도은집》 권2, 尹憲叔來言, 錦之禮賢驛, 有龍家嫗者, 龍家卽其子也. ······ (1375)

34 《목은집》 文藁 권8, 栗亭先生逸藁序, "子少也師事先生, 起居公又擊子蒙, 紹宗爲吾門生, 揆諸義, 在所不辭."; 文藁 권18, 栗亭先生尹文貞公墓誌銘(공민왕19)(1370); 文藁, 권19, 尹母崔夫人墓誌(우왕7년)(1381); 《동문선》 권69, 尹氏墳墓記(백문보).

35 申千湜, 《牧隱 李穡의 學問과 學脈》(일조각, 1998), 128-133쪽.

36 《고려사》 권126, 列傳39 姦臣2 邊安烈, "郞舍尹紹宗李詹吳思忠等上疏曰, ······"; 《고려사》 권120, 列傳33 尹紹宗, "紹宗與同列請誅邊安烈 疏六上 從之."; 《고려사절요》 권34, 恭讓王(2년 봄정월), "郞舍尹紹宗等上書曰, ······."

37 《고려사》 권117, 列傳30 金震陽.

38 도현철, 〈高麗末 尹紹宗의 현실인식과 정치활동〉, 《東方學志》 131, 2005.

2) 이색과의 공조와 정치활동

이숭인은 스승인 이색과 급박한 정국 변동 상황에서 보조를 같이한다. 이숭인은 성산 이씨로, 아버지는 성산군 원구元具이며 어머니는 언양 김씨이다. 동생은 이숭문이고 여동생 3명은 각각 이념·염정수·김제와 혼인하였다.39 부인은 남양 홍씨 홍사보洪師普의 딸이다. 공민왕 9년에 감시에 합격하고, 공민왕 11년(1362)에 16세 나이로 과거에 합격하여 장흥고사, 예문수찬이 되었다. 과거시험의 시험관인 홍언박이 그의 좌주인데, 그는 이색의 좌주이기도 하였다.40 이숭인은 예부시의 시험관인 홍언박과 유숙의 도움을 받지 못하였다. 홍언박은 흥왕사의 변으로 죽고, 유숙은 신돈의 집권기에 모함을 받아 죽음을 당하였기 때문이다.41

공민왕 16년에 성균관이 중영될 때 이색과 더불어 성리학 진흥에 진력하였다. 이색은 성균관 대사성이 되어 정몽주를 박사로 임명하고, 김구용·박상충·박의중 등에게 학관을 겸하도록 하여 성리학을 부흥시키려 하였는데, 이숭인도 이에 참여하였다.42 공민왕 19년 8월에 이인복과 이색에게 명하여 명의 회시에 응시할 수재를 선발하게 하였을 때, 이숭인도 박실·권근·김도·류백유와 함께 선발되었지만, 25세가 되지 못하였다는 이유로 권근과 함께

---

39 《도은집》 권4, 先大夫人行狀: 《씨족원류》 星州李氏(보경문화사, 1991), 51쪽.
40 우왕 7년에 공민왕 2년과 공민왕 11년 각각 홍언박의 문생들이 좌주인 홍언박의 묘를 청소하고 제를 올렸다(《목은집》 詩藁 권30, 拜掃恩門南陽侍中墳墓). 이색은 이숭인과의 관계에 대하여 "나와 자안씨는 모두 남양공(홍언박)의 문인인 데다 성균관의 동료로 서로 어울려 지낸 지가 오래되었다"(《목은집》 文藁 권4, 陶隱齋記)고 하였다. 당시 좌주가 과거를 관장했을 때에 문생이 뒤에 합격한 문생들을 위하여 잔치를 열었는데(《목은집》 권22, 詩藁 門生盤果 …), 이는 동일 좌주 아래에 있는 여러 기수의 문생들 간의 유대 의식에서 나온 것이다(채웅석, 〈《목은시고》를 통해본 이색의 인간관계망 - 우왕3년(1377)~우왕9년(1383)을 중심으로 - 〉, 《역사와 현실》 62(2006), 77-82쪽).
41 姜芝嫣, 《高麗 禑王代(1374~88) 政治勢力의 硏究》(이화여대박사논문, 1996), 124-125쪽.
42 《고려사》 권115, 列傳28 李穡.

회시에 응시하지는 못하였다.43 공민왕 22년에 성균관 직강으로 태자 모니
노를 가르쳤다.44

이숭인은 우왕 3년에 성균사성이 되어 명에 보내는 외교문서를 작성하는
일을 담당하였다. 이색이 병든 뒤로 중국과의 외교문서는 모두 그가 전담하
였고, 그가 작성한 글을 본 명나라 태조는 "표사表辭가 자세하고 적절하다."
고 칭찬하였으며, 이색 또한 "우리나라 문장은 선배들 가운데도 子安(이숭인)
만한 사람은 없었다"45고 평가하였다. 《도은집》에는 〈하등극표〉를 비롯하여
23편에 달하는 외교 문서가 수록되어 있다.

《목은집》에는 이숭인이 이색에게 중국에 보내는 외교 문서에 대한 내용
검토를 부탁하는 글이 보인다. 우왕 5년 권근과 함께 북방에 보낼 표문을 지
은 뒤 이색에게 윤색해 줄 것을 청한 것,46 우왕 8년에 운남을 평정한 것을
축하하는 표문表文을 짓고 이색에게 자문을 구한 것47 등이 그것이다. 이
숭인이 문장에 빼어났음은 창왕 대 권근이 이숭인을 변호하면서 "명을 섬
긴 이래 표전(表箋: 황제에게 올리는 글)과 사명(詞命: 임금의 명을 짓는
글)이 이숭인 손에서 나왔고, 공민왕이 시호를 얻고 상왕(우왕)이 책봉을
받은 것은 이숭인의 문장에 힘입은 바였다"48라고 한 말에서도 확인된다.

---

43 《고려사》 권115, 列傳28 李崇仁;《고려사》 권74, 志28 選擧2 科目2 制科.

44 《고려사절요》 권29, 恭愍王4(22년 3월).

45 《고려사》 권115, 列傳28 李崇仁;《태조실록》 권1, 원년 8월 임신, "李穡病後, 事大文字,
全出其手, 高皇帝稱之曰, 表辭精切. 李穡曰, 吾東方文章, 前輩無如子安者."

46 《목은집》 詩藁 권18, 昨日, 子安·可遠修北方表章, 請予潤色, 病餘茅塞, 吟成一首, 將以舒堙
鬱也(우왕 5년 7월).

47 《목은집》 詩藁 권32, 子安來議賀平雲南表(우왕 8년 6월).

48 《고려사》 권115, 列傳28 李崇仁;《고려사절요》 권34, 恭讓王(창왕 원년10월), "簽書密直
司事權近上疏論救崇仁曰, …… 惟我國家, 臣事大明以來, 表箋詞命, 多出崇仁之手. 恭愍得諡上
王襲爵, 皆崇仁文章之力也. 得免歲貢金銀馬布, 亦崇仁之力也. 皇帝屢稱文章之美, 謂我國有人物
者, 亦是崇仁之功也. 崇仁文章, 簡潔高古, 開世挺生中國罕, 有國家詞命, 不可不使此人掌之也."

이숭인은 우왕 6년에 서연을 열어 성학聖學에 힘쓸 것을 제안하고, 필요 없는 도감류를 폐지할 것 등[49] 중앙 관제를 정상적으로 운영하려는 개혁안을 내놓았다.[50] 우왕 7년 1월에는 모친상을 당하여 경산으로 내려갔다가, 우왕 8년 4월 상호군으로 국자감시의 시관이 되어 이승상 등 99인을 선발하였다.[51] 우왕 12년 9월 문하평리 김주와 함께 하정사로 명나라에 갔고,[52] 우왕 13년 6월에는 명나라 관복을 입을 것을 요청했다.[53] 우왕 14년 봄 이숭인은 최영의 문객 정승가가 이인임의 인척이라는 이유로 통주로 내보냈는데,[54] 이는 그가 최영의 요동 정벌에 반대하였기 때문이라고 한다.[55]

이숭인은 스승인 이색의 뜻을 존중하고 정치 행동을 같이했다. 이숭인이 재실의 이름을 도은이라 짓고 이에 대한 기문을 이색에게 청하였다. 이색은 "옛사람 가운데 조정에 몸을 숨긴 자는 영관伶官과 한나라 때의 골계滑稽, 저잣거리에 몸을 숨긴 자는 연나라의 도구屠狗와 촉나라의 매복賣卜이며, 진나라 죽림竹林, 송나라 말년에 소계苕溪이다. 우리나라에는 근세에 들어서 농은 최해, 초은 이인복, 야은 전녹생이 은자隱字를 호로

49 《고려사》 권115, 列傳28 李崇仁.

50 《고려사》 권75, 志29 選擧3 銓注 選法(諫官李崇仁等言); 凡宦寺之職(諫官李崇仁言); 凡選用守令(諫官李崇仁等言); 朴宰佑, 〈高麗 恭讓王代 官制改革과 權力構造〉, 《震檀學報》 81(1996), 71~72쪽; 李益柱, 《高麗·元關係의 構造와 高麗後期 政治體制》(서울대 박사논문, 1996), 241~247쪽.

51 《고려사》 권74, 志28 選擧2 科目2 國子試之額(우왕 8년 4월). 이색은 제자인 이숭인 시관이 된 것을 기뻐하며 공정하게 인재 선발을 기약하였다(《목은집》 詩藁, 東堂知貢擧興寧安公·開城尹公·成均試員李崇仁, 落點狀下. 稿聞之 ……); 권32, 成均試員李陶隱, 以四月朔試士. 天甚晴, 擧子無避濕, 喜而吟成一首.(8년 4월)).

52 《고려사》 권136, 列傳49 辛禑4(12년 9월).

53 《고려사》 권117, 列傳30 鄭夢周, "(우왕)13년 與河崙·廉廷秀·姜淮伯·李崇仁, 建議革胡服, 襲華制."; 《고려사절요》 권32, 辛禑(13년 6월).

54 《고려사절요》 권33, 禑王(14년 3월).

55 姜芝嫣, 〈高麗末 李崇仁의 政治活動 硏究〉, 《全州史學》 28(1995).

썼다. 이숭인도 도은이라 하여 은자를 호로 하였는데, 학문과 문장으로 이미 세상에 알려진 이숭인에게는 적합하지 않다. 《주역》에 "천지가 막히면 어진 이가 숨는다"고 하였는데, 지금은 밝은 임금과 어진 신하가 서로 만나서 옳고 그른 일을 따져가며 이상 정치가 행해지는 시기이므로 이숭인에게 용기를 가지고 현실에 적극 참여하라고 당부"하였다.[56]

이숭인은 이색이 이곡의 뜻에 따라 대장경을 조성하여 사찰에 봉안하는 불사를 서원하였다는 사실을 기문으로 남겼다.[57] 이곡이 자신의 부모를 추모하려는 뜻을 이루지 못하고 죽고 연이어 이색의 모친과 공민왕이 죽자, 이색은 공민왕의 명복을 빌고 아버지의 뜻을 기리고자 대장경 불사를 시작하였다. 하지만 혼자 힘으로 감당할 수 없자 나옹의 제자들 도움으로 우왕 8년 4월 대장경을 인쇄하여[58] 신륵사에 보관하였으며 절 남쪽에 2층 전각을 세웠다고 기록하고 있다. 성리학자로서 불교에 비판적일 수밖에 없었음에도 스승인 이색의 부탁에 따라 기꺼이 기문을 썼던 것이다. 사실 이숭인은 "불교는 맑고 깨끗하고 높고 미묘하여 한 점의 티끌도 젖지 않고 만물에 우뚝 솟아 현자·지자들이 본래부터 이미 즐겼다"한 것[59]에서 확인되듯 불교에 대해 우호적이었다. 이숭인은 이색과 더불어 불교에 대한 긍정적 인식을 한 결과였다.[60]

---

56 《목은집》 文藁 권4, 陶隱齋記.
57 《도은집》 권4, 驪興郡神勒寺大藏閣記.
58 《목은집》 詩藁 권28, 送懶翁弟子印大藏海印寺(우왕 7년 정월).
59 《도은집》 권4, 驪興郡神勒寺大藏閣記, "乃言曰, 佛氏之道, 淸淨高妙, 不霑一塵, 超出萬物, 賢智者, 固已樂之矣."
60 이 밖에 이숭인은 역사 편찬에 관여하였다. 우왕 10년에 정몽주와 함께 실록을 편찬하도록 했는데, 권문들과 연회를 즐기고 편찬 사업을 게을리하여 여론이 좋지 않았다(《고려사》 권115, 列傳28 李崇仁)고 한다. 공양왕 3년에는 이색과 함께 주자의 《통감강목》에 근거하여 실록을 편찬하도록 명령받았다(《고려사절요》 권35, 恭讓王(883쪽) ; 《고려사》 권117, 列傳30 鄭夢周).

창왕 원년(1388) 10월에 이색과 함께 중국에 가서 감국과 자제의 입학을 청하였다.[61] 이숭인은 이색이 명나라의 감국으로 고려의 군신관계를 분명히 하고 정도전 세력을 견제하려는 뜻에 부응하였던 것이다. 하지만 이색은 자신의 생각을 명나라 홍무제에게 전달하지 못하고, 창왕의 명 입조도 이루어지지 않았다. 이로써 구래의 군신관계를 명확히 하고, 명의 감국을 통해 왕조를 수호하려던 이색과 이숭인의 시도는 실패하고 말았다.

정도전 등은 이색과 이숭인 등의 왕조 유지론에 적극 대처하여 이들을 탄핵하였다. 창왕 10월에 이숭인은 간관 오사충 등의 탄핵으로 경산부로 유배되었다.[62] 우왕 대 이인임 정권 때 아첨하여 붙었고, 모친상에도 시관을 맡았으며, 이색과 더불어 명 사행 길에 올랐을 때 상업행위를 하여 사신으로서 절조를 잃었고, 종친 영흥군 왕환을 모함하여 인륜을 저버렸다는 것이 그 이유였다.[63] 권근이 구명하는 상소를 올렸지만 받아들여지지 않았다.[64]

---

61 《고려사절요》 권33, 禑王(창왕 즉위년 10월) ; 《고려사》 권137, 列傳50 辛禑(창왕 즉위년 10월), "遣侍中李穡, 簽書密直司事李崇仁, 如京師賀正, 請王官監國. 又請子弟入學, 自玄陵之薨, 天子每徵執政大臣入朝, 皆畏懼不敢行."; 《고려사절요》 권34, 恭讓王(원년 10월), "判門下府事李穡, 乞退, 不允. 穡又上箋曰, 臣於去歲, 賀正京師, 副使崇仁, 今被彈劾流竄, 臣不敢自安, 乞辭職事, 不允. 下敎賜酒慰諭."

62 〈표 14〉 이숭인의 유배 내용

시기	경과	전거
우왕 원년(1375) 7월	북원 사신 영접 반대로 경산부로 유배되었다가, 우왕 3년 7월 소환	《고려사절요》 권30, 辛禑
우왕 14년(1388) 3월	이인임의 인척이라는 이유로 통주로 유배되었다가, 위화도회군 이후 복직	《고려사절요》 권33, 辛禑
창왕 원년(1389) 10월	구성우 등에 의한 비판	《고려사절요》 권34, 恭讓王
공양왕 2년(1390)	윤이 이초 사건에 연루되어 5월에 청주옥에 갇혔다가 11월 수재로 방면	《고려사절요》 권34, 恭讓王
공양왕 4년(1392) 4월	정몽주 당여로 4월 순천으로 유배	《고려사절요》 권35, 恭讓王

63 《고려사》 권115, 列傳28 李崇仁, "諫官具成佑·吳思忠·南在·沈仁鳳·李堂等上疏劾崇仁曰 ……": 《고려사절요》 권34, 恭讓王(창왕 원년 10월), "諫官吳思忠等, 劾藝文館提學李崇仁曰, ……."

얼마 뒤 김저 사건으로 공양왕이 즉위하고 우왕비왕설이 제시되면서 우왕과 그 아들 창왕을 옹립한 인물들에 대한 비판이 제기되었다. 간관들은 네 가지로 이숭인을 탄핵하였다. 송친을 모함하고, 모친상 중에 시관이 된 것, 명에 사신으로 가 이익을 다툼으로써 사신의 체면을 손상시켰다는 것, 영흥군 사건 때 도피하였다는 것이었다.[65] 이에 공양왕은 국문하지 말고 직첩을 회수하도록 하였다. 공양왕 원년 12월 정도전 계열 인물들은 이색 등을 비판하면서 이숭인과 하륜에 대해서도, 전에는 이인임의 심복이었다가 뒤에는 이색의 간사한 꼬임에 넘어가 창왕이 중국에 조견하도록 하였다고 비난하였다.[66]

공양왕 2년(1390) 5월의 윤이·이초 사건과, 11월의 이성계 살해계획이 알려지면서 이숭인은 이색과 더불어 또 한번 탄핵을 받게 된다. 윤이·이초의 옥은 명에게 고려로 출병할 것을 요청한 사건으로, 이에 연루된 인물은 이숭인과 이색·이림·우현보·권근·우인렬·정지·이종학·이귀생·권중화 등이다. 서경천호 윤귀택이 이성계를 살해하려 모의하다가 발각되었는데, 심덕부·지용기·정희계·박위·윤사덕·이빈·이무·진원서·이옥 등이 연루되었다.[67]

왕조를 유지하려는 공양왕과 정몽주·이숭인 등은 정도전 계열의 움직임에 적극적으로 대처하였다. 이들은 윤이·이초의 옥이 무고임을 표방하였고,[68] 공양왕은 구언교(3년 4월)를 내려 신하의 의견을 구했는데, 상소를 올

64 《고려사절요》 권34, 恭讓王(즉위년 12월).

65 《고려사》 권115, 列傳28 李崇仁, "郞舍復上疏曰, ……."

66 《고려사절요》 권34, 恭讓王(즉위년 12월); 《고려사》 권115, 列傳28 李崇仁, "臺諫, 交章上疏曰, …… 李崇仁·何崙, 前爲仁任腹心, 後徇穡姦計, 以督辛昌朝見, 而欲立辛禑, 以永絶列聖之血食, 罪不容誅者也, ……."

67 《고려사절요》 권34, 恭讓王(2년 11월).

68 《고려사》 권117, 列傳30 金震陽, "震陽語同僚曰, 彝初之事, 三歲小童, 亦知其誣."

린 정도전과 남은의 말은 받아들이지 않고 불교 배척 상소를 올린 김초를 죽이고자 하였다. 공양왕 3년 7월 정몽주와 재상들은 정도전 등과 대결을 시도하였다.[69] 공양왕 3년 2월에 정몽주는 안사공신, 이색과 우현보는 각각 한산부원군과 단산부원군이 되었는데, 이숭인은 공양왕 4년 1월에 지밀직사사 동지춘추관사가 되었다. 그리고 조준·정도전·남은·윤소종 등이 탄핵되었다. 그러나 이성계가 낙마하고, 정몽주가 살해되면서 이숭인은 순천으로 쫓겨났다가 조선 개창 후 이색과 더불어 논죄의 대상이 되었고 황거정에 의하여 나주에서 죽었다.[70]

3. 성리학적 예제 인식과 예론

1) 성리학 수용과 예제 인식

이숭인은 유학을 형이상학적으로 보완한 성리학을 받아들여 수기치인, 곧 수기, 수양을 통하여 평천하를 이루는 것, 구체적으로 성인·군자가 되어 요순이 다스리는 이상사회를 지향하였다. 이는 《대학》의 팔조목에 입각한 수양 방법과 현실 참여 방법을 제시한 것이다. 당시 한양부윤의 아들인 박장朴葍에게 주는 글에서 이러한 성리학의 수양 방법을 제시하였다.

나는 생각하건대 옛날에는 소학이 있고 대학이 있었는데, 사람이 태어나면 8세부터 15세까지에 물 뿌리고 청소하며 응대하는 일로부터 시작하여 격물·치지·성의·정심·수신·제가·치국·평천하의 도에 이르게 하여, 결코 질서가 문란하

---

69 《고려사절요》 권35, 恭讓王(三年七月鄭夢周與宰相上疏曰).
70 《태조실록》 권1, 원년 8월 임신.

지 아니하므로 사람이 학문을 하는 길이 근본이 있고 학문을 이루기도 쉬웠는데, 후세에 와서는 학교의 제도가 명확하지 못하여 절차를 무시하고 등급을 건너뛰어, 마침내 소득이 없고 말았을 뿐이다.

옛날에 내가 군이 독서하는 것을 보고, 또 나이에 맞추어 배워 가는 것을 봐서 군의 배움이 진실로 옛 제도에서 얻음이 있는 것을 알았다. 군의 나이 지금 15세라, 물뿌리고 청소하고 응하고 대하는 것은 거의 마쳤을 것이나, 격물·치지·성의·정심·수신·제가·치국·평천하의 도에는 앞으로 강명할 점이 있을 것이다.[71]

이숭인에 따르면, 사람은 물 뿌리고 청소하며 응대하는 일상적인 일부터 시작하여 격물, 곧 사물의 이치를 탐구하고 사람의 도리를 알아, 집을 가지런히 하고 나라를 다스리며 천하를 화평하게 일로 나아가도록 해야 한다는 것이다. 주지의 사실이듯이, 《소학》은 아동에 대한 기초교육[禮樂射御書數]과 일상적인 윤리규범[灑掃應對進退]을 가르치고, 《대학》은 이를 기초로 궁리정심, 수기치인의 도를 가르치도록 한다[72]는 것인데, 이러한 성리학에 입각한 인간론, 수양론을 받아들이고 있었던 것이다.

이숭인은 공민왕 11년에 과거에 합격하여 성리학의 기본 경전인 사서오경을 익혔고,[73] 공민왕 16년에 성균관에서 이색·정몽주·김구용·박상충·박의중 등과 함께 성리학을 연구하였다. 이때 이숭인은 정몽주·정도전·김구용·

---

71 《도은집》 권4, 朴生詩序, "予惟古者有小學焉, 有大學焉. 人生自八歲而十有五, 其所以洒掃應對, 以至於格致誠正脩齊治平之地. 截然不可紊, 故人之爲學也有本, 學之成也易, 後世學制未明, 陵節躐等, 終無所得焉而已矣. 昔予見生所讀書, 且使之年, 知生之學固有得於古也. 生今十有五歲矣, 洒掃應對則其庶乎, 格致誠正脩齊治平之道, 將有所講明也."

72 《대학장구》 序, "人生八歲, 則自王公以下, 至於庶人之子弟, 皆入小學, 而敎之以灑掃應對進退之節, 禮樂射御書數之文. 及其十有五年, 則自天子之元子衆子, 以至公卿大夫元士之適子與凡民之俊秀, 皆入大學, 而敎之, 以窮理正心修己治人之道."

73 충목왕 즉위년(1344)에 과거 시험과목으로 初場에 六經義·四書疑, 中場에 古賦, 終場에 策問이 정해진다(《고려사》 권73, 志27 選擧1 科目1(충목왕 즉위년 8월)).

김제안과 서로 친하게 벗하여 강론을 쉬는 날이 없었다고 한다.[74] 이숭인 표현에 따르면, 학생들이 늘어 재실과 행랑이 가득 차서 수용하기 어려울 정도였고, 이것이 7, 8년 동안이 지난 공민왕 23년까지 지속되었다.[75]

앞서 언급했듯이, 우왕 원년에 북원 사신 영접을 반대하다 3년 동안 유배 생활을 한 이숭인은 우왕 3년 성균사성에 임명되었다. 성균관에서 학문 연구를 재개하려고 했지만, 성균관은 이미 많이 쇠락되어 있었다.[76] 이숭인은 개인 서재를 마련하여 당시로서는 선진적인 성리학 연구에 매진하였다. 학교 교육, 유교 교육은 풍화의 근원이 되고 국가의 치난이 연유하는 근원이다. 관학의 역할이 부진했던 당시로서는 사학의 개인 서재가 발달하여 개인 독서실로서 활용되다가 자연에 둘러싸인 독서장이나 학생들을 가르치는 교육장으로 기능하고 있었다. 이는 당시 서재의 발달과 그를 통한 흥학 활동으로 나타나기도 하였다.[77]

이숭인의 스승인 이색은 "갑신년 진사인 구사평丘思平은 선주善州의 화곡華谷에 서재를 두고 생도 30여 명을 가르치는 일을 즐거워했다"[78]고 기술하고 있다. 조선 태종 대 권근은 고려의 학교를 언급하면서 "전조에서는 외방에 한량 유신이 사적으로 서재를 두어 후진을 교육하고 스승과 생도가 각기 편안함을 얻어서 학업을 이루었다[79]"고 하였다. 이숭인은 옛사람들은 학문하는

---

74 《고려사》 권112, 列傳25 李存吾, "與鄭夢周·朴尚衷·李崇仁·鄭道傳·金九容·金齊顔, 相友善, 講論無虛日, 大爲人稱賞."

75 《도은집》 권4, 贈李生傳, "昔者烏川鄭丈達可, 仁山崔丈彦父, 密陽朴丈子虛, 爲敎官成均, 子亦猥廁其列七八年."

76 《도은집》 권4, 贈李生傳.

77 李秉烋, 〈麗末鮮初 科業敎育－書齋를 중심으로〉, 《歷史學報》 67(1975); 李秉烋·朱雄英, 〈麗末鮮初 興學運動〉, 《歷史敎育論集》 13·14(1990); 김호동, 〈여말선초 향교교육의 강화와 그 경제적 기반의 확보과정〉, 《대구사학》 61(2000); 정순우, 〈麗末鮮初 '私置書齋'의 역할과 성격〉, 《정신문화연구》 33-4(2010).

78 《목은집》 詩藁 권24, 甲申進士丘思平, 子少也從之游, 乖離已久, 不知存亡久矣. …….

데 서울에 대학이 있고, 작은 고을에는 상庠이 있으며, 큰 고을에는 서序라
는 학교가 있고, 집에는 숙塾이 있었는데, 서숙이 없어진 뒤 재사齋舍가 만
들어졌다고 하였다. 곧 서재가 만들어졌다는 것이다.[80] 이숭인은 이러한 서재
에서 서울에 있는 친구가 생각나서 시를 짓고[81] 이를 서재 벽에 쓰기도 하
였다.[82]

이숭인은 성리학적 예제의 시행에 적극적이었다. 국가례와 함께 사가私家
의 예인 관혼상제를 실행할 것을 주장하였다. 고려 후기에는 성리학을 통한
유학적 세계관과 인간관이 이해되는 것과 아울러 구체적인 생활 의례로서
주자와 정이천의 예가 이해되고 있었다.

옛날에는 오직 천자와 제후만이 신주가 있고 대부와 사는 신주가 없었다. 제사
를 지낼 때는 자리를 펴서 신을 의지하게 할 뿐이었다. 정이천이 만든 예제에는
대부와 사도 신주가 다 있고 고조까지 제사를 지낼 수 있게 되어 있으니 이는
제후의 예를 참용한 것이다. 또 동지에 시조를 제사 지내고 입춘에 선조를 제사
지내는 것 등은 천자체협天子禘祫의 예를 참용한 것이다. 주자가 처음에는 정이천
의 예를 따라서 이 두 제사를 지내다가 뒤에 그것이 참례라는 것을 깨닫고 마침
내 다시 제사 지내지 않았다. 지금 와서는 더군다나 봉건제도가 없어졌으니, 고금
의 시의時宜를 잘 참작하여 3품 이상은 옛 제후와 같이하여 제사를 4대까지 지내
되, 봉국이 없으니 신주가 없어야 하고, 6품 이상은 대부의 예와 같이 하고, 7품

---

79 《태종실록》 권13, 7년 3월 戊寅, "吉昌君權近上書, …… 一前朝之時, 在外閑良儒臣, 私置書
齋, 教訓後進, 師生各得所安, 以成其學. 今者師儒, 或爲他州教授, 遠離家屬, 廢棄生業, 皆欲苟
免, 生徒逼赴其鄉校, 不得自便受業, 守令或役以書寫之務, 名爲勸學, 實多廢弛. 自今在外儒
臣, 私置書齋教訓者, 毋敢定爲他州教授, 生徒毋令强赴鄉學, 監司守令仍加勸勉, 使各安居講學,
以裨風化."

80 《도은집》 권4, 復齋記, "古之人肄業, 必有其地. 若國之有學, 黨之有庠, 術之有序, 家之有塾是
已. 自家塾之廢, 而齋舍作焉. 夫旣齋而名之, 旣名而稱述之."

81 《도은집》 권3, 山齋有懷京都諸友 因寄一絕.

82 《도은집》 권3, 題齋居壁.

은 상사의 예와 같이 하고, 8품과 9품은 중사·하사의 예와 같이 해야 할 것이니, 이렇게 하게 되면 거의 이치에 맞을 것 같다. …… 혹 어떤 이는 "예는 시대에 적합하도록 제정하므로 더하는 것과 덜하는 것이 있다. 대부와 사가 신주를 두는 것은 정이천이 정한 예에서 시작되었고 또한 의리에는 해가 없다. …… 응당 정이천이 정한 예를 따라서 행해야 할 것이다" 하였다.[83]

《예기》에 따르면 천자와 제후만이 신주神主가 있고 대부와 사는 신주가 없었는데, 정이천이 시의를 참작하여 대부와 사에게 신주를 마련하도록 하고, 고조까지 제사를 지내도록 한 것은 제후의 예를 참용한 것이다. 또한 동지에 시조를 제사 지내고 입춘에 선조를 제사 지내도록 허용한 것은 천자 체협天子禘祫의 예를 참용한 것이다. 주자도 처음에는 정이천의 예를 따라서 이 두 제사를 지내다가 뒤에 그것이 참례라는 것을 알고는 다시 제사 지내지 않았다. 지금은 봉건제도가 없어졌으므로, 고금의 시의를 잘 참작해야 한다. 따라서 3품 이상은 옛 제후와 같이하여 제사를 4대까지 지내되, 봉국이 없으니 신주가 없어야 하고, 6품 이상은 대부의 예와 같이하고, 7품은 상사의 예와 같이하고, 8품과 9품은 중사·하사의 예와 같이해야 할 것이라고 하였다. 이는 품계에 따라 봉사대수를 정한 것으로 《대당개원례》를 따르는 입장이다. 이숭인의 이 글은 오징이 왕의백王儀伯의 질문에 답한 내용을 거의 그대로 기록한 것[84]으로, 품계에 따라 봉사 대수를 제한한 것은 고례인 《예

---

83 《도은집》 권5, 大夫士廟祭議, "古者惟天子諸侯有主, 大夫士無主. 祭則設席以依神而已. 伊川所制之禮, 大夫士皆有主, 皆得祭及高祖, 僭諸侯之禮也. 全若冬至祭始祖, 立春祭先祖, 則僭天子禘祫之禮矣. 故朱子初亦依伊川禮, 舉此二條, 後覺其僭, 遂不復祭. 後世既無封建, 則斟酌古今之宜. 三品以上, 得如古之諸侯, 祭及四世, 但既無封國, 則不當有主. 六品以上, 如大夫禮, 七品如上士禮, 八品九品如中士下士禮, 如此庶幾近之. …… 或曰, 禮隨時制宜, 有損有益. 大夫士有主, 自伊川所定之禮始, 亦無害於義. …… 則只當且因循, 伊川所定之禮, 行之."

84 《오문정집(吳文正集)》 권2, 答王參政儀伯問(《影印文淵閣四庫全書》 集部 136, 1197권 31-32쪽), " …… 第四節, 古者惟天子七廟, …… 古者惟天子諸侯有主, 大夫士無主, 祭則設席以依神

기》와 이를 반영한 《대당개원례》를 따른 것이다.

오징(1249-1333)[85]은 원 관학 성리학과 거리를 둔 인물이다. 그는 강서 지역의 주자―황간黃幹―요노饒魯―정약용程若庸으로 이어지는 성리학의 계보에 있으면서 상산학의 영향을 받았다. 오징은 주자학의 폐해를 비판하고, 진순陳淳, 요노饒魯의 논의는 암기하고 문장 짓는 세속의 학문과 다르지 않다고 지적하였다.[86] 오징의 학문적 성격에 대해서는, 주륙화회朱陸和會, 곧 성리학의 격물궁리설에 바탕을 두면서 그 위에 육학陸學 심학의 각오覺悟의 체험을 도입한 주륙朱陸 절충이라고 하거나,[87] 덕성에 근본을 주는 방법[88]과 주경主敬을 강조한 것에서 주자학으로 보아야 한다[89]는 견해가 있다. 어느 경우든 오징은 정통 주자학에서 벗어나 상산학象山學의 영향을 받았다는 사실에는 변함이 없다. 즉 오징의 학문은 주자학과 다르며 예론 역시 차이를 보인다. 품계에 따라 봉사 대수를 제한하는 오징의 주장을 원용한 이숭인의 〈대부사묘제의〉 역시 4대 봉사를 주장하는 《주자가례》와는 다른 것이다.

위화도회군 이후 이성계, 정도전 등은 주자학에 입각한 개혁을 추진하였고, 예제 정비를 추진하였다. 그런데 기본 방향은 오징의 영향을 받은 이숭인의 주장인 품계에 따라 봉사대수를 정하는 방식이었다. 그리하여 공양왕 원년 12월에 조준은 대부 이상은 3세, 6품 이상은 2세, 7품 이하 서인

而已. …… 則只當且因循, 伊川所定之禮行之."

85 吳澄의 字는 幼淸(혹은 伯淸), 호는 초려. 撫州路 崇仁縣(江西省) 사람이다(《송원학안》 제6책, 권92, 草廬學案; 石田和夫, 〈吳草廬と鄭師山 -元代陸學の一展開-〉, 《哲學年報》 39(1980); 福田殖, 〈吳澄小論〉, 《文學論輯》 32(1986).

86 《오문정집》 권40, 尊德性道問學齋記(影印文淵閣四庫全書 集部 136, 1197권).

87 候外廬, 〈饒魯, 吳澄의 理學과 歷史 地位〉, 《宋明理學史》(人民出版社, 1984)/박완식 옮김 (이론과 실천, 1995); 福田殖, 〈吳澄小論〉, 《文學論輯》 32(1986).

88 《송원학안》 제6책, 권92, 草廬學案, "爲學者言, 朱子于道問學之功居多, 而陸子以尊德性爲主, 問學不本于德性, 則其蔽必偏于言語訓釋之末. 故學必以德性爲本, 庶幾得之."

89 홍원식, 〈권근의 성리설과 그 철학사적 위치〉, 《韓國思想史學》 28(2007).

은 부모에게만 제사 지내고, 가묘를 세우고, 삭망에는 반드시 제물을 올리고, 출입 시에는 반드시 고하고, 기일에는 제사를 지내며 이날 말을 타고 손님을 접대하는 것을 금지하였다.[90] 이 상소문은 그대로 반영되어 공양왕 2년 2월에 제례에 관한 규정을 정하여 대부 이상은 3세, 6품 이상은 2세, 7품 이하 서인은 부모에게만 제사 지내도록 하였다.[91] 그리고 6개월 뒤에 사대부제의를 널리 행하게 하여, 4중월에 증조고비曾祖考妣, 조고비祖考妣, 고비考妣 3대를 제사 지내고 정작자가 제주가 되며, 외조부모, 처부모의 제사를 주제할 수 없는 경우에는 정조正朝·단오·중추 기일에 제의로 제사 지내며, 행례 의식은 《주자가례》를 기본으로 행하도록 하였다.[92] 봉사 대수를 품계에 따라 정하는 규정은 《경국대전》에도 반영되었다.[93]

그런데 조준은 《주자가례》의 품계에 따라 봉사 대수를 정하여 대부 이상은 3세, 6품 이상은 2세, 7품 이하 서인은 부모에게만 제사 지내도록 하겠다고 하였고, 공양왕 2년의 〈대부사묘제의〉 역시 《주자가례》에 입각하여 품계에 따라 봉사 대수를 정한다고 하였지만, 이는 사실과는 다른 주장이다. 《주자가례》는 품계와 관계없이 4대 봉사를 하는 것으로 규정하고 있기 때문이다.

정이천은 천자에서부터 서인에 이르기까지 신분에 관계 없이 4대 봉사를 주장하였다. 오복제에서 상복을 입는 것이 4대(고조)까지라는 것과 천자가

---

90 《고려사》 권118, 列傳31 趙浚; 《고려사절요》 권34, 恭讓王1(원년 12월).

91 《고려사》 권63, 志17 禮5 吉禮小祀 大夫士庶人祭禮, "恭讓王二年二月 判大夫以上祭三世六品以上祭二世, 七品以下至於庶人止祭父母, 並立家廟, 朔望必祭, 出入必告. 四仲之月, 必享食新, 必薦忌日必祭. 當忌日不許騎馬出門, 接對賓客, 其俗節上墳許從舊俗. 時享日期 一二品每仲月上旬, 三四五六品仲旬, 七品以下至於庶人季旬."

92 《고려사》 권64, 志17 禮5 大夫士庶人祭禮, "恭讓王二年八月庚申朔, 頒行士大夫家祭儀. 四仲月, 祭曾祖考妣祖考妣考妣三代, 嫡長子孫主祭. 衆子孫親伯叔父及子孫堂伯叔祖及子孫, 並於主祭家與祭, 與祭者之祖考, 不得與享此祭者, 則別作神主, 各於其家奉祀. …… 行禮儀式, 一依朱文公家禮, 隨宜損益. …… 自今中外, 遵守以成禮俗, 其中有人情事勢不便者, 不必拘宗法.

93 《경국대전》 禮典, 奉祀, "文武官六品以上祭三代, 七品以下祭二代, 庶人則只祭考妣."

7묘이고 제후가 5묘이지만 친묘는 신분에 관계없이 4대라는 것이 그 근거였다.[94] 《주자가례》[95] 또한 4대 봉사를 견지하였다. 《주자가례》의 핵심인 사당에는 4대까지 선조의 위패를 모시게 되어 있기 때문이다. 이에 따르면 정이천의 주장을 《주자가례》가 반영한 것이다. 그 점에서 조준의 상소와 공양왕 2년의 〈대부사묘제의〉 그리고 이를 채택한 《경국대전》에서 봉사 대수를 품계에 따라 3대(증조)까지로 설정한 것은 고례古禮와 비슷하며 《주자가례》와는 다른 것이다.[96]

이숭인과 조준, 오징과 정이천, 그리고 《주자가례》가 서로 다른 것은 성리학적 예제 수용상의 과도기적 모습이라 생각된다. 품계에 따라 봉사 대수를 제한하는 것과 품계에 관계없는 4대 봉사를 주장하는 논의는, 송과 원의 학자들이 중국이 처한 상황과 이에 대한 예론 이해 방식에서 유래된 것이었고, 송과 원의 다양한 성리학적 예제를 수용한 이숭인과 조준 역시 고려사회에 적용 문제를 고심하는 과정에서 혼선을 보인 것으로 생각된다.

뒤에 이숭인은 이색 등과 논의하는 과정에서 주자학에 입각한 예설을 충실히 반영하는 태도를 취한 것으로 보인다. 이숭인은 공양왕 2년에 원나

---

94 《이정유서》 15-145, "雖庶人必祭及高祖, 比至天子諸侯, 止有疏數耳."; 《이정유서》15-170, "自天子至於庶人, 五服未嘗有異, 皆至高祖服. 旣如是, 祭祀亦須如是, 其疏數之節, 未有可考, 但其理必如此. 七廟五廟, 亦只是祭及高祖, 大夫士雖或三廟二廟一廟或祭寢廟, 則雖異, 亦不害祭及高祖. 若止祭禰, 只爲知母而不知父, 禽獸道也. 祭禰而不及祖, 非人道也."; 《이정유서》 18-232 (상-240) "几物知母而不知父, 走獸是也. 知父而不知祖, 飛鳥是也. 惟人則能知祖, 若不嚴於祭祀, 殆與鳥獸無異矣."; 《이정유서》 22-47(상-285): 又問, "祭起於聖人之制作以敎人否?" 曰, "非也. 祭先本天性, 如豺有祭獺有祭鷹有祭, 皆是天性, 豈有人而不如鳥乎? 聖人因而裁成禮法, 以敎人耳." 又問, "今人不祭高祖, 如何?" 曰, "高祖自有服, 不祭甚非. 某家却祭高祖."

95 梶村秀樹, 〈家族主義の形成に關する一試論〉, 《朝鮮史の構造と思想》(1982); 高英津, 〈15, 16세기 朱子家禮의 施行과 그 意義〉, 《韓國史論》 21(1989); 장동우, 〈朱熹 禮學에서 《朱子家禮》의 位相과 企劃 意圖〉, 《정신문화연구》(2000, 가을).

96 장동우, 《經國大典》 禮典과 《國朝五禮儀》 凶禮에 반영된 宗法 이해의 특징〉, 《한국사상사학》 20(2003), 176-177쪽.

라 사람 진호陳澔가 쓴 《예기집설》을 상주에서 간행할 때 발문을 썼다.[97] 진호의 예설은 주자의 예설을 충실히 계승한 것이라고 한다. 이 무렵 이색은 권근에게 "예경이 진나라 때 분서焚書로 없어지고, 한나라 때 유학자들이 타고 남은 나머지를 주워 모아 수집한 순서에 따라 기록하였다. 따라서 그 글에 순서가 잘못된 것이 많아 완전하지 못하다. 이정과 주자가 《중용》과 《대학》을 널리 알리고 또 두 편의 잘못된 편제를 바로잡았지만, 다른 편까지 미치지 못하였다. 내가 일찍이 존비尊卑의 차이, 길흉吉凶의 구분, 그리고 일반적으로 통용하는 말의 사례 등을 토대로 유형별로 나누어 모아 내가 공부하는 데 편하게 하고 싶었지만 아직 진행하지 못하였다. 네가 힘을 기울여야 하겠다."고[98] 말한 바 있다. 권근처럼 이숭인은 스승인 이색의 뜻에 부응해서 진호의 《예기집설》의 간행에 참여했던 것으로 생각된다.

《예기집설》은 선유가 《의례》와 《예기》 가운데 《대학》과 《중용》만을 드러내어 도학의 연원이 되었다는 것을 밝히는 한편으로 《예기》에 대한 정현의 주가 참위설을 받아들였고 공영달의 소疏가 정현의 설만 따랐다는 것을 지적한다. 그러면서도 《예기》 각 편의 내용이 도학의 측면에서 볼 때 순박純駁의 정도가 일정하지 않다는 것과 《예기정의》의 내용 가운데 타당한 것, 곧 참위설에 근거하지 않는 것들에 대해서는 정론으로 인정한다.[99] 이것은 주석의 주안점이, 정현-공영달의 《예기정의》 체제를 비판적으로 수용하고, 주자가 《대학》과 《중용》에서 행하였던 주석의 방식을 따라 나머지 편들에

97 《도은집》 권5, 進重刊陳澔集說禮記箋.
98 《예기천견록》 권1, 曲禮上 "愚嘗學禮於牧隱之門, 先生命之日, 禮經亡於秦火, 漢儒撦拾煨燼之餘, 隨其所得先後而錄之. 故其文多失次, 而不全. 程朱表章庸學, 又整頓其錯亂之簡, 而他未之及. 予嘗欲以尊卑之等, 吉凶之辨與夫通言之例, 分門類聚, 以便私觀而未就爾, 宜勉之."
99 《진씨예기집설》, 禮記集說序, "儀禮十七篇, 戴記四十九篇, 先儒表章庸學, 遂爲千萬世道學之淵源. 其四十九篇之文, 雖純駁不同, 然義之淺深同異, 誠未易言也. 鄭氏祖讖緯, 孔疏惟鄭之從, 雖有他說, 不復收載, 固爲可恨. 然其灼然可據者, 不可易也. 然其灼然可據者, 不可易也."

대해서 그 도학적 의리를 드러내는 것에 있음을 보여 준다. 즉 진호는 주자로부터 이어지는 자신의 학통에 입각하여 도학의 의리적 측면에서 《예기》를 주석하려 하였다는 것이다. 권근은 진호의 《예기집설》에 입각해서 주자의 예론과 예제를 종합·정리함으로써 성리학적 예제의 수용상 혼란을 마무리하였다.[100]

고려 후기 원으로부터 성리학적 예제를 수용하던 시기에, 학자들은 성리학의 문제의식에 충실한다는 공감대를 가지고 있으면서도, 구체적 실천 의례에 관한 지식적 측면에서는 상이한 이해를 보이고 있었다. 이숭인은 처음에는 오징의 주장을 따라 품계에 따라 봉사대수를 정하는 입장을 취하면서도, 주자의 예학적 이론을 충실하게 따른 진호의 《예기집설》을 간행할 때 발문을 썼고, 조준은 《주자가례》에는 품계와 관계없이 4대 봉사를 규정하고 있는데도 《주자가례》에 따라 봉사 대수를 제한하는 주장을 하기도 하였다. 이러한 예제 상의 견해 차이는 권근이 주자의 예설에 근거해서 《예기천견록》을 저술함으로써 일단락되었다고 할 수 있다.

2) 예론과 예제 논의

이숭인은 창왕 즉위년(1388) 10월에 이색과 함께 중국에 가서 감국과 자제의 입학을 청하였다. 그런데 돌아온 뒤 간관 오사충 등으로부터 탄핵받아 경산부로 유배되었다. 탄핵은 두 번에 걸쳐서 이루어졌는데,[101] 탄핵 이유 가운데 하나는 모친상 중에도 시관을 맡았다는 것이다.

정도전 계열 사대부들은 위화도회군 이후 대간을 장악하고 개혁 상소를

---

100 이봉규, 〈권근(權近)의 경전 이해와 후대의 방향〉, 《韓國實學研究》 13(2007).
101 《고려사》 권115, 列傳28 李崇仁, "諫官具成佑·吳思忠·南在·沈仁鳳·李堂等上疏劾崇仁曰, ……"; "郎舍復上疏曰, ……"

지속적으로 올렸지만, 자신들을 경계하며 명에 감국과 창왕의 입조를 요구하는 이색 등에 대한 비판과 제거의 필요성을 절감하였다.[102] 이에 간관들은 이색을 비롯한 자신들 정치활동에 방해가 되는 인물들을 비판하게 되는데, 이숭인도 그 대상이었다. 간관들에 따르면 이숭인은 성품이 간사하고 탐욕스러우며 언행이 간교해 국가를 운영할 수 있는 인물이 아닌데도, 사소한 문필의 재간을 가지고 헛된 명성을 얻어 오랫동안 국가 요직에 있었다. 이인임 정권 때 그의 심복이 되어 권세를 부리고 불법을 자행했다. 게다가 부모상을 당하면 3년이 차지 않으면 시관이 될 수 없는 것이 국가 제도인데도, 모친상(우왕 7년 1월)을 당했으나 시관이 되기를 바랐고, 시관이 되어서(우왕 8년 4월)도 조복朝服을 입고 시험에 임할 수 없었으므로 상시常侍에서 한 단계 낮은 상호군으로 시험을 집행하였다는 것이다.[103] 그리고, 어머니가 죽은 지 겨우 100일이 지나자 고기를 먹고 태연자약하여 인간이 인간으로서 지켜야 할 도리를 저버렸으니 이는 불효라고 비판하였다. 또한 이숭인은 이색과 함께 중국에 사신으로 갔을 때, 상인처럼 물품을 매매해서 사대부의 염치를 훼손하였다[104]고 하였다.

간관들이 이숭인을 비판하자, 권근은 이를 변호하는 상소를 올렸다. 권근은 이숭인 비판에 대하여 다섯 가지로 나누어 반박하였다. 첫째, 이숭인이 모친상 중에 감시 시관이 된 것은 살아 있는 부의 뜻에 따른 결과라고 하였다. 어머니가 돌아가신 뒤 아버지가 자기 생전에 아들이 감시 시관이 되

---

102 이익주, 〈고려말 신흥유신의 성장과 조선 건국〉,《역사와 현실》29(1998), 27-28쪽.

103 《고려사》권74, 志28 選擧2 科目2 國子試之額.

104 《고려사》권115, 列傳28 李崇仁;《고려사절요》권34, 恭讓王(창왕 원년 겨울 10월), "諫官具成佑·吳思忠·南在·沈仁鳳·李堂等上疏劾崇仁曰, …… 臣等竊惟, 崇仁性稟姦貪, 言行邪佞, 才無經國, 慮不及遠, 但以文墨末藝, 出身盜名, 久居樞要. 往者, 仁任用事, 旣爲黨比, 堅昧盜國, 又爲腹心, 頗張威福, 恣行不法. 父母之喪, 未滿三年, 不得掌試, 國家之制也. 而崇仁爲散騎常侍, 當母憂, 求爲監試試官. 而不可以朝服試之, 故以常侍高官, 降求上護軍, 以掌其試. 且母死, 纔踰百日, 啗肉自若, 以毀人紀, 是不孝也. ……"

는 것을 보고자 하여 기복제를 통해 감시의 일을 맡도록 권유하였다는 것이다. 둘째, 이숭인이 불충하다는 것은 영흥군의 진위에 관한 것인데, 이숭인은 나라의 구법을 믿고 왕의 판단을 믿어 변명하지 않았을 뿐이지 다른 뜻은 없었다고 하였다. 헌사에서 추궁하자 도망한 것은 비겁한 일이기는 하나 충성심이 없다거나 임금의 명령을 거역한 것이 아니며, 천성이 선량하여 친구를 매우 좋아하였고 우연히 박가흥과 이웃하여 연루된 것뿐이라고 하였다. 셋째, 중국에 가서 손수 물품을 구입하였다는 것은, 이숭인이 인척인 진모라는 사람과 저잣거리를 다녔을 뿐인데도 이를 부풀려 이숭인을 비방하였다는 것이다. 명과의 외교 문서, 공민왕의 시호, 우왕의 왕위계승에 관한 글은 모두 이숭인의 문장이며, 금은, 말, 포목 등 세공을 면제받은 것 역시 이숭인의 능력으로 보상받은 것이니 소인의 음해를 믿지 말라고 하였다. 넷째, 친한 이를 친애하고 어진 이를 높이는 것은 천하 국가의 대경으로, 영흥군의 진위를 처리하는 것은 친한 이를 친애하는 방도를 세웠다고 할 수 있다. 이숭인은 오랫동안 시강으로 전하의 신하인데, 이숭인을 중상하는 것은 어진이를 존중하는 뜻이 아니라고 하였다. 이숭인을 비방하는 자는 군자를 모함하는 소인이므로 이들을 무고죄로 다스려야 한다고 하였다.[105] 다섯째, 예로부터 현명하고 재능이 있으면 과실이 있어도 덮고 더욱 정진하도록 한다. 죄가 있더라도 공이 있으면 면해 주는데 하물며 이숭인처럼 죄가 없는데도 죄를 준다면 어질고 재능 있는 자를 높이는 뜻이 아니라고 하였다.

　권근의 다섯 가지 변론 가운데 예론·예제와 관련하여 주목되는 부분은 두 가지이다. 하나는 모친상에 시관이 되었다는 이른바 부모와 군주에 대한 존중의 선차성 문제이다. 이숭인은 모친상을 당하여 상중에 있었으나 시험관이 되었는데, 그 이유는 늙고 병든 아버지가 생전에 아들의 영화를 보고

---

105 《고려사》 권115, 列傳28 李崇仁.

자 했었다는 것이다. 원래 상중에는 벼슬에 나갈 수 없고, 국왕이 명령하는 경우에만 벼슬할 수 있었지만, 이숭인은 이를 어기고 아버지의 뜻을 따랐다. 이러한 태도는 혈연을 기초로 한 가족관계를 우선시하고 인정·사은을 중시하는 것이다. 의나 공으로 맺어진 인위적(비혈연적) 유대감을 중시하고 이에 파생되는 공적 관계를 내세우는 것과 대비되는 태도라고 할 수 있다.

원래 유교의 예를 구성하는 원리로는 혈연관계를 중시하는 친친親親과 인위적인 인간관계를 중시하는 존존尊尊이라는 두 측면이 있다. 앞의 것은 혈연을 매개로 한 가족관계를 중심으로 사회관계를 설명하고 혈연에 따른 인정이나 사은私恩을 중시한다. 뒤의 것은 혈연보다는 인위적이고 2차적인 인간관계를 중심으로 사회관계를 설명하고 공의, 공공성을 강조한다. 이 두 측면은 결합되어 있지만 강조점의 차이는 있다.[106]

고려 말 이곡·이숭인·권근 등은 혈연을 매개로 하는 가족 중심의 인간관계를 중시하였다. 중국 한나라 때 요서 지방을 방비하던 조포라는 관리가 있었다. 이민족이 침입하여 어머니와 처자식이 인질로 잡히자 이민족을 공격하여 격퇴시켰으나, 그의 어머니와 처자식은 그 와중에서 죽게 되었다. 그러자 조포는 어머니와 처자식의 장례를 치르고 스스로 목숨을 끊었다. 이에 대하여 이곡은 조포가 "어머니를 죽이면서도 공적을 세우는 것이 충이라는 것만 알았지 자신을 보전하며 어버이를 섬기는 것이 효라는 것을 몰랐다"라고 비판하였다. 자신을 보존하며 어버이를 섬기는 것이 진정한 효라는 것이다. 그에 따르면 조포는 관직을 버리고 인질로 잡힌 어머니를 구해 은둔하여 섬기는 것이 합당하다는 것이다. 즉 국가의 공적인 관계, 또는 군신관계보다는 혈연을 매개로 한 부모와 가족관계가 우선이라는 것

---

106 이봉규, 〈규범의 근거로서 혈연적 연대와 신분의 구분에 대한 古代儒家의 인식〉, 《泰東古典研究》 10(1993); 장동우, 《禮記》의 成立에 관한 一考察 -禮의 正當化에 관련된 두 相異한 論點을 중심으로-〉, 《哲學》 69(2001).

이다.

혈연적 유대감의 강조는 군주를 혈연관계의 연장을 파악하고, 절대적인 군주관으로 표현된다. 혈연으로 맺어진 관계는 끊으려야 끊을 수 없는 절대적인 인간관계로서, 사회관계가 의리로 맺어졌기 때문에 의리가 맞지 않으면 언제든지 떠날 수 있는 것과 대비된다.[107] 그러므로, 혈연관계로 비유된 인간관계, 사회관계를 중시했다는 것은 그 관계는 끊을 수 없는 영원한 관계, 불변의 관계로 파악했다는 것이다. 그러므로 혈연관계로 비유된 임금과 신하의 관계는 절대 불변의 인간관계가 되므로 영원하고 변경할 수 없는 관계가 된다. 이숭인은 고려왕조의 군신관계를 혈연관계의 연장에서 파악하고 절대 관계로 파악했다. 선왕인 공민왕의 말에 복종해야 했고 군주에 대한 충성은 절대적이었다. 고려의 많은 문제점을 인식하면서도 결국 고려왕조를 부인하지 못하고 충신으로 남을 수밖에 없었던 이유는 여기에 있다고 할 수 있다.

또 하나 주목되는 부분은 이숭인이 불효를 했다는 비판에 대해 반박하는 부분이다. 이숭인이 모친상 중에 감시 시관이 된 것은 아버지의 간절한 소망에 따른 결과라고 해명하였다. 즉 어머니가 돌아가시자, 늙고 병들어 그 생명이 조석에 달려 있던 아버지가 자기 생전에 아들이 감시시관이 되는 것을 보고 싶어 하였기에 기복제를 통하여 감시의 일을 맡게 되었다는 것이다. 아버지를 위하여 어머니에 대한 의무를 차마 다하지 못한 것을 불효라고 한다면 자기만을 생각하여 부모의 소망을 무시하는 것이 도리어 참된 효도라는 결과가 된다고 역공한다. 아버지를 사랑하는 정리情理에서 행동한 사실을 고려하지 않고 드러난 현상만을 놓고 불효라고 하는 것은 잘못이라고 하였다.

---

107 혈연으로 맺어진 인간관계는 끊을 수 없는 절대 관계이지만, 의나 공으로 맺어진 관계는 군주와 신하의 관계처럼 의가 맞으면 결합되고 안맞으면 떠나는 가변적인 존재가 된다 (爲人臣之禮 不顯諫 三諫而不聽則逃之 子之事親也 三諫而不聽 則號泣而隨之,《예기》曲禮 下).

정도전 계열에서는 다시 권근의 글을 반박하였다. 기복은 예부에서 주관하고, 왕명을 받들어 중서성, 간원諫院·헌사憲司의 순서로 이첩하고, 다시 예부로 돌려 결정하는 데 이는 인재를 긴급히 쓰기 위한 것이다. 이숭인은 간관인 상시常時인데도 스스로 상호군으로 낮추어 시관이 되었고, 길복을 입고 명륜당에 앉아 고기를 먹으면서 영예를 자랑했으니 이는 금수와 같은 행동이며 인륜을 저버린 것이라고 하였다.[108] 얼마 뒤 창왕 원년 11월에 김저 사건으로 공양왕이 즉위하고 우왕비왕설이 제기되면서 우왕과 그 아들 창왕을 옹립한 인물들에 대한 비판이 제기되었다. 정도전 계열의 간관들은 다시 네 가지를 근거로 이숭인을 탄핵하였다. 종친을 모함한 것, 모친상 중에 시관이 된 것, 명 사신 때 이익을 다툼으로써 사신의 체면을 손상시켰다는 것, 영흥군 사건 때 도피하였다는 것이 그것이다.[109]

여기에서 논점은 이숭인이 모친상 중이었는가 아니면 모친상을 끝낸 상태였는가 하는 것이다. 이숭인은 간관으로 정3품인 산기상시 재직 중에 모친상을 당한 뒤 1년 3개월 만에 상호군으로 직급을 한 단계 낮추어 시관이 되었다. 이 과정에서 이숭인은 고려 제도인 기복의 절차를 밟았다. 즉 아버지든 어머니든 어느 한쪽이 돌아가시면 삼년상을 지내도록 규정된《개원례》나《주자가례》에 따라서가 아니라, 아버지가 살아 있을 때 어머니가 돌아가시면 1년상을 지내도록 한《의례》의 규정에 근거하여, 어머니가 돌아가신 지 1년이 지났다는 사실이 참작되었다. 이러한 사실은 권근이 이숭인을 변호하는 글에서도 확인 가능하다.

고려시대에는 관리가 부모상을 당하면 3년상을 입도록 되어 있지만, 삼년단상제가 시행되어 3년상을 지내되 100일만 집에서 상복을 입도록 하였

---

108 《고려사》 권115, 列傳28 李崇仁, "諫官上疏論近日, 臣等上疏論崇仁罪, 殿下命憲司鞫之, ……."

109 《고려사》 권115, 列傳28 李崇仁, "郎舍復上疏曰, ……."

다.[110] 또한 기복제도가 마련되어 국가 위급 상황에서는 마지못해 관직에 나갈 수 있는 길을 열어 놓았다. 그러나 제도 취지와는 달리 관리의 기복은 점차 무질서하게 확대되고 있었다.[111]

고려 후기에 성리학이 수용되고 《주자가례》가 보급되면서 삼년상 시행이 강조되었고, 공민왕 6년 이색이 3년상제 시행을 건의하자 이것이 받아들여지게 되었다.[112] 하지만 "3년상을 준행하는 사람은 만 명에 한 명에 지나지 않는다"는 인용문의 기술처럼 제대로 시행되지는 못하고 있었다. 3년상을 철저하게 준행하지 못했다고 도의적인 비판을 받을 수는 있지만, 정상적인 기복 절차를 거쳐 시관이 된 이숭인의 행동은 법적으로는 아무 문제도 없어 보인다.

여기서 주목할 만한 사실은 이숭인이 시관이 된 근본적인 동기가 논란이 되고 있다는 사실이다. 즉 모친상을 치르는 가운데 시관으로서 과거시험 집행을 '불효'라고 규정하는 간관의 비판이나, 살아계신 아버지의 소망에 따른 것이었다고 변호하는 권근의 주장 모두 이 문제에 관한 한 효 관념을 논거로 제시하고 있다는 것이다. 기복이라는 형식적 조건을 충족했는가 하는 것이 논의의 초점이 아니라, 한편에서는 어머니에 대한 효를 다 했는가 하는 것이 문제가 되고, 다른 한편에서는 어머니에 대해 효를 다 하는 것과 아버지에 대한 효를 다 하는 것 사이에 무엇을 우선적으로 고려할 것인가 하는 것이 중심이었던 것이다.

그 점에서 보면 정도전 계열이든, 이숭인과 그를 변호하는 권근이든 충을 효 관념의 연장으로 이해하고 사적인 부자의 인륜을 더 우선시하는 사고를

---

110 李弼相, 〈高麗時代 服制의 研究〉, 《韓國史論》 2(1975), 186쪽.

111 《목은집》 文藁 권7, 贈金判事詩後序.

112 《고려사》 권64, 志18 禮6 凶禮 五服制度, "恭愍王六年十月辛巳, 諫官李穡等, 請行三年喪, 從之."

읽을 수 있다. 아울러 효는, 자신이 소속된 종族에만 적용되는 사적인 성격을 가지는 것이면서도 국가의 관점에서 보면 충의 관념과 함께 국가 구성원의 기본적 관계 의식으로서 사회규범의 토대가 되는 공적 성격을 갖게 되는데, 《주자가례》의 수용과 실행이 확산 심화되면서 예의 윤리에 부합하는 처신이 공적 정치과정으로서 의미를 획득해 가는 양상을 이 논쟁은 잘 보여주고 있다고 하겠다.

이 상소는 당시의 정치적 역학 관계에서 제시된 것이다. 탄핵 상소를 올린 시기는 창왕 원년으로 이숭인이 시관이 된 우왕 8년에서 6년이나 지난 시점이고, 기복제는 국가가 위급한 시기에 급히 인재를 쓰기 위한 것인데 과연 이숭인이 기복의 대상이 될 만큼 국가에 필요한 인재인가를 문제 삼는 지극히 주관적인 근거를 제시하고 있다.

반면에 권근은, 이숭인이 명과 외교에서 표문과 전문을 모두 짓고, 공민왕 시호를 얻거나 우왕이 왕위계승하게 한 것, 금·은·말·포목 등 세공을 면제받은 것은 모두 이숭인이 문장의 재능을 발휘하여 얻은 것이라고 하였다. 명 황제가 이숭인을 높이 평가하여 고려에 인재가 있음을 인정한 것도 이숭인의 공이라고 하였다. 그리고 상소 중에 "지금 관직에 있는 자로 부모가 모두 죽고 난 뒤 3년 안에 왕의 명을 받았다고 하고 과거에 합격하여 중요한 관직에 올라 사람에게 형벌을 주고 죽이면서 부끄럽지 않게 여기는 사람이 있다"[113]고 하였는데, 이는 부모상에도 기복한 조준을 가리키는 것이라 한다.[114] 이숭인에게 적용하였던 논거를 가지고 조준 역시 불효라고 역공하였던 것이다.

---

113 《고려사》 권115, 列傳28 李崇仁, "簽書密直司事權近上疏論救崇仁曰, …… 今之仕者, 或有父母俱歿, 三年之內, 冒干口傳, 赴試登第者, 或有踐華要坐府司, 刑人殺人, 不以爲愧者, 不審, 此人父母俱歿, 爲誰榮乎? 爲自己也. 爲父忍母, 猶爲不孝, 爲自己忘父母, 得爲眞孝乎?"
114 《고려사》 권115, 列傳28 李崇仁, "大司憲趙浚, 時起復故, 以父母歿三年內, 踐華要坐府司 等語, 爲己發也, 深銜之."

결과적으로 간관이 이숭인을 비판하거나 이숭인을 옹호하는 과정에서 제기된 논의는 효 자체의 문제를 더 심화시키는 방향으로 진행되기보다는 당시 정국 상황에서 정치적 주도권을 둘러싼 논쟁의 성격이 강했다. 그와 같은 맥락에서 권력의 역학 관계에 따라 이숭인은 경산부로 유배를 떠나는 것으로 마무리되었다.

그럼에도 이 논쟁은 당시 성리학이 국가의 정치이념으로 받아들여지는 과정에서 불거진 유의미한 논란의 하나로서, 유교 윤리의 핵심 명제인 효에 대한 성리학적 이해와 이를 실행하고자 마련된 《주자가례》와 3년상제의 적용을 두고 토론한 것이라는 점에서 의미를 찾을 수 있다. 이 논의는 성리학적 예제를 실행하려는 권근(1352-1409)과 그의 제자 허조(1369-1439)[115]의 예론으로 발전하고, 조선시대의 성리학적 사회질서를 이루는 데 기초가 되었다고 할 수 있다.

4. 맺음말

고려 말 성리학을 수용하여 왕조를 유지하려 했던 이숭인의 정치활동과 성리학 사상의 특징을 살펴보려는 것이 이 장의 목표였다.

이숭인은 공민왕 11년(1362)에 과거에 합격하였고, 공민왕 16년에 성균관이 중영될 때 이색을 중심으로 성리학 연구에 참여하였고, 정도전, 정몽주 등 여러 학자들과 교제하며 네트워크의 중심에 있었다. 우왕 원년에 이숭인은 북원의 사신을 영접하고자 하였을 때, 반대하다가 유배되었다. 우왕

---

115 金海英, 《朝鮮初期 祭祀儀禮 연구》(집문당, 2003); 鄭景熙, 《朝鮮前期 禮制 禮學 硏究》(서울대 박사논문, 2000); 한형주, 〈許稠의 태종—세종대 國家儀禮의 정비〉, 《민족문화연구》 44(2006); 姜文植, 〈태종—세종대 許稠의 禮制 정비와 禮 인식〉, 《震檀學報》 105(2008).

6년에 필요없는 도감류를 폐지하라는 등 중앙 관제의 정상적인 운영을 기하는 개혁안을 제시하였다. 우왕 12년에 관복을 중국의 제도로 고칠 것을 요청했으며, 스승인 이색의 뜻에 따라 중국에 가서 감국과 자제의 입학을 청하였다.

이숭인은 성리학적 예제의 시행에 적극적이었고, 주자가례를 품계에 따라 실행할 것을 제안하였다. 공양왕 원년 12월 조준의 상소와 이를 채택한 공양왕 2년의 〈대부사묘제의〉는 대부 이상은 3세, 6품 이상은 2세, 7품 이하 서인은 부모 등 품계에 입각하여 봉사 대수를 정하는 것이다. 이는 《주자가례》가 품계와 관계없이 4대 봉사를 따르는 것과 다르다. 이숭인은 처음 오징의 품계에 따라 봉사 대수를 정하는 방식을 받아들였지만, 이색 등과 논의하는 과정에서 주자학에 입각한 예설을 충실히 따랐다. 이숭인은 공양왕 2년에 주자의 예설을 충실히 계승한 진호가 쓴 예설을 상주에서 간행할 때 발문을 썼다.

이숭인은 이색과 함께 고려왕조를 유지하려 하였고, 정도전 등의 탄핵을 받았다. 창왕 원년 10월에 간관 오사충 등이 탄핵하여 경산부로 유배되었다. 이인임 정권 때 아첨하여 붙었고, 모친상에도 시관을 맡았으며, 이색과 더불어 명 사행 길에 상업행위를 하여 사신으로서 절조를 잃었고, 종친 영흥군 왕환을 모함하여 인륜을 저버렸다는 것이 그 이유였다.

여기에서 주목되는 것은, 이숭인이 모친상에도 시관을 맡았다는 점이다. 국가에서 부모상을 당하면 3년상을 마친 뒤에 시관이 될 수 있는데, 시관이 되고자 한 단계 낮은 상호군이 되었다는 것이다. 권근은 이를 변호하여 이숭인이 모친상 중에 감시 시관이 된 것은 살아 있는 아버지 뜻에 따른 결과라고 하였다. 어머니가 돌아가시고, 아버지가 늙고 병들어 그 생명이 조석에 달려 있었는데 조심스럽게 생전에 아들이 감시 시관이 되는 영화를 보고자 하였다는 것이다. 국가에서 이를 받아들여 감시의 일을 맡게 하였는데, 이숭인이 부친을 사랑하는 생각을 살피지 않고 허물이 있다는 것은 잘 못이라고 하였다.

논쟁은 효를 실현하는 과정에서 돌아가신 어머니를 먼저 생각할 것인지, 살아 있는 아버지의 뜻을 존중할 것인지 우선성을 두고 벌어진 것으로, 어느 경우든 부모를 소중하게 생각하는 마음에는 변함이 없다. 이제 효는 특정한 개인이나 가족에서 국가에 대하여 자신이 소속된 종宗에만 적용되는 사적인 성격을 가지면서, 국가에서 보면 충의 관념과 함께 국가 구성원의 기본적 관계 의식으로서 사회규범의 토대가 되는 공적 성격을 갖게 된다. 여기에 인간의 기본 규범인 효 충의 천리로서의 성리학 윤리적 성격이 드러난다.

이숭인을 둘러싼 당시 정국에서의 논의는 사실 그 자체보다 개혁 방안을 둘러싸고 자파가 상대방에 대한 우위를 내세우려는 성격이 강했다. 권근은 상소 중에 지금 관직에 있는 자로 기복하여 대사헌을 맡고 있다는 것은 조준을 말한 것이다. 공양왕 옹립 당시에 정도전, 조준 등은 이색 세력을 제거하려고 하였는데, 이 와중에 이숭인이 인재도 아닌데 기복한 것은 잘못이라고 보는 것이다. 결국 간관이 이숭인을 비판하고 권근이 이숭인을 옹호한 논의는, 효 자체의 문제보다는 당시 정국 상황에서 정치 주도권을 둘러싼 논쟁의 성격이 강했고, 권력의 역학 관계에서 이숭인은 경산부로 유배를 떠나게 되었다.

이 논쟁은 당시 성리학이 국가의 정치이념으로 받아들여지는 과정에서 불거진 논란의 하나이다. 다시 말하면. 유교 윤리의 핵심 명제인 효에 대한 성리학적 이해와 이를 실행하기 위한 《주자가례》와 3년상제의 적용 문제라고 할 수 있다. 이 논의는 성리학적 예제를 실행하려는 권근, 허조의 예론으로 발전하고 조선시대의 유교사회를 성립시키는 데 기여했다고 할 수 있다.

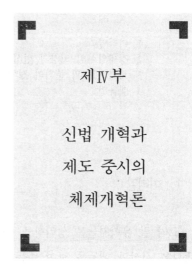

제IV부

신법 개혁과
제도 중시의
체제개혁론

제1장 윤소종의 경세의식의 고양과 정치개혁론

1. 머리말

고려 말 유학자들은 성리학을 수용하여 개혁 정치를 지향하였는데, 모두 똑같은 사상과 행동을 보여 주는 것은 아니었다. 조선왕조의 개창을 둘러싸고 체제 변혁적인 입장에서 근본적인 문제 해결을 추구한 사대부들이 있고, 반대로 체제 유지와 왕조재건에 치중한 유학자들이 있다. 다른 한편, 온건한 태도의 학문적 논거를 갖고도 점차 급진적인 노선을 지향하고, 고려왕조 안에서 개혁을 꾀하면서 새 왕조에 참여한 유학자들도 있었다. 그리하여 이 시기 유학자들은 정치 상황의 변화와 정치적 지향, 정치운영을 통하여 상호경쟁 과정을 거치고 도태와 성장 그리고 재등장이라는 다양한 측면을 보여 준다. 고려 말 유학자의 여러 존재 양태는 사회불안, 체제 동요로 표현되는 사회변동을 확인시켜 주고 이를 극복하려는 노력의 일단을 보여 준다.

고려 후기 유학자 가운데 윤소종(1345-1393)이 주목된다.[1] 윤택, 윤귀생

---

1 姜之嫣, 〈高麗末 尹紹宗의 政治活動 硏究〉, 《梨大史苑》 28(1995).

으로 이어지는 유학자 가문의 일원으로 공민왕 대에는 이색과 좌주문생 관계를 맺고 이색의 학문에 크게 자극 받은 바 있었지만, 창왕, 공양왕 대에는 조준과 결합하여 현실을 개혁하는 개혁 상소를 올렸고, 건국 뒤에는 회군 공신으로 추대되었으며 《고려사》의 편찬 사업에도 참여한 인물이기 때문이다.

이렇게 볼 때 윤소종을 통하여 고려 후기 유학자 가문에서 성장하고, 성리학을 공부하며 급변하는 정치사회를 살다간 성리학자의 한 모습을 살펴볼 수 있고, 여선교체기 유학자의 한 특징을 파악할 수 있을 것이다.[2]

2. 경세의식의 고양과 현실 인식

윤소종은 전라도 무송현을 본관으로 하고 성리학을 익힌 윤택의 손자이다.[3] 5대조 윤양비尹良庇는 호장 출신이었고 4대조 윤해尹諧는 과거에 합격하여 가문의 기반을 마련하였다. 조부인 윤택은 《춘추좌씨전》에 정통했으며[4]

---

2 윤소종의 문집인 《동헌집桐軒集》(권8)은 현존하지 않는다. 《동문선》과 《신증동국여지승람》, 《고려사절요》 권28, 恭愍王(15년 4월)(史論))에는 윤소종의 글이 보인다(도현철, 〈여선교체기 《桐軒集》 복원과 자료의 특징〉, 《學林》 28, 2007). 그리고 당시 유학자가 윤소종에게 준 시가 찾아진다.
   여기에서 유의할 점은 《고려사》와 《태조실록》의 개찬과 편찬에 윤소종의 아들인 윤회 (1380-1436)가 관여했다는 점이다. 윤회는 태종 10년(1410) 하륜과 더불어 춘추관 기주관이 되어 《태조실록》 편찬에 참여하였고(《태종실록》 권19, 10년 1월 무인), 정도전이 지은 《고려사》의 개찬에 참여하였다(《세종실록》 권25, 6년 8월 계축; 권80, 20년 3월 을사). 《고려사》와 《태조실록》의 윤소종 부분에서 아들 윤회의 윤소종에 대한 기술 부분에 대한 고려가 있어야 할 것이다.
3 申千湜, 《牧隱 李穡의 學問과 學脈》(일조각, 1998), 128-133쪽.
4 《고려사》 권106, 列傳19 尹諧(尹澤), "澤字仲德, 三歲而孤, 七歲受書, 輒成誦. 諧每見警句泣曰, 興吾門者, 其汝乎? 稍長從姑夫尹宣佐讀書淹通, 尤長於左氏春秋."

북송 범중엄의 "천하의 근심에 앞서 근심하고 천하가 즐거워한 뒤에 즐거워한다"[5]라는 말을 외우면서 현실에 대한 책임의식을 견지하였다.[6] 또한 윤택은 《대학연의》와 최승로의 시무책을 강의하였는데,[7] 뒷날 윤소종이 공양왕에게 《대학연의》의 이제삼왕을 본받으라고 한 것[8]과 통한다. 성리학에서 제시하는 이상 군주를 기준으로 현재 왕이 이를 본받도록 한 것이다.

이곡과 이색은 윤택·윤귀생·윤소종으로 이어지는 무송 윤씨가문과 밀접한 관계를 유지했다. 윤택(1289~1370)은 충숙왕 7년(1320) 이제현과 박효수의 지공거하에 이곡·백문보와 같이 급제하였다. 윤택은 이곡과 동년이고, 이제현은 윤택과 이곡·이색 모두에게 좌주인 셈이다. 이색은 윤택의 글 서문을 쓰면서, "내가 젊었을 때 선생(윤택)을 스승으로 섬겼고, 고모부[詐堤]는 나의 몽매함을 깨우쳐 주었으며, (윤)소종이 나의 문생이 된 인연이 있다. 여러 의리를 헤아려 볼 때 사양할 수 없다"[9] 라고 하였고, 윤택과 며느리(윤소종의 모친)의 묘지명을 써주면서[10] 친밀한 인간관계를 말했다. 부친인 윤귀생은 판전농시사를 지냈고, 아직 주자학의 예제가 보급되기 이전에 《주자가례》에 의거해서 예제를 거행하여 《고려사》 열전의 효우편에 실렸다.[11]

윤소종은 이색과 좌주문생 관계로 연결되었다.[12] 공민왕 9년(1360) 성균

5 《범문정공전집(范文正公全集)》 권7, 岳陽樓記.

6 《고려사》 권106, 列傳19 尹諧(尹澤), "常誦范文正公, 先天下之憂而憂, 後天下之樂而樂, 以謂大丈夫, 寧可碌碌耶."

7 《고려사》 권106, 列傳19 尹諧(尹澤), "澤又以眞德秀大學衍義·本朝崔承老上成宗書, 進講."

8 《고려사》 권120, 列傳33 尹紹宗;《고려사절요》 권34, 恭讓王(2년 봄정월), "王欲覽貞觀政要, 命鄭夢周講之. 紹宗進曰, 殿下中興, 當以二帝三王爲法, 唐太宗不足取也. 請講大學衍義, 以闡帝王之治. 王然之."

9 《목은집》 文藁 권8, 栗亭先生逸藁序, "予少也師事先生, 起居公又擊予蒙, 紹宗爲吾門生, 揆諸義, 在所不辭."

10 《동문선》 권69, 尹氏墳墓記(백문보);《牧隱集》 文藁 권17, 栗亭先生尹文貞公墓誌銘(공민왕19)(1370); 文藁 권19, 尹母崔夫人墓誌(우왕 7년)(1381).

11 《고려사》 권121, 列傳34 孝友 尹龜生.

시에 합격하고, 공민왕 14년 윤10월에 이인복과 이색이 주관한 과거에서 장원으로 급제하였다. 이 시기에는 시험관과 합격자의 관계가 부모와 자식 관계처럼 긴밀하였고,[13] 이를 통해서 성리학의 전수가 이루어졌다.[14] 윤소종은 이색에게서 높은 수준의 유학을 배우고 좌주문생 관계를 맺게 된다. 《목은집》 시고에는 이색이 문생과 교류한 시가 있는데, 윤소종이 과거 합격한 해인 을사년(공민왕 14) 문생들이 좌주인 이색을 찾아뵙는 시가 여러 편 보인다.[15] 또 용두회龍頭會라는 과거시험의 장원 모임이 있는데, 공민왕 2년 과거의 장원인 이색과 공민왕 14년의 장원인 윤소종은 긴밀하게 연결되었다.[16]

좌주였던 이색(1328-1396)은 윤소종의 학문적 성장에 중요한 역할을 했다. 고려 후기 성리학의 수용을 정리한 당대의 기록에 따르면, 윤소종은 이색의 문하에서 성리학을 익혔다.

우리 좌주 목은 선생이 일찍 가훈을 받들어 원의 국자감에 들어가 정대정미正大精微한 학문을 이루었으며 돌아오자 유사들이 모두 그를 종宗으로 삼았으니, 이를테면 포은 정몽주, 도은 이숭인, 삼봉 정도전, 반양 박상충, 무송 윤소종이 모두 그의 마루에 오른 사람들이다.[17]

---

12 邊東明,〈제5장 高麗後期 性理學 受容階層의 政治思想〉,《高麗後期性理學受容研究》(일조각, 1995).

13 李楠福,〈麗末鮮初 座主門生에 관한一考察〉,《藍史鄭在覺博士古稀紀念東洋學論叢》(1984).

14 이익주,〈14세기 전반 성리학 수용과 이제현의 정치활동〉,《典農史論》7(2001).

15 《목은집》 詩藁 권11, 乙巳門生携酒見訪 ; 권13, 十二月二五日乙巳門生設宴; 권21, 乙巳門生來享 不可獨飮 邀同年順興君安公 鄭長韓簽書同席壯元尹紹宗醉呈小詩 諸公皆見和 ……; 권29, 乙巳門生 以酒食來 亦因酒禁也; 권31, 乙巳己酉辛亥 三科諸生 謂僕爲座主 具酒食來享 …….

16 《목은집》 詩藁, 권25, 歷科壯元讌日 龍頭會 …….

17 《양촌집》 권16, 鄭三峰道傳文集序(우왕 12년), "吾座主牧隱先生, 早承家訓, 得齒辟雍, 以極正大精微之學, 旣還儒士, 皆宗之. 若圃隱鄭公·陶隱李公·三峰鄭公·潘陽朴公·茂松尹公, 皆其升

우왕 12년 무렵에 권근이 서문에 이색이 원 국자감에 들어가 학문의 종장
이 되고, 정몽주·이숭인·박상충·정도전·윤소종·권근이 그 반열에 올랐다고
하였다. 공민왕 16년 성균관에서 이색을 중심으로 학술 활동이 전개되었는데,
윤소종도 여기에 참여하고 있었다. 창왕 즉위년 정도전이 쓴 글에서 이색을
중심으로 한 성리학의 계보가 설명되고 윤소종이 포함된다.[18]

당시 고려는 성리학의 진흥기였다. 홍건적의 난으로 파괴된 성균관은 공
민왕 16년(1367) 국왕과 신돈, 임박의 노력으로 중영되었는데,[19] 이때 이색
은 성균관 대사성이 되어 김구용·정몽주·박상충·박의중·이숭인과 함께 성
리학을 연구하고 학생을 교육하였다.[20] 그리하여 성리학에서 제시하는 여러
논점은, 이들이 현실에 대한 문제의식을 높이는 데 기여하게 되었다.

공민왕 14년 과거에 장원으로 급제하고 성리학을 공부한 윤소종은 춘추
관수찬, 예부산랑에 이어, 공민왕 22년 5월에는 좌정언이 되고 개혁 상소를
올린다. 6조항에 걸친 장문의 상소는 성리학 이념에 충실한 28세의 사대부
의식을 잘 보여 준다. 공민왕 22년은 신돈이 제거된 뒤 무장세력이 등장하
고 공민왕의 실행과 환관의 등용, 권문이 발호하는 시기로 요약된다.[21] 이
에 윤소종은 성리학 이념에 입각한 정치사회 운영을 지향하는 개혁을 주장
하였다. 윤소종은 군주는 어진 신하를 접하고, 소인을 멀리해야 한다는 유
교의 정치론을 전제하면서, 김흥경 등[22]의 여러 소인이 왕의 곁에 있으면

堂者也."

18 《삼봉집》 권3, 陶隱文集序(창왕 즉위년 10월), "牧隱李穡先生, 早承家庭之訓, 北學中原, 得
　師友淵源之正, 窮性命道德之說. 旣東還, 延引諸生, 見而興起者, 烏川鄭公達可·京山李公子安·
　潘陽朴公尙衷·密陽朴公子虛·永嘉金公敬之·權公可遠·茂松尹公紹宗. 雖以子之不肖, 　亦獲側於
　數君子之列."

19 閔賢九, 〈辛旽의 執權과 그 政治的 性格〉,《歷史學報》 38, 40(1968).

20 《고려사》 권115, 列傳28 李穡.

21 閔賢九, 같은 논문, 108-116쪽; 白仁鎬, 〈恭愍王 20년의 改革과 그 性格〉,《考古歷史學志》
　7(1991); 李亨雨, 〈高麗 恭愍王代의 政治的 推移와 武將勢力〉,《軍史》 39(1999).

서 정치를 문란하게 하고, 환자宦者 김사행金師幸이 왕의 뜻을 맞추어 영전影殿(노국대장공주의 초상을 모신 전각)의 역사를 크게 일으켜 마치 진나라의 이사李斯·조고趙高의 화가 나타날지 모른다고 경고하였다. 그리하여 김흥경을 제거하고 김사행을 목베며 영전의 역사를 정지하라고 하였다.[23] 신돈이 제거된 뒤, 공민왕은 왕권을 강화하기 위한 방편으로 김흥경과 같은 폐행을 등용하였는데, 윤소종은 이들의 폐단을 성리학을 이론적 근거로 삼아 비판하였던 것이다.

하지만, 헌납 김윤승과 우현보는 윤소종이 여러 달 동안 관직을 비웠다는 이유로 탄핵하여 글을 올리지 못하게 하였다. 김윤승은 지윤의 우익으로서, 성균관 중흥에 공이 있는 임박을 유배보내고 죽게 한 인물이다.[24] 우현보(1333-1400)는 공민왕 4년(1355)에 과거에 급제하고 공민왕 대는 대간직, 우왕 대는 밀직제학과 대사헌, 공양왕 대에 판삼사사를 역임하였다. 하지만, 정도전 계열인 오사충 등이 이색과 함께 탄핵했고 조선왕조가 개창되자 논죄되었다.[25] 윤소종의 상소는 성리학의 명분론에 철저한 것으로, 공민왕의 총신을 직접 비판한다는 점에서 과격한 언사言事로 여겨져, 대간직에 있는 김윤승과 우현보[26]가 이를 만류하였던 것이다.

22 김사행과 김흥경의 비행은 이들의 열전에 자세하다(《고려사》 권122, 列傳35 宦者 金師幸;《고려사》 권124, 列傳37 嬖幸2 金興慶).

23 《고려사》 권120, 列傳33 尹紹宗, "累轉爲正言, 草疏陳時事曰, ……";《고려사절요》 권29, 恭愍王(22년 5월) "左正言尹紹宗, 以金興慶等群小, 在王側亂政, 宦者金師幸, 迎合王意, 大興影殿之役. 草疏, 請去興慶, 斬師幸, 罷影殿役. 左獻納金允升, 知之, 與諫議禹玄寶謀, 託以紹宗, 累月在告曠職, 劾去之."《고려사》 권115, 列傳28 禹玄寶.

24 《고려사》 권111, 列傳24 林樸.

25 《태조실록》 권1, 태조 즉위년 7월 정미.

26 우현보는 이 무렵 김윤승·서균형·최적선·노숭과 더불어 왜구 대비(水軍再建, 陳法訓練, 武學設置, 軍需備蓄)에 관한 상소를 올린다. 우현보는 측근 배제 등을 통한 왕실의 권위 회복 등에 주안점을 두기보다는, 대외적 위기의 해소 곧, 왜구의 방비에 주안점을 두는 정국운영을 보여 준다(朴漢南, 〈恭愍王代 倭寇侵入과 禹玄寶의 '上恭愍王疏'〉,《軍史》 34(1997)).

공민왕 22년 조정에서 물러난 윤소종은 우왕 원년에 북원 사신 문제에 관련하여 어떠한 의견도 내지 않는다. 널리 알려져 있듯이 성리학을 공부한 사대부는 북원 사신 영접에 반대하였다. 우왕 원년(1375) 이인임과 지윤 등은 북원 사신을 영접하고자 하였으나, 임박·이숭인·김구용·정도전·권근·정몽주·박상충·이첨·전백영은 반대 상소를 올렸다. 경복흥과 이인임은 이 일로 이들을 모두 논죄하였다. 이때 전록생과 박상충은 유배 도중에 죽었고, 정몽주·이숭인·김구용 등은 유배당했다.[27] 성리학을 공부한 이들은 같은 입장을 취하면서 중앙정계에서 멀어졌는데, 윤소종의 주장은 보이지 않는다.

우왕 원년 윤소종은 전교시승이 되고, 성균사예·전의부령·예문응교로 옮긴다.[28] 윤소종은 청빈한 생활을 한 것으로 보인다. 집이 매우 가난하여 지신사 이존성[29]이 우왕에게 말하여 쌀 10섬을 주게 하였다.[30] 조부인 윤택의 행적과도 관련해서 의를 중시하고 이익을 낮게 보는 유학적 태도를 보인 결과로 보인다. 이색에 따르면, 윤택은 "중승中丞으로 있을 때, 죽으로도 끼니를 제대로 잇지 못하여 콩을 삶아서 배를 채우곤 하였으므로, 세상에서 청백하다는 칭송을 받았고 …… 공은 평생토록 해진 자리 위에서 무명 이불을 덮고 지냈으며, 간혹 끼니를 거르는 때도 있었으나 마음은 마냥 편안하기만 하였다"[31]고 한다. 또한 윤소종은 집에 있을 때 재산을 돌보지 아니

---

27 《고려사절요》 권30, 辛禑(원년5월, 6월, 추7월)(750-752쪽).

28 《고려사》 권120, 列傳33 尹紹宗, "辛禑初 授典校寺丞 轉成均司藝 改典儀副令藝文應敎"; 《목은집》 文藁 권15, 有元奉議大夫·征東行中書省左右司郎中·高麗國端誠佐理功臣·三重大光·興安府院君· 藝文館大提學知春秋館事· 諡文忠公·樵隱先生李公墓誌銘, "歲乙巳, 封興安大院君. 俄拜判三司事, 閏十月, 穡與先生同在貢院, 先生封君之命又下. 取今典校寺丞尹紹宗等卄八人."

29 이존성은 이인복의 손자로 우왕 14년 최영과 이성계에 의하여 권신 이인임·임견미·도길부 등이 제거될 때 죽임을 당하였다(《고려사》 권137, 列傳50 辛禑(14년 정월); 《고려사》 권126, 列傳39 姦臣2 林堅味).

30 《고려사》 권120, 列傳33 尹紹宗, "紹宗不顧産業, 家甚貧, 知申事李存性白禑, 賜米十碩."

하여, 비록 자주 양식이 떨어지는 지경에 이르러도 개의치 아니하고, 경사
經史를 널리 보아 손에서 책을 놓지 아니하였다.[32] 조부인 윤택과 윤소종은
다 같이 경제적인 문제에 관심을 크게 두지 않았던 것 같다.[33]

성리학의 핵심인 사서오경을 시험과목으로 하는 과거에 합격하고 이색의
문하에서 수학한 윤소종은 성리학을 통해 자연과 인간사회에 대한 유학적
논리를 익히고 고려사회를 바른 방향으로 이끌어갈 방법을 모색하였다. 당
시 고려는 공민왕이 갑자기 죽고 이인임, 임견미같은 세력가가 전횡을 일삼
고 있었고 농민이 몰락하고 농촌사회가 피폐해지고 있었으며, 대외적으로는
왜구가 빈번히 침입하고 원·명이 교체되어 북방정세가 불안정하였다.

다음은 윤소종이 고통받는 백성에 대한 입장과 현실 참여 의식을 보여
준다.

신성한 우리 태조가 포희씨의 인으로, 나라를 창업하고 전통을 이으사, 우리
백성을 살리시니 태산의 반석같은 오백 년 동안, 문명이 찬란하여 삼대에 비길
만 했네 …… 신 소종이 지금 머리가 하얗지만, 일찍이 현릉 경효왕(공민왕)을
섬겼지, 공민왕 9년에 주상께서 백악궁이 계실 때, 병든 개를 보시고 마음 아파
하시고, 급히 대의大醫를 오라고 부르시고, 개에게 약을 주도록 재촉하셨는데,

---

31 《목은집》文藁 권17, 栗亭先生尹文貞公墓誌銘 "其爲中丞, 饘粥不繼, 煎豆充飢而已. 世號淸
白,……公平生布疲弊席, 甕殤或缺, 晏如也.";《고려사절요》권29, 恭愍王(19년 9월).

32 《태조실록》권4, 2년 9월 기미, "兵曹典書·知製敎·同知春秋館事尹紹宗卒. …… 其居家不治
生産, 雖至樓空, 不以爲意. 博覽經史, 手不釋卷, 尤精於性理之學, ……."

33 당초 윤소종은 동서인 최을의와 노비를 가지고 다투었는데, 해결되지 않자, 우왕의 폐행
반복해에 의지해서 얻었다고 한다(《고려사》권120, 列傳33 尹紹宗, "初紹宗與友壻崔乙義爭
臧獲, 未決, 托辛禑嬖臣潘福海, 得之."). 이것이 노비 자체를 얻기 위한 싸움인지 아니면 다
른 이유가 있는지 분명하지 않다. 그런데 최을의는 이색·유백유·우현보와 함께 조선왕조
가 개창될 때 논죄되었다(《태조실록》권1, 즉위년 7월 정미). 윤소종이 정도전과 더불어
왕조 개창에 적극적인 것으로 보아, 양자 간의 현실 인식과 대응 논리의 차이가 노비 문
제로 표현된 것으로 추측된다.

미물도 또한 이렇듯 불쌍히 여기시니, 인애仁愛가 가법家法이니 어찌 논할 것인 가.…… 어린아이가 엉금엉금 기어서 우물에 빠지려 할 때, 한 조각 측은한 마음 누가 아니 품을까? 그 마음 확충하면 요·순의 백성을 만들것이니, 세 번 부름에 마음 돌린 이윤을 내가 전에 들었네, 학발 양친께 동지팥죽도 배불리 못 드리니, 떠도는 객지 신세에 몰래 마음 상하네.[34]

태조 왕건이 세운 고려는 문명이 발달하여 하·은·주 삼대에 견줄 만하다 하고, 공민왕이 백악궁에 있을 때 병든 개를 보고 마음 아파하여 대의大醫로 하여금 치료하게 한 것은 왕의 인애의 마음을 알 수 있으며,《맹자》의 어린 아이가 우물에 기어갈 때 측은한 마음을 품듯이,[35] 이 마음을 확충하면 요순의 백성이 될 수 있을 것이라고 하였다. 그리고 이윤이 세 번 부름에 조정에 출사한 고사를 들어 자신도 등용되기를 바라고 있다. 고려의 백성이 요순의 백성이 되기를 바라는 유학의 이상이 담겨 있다고 할 수 있다. 이윤은 절의를 다하여 수양산에 굶어 죽은 백이와 달리, 백성 가운데 요·순의 혜택을 받지 못한 자가 있으면 마치 자기가 그를 밀쳐서 도랑 가운데로 넣은 것처럼 생각하여[36] 현실정치에 참여한 인물이다. 윤소종은 세 번 부름에 정치에 참여한 이윤처럼 현실에 참여하여 개혁하려는 책임의식, 정치참여 의식을 보여준다고 하겠다.

윤소종의 민에 대한 의식은 앞서 언급한 공민왕 22년에 올린 상소에서도 드러난다. 나라의 근본인 민을 안정시키고 민을 위한 정치가 우선시 되어야

---

34 《동문선》권8, 七言古詩 冬至, "我祖神聖包義仁 丕業垂統生我民 太山盤石五百年 文明煥興三 代肩 …… 今臣紹宗髮蒼蒼 及事玄陵敬孝王 庚子上在白岳宮 上見狗病傷天夷 傳宣急呼大醫來 出藥與狗中使催 微物且加不忍恩 家法仁愛最難名論 …… 赤子向井無人扶 一片惻隱誰獨無 擴也 可爲堯舜民 幡然三聘吾前聞 未厭豆粥鶴髮親 流離旅次潛傷神."

35 《맹자》公孫丑章句上.

36 《맹자》公孫丑章句下; 萬章章句下.

한다고 보고, 부모가 어린아이를 돌보듯이 백성을 기른 연후에 민심이 따르고 천명이 굳어진다고 하였다. 그리고 이를 위해서 국가의 물질적 기반을 증대시키고 백성의 생산 기반을 안정시켜야 한다고 하였다.[37] 창왕 원년의 전제田制 개혁 논의에서 윤소종이 정도전·조준 등과 함께 개혁에 찬성한 것[38] 은 이런 맥락에서 나온 것이라 할 수 있다.

그는 일반 백성에 대한 큰 관심 속에 농촌 현실을 주시하고, 특히 왜구가 입힌 농민의 피해를 목격하며 이에 대한 방비에 관심을 기울었다.[39] 우왕 5년에 금산군의 한 할머니가 100살이 넘게 산 이야기를 이숭인에게 하였는데,[40] 이는 그의 향리인 금산에 대한 관심을 보여 준다. 또한 왜구의 침입으로 가족이 뿔뿔이 흩어져 인륜마저 저버리는 현실에서 왜구를 막아낸 이성계를 찬양하였다.[41] 우왕 6년 이성계가 자신의 향리인 금산과 가까운 운봉(남원) 전투에서 왜구를 격파하자[42] 승리를 축하하면서 지은 시에서, 이성계에게 주자와 정이천의 학문으로 이윤과 같은 재상이 되어 태평만세를 열어달라고 하였다.[43] 개혁 이념으로 성리학을 전제한 뒤에, 이성계로 하여금 성리학을

---

37 《고려사》 권120, 列傳33 尹紹宗, "累轉爲正言草疎陳時事曰, …… 臣聞養天民者興, 殘天民者亡, 是以人主受天命, 而立天位, 則必上順天心, 以養天民, 如父母之愛赤子, 然後, 民心附, 而天命固焉. ……."

38 《고려사》 권118, 列傳31 趙浚(창왕 원년 4월), "我太祖與浚·鄭道傳議革私田, 浚與同列上疏辛昌極論之, 語在食貨志. 舊家世族交相謗毁, 執之愈固, 都堂議利害. 侍中李穡以爲不可輕改舊法, 持其議不從. 李琳·禹玄寶·邊安烈及權近·柳伯濡, 附穡議. 道傳·紹宗附浚議. 鄭夢周依違兩閒. 又令百官議, 議者五十三人, 欲革者十八九. 其不欲者, 皆巨室子弟也. 太祖卒用浚議, 革之."

39 최봉준, 〈高麗 禑王代 士大夫의 成長과 分岐〉, 《學林》 24(2003).

40 《도은집》 권2, 尹憲叔來言, 錦之禮賢驛, 有龍家嫗者龍家, 卽其子也. 閭巷高嫗, 年不敢名, 而以子號之. 年過百歲, 强康無恙, 去年以病死. 渠云, 生七歲, 見東征之師, 蓋宋之季, 元之至元乙亥(충렬왕 원년, 1375)乃其生年, 而東師則辛巳(1281년)日本之役也. 嫗也一百又四年矣, 子太史氏, 宜倣左氏記絳老人之例, 書之於策. 余聞其語, 姑題四韻一篇, 以爲後日張本云(우왕 5년).

41 《동문선》 권5, 五言古詩 送仍上人葬其母頓庵于錦州還京.

42 《고려사절요》 권31, 辛禑(6년 9월).

43 《동문선》 권8, 七言古詩 奉賀李相國大破倭寇于引月驛振旅還都, "…… 幅巾歸第師朱程 朱程

익혀 현실정치에 참여하라는 뜻을 보여 주고 있다.

백성에 대한 이러한 생각은 전의부령, 예문응교로 재직중이던44 우왕 7년(1381) 10월에 모친상을 당해 충청도 금산에 내려와 직접 지방민의 생활상을 지켜보면서 더 커진다. 금산에서 여막살이를 하고 상복을 마치매 남방의 학자들이 많이 따라와 수업하였다45고 한다. 성리학을 익히고 공민왕 22년부터 성리학적 민본론에 입각한 상소를 올린 바 있는 그는 모친상을 당해 향리인 금산에 내려와 현실을 목도하고 이에 대한 대책을 강구하였던 것이다.

윤소종의 지방사회에 대한 인식은 현실 개혁 의지를 다지고 이에 동의하는 유학자들과 연결되는 계기가 된다. 체제 변혁의 중심에 있는 조준과 만남이 이 시기에 확인된다. 조준은 윤소종에게 모친상에 대한 만사를 보냈다.46 조부인 윤택은 이곡·이색과 친분이 깊고, 윤소종과 이색은 좌주문생 관계이면서,47 윤소종은 조준과 교류하게 되었던 것이다.

之學作伊尹 公爲萬世開太平."

44 《목은집》 文藁, 권19, 尹母崔夫人墓誌 并書, "長子曰紹宗吾門生, 乙巳科壯元也. 今爲典儀副令·藝文應敎, …… 辛酉(우왕 7년)冬十月壬戌, 以病歿, 年六十五."

45 《태조실록》 권4, 2년 9월 기미, "兵曹典書·知製敎·同知春秋館事尹紹宗卒. …… 辛酉丁母憂, 居廬錦州, 服闋, 南方學者, 多從而受業."

46 《송당집》 권1, 七言絶句 尹待制紹宗慈氏輓詞.

47 이색과 윤소종의 관계는 간단하지 않다. 공민왕 19년(1370) 윤소종은 조부인 윤택이 죽을 때 이색에게 비문을 요청하였고(《목은집》 文藁 권18, 栗亭先生尹文貞公墓誌銘), 우왕 7년(1381) 어머니가 돌아갔을 때 이색에게 비문을 청했으며(《목은집》 文藁, 권19, 尹母崔夫人墓誌銘), 이색 역시 추모하는 시를 남겼다(《목은집》 詩藁, 권30, 哭尹母崔氏). 또한 윤소종은 공민왕 14년의 동년들과 함께 좌주인 이색을 찾아뵙고(《목은집》 詩藁 권11, 乙巳門生携酒見訪; 권13, 十二月二五日乙巳門生設宴; 권21, 乙巳門生來享, 不可獨飮. 邀同年順興君安公, 鄭長韓簽書同席, 壯元尹紹宗醉呈小詩, 諸公皆見和, 明日讀之如夢中, 和成一首; 권29, 乙巳門生, 以酒食來, 亦因酒禁也.; 권31, 乙巳己酉辛亥, 三科諸生, 謂僕爲座主, 具酒食來享……), 우왕 9년에는 윤소종이 이색에게 결례하기도 하였다(《목은집》 詩藁, 권26, 尹壯元來面 有慍色 ……). 하지만, 윤소종은 이색의 문생으로 정도전 등이 이색을 죽일 것을 청하는 상소에서 서명하지 않았다(《고려사》 권115, 列傳28 李穡(공양왕 2년)).

우왕 12년 성균사예로 복귀한 윤소종[48]은 조준·허금 등과 망년우를 맺고,[49] 자신의 생각을 공유할 동지를 갖게 되었다. 윤소종이 조준과 허금에게 보낸 두 편의 시에는[50] 장원급제하였지만 능력을 발휘하지 못하는 자신을 되돌아보고, 고려말 심화된 사회경제적 모순을 극복할 수 있는 계책을 갖고 있음에도 중앙정계에서 제대로 쓰여지지 못함을 한탄하고 있다.[51]

3. 개혁 세력의 분화와 정치개혁론

1) 급진(신법) 개혁파의 결집과 윤소종의 개혁론

윤소종과 조준의 결합시기는 불분명하지만 우왕 중반 무렵으로 판단된다. 조준은 일찍이 윤소종에게서 배웠기 때문에 오랜 친분을 가지고 있었고,[52] 윤소종·허금·조인옥·류원정·정지·백군녕 등과 교유관계를 맺고 왕씨를 세울 것을 다짐하였다.[53] 당시 조준은 우왕 10년 이후 4년 동안 두문불출하며 경사를 익혀 현실개혁의 뜻을 다졌고,[54] 《대학연의》를 이성계에게 주며 "이것을 읽으면 가히 나라를 만들 수 있을 것입니다"[55] 하였다. 이성계는 조준의

---

48 《태조실록》 권4, 2년 9월 기미, "兵曹典書·知製敎·同知春秋館事尹紹宗卒 …… 丙寅(우왕 12년) 以成均司藝, 召還."

49 《고려사》 권105, 列傳18 許珙(許錦), "與趙浚尹紹宗輩爲忘年友."

50 《동문선》 권5, 五言古詩 一月三十日寄野堂吁齋; 권11, 五言排律 病中霖雨二十八卦寄野堂吁齋.

51 姜芝焉, 《高麗 禑王代(1374-88) 政治勢力의 硏究》(이화여대박사논문, 1996), 168-170쪽.

52 《고려사》 권120, 列傳33 尹紹宗, "浚嘗從紹宗學, 故有恩懽之舊."

53 《고려사》 권118, 列傳31 趙浚, "浚嘗憤王氏絶嗣, 與尹紹宗·許錦·趙仁沃·柳爰廷·鄭地·白君寧, 結爲友, 密誓有興復之志."

54 《고려사》 권118, 列傳31 趙浚, "浚杜門不出以經史, 自娛者四年."

55 《태종실록》 권9, 5년 6월 신묘, "領議政府事平壤府院君趙浚卒. 浚字明仲, 號吁齋, 平壤府人. …… 上在潛邸, 嘗過浚家, 浚迎之中堂, 置酒甚謹. 因獻大學衍義, 曰讀此, 可以爲國. 上解其意

기량이 비범함을 알고 같이 일을 논하여 본 뒤 크게 기뻐하여 그를 옛친구
처럼 대우하였다. 위화도회군 이후 조준을 천거하여 지밀직사사겸대사헌을
삼고 일의 대소사를 모두 자문하였으며, 조준 역시 나라를 다스리고 백성을
구하는 것을 임무로 삼아 알고 말하지 않음이 없었다고 한다.[56] 이미 조준과
결합한 윤소종은 조준을 높이 평가하는 이성계와 연결될 수 있었다.

공양왕 즉위 이후 대사헌 조준의 추천으로 윤소종은 좌상시, 경연강독
관에 임명되었다.[57] 현실개혁에 강한 의욕이 있던 조준을 만남으로써 자
신의 뜻을 구체적인 정치 현실의 장에서 실현할 기회를 가지게 되었다.

윤소종에게 이성계와 연결되는 또 하나의 계기가 마련된다. 윤소종은
1388년 6월 흥국사에서 정지를 통해서 이성계에게 곽광전을 전했는데, 조
인옥이 이를 이성계 앞에서 읽고 왕씨를 세우자고 하였다.[58] 곽광은 한나
라 때 무도한 창읍왕昌邑王 류하劉賀를 폐하고 선제宣帝를 옹립한 인물이
다.[59] 윤소종이 곽광전을 이성계에 바침으로서 위화도회군의 중요한 전거
로 쓰인다. 이는 공양왕 2년 윤소종을 회군공신으로 정할 때, "예조판서
윤소종과 판전교시사 남재 등은 사직의 큰 계책을 고사를 증거로 인용하
여 도왔으니 역시 칭찬할 만하다"[60]라고 한 것에서 확인된다. 조준을 주시

受之."

56 《고려사》 권118, 列傳31 趙浚, "我太祖見浚器宇不凡, 與論事, 大悅待之如舊識, 及回軍擧, 爲
知密直司事兼大司憲, 事無大小, 悉咨之, 浚亦以經濟爲己任, 知無不言."

57 《고려사》 권120, 列傳33 尹紹宗, "恭讓卽位, 以大司憲趙浚薦爲左常侍經筵講讀官, 浚嘗從紹
宗學, 故有恩懼之舊, 凡有章疏, 紹宗皆具藁."

58 《고려사절요》 권33, 辛禑(14년 6월), "諸將入城, 會議興國寺, 罷諸道築城及徵兵, 執安沼·鄭
承可, 囚于巡軍. 典校副令尹紹宗, 詣軍前, 因鄭地, 求見我太祖, 懷霍光傳以獻. 令仁沃讀而聽
之. 仁沃極盡復立王氏之議."

59 《한서》 권68, 列傳38, 霍光金日磾傳;《자치통감》 권11, 漢紀 孝昭皇帝, 中宗孝宣皇帝.

60 《고려사절요》 권34, 恭讓王(2년 4월), "錄回軍功臣. 敎曰, …… 禮曹判書尹紹宗·判典敎寺
事南在等, 以社稷大計, 援古贊計, 亦可嘉也."

한 이성계가 조준과 연결된 윤소종을 알았고, 또 이성계 휘하의 장군인 정지를 통하여 윤소종의 뜻을 알게 되고 윤소종과 이성계는 연결될 수 있었던 것이다. 그리하여 정도전과 연결된 이성계를 통하여 정도전·조준·윤소종을 중심으로 하는 여말 개혁파 사대부의 핵심 세력이 결집하게 되었다.

위화도회군(1388.5) 이후 개혁파 사대부는 창왕(1388.6–1389.11) 원년 4월 전제 개혁을 비롯한 제반 개혁을 추진하면서 정치 주도권을 확보하고자 했다. 성리학적 정치이념을 추구한 이들은 정치적 반대 세력이나 개혁에 미온적인 유학자들을 비판하기 시작하였다. 우선 척결 대상은 누구나 공감할 수 있는 권력 독점과 비리를 저지르는 인물이었다. 그것은 우왕 대 정치권력을 농단한 임견미와 이를 근저에서 뒷받침한 이인임에 대한 철저한 비판과 정리 작업으로 나타났다. 성리학에 철저한 윤소종은 앞장서서 이인임의 죄상을 조목조목 논하였다. 이인임은 권력을 농단하고 부정과 비리를 일삼으며, 역사를 일으키고 민생을 핍박하였다고 하여, 관을 쪼개어 시신의 목을 베고 집터에 못을 파야(斬棺 瀦宅)한다고 하였다.[61] 이에 대하여 창왕은 자손만 금고하라고 하였다.[62]

이에 윤소종은 이인임의 죄를 다시 논하려고 했으나 병이 나서 글을 올리지 못하였다. 이인임 족당은 윤소종을 죽이려 하였고, 윤소종이 대사성으로 관직을 옮기자 그제야 이인임을 장사지냈다[63]고 한다. 이때 윤소종이 올린 상소는, 성리학적 정치이념을 활용하여 이인임은 사정에 순응하고 공

---

61 《고려사》 권126, 列傳39 李仁任(창왕 즉위년 12월), "右司議大夫尹紹宗與同列上疏曰, ……."

62 《고려사절요》 권33, 辛禑(창왕 즉위년 12월).

63 《고려사》 권126, 列傳39 李仁任(창왕 원년 2월), "明年, 紹宗又與同舍許應·閔開等疏論仁任, 適紹宗病, 應等寢不上, 及紹宗遷大司成. 昌乃許葬, 仁任其壻姜筮往京山府葬之";《고려사》 권120, 列傳33 尹紹宗, "俄拜右司議大夫極論李仁任罪. 又與同舍許應·閔開等復疏論仁任, 日暮不得上, 會疽發背, 請告應等寢其書. 紹宗遷大司成, 赴書筵, 以前疏進, 仁任族薰疾之. 至有欲殺者, 語在仁任傳."

의를 해치고 인욕을 쫓아 천리天理를 없앤 죄인으로, 《춘추》에서 난신 적자를 제거하는 법칙에 따라 처벌하라는 것이었다.[64]

죽은 이인임을 비판하며 개혁파 유학자들이 명분을 확보하고 성리학적 이념을 공고화한 데는 이인임과 연결된 유학자에 대한 견제가 포함된다. 성리학을 익힌 이숭인은 이색과 긴밀하게 결합하여 체제를 유지하는 데 주력하였는데, 이인임의 인척이라는 이유로 통주에 유배된다.[65] 또한 이숭인은 창왕의 입조와 명의 감국監國을 통하여 정도전 등을 경계하려는 이색을 수행해서 명의 하정사가 되었는데,[66] 이는 후술하는 바와 같이 간관 구성우·오사충·남재·심인봉·이당 등에 의하여 탄핵받는 이유가 된다.

이성계와 정도전 계열 사대부는 김저의 옥을 이유로 창왕을 폐위하고 공양왕(1389.11-1392.7)을 옹립하였다. 김저의 옥은 창왕 원년(1389) 11월 위화도회군 직후 퇴위당해 여흥에 유배된 우왕과 최영의 족당인 김저와 정만후 등이 우왕 복위를 모의하여 고려 왕씨의 종사를 영원히 끊어 버리려고 했다는 것이다. 이 일로 태조 이성계는 판삼사사 심덕부·찬성사 지용기·정몽주·정당문학 설장수·평리 성석린·지문하부사 조준·판자혜부사 박위·밀직부사 정도전 등과 흥국사에서 모여서 우왕과 창왕은 본래 왕씨가 아니므로 종사를 받들게 할 수 없으며 천자의 명도 있으니 마땅히 가짜 왕을 폐하고 진짜 왕을 세워야 한다고 하였다. 그리하여 정창군 요가 왕으로 옹립되었다.[67] 이 김저의 옥에 연루된 자는 이림·우현보·변안렬·권근·유백

---

64 《고려사》 권126, 列傳39 李仁任(창왕 즉위년 12월), "紹宗赴書筵以疏進, 昌命權近讀之. 疏曰, …… 夫治國莫先於正人心, 人心旣正, 則敎易入, 而令易行, 姦不生, 而亂不作. 仁任當國, 徇私情而害公義, 窮人欲而滅天理."

65 《고려사절요》 권33, 禑王(14년 3월).

66 《고려사절요》 권33, 辛禑(창왕 즉위년 10월); 《고려사》 권137, 列傳50 辛禑5(昌)(즉위년 10월).

67 《고려사절요》 권34, 恭讓王(원년 11월 무인).

유 이외에 이색·이귀생·원상·정지 등68이다.69 우왕이 공민왕의 아들이 아니고 우왕의 아들인 창왕 역시 왕씨가 아니므로, 창왕의 즉위는 고려 왕씨의 왕위계승을 끊어버리는 일이라는, 우왕비왕설이 공양왕 옹립의 근거로 활용된 것이다.

앞서 언급했듯이 윤소종은 왕씨를 세울 것을 다짐한 바 있고, 이를 위해 이성계에게 곽광전을 전한 바 있다. 윤소종과 오사충 등은 우왕 옹립에 공이 있는 이인임·변안렬 등을 왕씨의 종사를 끊은 대역죄인으로 비판하였다. 이인임은 왕씨가 아닌 우왕을 옹립했고, 변안렬·조민수 역시 우왕이 물러나고 후사를 정할 때 창왕의 옹립을 주장하여 왕씨를 세우려는 의논을 막았다는 것이다.70 우왕비왕설을 근거로 우왕이 왕씨가 아니므로, 우왕을 옹립한 이인임을 대역죄인으로 처벌해야 한다는 것이다. 결국 공양왕대 오사충 등에 의하여 이인임은 집에 못을 파는 저택瀦宅을 당하였다.71

또한 윤소종은 정도전 등과 함께 주자학의 명분론·춘추대의를 통하여 우왕비왕설을 주장하였다. 왕씨의 대를 끊으려고 한 자는 난신적자 가운데 으뜸으로 죽어 마땅한 대역죄인이라는 것이다. 그는 이첨과 함께 변안렬이 신우를 왕으로 세워 왕씨의 종사를 영원히 끊으려 한 것은 김저가 말한 바 있으니 헌사에 말하여 전형典刑을 바로잡으라고 하였고,72 성석린과 함께 변안렬을 죽일 것을 청하였다.73 그리고 다시 상서하여 변안렬과 당을 이른 김백

---

68 여기에 포함된 인물들은 사전 개혁을 반대한 자들이 대부분인데, 이는 사전유지론에 대한 정도전 계열의 비판이라고 한다(浜中昇, 〈高麗末期 政治史序說〉, 《歷史評論》 437(1986)).

69 《고려사절요》 권34, 恭讓王(원년 11월 갑술).

70 《고려사절요》 권34, 恭讓王(2년 봄정월), "郎舍尹紹宗等上書, ……."

71 《고려사》 권126, 列傳39 李仁任, "恭讓即位, 諫官吳思忠等又上疏, 請斬棺瀦宅, 籍沒家産. 於是, 命瀦其宅."

72 《고려사절요》 권34, 恭讓王(2년 봄정월);《고려사》 권126, 列傳39 姦臣2 邊安烈, "郎舍尹紹宗·李詹·吳思忠等上疏曰, 安烈欲迎立辛禑, 永絕王氏之祀, 實金佇之所明言, 國人之所共知. 請下憲司, 明正典刑, 籍沒家産."

홍·이을진 등을 논죄하라고 하였다.[74]

윤소종은 창왕, 공양왕 대에 성리학적 정치론이 반영된 우왕비왕설을 통하여 우왕과 창왕의 옹립에 기여한 구세력을 비판히였던 것이다.

2) 온건(구법) 개혁파의 비판과 그 의미

위화도회군 이후 윤소종은 조준, 정도전과 더불어 성리학에 입각한 개혁정치를 추구하였다. 창왕 원년 도당의 전제개혁 논의는 여말 개혁의 핵심이었는데, 구법은 가벼이 고쳐서는 안된다고 반대한 이색·이림·우현보·변안렬·권근·유백유 등과 달리, 윤소종은 정도전·조준과 더불어 이를 주장하였다. 이색 등이 고려의 조종지법祖宗之法을 함부로 고쳐서는 안 된다는 입장을 견지하였다면, 정도전 등은 사전의 혁파를 통하여 수조지의 몰수와 재분배 조치를 취하려고 하였다.[75] 윤소종은 이색과 좌주문생 관계이고, 조부인 윤택과 이곡, 이색은 긴밀한 관계였지만, 현실변혁의 강한 의지를 가지고 정도전, 조준과 의견을 같이하였다.

윤소종이 스승인 이색과 생각을 달리하여 전제 개혁에 찬성하고 정도전, 조준 등과 결합한 사실은 윤소종과 이숭인의 관계에서 유추해 볼 수 있다.

공양왕대에 윤소종은 이숭인과의 관계가 소원하였던 것으로 보인다.

① 처음 윤소종은 이숭인의 높은 재능을 시기하였고 또 이색이 이숭인을 칭찬하면서 자기를 칭찬하지 않은 것을 싫어하였으므로 영흥군 사건이 일어나자 윤소종은 조준에게 이숭인을 헐뜯어, 죽이고자 하였다.[76]

---

73 《고려사절요》 권34, 恭讓王(2년 봄정월) ; 《고려사》 권120, 列傳33 尹紹宗, "紹宗與同列請誅邊安烈, 疏六上, 從之."

74 《고려사절요》 권34, 恭讓王(2년 봄정월), "郎舍尹紹宗等上書曰, ……."

75 李景植, 《朝鮮前期土地制度硏究》(일조각, 1986).

② 이보다 먼저 시중 조준이 춘추관에 앉아서 고려왕조의 사초를 보다가, 이행이 기록한 글에, "윤소종이 이숭인의 재주를 꺼려서, 조준에게 알려 이숭인을 해치려고 하였다."는 말이 있음을 보고, 조준이 해〔日〕를 가리켜 맹세하기를, "윤소종의 말을 듣고 이숭인을 해치려고 하였다는 것은 하늘의 해가 증명하고 있다."고 하였다.[77]

③ 정도전이 처음에 한산 이색을 스승으로 섬기고 오천 정몽주와 성산 이숭인과 친구가 되어 친밀한 우정이 진실로 깊었는데, 뒷날 조준과 교제하고자 하여 세 사람을 참소하고 헐뜯어 원수가 되었다.[78]

④ 정도전과 이숭인이 친구로 종유하였지만, 뒷날 정도전이 조준에게 친밀하게 되어, 조준이 이숭인을 미워함을 알고서 도리어 숭인을 험담하여 죽음에 이르게 되었다.[79]

《고려사》와 《태조실록》에서의 위의 자료를 놓고 보면, ①에서 이색은 윤소종보다는 이숭인의 재주를 더 높이 인정했고 ②에서 윤소종은 이숭인의 재주를 꺼렸는데, 윤소종과 연결된 조준이 이숭인을 죽이려 했다고 한다. ③과 ④에서 정도전은 처음에 이색을 스승으로 섬기고 정몽주와 이숭인이 친구가 되어 친밀한 우정이 깊었는데, 뒷날 조준과 교제하고자 하면서 세 사람 사이가

---

76 《고려사》 권120, 列傳33 尹紹宗, "初紹宗嫉李崇仁才高, 又忌李穡譽崇仁而不譽己, 及永興君獄起, 紹宗讒崇仁於浚欲殺之.";《고려사절요》 권34, 恭讓王(창왕 원년 9월), "時尹紹宗 嫉崇仁才高, 又忌李穡譽崇仁而不譽己, 讒毀多方."

77 《태조실록》 권3, 2년 1월 무오, "司憲府上言, …… 先是侍中趙浚坐春秋館, 見前朝史草, 至行所記, 有曰, 尹紹宗忌李崇仁才, 告於趙浚, 欲害崇仁. 浚指日誓之曰, 所聽紹宗之言, 欲害崇仁者, 有如白日."

78 《태조실록》 권14, 7년 8월 병진, "初道傳, 師事韓山李穡, 與烏川鄭夢周·星山李崇仁爲友情深, 後欲納交趙浚, 讒毀三人, 以成仇怨."

79 《태조실록》 권1, 즉위년 8월 임신, "初與鄭道傳爲友, 從遊最久, 道傳後附趙浚, 知浚惡崇仁, 反陰毀之, 以致於死."

멀어지게 되었다는 내용이다. 이를 정리하면, 이숭인을 미워하는 윤소종을 쫓아 조준은 이숭인을 미워하게 되고, 조준과 친밀하고자 하는 정도전에게까지 영향을 주고 이숭인을 죽음에 이르게 하였다는 것이다. 그리고 태종 때 만들어진 《태조실록》에 따르면 이숭인은 황거정에 의하여 장 100대를 맞고 죽게 되었다고 한다.[80] 사서史書는 윤소종의 이숭인에 대한 태도를 개인적인 친소의 문제로 다루고 있는데, 《태조실록》이 정도전과 견해 차이가 있는 태종 대에 만들어졌고, 이색 제자인 권근, 변계량, 하륜 등이 태종 정권을 뒷받침한 것을 생각하면, 자료에 보이는 서술은 근본적으로 고려에서 조선으로 왕조교체에 임하는 사대부의 현실 인식과 그에 따른 사상과 행동의 차이에 연유한 것으로 보인다.

윤소종은 이색, 이숭인과 다른 현실 인식과 정치론을 견지하였다. 이숭인은 이색이 아끼는 제자였고, 당시 사대부 안에서도 천품이 영민하고 문장에 재능이 있으며, 이색이 병들고 난 뒤에는 중국과 외교문서는 모두 그에게서 나와, 중국 사대부들도 그의 문재를 칭찬했다고 한다.[81] 성균관이 중영된 이후 유학자 사이의 편지 왕래는 빈번한데, 윤소종은 빠져 있다. 윤소종과 이들 사이에 현실 인식과 학문의 차이, 다시 말해서 우왕 대 이후 현실 인식, 현실개혁을 둘러싼 의견 차이가 있었고, 이것이 윤소종과 이숭인이 소원한 관계로 나타난 것으로 보인다. 즉 철저한 현실개혁을 지향하

---

80 조선왕조가 건국되고 이숭인은 우홍수·김진양·우홍명·이확·우홍득 등과 함께 장 백대에 먼 곳으로 유배보내도록 하였는데, 장백대를 맞고 죽었다. 이에 태조는 "장 1백 이하를 맞은 사람이 모두 죽었으니 무슨 까닭인가."라고 하였다(《태조실록》 권1, 원년 8월 임신). 그런데, 정도전의 졸기에 따르면, 정도전이 당초에 관직에 임명될 적에, 고신告身이 지체된 것이 우현보의 자손이 그 내력을 남에게 알려서 그렇게 된 것이라 생각하여, 우현보 집안을 무고하여, 몰래 황거정 등을 사주하여 그 세 아들과 이숭인 등 5인을 죽였다(《태조실록》 권14, 7년 8월 기사)고 하였다.

81 《고려사》 권115, 列傳28 李崇仁; 《태조실록》 권1, 즉위년 8월 임신, "李穡病後, 事大文字, 全出其手, 高皇帝稱之日, 表辭精切, 李穡日, 吾東方文章, 前輩無如子安者."

는 윤소종과 왕조의 유지에 주력하는 이색·이숭인의 입장 차이를 드러낸 것이다.

성균관을 통하여 이색을 비롯한 정몽주·이숭인·정도전 등이 성리학에 대한 연구를 행했지만, 우왕 대 이인임 등의 보수정치와 북원 사신 영접 문제로 중앙에서 배제되면서 성균관을 통한 학문연구는 약화된다.[82] 하지만, 성균관에 모였던 유학자들은 우왕 대 중앙정계에서 벗어나 유배와 향리 생활을 통하여 고려의 현실을 목도하고 성리학을 현실에 활용할 계기를 갖게 된다. 이숭인은 김구용·권근 등과 더불어 우왕 대 이인임 정권 아래의 간관으로 활약하면서 왕조의 재건에 힘쓰게 되었다.[83] 이숭인이 우왕 6년에 필요 없는 도감류를 폐지하라는 등[84] 중앙 관제의 정상적인 운영을 기하는 개혁안을 구체적으로 내놓았다.[85]

반면에 윤소종은 조준, 정도전과 더불어 개혁을 지향하였다. 윤소종은 사전 개혁에 찬성하였고, 조박·오사충과 함께 유학의 정치사상을 현실에 반영하려 하였으며, 이를 근거로 반대파 유학자들을 공격하는 데 앞장섰다. 처음에는 이인임·변안렬·조민수 등 성리학과는 거리가 있는 구세력을 비판하였고, 점차 성리학을 익힌 유학자 가운데 개혁에 미온적인 인물을 비판하였다.

윤소종을 비롯한 개혁파 유학자들은 이숭인을 비판하였다.[86] 창왕 원년 (1389) 10월 간관 구성우·오사충·남재·심인봉·이당 등은 이숭인이 모친상을 당하고도 시관이 된 것을 비판하였다. 이에 따르면, 국가에서 정한 절차와 방법인 기복제로서 상중에 벼슬할 수 있고, 시관은 3년상을 마친 뒤에야 가

---

82 《도은집》 권4, 贈李生序.

83 都賢喆, 같은 책, 119-130쪽; 최봉준, 같은 논문, 47-57쪽.

84 《고려사》 권115, 列傳28 李崇仁.

85 《고려사》 권75, 志29 選舉3 銓注 選法, 凡宦寺之職, 凡選用守令(諫官李崇仁等言).

86 姜芝嫣, 〈高麗末 李崇仁의 政治活動 研究〉, 《全州史學》 28(1995).

능하다. 그런데 이숭인은 이를 지키지 않고 벼슬을 낮추어 가면서까지 과거 시험을 집행하였으며, 상주로서 상도를 저버렸다.[87] 권근은 이를 변호하여 이숭인이 모친 상중에 감시 시관이 된 것은 살아 있는 부父의 뜻에 따른 결과라고 하였다. 국가의 공적 제도인 삼년상이나 기복제를 생각하면 벼슬에 나가서는 안 되지만 아들의 영화를 보고자 하는 아버지 뜻을 받아들여 시관이 되었다는 것이다.[88] 하지만, 간관 오사충은 권근이 이숭인에게 편당한 죄를 논핵하였다.[89]

개혁파 사대부는 이숭인을 변호하는 권근에 대한 비판을 강화하고, 윤소종도 이에 가담한다. 공양왕 즉위년 12월(1389) 사헌부에서 권근이 외교문서에 대한 문제를 지적하자, 공양왕은 권근을 영해로 유배보냈다.[90] 윤소종은 이를 다시 논핵하여 흥해로 유배보냈다.[91] 창왕 원년 9월 윤승순과 권근이 중국 예부에서 황제의 명을 받들어 도평의사사에 자문을 보냈는데, 권근이 중도에서 사사로이 열어 보고 돌아와서는 이림의 사제私第에 먼저 보이고 난 뒤 도당에 보냈다는 것이다.[92] 이색과 같이 사전혁파에 반대한 권근을 윤소종이 정면으로 비판하고 나선 것이다. 이색과 똑같은 제자이지만, 윤소종은 이숭인·권근을 직접 비판하고 이색 등이 추구하는 방향과 입장 차이를 드러낸 것이다.

개혁파 유학자들은 개혁 정치의 최대 걸림돌인 이색을 비판하였다. 공양

---

87 《고려사절요》 권34, 恭讓王(창왕 원년 10월) ; 《高麗史》 권115, 列傳28 李崇仁, "諫官具成佑·吳思忠·南在·沈仁鳳·李堂等上疏劾崇仁曰, ……".
88 《고려사》 권115, 列傳28 李崇仁, "簽書密直司事權近上疏論救崇仁曰, ……".
89 《고려사절요》 권34, 恭讓王(창왕 원년 10월).
90 《고려사절요》 권34, 恭讓王(공양왕 원년 12월) ; 《고려사》 권107, 列傳 권20 權㫜(權近).
91 《고려사》 권107, 列傳20 權㫜 權近, "郎舍尹紹宗等上書, 復論私拆之罪, 請正典刑命杖一百, 徒流興海." ; 《고려사절요》 권34, 恭讓王(공양왕 원년 정월).
92 《고려사절요》 권34, 恭讓王(공양왕 원년 12월).

왕 즉위년 좌사의 오사충과 문하사인 조박 등은 이색 부자를 논죄할 것을 요구하였고,[93] 대관과 간관들이 번갈아 상소를 올려 이색의 죄를 논하였다.[94] 윤소종은 정도전과 개혁 정치에 대하여 보조를 맞추었지만, 이색과의 관계를 고려하여 이에 서명하지 않았다.

위화도회군 이후 윤소종은 오사충과 함께 개혁 정치의 선봉이었고 성리학적 이념을 실천하는 논변가였다. 윤소종은 군주 성학론,[95] 재상정치론 등 성리학 정치론에 입각한 정치운영을 지향했다. 그는 공양왕에게 《대학연의》[96]의 이제삼왕을 본받으라며 군주공부론을 제시했다. 요·순 같은 성인이 되기 위하여 경전 공부를 충실히 하고, 궁녀를 멀리하며 사대부를 자주 접견함으로써 요·순과 동일한 덕성의 소유자가 될 것을 요구한 것이다.[97]

또한 그는 군주를 보필하고 실질적인 정치운영을 담당할 현인 재상을 등용하고,[98] 사대부의 의견을 존중하는 유교 정치를 주장했다. 공양왕이 승려 찬영粲英을 스승으로 삼으려는 것에 반대하여 이윤·태공처럼 도를 변론하고 음양을 조화할 줄 아는 자를 스승으로 삼으라고 하였다.[99] 또한 대간이 임

---

93 《고려사》 권115, 列傳28 李穡(1389년12월), "左司議吳思忠·門下舍人趙璞等上疏曰, ……".

94 《고려사절요》 권34, 恭讓王(창왕 원년 10월), "臺諫交章上疏曰, ……"; 권34, 恭讓王(2년 정월) "憲府上疏, 請治李穡與曹敏修, 議立辛昌. 又欲迎還辛禑之罪"; "諫官又上疏, 請置李穡曹敏修等極刑."

95 군주성학론은 성인이 되는 학문, 자연인＝군주가 요 순 우 탕의 요법을 체득해서 왕도·인도를 실현하는 학문이다(金駿錫, 〈17세기 正統朱子學派의 政治社會論〉, 《東方學志》 67(1990), 106−110쪽).

96 《대학연의》는 二帝三王(堯·舜·禹·湯·武王)을 이상 군주로 파악한 남송 말기 진덕수 (1178−1235)의 저작이다. 이에 대해서는 다음의 선행 연구가 있다(도현철, 같은 책, 225−238쪽; 김인호, 〈여말선초 군주수신론과 대학연의〉, 《역사와 현실》 29(1998)).

97 《고려사》 권120, 列傳33 尹紹宗, "紹宗在書筵上書曰, ……".

98 《고려사》 권120, 列傳33 尹紹宗, "遂退交章論奏曰, …… 三代帝王, 以論道經邦, 燮理陰陽者 爲師. 故湯師伊尹伐夏救民以開六百祀之, 商武王師太公鷹揚誅紂, 以開八百年之周."

99 《고려사》 권120, 列傳33 尹紹宗.

금의 면전에서 시정의 득실을 논하는 '대간면계지법臺諫面啓之法'을 폐지한 것에 반대하여, 군주는 중의를 경청하고 간언을 잘 들어야 한다고 하였다.[100] 군주가 중의를 경청하고 간언을 잘 들어야 한다는 말은 곧 사대부의 정치 참여의 폭을 확대하고 그 역할을 강화하려는 것이다. 이는 군주의 독단정치, 전제정치를 대신해서 사대부의 공론 정치를 지향하는 성리학의 정치론을 말한 것이라고 할 수 있다.

윤소종의 이상군주론과 재상론에 나타난 성리학적 정치론은 공양왕 대 대간으로 활동하면서 제시되었고, 공양왕의 정치를 비판한 것이다. 당시 공양왕은 왕조의 유지, 체제수호에 전력을 다하였고, 불교를 고려의 체제이념, 선왕성전으로 존중하였다.[101] 이단 배척에 철저하고 군주수신론을 강조하는 성리학을 통하여 자신을 몰아붙이는 윤소종과 오사충에 대하여, 공양왕은 당연히 반감을 갖지 않을 수 없었다. 공양왕은 윤소종과 오사충이 탄핵하기를 그치지 않자 다른 관직으로 옮기게 하였다.[102] 공양왕은 윤소종이 일을 논하기 좋아하자, 윤소종이 처족 최을의와 노비 문제를 다투다가 반복해에게 청탁하여 얻었다[103]고 하며 그를 미워하였다.

윤소종의 이러한 정치활동은 공양왕 4년 4월 김진양·이확·이내·이감·권홍·유기 등이 조준·정도전·남은·윤소종·남재·조박 등을 논핵할 때에도 확인

---

100 《고려사절요》 권34, 恭讓王(2년 봄정월), "憲府請令臺諫面啓時政得失, 從之.";《고려사절요》 권34, 恭讓王(2년 2월), "罷臺諫面啓之法. 尹紹宗等上疏曰";《고려사》 권120, 列傳33 尹紹宗.

101 도현철, 같은 책 137-138쪽; 이정주, 《性理學 受容期 佛教批判과 政治·思想的 變容-鄭道傳과 權近을 중심으로》(고려대 민족문화연구원, 2007); 이익주, 〈고려말 신흥유신의 성장과 조선 건국〉, 《역사와 현실》 29(1998), 29-39쪽.

102 《고려사절요》 권34, 恭讓王(2년 3월), "尹紹宗·吳思忠, 皆遷他官, 以其彈劾不己也."

103 《고려사절요》 권34, 恭讓王(2년 3월), "紹宗嘗與妻族崔乙義, 爭奴婢, 久未決, 托禑嬖臣潘福海得之. 今被趙浚等薦, 爲郞舍, 喜論事, 王每言紹宗托潘之故, 深疾之";《고려사》 권120, 列傳33 尹紹宗, "及爲常侍, 喜論駁, 王甚惡之. 每舉托潘事訾之, 至是見竄."

된다. 여기에서 김진양 등은 윤소종과 조박이 말을 만드는 목구멍과 혀가 되어 서로 부르고 회답하여 죄의 그물을 널리 펼쳐서 형벌을 할 수 없는 사람에게 형벌을 쓰고, 본래 죄가 없는 사람에게 죄를 구하니 여러 사람이 마음을 두려워하여 모두 원망하였다고 하였다.[104]

공양왕 대 성리학 이념의 추구와 반대파 사대부에 대한 탄핵의 중심에 있던 윤소종은 좌상시로서 좌사의인 오사충과 함께 대간직에 있었고, 이들의 탄핵은 대간이라는 직책상 당연한 일이기도 하다.[105] 그런데 당시 윤소종은 탄핵 상소를 직접 쓰기도 하지만, 조준을 대표로 하는 개혁 상소의 초안 작성자였다.[106] 조준 등의 개혁 상소는 '… 동열상소왈', '… 등상소왈'이라고 표현처럼 윤소종이 초안을 하고 이에 대한 토론 과정을 거쳐 올린 것이다.[107]

윤소종은 논리적인 사고와 집중력으로 당시의 현실 문제를 예리하게 지적하고 반대파를 비판하는 데 상당한 능력을 발휘했던 것으로 보인다. 창왕 대 서연에서 올린 군주공부론에 대한 윤소종의 상소에 대하여 정도전은 의논이 아주 적절하여 참으로 임금을 권고하는 풍모가 있다고 하였다.[108] 《태조실록》을 보면, 윤소종은 강개하고 큰 뜻이 있어 항상 임금의 마음을 바로잡고 풍속을 바르게 하는 일로써 자기의 임무로 삼았다. 매양 임금에게 말할 때는 정치의 잘되고 잘못된 점을 남김없이 진술하여 꺼리고 숨김이 없었다.[109]

---

104 《고려사》 권117, 列傳30 金震陽;《고려사절요》 권35, 恭讓王(4년 4월), "(金震陽)尋轉左常侍,   與右常侍李擴·右司議李來·左獻納李敢·右獻納權弘·左正言柳沂等論·三司左使趙浚·前政堂文學鄭道傳·前密直副使南誾·前判書尹紹宗·前判事南在·淸州牧使趙璞等曰, ……"

105 이익주, 같은 논문(1998), 31-32쪽.

106 《고려사》 권120, 列傳33 尹紹宗, "恭讓卽位, 以大司憲趙浚薦爲左常侍經筵講讀官. 浚嘗從紹宗學, 故有恩憐之舊, 凡有章疏, 紹宗皆具藁."

107 도현철, 〈조선건국기 성리학 지식인의 네트워크와 개혁사상〉, 《역사학보》 240(2018).

108 《고려사》 권120, 列傳33 尹紹宗, "侍讀鄭道傳見之日, 議論切至深, 得告君之體."

109 《태조실록》 권4, 2년 9월 기미, "兵曹典書·知製敎·同知春秋館事尹紹宗卒. …… 紹宗慷慨有大志, 常以格君心正風俗爲己任. 每當言路, 極陳得失, 無所忌諱, 其居家不治生産, 雖至樓空,

조선 건국 뒤 윤소종은 개국공신에 들어가지 못하고 단지 회군 공신 3등에 봉해진다.[110] 왕씨를 다시 세울 것을 결의한 인물 가운데, 이미 죽은 허금·백군녕과 김저 사건에 연루된 정지를 제외한 조준·조인옥·유원정은 모두 개국공신이 되는 것과 대비된다고 할 수 있다.[111] 병조전서에 기용되고 조준·정도전·정총·박의중 등과 함께 전 왕조 역사인 《고려사》 수찬 작업에 참여하지만,[112] 태조 2년 8월 병으로 사직한다.[113]

고려 말 개혁을 주장하며 반대파 비판에 앞장섰던 그가 조선 건국 후에 왜 대접받지 못했을까. 이와 관련하여 다음의 기록이 주목된다.

(공양왕 2년 2월) 헌사에서 상소하여 이색과 조민수가 신창을 세웠고, 또 신우를 맞아들이려 한 죄를 다스릴 것을 청하였다. 간관이 또 상소하여 이색과 조민수를 헌사에 회부하여 엄중히 신문하여 극형에 처할 것을 청하였다. 이에 이색의 관직을 삭탈하고, 조민수와 함께 먼 곳에 옮겨 보낼 것을 명하였다. 좌상시 윤소종은 이색의 문생이었으므로 서명하지 않았다. 대간이 다시 이색의 죄를 다스릴 것을 청하였다.[114]

공양왕 2년은 정도전, 조준 등의 구세력에 대한 비판이 고조된 시기였다. 창왕 원년의 사전 개혁에 반대한 인물들이 조정에 중심 세력을 이루고

不以爲意. 博覽經史, 手不釋卷, 尤精於性理之學, 闢異端甚力, 年四十九歲卒, 士林惜之."

110 《태조실록》 권4, 2년 7월 을축.

111 姜之嬀, 같은 논문, 175쪽 주) 101.

112 《태조실록》 권2, 원년 10월 신유, "右侍中趙浚·門下侍郎贊成事鄭道傳·藝文館學士鄭摠· 朴宜中·兵曹典書尹紹宗, 高麗史修撰."

113 《태조실록》 권4, 2년 8월 을해.

114 《고려사》 권115, 列傳28 李穡, "(공양왕)二年, 憲司上疏請治穡敏修立昌, 又欲迎禑之罪. 諫官又上疏, 請下穡敏修于憲司, 嚴加鞫問, 置之極刑. 命削穡職, 與敏修徒遠地. 左常侍尹紹宗以穡門生不署名, 臺諫復請穡罪."

있고, 개혁 정치에 걸림돌이 되고 있었다. 개혁파 사대부들이 의도하는 개혁을 위해서는 사전 개혁의 단행과 이를 뒷받침할 수 있는 제반 조치를 마련해야 했다. 이색·우현보 등을 제거하는 것이 급선무였다. 조박과 오사충은 이색·우현보를 죽여야 한다는 상소를 올렸다.[115] 하지만, 윤소종은 이에 참여하지 않았을 뿐만 아니라 간관으로서 서명하지 않았다. 체제개혁과 관련해서 개혁파 사대부와 보조를 맞추었던 윤소종이었지만, 이색과의 관계를 소홀히 할 수 없었다. 윤소종은 이색과는 좌주문생 관계였고, 조부인 윤택과 이곡·이색은 긴밀한 관계였으며, 조부와 모친의 묘지명을 써달라고 이색에게 간절히 청한 바 있었다.[116]

윤소종은 공양왕 원년 12월 좌상시가 되고 동2년 정월 경연강독관이 되어 정도전·조박·오사충과 더불어 개혁파 사대부들의 입이었지만, 이 문제만 소극적이었다. 성리학의 정치이념에 입각해서 현실을 개혁하여 유교적 이상 국가를 지향하는 이들로서는 그에게 불만을 갖지 않을 수 없었다. 체제 변혁을 위해서는 사적인 인간관계와 이에 파생되는 인정, 사정을 배제해야 하는 것은 성리학을 말하지 않더라도 기본전제였다. 이들이 왕-관-민으로 이어지는 중앙집권적 정치체제와 공적 권력을 강화하려는 것과 같은 맥락에서, 성리학의 천리인욕, 대의멸친 등을 정치사회 이념으로 반영되기를 바랐던 것이다.

---

115 《고려사》 권115, 列傳28 李穡; 《고려사절요》 권34 恭讓王(즉위년 12월), "左司議吳思忠·門下舍人趙璞等上疏曰 ……."

116 공민왕 19년 윤소종이 조부인 윤택의 묘비를 이색에게 청하였다. 이색은 "율정(윤택) 선생의 장례를 마치고 석달이 지나 (윤)소종이 家狀을 정리하여 묘지명을 써달라고 부탁하였다"(《목은집》 文藁 권17, 栗亭先生尹文貞公墓誌銘) 하였다. 또한 우왕 7년 윤소종은 어머니 윤씨의 묘지명을 부탁하였는데, 그때의 상황을 이색은 "윤소종이 아우인 성균박사 윤회종을 급히 나에게 보내 묘지명을 청하였는데, 윤회종이 齊衰服 차림으로 눈과 서리를 무릅쓰고 달려온 모습이 애처로워 내가 차마 사양할 수가 없었다. 이에 여기에 家世와 자손을 적고 묘지명을 붙이게 되었다"(《목은집》 文藁 권19, 尹母崔夫人墓誌)고 하였다.

더욱 윤소종은 이성계를 폄하하는 발언을 하였다. 정도전[117] 등은 이성계를 부각시키고 개혁 세력의 중심으로 강조하려는 입장이었는데, 윤소종은 이성계를 비판하였던 것이다. 다음의 글은 이를 잘 보여 준다.

예조판서 윤소종을 금주로 추방하였다. 일찍이 윤소종이 상호군 송문중에게 말하기를 "지금 이 시중은 군자를 천거하고 소인을 물리치지 못하니 만약 하루아침에 소인의 계략에 빠진다면 후회한들 무슨 소용이 있겠는가"라고 하였다. 심덕부 등이 이 말을 듣고 왕에게 아뢰니, 왕이 노하여 (윤)소종에게 죄를 주고자 하였다. 우리 태조가 청하기를 "조정의 신하로서 기탄없이 바른 말을 하는 사람은 오직 (윤)소종뿐이니, 이 사람에게 죄줄 수 없습니다" 하였다. …… 왕이 말하기를 나는 이미 윤소종에게 고관을 제수했는데 사람이 어찌 이렇게 말할 수 있겠는가. 이 시중의 공은 사직에 있는데, 윤소종 등이 감히 능멸하니 어찌 죄주지 않겠는가 하고 드디어 금주로 추방했다.[118]

이성계가 군자를 천거하고 소인을 물리치지 못하여 만약 하루아침에 소인의 계략에 빠진다면 큰 낭패를 볼 수 있을 것이라고 하였다. 성리학에 입각한 개혁을 주장하고 그에 걸맞은 이상 군주와 이상 국가를 지향한 윤소종은 군자의 등용과 개혁의 지속적인 추진은 양보할 수 없는 신념이었다. 조부인 윤택은 공민왕에게 의견을 제시하여 사직하기도 하고,[119] 《대학연의》를 강하

---

117 정도전의 세력 동향에 대해서는 다음이 참고된다(李廷柱, 같은 논문; 洪榮義, 《高麗末政治史研究》(혜안, 2005); 이익주, 〈삼봉집 시문을 통해 본 고려말 정도전의 교유관계〉, 《정치가 정도전의 재조명》(경세원, 2004)).

118 《고려사절요》 권34, 恭讓王(2년 3월), "放禮曹判書尹紹宗于錦州. 初紹宗, 謂上護軍宋文中, 今李侍中 不能進君子退小人, 若一朝墮於小人之計, 悔何及哉. 沈德符等聞之, 告于王. 王怒, 欲罪紹宗. 我太祖請曰, 廷臣直言者, 唯紹宗耳. 不可罪之. …… 王曰, 予既除紹宗高官, 人惡得而言哉. 李侍中功在社稷, 紹宗等敢辱之其可不罪歟, 遂放于錦州."

119 《고려사》 권38, 世家38 恭愍王(원년 4월 정사), "密直提學尹澤上疏, 言時事, 不允, 遂辭, 以開城尹致仕."

여 공민왕의 얼굴빛을 고치게 하였다.[120] 윤택은 공민왕에게 알고도 말하지 않은 것은 없었고 지나칠 정도로 직간하였다.[121] 윤소종은 당 태종보다는《대학연의》에서 제시하는 이제삼왕을 이상적 군주상으로 제시하고 공양왕에게 이를 본받도록 요구하였다. 앞서 공양왕에게 승려 찬영을 스승으로 모시지 말고 서연에서 군주 공부를 하며, 대간이 임금의 면전에서 시정의 득실을 논의하도록 주장하였던 것이다. 이렇게 성리학에 철저한 윤소종의 주장은 공양왕이 싫증을 내게 하는 원인이 되었다. 조부인 윤택이 성리학자로서《대학연의》의 이제삼왕을 이상 군주로 삼고 공민왕에게 진언을 아끼지 않았듯이 윤소종 역시《대학연의》의 유교적 이상 군주상을 공양왕에게 제기하며 국왕과 충돌하였던 것이다.

성리학의 군주상과 정치론의 철저한 현실 적용을 구상한 윤소종으로서는 위화도회군 이후 공과 덕에서 부상한 이성계가 현실과 타협하고 소인을 등용하는 일은 용납할 수 없는 일이었다. 그의 관점에서는 군자로 표현되는 개혁 세력이나 자파 세력의 등용이 필요하였고, 소인으로 표현되는 개혁에 미온적인 인물[122]을 감싸는 이성계에 불만이었던 것이다.[123]

---

120 《고려사절요》 권26, 恭愍王(6년 5월).

121 《목은집》 文藁 권17, 栗亭先生尹文貞公墓誌銘(공민왕19)(1370).

122 여기에서 소인이 누구인지 분명치 않다.《고려사절요》의 앞 시기 자료를 보면 소인에 대한 척결 논의가 낭사의 상소로 나타난다. 낭사의 상소는 변안렬을 비롯한 왕안덕, 우홍수, 우인열 등을 난신적자로서 처결해야 한다는 것이다. 창왕 원년(1389) 11월에 회군 직후 이성계를 살해할 모의를 하였다는 金佇의 獄에 연루된 자는 이림·우현보·변안렬·우인렬·우홍수·왕안덕 등인데, 낭사인 윤소종이 이첨, 오사충 등과 함께 이들을 극형에 처할 것을 요구하였다. 하지만 공양왕은 심덕부, 이성계와 의논하여 홍영통, 우현보, 정희계 등은 김저의 증언과 관련없으며 변안렬은 설장수와 함께 명에 가서 우왕의 도리에 어긋남을 황제에게 보고했으니 김저의 음모에 가담하지 않았을 것이라고 하였다. 이날 여우가 수창궁 서문에서 효사관 서쪽 언덕으로 들어갔다. 이에 낭사가 여우는 소인의 상징이라고 하여 변안렬을 처형할 것을 요구하였고, 윤소종 역시 변안렬의 처형을 요구하였다(《고려사절요》 권34, 恭讓王(2년 3월);《고려사》 권126, 列傳39 姦臣2 邊安烈).

123 姜之嫣, 같은 논문, 176쪽.

이는 이성계를 부각시키려는 개혁파 사대부의 생각과는 배치되는 것이었다. 이성계를 정점으로 체제변혁을 모색하는 개혁파 사대부들은 이성계의 권위 실추와 도덕적 손상은 용납하기 어려웠다. 이성계를 국왕으로 옹립하고 새로운 왕조를 개창하려는 시점이 위화도회군부터인지, 아니면 창왕 옹립 논의나 공양왕 옹립 때부터인지, 분명하게 단언할 수 없지만, 위화도회군부터 이성계는 개혁파 사대부의 중심에 있었고, 국가 사회를 이끌 지도자로서 인정되고 있었다.[124] 그러므로 변혁을 지향하는 개혁파 사대부들은 유덕자·지인자至仁者로서의 이성계에 대한 존엄을 강화하고 왕자의 재목으로서 자질과 덕망을 드러내고자 하였다. 성리학적 정치론에 충실한 윤소종의 태도는 개혁파 사대부와 맞지 않는 측면이 있었던 것이다.

공양왕 2년 3월 이후 윤소종의 행적은 보이지 않는다. 공양왕 4년 4월 정몽주 등이 주도권을 잡고 정도전 등을 유배보낼 때 윤소종이 포함되어 있지만, 얼마 뒤 정몽주가 암살되고 이성계와 정도전 등이 다시 권력을 잡게 되었을 때 윤소종은 등용되지 못하였다. 결국 윤소종은 조선 건국의 결정적인 순간에 어떠한 역할도 하지 못하게 되고, 개국공신이 되지 못하였다.

고려 말 윤소종은 조준과 결합하여 성리학적 이념에 철저한 개혁을 지향하면서도 이색에 대한 사적인 은혜를 존중하였다. 그에게서 현실과 이상 속에서 고민하는 왕조교체기 유학자 지식인 한 사람을 보게 된다.

---

124 조선 초기의 자료인 《고려사절요》에는 위화도회군 당초부터 이성계에 대한 긍정적인 자료가 보인다. 회군 당시에 '목자득국木子得國'이라는 동요가 있어 군사와 백성, 늙은이, 젊은이 모두 노래하였고(《고려사절요》 권33, 辛禑(14년 5월 을미), 이성계 잠저에 퍼진 동요에 "서경 밖의 불빛이요 안주 밖의 연기빛이라 그사이에 왕래하는 이원수 원하건대 백성을 구하소서(《고려사절요》 권33, 辛禑(14년 6월 계묘)" 하였다고 한다.

4. 맺음말

윤소종의 정치활동과 사상을 검토하는 가운데 고려 후기 유학자의 한 유형을 살펴보려는 것이 이 장의 목표였다.

윤소종은 이곡, 이색과 긴밀한 윤택의 손자로서, 이색이 주관하는 과거에 장원급제하였다. 고려 후기에는 성균관에서 이색을 중심으로 성리학 연구가 활발하였는데, 윤소종은 이색에게 성리학을 학습하고 성리학에 입각한 개혁 정치를 지향했다.

공민왕 22년 윤소종은 왕의 측근으로 정치를 문란하게 하고, 영전의 역사를 도모한 김사행 등을 비판하였다. 우왕 7년 모친상을 당해 향리에 내려온 그는 농촌 현실을 목도하고 개혁의지를 다졌다.

우왕 12년 성균사예가 된 그는 조준과 현실개혁을 논한다. 윤소종은 조준을 통하여 이성계와 결합한다. 이성계는 조준의 기량이 비범함을 알고 같이 일을 논의하였고, 위화도회군 이후 천거하여 대소사를 모두 자문하였다. 그런데 조준이 임금에게 올리는 글들은 모두 윤소종이 기안했다고 한다. 결국 윤소종은 조준을 통해서도 자신의 견해가 개혁 정치에 크게 활용될 기회를 갖게 되었다고 할 수 있다. 위화도회군 이후 윤소종은 정도전 등이 추구한 개혁 정치에 동참하고, 정도전·조준과 함께 전제 개혁논의에 찬성한다. 이색 등이 구법은 가벼이 고쳐서 안 된다고 하여 전제 개혁에 반대한 것과 대비된다고 할 수 있다.

윤소종은 성리학적 이념에 충실했고 성리학에 입각한 정치사회 운영을 지향했다. 그는 성리학의 인간론과 수양론으로 정치사회의 규범을 정하고 시비선악의 가치를 정했으며 현실정치를 이끌어 가고자 하였다. 그는 《대학연의》의 이제삼왕이라는 이상 군주상으로써 공론 정치를 제시했다. 그의 공론 정치는 군주 개인의 독단정치에 대신하는 사대부 중심의 여론 정치를 말한 것이다.

위화도회군 이후 본격적인 개혁 작업을 행하면서 윤소종은 오사충·조박과 더불어 정치 개혁의 논리를 개발하고 반대파를 비판하였다. 처음에는 이 인임·변안렬·조민수 등 성리학과는 거리가 있는 구세력을 비판하였지만, 점차 성리학을 익힌 사대부 가운데 개혁에 미온적인 인물을 비판하였다.

윤소종은 논리적인 사고와 집중력으로 당시의 현실 문제를 예리하게 지적하고 반대파를 비판하는 데 상당한 능력을 발휘했다. 하지만, 그는 조선 개국 후 태조 원년 병조전서에 기용되었으나, 태조 2년 8월 병으로 사직하고 활발한 활동은 보여 주지 못하였다.

그 이유는 두 가지로 요약된다. 하나는 여말 개혁의 최대 걸림돌인 이색을 비판하는 데 소극적이었을 뿐만 아니라 대간으로서 서명하지 않았다는 점이다. 윤소종으로서는 자신의 스승이고 조부인 윤택과 긴밀한 이색과의 관계를 고려하지 않을 수 없었다. 하지만, 성리학의 천리인욕, 대의멸친 등에 입각해서 현실을 개혁하고 유교적 이상 국가를 지향하는 개혁파 입장에서는 사적인 인간관계에 얽매이는 윤소종을 용납하기 어려웠다.

더욱 윤소종은 이성계를 폄하하는 발언을 하였다. 이성계가 군자를 천거하고 소인을 물리치지 못하여 만약 하루아침에 소인의 계략에 빠진다면 큰 낭패를 볼 것이라고 하였다. 이는 이성계를 부각시키려는 개혁파 사대부의 생각과는 배치되는 것이었다. 이성계를 정점으로 체제변혁을 모색하는 정도전 등의 입장에서는 이성계의 권위 실추와 도덕적 손상은 받아들이기 어려웠다. 이번 일로 공양왕 2년 3월 이후 윤소종의 행적은 보이지 않는다. 그리고 조선 건국 과정의 결정적인 순간에 어떠한 역할을 하지 못하게 된다. 이러한 점 때문에 그가 조선 건국 후에 개국공신이 되지 못하고 회군 공신 3등에 포함된 것이 아닌가 한다.

윤소종에게서 성리학에 의한 개혁 정치를 추구하면서도 이색에 대한 사적인 은혜를 저버리지 못하는 여선교체기 유학자의 고뇌를 보게 된다.

제2장 조준의 정치활동과 신왕조의 기반 마련

1. 머리말

조준(1345-1405, 충목왕 2년-태종 5년)은 고려 말의 정치 사회문제를 해결하는 개혁론을 제시하고 그 과정에서 조선왕조의 건국에 참여하고 조선왕조 건국의 일등 공신과 재상으로 새로운 왕조의 체제 정비에 기여하였다.[1] 그는 고려 말 명문 가문의 후손으로 성균관에서 성리학을 익힌 부류나 함경도 신흥 무인들과 더불어 조선 건국 주체자의 한 축을 이루면서, 토지개혁이나 노비 변정 등 개혁 방향이나 세자 책봉, 천도, 요동 정벌 등 국내외 현안

---

1 文炯萬, 〈趙浚의 生涯에 관한 一考察〉, 《釜山女大論文集》 12(1982); 張得振, 〈趙浚의 政治活動과 그 思想〉, 《史學研究》 38(1984); 韓嬉淑, 〈趙浚의 社會政策方案〉, 《淑大史論》 13·14·15(1989); 이병희, 〈조준, 조선국가 경제제도의 밑그림을 그린 현실주의적 경세가〉, 《한국사인물열전1》(돌베개, 2003); 김인호, 〈조준의 자아의식과 사유의 방향〉, 《역사와 실학》 81(2023).

문제에 뚜렷한 주장을 밝혔다.

조준은 개혁 정치의 목표와 방법을 둘러싸고 다양한 논의를 전개하였다. 고려 말에는 전제 개혁을 둘러싸고 이색 등과 정책 대결을 벌이고, 건국 뒤에는 요동 정벌론을 가지고 정도전과 의견 차이를 보였으며 왕자의 난 이후에는 체제 정비의 방법을 둘러싸고 권근, 하륜 등과 사상상의 차이를 드러냈다.2 이러한 정치사상의 의견 차이는 고려 말 사회변동을 타개하여 이상적인 사회를 건설하려는 것이면서 새로운 왕조의 체제 정비를 위한 노력의 일단을 보여 준다고 하겠다. 그러므로 조준의 정치활동과 정치적 지향을 살펴보게 되면, 고려 말의 개혁이나 신왕조의 건국 이후의 체제 정비를 둘러싼 여러 문제를 이해하는 데 기여할 것이다.

기왕의 연구에서 이러한 점을 주목하지 않은 것은 아니지만, 개혁 정치를 둘러싼 다양한 논의에 대한 검토나 거시적인 안목에서 이 시기를 파악하는 부분에서 미진한 점이 있었다. 이 장에서는 기왕의 연구 성과를 바탕으로 최신의 연구 성과를 수렴하면서3 조준의 정치활동과 정치적 지향을 살피는 가운데 조선 건국 초의 정치적, 사상적 성격을 파악하고자 한다.4

---

2 유창규, 〈고려말 조준과 정도전의 개혁방안〉, 《國史館論叢》 46(1993); 金炯秀, 〈14世紀末 私田革罷論者의 田制觀〉, 《慶北史學》 25(2002); 박진훈, 〈高麗末 改革派士大夫의 奴婢辨正策 -趙俊·鄭道傳系의 方案을 중심으로-〉, 《學林》 19(2002).

3 도현철, 〈고려말 윤소종의 현실인식과 정치활동〉, 《東方學志》 131(2005); 〈조선건국기 성리학 지식인의 네트워크와 개혁사상〉, 《역사학보》 240(2018); 박진훈, 〈고려 후기 전민변정과 조선초기 노비 정책의 의의와 한계〉, 《역사비평》 122(2018); 尹載煥, 《松堂集》을 통해본 松堂 趙浚의 삶과 詩世界〉, 《東方漢文學》 40(2009).

4 이 연구는 《송당집》(《한국문집총간》 권6(민족문화추진회, 1990))을 주된 자료로 이용하였고, 《송당집》(변종현·윤승준·윤재환(한국고전번역원 한국문집번역총서, 2012))을 참고하였다.

2. 고려 말 정치활동과 개혁 상소

1) 생애와 정치활동

조준은 고려 왕실과 혼인할 수 있는 재상지종宰相之宗 15개 가문 가운데 하나인 평양 조씨의 일원으로 태어났다.[5] 당시 세조 쿠빌라이가 고려 왕실의 동성혼 금지의 원칙을 제시하자[6] 왕실과 혼인할 수 있는 명문 가문 15개를

---

5 〈표 15〉 조준의 관직 연보

시기	관직	비고
충목왕 2년(1346) 출생		
공민왕 20(1371)	보마배寶馬陪 지유指諭	
우왕 즉위년(1374)	예부시 합격	지공거 염흥방
우왕 3년(1376)	좌우우위호군겸통례문부사	
우왕 8년	경상도체복사	
우왕 9년	밀직제학 사의회의 도감사	
우왕 14년	지밀직사사겸대사헌	
창왕즉위년 6월	첨서밀직사사	
공양왕즉위년	구공신 문하평리	
12월	문하찬성사	
공양왕 3년 정월	좌군총제사	
4년 4월	수원 유배	
	찬성사, 판삼사사	
	경기좌우도 절제사	
태조 원년 7월	좌명개국공신 문하우시중 평양백	
원년 11월	문하좌시중	
6년 12월	판의흥삼군부사	
7년	정사공신 1등	
정종 2년(1399) 12월	좌정승 사직, 판문하부사	
	투옥	
태종 원년 11월	좌정승	
태종 5년 1월	영의정부사	
6월	사망	
태종 10년 7월	태조 배향공신	

정하였던 것이다. 원 간섭기 역관으로 출세하여 최고의 관위에 오른 조인규의 증손자이다. 그의 부친 덕유德裕는 판도판서로서 원의 관직인 봉훈대부 왕부단사관王府斷事官을 승습하였으나 일찍 세상을 떠났고, 형인 린璘은 신돈을 제거하려다가 죽음을 당하였다.[7] 그의 부인은 이암의 손녀이고 이숭의 딸이었다. 공민왕 23년(1374) 이무방과 염흥방의 시관 아래 조준은 과거에 급제하였고 우왕 2년에 강원도안렴사로 원주·간성·강릉의 강원도를 순행하였으며, 우왕 6년에는 경상도체복사로 임명되어 왜구를 격퇴하였다. 이때 왜구 토벌에 소극적인 도순문사 이거인을 문책하고, 병마사 유익환을 죽여, 위축된 장수들을 명령에 따르도록 하여 왜구를 토벌할 수 있게 되었다. 이 무렵 조준은 윤소종과 연결되어 그에게 학문을 배우고 현실의 어려움을 나누었다. 두 사람은 왜구의 침입으로 대외적 위기감과 함께 농촌사회의 파괴와 농민의 굶주림과 유망 현상으로 문란해진 사회질서를 목도하고, 장차 개혁 정치에 대하여 문제의식을 갖게 되었다.[8]

우왕 9년에 조준은, 원수와 도순문사가 왜구와 싸우지 않으니 가서 군기軍機를 살피라는 우왕의 명을 받았다. 조준은 자신의 지위가 원수와 도순문사에 견줘 낮아 양광 경상도의 통제를 위임해 달라고 요구하였으나, 장수 족당들의 반대로 실현되지 않았다. 개혁인식, 비판의식을 견지한 조준은 군대 운영의 불합리나 왜적 방어의 효율성을 위하여 엄격한 군 지휘 통제의 필요성을 말하였지만, 기존의 장수나 그와 연결된 권세가들 반대로 좌절되었다. 조준은 우왕 10년 이후 4년 동안 두문불출하며 경사를 익혀 현실개혁의 뜻을 다졌다.[9]

---

6 《고려사》 권33, 世家33 忠宣王1(복위년 11월 신미), "王在金文衍家, 百官會梨峴新宮, 王下
   敎曰, ……."
7 《고려사》 권105, 列傳18 趙仁規(德裕 璘).
8 《동문선》 권5, 五言古詩 一月三十日寄野堂呼齋; 권11, 五言排律 病中霖雨二十八卦寄野堂呼齋.

회군 이후 조준은 후술하는 바와 사헌부 대사헌으로 대표로서 개혁 상소를 올렸다.[10] 현실을 개혁하는 상소는 찬반을 불러일으켰는데, 가장 첨예하게 대립된 부분은 토지제도 개혁논의였다. 창왕 원년(1389) 4월에 조준은 이성계·정도전·윤소종 등과 함께 권세가들이 토지 탈점으로 국가재정이 악화되고 농민들 생활이 어렵다고 보고, 사전을 혁파하자는 전제 개혁을 주장하였는데, 이색은 이림·우현보·변안렬·권근·유백유 등과 함께 구법을 가벼이 고쳐서는 안 된다는 이유로 이에 반대하였다.[11] 전제 개혁에 대한 의견 차이는 현실 인식과 대응 논리의 차이이면서, 개혁의 방법과 목표를 둘러싼 논의로서, 실현을 위한 정치권력의 주도권 싸움으로 이어지게 되었다.

창왕 원년(1389) 11월 김저의 옥은, 위화도회군 직후 퇴위당해 여흥에 유배된 우왕과 최영의 족당인 김저와 정만후 등이 이성계를 살해할 모의를 하였다는 것이고, 공양왕 2년(1390) 5월 윤이·이초의 사건은, 윤이와 이초가 명나라에 이성계가 명을 공격한다는 무고를 한 것이었다. 이에 대하여 공양왕과 왕조를 유지하려는 이색 등은 윤이·이초의 옥이 무고임을 표방하면서,[12] 이성계 측에 대응하였다. 공양왕은 구언교(3년 4월)를 내려 신하의 의견을 구했는데, 상소를 올린 정도전과 남은의 말은 받아들이지 않고 불교배척 상소를 올린 김초를 죽이고자 하였다. 공양왕 3년 7월 정몽주와 재상

---

9 《고려사》 권118, 列傳31 趙浚, "浚杜門不出以經史, 自娛者四年."

10 조준은 불교 비판에 대한 글이 전혀 없다. 이 점에서 척불론을 비롯한 개혁을 주장하는 같은 계열의 사대부와 차이가 있다. 이는 조준의 가문과 관련되는 것으로 보인다. 조준의 가문은 조인규 대 이후로 대대로 천태종 계열의 고승을 배출하였다. 또 조준의 7형제 가운데 두 형제가 출가하였고 아우 조견은 어려서 출가하여 여러 사찰의 주지가 되었다가 환속하기도 하였다. 고려 말 불교계가 수난을 당했어도 천태종은 큰 난리를 겪지 않은 것도 천태종과 밀접한 관련을 가진 조준 가문의 정치적 위상에 힘입은 바가 컸을 것으로 추정되기도 한다(韓基斗, 〈麗末鮮初 天台法華思想硏究〉, 《韓國天台思想硏究》(동국대출판부, 1983), 351–358쪽).

11 《고려사》 권118, 列傳31 趙浚.

12 《고려사》 권117, 列傳30 金震陽, "震陽語同僚曰, 彝初之事, 三歲小童, 亦知其誣."

들은 정도전 등과 대결을 시도하였고,[13] 마침내 공양왕 4년 4월에 정몽주와 연결된 김진양이 조준·정도전·남은·윤소종 등을 논핵하였고, 강회백도 대관 臺官을 거느리고 상소하여 조준 등을 탄핵했다.[14] 이들은 조준이 정도전과 함께 마음을 같이하여 서로 변란을 선동하는데, 남은과 남재 등은 난을 선동하는 우익이 되고, 윤소종과 조박은 말을 만드는 목구멍과 혀가 되어 죄가 없는 사람에게 죄를 주어 천지의 만물을 낳는 화기를 상하게 하고, 전하의 덕을 손상시켰다[15]는 것이다. 조준은 김진양의 탄핵을 받고 수원의 옥에 갇혔다가 소환되어 다시 찬성사가 되고, 얼마 뒤 판삼사사가 되었다.[16]

조선 건국 뒤 태조 원년(1392) 7월 조준은 개국 1등 공신으로 문하우시중 평양백이 되었다. 관직 서열상 문하좌시중 배극렴을 이은 두 번째였는데, 이 해 11월에 배극렴이 죽자 조준은 문하좌시중이 되었다. 정도전과 더불어 조선의 체제 정비에 기여하였다. 전 왕조의 역사인《고려사》수찬을 정도전과 함께 맡고,《사서절요》를 찬술하며, 태조 2년(1393) 6월 김주와 함께 시관이 되어 윤정 등 33인을 선발하였고,[17] 태조 5년에는 정도전과 시관이 되어 김익정 등 33명을 뽑았다.[18]

조준은 태조 7년(1398) 7월의 왕자의 난으로 정사공신 1등이 되고 좌승

---

13 《고려사절요》권35, 恭讓王(3년 7월), "鄭夢周與宰相上疏曰, ……"
14 《고려사》권117, 列傳30 姜淮伯, "諫官金震陽等承鄭夢周指嗾, 劾趙浚·鄭道傳等罪, 淮伯亦率臺官上疏, 論劾浚等."
15 《고려사절요》권35, 恭讓王(4년 4월);《고려사》권117, 列傳30 金震陽, "夏四月, 諫官金震陽·李擴·李來·李敢·權弘·柳沂等, 論三司左使趙浚, 前政堂文學鄭道傳, 前密直副使南誾, 前判書尹紹宗, 前判事南在, 淸州牧使趙璞等曰, ……"
16 《고려사》권118, 列傳31 趙浚.
17 《태조실록》권3, 2년 6월 정해, "임금이 보평전에서 지공거인 좌시중 조준과 동지공거 예문춘추관 대학사 김주가 천거한 윤정 등 33인을 시험하였는데, 송개신을 제1로 삼았다." 고 한다.
18 《태조실록》권9, 5년 5월 丁巳, "上坐勤政殿, 試考試官趙浚·鄭道傳所取, 曹由仁等三十三人, 以金益精爲第一."

상이 되었다.[19] 정종이 즉위하고(1398.8) 사직서를 제출하였지만 받아들여지지 않았다. 같은 해 12월에도 재이災異가 발생하자 사직서를 올렸는데, 문하좌시중에서 판문하부사로 자리를 옮겼다.

조준은 1차, 2차 왕자 난 이후 등장하는 권근 등의 정사공신들과 의견 차이를 드러내고, 권력을 잡은 이들로부터 탄핵을 받았다. 정종 2년에는 판문하부사로 있으면서 민무구, 민무질 형제의 탄핵으로 투옥되었다가 이방원에 의해 석방되었다. 이해 그는 사직서를 청하는데, 8월에 순군옥에 갇혔다.[20] 같은 해 11월 태종이 즉위하고 그다음 해 정월에 조준은 판문하부사가 되고,[21] 병으로 벼슬에서 물러나 있다가 3년에 영의정이 되었다.[22] 태종 3년 9월에는 명의 혼인 요청을 피하고자 왕의 둘째 딸을 조준의 아들 대림과 혼인시켰다. 4년(1404) 6월에 천재지변으로 좌정승 하륜과 우정승 성석린이 사직하자, 조준은 좌정승이 되었다. 태종은 새로운 도읍지를 물색하는 데 조준·하륜 등과 함께 했다.[23] 태종 4년(1405) 다시 영의정이 되었으나 6월 죽었다. 태종 10년 조준은 조인옥·이화·이지란과 함께 태조의 배향공신이 되었다.[24]

2) 인적 네트워크와 개혁 상소

조준은 고려 말에는 윤소종·허금·조인옥·류원정·정지·백군녕, 조선 건국 후에는 조운흘·윤사수·민제·조용·이거이와 인적 관계를 유지했다. 조준은 일

---

19 鄭杜熙, 〈제3절 정사공신〉, 《朝鮮初期政治支配勢力研究》(일조각, 1983).

20 《정종실록》 권3, 2년 8월 계사, "下平壤伯 趙浚于巡軍獄, 旣而放之. ……"

21 《태종실록》 권1, 1년 1월 을유.

22 《태종실록》 권6, 3년 7월 정축.

23 《태종실록》 권8, 4년 9월 갑자, "幸漢陽毋嶽, 相定都之地. 河崙·趙浚·南在·權近, 臺諫各一員扈從, ……"

24 《태종실록》 권20, 10년 7월 정축, "定太祖配享功臣. 議政府集議太祖配享功臣, 以趙浚·南誾·趙仁沃爲宜, ……"

찍이 윤소종에게서 배웠기 때문에 오랜 친분을 가지고 있었고, 윤소종·허금 등과 망년우를 맺었으며,25 조인옥·류원정·정지·백군녕 등과 교유관계를 맺고 왕씨를 세울 것을 다짐하였다.26 이성계는 조준을 지밀직사사겸대사헌으로 천거하여 일의 대소사를 모두 자문하였으며, 조준 역시 나라를 다스리고 백성을 구하는 것을 임무로 삼아 알고 말하지 않음이 없었다.27 조준을 주시한 이성계가 조준과 연결된 윤소종을 알았고, 정도전과 연결된 이성계를 통하여 정도전·조준·윤소종을 중심으로 하는 여말 개혁파 유학자들의 핵심 세력이 결집하게 되었다.28

　위화도회군 이후 조준은 대사헌으로서 사헌부 동료들과 의논한 것이 매우 많았는데, 당시의 병폐를 적절히 지적하여 폐정이 한꺼번에 개혁되었다.29 이때 윤소종은 조준에게 경세에 관한 지식을 전달하고 상소의 초고를 작성하였다.30 조준의 개혁상소는 '… 동렬진시무왈同列陳時務曰', '… 등상소왈等上疏曰'31 이라고 표현되어 있는 것처럼 초안자가 있고 이에 대한 토론 과정을 거쳐 올린 것이므로 개인의 의견이 아닌 사대부의 성리학적 지향이 담겨 있는 것이라고 할 수 있다. 조준 등은 정치이념의 정립보다 제도개혁론에 집중했음을 이를 통해서 확인할 수 있다. 이러한 개혁 동지의 결합은 단순한 인적인 관

---

25 《고려사》 권105, 列傳18 許錦(許錦), "與趙浚尹紹宗輩爲忘年友."

26 《고려사》 권118, 列傳31 趙浚, "浚嘗憤王氏絶嗣, 與尹紹宗·許錦·趙仁沃·柳爰廷·鄭地·白君寧, 結爲友, 密誓有興復之志."

27 《고려사》 권118, 列傳31 趙浚, "我太祖見浚器宇不凡, 與論事, 大悅待之如舊, 識及回軍擧, 爲知密直司事兼大司憲, 事無大小, 悉咨之. 浚亦以經濟爲己任, 知無不言."

28 도현철, 〈고려말 윤소종의 현실인식과 정치활동〉, 《東方學志》 131(2005).

29 《고려사》 권118, 列傳31 趙浚, "王在潛邸, 廣植田園, 嘗惡革私田, 至是欲復之. 浚又上書爭之語在食貨志. 浚在憲司前後論列, 累數萬言, 皆砭切時病, 弊政一革."

30 《고려사》 권120, 列傳33 尹紹宗, "恭讓卽位, 以大司憲趙浚薦爲左常侍經筵講讀官. 浚嘗從紹宗學, 故有恩憐之舊, 凡有章疏, 紹宗皆具藁."; 도현철, 〈조선건국기 성리학 지식인의 네트워크와 개혁사상〉, 《역사학보》 240(2018).

31 〈표 15〉 조준의 개혁 상소와 내용

계를 넘어 지적인 네트워크를 형성한 것으로, 장차 정치적 동지로 나아가고 변혁 주체로 행동에 나서는 모습을 보여 준다.

이렇게 올린 조준 등의 개혁 상소는 고려의 제도를 근본적으로 개혁하는 것이었다. 이들은 전제 개혁에서 소유권을 그대로 유지한 채 가산화된 사전私田을 혁파하고 경기사전의 원칙 아래 수조지의 재분배를 요구하였다. 조준 등은 직역담당자를 대상으로 수전受田하여 수전의 점유는 조종의 토지제도대로 본인 1대에 한하고 사사로이 수수授受하는 행위를 엄금하자는 것이었다. 가산화된 사전私田은 불법이므로 이를 혁거하고 경기사전의 원칙 아래 재분배함으로써 문제를 해결하려고 하였다. 결국 과전법으로 귀결되는 조준의 안은 사전수조지私田收租地를 축소하는 가운데 국가의 토지관리권을 강화하여 수조권에 따른 중간 수탈을 배제하고 민의 경제적 안정을 도모하는 것이었다. 과전은 수조권적 토지지배를 전제한 가운데 성립된 것이지만 자작 농민의 토지지배권을 일정하게 사유권으로 보장하는 길을 열었다. 전주는 전객의 땅을 함부로 빼앗아서는 안 된다고 하고 이에 대한 처벌 규정을 명시함으로써 경작권을 보호하려고 하였다. 또 수조액을 공정公定함으로써 자의적인 수조收租를 규제하여 자작 농민의 생산을 상대적으로나마 보호하였다.[32]

번호	년도	상소 주체	내용	근거 자료
1	창왕 즉위년 7월	大司憲趙浚等上書曰	토지제도	《고려사절요》 권33 《고려사》 권78 志32 食貨1
2	창왕 원년 8월	大司憲趙浚等上疏曰 大司憲趙浚陳時務曰 (浚又率同列條陳時務曰)	토지제도 관제 21개	《고려사절요》 권33 《고려사》 권78 志32 食貨 《고려사》 권118 列傳31 趙浚
3	창왕 원년 10월	大司憲趙浚等上書陳時務曰 又上書陳時務	법제 5개	《고려사절요》 권33 《고려사》 권118 列傳31 趙浚
4	공양왕 즉위년 12월	大司憲趙浚等上疏曰 又上疏曰 大司憲趙浚等又上疏論田制曰	상벌 19개(수신) 토지제도	《고려사절요》 권34 《고려사》 권118 列傳31 趙浚 《고려사》 권78 志32 食貨

노비제 개혁에서 조준 등은 전민을 함께 변정하여 토지와 민을 단계적으로 해결하는 방향을 정했는데, 경작 농민의 신분을 변정하는 작업이 이루어지지 않은 채 사전이 혁파되어, 기존의 전주 또는 농장주들의 경작 농민에 대한 지배 예속관계는 그대로 남았다.[33] 사민화된 민의 문제와 노동력의 노비 소유 문제를 해결하기 위하여 공양왕 3년 인물추변도감을 설치하였고 공양왕 4년 2월 인물추변도감에서 조업노비화된 양인 농민을 변정하는 노비결송책을 마련하였다. 이에 정몽주는 기존의 노비 정책의 연장선에서 법률적으로 해결하는 노비변정책을 제시하였다. 하지만 급격한 정국 변화로 7월에 조선왕조가 개창되면서 노비 문제는 해결되지 않았다.[34]

---

32 李景植,〈高麗末期의 私田問題〉,《朝鮮前期土地制度研究》(일조각, 1986).
33 박진훈,〈고려 후기 전민변정과 조선초기 노비 정책의 의의와 한계〉,《역사비평》122(2018).
34 태조 3년에 사전혁파와 같은 동일한 방법으로 문제를 해결하자는 입장이 제시되었다. 노비와 관련된 원래 문서를 따져보아 새로 공문을 만들어 주되, 원래의 문서는 사전을 혁파하고 재분급한 예와 같이 불살라 버리라는 것이었다(《태조실록》권6, 3년 8월 기사, "諫官 全伯英等上疏曰 ……"). 그리고 1년 뒤에 노비 문제를 담당하던 관료인 형조 도관 박신 등은 호조 급전사給田司에 예에 따라서 현재 부리고 있는 노비 숫자를 기록하여 각기 공문을 주되 옛 문서를 불태워 버리라고 주장하였다(《태조실록》권8, 4년 11월 무자) 이러한 주장은 기존의 노비문서, 곧 고려시대 노비문서를 재검정하여 새로 발급하자는 주장이었다. 이 작업은 기존의 노비 소유관계를 면밀히 따져 노비라고 주장되는 사람의 신분이 노비인지 양인인지, 그리고 노비라면 누구의 소유인지를 확인하자는 것이다. 이 주장은 사전 혁파처럼 기존의 수조권적 토지 지배관계를 부정한 것에 견주어, 기존의 노비제도 자체를 인정하되, 기존의 노주관계에서 소유권 분쟁이 발생한 경우 재변정하자는 것이다. 단 모든 노비문서는 새로운 국가의 정부가 새로 발급하자는 것이다(박진훈,〈고려 후기 전민변정과 조선초기 노비 정책의 의의와 한계〉,《역사비평》122(2018)).

3. 조선 초 유교적 체제 정비와 신왕조의 기반 마련

1) 국왕과의 협력과 유교적 체제 정비

조준은 조선왕조 건국 뒤 태조 이성계의 절대적인 신임 속에서 왕조의 기반 다지기에 나섰다. 이미 고려 말부터 이성계와 조준은 긴밀하였다. 앞서 언급했듯이 조준은 《대학연의》를 이성계에게 주며 "이것을 읽으면 가히 나라를 만들 수 있을 것입니다"[35]라고 하였다. 이성계는 조준의 비범함을 알고 같이 일의 대소사를 모두 자문하였으며, 조준 역시 나라를 다스리고 백성을 구하는 것을 임무로 삼아 알고 말하지 않음이 없었다.[36]

조선 건국 후에 이성계의 절대적인 신임 아래, 조준은 문하좌정승으로 조선 건국 최고의 자리에 올랐다. 조준은 건국 뒤 태조 이성계의 정치운영 방식에 부응했다. 태조는 개국공신들인 소수 재상과 더불어 군신 공치를 실현하려 하였다.[37] 태조의 건국 초 국정 운영은 조준·김사형·정도전 등과 함께 병권과 정권을 장악한 도평의사사를 통해 이루어졌다.[38] 당시 조준은 좌시중으로 교주·강릉·서해·경기좌우 5도 도총제사를, 정도전은 판삼사사로서 경상·전라·양광 삼도 도총제사를 겸하고 있었다.[39] 소수의 개국공신

---

35 《태종실록》 권9, 5년 6월 신묘, "領議政府事平壤府院君趙浚卒浚. 字明仲, 號吁齋, 平壤府人. …… 上在潛邸, 嘗過浚家, 浚迎之中堂, 置酒甚謹, 因獻大學衍義, 曰讀此, 可以爲國. 上解其意受之."

36 《고려사》 권118, 列傳31 趙浚, "我太祖見浚器宇不凡, 與論事, 大悅待之如舊, 識及回軍擧, 爲知密直司事兼大司憲, 事無大小, 悉咨之, 浚亦以經濟爲己任, 知無不言".

37 《태조실록》 권7, 4년 4월 정해.

38 민현구, 〈조선 태조대 국정운영과 군신공치〉, 《사총》 61(2005).

39 《태조실록》 권5, 3년 3월 임인.

중심의 국가 운영에 대하여 간관들은 정전에 모든 신하들이 모여 국정을 의논하자는 상소를 올리거나,[40] 변중량이 조준·정도전·남은 등이 병권과 정권을 동시에 장악하는 것에 반대하여, 병권은 종실에 있어야 한다고 주장한 것들이[41] 이를 반증한다고 하겠다.

조선 건국 뒤 우선적으로 처리해야 할 사안은 세자 책봉이었다. 혈연적 세습으로 왕위가 계승되는 왕조국가의 특성상 건국 초기에 세자를 책봉하여 왕권을 안정시키고 왕조의 기틀을 마련해야 했기 때문이다. 58살로 즉위한 이성계(1335-1408)의 나이를 고려할 때도 세자 책봉은 서둘러 처리해야 할 현안이었다. 이성계에게는 한씨 소생으로 6명(방우, 방과, 방의, 방간, 방원, 방연)과 강씨 소생으로 2명(방번, 방석)의 아들이 있었다. 1392년 조선 개국 당시에 큰아들 이방우(1354-93)는 39살, 막내 방석(1382-98)은 11살이었다. 태조가 신료들에게 누구를 세자로 삼을 것인가를 묻자, 처음 배극렴은 "적장자를 세자로 정하는 것이 고금의 통의"라고 하였고, 조준은 "세상이 태평하면 적장자를 우선하고 세상이 어지러우면 공이 있는 이를 우선한다"[42]는 원칙론을 개진하였다. 이때 태조는 강씨 소생의 첫째인 방번을 후보로 우선하였으나 방번의 장인이 공양왕 동생인 왕우王瑀였기 때문에 전 왕조 왕실의 친척을 새 왕조의 왕세자로 삼는 것은 정치적 부담이 되었다. 그리하여 배극렴은 방석을 세자로 정하도록 주청하였고, 받아들여졌다.[43] 세자 책봉에 대해서 조준은 국왕인 이성계의 뜻을 존중하였다.

한편 정도전은 태조 6년 6월과 7년 5월에 요동정벌 계획을 추진하였다.[44]

---

40 《태조실록》 권8, 4년 11월 무자.

41 《태조실록》 권6, 3년 11월 경자.

42 《태종실록》 권9, 5년 6월 신묘.

43 《태조실록》 권1, 원년 8월 기사.

44 요동 정벌에 대한 기왕의 연구는 《태조실록》에서 명에 의한 정도전 압송 요구에 대한 반발에서 요동 정벌이 추진되었다고 하거나, 표전 문제를 통한 명의 강한 압박에 대한 조선

이는 표전 문제와 연관된다. 당시 명과 조선의 주요 현안이었던 표전 문제는 명나라가 태조 4년 10월 조선의 하정사인 류구柳珣와 정신의鄭臣義가 가지고 간 문서에 모만지사侮慢之辭가 있다고 하면서 류구 등을 억류하고 찬문자를 소환하도록 요구한 것에서 비롯된다. 1차로 요동정벌 논의가 있을 때 좌정 승인 조준은 이에 대하여 강하게 반대하였다.

> 당시 정도전·남은·심효생 등이 군사를 일으켜 국경에 나가기를 꾀하여 임금 께 의논을 드렸는데, 좌정승 조준의 집에 가서 유시諭示하였다. 조준이 병으로 앓고 있다가 즉시 가마를 타고 대궐에 나와 극력 불가함을 아뢰었다. "본국은 옛날부터 사대의 예를 잃지 않았고, 또 새로 개국한 나라로서 경솔히 이름 없 는 군사를 출동시키는 것은 심히 불가합니다. 이해관계로 말하더라도 명나라가 당당하여 도모할 만한 틈이 없으니, 신은 거사하여야 성공하지 못하고 뜻밖에 변이 생길까 염려되옵니다." 임금은 이를 듣고 기뻐하였다. 남은이 분연히 아뢰 었다. "두 정승은 몇 말 몇 되를 출납하는 데는 가하지마는 큰 일은 더불어 도 모할 수 없습니다." 이것으로 말미암아 남은 등이 조준과 틈이 생겨 뒤에 남은 이 조준을 임금에게 무함하니, 임금이 노하여 질책하였다.[45]

조준은 우리나라가 중국과 사대관계를 유지하였고, 새로 개국한 나라로서 경솔히 명분 없는 군대를 일으키는 것은 옳지 않다고 하였다. 오히려 변란이 생길까 걱정이라고 하였다.

조정 내 강경 세력의 반발로 이해하는 것은 잘못이라고 한다. 즉 요동정벌 계획은 새로운 왕조의 공병화公兵化를 추진하는 과정에서 사병을 혁파하고 이를 위한 진법 훈련을 실시 하면서 기획된 것이라고 한다(鄭杜熙, 〈《三峯集》에 나타난 鄭道傳의 兵制改革案의 性格〉, 《震檀學報》 50(1981); 朴元熇, 〈朝鮮初期의 遼東功伐論爭〉, 《韓國史研究》 14(1976)(《明初 朝鮮關係研究》(일조각, 2002), 78-99쪽).

45 《태조실록》 권11, 6년 6월 갑오, "時鄭道傳·南誾·沈孝生等, 謀興兵出境, 獻議於上, 抵左政 丞趙浚之第論之. 浚方疾病, 乃以興諫關, 極言不可曰, 本國自古不失事大之禮, 且以新造之邦, 輕 擧無名之兵, 甚爲不可. 雖以利害言之, 天朝堂堂, 無釁可圖, 臣恐擧事不集, 而變生不虞也."

조준은 태조 앞에서 눈물까지 흘리며 요동정벌에 반대하였다고 한다. 정도전과 조준은 고려 말 개혁 정치부터 왕조 개창에 이르기까지 뜻을 같이하였으나, 조준이 "정도전과 남은과 더불어 한 몸이 되어 공을 나누어 처음부터 털끝만 한 간격도 없었습니다. …… 정도전이 천자에게 죄를 지으면서 남은과 결합하여 요동정벌을 도모해서 화를 피하려 하였습니다. …… 이 때문에 두 사람 사이에 시기하고 틈이 생겨 형세가 서로 용납하지 못하게 되었으니, 이는 길 가는 사람들도 아는 바"[46] 라고 기술하고 있듯이, 요동정벌 추진과 관련하여 첨예하게 대립하였다. 조준은 백성들이 한양천도 등 대규모 토목 공사에 시달려 민생이 피폐하고 민심이 불안한 데다 군량도 충분하지 않으며, 건국 초기에 명분이 약한 군사행동을 경솔하게 일으켜 명과 맞서는 것은 부당하다는 것이 그 이유였다. 우정승 김사형은 조준과 뜻을 같이하는 경우가 많았는데, 요동정벌에 대해서도 반대 의견을 가지고 있었다.[47]

이에 태조는 정도전을 대신해서 조준을 의흥삼군부사로 임명하였고, 정도전을 동북면선무순찰사로 삼아 외직에 보임하였다.[48] 의흥삼군부가 당시 최고 군령 기관이고 요동정벌을 주도하였다는 점에서, 정도전이 동북면의 외직으로 나가게 되었다는 것은 요동정벌 계획의 중단을 의미하는 것이었다. 태조는 정도전·남은 등의 추진론과 조준·김사형의 신중론 속에서 요동정벌을 보류시켰다고 할 수 있다.[49] 그런데 태조가 보류하였지만, 정도전 등은

---

46 《정종실록》 권2, 원년 8월 경자, "左政丞趙浚上箋乞辭, 不允. 箋略曰, 臣與道傳·南誾, 同功
一體, 初無纖毫之隔, 自道傳得罪天子, 與南誾結好, 謀攻遼東, 規免一己之禍. 臣當是時, 病臥於
家, 太上遣二人, 枉咨於臣, 臣力疾作氣, 上謁天門, 奮發愚衷, 得回天意, 邪謀遂沮. 由是二人,
與臣猜隙, 勢不相容, 路人所知."

47 《태조실록》 권11, 6년 6월 갑오; 권14, 7년 8월 임자;《태종실록》 권9, 5년 6월 신묘.

48 《태조실록》 권12, 6년 12월 경자.

49 박원호, 《명초조선관계연구》(일조각, 2002).

계속해서 요동정벌을 추진해 갔다. 태조 7년 8월에 대사헌 성석용이 진도陣圖를 강습하지 않은 절제사 이하 대소원장들을 탄핵하고, 진법 훈련에 불참한 왕자들을 처벌해야 한다는 논의가 제시되었다. 마침내 이방원 등이 일으킨 왕자의 난으로 정도전은 죽음을 당하였다.

왕자의 난 이후 왕자 종친과 무신 세력이 연합하여 개국공신 세력은 위축되고 왕조 개창에 반대했던 권근·변계량·하륜 등 유학자들이 대거 등장한다.[50] 왕자의 난은 이방원 등이 중심이 되어 방번, 방석 형제와 정도전·남은(1354-98)·흥안군 이제(1365-98)를 죽인 일이다.[51] 왕자의 난은 정도전이 명 황제의 뜻을 어겼고, 적장자 왕위계승을 어기며 모반을 꾀하였다는 명분으로 이방원이 주동하여 일으킨 것이다.[52]

이방원은 왕자의 난으로 정치적 실권을 장악하지만 여러 사정을 감안해 세자 추대를 사양하였다. 다만 정안공靖安公으로 개봉되고 의흥삼군부 우군 절제사와 판상서사사를 겸하며, 정사 1등 공신이 되었다. 이방원은 자신이 이복동생과 공신들을 죽인 직후에 세자가 되는 것은 떳떳하지 못하다고 생각하여 사양하고, 이성계의 둘째 아들인 방과를 세자로 정하였다. 태조는 7년 9월 왕위에 뜻을 잃어 양위하게 되고, 둘째 방과(정종)가 즉위하였다.

이방원은 정종 2년 정월 이방간 등이 주축이 된 제2차 왕자의 난을 진압하면서 세자로 책봉되었고, 정종 2년 11월 정종의 양위를 받아 즉위하였다. 국왕이 된 이방원은 태조 대 정도전이 추구한 중앙집권적 정치체제를 중단

50 鄭杜熙, 〈제3절 정사공신〉, 《朝鮮初期政治支配勢力研究》(일조각, 1983) ; 류주자, 〈왕자의 난을 전후한 개국공신들의 정치적 동향〉, 《역사와 현실》 29(1998) ; 〈조선초 비개국파 유신들의 정치적 동향〉, 《조선시대사학보》 11(1999).

51 《태조실록》 권14, 7년 8월 己巳.

52 김훈식, 〈역사속의 라이벌 정도전과 이방원〉, 《역사비평》 39(1997) ; 한춘순, 〈태조 7년(1398) '제1차 왕자의 난'의 재검토〉, 《조선시대사학보》 55(2010) ; 남지대, 〈조선 태종의 즉위 과정과 내세운 명분〉, 《역사와 담론》 69(2014).

없이 추진하고 유교국가를 실현하고자 하였다.

조준은 태조 7년(1398) 7월 일어난 왕자의 난으로 정사공신 1등이 되고 좌승상이 되었지만, 적극적으로 왕자의 난에 참여하지 않았다. 정종 2년 (1400) 3월에 대사헌이 된 권근은 문생인 박은과 함께 조준을 탄핵하였다. 첫째, 서얼인 방석을 세울 때 조준이 상상上相으로서 대의를 진달하지 않았고, 왕자의 난 때 주저하여 길흉을 점치며 망설이다가 이방원을 우연히 만나 참여하게 되었다. 둘째, 태조가 개국하던 초에 죄 있는 자를 살리려 했는데, 조준은 임의로 몇 사람을 죽였다. 셋째, 조준이 재상이 되어 길흉을 점치고, 기밀을 누설한 기생첩 국화菊花를 죽여 덮고자 하였다. 넷째, 천도할 때에 조준이 집을 화려하게 짓고 이를 지적한 감찰 김부金扶를 죽였다. 다섯째, 2차 왕자의 난을 진압하려 나서는 데 조준이 묘당의 우두머리로 방관하고 불분명하게 처신하였다53는 것이다.54

정종 2년(1400) 8월에 대사헌 권근은 문생인 박은과 함께 조준을 탄핵하였다. 사병을 혁파할 무렵에 조준이 왕실을 호위하는 데 강한 군사가 필요 없다고 말한 것을 문제삼았다. 정종은 유보하였는데, 권근이 다시 상서하니 조준을 옥에 가두고, 추국하게 하였다. 조준은 그러한 말을 한 적이 없다고 하였으나 권근은 국문하기를 청하자, 정종은 "죄상이 나타나지 않았는데도 갑자기 형을 가할 수 있겠는가?" 하였다. 우정승 민제는 "조준 등이 나와 하륜을 해치고, 인연을 맺어 세자에게 미치려고 한다. 지금 잡혀 갇혔으니, 끝까지 추궁하지 않을 수 없다" 하였다. 그러나 정종은 조준과 이거이를 석방하였다.55 조준과 권근·민제 등 태종 이방원과 결합된 인물과 대립을 보여

---

53 《정종실록》 권3, 2년 2월 기해, "司憲府劾判門下府事趙浚. 浚以上相, 國有急難, 與其弟三司右僕射狷, 搢前中樞院副使鄭鎭, 皆杜門不出. 三省同議欲劾之, 右散騎尹思修, 浚所薦拔者, 洩其議. 三省劾思修罷之, 遂交章論浚之罪曰, ……."

54 張得振, 〈趙浚의 政治活動과 그 思想〉, 《史學研究》 38(1984).

준다고 할 수 있다.

2) 《경제육전》과 신왕조의 기반 마련

조선 건국 후 조준은 유교 정치론에 입각하여 조선왕조의 정치체제를 정
비하고자 하였다. 그는 공민왕 23년 이무방이 지공거일 때 성리학의 핵심이
담긴 사서오경을 시험과목으로 하는 과거 합격자이고 하륜·이첨·정이오 등과
함께 《사서절요》를 요약해서 제출할 만큼 성리학에 밝았다.[56] 그가 건국 초인
태조 2년과 태조 7년 두 번에 걸쳐서 시관이 되어 합격자를 선발한 것도 이
와 연관된다고 하겠다.

조준은 조선의 건국 주도 세력으로서 개국공신인 정도전과 함께 새로운
국가 체제를 구상하였다. 그는 고려 말에 정도전과 함께 《주례》에 입각한 관
제 개혁을 추진하였다.[57] 조준은 동류들과 올린 개혁 상소에서 《주례》의 천관
총재를 바탕으로 총재=재상, 6전 그리고 속관으로 이어지는 관료 체제를 지
향하였다. 그는 6전이 있고 그 하부에 360의 속관이 있어서 6경에 통솔되고
6경은 총재에 통솔되도록 하였다. 그는 관직의 증원과 이름의 연혁은 시대에
따라서 같지 않으나 대의는 이 6부에서 벗어나지 않는다고 하였다.[58] 여기에

---

55 《정종실록》 권3, 2년 8월 계사, "下平壤伯 趙浚于巡軍獄, 旣而放之. …… 衛王室, 莫若兵强
…… 於是, 憲臣權近·諫臣朴誾等, 交章上言浚與居易等之罪 …… 右政丞閔霽密言於抵曰, 浚
等欲謀害吾與崙, 而緣及世子. 今乃見囚, 不可不窮推也. ……"

56 《태조실록》 권15, 7년 12월 기미, "左政丞趙浚·兼大司憲趙璞·政堂文學河崙·中樞院學士李
詹·左諫議大夫趙庸·奉常少卿鄭以吾等, 撰四書切要以進."

57 韓永愚, 《鄭道傳思想의 研究》(서울대출판부, 1983) ; 도현철, 《고려말 사대부의 정치사상연
구》(일조각, 1999).

58 《고려사》 권118, 列傳31 趙浚(창왕 즉위년 8월), "浚又率同列條陳時務曰, 謹按周禮天官冢
宰, 以卿一人掌邦之六典, 以佐王治邦國, 其司徒以下, 各以其職聽屬焉, 而六卿之屬, 又有三百六
十, 是則三百六十之屬, 統於六卿, 而六卿又統於冢宰也. 官職之增損, 名義之沿革, 代有不同, 大
義不出乎此六部也."

서 6부는 백관의 근본이요 정치가 나오는 곳으로 백료와 서사庶司가 계통적으로 이어지도록 하였다.[59] 이는 6부에서 기본적인 국가행정을 분담하고 백사百司는 6부에 분속게 하여 위로는 6부가 재추의 명을 받도록 하는 것이다. 즉 종래 사司로 나누어진 행정 관서를 6조에 예속시켜 6조 중심의 행정체계를 이루고자 하였다. 이는《주례》의 6전을 바탕으로 고려의 6부 조직을 확대 개편하여 6부를 중심으로 하는 행정체계를 제안한 것으로, 정도전이《주례》의 6전 체제를 바탕으로 재상－대성臺省－제로諸路－주州－현縣－향鄕에 이르는 상하 통솔체계를 밝혀, 일원적인 중앙집권적 체제를 목표로 하는 것과 그 기본 성격이 같다[60]고 할 수 있다. 조준은 동료들과 네트워크를 형성하고 윤소종이 준 초고를 바탕으로 협의하며 개혁 상소를 올렸다. 그러므로 큰 틀에서 정도전과 같은 생각을 견지했던 것으로 보인다.

조선왕조가 건국되고 체제 정비가 모색되었다. 조준과 정도전을 비롯한 조선왕조의 건국 주체들은 고려 말의 개혁론을 실현시킬 방도를 구상하였고, 이를 위하여 법전을 마련하고자 하였다. 조선왕조의 건국이념과 정치체제가 만들어지고 체제와 이념에 바탕을 둔 구체적인 현실 운영 방안은 법전의 편찬으로 나타나야 했던 것이다. 그리하여《대명률직해》를 만들었고, 위화도회군 이후 제시된 개혁 상소를 모아《경제육전》을 완성하였다.

《대명률직해》는 태조 3년(1395) 조준의 주관으로 고사경高士褧·김지金祉가 이두로 번역하고, 정도전과 당성唐誠이 윤색하였다.[61] 《대명률직해》는

---

59 《고려사》 권118, 列傳31 趙浚(창왕 즉위년 8월), "浚又率同列條陳時務日, …… 盖六部, 百官之本, 而政事之所由出也. 本亂而末治者, 未之有也. 於是, 百僚庶司, 渙散無統, 不務庶績, 名存而實亡, 雖君相憂勤, 而政事之修擧, 其亦難矣. 臣願等以六典之事, 歸之六部, 以各司分屬乎六部."
60 도현철, 《고려말 사대부의 정치사상 연구》(일조각, 1999).
61 《대명률직해》 跋, "刑者輔治之法, 不可爲忽也尙矣 諸刑家製律, 或有過不及之差 有司病焉, 此大明律書, 科條輕重, 各有攸當, 誠執法者之準繩, 聖上思欲頒布中外 使仕進輩傳相誦習, 皆得以取法, 然其使字不常, 人人未易曉, 況我本朝三韓時, 薛聰所製方言文字, 謂之吏道 土俗生知習熟 未能遽革 焉得家到戶諭, 每人而敎之哉 宜將是書 讀之以吏道 導之以良能 政丞平壤伯趙浚, 乃

태조 4년에 《대명률》을 일반적 법원法源의 위치로 격상시키고 이를 위해
서는 조선의 사정에 맞게 이두로 풀어 쓴 것이다.[62] 고려 후기의 법제와
법 적용의 난맥상을 시정하고자 법 적용의 기준 설정과 일관되고 공정
한 집행으로 조선왕조의 법제적 기반을 마련하고자 함이었다.

《경제육전》은 태조 6년(1397) 12월 조준의 주도로 검상조예사[63]에서 합행
조례를 모아 간행한 것인데,[64] 여기에는 우왕 14년(1388) 이후 태조 6년
(1397) 12월까지 10여 년 동안의 것을 모은 것이다. 이 법전은 방언[俚言]과
이두를 섞어 썼기 때문에 《방언육전》·《이두원육전》이라고도 하였다.[65] 《경제

命檢校中樞院高士褧與子, 囑其事 某等詳究反復, 逐字直解, 於孱子二人草創於前 三峯鄭先生道
傳工曺典書唐誠, 潤色於後 豈非切磋琢磨之謂也歟, 功旣告訖 付書籍院 以白州知事徐贊 所造刻字
印出, 無慮百餘本, 而試頒行, 庶不負欽恤之意也. 時洪武乙亥(1395)二月初吉 尙友齋金祗謹識."

62 고려 후기에는 법령의 개폐가 빈번하고 법령의 적용에 일정한 기준이 없었다. 권문세가
와 관료의 농단, 곧 자의적인 법 운영으로 법적 안정성이 훼손되고 법의 권위가 추락하였
다. 이에 성리학자들은 법 적용의 기준 설정과 일관되고 공정한 집행이 필요하다고 보고,
고금의 법제를 집성하고 시왕지제時王之制인 《대명률》을 통일적으로 적용하려 하였다. 공
민왕 대 시행된 지정조격은 실용성은 있었으나 일관성이 없고 번잡하여 서리들이 농간을
부리는 폐단이 많은 결점이 있었다. 하지만 이전까지 써오던 지정조격과 갑자기 바꾸기
어려워 원의 율과 《대명률》이 혼용되어 쓰이고 정몽주는 《대명률》과 지정조격, 그리고 고
려의 법령을 모아 신율을 만들기도 하였다. 조선이 건국되고 태조는 즉위 교서에서 《대명
률》의 사용을 선포하였다(《태조실록》 권1, 원년 7월 정미). 그러나 조선 초기에는 《대명
률》과 《지정조격》·《당율》·《의형역람》 등 다양한 법원이 존재하고, 《대명률》에 맞지 않는
고유법을 고려해야 했다. 그리하여 《대명률》을 일반적 법원法源의 위치로 격상시키고 이를
위해서는 조선의 사정에 맞게 개작하는 과정이 필요하여 태조 4년(1396)에 《대명률직해》
를 만들었다(정긍식, 〈조선전기 《대명률》의 수용과 변용〉, 《진단학보》 96(2003)).
63 검상조례사는 건국초 도평의사사의 속사屬司로, 경력사(재정 출납)와 함께 모든 법령과
행정문서를 검사 관리하며 법전을 편찬하는 기구로서 만들어졌다. 즉 도평의사사는 경력사
와 검상조례사를 통해 육조의 재정과 향정 문서를 총괄하였던 것이다(임용한, 《〈경제육전〉
의 편찬기구〉).
64 《태조실록》 권12, 6년 12월 갑진, "都堂令檢詳條例司, 册寫戊辰以後合行條例, 目曰, 經濟六
典, 啓聞于上, 刊行中外."; 《太宗實錄》 권9, 5년 6월 신묘, "領議政府事平壤府院君趙浚卒.
…… 嘗使檢詳條例司, 裒集國朝憲章條例, 彙括成書, 名曰, 經濟六典, 刊行中外."
65 연세대학교 국학연구원 편, 〈해제〉, 《經濟六典輯錄》(다은샘, 1993), 3–21쪽.

육전》은 종합법전이 아니라 각사에서 수시로 받아낸 수판受判과 정령 조례를 모아 놓은 것이다. 곧 법法·율律·영令의 효력을 가진 왕명을 관청에서 받은 교서인 수교집에 모은 것이라고 하겠다.[66]

《경제육전》의 편찬 주체는 조준과 조운홀·윤사수·민제·조용·이거이처럼 그와 뜻을 같이하는 동지들이었다.[67] 조운홀(1332-1404)은 조준의 오랜 친구였고,[68] 김균은 조준의 벗으로, 조준이 국정을 담당하자 전법판서가 되고, 개국할 때에는 서로 동맹이 되어 익대공신이 되었다.[69] 윤사수 (1365-1411)[70]는 조준의 천거로 발탁되었고, 사헌부에서 조준을 탄핵하려는 것을 조준에게 미리 알렸다 하여 사헌부에서 윤사수를 탄핵하여 파직시켰다.[71] 조용은 조준의 문생으로, 삼군부의 도사 현맹인과 무공들이 국학 생원들을 구타하였으나, 헌사에서도 탄핵하지 못하였다.[72] 전시田時는 유원정의 사위이고, 조준이 믿는 사람이었다.[73] 태조 7년 7월에 조성된 순릉純陵(함경남도 함주군 서호면), 곧 조선 태조의 조모인 경순왕후 박씨 능에 석양石羊·석호石虎·석실石室의 난간이 매우 사치하고 화려하고, 신덕왕후의 아버지 경안백敬安伯 강윤성康允成의 능실이 역시 화려하다는 공조

---

66 윤훈표·임용한·김인호, 《경제육전과 육전체제의 성립》(혜안, 2007).

67 張得振, 〈趙浚의 政治活動과 그 思想〉, 《史學研究》 38(1984).

68 《태조실록》 권8, 4년 12월 임신, "檢校政堂趙云仡卒. …… 政丞趙浚, 與云仡有舊, ……"

69 《태조실록》 권14, 7년 8월 계축, "雞林君金稛卒. 稛雞林人. 恭愍庚子, 中成均試不第, 屬近侍, 與趙浚爲友. 浚當國, 累遷至典法判書, 開國之際, 引與同盟, 爲翊戴功臣, 加中樞院副使, 病卒."

70 《태조실록》 권21, 11년 2월 병오, "參知議政府事尹思修卒 …… 國初趙浚爲相, 器思修才智, 除禮曹正郎兼都評議使司 ……"

71 《정종실록》 권3, 2년 2월 기해, "司憲府劾判門下府事趙浚. 浚以上相, 國有急難, 與其弟三司右僕射狷, 堉前中樞院副使鄭鎭, 皆杜門不出. 三省同議欲劾之, 右散騎尹思修, 浚所薦拔者, 洩其議. 三省劾思修罷之."

72 《정종실록》 권5, 2년 9월 경진.

73 《정종실록》 권5, 2년 8월 계사, "下平壤伯趙浚于巡軍獄, 旣而放之. 初慶尙道監司趙璞, 言於知陝州事權軫曰, …… 知陝州事田時, 浚與居易之所信者也. ……"

전서 류인우와 동조한 것이 문제되어 갑주로 유배 갔다.[74] 김사형(1341~1407)
은 고려 말 조준과 함께 개혁 정치에 참여하고,[75] 공양왕 3년에 정몽주가
반격하여 정도전 등을 공격할 때 함께 탄핵의 대상이 되었으며 조선 개
국 1등 공신이 되었다. 이방원 등이 정도전 등을 죽일 때 김사형이 조준
과 함께 대궐에 나가 백관을 거느리고 적장자를 세워 사자嗣子를 삼을 것
을 청하였다. 김사형이 조준과 더불어 8년 동안 함께 정승을 하였는데,
조준은 강직하고 과감하여 거리낌 없이 국정을 오로지 하고, 김사형은 관
대하고 긴요한 것으로 이를 보충하여 앉아서 조정을 진압하니, 여론이 중
하게 여겼다[76]고 한다. 조준은 김사형과 더불어 조선 건국에 필요한 여러
책을 간행하였는데, 특히 태조 7년(1398)에 조준·김사형이 권중화에게 말
하여 《향약제생집성방》을 짓게 하여 정종 원년(1399)에 완성하였다.[77]

민제(1339~1408)는 《경제육전》의 편찬에 참여하였고 특히 예전禮典의 편
찬을 주도하였다. 변계량이 쓴 민제 묘지명에 "태조가 사전을 혁파할 때 과
전제도를 관장하였고, 개국이 되자 《경제육전》을 수찬하였으니 무릇 국가
대소 예도禮度를 모두 상정하였으며, 신구도읍에 문묘의 제도를 영건營建하
는 일을 공이 모두 감독하였다"[78]라고 하였다. 민제는 태종의 장인이고, 아
들 민무구·민무질 형제는 정도전 등의 제거와 태종의 집권에 공이 있다. 민

---

74 《태조실록》 권14, 7년 7월 무인.

75 《고려사》 권104, 列傳17 金方慶 金士衡.

76 《태종실록》 권14, 7년 7월 병오, "上洛府院君金士衡卒. …… 與士衡趙浚竝相八年, 浚剛果不
疑, 專斷國政. 士衡以寬簡濟之, 坐鎭廟堂, 物議歸重. 及上卽位, 辛巳三月, 復左政丞, 壬午十月,
罷爲領司平府事, 踰月, 以府院君就第. 士衡深沈有智, 靜重寡言, 內無城府, 外無圭角, 不營財
産, 不喜聲色, 自筮仕至屬纊, 未嘗一見彈劾, 善始令終, 罕有其比."

77 《양촌집》 권17, 鄕藥濟生集成方跋; 권23, 鄕藥濟生集成方序.

78 《춘정집》 권2, 有明朝鮮國純忠同德輔祚贊化功臣·大匡輔國崇祿大夫·驪興府院君·修文殿大提學
諡文度閔公墓誌銘, "當我太祖革私田之時, 掌科田之制, 及開國修撰經濟六典, 凡國家大小禮度, 皆
所詳定, 新舊都營文廟之制, 公皆監之."

제는 젊어서부터 예를 잘 아는 것으로 알려져 있었고, 평소 고려의 이단과 음사 섞인 관습, 관례를 타파하고 유교식 예제의 도입을 추구하였기 때문에 공양왕이 불사는 선왕의 일이라고 한 바 있다.[79]

조준 등은 우왕 14년 이래의 개혁 교서를 모은 《경제육전》의 시행을 통하여, 개국 초기 왕조의 지배 체제를 안정시키고 그 근간이 되는 법 질서를 확립하고자 하였다. 그런데 태조 7년(1398)에 1차 왕자의 난이 일어나고, 그 주역들은 정사 1등 공신이 되고 정국을 주도하였다. 태종 이방원과 하륜 등은 고려 말부터 정도전, 조준과 현실 대응 방식에서 차이를 보였는데, 체제를 유지하는 유교의 사상과 제도를 활용하고자 하였다. 이들은 조준이 주도한 《경제육전》의 개정을 요구하면서, 조준과 대립하였다.

하지만, 정종은 《경제육전》을 중외에 널리 반포하여 준수케 하라고 하고,[80] 정종 즉위 뒤의 새 정책과 기존의 《경제육전》과 틀린 점을 조사하도록 하여, 조례상정도감을 만들도록 하였다.[81] 이에 《경제육전》의 편찬을 주관했던 검상조례사와 별도로 조례상정도감을 설치하고 3방으로 나누어, 이방원과 좌정승 조준·우정승 김사형, 참찬문하부사 이무·이거이, 대사헌 전백영, 중추원부사 유관(1346-1433)으로 판사를 삼고, 우산기 윤사수 등 9인으로 속관을 삼았다.[82] 그러나 조례상정도감은 성과 없이 끝났다.

이방원과 하륜, 권근 등의 유학자들은 조준 등과 대립하고, 급기야 조준을

---

79 《태종실록》 권16, 8년 9월 경신, "驪興府院君 閔霽卒 …… 自少以知禮聞, 凡國家典禮, 皆 所詳定 ……";《高麗史》 권108, 列傳21 閔宗儒 附閔霽, "霽自少以知禮聞, 故及升樞府常兼禮 曹. 又惡異端淫祀, 使工圖僕隸, 制梃喙犬逐僧巫狀於壁, 觀之. 一日王御經筵謂霽曰, 聞禮曹定服 色, 省減佛事, 然乎? 對曰, 服色欲禁異土之物, 佛事春秋藏經外, 當悉罷之. 王曰, 不貴異物, 實 是美德, 予亦衣縣布, 若佛事先王所爲, 予何敢擅罷?"

80 《태조실록》 권15, 6년 정종 즉위년 9월 정해.

81 윤훈표, 〈《經濟六典》의 編纂과 主導層의 變化〉, 《동방학지》 121(2003).

82 《정종실록》 권2, 원년 10월 계축.

탄핵하기에 이른다. 조준이 2차 왕자의 난 때 정국을 관망하였고, 사병 혁파 때 패기牌記를 삼군부에 바치지 않는 등 사전혁파에 미온적이라는 등이 이유였다.[83] 이들은 정도전이나 조준이 추구한 제도나 규정들의 개편을 추진하였다. 하지만, 조준 계열의 유학자들은 하륜의 《경제육전》 법 개정에 반대하는 등 양쪽 입장이 대립하였다. 이에 태종은 양쪽의 주장을 절충하여 무리하게 신법을 제정하기보다는 이전의 잘못을 바로잡는 명분으로 실질적으로 새로운 규정을 만들도록 하였다. 이는 유교적 정치이념을 지향한 조선 왕조가 국왕을 정점으로 하는 왕조국가를 지향하고 실행하는 과정에서 나타난 논란이라고 할 수 있다.

4. 맺음말

고려 말 개혁 정치 시기와 조선 건국 시기에 정국 운영과 제도개혁에 주도적인 역할을 수행한 조준의 삶과 사상의 특징을 살펴보려는 것이 이 장의 목표였다.

조준은 고려 왕실과 혼인할 수 있는 재상가문 15개 가문 가운데 하나인 평양 조씨의 일원으로 출생하였다. 조준은 경사를 익혀 현실개혁의 뜻을 다졌고, 윤소종·허금·조인옥·류원정·정지·백군녕 등과 교유관계를 맺고 왕씨를 부흥할 뜻을 가졌다. 위화도회군 이후 이성계는 조준의 비범함을 알고 옛 친구처럼 대했으며 회군한 뒤에 그를 천거하여 대소사를 의논하였다. 조준은 여러 동료들과 개혁 상소를 올렸고, 고려의 폐단을 개혁하고 새로운

---

83 《정종실록》 권3, 2년 8월 계사, "下平壤伯 趙浚于巡軍獄, 旣而放之. …… 衛王室, 莫若兵强…… 於是, 憲臣權近·諫臣朴訔等, 交章上言浚與居易等之罪 …… 右政丞閔霽密言於抵日, 浚等欲謀害吾與崙, 而緣及世子. 今乃見囚, 不可不窮推也. ……"

제도를 확립하고자 하였다. 이 과정에서 조준은 이성계·정도전·윤소종 등과 협력하고, 반대파와 대결하며, 개혁 정치의 실현을 위한 정치권력의 주도권 싸움에 나섰다.

조선 건국 뒤 조준은 개국 1등 공신으로 문하우시중 평양백이 되었다. 그리고 고려 말부터 추진해 온 개혁 정치를 실현하고자 하였다. 정도전이 태조 6년 6월과 7년 5월에 추진한 요동정벌 계획에 반대하였다. 우리나라가 중국과 사대관계를 유지하였고, 새로 개국한 나라로서 경솔히 명분 없는 군대를 일으키는 것은 옳지 않고, 오히려 변란이 생길까 걱정이라고 하였다. 조준은 태조 앞에서 눈물까지 흘리며 반대하였고, 자신이 정도전과 한치의 차이도 없는데, 요동정벌 문제로 사이가 벌어졌다고 하였다.

조준은 우왕 14년 이래로 개혁 상소를 현실화하기 위하여, 《경제육전》의 찬술을 통한 개혁 교서의 입법화를 추진하였다. 그런데 1398년 7월에 왕자의 난이 발생하고, 새로운 왕조 개창에 반대했던 권근·변계량·하륜 등 유학자들이 대거 등장하였다. 이들은 태종과 결합하여 체제 정비에 나섰다. 이들은 조준과 대립하고 조준을 탄핵하기에 이른다. 조준이 2차 왕자의 난 때 정국을 관망하였고, 사병 혁파 때 패기를 삼군부에 바치지 않는 등 사전혁파에 미온적이라는 등이 이유였다. 이들은 정도전이나 조준이 추구한 제도나 규정들의 개편을 추진하였다. 하지만, 조준 계열 유학자들은 하륜의 일방적인 법 제정에 반대하였다. 이에 태종은 양쪽의 입장을 절충하여 무리하게 신법을 제정하기보다는, 이전의 잘못을 바로잡는 명분으로 실질적으로 새로운 규정을 만들도록 하였다.

요컨대 조준은 고려 말에는 개혁 논의를 종합 정리하며 정도전과 함께 《주례》에 입각한 정치 사회 개혁을 추진하고, 조선 건국 후에는 왕조국가의 유교적 체제 정비에 힘을 기울였다.

제3장 정도전의 국가 구상과 정치운영론

1. 머리말

정도전(1342-1398)은 고려의 정치체제를 개혁하여 새로운 국가체제를 구상했고, 이상적인 정치체제의 모델을 유교의 이상사회인 하·은·주 삼대 특히 주나라에서 구했다. 《조선경국전》과 《경제문감》은 그러한 정도전의 지향이 담겨 있다. 즉 정도전은 유교 경전, 특히 《주례》의 국가 이념이나 정치체제를 원용하여 현실을 개혁하고 주나라와 같은 이상사회를 건설하려고 했다.[1]

이때 정도전은 오랜 중국에서 축적된 역사적 경험을 정리한 지식 정보가 담긴 경·사·자·집의 서책을 참고하였다. 당시 중국에서는 이상사회론이 담긴

---

[1] 韓永愚, 《鄭道傳思想의 硏究》(서울대출판부, 1983); 도현철, 《고려말 사대부의 정치사상 연구》(일조각, 1999).

유교의 경전이나 그러한 경전을 현실 속에서 실현시키려 했던 역대 왕조의 문물제도와 역사적 경험 그리고 유학자의 정치사상을 서책 속에 담고 있었다. 정도전은 이러한 중국의 문물제도와 역사 문화를 참고하면서 고려의 현실과 사회모순의 해결 방안을 모색하였던 것이다.

그러므로 정도전의 국가 구상을 파악하기 위하여 그가 활용한 유교 경전을 포함한 참고도서를 이해할 필요가 있다. 이와 관련하여 기왕의 연구2에 더하여 새로운 연구가 제출되었다.3

이 장에서는 선학의 연구를 바탕으로 《경제문감》의 최근의 연구를 참고하여 정도전이 구상한 새로운 왕조의 정치체제의 특징이 무엇인지 살펴보고자 한다.

2. 성리학적 정치이념과 중앙집권적 정치체제

1) 성리학적 정치이념

정도전은 유교적 이상국가를 지향하였고 성리학적 정치이념을 추구하였다. 그는 송대의 유교 정치사상을 폭넓게 수렴하는 가운데 주자학을 중심에 두고 사공학이나 기타 다양한 학문 사상을 받아들였다.4

---

2 도현철, 《조선전기정치사상사》(태학사, 2013).

3 송재혁·이아영, 〈《경제문감(經濟文鑑)》 재상편의 《고금원류지론(古今源流至論)》 인용〉, 《한국사연구》 188(2020); 송재혁, 〈《경제문감별집(經濟文鑑別集)》의 인용전거 탐색: 《사림광기(事林廣記)》, 《서전집록찬주(書傳輯錄纂注)》, 《십칠사찬고금통요(十七史纂古今通要)》를 중심으로〉, 《아세아연구》 63(3)(2020); 〈《경제문감별집(經濟文鑑別集)》의 《십칠사찬고금통요(十七史纂古今通要)》 인용 분석〉, 《고전번역연구》 11(2020).

4 韓永愚, 같은 책; 李碩圭, 〈鄭道傳의 政治思想에 대한 연구〉, 《韓國學論集》 18(1990); 金駿錫, 〈儒敎思想論〉, 《韓國史認識과 歷史理論》(金容燮敎授停年紀念韓國史學論叢1)(1997); 李

그는 유교 정치론에 입각해서 정치를 윤리도덕의 실현 과정으로 보고 인정과 덕치를 지향했다. 그는 민심에 순응하는 인정仁政을 역설하여, 군주는 천지가 만물을 생육하는 인仁의 마음, 곧 차마하지 못하는 마음으로 정치를 행하면, 천하 사람들도 모두가 기뻐서 인군을 부모처럼 우러러보게 되고 군주는 오래도록 안녕과 부귀와 영광을 누릴 수 있다고 했다.[5]

여기에서 주자의 인설仁說에 따른 주자학적 세계관이 제시되어 있다. 주자는 인을 천지가 만물을 낳게 하는 마음이며, 생성·생명의 원리라고 보고, 공자의 인을 천지가 만물을 낳게 하는 마음[天地生物之心]으로 인식하여 인민의 존재와 그 가치를 인정했다. 인은 천지의 가장 큰 덕이고 가장 온전한 심덕이 되는 것이니, 사람을 사랑하고 차마하지 못하는 정치[不忍人之政]를 행하는 실마리라는 것이다. 이 인설은 주자의 "천지는 만물을 낳게 하는 마음을 가졌는데, 사람은 태어날 때부터 이러한 천지의 마음을 자신의 마음으로 삼는다"[6]를 받아들여 생생지심生生之心이 곧 천지지대덕天地之大德으로 제시된 것이다.

그는 인정의 방법으로 공자의 예치주의, 덕치주의를 내걸었다. 그는 주자가 인용한 정이천의 "반드시 관저關雎와 인저麟趾의 뜻이 있은 연후에 주관周官의 법도를 시행할 수 있다"[7]라는 말에 의거하여 덕치와 예치가 정치의 근본이 된다고 하였다.[8] 이는 왕자의 덕을 닦되 먼저 집안을 잘 다스려 처

廷柱,〈思想家로서 鄭道傳의 새로운 모습〉,《韓國史學報》2(1997); 都賢喆,《高麗末 士大夫의 政治思想 研究》(일조각, 1999);〈《經濟文鑑》의 典據로 본 鄭道傳의 政治思想〉,《歷史學報》165(2000).

5 《삼봉집》권7, 朝鮮經國典 上 正寶位, "人君以天地生物之心爲心, 行不忍人之政, 使天下四境之人, 皆悅而仰之若父母, 則長享安富尊榮之樂, 而無危亡覆墜之患矣."

6 《주자대전》권67, 仁說, "天地以生物爲心者也, 而人物之生, 又各得夫天地之心, 以爲心者也. …… 仁者心之德, 程子所謂尋如穀種, 仁則其生之性, 是也."

7 《맹자》離婁章句 上(故曰, 徒善, 不足以爲政, 徒法, 不能以自行.) (注) …… 程子嘗言爲政, 須要有綱記文章, 謹權審量讀法平價, 皆不可闕, 而又曰, 必有關雎麟趾之意, 然後可以行周官之法度.";《近思錄》권8, 治國平天下之道.

자에게 미치면 이를 바탕으로 주례를 행할 수 있다는 것이다. 그리고 《논어》의 예와 덕에 의한 정치를 말하고, 덕례德禮와 정형政刑을 본과 말로서 위치 지었다. 제도나 형벌로써 백성을 인도하면 백성은 나쁜 행위를 스스로 부끄러워하지 않고, 덕과 예로써 민을 인도한다면 민은 나쁜 행위가 부끄러운 줄을 알고, 자발적으로 선에 이르게 된다9고 했다. 이때 제도와 형벌은 예치와 덕치를 보완하는 수단으로 존재가치가 인정된다. 비록 말末이고 輕이기는 하지만 현실을 바로잡는 수단으로서 의미는 상대적으로 강력한 것임을 예측할 수 있다. 그리하여 정도전은 덕례와 아울러 제도의 효용성을 강조하여 시대와 상황에 적합한 법과 제도를 만들려고 하였다.

　의식과 제도는 등위等威를 밝히고 상하를 분별하기 위한 것으로 예의 큰 절목이다. 그러나 그 따르고 고치며, 덜고 더하는 것은 반드시 때에 따라서 변하는 것이다. 그러므로 한 시대가 흥하면 한 시대의 제도가 만들어진다고 말한다.10

　제도적 장치는 한번 마련되면 개변할 수 없는 고정된 것은 아니다. 오히려 시대적 상황에 적합하도록 끊임없이 변화되어야 하는 것이다. 국가의 정치에서 고법古法을 인용하여 때의 마땅함을 참작하여 이로움을 일으키고 해로움을 제거하여 민이 은덕을 입도록 해야 한다고 하였다.11 따라서 한 시대가

---

8 《삼봉집》 권9, 經濟文鑑 上 宰相, "程子謂有關雎麟趾之美意, 然後可以行周官之法度."
9 《삼봉집》 권8, 朝鮮經國典 下 憲典後序, "孔子曰, 道之以政, 齊之以刑, 民免而無恥, 道之以德, 齊之以禮, 有恥且格, 觀此可以知本末輕重之倫矣."
10 《삼봉집》 권8, 朝鮮經國典 下 憲典 儀制, "儀制所以明等威辨上下, 禮之大節也. 然其因革損益, 亦必隨時而有變焉. 故曰, 一代之興, 必有一代之制作."
11 《삼봉집》 권6, 經濟文鑑 下 序(鄭摠), "凡於國家之政, 動引古法, 參酌時宜, 利興害除, 民蒙其澤, 其經濟也大矣."

흥하면 한 시대의 제도가 만들어져야 하고 시대에 따라 법과 제도를 개폐
해야 한다고 하였다.

　이는 주자학의 덕례와 정형政刑론에 대한 주체적 수용이라고 하겠다. 주자
는 인간의 도덕성을 전제한 덕과 예에 따른 정치를 지향하였다. 단 덕치과
예치는 가장 이상적인 통치 수단을 말할 뿐 현실적으로는 법제와 형벌의 힘
을 빌려야 한다. "법제는 정치를 하는 도구이고 형벌은 정치를 돕는 법이며
덕과 예는 정치의 근본이기 때문이다"12 이때 덕례와 정형의 관계를 "도덕道
德 성명性命과 형명刑名 도수度數는 서로 겉과 속이 되어 마치 그림자가 형체
를 따르는 것과 같다"13 "성인의 정치는 덕으로 백성을 교화시키는 것을 근본으
로 삼아 형정은 다만 덕이 미치지 못하는 바를 도울 따름이다"14라고 표현한
것에서 확인된다. 즉 덕례와 정형을 표리관계, 불가분의 관계로 설정하고 있
는 것이다.15

　이때 덕례를 근본으로 한다면 시대를 초월해서 준수해야 할 법제를 전
제하게 되고, 정형政刑을 중시한다면 시대에 따라 고쳐야 할 법제가 있음을
말한 것이 된다. 덕례를 근본으로 했다면 현실의 법제를 용인해 주고, 정형
을 현실을 바로잡는 수단으로 이용하였다면 법제의 개정을 전제하기 때문
이다. 결국 문제는 변통의 근거, 변통의 내용 등 시대를 초월해서 변해서는
안 되는 법제와 시대에 따라 변화시켜야 하는 법제를 파악하는 일이 되는
것이다.

---

12 《논어》 爲政(子曰, 道之以政, 齊之以刑, 民免而無恥. 道之以德, 齊之以禮, 有恥且格.)
　(注) …… 愚謂, 政者, 爲治之具, 刑者, 輔治之法. 德禮則所以出治之本, 而德又禮之本也. 此
　其相爲終始, 雖不可以偏廢, 然政刑能使民遠罪而已. 德禮之效, 則有以使民日遷善, 而不自知,
　故民者, 不可徒其末, 又當深探其本也.
13 《주자대전》 권70, 讀兩陳諫議遺墨, "若道德性命之與刑名度數 …… 相爲表裏, 如影隨形."
14 《주자대전》 권70, 雜著, "聖人之治, 以德爲化民之本, 而刑特以輔其所不及而已."
15 俞榮根, 〈朱熹以理核心的法思想〉, 《儒家法思想通論》(廣西人民出版社 1992), 603~608쪽.

주자는 송나라 인종 대가 변통이 필요한 시기로서 인정하면서도 왕안석이 지향하는 변법의 대상과 방법이 잘못되었다고 보았다.[16] 즉 주자는 덕과 예로 하는 통치를 근본으로 삼으면서도 시대에 따라 응하는 변통론으로 법제와 형벌에 따른 통치를 인정하였다.

말하자면 정도전은 주자의 정형론을 원용해서 정형政刑에 의한 고려의 체제개혁을 이론적으로 뒷받침했던 것이다.

2) 중앙집권적 정치체제

정도전은 유교 경전인 《주례》가 제시하는 육전 중심의 정치체제를 조선 사회에 실현하려 하였다. 이때 《주례》의 정치 원리가 반영된 원나라의 《경세대전》[17]과 주자학적 이념이 담긴 《산당고색》과 같은 류서류를 참고하여 《조선경국전》과 《경제문감》을 완성하였다. 《조선경국전》에서 《주례》의 육전 체계를 기초로 통치이념과 통치조직을 종합적으로 제시했고, 《경제문감》에서는 《조선경국전》 치전을 보완하여 재상과 대관·간관·위병·감사·주목·군태수·현령의 역할과 임무를 구체화했다.

정도전이 구상하는 정치체제·권력구조는 왕–관–민으로 이어지는 중앙집권적 정치체제였다. 그는 주자의 말[18]을 인용하여 재상이 지방의 최소 단위인 향鄕까지 직접 파악하는 지배체제를 지향하였다.

---

16 《주자대전》 권 70, 讀兩陳諫議遺墨, "仁皇之末, 適當因革之時則是, 安石之變法, 因不可謂非其時, 而設心亦未爲失其正也. 但以躁率任意, 而不能熟講精思, 以爲百全無弊可久之計."

17 末松保和, 〈三峯集編刊考〉, 《朝鮮學報》 11, 1951(《青丘史草》 제2, 1965); 도현철, 《조선전기정치사상사》(태학사, 2013); 정긍식, 《〈조선경국전〉과 조선초기 법제정비》, 《법학》 56-2(서울대학교 법학연구소, 2015).

18 《주자대전》 권11, 庚子應詔封事, "一家則有一家之綱紀, 一國則有一國之綱紀, 若乃鄕總於縣, 縣總於州, 州總於諸路, 諸路總於臺省, 臺省總於宰相, 宰相兼統衆職, 以與天子, 相可否而出政令, 此則天下之綱紀也."

한 집안에는 한 집안의 기강이 있고 한 나라에는 한 나라의 기강이 있다. 이에 향鄕은 현縣에 통솔되고 현縣은 주州에 통솔되며 주州는 제로諸路에 통솔되고 제로諸路는 대성臺省에 통솔되며 대성臺省은 재상에게 통솔되고 재상은 중직衆職을 겸하여 통솔해서 천자와 더불어 가부를 살펴 정령政令을 내리니 이것이 천하의 기강이다.[19]

그는 재상-대성-제로-주-현-향에 이르는 상하 통솔체계를 명확히 하고자 하였다. 이는 부·주군·현으로 이어지는 지방 행정체계를 체계적으로 정돈하여, 마치 몸이 팔을 부리고 팔은 손가락을 부리는 것 같이 왕화의 진행이 역마로 명령을 전달해야 한다고 하였다. 여기에는 상하 통솔관계가 정해져 대大가 소小를 통제하고 소小를 대大에 예속시켜 상하 명령계통이 확립되도록 하였다.[20] 이를 통해서 중앙의 지방에 대한 통제력을 강화하고 호족이나 사문私門의 사적 지배에 따른 폐단을 막으려는 것이다. 즉 그는 주자의 송나라 정치 체제론에 입각해서 중앙집권과 지방 행정을 일원화하고 국가의 공권력·집권력을 강화하여 사적인 지배관계를 약화시키는 국가경영론·정치체제론을 구상하였다.[21]

한편 그는 공권력·집권력 강화를 위하여 지방 관원의 임무와 역할을 중시했다. 이는 중국 역대 왕조, 특히 송대의 것을 참고하여 중앙집권적 정치체제의 확립을 위한 전제로서 도의 장관인 감사(관찰사)의 역할을 강화하려는 것이다.[22] 그는 고려의 감사보다 지위와 권한을 강화하여 국왕을 대신해

19 《삼봉집》 권5, 經濟文鑑 上 宰相 宰相天下之紀綱, "一家則有一家之紀綱, 一國則有一國之紀綱, 若乃鄕總於縣, 縣總於州, 州總於諸路, 諸路總於臺省, 臺省總於宰相, 宰相兼總衆職, 以與天子相可否, 而出政令, 此則天下之紀綱也."

20 《삼봉집》 권6, 經濟文鑑 下 縣令, "曰 府州郡縣, 星羅碁布, 以大統小, 以小屬大, 首重尾輕, 乃能治也."

21 도현철, 《고려말 사대부의 정치사상 연구》(일조각, 1999).

22 이 밖에 정도전이 태조 4년 전라도 관찰사로 임명된 李茂에게 《감사요약》을 주었다(《양

서 도를 통치하는 감사의 독자적인 권한과 지위를 보장하도록 했다. 이때 관찰사라는 명칭이 의미하듯 수령에 대한 감독과 감찰에 큰 비중을 두고 있다. 즉 감사는 군주를 대신해서 왕권을 대행하고 민의 휴척에 관건이 되는 수령을 감독해야 한다. 중앙에서 대간臺諫이 국왕의 눈과 귀가 되어 풍속과 기강을 바로잡는 관원이 된다면 지방에서는 감사가 수령을 규찰하고 권세가의 탐학을 감독한다는 것이다.

그리하여 감사는 고려의 안찰사·안렴사가 시종이나 낭관에 임명된 것과 달리, 양부兩府의 2품 이상의 대신이 임명되어야 한다[23]고 했다. 그리고 감사는 정신이 강직하고 바르며 강력한 토호 세력을 두려워하지 않은 자에게 그 직임을 맡기고,[24] 수령에 대한 감독을 철저히 행하고 관내 지역을 순행하며 민정을 살펴야 한다[25]고 하였다.

집권체제를 확고히 다지기 위해서는 제도적으로 감사의 위상을 정립하고 이를 통하여 지방의 토호·향리 등 지방유력자들을 제어할 필요가 있었던 것이다.[26] 그리하여 수령에 대한 감독권을 높이는 등 지위와 권한이 높아진 감사를 재상에게 귀속시켜 일원적이고 직선적인 지배관계를 확립하려고 했다.[27] 6개월 임기로 관내 수령의 치읍治邑을 안찰하는 데 주안점이 있는 고려의 안찰사(안렴사)[28]를, 회군 이후 도관찰출척사로 바꾸게 되는데, 정도전은

───────────

촌집》권22, 經濟文鑑監司要略跋).

23 《삼봉집》권10, 經濟文鑑 下 監司.

24 《삼봉집》권10, 經濟文鑑 下 監司 監司當擇其人.

25 《삼봉집》권10, 經濟文鑑 下 監司 監司當親巡遠地.

26 여말선초기 도관찰출척사에 의한 지방 세력 통제와 사전개혁 동향과 관련해서 다음의 연구가 참고된다(李仁在, 〈高麗末 按廉使와 都觀察黜陟使〉, 《역사연구》 2(1993); 崔先惠, 〈高麗末 觀察使論의 전개와 중앙집권체제의 정비〉, 《國史館論叢》 76(1997)).

27 임용한, 〈麗末鮮初의 守令制 整備와 運營〉, 《인문학연구》 창간호(1996), 278-298쪽.

28 고려의 안찰사는 정식의 관원으로 지방에 상주하는 지방관이 아니라, 관내 지역을 안찰하여 수령의 현부와 백성의 질고疾苦를 살펴 중앙에 보고하는 감찰 기능을 수행했다. 조

감사의 자격 요건과 역할을 중국의 격언을 참고하여, 감사(都觀察黜陟使)는 한 도의 행정·군사·사법을 포괄하는 도정道政 전반을 관찰하고 특히 수령의 고 과를 통하여 지방 곳곳의 문제를 총괄하다고 했다.

정도전의 중앙집권론은 군태수·현령에 대한 견해에서도 확인된다. 수령은 백성과 가장 친밀하고 가깝다. 수령이 선정이냐 악정이냐에 따라서 그 군현 민의 행·불행이 정해진다. 이 점에서 수령은 민의 근본이 되고, 민의 부모,[29] 민의 유목乳牧[30]이다. 따라서 수령의 선임을 신중히 하고 감독을 철저히 해야 한다.

이때 수령의 자격 요건을 수기치인의 이념에 따라 재주(才)보다는 덕을 중 시했다.[31] 덕은 근본이요 재주는 끝으로서, 덕은 훌륭하되 재주가 모자라는 사람은 선한 사람이 될 수 있으나, 재주는 뛰어나되 덕이 변변치 못하면 혹 독한 관리가 될 것이기 때문이다.[32] 곧 덕은 인정을 행하는 전제이고, 치자의 기본 요건으로서, 수령에 대한 등급에서 덕행과 실적 가운데 덕행을 우선하 므로,[33] 일원적인 정치체제 아래에서, 민과 직접적으로 연결된 수령의 중요성 을 강조하였다.

고려시대의 수령은 집권체제의 말단으로서 완벽한 기능을 수행하지 못했

준의 상소에 의해 도관찰출척사가 만들어지면서 6개월 임기가 1년으로, 양부兩府의 대신과 경력사가 설치된다. 그런데 이때의 관찰사는 5도에만 한정되고 경기와 서북면·동북면은 제외되었다(邊太燮, 〈高麗 按察使考〉, 《高麗政治制度史硏究》(일조각, 1971)).

29 《삼봉집》 권6, 經濟文鑑 下 縣令 守令不任事.

30 《삼봉집》 권6, 經濟文鑑 下 縣令 吏爲民之乳牧.

31 《삼봉집》 권6, 經濟文鑑 下 監司, "凡守令善最, 考其實績, 備書曰, 某守令善某事某事, 最某 事某事, 考其分數多少, 定其上中下, 陟之, 善最俱無者, 黜之. 且善德也, 最才也, 善之分數多, 而最之分數少, 所以先其德, 而後其才也."

32 《양촌집》 권22, 經濟文鑑監司要略跋, "爲監司者所當服膺者也. 其定分數, 先其德而後其才者, 德爲本而才爲末也. 長於德而短於才者, 猶不失爲善人, 優於才而劣於德, 則亦不免爲酷吏."

33 李存熙, 〈觀察使와 守令〉, 《朝鮮時代地方行政史》(일지사, 1990), 168-173쪽.

다. 수령은 주로 향리 통제에 주안을 두었고 대민기능은 약했다. 지방관 파견이 제한되고 속현이 많이 존재한 상황 속에서 토착 기반을 가진 향리 세력의 통제가 급선무였다. 따라서 고려에는 수령의 향리 통제의 비중이 크고 민과 관련된 사항은 효제孝悌·염결廉潔에 한정되었다.[34] 신흥세력들이 등장하면서 민에 대한 국가의 직접적인 파악을 목표로 하여 조세나 소송 문제가 강조된다.[35] 창왕 이후에는 지방학교에 대한 수령의 역할이 제시됨으로써,[36] 민과 관련된 항산·항심의 문제가 종합적으로 제시되었다.

이는 송의 중앙집권적 정치체제를 참고한 것이다. 송대의 정치체제는 정치권력이 중앙에 집중되고, 군주권이 강화되며, 재상권이 약화되고, 지방의 집권화와 절도사의 권한 분할이 행해진 것으로 요약된다.[37] 특히 지방제도는 도에 해당하는 로路와 부·주·군軍·감監 그리고 하급 단위의 현縣이 존재했다. 로路에는 수帥(안무사)·조漕(전운사)·헌憲(제형안찰사)·창倉(제거상평사) 4명의 감사가 있었고 현의 하급 관리까지 황제가 직접 임명했다. 주자는 과거에 합격하여 처음 천주泉州(복건성)의 동안현同安縣(2,000-1,500인의 중급의 현)의 주부主簿에 임명되었는데, 현의 주부는 중앙 정부에 임명된 임기 3년의 하급 관리였다. 지방 행정의 하급 단위인 현의 관리도 황제가 직접 관장했던 것이다.[38]

또한《경제문감》에서 제시된 중앙집권적 정치체제나 재상·대간·감사·수령

---

34 《고려사》권75, 志29 選擧3 銓注 選用守令(현종 9년 2월), "新定諸州府員奉行六條, 一察民庶疾苦, 二察黑綬長吏能否, 三察盜賊姦猾, 四察民犯禁, 五察民孝悌廉潔, 六察吏錢穀散失."

35 《고려사》권75, 志29 選擧3 銓注 選用守令(우왕 원년 2월), "敎守令考績之法, 以田野闢, 戶口增, 賦役均, 詞訟簡, 盜賊息, 五事爲殿最, 其遞任者, 必待新官交付, 去任朝參."

36 《고려사》권75, 志29 選擧3 銓注 選用監司, "趙浚言 …… 以田野闢, 戶口增, 詞訟簡, 賦役均, 學校興, 巡察州郡, 而黜陟之."

37 錢穆 著, 大澤一雄·王子天德 譯,《中國政治制度史硏究》(南窓社, 1978), 111-124쪽(錢穆 著, 김준권 譯,《강좌 중국정치제도사》(한국학술정보, 2005).

38 縣의 장관은 縣令(知縣事)이고 그 아래에 丞 主簿 尉가 배속되었다. 丞은 副知事, 主簿는 出納長, 尉는 치안담당 책임자였다(佐藤仁,《朱子》(集英社, 1985), 76-78쪽).

에 관한 격언은 《산당고색》과 《주례정의》 등을 원용한 것이다. 《주례정의》는 왕여지王與之가 남송의 위기 상황을 《주례》에 입각한 정치체제를 기초로 해결하려는 뜻으로 만들어진 것이고, 《산당고색》(《군서고색群書考索》)은 남송대 장여우章如愚가 구체적인 현실 문제를 해결하기 위한 경전과 문물제도를 총망라한 류서類書 계통의 책이다. 《주례정의》와 《산당고색》은 사공학 계열의 책이지만 주자의 정치사상에 입각한 중앙집권적 정치체제론과 재상·대간·감사·수령에 관한 격언이 제시되어 있는데, 정도전은 이를 받아들였다.[39] 말하자면, 종래 연구처럼 정도전은 《주례》를 통하여 이상 국가를 지향하였지만, 구체적인 내용에서는 《주례》적 국가인 송에 활용되었던 역사적 경험이 기초가 되고 주자가 지향했던 중앙집권적 정치체제가 더 많이 이용되었다고 할 수 있다.

그리하여 정도전은 중국 역대 왕조 가운데 송대의 정치체제를 참고하여 더 완벽한 중앙집권적 정치체제를 실현하려고 하려고 했다. 당시 고려의 정치체제는 송처럼 일원적이고 직선적인 집권체제가 아니었다. 고려의 제도는 중앙집권을 지향하면서도 지방의 분권이 용인된 정치체제로 운영되고 있었다.

고려 정치체제는 중서문하성의 재부와 낭사, 중추원의 추신과 승선 등 정치기구가 상하 2중으로 구성되었고, 지방제도는 남도 지역과 양계 지역, 그리고 경기 지역으로 다원화되어 있고, 통치 내용도 지역에 따라 달랐다.[40] 권력구조의 일원화, 지방지배의 집권화가 시도되었지만, 현실은 중앙집권적 정치체제로서는 미진한 것이었고, 통일된 지배 이념과 지배 구조를 담을 수 없었다. 따라서 고려사회는 집권적 정치체제이지만 지방 귀족 세

---

39 都賢喆, 〈《經濟文鑑》의 典據로 본 鄭道傳의 政治思想〉, 《歷史學報》 165(2000).
40 邊太燮, 《高麗政治制度史硏究》(1971); 박용운, 〈중앙 정치체제의 권력구조와 그 성격〉; 하현강, 〈지방 통치조직과 그 구조〉, 《한국사》 13(국사편찬위원회, 1993).

력과 불교사원의 사적 지배력을 용인하였으므로 국가 공권력의 농민 지배
는 취약했다. 이에 따라 지방 귀족 세력과 불교사원의 사적 지배로써 농민
과 하급 지배층 침탈은 제어하기 어려웠다. 생산력 발전을 기초로 성장한
사대부는 권귀權貴·사문私門으로 표현된 귀족관료에 의하여 농민과 더불어
침탈의 대상이 되었다. 그리하여 이들은 수조권 분급제 같은 사적 지배를
시정하고 국가의 공권력으로 일원적이고 공적인 지배 체제를 확립하려고
했다.[41]

3. 군주관과 재상정치론

1) 군주관

정도전은 유학자로서 유교적 이상군주를 지향했다. 그는 왕조국가에서
군주는 천명의 대행자이고 왕정을 유지하는 최고의 통치자이고 천하의
인민과 토지를 소유하는 최고의 권력자로 보았다.[42] 군주는 천을 대신해
서 통치하고[43] 군주는 종묘와 사직이 의지하여 돌아가는 곳이며 자손과
신서가 우러러 의뢰하는 존재라고 말한 것[44]이 그것이다.

그는 주자의 견해를 참고하여 새로운 왕조의 군주상을 제시했다. 그는 왕
조국가가 가지는 특성, 곧 혈연적 세습에 따라 계승되는 왕위계승을 인정했
고, 그렇기 때문에 국왕은 혼명강약昏明强弱의 차이가 있다[45]고 보았다. 따라

---

41 도현철, 《고려말 사대부의 정치사상 연구》(일조각, 1999).

42 《삼봉집》 권7, 朝鮮經國典 上 賦典 上供, "人君專土地之廣, 人民之衆, 其所出之賦, 何莫非己
   分之所有. 凡國之經費, 何莫非己分之所用."

43 《삼봉집》 권7, 朝鮮經國典 上 治典 官制, "人君代天工, 治天民."

44 《삼봉집》 권8, 朝鮮經國典 下 政典 宿衛, "蓋人君一身, 宗廟社稷之所依, 子孫臣庶之所仰賴."

서 왕위계승에서 왕자 가운데 장자가 아니라도 어진 중자衆子에게 세습되어도 문제가 없다46고 했고, 군주는 중간 정도의 자질만 있으면47 현인 재상을 통하여 이상 정치가 실현될 수 있다고 보았다. 군주는 자연인으로서 용렬한 군주庸君나 평범한 군주常主라도 재상정치를 통하여 이상 정치를 구현할 수 있다고 본 것이다.

이러한 사실은 《서산독서기》에 실려 있는 정이천 《역전》의 군주관 가운데 군주권의 부로안전성을 말한 부분을 수용한 것에서 알 수 있다. 《역전》에는 제5효인 군위君位와 제4효인 대신大臣의 지위를 기초로 군주와 대신의 상호관계를 설명하였는데,48 정도전은 《역전》에 있는 '용렬한 보통의 군주庸君常主' · '유약한 군주柔弱之君'에 대한 '대신지임大臣之任' · '강강지신剛强之臣'을 받아들였다. 그래서 그는 "…… 용렬한 군주나 범상한 군주를 섬길 때 그 도리를 행하여 자기의 정성스런 뜻이 위에 도달하면 군주는 돈독한 믿음을 보여 주게 된다",49 "군세고 강한 신하가 유약한 군주를 섬김에는 마땅히 마음 속에 지극한 정성을 간직하고 밖으로는 거짓을 꾸미지 않아야 한다",50 "대신의 임무는 오직 위로 군주의 사심邪心을 그치게 하고 아래로 천하의 악을 제거하는 것이다"51라고 했다. 군주권의 한계를 전제로 군세고

---

45 《삼봉집》 권7, 朝鮮經國典 上 治典 摠序 ,"且人主之材, 有昏明强弱之不同."
46 《삼봉집》 권7, 朝鮮經國典 上 定國本, "儲副天下國家之本也, 古之先王, 立必以長者, 所以絕其爭也, 立必以賢者, 所以尙其德也."
47 《삼봉집》 권7, 朝鮮經國典 上 治典 宰相年表, "若夫中材之主, 相得其人則治, 不得其人則亂."
48 土田健次郎,〈伊川易傳の思想〉,《宋代の社會と文化》, 송대사연구회연구보고1집(1983); 趙東元,〈程頤의 制民産論과 易傳〉,《釜大史學》10(1986).
49 《삼봉집》 권5, 經濟文鑑 上 宰相 誠意能動, "…… 古人之事庸君常主, 而克行其道, 己之誠意上達, 而君見信之篤耳. 管仲之相桓公, 孔盟之輔後主是也.";《이천역전》 萃六二(《서산독서기》 권12, 君臣 萃六二), "…… 古人之事庸君常主 而克行其道 己之誠意上達 而君見信之篤耳 管仲之相桓公 孔盟之輔後主是也."
50 《삼봉집》 권5, 經濟文鑑 上 宰相 內存至誠(《서산독서기》 권12 君臣 頤上九)(《伊川易傳》 頤上九), "以剛强之臣, 事柔弱之君, 當內存至誠, 不假文飾於外, 上下交不以誠, 其能久乎?

강한 신하가 용렬한 군주·보통의 군주와 유약한 군주를 어떻게 섬기는가에 역점을 두었던 것이다.

한편 그는 세자 교육을 중시했다. 혈연적으로 세습되는 국왕의 불안전성을 만회하기 위한 방법으로 어릴 때부터의 세자의 교육을 통해 국왕으로서 자질을 쌓도록 하는 것이다. 세자는 천하 국가의 근본으로서, 세자의 교양이 부족하면 덕업이 성취되지 않아 막중한 임무를 감당하지 못할 수 있다. 그러므로 노성한 학자와 덕행 높은 현자를 택하여 세자의 사부로 삼고 단정한 사람과 정직한 선비를 세자의 요속으로 삼아 아침저녁으로 강학하여 기질을 훈도하고, 덕성을 함양해야 한다는 것이다. 그래서 문하좌시중 조준·판중추원사 남재·첨서중추원사 정총을 세자의 사부와 빈객으로 삼고 정도전 자신은 이사貳師가 되었다.[52]

이는 현실적인 문제, 곧 태조의 세자 책봉 문제와 연관된다. 건국 당시 58살이었던 이성계(1335-1408)의 아들은 한씨 소생으로 6명(방우, 방과, 방의, 방간, 방원, 방연)과 강씨 소생으로 2명(방번, 방석)의 아들이 있었다. 1392년 조선 개국 당시에 큰아들 이방우(1354-93)는 39살, 이방원은 26살, 막내 방석(1382-98)은 11살이었다. 이들은 20-30대로 기질이나 생각이 굳어져 수신 공부의 한계가 있었다. 따라서 덕성 함양과 기질의 변화에 손쉬운 가장 나이 어린 왕자를 세자로 정하여 자질과 덕망에서 이상적인 군주상을 갖추도록 훈련시키고자 하였다.[53] 태조 원년(1392) 9월에 여덟째 막내로서 11살

---

51 《삼봉집》 권5, 經濟文鑑 上 宰相 止惡於初(《서산독서기》 권12 君臣 隨九四)(《이천역전》 隨九四), "大臣之任, 上畜止人君之邪心, 下畜止天下之惡. 夫人之惡, 止於初則易, 旣盛而後禁, 則扞格而難勝. 故上之惡旣甚, 則雖聖人救之, 不能免違拂, 下之惡旣盛則雖聖人治之, 不能免刑戮, 莫若止之於初, 如童牛之加牿則元吉也."

52 《삼봉집》 권7, 朝鮮經國典 上 定國本, "儲副天下國家之本也, 古之先王, 立必以長者, 所以絶其爭也, 立必以賢者, 所以尙其德也. …… 擇耆儒宿德爲之師傅, 端人正士爲之僚屬, 朝夕講勸, 無非正言正事, 則其薰陶涵養者至矣. 先王之於儲副, 不徒定其位, 從而敎之者如此. ……"

53 Park, Seong-Rae, "Portent in Korean", in *Journal of Social Sciences and Humanities*,

의 이방석을 세자로 정하는데 정도전이 동의한 것은 이와 연관된다고 보인
다.54 정도전은 세자보도世子輔導가 되어서 세자인 방석을 이상군주가 되도록
교육시키려고 했다.55

이러한 정도전의 세자 교육론은 주자의 태자 교육론을 참고한 것이다.56
주자는 군주성학에 근거해서 태자 교육론을 제시했다. 군주가 세습으로 전
위傳位되는 것이 불가피하고 혼명강약의 차이를 인정한다면57 어릴 때부터
태자를 교육시켜 왕의 재목으로 만들어야 한다고 하였다. 그는 무신봉사
(1188)과 기유의상봉사(1189)에서 태자 교육을 정면에 내세웠다. 그는 "무
릇 태자는 천하의 근본으로 그를 보익하는 것을 신중하지 않으면 안되니,
보부전保傅傳에 기재된 내용이 상세합니다"58 "천하의 운명은 태자와 밀접한
관련이 있고, 태자가 잘되는 것은 교육을 일찍부터 시행하고 측근을 제대

No 47, 1978.

54 《태조실록》 권1, 원년 8월 기사.

55 《태조실록》 권7, 4년 3월 병오.

56 조선건국기 성리학에 입각한 군주 수신, 태자 교육은 태종 3년에 사헌부 상소에 잘 드러
난다. 이에 따르면 태자는 나라의 근본이므로 좌우를 잘 선택해서 가르쳐야 한다고 하고,
주周 성왕成王이 강보에 있을 때에 소공召公을 태보太保로 삼고, 주공을 태부太傅로 삼으
며 태공을 태사太師로 삼아 가르쳐 주나라의 훌륭한 임금이 되었다고 하였다. 이어 가의賈
誼가 '태자가 나서부터 바른 일을 보고, 바른 말을 듣고, 바른 도를 행하고, 좌우전후가
모두 바른 사람이면, 바르게 되지 않을 수가 없으니, 마치 제나라에서 생장하면 제나라 말
을 하지 않을 수 없는 것과 같다.'고 한 말을 들어, 지금 원자의 나이 10세인데, 보부保傅
도 세우지 않고 학궁에 들어가지 않았으며, 스승으로 삼은 자가 덕과 지위가 높은 사람도
아니요, 좌우전후가 바른 사람도 아니니, 원자를 입학시키고, 나이와 덕행이 높아 한나라
의 중망을 빈사賓師로 삼고, 좌우에는 정자의 경연 차자에 의하여 노성한 사람으로 쓰고,
간사한 소인을 가까이하지 말게 하여, 시서詩書의 어리〔圄〕 속에서 함영하게 하고, 예법의
장소에서 장성하게 하면, 습관이 지혜와 함께 자라나고, 교화가 마음과 함께 이루어져서,
덕의 성취되는 바가 깨닫지 못하는 사이에 이루어질 것이라고 하였다(《태종실록》 권5, 3
년 3월 경진).

57 《중용》 20장, "呂氏曰 …… 昏明强弱之稟, 才也 人所也異"

58 《주자대전》 권11, 戊申封事, "夫太子天下之本, 其輔翼之不可不謹, 見於保傅傳者詳矣."

로 뽑는 데 달려 있다. 가르치는 일이 제대로 되고 측근이 바르면 태자가 바르게 되고, 태자가 바르게 되면 천하가 안정된다"[59], "태자를 세우고도, 사부와 빈객을 두지 않으면, 스승을 극진히 여기고 벗을 가까이 하여, 덕을 높이고 의를 즐기는 마음을 계발할 수 없습니다"[60] 라고 하여 태자는 천하의 근본이므로 사부와 빈객으로 하여금 가르쳐 바르게 인도하도록 가르쳐야 한다고 하였다. 이를 위해서 동궁에 소속된 관리〔春坊使臣〕를 설치하고 사부를 선택해서 황태자를 보필하여 천하통치의 기본으로 삼으라고 하였다. 태자에 대한 교육을 통하여 성인 군주로서 자질을 함양하고 제왕이 되었을 때 군주의 임무를 충실하도록 했던 것이다.

정도전은 유교의 천명론을 바탕으로 왕조의 성씨를 바꾸는 역성혁명易姓革命을 인정했다. 그는 중국의 은·주 혁명이라는 왕조교체의 합리화 논리를 바탕으로 고려에서 조선으로의 왕조교체를 합리화했다. 곧 하늘의 명을 받아 즉위한 군주는 하늘을 대신해서 백성을 다스리는데,[61] 군주가 하늘의 뜻을 저버리면 한 사람의 필부에 지나지 않게 되고 새로운 왕을 구해야 한다[62]고 하였다. 하夏의 걸桀이나 은殷의 주紂처럼 폭군은 한 사람의 필부에 지나지 않으므로, 은의 탕이나 주의 무왕처럼 하늘의 명을 받은 성군이 군주가 되어야 한다는 것이다.

그는 하늘과 같은 백성의 뜻을 따르는 정치를 추구했다. 그는 "민은 국가의 근본인 동시에 군주의 하늘이다"[63]라고 하여 군주보다 우위에 있

---

59 《주자대전》 권11, 戊申封事, "臣聞賈誼作保傅傳, 其言有曰, 天下之命, 繫於太子. 太子之善, 在於早諭敎與選左右. 敎得而左右正, 則太子正, 太子正而天下定矣. 此天下之至言, 萬世不可易之定論也.

60 《주자대전》 권11, 戊申封事, "夫立太子, 而不置師傅·賓客, 則無以發其隆師親友, 尊德樂義之心, ……"

61 《서경》 周書 泰誓; 《맹자》 萬章章句; 《맹자》 梁惠王章句.

62 《태조실록》 권1, 원년 7월 정미; 《삼봉집》 권12, 經濟文鑑別集下 元 順帝; 高麗 恭讓王

는 백성을 상정하고 천天이 곧 백성(民)이라고 주장하였다. 그리고 "군
주의 지위는 높기로 말하면 높고, 귀하기로 말하면 귀하다. 그러나 천하
는 지극히 넓고 만민은 지극히 많으니, 한 번 그들의 마음을 잃으면 크
게 염려할 일이 생긴다. 백성은 지극히 약하지만 힘으로 위협할 수 없고,
지극히 어리석지만 꾀로 속일 수 없다. 그들의 마음을 얻으면 복종하고,
그들의 마음을 얻지 못하면 군주를 버리는데, 버리는 것과 따르는 것 사
이에는 그 간격은 털끝만큼의 차이도 되지 않는다"64라고 하여, 군주가
백성의 마음을 얻지 못할 때 군주가 교체될 수 있다고 보았다. 정도전은
고려 말에 이미 춘추시대 진晉의 조순趙盾의 일, 당의 측천무후則天武后의 일
등을 통하여 왕의 교체에 관한 시시비비를 가리고 엄정한 평가를 내렸다.65
곧 정도전은 주어진 군신관계보다는 천명의 대행자, 왕정王政의 최고 책임자
인 군주를 객관화시켜 그 존립 이유, 근거를 되돌아보았고 정당성 여부를
따졌다.

역성혁명론은 군신 사이의 명분론과 모순되지 않는다. 군신 간에 문제가
되는 것은 군주와 신하, 곧 통치자 집단 내부의 인간관계이고, 역성혁명은
군주를 포함한 천을 대변한 민, 곧 피치자 집단 사이의 관계로 나타나기 때
문이다. 군신관계의 성립 자체가 민의 존재를 매개로 해서만 가능하고, 이념
적으로 민民은 절대화하여 천天으로 관념화된다. 군신관계의 존립을 위해서
는 민에 대한 온정적 배려가 요청되고, 이것이 포기되었을 때 군신관계는 성
립하지 않는다. 역성혁명의 정당성은 이 지점에서 성립한다. 역성혁명론에서

---

63 《삼봉집》 권5, 朝鮮經國典 賦典 版籍, "蓋君依於國, 國依於民. 民者, 國之本而君之天."
64 《삼봉집》 권7, 朝鮮經國典 上 正寶位, "人君之位, 尊則尊矣, 貴則貴矣. 然天下至廣也, 萬民
至衆也, 一有不得其心, 則蓋有大可慮者存焉. 下民至弱也, 不可以力劫之也. 至愚也 不可以智欺
之也. 得其心則服之, 不得其心則去之. 去就之間, 不容毫髮焉."
65 《고려사》 권119, 列傳32 鄭道傳.

민에 대한 실정失政의 책임은 신하가 아니라 군주에게 있으며 군주의 실정에 대한 책임을 물을 수 있는 것은 민의의 관념화된 상징인 천이 되는 것이다.[66]

2) 재상정치론

군주의 불완전성을 인정한 정도전은 재상정치론을 전개했다. 정도전은 군주의 직책은 재상을 선택하는 데 있다고 하고 재상은 군주를 바르게 하는 일을 직분으로 삼아야 한다[67]고 했다. 천명의 대행자이고 중앙집권체제를 이끌어가는 왕정의 최고 책임자인 군주는 상징적인 의미만 갖고, 실질적인 정치운영을 재상에게 위임해야 한다고 했다. 군주의 권한은 재상을 선택·임명하고 재상과 정사를 협의 결정할 뿐이다. 그는, 재상이 모든 것을 직접 처단하여 음양을 조화하고 아래로 백성을 편안히 하여 작상爵賞과 형벌이 나오는 곳이라 했다.[68]

이때 그는 《주례》와 같은 유교 경전이나 중국 역대 왕조의 정치사상을 참고했는데 특히 주자의 견해를 활용했다. 그는 주자의 말을 인용해서 재상이 정책의 결정과 집행에 최고의 실권을 가지고 백관을 통솔하고 만민을 다스리는 실질적인 정치운영의 주체여야 한다고 하였다. 군주는 단지 재상을 논하는 데 있고, 재상은 헌가찬부獻可替否라고 하여 군주의 옳은 일을 적극 봉행하고 옳지 않은 일을 끝까지 막음으로써 왕을 옳은 길로 인도해야 한다[69]고 하였다. 그리고 그는 재상은 천하의 기강으로서,[70] 재상에게 정치권력

---

66 김훈식, 〈여말선초의 민본사상과 명분론〉, 《애산학보》 4(1986).

67 《삼봉집》 권5, 經濟文鑑 上 宰相 人主之職在論相(《산당고색》 別集 권 18, 宰相)(《주자대전》 권12, 己酉擬上封事).

68 《고려사》 권119, 列傳32 鄭道傳.

69 《삼봉집》 권9, 經濟文鑑 上 宰相 人主之職在論相(《산당고색》 別集 권 18, 宰相)(《주자대

을 집중하지 않을 수 없다고 하였다.[71]

정도전은 당대의 정치운영과 역할 관계에서 재상의 문제점과 해결 대책 역시 주자의 그것에서 인용하고 있다. 주자는 당시의 재상이 농락하는 술책만 쓰고 선악을 분별하지 않으며 어진 자를 등용하지 않는다고 보았는데, 정도전은 이를 그대로 당대의 재상과 똑같은 차원에서 파악하고 재상은 모름지기 세속의 의논에서 선악을 분별하고 간청을 끊어 국사에 임하여야 한다고 하였다.[72] 또한 주자는 송의 조정에서 군주와 재상이 서로 대좌하여 정사를 의논할 때 재상은 곧 물러나 지닌 생각은 소매 자락에 품은 채 지나 버린다고 하였다. 정도전은 이를 그대로 인용하여 당시의 재상이 군주에게 몇 마디하고 나가 버려 군주와 신하가 함께 정사를 의논하지 않는다고 했다.[73] 그리고 재상의 자질과 바른 자세, 정사에 임하는 태도를 주자를 인용해서 다음과 같이 말했다. 재상은 도량과 심술이 있어야 하고[74] 마음이 커야 한다.[75]

전》 권12, 己酉擬上封事).

70 《삼봉집》 권9, 經濟文鑑 上 宰相 宰相天下之紀綱(《주자대전》 권11, 庚子應詔封事).

71 《삼봉집》 권9, 經濟文鑑 上 宰相 政權不可不在宰相.

72 《삼봉집》 권9, 經濟文鑑 上 宰相 今日只用牢籠之術(《산당고색》 別集 권18 人臣門 宰相; 《주자어류》 권72, 易八 咸), "今之爲宰相者, 朝夕疲精神於接應書問之間, 更何暇理會國事? 世俗之論, 遂以此爲相業. 然只是牢籠人住在那裏, 今日一見, 明日一請, 或住半年, 周歲或住數月, 必不得已而後與之, 其人亦以謂宰相之顧我厚. 今我得好差遣而去. 賢愚同滯, 舉出以謂當然. 有一人焉, 略欲分別善惡, 杜絶干請, 分諸門於部中, 己得以免應接之煩, 稍留心國事, 則人爭非之矣."

73 《삼봉집》 권5, 經濟文鑑 上 宰相 今日立對之非(《산당고색》 別集 권18 人臣門 宰相; 《주자어류》 권128, 本朝2 法制), "古者, 三公坐而論道, 方可仔細說得. 如今宰執奏對之時, 頃刻卽退, 所有文字, 懷於袖間, 只說得幾句. 便將文字對上宣讀過 那得仔細指點. 且須有个案上指書利害, 上亦知得仔細看, 如今頃刻便退, 君臣如何得同心理會事."

74 《삼봉집》 권5, 經濟文鑑 上 宰相 當有度量心術(《산당고색》 別集 권18 人臣門 宰相; 《주자대전》 권38, 答周益公), "有度量則宜有以容議論之異同, 有心術則宜有以辨人材之邪正, 欲成天下之務, 則必從善去惡, 進賢退姦, 然後可以有濟."

75 《삼봉집》 권5, 經濟文鑑 上 宰相 天官之職非大其心者不能爲(《산당고색》 別集 권18 人臣門 宰相(《주자어류》 권86, 禮3 周禮)).

또한 재상은 강명 정직한 사람을 가려 뽑아야 하고,[76] 사방을 염려해야 하며,[77] 천하의 인재를 널리 구하고,[78] 어진 이를 나오게 하고 불초한 자를 물리쳐야 하며,[79] 자기를 바르게 하여 남을 바르게 하고,[80] 마음을 바르게 하여 임금을 바로잡아야 한다고도 하였다.[81]

그는 재상론을 보완하는 논거, 곧 권력 구조상 재상 일인의 권력 독주, 권력 농단을 견제할 수 있는 제도적 장치로 대간臺諫의 역할을 중시했다.[82] 그는 주자가 말한 대간의 일을 들어, 대간은 천자와 더불어 시비를 논하고 재상에 좌우되지 말아야 한다[83]고 했다. 대간이 군주나 재상의 하위자로서가 아닌 군주나 재상과 더불어 천하의 일을 도모하고 군주권과 재상권의 상

---

76 《삼봉집》 권5, 經濟文鑑 上 宰相 輔相當選剛明正直之人(《산당고색》 別集 권18 人臣門 宰相; 《朱子大全》 권11, 戊申封事).

77 《삼봉집》 권5, 經濟文鑑 上 宰相 大臣慮四方(《산당고색》 別集 권18 人臣門 宰相; 《주자어류》 권112, 論官).

78 《삼봉집》 권5, 經濟文鑑 上 宰相 廣資天下之材(《산당고색》 別集 권18 人臣門 宰相; 《주자대전》 권29, 與趙尚書書).

79 《삼봉집》 권5, 經濟文鑑 上 宰相 當以進賢退姦爲職(《산당고색》 別集 권18 人臣門 宰相; 《주자대전》 권28, 與留丞相書).

80 《삼봉집》 권5, 經濟文鑑 上 宰相 正己以正人(《산당고색》 別集 권18 人臣門 宰相;《주자대전》 권27, 答梁丞相書).

81 《삼봉집》 권5, 經濟文鑑 上 宰相 正心以正君(《산당고색》 別集 권18 人臣門 宰相;《주자대전》 권24, 與汪尚書書(己丑)).

82 원래 대간은 재상을 비롯한 백관을 감찰하는 대관臺官(御史)와 황제에게 간언하는 간관諫官으로 구분할 수 있다. 한나라에서 어사대부는 부승상으로서 승상을 보좌하였다. 어사대부는 중앙과 지방의 감찰과 궁정 내의 감찰권을 행사하였다. 당에서는 어사대가 독립하여 감찰권이 재상에서 이탈 독립하였지만 재상에 예속되었고, 간관은 재상의 하위자로서 황제를 감찰하였다. 그러나 송에 와서는 황제가 간관을 임명하고 간관은 황제에게 간언하지 못하고 재상을 규탄하였다(錢穆 著, 大澤一雄·王子天德 譯, 같은 책, 111~124쪽).

83 《삼봉집》 권5, 經濟文鑑 下 諫官 是非不敢言(《산당고색》 別集 권18, 人臣門 臺諫; 《주자어류》 권111, 朱子8), "蓋事理只有一个是非, 今朝廷之上, 不敢辨別這是非, 如宰相固不欲逆上意, 臺諫亦不欲忤宰相意, 今聚天下之不敢言是非者在朝廷, 又擇其不敢言之甚者爲臺諫, 習以成風, 如何做得."

호 견제와 균형을 도모해야 한다고 보는 것이다.[84]

그리고 그는 재상이 죄를 범한 경우, 재상의 진퇴에 관여하는 권한은 어사대에 주도록 하였다. 그는 대간이 재상보다 지위가 낮지만 재상과 마찬가지로 당당하게 시비를 논하는 일을 맡아야 한다고 하였다.

천자가 옳다고 해도 간관은 옳지 않다고 말하고 천자가 반드시 해야 한다고 말해도 간관은 해서는 안된다고 말할 수 있어야 한다. 전계殿陛 앞에 서서 천자와 더불어 시비를 다툴 수 있는 사람은 간관이다.[85]

정도전은 간관은 재상과 마찬가지로 천자와 더불어 시비를 논하고 항상 천자의 좌우에 기거하면서 수시로 간쟁을 할 수 있어야 한다[86]고 했다. 대간이 국왕권을 견제하고 백관을 규찰하는 역할을 맡아 국가권력을 소수의 권귀의 이해에서 벗어나, 사대부층 전체의 이해·주체성을 확보하려는 것이다. 당시 고려의 대간은 권귀의 사적 영향 아래에 있었다.[87] 정도전은 권력 상호 간의 견제와 비판을 통하여 권력기관(宰相, 臺諫)을 권귀의 사적 지배로부터 해방시키려고 하였다.

정도전이 참고한 주자의 정치사상은 재상정치론이 그 핵심이다. 주자는 송의 정치체제를 전제하면서 정치의 주체는 사대부의 공론을 수렴하는 재상이

---

84 韓永愚, 같은 책, 147-155쪽; 江原謙, 〈三峰 鄭道傳の改革思想〉,《朝鮮史研究會論文集》 9(1972), 91-96쪽.

85 《삼봉집》 권6, 經濟文鑑 下 諫官 諫官與宰相等, "天子曰是, 諫官曰不是, 天子曰必行, 諫官曰 必不行. 立乎殿陛之前, 與天子爭是非者, 諫官也."

86 《삼봉집》 권6, 經濟文鑑 下 諫官 諫臣當在左右.

87 고려는 가문과 문벌을 자랑하는 소수의 귀족 집단이 관직을 독점하고 나라를 운영해 간 귀족제 사회였다. 대간직은 이들 귀족의 중요한 관료로서, 간쟁, 봉박, 서경 같이 귀족의 입장에서 왕권에 대한 규제·견제를 주된 임무로 하였다(朴龍雲, 《高麗時代臺諫制度研究》 (1987)).

어야 한다고 보았다. 주자는 군주의 절대성을 자연의 질서로서 존중하였다. 군주는 천부天賦의 본연이고 민이民彝의 고유한 것이기 때문이다.[88] 그러나 그렇다고 해서 군주가 정치를 주도하는 전제군주를 말하지 않았다. 군주 한 사람이 권력을 장악하여 정치를 주도하기보다는 대다수 신료들의 공론을 집약한 재상 중심의 정치론을 지향했다.[89]

주자가 왕응진汪應辰·유정留正·조여우趙汝愚·주필대周必大 등의 당시 재상에게 준 편지는[90] 이윤·태공과 같은 이상적인 재상이 되도록 요구하는 것이었다. 그 내용은 재상의 자격 요건과 해야 할 의무를 구체적으로 명시하는 가운데 정치운영의 실질적인 주체가 되도록 당부하는 것이었다.

주자의 이러한 견해는 송대 사대부의 재상론, 정치참여론의 반영이었다. 송 사대부는 천리를 궁구하고 실천하는 주체이고, 군주 질서를 자연의 질서로 확립하여 명분 질서를 유지하는 주체로서 자임하였다. 이들은 과거를 통하여 관료가 되고 권력 기구의 일원으로 참여한다는 점에서 군주에 의존하지만, 반대로 군주는 사대부가 옹립하고 그 권력이 유지된다는 점에서 군주도 사대부에 의존한다. 사대부는 자기의 존재 기반을 유지하기 위해 그 권력의 자의적 행사를 경고한다. 특히 이들은 역성혁명에 의한 군주에 대한 경고를 역사적 실례로서 보여 준다.[91] 송 사대부는 군주와의 이중적 관계를 체제의 집권성과 공공성을 확립하면서 보장받으려고 하였다. 이들은 공론 정치를 내세우는 가운데 사대부의 정치 참여를 보장받아 사대부 전체의 이해와 주체

---

88 《주자대전》 권28, 跋宋君忠嘉集.

89 守本順一郎, 〈性理學の歷史的 構造〉, 《東洋政治思想史研究》(1967); 張立文, 〈朱熹的政治學說〉, 《朱熹思想研究》(1986); 金駿錫, 〈17세기 正統性理學派의 政治社會論〉, 《東方學志》67(1990).

90 《주자대전》의 시사출처에 해당하는 권24-29의 편지글과 봉사에 해당하는 권11-14의 상소문은 재상의 역할과 의의를 강조하고 있다(주자사상연구회, 《주서백선》(혜안, 2000); 《朱子封事》(혜안, 2011)).

91 佐野公治, 〈明夷待訪錄における 易姓革命思想〉, 《日本中國學會報》17(1965), 137-139쪽.

성을 확보하려고 했다. 이때 재상은 사대부의 대변자로서 사대부의 정치 경제적 이해를 보증하는 공적 기구가 되고 정치운영의 실질적인 주체가 된다. 주자의 재상정치론은 이러한 사대부의 이해를 정치에 반영하는 수단으로 제시된 것이었다.

정도전이 이러한 정치체제와 재상정치론을 원용한 것은 사대부의 이해 기반과 관련된다. 그는 중앙집권적인 정치체제와 공적 질서를 확대하여 권귀나 사원에 의한 자의적 침탈을 막고 안정된 경제기반을 확보하려고 하였고, 재상정치론을 통하여 명분 질서를 확립하는 주체로서 사대부의 정치참여를 정당화하려고 하였다. 재상은 사대부의 여론(公論)의 집약자·대변자로서 정치제도상의 최고의 주재자가 되어야 했기 때문이다. 즉 사대부는 현실정치의 담당 주체로서 자임하고 능력 위주의 인재 등용, 진현퇴불초(進賢退不肖) 등을 내걸고 제도적으로 관리 임용이 보장되고 항구적으로 정치에 참여할 수 있는 정치체제·권력구조를 지향하였고, 그러한 노력이 군주 1인에 좌우되는 전제정치를 비판하고 사대부 정치를 지향하는 재상정치론으로 나타났던 것이다.[92]

4. 맺음말

이 장에서는 정도전이 참고한 전거를 기초로 그가 구상한 새로운 왕조의 정치체제의 특징이 무엇인지 살펴보고자 했다.

정도전은 유교적 이상사회 국가를 지향했고 성리학적 정치이념을 활용했다. 그는 정치를 윤리도덕의 실현 과정으로 보고 인정과 덕치를 지향했다. 그는 민심에 순응하는 인정을 역설하여, 군주는 천지가 만물을 생육하는

---

92 도현철, 《고려말 사대부의 정치사상 연구》(일조각, 1999).

인의 마음, 곧 차마하지 못하는 마음으로 정치를 행하면, 천하 사람들도 모두가 기뻐서 인군을 부모처럼 우러러보게 되고 군주는 오래도록 안녕과 부귀와 영광을 누릴 수 있다고 했다.

정도전은 이상적인 정치체제를 《주례》와 송대에 활용된 주자의 정치체제론에서 구했다. 그는 재상을 중심으로 대성–제로–주–현–향에 이르는 일원적 집권체제를 지향했다. 이를 통해서 중앙의 지방에 대한 통제력을 강화하고 호족이나 사문私門에 의한 사적 지배의 폐단을 막으려는 것이다. 공권력·집권력 강화하려는 것이었다.

그는 이를 위해서 지방 관원의 임무와 역할을 중시하면서, 특히 도의 장관인 감사(관찰사)의 지방관 감독의 역할을 강조하였다. 고려의 감사보다 지위와 권한을 강화하여 국왕을 대신해서 도를 통치하는 감사의 독자적인 권한과 지위를 보장하도록 했다. 즉 감사는 군주를 대신해서 민의 휴척에 관건이 되는 수령을 감독해야 한다. 중앙에서 대관이 인주의 귀와 눈이 되어 풍속과 기강을 단속하는 관원이 된다면, 지방에서는 감사가 수령을 규찰하고 권세가의 탐학을 감독한다는 것이다.

정도전은 유교적 이상 군주, 군주 성학을 지향했다. 그는 왕조국가가 가지는 특성, 곧 혈연적 세습에 따라 계승되는 왕위계승을 인정했고, 그렇기 때문에 국왕은 혼명강약의 차이가 있다고 보았다. 따라서 왕위계승에서 왕자 가운데 장자가 아니라도 어진 다른 자식에게 세습되어도 문제가 없다고 했고, 군주는 중간 정도의 자질만 있으면 현인 재상을 통하여 이상 정치가 실현될 수 있다고 보았다.

같은 맥락에서 세자 교육을 중시했다. 혈연적으로 세습되는 국왕의 불안전성을 만회하기 위한 방법으로 어릴 때부터의 세자의 교육을 통해 국왕으로서 자질을 쌓도록 하는 것이다. 세자는 천하 국가의 근본으로서, 세자의 교양이 부족하면 덕업이 성취되지 않아 막중한 임무를 감당하지 못할 수 있으므로, 노성한 학자와 덕행 높은 현자를 택하여 세자의 사부로 삼고 단정한 사람과 정직한 선비를 세자의 요속으로 삼아 아침저녁으로 강학하여 기질을 훈도하고, 덕성을 함양해야 한다는 것이다.

군주의 불완전성을 인정한 정도전은 재상정치론을 전개했다. 그는 군주의 직책은 재상을 선택하는 데 있다고 하고 재상은 군주를 바르게 하는 일을 직분으로 삼아야 한다고 했다. 천명의 대행자이고 중앙집권체제를 이끌어가는 왕정의 최고 책임자인 군주는 상징적인 의미만 갖고, 실질적인 정치 통치를 재상에게 위임해야 한다고 했다.

정도전이 이러한 정치체제와 재상정치론을 원용한 것은 사대부의 이해 기반과 관련된다. 그는 중앙집권적인 정치체제와 공적 질서를 확대하여 권귀나 사원에 의한 자의적 침탈을 막고 안정된 경제기반을 확보하려고 하였고, 재상정치론을 통하여 명분 질서를 확립하는 주체로서 사대부의 정치 참여를 정당화하려고 하였다. 재상은 사대부의 여론의 집약자·대변자로서 정치의 최고의 주제자가 되어야 했기 때문이다. 즉 사대부는 현실정치의 담당 주체로서 자임하고 능력 위주의 인재 등용, 진현퇴불초進賢退不肖 등을 내걸고 제도적으로 관리 임용이 보장되고 항구적으로 정치에 참여할 수 있는 정치체제·권력구조를 지향하였고, 그러한 노력이 군주 1인에 좌우되는 전제 정치를 비판하고 공론 정치를 반영한 재상정치론으로 나타났던 것이다.

보론 2: 고려 말 유학자의 성장과 재상정치론

1. 머리말

고려 말의 사회변화와 변동의 타개책으로 개혁정치가 행해지고 그 일환으로 조선왕조가 건국된 것으로 이해된다. 무신집권기와 원 간섭기를 거치면서 자의적이고 사적인 정치기구가 만들어져 삼성육부제가 무력화되고 무엇보다도 권세가, 권력자의 사적인 정치운영이 행해졌다. 이를 개선하고자 《주례》에 입각한 정치체제 개편이 추진되었고 군주성학론과 재상정치론이 주장되었다.[1]

또한 이 시기에 강조되는 《주례》에 기반한 정치체제 개편과 재상론은 어떠한 사상적, 역사적 배경에서 나온 것인지 좀 더 구체적인 설명이 요구된다.

---

1 한영우, 《정도전사상의 연구》(서울대출판부, 1983); 도현철, 《고려말 사대부의 정치사상 연구》(일조각, 1999); 김인호, 〈여말선초 육전체제의 성립과 전개〉, 《東方學志》118(2002); 尹薰杓, 〈高麗末 改革政治와 六典體制의 導入〉, 《學林》27(2006).

고려 초기 삼성육부제2에 이미 《주례》의 육전이 반영되어 있고, 2품 이상의 관원으로 구성된 재상〔太宰, 冢宰〕이 재추회의나 도당 등 회의기구를 통해서 국정을 운영하고 있었기 때문에 《주례》나 재상이 다시 부각되는 이유를 파악할 필요가 있다.

재상정치는 일반적으로 공론 정치와 연관하여 설명되는데, 고려 후기 신흥세력의 성장 및 성리학 정치론의 수용과 관련하여 재상정치론은 어떠한 사정에서 공론 정치를 표방하게 되었는지 따져볼 필요가 있다.

이러한 점이 파악된다면 조선 건국 무렵 개혁 정치과정에서 제시된 재상정치론의 의의를 심층적으로 이해할 수 있고, 조선 건국의 성격 나아가 조선시대 유교 정치의 특징을 파악하는 데도 기여할 것이다.

2. 고려 말 유학자의 성장과 정치변동

1) 유학자의 성장과 네트워크 형성

고려 후기에는 유자儒者의 의미가 변하고 군자와 대인이 본격적으로 등장한다.3 이색은 공자와 맹자의 성인의 도를 배워 유가의 이상적 인간형인 위기지학爲己之學에 힘쓰는 군자〔君子儒〕4를 지향하였고,5 《대학》의 8조목에 입각해서 마음을 공평하게 쓰고 기질을 평이함으로 다스려 수신, 제가, 평천

---

2 邊太燮, 《高麗政治制度史研究》(일조각, 1971); 朴龍雲, 《《高麗史》 百官志 譯註》(신서원, 2007).

3 《익재난고》 권4, 送田祿生司諫按全羅道字孟耕, " …… 田郞夙慕君子儒 ……"; 《동문선》 권4, 오언고시(최해) 五德仁生日, " …… 汝爲君子儒 ……"

4 《논어》 권6, 雍也, "子謂子夏曰, 女爲君子儒! 無爲小人儒!"

5 《목은집》 詩藁 권27, 漫興 三首, " …… 初從靑子學, 肯慕小人儒 ……"; 詩藁 권34, 示孫孟畇敬童, " …… 終爲君子儒, ……"; 권35, 長湍吟 寄省郞諸兄, "玄陵一代小人儒, ……"

하를 이루려고 하였다.[6] 수기와 치인을 겸하는 인간상으로서 유자가 제시된 것이다. 고려 전기 유가儒家의 정체성을 제자백가의 일원인 병가兵家, 의가醫家와 구분되는 학문의 하나로 규정하고, 문장을 짓는 임무[文辭之任][7]나 문장 짓는 신하[詞臣, 詞命]가 유자의 지극한 영광이 된다[8]고 한 것에서 알 수 있듯,[9] 국왕과의 시문 창화, 외교문서 등의 문장을 짓는 데만 치중했던 것과는 그 의미가 달라졌다.

고려 후기 유학자들은 군자와 대인처럼 수기·수양에 힘쓰고, 경학에 밝고 행실을 닦으며[經明行修], 나라를 다스려 백성을 구제하는 것[經世濟民]을 지향하였다. 전자, 곧 '경명행수'는 시부장구에만 매달려 문장 다듬기만 하는 '조충전각지도雕虫篆刻之徒'와 대비되어[10] 국가운영에 필요한 인재로 제시되고[11] 산림이나 향곡에 이들이 있으면 임용하도록 하라[12]고 하였으며, 후자는 이색이 경방제세經邦濟世를 위한 계책을 강구하거나[13] 조준이 경제를 자

---

6 《목은집》 文藁 권6, 平心堂記, "吾儒者, 用心以平, 治氣以易, 所以修齊而及天下平耳."

7 《동인지문사륙》 권22, 謝直翰林院表(박호), "竊以文辭之任, 是儒者之至榮, 淸切之司, 亦臣哉之極望."

8 《동인지문사륙》 권11, 謝寶文閣待制(이규보), "幸際明時, 獲從脆仕, 八年翰苑, 曾撫翼於鶴天, 七載諫垣, 濫棲身於鷄樹. 顧乏詞臣之望, 屢更儒者之榮, 虛荷恩光, 訖微補益."

9 '세상에서 말하는 名儒는 문장이나 시구에 뛰어나 과거에 합격한 사람에 불과합니다.'《西河集》 권4, 答靈師書"夫世所謂名儒者, 不過工章句取科第爾"라는 말도 있다(朴連鎬, 《朝鮮前期士大夫 敎養에 관한 硏究》(정문연 박사논문, 1994); 김인호, 〈무인집권기 유학과 문장론의 전개〉, 《한국중세사연구》 18(2005); 김풍기, 〈고려 예종대의 문단과 詞臣의 존재 양상〉, 《고전과 해석》 10(2001); 현수진, 〈고려시대 관인상의 형성과 변화〉, 《한국중세사연구》 51(2017)).

10 《역옹패설》 前集1, "齊賢對曰, …… 將見彫虫篆刻之士, 盡爲經明行修之士."

11 《고려사》 권74, 志28 選擧2 科目2 國子監試, "恭愍王十七年, …… 王惡其爭乃曰, 監試所取例皆童蒙, 非經明行修之士, 無益國家, 罷之."

12 《고려사》 권75, 志29 選擧3 凡薦擧之制(공민왕 원년 2월), "敎曰, 山林鄕曲, 如有經明行修茂才苦節之士, 按廉使以開典理軍簿, 隨才擢用."

13 《목은집》 詩藁 권26, 有何不可篇; 詩藁 권16, 自詠; 文藁 권5, 石犀亭記.

신의 임무로 삼아[14] 사전의 폐해를 시정하는 것이 경국제민經國濟民의 일이
라고 한[15] 것을 말한다.

이 시기 군자·대인의 부각을 핵심으로 하는 유학자의 의미 변화는 지식
인 증가, 신흥세력의 성장과 맞물려 있다. 무신집권기에는 종래의 문벌 관
료를 대신할 신진 문신 관료가 필요했고, 과거시험의 합격자 수를 늘려 이
에 대응하였다.[16] 과거제는 지방에서 거행되는 향공시와 계수관시, 개경에서
실시하는 국자감시(승보시, 남성시, 감시) 그리고 최종 관문인 예부시(동당시,
춘관시)가 있었다. 《고려사》에 따르면 국자감시는 약 100여 명을 뽑았고 예
부시는 33명을 선발하였다.[17] 예부시 합격자는 관료로 진출하였지만, 불합
격자는 개경이나 지방에 지식인으로 살면서 서당, 서재, 학당 등을 열어 교
육에 힘썼다.[18] 원천석은 공민왕 9년(1360)에 98명을 뽑은 국자감시에 합
격한 뒤 원주로 내려가 후생을 교육하였고,[19] 국자감시에 합격한 구사평丘思

---

14 《고려사》 권118, 列傳31 趙浚, "浚亦以經濟爲已任."

15 《고려사》 권78, 志37 食貨田制, "大司憲趙浚等又上疏論田制曰, …… 豈經國濟民之政乎."

16 고려시대 제술과에서 475년 동안 252회에 걸쳐 6,718명을 뽑았다. 무신집권기인 명종 원
년(1171)부터 고종 46년(1259)까지 90년 동안 51회에 걸쳐 격년에 한 번씩 1,975명의
급제자를 선발하여 고려의 급제자의 3분의 1을 뽑았다(李成茂, 〈兩班層의 成立過程〉, 《朝
鮮初期兩班研究》(일조각, 1980), 17-41쪽).

17 박용운, 《고려시대 음서제와 과거제 연구》(일지사, 1990).

18 李秉烋, 〈麗末鮮初 科業教育 - 書齋를 중심으로〉, 《歷史學報》 67(1975) ; 李秉烋·朱雄英,
〈麗末鮮初 興學運動〉, 《歷史教育論集》 13·14(1990) ; 김호동, 〈여말선초 향교교육의 강화와
그 경제적 기반의 확보과정〉, 《대구사학》 61(2000) ; 정순우, 〈麗末鮮初 '私置書齋'의 역할
과 성격〉, 《정신문화연구》 33-4(2010).

19 《운곡시사(耘谷詩史)》에서 원천석의 교류 인물은 국자감시 합격자로 정도전, 김구용 등
중앙지식인뿐만 아니라 동년 98명 가운데 13명, 선생·서생·생원 등 8명, 원천석에게 수학
한 70여 명 등을 확인할 수 있다(이인재, 〈중세 지방지식인, 원천석 삶의 이모저모〉; 이
정훈, 《《耘谷詩史》를 통해본 원천석의 교유관계〉, 《지방지식인 원천석의 삶과 생각》(혜안,
2007)). 강원도 통주의 진사 장자의는 향학을 열어 인재를 길러 교화에 도움을 주었고
(《목은집》 詩藁 권34, 留別通州張學長) 나흥유는 나주에서 서당을 열어 어린아이들을 가르
쳤다(《고려사》 권114, 列傳27 羅興儒). 이밖에 충청도 회덕 지방에 낙향한 송명의(허인욱,

卒은 선산의 화곡華谷에 서재書齋를 두고 생도 30여 명을 가르쳤다.[20] 고려시대에는 신분의 고하를 떠나 교육열이 높았는데,[21] 무신집권기와 원 간섭기에는 과거 합격사가 증가하고 향교가 늘어났으며[22] 교육을 받을 기회가 많아졌고 과거 응시 여건도 좋아졌다.[23] 여기에 중앙정계에서 벗어나 낙향한 지식인들이 지방사회의 어른(長者, 父老)으로 학교를 세워 교육하고 인재를 양성하였다. 이것이 군자·대인을 지향하는 유학자를 확산시키는 계기를 마련해주었다.

고려 말에는 낙향 지식인 이외에 군공軍功을 비롯한 여러 경로로 첨설직添設職을 받은 자가 많았다.[24] 이들은 실직을 받지 못하는 산관散官이 되어 지방에 내려가 한량·품관이 되었는데, 지방의 유력자로 성장하여 사회문제를 해결하며 지도자로 변화하고 있었다. 기왕의 연구에 따르면 향리의 사족

〈여말선초 정치적 변동과 은진 송씨의 회덕 정착〉, 《강원사학》 35(2020))와 황자후(허경진, 〈미륵원 남루와 이곳을 소재로 지은 글에 대하여〉, 《연민학지》 6(1998))가 있었다.

20 《목은집》 詩藁 권24, 甲申進士丘思平, 予少也從之游, 乖離已久, 不知存亡久矣. 尙州同年金直之言, 丘公在善州支縣華谷, 治居第甚整, 置書齋, 授徒三十餘人, 饗賓客甚豊, 金公又言其貌甚壯, 且能飮啖, 又言言及於僕, 吟成一首, 附金同年寄呈, 幸笑覽.

21 송나라 사신 서긍이 고려사회를 설명하면서 책방이 있고, 어린아이까지 향선생에게 배웠다(《고려도경》 권40, 同門 儒學)고 하였다.

22 고려 후기인 충선왕 15년(1313)에서 1392년까지 17개의 학교(향교)(江陵, 襄陽, 榮州, 丹城, 京山, 尙州, 金海, 禮州, 咸陽, 提州, 連山, 龍潭, 靈光, 南原, 兎山, 仁川, 延安)가 설립되었는데, 이전부터 있었던 학교(江華(喬桐), 黃驪(驪州), 富平, 白翎, 公州, 泰安, 丹陽, 上洛(安東), 晋州, 保安(부안))를 더하면 전국 각도에 29곳이다. 학교의 설립 주체는 지방관과 지방의 유력자인 부노父老 등이다(朴贊洙, 《高麗時代敎育制度硏究》(경인문화사, 2001), 158~165쪽, 196쪽, 213쪽).

23 성종 즉위 후 주·군·현에서 260여 명의 자제를 선발하여 개경에서 교육을 받도록 하였고(《고려사》 권74, 志28 選擧2 學校 國學(성종 5년 7월). 《고려도경》에 국자감에 400여 명이 시험보았으며(《고려도경》 권19, 民庶 進士), 경인년(1170)·계사년(1173) 이래 유학 학풍이 부진하여 과거 응시자가 겨우 300여 인이라고 하였다(《고려사》 권19, 世家19 明宗1(5년 10월 병술)).

24 鄭杜熙, 〈高麗末 新興武人勢力의 成長과 添設職의 設置〉, 《李載龒博士還曆紀念韓國史論叢》(1990), 281-293쪽.

士族과 이족吏族의 분화 속에서 사족으로 성장하는 유학 지식층이 증가되었다고 한다.[25] 진주 지역에는 향리에서 분화된 사족의 일원인 부노父老들이 13세기 이래 성장한 문사文士로서 향교를 중심으로 교육 활동을 하고 1413년 촉석루를 재건하는 등 지역을 대표하였다.[26] 정도전은 나주 거평 부곡에서 유배 생활을 하면서 부노들의 평소 가르침에 힘입어 민들이 의리를 알고 있었다[27]고 하였다. 이를 두고, 권근은 고려시대에는 한량閑良·유신儒臣이 서재를 두어 후진을 교육했다[28]고 하였고, 허조는 한량·유사들이 서재를 설치하고 어린아이를 가르쳤다고 하였다.[29] 한량·유신·부노와 같은 지방지식인들은 구체적인 생활, 곧 교육, 향촌 문제, 나라 사정, 왜구의 침입 등에서 의제를 만들고 논의의 실마리를 제공하며 여론을 이끌어 가고 있었다.

새로운 유학자 지식인으로 군자·대인상이 부각한 것은 고려 말의 사회변화, 신흥세력 성장과 함께 성리학의 영향이다. 성리학은 치인의 전제로 수기·수양을 제시하고 성인·군자를 지향하기 때문이다. 곧 성인이 되기 위한 학문인 성학聖學[30]을 목표로, 정심正心, 곧 바른 마음을 가지도록 하였다. 마음을 바르게 하는 방법과 이론적 근거는 성리학의 인간론과 수양론으로 보강된다. 이색은 사람의 성을 본연의 성과 기질의 성으로 구분하고 기질을 변화시켜 밝고 강한 기품으로 나아갈 것을 권하였다. 그리하여 천리天理를 보존하고 기질氣質과 물욕物欲의 사사로움을 제거하는 것이 성학에 이르는 길

---

25 이수건, 〈제6장 고려 후기 지배세력과 토성〉, 《한국중세사회사연구》(일조각, 1984).

26 박용국, 〈고려말 조선초 진주지역 '父老'의 존재와 성격〉, 《영남학》 77(2021).

27 《삼봉집》 권3, 登羅州東樓 論父老書

28 《태종실록》 권13, 7년 3월 戊寅, "吉昌君權近上書, ……"

29 《세종실록》 권75, 18년 10월 庚午, "知成均館事許稠等上言曰, ……."

30 성학은 성인이 되기 위한 학문, 요·순·주공의 요법을 체득해서 왕도와 인정을 실현하기 위한 학문이다. 치자=치인자는 마땅히 수기의 과정을 거쳐 도덕적 완성자인 성인이 되어 하은주 삼대의 이상 정치를 실행한다는 것이 성학의 취지로, 도학의 다른 표현이다(金駿錫, 〈17세기 正統朱子學派의 政治社會論〉, 《東方學志》 67)1990)).

이라고 하였다.[31] 사람의 마음은 사물에 접하는 순간마다 시비와 선악의 실마리가 갈리게 되므로, 인욕의 사사로움을 버리고 천리의 공정함을 견지해야 한다고 본 것이다.

이 시기에는 성리학의 핵심인 《사서집주》가 수용되었다. 널리 알려져 있듯이 고려인들은 고려와 원의 긴밀한 관계를 배경으로 원의 과거(制科)나 교육제(국자감)에 참여하여 《사서집주》를 익혔다. 고려에서는 충목왕 즉위년에 《사서집주》를 과거시험 과목으로 정하고,[32] 공민왕 16년에 성균관에 오경사서재五經四書齋를 만들며 생원을 100명으로 늘려 성리학을 익히도록 하였다.[33] 단 《사서집주》를 핵심으로 이해한 당시의 성리학은 조선시대와 같은 이기 심성에 대한 철학적 논의보다는 불교와 도교와 구별되는 유학 본래의 문제의식, 유학의 정체성을 인지하고 실천하는 실천 윤리적 성격을 갖는다.

성인을 목표로 하는 성학론을 익힌 유학자들은 경명행수와 경제經濟에 능한 군자·대인상을 지향하였는데, 이러한 양상은 공민왕 16년 성균관의 성리학 연구 활동에서 집약적으로 드러난다. 이색을 중심으로 진행된 성균관에서 교육과 연구 활동은 유학자 상호 간의 유대감을 강화시켰다. 여기에 참여한 유학자들은 경술經術의 선비로서[34] 성리학의 이기·심성·태극·음양 개념이

---

31 《목은집》 文藁 권10, 伯中說贈李狀元別, "願受一言以行, 孝於家忠於國, 將何以爲之本乎? 子曰, 大哉問乎? 中焉而已矣.…… 是則事君事親, 行己應物, 中和而已. 欲致中和, 自致愼始, 戒愼之何? 存天理也. 愼獨焉何? 遏人欲也. 存天理遏人欲, 皆至其極, 聖學斯畢矣."

32 《고려사》 권73, 志27 選擧1 科目1 東堂試(충목왕 즉위년 8월), "改定初場試六經義四書疑, 中場古賦, 終場策問."

33 《고려사》 권74, 志28 選擧2 學校(공민왕 16년), "成均祭酒林樸上言, 請改造成均館, 命重營國學于崇文館舊址, 令中外儒官隨品, 出布以助, 其費增置生員, 常養一百, 始分五經四書齋."

34 《고려사》 권115, 列傳28 李穡. 고려 전기에 경술에 관한 논의가 있었다. 예종 9년에 재신들이 왕에게 올린 글에서 경술은 도를 밝히는 것인데 적당한 사람이 아니면 도를 행할 수 없고, 학교는 어진 이를 기르는 곳인데 적당한 알맞은 시기 아니면 인재를 얻을 수 없다(《고려사》 권13, 世家13 睿宗(9년 8월 병진, "…… 竊以經術所以明道, 而非其人則不行, 學校所以養賢, 而非其時則不擧…")고 하였다. 또 문종이 경술을 좋아했다(《고려사》 권8 列

제공하는 세계와 인간, 사회에 대한 이론을 학습하고, 사회를 설명하는 유효한 이론으로서의 적합성을 타진하였다. 정몽주는 《대학》·《중용》·《논어》·《맹자》·《주역》·《시경》·《춘추》 그리고 《서경》의 도통설 등을 강의하였고, 생도들이 각기 자신의 견해를 주장하여 사람마다 학설이 달랐지만 그 물음에 따라 분석하고 설명을 하되 털끝만큼도 틀리지 않았다.[35] 이색은 문장을 짓거나 신선술神仙術 등 특정 주제에 대한 토론을 즐겼다.[36] 성균관에서 성리학을 연구하면서 분석과 토론 그리고 절충이라는 학문 방법론을 실천하였는데, 이는 학자들의 학문적 연대, 네트워크를 성립시켰다.

더욱 이들은 성균관에서 공부하는 동문으로서 정서적 유대감도 돈독하였다. 시문을 주고받고, 외국에 파견되거나 고향에 내려가는 동료에게 격려와 위로의 시(贈行詩)를 써 정감을 나누며 아쉬워하였다. 이색은 후배가 지방관으로 갈 때나 지방의 부모를 뵈러 갈 때 시를 쓰곤 하였다.[37] 또한 명과 일본에 파견된 고려 사신을 위해 시문을 써주었다. 정몽주와 김구용은 이숭인이 명에 파견될 때 시를 주며 위로하였고, 일본 사신으로 파견된 나흥유나 정몽주에게 이색·이숭인·권근·정추는 편안한 무사 귀로를 걱정하며 시를

傳8 崔沖 崔瀹)고 하였다. 경술에 관한 이해는 성리학을 수용하면서 본격화되었다고 할 수 있다.

35 《삼봉집》 권3, 圃隱奉使藁序 丙寅, "諸生各執其業, 人人異說, 隨問講析, 分毫不差."

36 《목은집》 詩藁 권9, 憶三角山, 因述歌行 ; 詩藁 권8, 又題, "…… 文章當討論 ……".

37 이색은 양광도안렴사로 부임하는 한홍도(《목은집》 文藁 권7, 送楊廣道按廉韓侍史序), 경상도안렴사로 떠나는 송명의(권7, 送慶尙道按廉宋都官序), 강릉도안렴사로 가는 김구용(권7, 送江陵道按廉金先生詩序), 양광도안렴사로 가는 안종원(권8, 送楊廣道按廉使安侍御詩序) 등에게 전송하는 시를 지어 모은 것에 대한 서문을 썼다. 권근은 과거에 급제하고 청주에 가는 한유문에게 성균관의 박사 제생이 모두 시를 지어 가는 길을 축하하였는데 이에 대한 시의 서문을 썼고(《양촌집》 권15, 送新進士韓有紋序(우왕 8년)), 최유손이 경상도 성산으로 근친하러 갈 때 스승과 벗들이 시를 써 전송하였는데 이에 대한 서문을 썼다(《양촌집》 권16, 送崔生員有孫歸覲慶尙道星山序(우왕 9년), "…… 師與其友, 義其言, 壯其行, 皆歌以相贈, ……").

보냈다.[38] 이들은 학문적 유대감을 강화하고 인적 유대감, 네트워크를 형성하여 간다.

우왕 대를 거치면서 이들은 같은 성리학을 개혁 이념으로 받아들였음에도 현실 인식과 타개 방안은 상이하였다. 정치운영과 토지제도 등 민생문제, 중국과 왜구의 대책 등 현상에 대한 원인 분석과 대처 방안을 성리학의 정치 사회 사상에 입각해서 구하느냐, 아니면 주어진 현실 그 자체를 중시하여 찾느냐에 차이가 있었다. 비록 현실 인식과 타개 방법에서는 차이를 드러냈지만, 성리학적 사유와 성리학적 정치사회론을 견지하였다는 점에서는 일치했다.

그 가운데 정도전, 조준 등은 철저한 유교의 원리에 입각한 개혁을 추구하였다. 이들은 후술하는 '진군자퇴소인進君子退小人'을 주장하며 자신과 같은 경명행수와 경제에 능한 유학자 지식인을 등용하여 이들이 중심이 되는 정치 사회를 만들고자 하였다.

2) 고려 말 정치변동: 군주권 약화와 권신 정치의 폐해

무신집권기와 원 간섭기를 거치면서 정치기구가 남설되어 관직 체계가 혼선을 빚고 재상이 제대로 역할을 수행하지 못하였으며 무엇보다도 이를 총괄하는 국왕권이 실추되었다.[39]

---

38 공민왕 16년 성균관에서 활동한 이색·김구용·정몽주·정도전·박의중·이숭인·권근 등의
    상호 시문 교류나 명나라로 가는 김구용·정몽주·정도전과 일본으로 가는 나흥유와 정몽주
    에 대한 송시는 다음의 글에서 표로 제시했다(도현철, 〈조선건국기 성리학 지식인의 네트
    워크와 개혁사상〉, 《역사학보》 240(2018), 252-254쪽, 41주) 46) 주) 49)).

39 朴宰佑, 〈高麗 恭讓王代 官制改革과 權力構造〉, 《震檀學報》 81(1986); 김창현, 〈고려 후
    기 도평의사사 체제의 성립과 발전〉, 《사학연구》 54(1998); 尹薰杓, 〈高麗末 改革政治와
    六典體制의 導入〉, 《學林》 27(2006).

무신집권기에는 무신 권력자들이 정방과 같은 사적인 정치기구를 만들고, 원 간섭기에는 중서문하성과 상서성을 합쳐 첨의부로, 6부部를 4사司로 조정하여 천자국 원의 하위 관제로 격하시켜 이른바 첨의부 사사체제四司體制를 만들었다. 여기에 고려 말에는 재상 수가 늘어나고 국가 운영을 위한 매뉴얼이 갖추어지지 않아 혼란을 겪었으며, 권신이 출현하여 공적인 정치 운영체계를 무너뜨리면서 왕권이 약화되었다.

고려 후기에는 왕정을 정상화하려는 노력이 줄곧 진행되었다. 관제의 정상화를 위하여 가장 많이 주장된 것은 최우가 사적인 인사 행정 기구로 만든 정방의 혁파였다. 이제현은 정방은 고제古制가 아니므로 마땅히 폐지하여 인사권[銓注權]을 이부[典理], 병부[軍簿]의 두 관서에 맡기자고 하였다.[40] 이 주장이 받아들여져 정방은 혁파되었지만, 곧 복설되었다. 조일신은 전리典理 군부軍簿의 양사兩司가 전선銓選을 맡게 된다면 유사가 법문法文에 구애되어 사적으로 벼슬을 주는 것이 지체된다는 이유에서 정방 폐지에 반대하였다.[41] 우왕 2년에 정방제조였던 이인임·지윤·임견미 등이 재추 59명을 임명하고 대간臺諫·장수將帥·수령에 자기 당의 인물을 임명하였다.[42] 권세가들은 정방을 통하여 인사권을 장악하고 자신의 기반을 재생산할 수 있었으므로 쉽게 포기할 수 없었던 것이다.

공민왕은 반원개혁을 단행하고 개혁 정치를 추구하였다. 공민왕 5년의 관제 개혁은 고려 관제의 기본인 문종 대의 구제舊制를 회복하는 것을 목표로 하였다.[43] 그런데 덕음德音과 조령條令 등으로 행해진 관제 개혁은 유사, 곧

---

40 《고려사》 권110, 列傳23 李齊賢.
41 《고려사절요》 권25, 恭愍王(원년 3월).
42 《고려사》 권126, 列傳39 姦臣 李仁任.
43 《고려사》 권76, 志30 百官1 尚書省, 吏曹, 書雲觀, "恭愍王五年, 復改司天監, 判事以下, 並復文宗舊制."

관리들의 호응을 얻지 못해 제대로 시행되지 못하였다. 우현보가 지적하듯이 개혁 조치를 담은 법을 문구文具로 여기고 구폐를 따랐다.[44] 국왕의 기본 정책, 정강의 입안 및 추진 전략과 같은 제안이 일방적 지시나 명령으로 처리되어 재상을 비롯한 고위직에서부터 하위직에 이르기까지 모두가 이를 이해하고 실행하지는 못하였다.[45]

공민왕 5년 이후 6부 개편을 시행하였으나 소기의 성과를 달성하지 못했다. 예부는 원래 충렬왕 1년에는 이부와 함께 전리사로 병합되었다가 공민왕 때 복구되고, 예의시禮儀司로 다시 바뀌었다. 공민왕 14년 예조정랑인 박상충은, 향사는 예의사에서 주관하였는데 의례를 기록해 둔 전범이 없어서 자주 착오를 일으킨다고 보고, 옛날의 의례를 참고하고 고증하여 항목대로 정리한 뒤 제사의 준칙으로 삼도록 하였다.[46] 기구를 만들어 관직만 배치했을 뿐, 정작 정치운영에 필요한 규례나 지침 등이 충분히 갖추어지지 않았던 것이다. 공무 처리를 위한 지침 또는 매뉴얼이 정치 사회의 환경 변화에 발맞추어 마련되지 못하였다.[47]

고려 말에는 재상이 제 역할을 수행하지 못했다. 우왕 원년 이래로 간신이 정치를 마음대로 하여 노비와 전택田宅으로 재신과 추밀이 되고, 상의商議가 70~80명이 되어 합좌 회의에 참여하였는데 나그네처럼 나가기도 하

---

44 《고려사》 권115, 列傳28 禹玄寶(공민왕 22년 5월).

45 《고려사》 권117, 列傳30 李詹.

46 《고려사》 권112, 列傳25 朴尙衷.

47 이색은 관직제도의 개혁이 여러 번 있었으나 관제와 관련된 책을 지은 사람이 없었고, 이에 따라 관원은 임기만 채우면 바로 떠나고 혹 어떤 일을 하는지 물으면 "나는 모른다" 하고, 녹봉이 얼마나 되는지 물으면 "나는 약간의 녹봉을 받았는데 지금 벌써 몇 해가 되었다"라고 할 뿐이었다(《목은집》 文藁 권9, 周官六翼序). 공무 절차 역시 공적으로 처리되지 않았다. 공민왕 20년에 나주목사 이진수는 관직과 봉록은 어질고 능력자에게 주는 것인데, 관원들은 권문에 청탁하고 품관은 재상의 종처럼 일하며, 여러 관청의 관원들이 공무를 공적 절차가 아닌 권세가의 사적인 일로 처리한다고 하였다(《고려사》 권84, 志34, 刑法1, 職制(공민왕 20년 7월)).

고 물러나기도 하였다.[48] 재상에 환관도 포함되어 이들이 도당에 참여하여 국정을 의론하였다.[49] 재상들이 참여하는 국정 의결 기관인 도당은 주인되는 바가 없고[謀政無主]', '기회를 엿보며 책임을 회피하여[顧望退托]', 일이 지체되어 의합[議合][國家大事 必大臣合議]이라는 합의제 도당의 운영은 그 효율성이 떨어졌다.

더욱 고려 말에는 왕권의 약화, 왕실의 권위 실추 현상이 나타났다. 무신집권기에는 권력자가 왕을 폐하거나 옹립하였으며, 원에 의하여 중조重祚가 행해졌다. 공민왕은 반원개혁을 성공시켰지만, 홍건적의 침입 속에서 삼원수의 숙청이 이루어지고, 흥왕사의 정변과 무장세력의 대두, 원의 공민왕 폐위 등을 통하여 국왕으로서 권위가 떨어졌다.[50]

공민왕 17년 8월에 왕은 노국대장공주의 영전을 모시는 마암 역사 공사에 반대하는 유탁을 벌하고자 이색에게 죄의 내용을 적어 올리라고 하였지만, 이색은 유탁을 죄줄 만하지 않다고 하였다. 이에 공민왕은 "내가 부덕하므로 나의 말을 따르지 않으니 이를 갖고 가서 유덕한 자를 구하여 그를 섬겨라. 우리 태조인들 애초에 왕손이었던가. 나는 양위하겠다."[51]고 하였다. 공민왕은 태조 왕건도 처음부터 왕의 자손이었던 사람이 아니라면서 살아 있는 왕의 교체를 의미하는 양위를 피력하였다. 이는 국왕의 권위 약화를 보여 주는 단적인 사례로서, 무신집권기 이래 고려왕조에서 국왕의 존재 의의, 성립 근거를 되새기게 하는 것이었다.

위화도회군 뒤 윤소종과 조인옥 등은 중국 고대의 국왕상을 들어 왕위의

---

48 《고려사》 권75, 志29 選擧3 銓注(공양왕 원년 12월), "門下府郎舍具成祐等上疏曰, ……"
49 《고려사》 권118, 列傳31 趙浚, "浚又率同列, 條陳時務曰 …… "
50 민현구, 〈고려 공민왕대 중엽의 정치적 변동〉, 《진단학보》 107(2009).
51 《고려사》 권115, 列傳28 李穡, "王曰, 以子否德, 不從子言, 持此去求有德者事之. 我太祖, 初
   豈王孫哉? 子避位矣."

공적인 성격을 강조하고 곽광과 이윤伊尹 등이 제시한 신료의 군주 추방 논리, 곧 왕위 교체를 주장하였다. 공양왕 대 남은은 이윤의 태갑 추방 고사를 활용하여 공양왕을 폐위시키는 이유가 이윤이 태갑을 동궁으로 쫓아낸 것과 같다고 하여, 공양왕이 태갑과 마찬가지로 선으로 옮겨가고 잘못을 고친다면 왕으로 돌아올 수 있을 것이라고 하였다.[52]

널리 알려져 있듯이 이윤은 탕을 보좌하여 하나라의 걸을 쫓아내고 은(상)나라를 건국하는 데 이바지한 인물이다. 탕왕의 손자 태갑이 군주의 도리를 갖추게 하였으나, 태갑이 이를 듣지 않자 동궁桐宮으로 추방했다가 태갑이 잘못을 뉘우친 뒤 정권을 돌려주고 군주로 받들었다.[53] 이와 다른 관점은, 이윤이 다섯 번이나 탕에게 나아가고 다섯 번이나 걸에게 나아갔듯이 나라가 태평하든 어지럽든 출사해야 한다는 것이다.[54] 고려 후기에는 신료의 국왕 추방 논리가 활용되었다.[55] 이처럼 고려 말기에 국왕은 그 권위가 약화되고, 중국의 왕위 교체 고사가 제시되는 등 왕위의 개변 가능성이 높아지고 있었다.

3. 군주성학론과 이상적 재상상의 모색

1) 자연인 군주 인식 강화와 군주성학론

고려 후기의 정치변동, 곧 정치기구의 남설과 정치운영의 파행, 여기에

---

52 《고려사》 권116, 列傳29 南誾.

53 《서경》 商書 太甲上 咸有一德.

54 《맹자》 告子章句下: 公孫丑章句上.

55 현수진, 〈고려시기 伊尹 故事와 그에 나타난 군신관계〉, 《역사학보》 244(2019).

왕권의 권위 실추와 정국의 불안정을 유학의 정치론으로 타개하고자 하는 시도가 있었다. 가장 먼저 모색된 것은 왕조국가의 최정점에 있는 국왕권의 안정이었다. 왕권 약화의 원인을 분석하고 국왕의 존재 의미를 설명하며 유학의 원리에 입각하여 국왕이 갖는 공적인 성격을 제시하는 것이었다.

개혁을 추구한 유학자는 유학의 세계관에 따라 우주 만물과 인간사회를, 그중에서도 왕조국가의 구성원을 유학의 기본인 천天 개념으로 설명하였다. 윤소종은 황천이 성인을 임금으로 삼아 하늘을 대신하여 다스리는 것이니, 왕위를 천위天位, 민을 천민天民, 관작을 천직天職이라고 하였다[56]고 하였고, 조준은 재상은 임금 다음가는 사람으로 천위를 함께 하고 천공天工을 대신한다[57]고 하였으며, 이행은 관직은 임금과 천직天職을 함께 다스리는[共理] 자리[58]라고 하였다. 천 개념을 활용하여 왕조의 국왕과 관직·일·민[天位·天職·天工·天民]을 설명하는 것으로 이들에게 공적인 성격을 부여하여 각각의 위상을 정립하고자 하였다.

이처럼 천 개념을 통해 왕조의 구성원을 설명한 것은 군신공치君臣共治[59]의 이론적 근거가 된다. 군신공치는 왕조국가에서 지배층인 국왕과 신료가 신분제를 전제로 백성을 다스리고자 협력하고 관직을 설치하며 관직을 나누는, 곧 인재를 얻어 함께 다스리는 것을 의미한다.[60] 충렬왕은 전 사간 이승휴를 초빙하면서 충성과 굳은 절개가 왕의 마음의 잘못을 바로잡을 수

---

56 《고려사》 권120, 列傳33 尹紹宗.

57 《고려사》 권118, 列傳31 趙浚, "又上疏曰, …… 宰相人君之貳也, 所與共天位, 代天工者也, 其尊莫有倫比. 不幸有罪, 廢之可也, ……."

58 《고려사》 권137, 列傳50 叛逆 禑王(창왕 즉위년 8월).

59 金貞信, 〈朝鮮前期 '公'認識과 君臣共治論〉, 《學林》 21(2000); 민현구, 〈조선 태조대 국정 운영과 군신공치〉, 《사총》 61(2005); 최이돈, 〈조선초기의 군신론의 형성과 공치〉, 《국왕, 의례, 정치》(문화로 보는 한국사 4, 이태진 교수 정년기념논총간행위원회)(태학사, 2009).

60 《고려사》 권33, 世家33 忠宣王(즉위년 5월); 《고려사절요》 권24, 충렬왕(24년 5월), "辛卯 敎曰, 先王設官分職, 蓋欲得人, 而共圖庶務, ……."

있어서 나라의 정치를 함께하고자 한다[61]고 하였다. 충렬왕이 표현한 공치
共治는 신료에게 임금을 도와 왕조를 유지하는 데 보탬이 되어 달라는 것
이다. 변계량은 옛날 제왕의 시대에는 임금과 신하가 진지하게 토론을 벌여
다 같이 경건한 마음을 가져 정대正大하고 광명한 업적을 이룩하고 장구하
게 치안이 유지되어 만세 태평의 기반을 마련하였다[62]고 하였고, 나라의 일
은 반드시 임금과 신하가 합의한 뒤에야 이룩할 수 있다고 하였다.[63] 임금
과 신하가 함께 하는 군신공치를 제시한 것이라고 하겠다. 사서 가운데 《대
학》은 수기치인의 학문, 곧 군자, 대인의 학문이 되는데, 이때 군자, 대인을
군주뿐만 아니라 치자 일반을 포함하는 개념으로 해석한 결과이다.[64]

천을 대신해서 만물을 다스리는 군주의 절대성이 인정되고, 군주와 신하
의 군신관계는 의라는 절대 관계로 정립된다. 군주와 신하는 상하 위계가 정
해져 있고 이는 만고에 걸쳐서 바꿀 수 없는 것이다.[65] 군주는 명령하고 신
하는 그 명령을 수행하며,[66] 군주는 위에서 법을 만들고 신하는 아래에서
법을 지킨 연후에, 기강이 문란하지 아니하고 위아래가 서로 편안해진다.[67]

---

61 《고려사》 권106, 列傳19 李承休.

62 《춘정집》 권8, 교서 永樂七年己丑八月二十七日知申事安, "王旨, 盖聞自昔帝王之世, 君臣都
俞, 同寅協恭, 以成正大光明之業, 長治久安, 以基萬世之太平."

63 《춘정집》 권6, 永樂七年八月日封事 "何者. 凡國家之事, 必君臣合謀, 而後能有所濟, 小事尚然,
況於以國家相傳乎. 使在朝羣臣, 苟皆無知而不忠也. 則殿下此擧, 容或可成, 如稍有知而且忠也,
則必皆從義而不從君矣. 殿下此擧, 誰與而成之."

64 金駿錫, 〈〈17세기 正統朱子學派의 政治社會論〉, 《東方學志》 67(1990), 106-110쪽; 鄭在
薰, 〈朝鮮前期 大學의 이해와 聖學論〉,《震檀學報》 86(1998).

65 《고려사》 권112, 列傳25 李存吾.

66 《목은집》 文藁 권10, 直설三篇, "臣所事謂之君, 君所使謂之臣."; 《정종실록》 권4, 2년 4월
계축, "臺諫再上疏曰, …… 竊以爲君令臣行, 禮之大者. 苟無禮焉, 何以爲君臣, 何以爲國家.
……"

67 《정종실록》 권6, 2년 12월 신묘, "罷大司憲鄭矩·中丞金九德等職. 郞舍徐愈等上疏, 請大司憲
鄭矩等罪曰, 人主作法於上, 人臣守法於下, 然後紀綱不紊, 而上下相安. ……"

이때 천을 대신하여 만물을 다스리는 군주는 성학聖學을 배워 중국 고대의 성인 군주인 요, 순, 우, 탕, 무왕의 요법을 체득해서 왕도, 인도를 실현하는 성학 공부를 해야 한다고 하였다. 이른바 군주성학론이다. 국왕은 천명의 대행자로서 성인이 되어야 하고 혹 성인이 못 되어도 그렇게 되도록 해야 하고 이를 위해 신료들 도움을 받아야 한다는 것이다. 윤소종은 공양왕에게 당 태종을 모범으로 하지 말고 《대학연의》의 이제삼왕二帝三王(요·순·우·탕·무왕)을 본받아야 한다고 하였다.68 백문보는 공민왕에게 성학을 제안하였고,69 이숭인은 우왕에게 성학을 건의하였다.70

여기에서 성학이 적용된 군주에게 자연인으로서 군주 공부를 강조한다. 우선 군주의 바른 마음[正心]을 강조한다. 이곡과 허웅, 정총은 맹자와 동중서, 주자의 말을 통하여 마음은 한 몸의 주체이고 만화의 근본이므로 군주의 마음은 정치를 하는 근원이고 천하를 다스리는 기틀이 된다71고 하였다.72 그리고 군주가 지켜야 할 규범을 요구한다. 윤소종은 창왕에게 총명한 자질을 갖추었지만, 책에 마음을 두지 않아 《논어》 강의를 13개월 받아도 날마다 아는 글자가 많아야 3-4자밖에 안 되고 있으니, 성학을 배워 요·순과 같은 성군을 목표로 환관과 궁첩을 멀리하고, 어진 사대부와 만나 기질이 바

---

68 《고려사》 권120, 列傳33 尹紹宗(공양왕 원년).

69 《고려사》 권112, 列傳25 白文寶.

70 《고려사》 권115, 列傳28 李崇仁.

71 《가정집》 권13, 廷試策, "心者一身之主, 萬化之本, 而人君之心, 出治之原, 天下治亂之機也. 故人君正心以正朝廷, 正朝廷以正百官, 而遠近莫敢不一於正."

72 허응은 "인군人君 한 몸은 만화의 근원이자 다스림이 나오는 근본이고 종사의 안위와 백성의 휴척이 달려 있다."(《고려사》 권46, 世家46, 恭讓王2(3년 7월 신묘), "諫官許應等上疏曰, 人君一身, 萬化之源, 出理之本. 而宗社之安危, 生民之休戚, 係焉. ……")고 하였고, 정총은 맹자의 "임금을 바로잡으면 나라가 안정되고", 동중서의 "임금이 마음을 바로잡아서 조정을 바로잡으면, 원근 사방도 한결같이 바르게 된다"를 인용하였다(《고려사》 권46, 世家46, 恭讓王(3년 5월 경술), "吏曹判書鄭摠上書曰, …… 孟子曰, 一正君而國定, 董子曰, 人君正心, 以正朝廷, 遠近四方, 無不一於正.', 此實萬世之格言也. ……").

꿰어 덕의 바탕이 이루어지도록 하라[73]고 하였다. 또한 박의중은 47세인 공양왕이 나이가 많아 책 읽기가 어렵다고 하자 진晉 평공平公이 77세의 나이에 배우고자 한 예를 들어 학문을 권하였고,[74] 공양왕이 해가 사시巳時 (오전 9시-11시), 오시午時(오전 11시-오후 1시)가 되어서 나오고 밤중까지 연회를 베푸는 것을 지적하면서 아침 일찍 나와 정사를 보고 연회를 베풀지 말라고[75]고 하였다. 이첨도 공양왕에게 실없는 말〔戲言〕과 지나친 거동을 바르게 하여 기질을 함양하고 덕성을 도야하라고 말했다.[76] 군주에게 마치 학교 학생이 지켜야 할 바른 생활을 제시하고 있다. 창왕과 공양왕을 보통 사람인 자연인으로 보고 성학을 목표로 공부하도록 하였다.

자연인으로 군주를 이해하는 논법은 군주의 신성함, 절대성을 약화시킨다. 공양왕은 김저·변안렬 옥사에 홍영통 등의 이름이 나왔지만, 대간에게 논하지 말라고 하였다. 함부림은 이를 받아들이지 않았다. 이에 공양왕이 함부림에게 "내가 비록 덕이 없지만 이미 임금이 되었는데 너희들이 내 명을 따르지 않는 것이 옳으냐"고 하였다. 함부림은 이에 대하여 "상벌이 적당하지 않으면, 그것을 지적해야 하는 것이 대간의 직무입니다"[77]라고 하였다. 또 정도전은 공양왕의 구언求言에 답하면서 "전하의 교서에 사정에 따라 사람을 임용하였는가? 상주고 벌주는 것이 정도에 어긋나는가? 하였는데 신의 생각으로는 사람의 임용이 공정公正인지 사정私情인지는 전하가 알 뿐입니다"[78] 하였다. 이처럼 왕명을 거역하거나 군주에 대해 예의를 지키지 않았다. 이들의 공양왕에 대한 태도에서는 군주가 갖는 초월성·신성성·존엄

---

73 《고려사》 권120, 列傳33 尹紹宗.
74 《고려사》 권112, 列傳25 朴宜中(공양왕 2년 정월).
75 《고려사》 권46, 世家46 恭讓王2(공양왕 2년 6월 신사), "門下府郎舍等上疏曰, ……."
76 《고려사》 권117, 列傳30 李詹, "詹進九規, 一日養德 …… 則可以涵養氣質, 薫陶德性矣."
77 《고려사절요》 권34, 恭讓王(2년 3월);《고려사》 권126, 列傳39 姦臣 王安德.
78 《고려사》 권119, 列傳32 鄭道傳.

성은 찾아볼 수 없다.

앞서 공민왕은 자신의 명령을 듣지 않는 이색에게 태조 왕건인들 처음부터 왕손王孫이었겠는가 하며 양위하겠다고 하였고, 은나라의 재상 이윤이 신하로서 국왕인 태갑을 추방했다가 다시 군주로 모셔 온 고사가 인용되듯이 살아 있는 왕의 교체 가능성을 국왕 측이나 신료 측 모두가 제시하였다. 국왕권의 절대성보다는 상대성이 드러나고 있다.

국왕은 보통 사람처럼 어둡고 밝고, 강단 있고, 유약하고의 차이가 있다.[79] 사람이 어둡고 밝고, 강하고 약함이 같지 않은 것은 재才 때문이고,[80] 사람의 재질에는 어둡고 밝고, 강단 있고, 유약하고의 차이가 있다.[81] 혈연으로만 보장되는 자연인=국왕에게 제왕으로서의 자질과 덕망을 쌓도록 군주수신을 요구하였다.[82] 곧 왕위계승에서 왕자 가운데 장자長子가 아니라 현자賢者인 중자衆子에게 세습되어도 문제가 없다.[83] 군주는 중간 정도의 자질만 있으면[84] 용렬한 군주〔庸君〕나 평범한 군주〔常主〕라도 현인 재상을 통하여 이상 정치가 실현될 수 있다고 보았다. 성리학의 인간론, 수양론에 따라

---

79 《삼봉집》 권7, 朝鮮經國典 上 治典 摠序, "且人主之才, 有昏明强弱之不同."

80 《중용》 20장, "呂氏曰 …… 昏明强弱之稟, 才也 人所也異"

81 《삼봉집》 권6, 經濟文鑑 識(정종), "人才有昏明强弱之不同."

82 《맹자》〔告子章句上〕에, 정이천이 "재는 기에서 받는데, 기에는 맑고 흐린 차이가 있다〔才稟於氣 氣有淸濁〕"고 하였고, 장재는 "형체가 생긴 뒤에 기질지성이 있게 된다〔形而後有氣質之性〕"고 하였는데, 주자는 "맹자는 오로지 성에서 발하는 것만을 가지고 말했기 때문에 재에는 불선이 없다고 하였지만, 정이천은 기에서 받은 것까지 겸해서 가리켰기 때문에 사람의 재질에 원래 어둡고 밝은 것과 강하고 약한 차이가 있게 되었다고 한 것이니, 장자가 말한 기질지성이다〔孟子專指其發於性者言之, 故以爲才無不善, 程子兼指其稟於氣者言之, 則人之才, 固有昏明强弱之不同矣. 張子所謂, 氣質之性是也.〕"라고 하였다. 또 6장의 "불선으로 말하면 재의 죄가 아니다〔若夫爲不善, 非才之罪也.〕"라는 경문經文의 주자 주석에 "재는 재질과 같으니, 사람이 잘하는 것이다〔才猶材質, 人之能也〕"라고 하였다.

83 《삼봉집》 권7, 朝鮮經國典 上 定國本.

84 《삼봉집》 권7, 朝鮮經國典 上 治典 宰相年表, "若夫中材之主, 相得其人則治, 不得其人則亂."

사람의 성을 본연의 성과 기질의 성으로 구분하고 기질을 변화시켜 밝고 강한 기품으로 나아갈 것을 권하였다.

자연인으로서 군주를 부각하고 군주 수신, 군주 성학을 주장하는 것에는 군주를 이끌고 계도하는 신료의 역할을 내세우게 된다. 이색은 조정에서 임금을 바로잡는 계책을 강구하였고,[85] 윤소종은 항상 임금의 마음을 바로잡아 풍속을 바르게 할 것을 자기의 임무로 생각했으며,[86] 조준은 성여완이 임금의 마음을 바로잡아 공자가 말한 동쪽의 주나라를 실현하려 하였다고 하였다.[87] 정도전은《경제문감》재상의 역할로 격군格君을 제시하였다.[88] 곧 성학을 익히고 마음을 갈고 닦아 행동거지를 바르게 하여 이제삼왕二帝三王과 같은 성인 군주가 되어야 한다고 할 때, 세습의 군주를 이끌어 줄 도덕적, 정치적 역할이 필요하게 되고 이것이 유학자 지식인의 책무로서 부과된다는 것이다.

그리하여 신료는 사관, 경연, 간관제도를 통해 임금을 바르게 인도하도록 규정되었다. 공양왕 대에는 춘추관을 강화하여 사관의 임무는 임금의 언행과 정사, 백관의 옳고 그름과 득실得失을 모두 직서直書하여 후대를 경계하는 것이라 하여 그 중요성을 강조하였다.[89] 또한 경연은 국왕과 신하들이 경사를 강론하면서 학문과 시무를 함께 논의하던 곳인데 고려 중기 이래 활성화되었다. 폭군으로 알려진 세조는 초기에 "경연은 인주人主와 유신儒臣이 도의와 정치를 강론하는 자리이니, 잠시라도 폐지할 수 없다"[90]고 하듯

---

85 《목은집》 권23, 我將, "無術可格君."
86 《태조실록》 권4, 2년 9월 기미, "紹宗慷慨有大志, 常以格君心正風俗爲己任. 每當言路, 極陳得失, 無所忌諱."
87 《송당집》 권2, 次昌城君汝完 賀金政丞詩軸, "格君興東周."
88 《삼봉집》 권9, 經濟文鑑上 宰相 正己 格君 知人 處事.
89 《고려사》 권76, 志30 百官1 春秋館(공양왕 원년), "崔鄴等上書曰, ……"
90 《세조실록》 권1, 1년 윤6월 정사, "傳于都承旨申叔舟曰, 經筵人主與儒臣講道義, 論政治者

이 군주와 신하가 도의를 강론하고 정치를 논하는 장소였다. 공민왕 대에는 경연에서 《상서》가 강론되어 군주 주도의 정치적 지향을 보여 주었고,[91] 이색은 우왕에게 《논어》를 강의하면서 성학을 제시하였다.[92]

또한 간관제를 통하여 임금에게 간하는 것이 신하의 큰 덕목으로 제시된다. 백관을 감찰하는 대관臺官(御史)과 임금에게 간언하는 간관諫官이 합쳐진 대간은 국왕의 좌우에 기거하면서 수시로 간쟁을 할 수 있어야 하고 재상의 잘못을 지적해야 한다고 하였다. 대간은 천자와 더불어 시비를 논하고 재상에 좌우되지 말아야 한다.[93] 또한 공양왕 대에는 대간면계지법臺諫面啓之法[94]을 실시하도록 하여 대간이 국왕에 대한 시시비비를 말할 수 있도록 하였다.[95] 권근은 대간에 대한 직임에서 "과감하게 말하여 숨기지 않는 것은 신하의 굳센 절개요, 너그러이 용납하여 어기지 않는 것은 인군의 성한 덕이니 말에 책임(言責)이 있는 자는 그 말이 비록 잘못이더라도 반드시 너그러이 용납하라고 하였다."[96] 《논어》에서 군자는 인을 지향하면서 의에 투철한 마음을 견지하는 수기치인의 인간상을 제시하였고, 《맹자》에서 오직 대인만이 군주의 마음이 잘못된 것을 바로잡는다[97]고 하여 군주의 잘못된 마음을 바로잡는 것이 나라를 바르게 하는 것이다. 여기에 군자·대인이라는 유학자

也, 不可或廢."

91 최연식, 〈공민왕의 정치적 지향과 정치운영〉, 《역사와현실》 15(1995).

92 도현철, 〈이색의 서연강의〉, 《역사와 현실》 62(2006).

93 《삼봉집》 권5, 經濟文鑑 下 諫官 是非不敢言.

94 《고려사절요》 권34, 恭讓王(2년 봄정월)(2년 2월).

95 새로운 왕조의 군신 의리, 새로운 관료 윤리로 불사이군의 충절과 평시에 할 말을 다하는 극간한 선비, 곧 간쟁하는 신하를 강조하였던 것이다(김훈식, 〈조선초기의 정치적 변화와 사림파의 등장〉, 《조선전기 도학파의 사상》(계명대출판부, 2013), 63~64쪽).

96 《양촌집》 권32, 上書類 論臺諫任啓本(《태종실록》 권16, 8년 11월 癸丑).

97 《맹자》 離婁章句上, "人不足與適也, 政不足間也, 惟大人爲能格君心之非. 君仁莫不仁, 君義莫不義, 君正莫不正, 一正君而國正矣."

지식인이 군주의 잘못된 것을 고치는 교정자로서 등장하고, 이들의 정치참여, 왕의 잘잘못을 지적하는 간언자로 등장한다.98

관료의 역할로 규정된 간쟁은 군신 공치에서 당위의 규범이 되어 공론 정치의 전제가 된다.99 관료는 자신의 간쟁諫諍의 권리와 군주의 납간納諫의 의무를 강조함으로써 절대적 권위를 가진 군주 앞에서 신하의 주체성을 보장받을 수 있다. "대간은 임금의 눈과 귀가 되고, 공론이 있는 곳이다."100 "공론은 천하 국가의 원기이고, 간쟁은 공론의 근저가 된다."101 "간관이 말을 해야 할 때 말하지 않은 것은 잘못이고, 말할 것이 아닌데도 말하는 것 역시 잘못이다."102 만약 간관을 두고서도 그 말을 듣지 아니한다면, 이것은 임금이 스스로 그 눈과 귀를 막는 것이니, 군주는 마땅히 간언을 따르는 것을 임무로 삼아야 하며, 신하는 마땅히 군주가 하기 어려운 말을 권하고 선한 일을 말하는 것을 직책으로 삼은 연후에 천하 국가를 다스릴 수 있다103고 하였다. 군주는 성인이 되어 군주권의 권위를, 사대부는 자연인인 세습의 군주를 훈도하고 이끄는 역할을 통해 정치에 참여함으로써, 자신의 위상이 생겨나고 정치적으로 입지가 보장될 수 있었다.

---

98 이봉규, 〈王權에 대한 禮治의 문제의식 - 宗法과 君子 개념을 중심으로〉, 《철학》 72(2002); 〈"格君心"과 조선의 문치〉, 《동방학지》 193(2021).

99 예로부터 간언하는 신하에 벌을 주지 않았다(《고려사》 권126, 列傳39 姦臣 王安德), "自古, 人君不罪言者": 《고려사》 권109, 列傳22 趙廉, "諫官不可罪"). 오히려 간관으로 간언하지 않았기 때문에 논죄되었다(《고려사》 권111, 列傳24 文益漸, "以爲有言責而不言者之戒").

100 《태종실록》 권8, 4년 12월 을해, "司諫院上時務數條 …… 一, 臺諫, 人主之耳目, 公論所在, ……"

101 《태조실록》 권2, 1년 11월 병술, "諫官上書言, 臣等竊謂公論者, 天下國家之元氣也. 諫諍爲公論之根柢, ……"

102 《태조실록》 권6, 3년 7월 신묘.

103 《태종실록》 권3, 2년 6월 병인.

2) 이상적 재상상의 모색과 태조 대의 정치 현실

고려 말 정치변동을 타개하기 위한 방안으로 《주례》의 6전을 활용하고 재상 중심의 정치론이 모색되었다. 유학의 이상 국가의 모델인 《주례》를 기준으로 고려 제도를 정비하고 직함에 맞는 역할을 수행하는 정치운영을 도모하였던 것이다. 그리하여 우선 마련된 것이 《주관육익》이다. 《주관육익》은 《주례》의 6전의 편목을 따르면서, 《고려사백관지》의 배열 순서를 따라서 6부에 대한 기능과 원리, 곧 6부 관부의 기본 업무를 강과 목으로 분류하여 밝힘으로써 담당 관리(유사)들이 처리해야 할 업무 지침을 숙지하도록 하였다.[104] 고려의 제도와 전장典章을 6전으로 설명함으로써 정치운영, 관직 운영의 합리화를 꾀하였다.

위화도회군 뒤 개혁파 사대부들은 이보다 근본적으로 《주례》의 이념을 기준으로 고려의 제도를 개편하여 중앙집권적 정치체제와 재상정치론을 실현하려 하였다. 조준은 《주례》의 천관天官 총재冢宰를 바탕으로 총재=재상, 6전 그리고 속관으로 이어지는 관료 체제를 지향하였다.[105] 즉 재추의 명령을 받은 6부가 국가행정을 분담하고 백사百司는 6부에 분속하게 하여 재상 −6부−감監−시寺−창倉−고庫로 이어지는 행정체계를 만들고자 하였다.[106] 여기에 6조 이하의 중하급 관청의 효율성 증대와 행정의 간소화를 이루어, 업무가 중복되는 관청을 병합하거나 업무가 과다한 관청의 기능을 다른 관청에 분담시키고, 업무가 끝난 도감의 관청을 폐지하였다. 《주례》에 바탕을 둔 육전의 상하 계통을 정돈하는 가운데 6부의 취지에 맞는 관직 운영을 도모하였다.

---

104 《목은집》 文藁 권9, 周官六翼序.
105 《고려사》 권118, 列傳31 趙浚(창왕 즉위년 8월).
106 《고려사》 권118, 列傳31 趙浚(창왕 즉위년 8월).

이는 《주례》에 기반한 삼성육부 중심의 고려의 정치체제를 비판하는 것이다. 고려는 조선처럼 삼성과 6부가 분리되지 못하였고, 삼성육부三省六部가 자체에도 직무상 분화가 이루어지지 않았다. 중서성 고관은 6부의 장관인 상서(정3품) 위에 판사를 겸하였다. 문하시중은 판이부사, 평장사(문하시랑)가 판병부사, 평장사(내사시랑)가 판예부사가 되었다. 또한 중서문하성은 국사를 총괄하는 재부宰府와 간쟁 봉박의 언론 역할인 낭사의 이중으로 구성되었고, 중추원은 군기軍機를 담당하는 추신과 왕명의 출납을 담당하는 승선 등 정치기구가 상하 2중으로 구성되었다.[107] 지방제도도 남도 지역과 양계 지역, 경기 지역으로 다원화되어 있고 통치 내용도 지역에 따라 달랐다. 중앙집권적 정치체제를 지향했지만, 통일적인 지배 구조, 권력구조를 이루지 못하여 관료의 자의적인 지배와 사원이나 토호들의 독자적인 세력 형성을 용인하였다. 이에 정도전 등의 개혁안은 《주례》 이념에 기반한 6전 체제와 중앙집권적 정치체제를 확립하려는 것이다.

또한 《주례》를 통하여 재상[冢宰]의 역할을 강조하였다. 《주례》(주관)의 천지춘하추동의 6관에서는 국왕에 대한 언급 없이 천관 가운데 총재가 6관을 총괄하도록 하였다. 즉 《주례》(주관)에 "태재의 임무는 나라의 육전을 관장하여 군주를 보좌함으로써 나라를 다스린다" 하였는데, 정도전은 "대재는 곧 천관 총재이다. 하늘이 만물을 덮지 않는 것이 없으며, 총재는 백관을 통솔하지 않는 것이 없으니, 총재를 천관에 붙여서 백관을 거느려 천공天工을 밝힌다. 그러나 군주 앞에 직분을 나열함에는 육경六卿과 마찬가지로 大라 하고 백관을 거느림에는 유독 총冢이라" 하였다.[108] 재상을 만물을 다스리는 자로 규정하고 있다.[109] 군주의 절대성을 존중하는 가운데 재상의 역

---

107 邊太燮, 《高麗政治制度史研究》(일조각, 1971); 박용운, 〈중앙 정치체제의 권력구조와 그 성격〉, 《한국사》 13(1993).

108 《삼봉집》 권5, 經濟文鑑 上 宰相.

할을 주문하고 있다.

정도전 등은 우왕과 창왕 대 이인임과 최영, 이색이 재상으로서 그 역할을 제대로 수행하지 못하였다고 보았다. 우왕 대에는 이인임과 최영이 정국을 주도하였다. 이인임은 공민왕의 죽음으로 일어난 혼란을 수습하고 우왕을 추대하였고, 최영은 홍건적과 왜구·목호牧胡 등 외적의 침입을 막아 권력의 중심에 설 수 있었다. 이들의 지지 기반은 신진 세력이 아니라 조부祖父대에 중앙 고위 관직에 올랐거나 이미 세족으로 인정받은 가문 출신이었다. 이때 이인임은 무장인 임견미와 혼인 관계를 맺고, 또 임견미는 성리학자인 염흥방과 혼인 관계를 맺어 권력과 부를 독차지 하였다. 이들은 삼성육부의 정치운영에서 벗어나 국왕에게 보고도 하지 않고 일을 처리하였으며, 불법적인 재산 증식과 매관매직을 했다. 특히 염흥방은 이인임과 임견미의 말을 쫓고, 이성림을 시중으로 삼아 권력을 전횡하였다. 이때의 상황을 "권간이 나라를 훔쳐 관작이 사문私門에서 나오고, 인사와 행정이 무너진 지 오래되었다"[110], "사문私門만 알지 왕실王室이 있음을 알지 못한다"[111]라고 설명하였다. 부정부패에 대한 강한 혐오감을 갖고 있던 최영은 이들의 행위를 파악하고 있었던 차에 염흥방의 가노家奴 이광이 염흥방의 권력을 믿고 불법적으로 조반의 토지를 빼앗은 사건을 계기로 염흥방을 제거하였다.

우왕 14년 정월에 최영은 문하시중이 되었고 이성계는 수문하시중, 이색은 판삼사사가 되었다.[112] 우왕 13년 12월 원은 철령 이북의 땅이 원래 원에 속하였으므로 회수하겠다는 철령위 설치를 통보하였다. 고려는 먼저 외교로 대응하여 박의중과 권근을 파견하여 철령위 철회를 요구하였고, 최영

---

109 侯家駒, 《周禮硏究》(聯經出版事業公社, 1987).

110 《고려사》권75, 志29, 選擧3, 銓注.

111 《고려사》권126, 列傳39 姦臣 李仁任.

112 《고려사절요》권33, 禑王(14년 정월), "以崔瑩爲門下侍中, 我太祖守門下侍中, 李穡判三司事."

은 여러 재상과 함께 정료위定遼衛를 칠 것인가에 대한 가부를 의논하였는데, 조정에서는 철령 이북을 명에 바치는 것에 반대하면서[113] 화친론을 제기하였다.[114] 하지만, 철령위 설치에 대한 외교적 노력이 실패하자, 요동정벌을 감행하였다.[115] 이때 이성계가 조민수를 설득하여 위화도에서 회군하여 개경으로 진격하고 최영 군대와 공방전 끝에 도성을 점령하였다. 최영 휘하의 군대가 요동정벌과 왜구 방비로 빠져 전력이 약화된 결과였다. 최영은 고봉현으로 유배되고 합포·충주로 옮겨졌다가 그해 12월에 참수되었다. 최영의 죄는 이소역대以小逆大, 곧 작은 나라가 큰 나라를 공격하는 것은 대의에 어긋난다는 공료죄였다. 우왕은 양위하는 글에서 자신은 어릴 적에 조모 홍씨의 가르침을 받다가 병마도통사 최영이 매와 개로 사냥을 하고 서연을 폐하게 하여 배우지 못하였고, 최영이 권신 임견미 등을 죽이고 문하시중이 되어 군국의 일을 농단하면서 사람들을 죽였다. 또한 모든 장수들이 반대함에도 멋대로 군사를 일으켜 요동을 공격하였는데 이는 우왕 자신이 만든 것이라고 하였다.[116] 최영은 문하시중으로서 군주인 우왕을 잘 이끌지도 못하고, 군국의 일을 농단하며 명나라를 공격하는 죄를 저질렀다는 것이다.

최영이 문하시중이 될 때 이색은 판삼사사가 되었다. 이성계가 위화도회군을 단행하였고 우왕 14년 6월에 우왕을 폐위하였다. 새로 옹립할 국왕에 대하여 조민수는 우왕 아들인 창昌을 세우고자 하였고 이색은 마땅히 전왕前王의 아들을 세워야 한다고 하여 창왕이 즉위하였다.[117] 이해 7월 조민수

---

113 《고려사》 권113, 列傳26 崔瑩, "瑩集百官議獻鐵嶺迤北可否, 百官皆曰不可."

114 《고려사》 권113, 列傳26 崔瑩, "瑩與諸相 議功定遼衛, 及請和, 諸相皆欲請和."

115 《고려사절요》 권33, 辛禑(14년 4월).

116 《고려사》 권137, 列傳50 辛禑5(창왕 즉위년 7월 기묘).

117 《고려사》 권115, 列傳28 李穡.

342   제IV부 신법 개혁과 제도 중시의 체제개혁론

가 사전 개혁을 반대한다는 이유로 창녕현에 유배되자,[118] 8월에 이색은 문하시중이 되었다.[119] 이색은 이성계 등의 움직임에 반발하여 이해 10월에 명에 감국監國을 요청하였고[120] 창왕 원년(1389) 4월에 도당에서 전제 개혁을 논의할 때 반대하였다. 이색은 여러 차례 시중에서 물러나겠다고 하였고 이해 7월에 판문하부사가 되었다[121]가 얼마 뒤 사직하였다.[122] 1389년 11월에 공양왕이 즉위하고 12월에 오사충과 조박은 이색을 탄핵하였다. 왕씨가 아닌 창왕을 옹립했으며 유종儒宗으로서 불교에 미혹되어 풍속을 어지럽혔다는 것이다.[123] 공양왕 3년 5월에 정도전은 구언교에 답하면서 이색과 우현보를 죽여야 한다고 하였다. 정도전은 재상의 직책은 온갖 책임이 모이는 곳으로 "위로는 음양을 조화롭게 하고 아래로는 백성을 편안하게 하는 것이며, 관작官爵과 형벌이 말미암는 관문이니 정령政令과 교화가 이로부터 나온다"고 하면서, 정도전은 상벌이 막중하고, 형벌 가운데 가장 큰 것은 왕위를 찬탈하는 것으로, 이색은 왕씨의 왕위계승을 막고 신씨를 맞이하니 이는 찬탈이고 난신적자 가운데 으뜸이라고 하였다.[124]

정도전 등은 재상인 이인임의 권력 남용, 최영이 우왕을 잘못 인도한 일과 요동정벌·이색의 상벌 부적중·신씨의 왕위계승 등을 지적하면서 군주를 도와 나라를 잘 다스리는 재상의 역할을 제대로 수행하지 못하였다고 보았다. 그리하여 이들은 《주례》의 총재 재상론과 주자의 견해를 바탕으로, 재상정치

---

118 《고려사절요》권33, 禑王(창왕 즉위년 7월).

119 《고려사절요》권33, 禑王(창왕 원년), "八月 以李穡爲門下侍中, 我太祖守侍中,"

120 《고려사절요》권33, 辛禑(창왕 즉위년 10월).

121 《고려사절요》권34, 恭讓王1, "(창왕 원년 7월) 門下侍中李穡, 乞解職, 擧李琳自代. 以穡判門下府事, 琳爲侍中, 洪永通領三司事."

122 《고려사절요》권34, 恭讓王1(원년 10월), "判門下府事李穡, 乞退, 不允."

123 《고려사》권115, 列傳28 李穡(공양왕 원년 12월).

124 《고려사》권119, 列傳32 鄭道傳.

론을 주장하였다. 재상은 성현聖賢의 바른 도를 상고하여 천리天理의 소재를 구하고 천하의 공의公議를 파악하며 무엇보다는 군자를 등용해야 한다[125]고 하였다. 여기에서 천리天理와 천하의 공의의 소재는 재상 자신의 역량으로 파악해야 하지만,[126] 공론公論으로 보완되어야 한다. 이를 위해서 천리의 이치를 아는 군자를 등용하여 공론을 파악해야 한다. 여기에서 공론은 반드시 지켜야 할 당연한 규범이 된다.[127] 박초는 삼강오상과 같은 도는 천하의 통달하는 도리이고, 고금의 떳떳한 법으로 이를 폐하면 천지 간에 용납되지 못하고 해와 달이 비치지 않을 것이며 천하 만세의 공론으로부터 성토받을 것이라고 하였다.[128]

재상정치론에는 재상의 위상 재정립과 그를 통한 재상의 존중과 우대가 포함된다. 조준에 따르면, 재상은 임금의 다음으로 천위天位를 함께 하고 천공天工을 대신하여, 그 존귀함은 비할 바가 없으니, 한나라 문제 때 가의賈誼[129]가 《예기》의 '형벌은 대부 이상에게는 가하지 마십시오.'[130]를 인용하여 재상이 죄를 지어도, 하급 관리에게 포박하게 하는 등 재상에게 모욕을 가하지 않도록 상소하였고, 그 결과 사대부들이 잘못을 저지르는 것을 부끄럽게 여겨 한나라 400년의 예속禮俗을 이루었다[131]고 하였다. 재상의 역할과 책

---

125 《삼봉집》 권5, 經濟文鑑 上 宰相 正心以正君; 《주자대전》 권24 與汪尚書書(己丑) "以求天理之所在, 既以自正其心, 而推之以正君心."

126 《주자대전》 권28, 與李誠父, "尊兄平日立志持身, 固有定論, 然區區更願一意爲國 無徇常日往還厚善之私, 深察天下公議之所在, 精慮而決行之, 使陰消於上, 而陽長於下, 政事修理而國勢尊安, 不亦老先生平日之所望於後人乎."

127 이제현과 박상충은 불법을 저지른 강윤충을 비판하면서 군주를 속이고 백성들을 그물질하면서 천하의 공론과 천하의 대법을 두려워하라고 하였고(《고려사》 권124, 列傳37 嬖幸 康允忠), 박의중은 사헌부에서 우왕에게 건의한 일이 공론에 부합되는데 실행하지 않는다(《고려사》 권112, 列傳25 朴宜中(우왕 2년 정월), "與鄭釐上疏曰 ……")고 하였다.

128 《고려사》 권120, 列傳33 金子粹.

129 《한서》 권48, 列傳18 賈誼.

130 《예기》 曲禮, "禮不下庶人, 刑不上大夫."

임에 견주어 재상을 존중하고 예우하도록 하고, 형벌의 적용에 차등을 둠으로써 재상의 위상을 재정립해서 재상 본연의 임무에 충실하도록 하는 것이었다. 재상의 위상을 높이려는 것은 성리학 정치론, 공론 정치를 수렴하는 이상 제기될 수밖에 없는 것이다.[131]

재상이 천리를 알고 천하 공의의 소재를 파악하는 데는 군자를 등용하는 것이 중요하다. 조준은 《주례》와 총재를 제시하면서 재상은 군주의 다음으로 천위天位를 함께 하며[133] 군자를 등용하고 소인을 물리쳐〔進君子 退小人〕 백관을 바르게 해야 하니, 적합한 재상을 얻으면 천하가 다스려진다[134]고 하였고, 구성우는 재상의 직분은 정사를 토의하고 정책을 수립하며 음양을 조화하고 자신을 바르게 하여 모든 관원을 바르게 인도하며 군자를 등용하고 소인을 물리치는 데 있다[135]고 하였다.

유교적 재상상은 임금을 보좌하고 관원들을 지휘 감독하는 일을 맡는다. 宰는 요리 담당자의 의미로, 은나라 때의 태재〔太宰, 冢宰 相國, 輔相〕는 요리사이면서 종교의식과 제사의 담당자였고, 상은 주나라 제후들 회의 때 의식을

---

131 《고려사》 권118, 列傳31 趙浚; 《고려사절요》 권34, 恭讓王(원년 12월).

132 중국 고대의 이상적인 재상은 국왕을 보조하면서 왕조를 실질적으로 다스렸다. 요는 순 임금에게 국정을 맡았다가 나중에 임금 자리를 넘겼다. 순임금은 우에게 황하의 치수 등 중요한 국정을 맡았다가 뒤에 자신의 후계자로 삼았다. 우임금도 백익伯益에게 왕위를 넘 겼는데, 그는 뒷날 우임금의 아들 계啓에게 되돌렸다. 은나라 탕왕은 이윤〔武丁,傅說〕에게, 주나라 문왕은 강태공姜太公(呂尙)에게 국정을 맡겼다. 춘추전국시대 제나라 환공은 관중 에게 국정을 맡기고, 관중은 새로운 제도를 정비하여 제나라를 부강하게 만들었으며, 진 효공은 상앙을 발탁하였는데, 상앙은 법가의 개혁 정책을 시행하여 진을 강국으로 변모시 켰다(권연웅, 《경연과 성군 담론》(지식산업사, 2001)).

133 《고려사》 권118, 列傳31 趙浚, "又上疏日, …… 宰相人君之貳也, 所與共天位."

134 《고려사》 권118, 列傳31 趙浚, "浚又牽同列, 條陳時務日, …… 人主之職, 論相而已, 宰相 之職, 進君子, 退小人, 以正百官而已. 相得其人, 則天下理矣."

135 《고려사》 권75, 志29 選擧3 選法(공양왕 원년 12월), "門下府郎舍具成祐等上疏日, …… 人主之職, 論相而已. 相得其人則治, 不得其人則亂. 宰相之職, 論道經邦, 燮理陰陽, 正心以正百 官, 進君子退小人而已."

담당했다. 《서경》에서 재상은 도를 논하고 나라를 경륜하며 음양을 섭리하게
하고,136 《주역》에서 군주를 도와 천지의 마땅함을 얻도록 하는 일을 한다.137

고려 초기에는 재상은 도를 논하고 따라 나라를 다스리며 음양을 순조롭
게 하는 역할을 제시하였는데, 총괄적인 국정 운영자로서의 역할에 그쳤
고138 어진 이를 등용하는 기능은 약했다.139 1201년 1월에 차약송車若松이
꽃과 새에 대하여 말한 것에 대하여, 재상의 직분은 도를 논하고 나라를 다
스리는 것에 있는데, 단지 꽃과 새에 대해서만 논하고 있으니 어떻게 백관들
의 모범이 되겠는가?"라고 한 말에서 알 수 있다.140 고려 전기에 삼성의 고
관인 육부의 판사를 겸하는 귀족적 성격의 정치기구 그리고 과거보다는 음
서제를 통한 관리 임용이 일반화되고 경학과 경세보다는 시문 짓기의 사장
학이 발달하는 지적 분위기에서 재상의 역할은 제한되었다.

후기에 들어서 성리학, 성학의 수용으로 유교의 재상상이 강조된다. 재상
은 도를 논하고 나라를 다스리며 음양을 다스리는 것에, 수기·수양을 통하여
백관을 바르게 하라는 논의와 군자를 등용하고 소인을 배척하라는 내용(進君
子退小人)이 포함되었다. 신흥세력의 성장과 유학적 경세의식의 무장, 성리학

---

136 《서경》 권9, 周書 周官, "立太師·太傅·太保, 玆惟三公, 論道經邦, 燮理陰陽, 官不必備, 惟
其人."
137 《주역》 泰卦 象, "天地交泰, 后以, 財成天地之道, 輔相天地之宜, 以左右民."
138 《고려사》 列傳8, 崔沖, "論道經邦者, 宰相之務彌綸"; 열전14, 車若松, "宰相之職, 論道經邦."
139 고려시대에는 관리를 2품 이상을 재신, 3품 이하를 문무양반으로 구분하였다(《고려사》
지23 예11 가례잡의, 宰臣及文武三品以下). 2품 이상의 재신은 삼사三師·삼공三公과 중서
문하성·상서성, 중추원의 고관들이다. 삼사·삼공은 정1품인데 임명되지 않는 경우가 많고,
중서령은 종1품인데 종실과 재신에게 주는 명예직인 경우가 많다. 상서령은 종1품이지만
제수되는 경우는 거의 없다. 문하시중이 종1품 실직으로 그 밑의 평장사(정2품), 참지정사
(종2품), 정당문학(종2품), 지문하성사(종2품)와 함께 중서문하성의 5명의 재상이 되고,
중추원의 정2품 고관 7명과 함께 재추宰樞회의 구성원이 되어 이들이 재상이라고 할 수
있다(邊太燮, 《高麗政治制度史硏究》(일조각, 1971); 박용운, 《고려시대 中書門下省 宰臣 연
구》(일지사, 2000); 《《高麗史》 百官志 譯註》(신서원, 2009).
140 《고려사》 권101, 列傳14 車若松; 《고려사절요》 권14, 神宗(4년 정월).

346   제Ⅳ부 신법 개혁과 제도 중시의 체제개혁론

수용 그리고 이를 통한 능력 중심의 인재 등용 특히 경학에 밝고 행실이 닦여진 경명행수經明行修의 선비의 등용이 주장되면서[141] 재상의 인재 추천 기능이 강화된 결과라고 하겠다.

그리하여 태조는 즉위 초에 경학에 밝고 행실이 닦여지고 도덕을 겸비하며 시무에 능통하고 경제經濟에 사공事功을 세울 만한 능력이 있으면서 초야에 묻힌 유일遺逸 등을 관료로 등용하려고 하였다.[142] 조준은 학교가 황폐화하여 경명행수의 선비를 얻을 수 없으니 국가의 이상 정치를 행하기 어렵다고 하고,[143] 서연에서 세자 공부를 담당하는 인물로 경학에 밝고 인륜 도덕을 행할 수 있는 선비를 천거하도록 하였다.[144] 또한 조준은 한 명의 관리를 임명할 때, '이 사람이 과연 군자로 하늘이 부여한 일(天工)을 처리할 수 있고 하늘이 내린 백성(天民)을 길러 하늘이 나에게 죄를 주지는 않을까?'를 생각하라고 말했고, 자신의 집만 알고 사직을 모르는 자는 소인으로, 이들을 등용하면 걸·주처럼 망할 것이고 태조의 왕업은 무너질 것이라고 하였다.[145] 경명행수는 태조 원년에 조준 등이 인재 등용의 요건으로 다시 제시하였고,[146] 《조선경국전》과 《경제육전》에 실려 조선시대의 인재 등용 요건으로 자리 잡았다.

이는 앞서 말한 군자·대인상을 견지하는 유학자의 등용을 의도한 것이다. 무신 집권 이후 중소지주 기반을 바탕으로 과거에 합격하며 군자·대인을 지향하는 신흥 세력이 성장하였다. 또 국자감시만 합격한 유학자 지식인, 중앙

---

141 정구선, 〈고려시대의 유일천거제〉, 《경주사학》 18(1993).
142 《삼봉집》 권13, 朝鮮經國典上 擧遺逸, "殿下卽位之初, 申命有司曰, 其有經明行修, 道德兼備, 可爲師範者, 識通時務, 才合經濟, 可施事功者, …… 可見殿下側席求賢之美意矣."
143 《고려사》 권74, 志28 選擧2 學校(공양왕 원년 12월);《고려사》 권118, 列傳31 趙浚.
144 《고려사》 권118, 列傳31 趙浚.
145 《고려사》 권118, 列傳31 趙浚.
146 《태조실록》 권2, 원년 9월 壬寅.

정계에서 밀려난 낙향 관료와 첨설직을 받은 자들이 한량·유신·부노로 표현되어 지방사회의 여론을 이끌었다. 정도전 등은 이들을 과거제와 학제, 관료 선발 등의 개혁 정치로 수렴하려는 것이었다. 이는 문벌 재상 중심의 재추 회의나 도당같은 회의기구보다는 넓은 범위에서 군자·대인을 관료로 등용하고 이들의 공론을 통하여 국가를 운영하려는 것으로, 그 저변에는 개경과 지방사회에서 확산되고 있는 신흥세력을 국가 사회의 중심 세력으로 인정하려는 것이다.[147]

하지만 고려 말에는 고과考課나 선거選擧에서 사私에 끌려 공公을 가로막아 어짐과 어리석음이 섞여 있고, 사적인 것이 공적인 것을 가려 청탁과 뇌물이 무성하였고,[148] 권신, 간신 등이 국권을 가로채어 관작이 사문私門에서 나왔다.[149] 그리하여 정도전 등은 사私, 곧 친소親疎와 신구新舊의 여부보다는 공公, 곧 현賢, 불초不肖를 살펴서 적임자를 택하라고 하였다.[150] 사은私情, 공의公義를 대립적인 두 개념으로 보고[151] 사를 배제하고 공에 따라 공정하고 객관적인 기준에 의한 인재 등용, 관리 임용을 주장하였다.[152] 부와 권

---

147 최근 연구에 따르면 조선왕조는 이러한 지방지식인, 유식자를 활용하여 대민 교화를 펼쳤다고 한다(이상민, 〈15세기 지방 유식자의 활용과 평민교화〉, 《역사와 현실》 118(2020)).

148 《고려사》 권119, 列傳32 鄭道傳(공양왕 2년 정월)

149 《고려사》 권75, 志29 選擧3 選法(창왕 즉위년 8월), "自禑時權奸竊國官爵, 一出私門"

150 《고려사》 권75, 志29 選擧3 選法(공양왕 원년1 2월), "門下府郎舍具成祐等上疏曰, …… 勿以親疎新舊之殊, 惟賢不肖之爲察, ……"

151 《고려사》 권119, 列傳32 鄭道傳(공양왕 3년 4월), "王下敎求言. 道傳上疏曰, …… 大抵, 人之所爲, 不合於公義, 則必有合於私情. ……"

152 주자는 리理에 부합하는 것이 정正이고 리에 부합하지 않으면 부정不正이라고 했다. 심에는 도심과 인심이 있는데 천리와 이욕의 차이가 있고 공사 정사正邪의 구분이 있다. 만약 도심과 천리를 좇아 출발하면 심心은 공公과 정正으로 나아가고, 인욕을 좇아 출발하면 심心은 사私와 사邪로 나아간다(《주자대전》 권23, 辛丑延和奏箚2). 곧 인성人性을 물질(관능)·욕망의 추구와 도덕·규범의 지향이라는 두 측면으로 나누어 전자를 천리의 공정과 선으로, 후자를 인욕의 사사私邪나 악으로 규정하였다.

력을 독점한 집권층에 대항해서 혈연에 기초한 사적이고 인적인 요소를 배제하고 공정하고 객관적인 요소인 능력, 실력을 내세웠다.

정도전 등은 이들 군자를 등용하고 군자＝관료가 천하의 공의를 파악하는 주체가 되도록 해야 한다고 하였다. 이때 언로의 확대, 중의衆議의 청취, 간언 수용이 절대적으로 필요하다. 특히 군주는 중의를 경청하고 간언을 잘 들어야 한다고 하였다. 이들에 따르면 요·순은 사방 제후들 네 곳의 우두머리와 의논하고 사방의 문을 열어 제치고 마치 네 눈과 네 귀를 가진 듯이 사방에 시청을 넓혔다. 삼대의 현명한 왕은 초부들에게 문의하였으며 공인 工人도 자기 기예의 수행과정을 통하여 간언하였다.[153] 이때 여론은 천하의 공의를 파악한 사대부의 것이고, 사대부의 의견을 수렴하고 대표하는 것은 재상이 된다. 군주가 중의를 경청하고 간언을 잘 들어야 한다는 말에는 사대부를 대표하는 재상이 정치운영의 중심이 되어야 한다는 의미가 포함된다. 곧 재상의 군자 등용과 여론의 수용 주장은 군자·대인상을 추구하며 천하의 공의를 파악하려는 유학자 지식인의 등용을 의도하는 것이고, 소수의 문벌 관료를 대신하여 군자·대인이 중심이 되는 사회를 지향하는 것이다.

정도전과 조준 등은 개혁 정치를 모색하는 과정에서 중국의 고전과 그것이 현실로 활용된 역사 실례를 검토하고 송대의 성리학, 특히 주자의 정치론을 참고하였다. 주자는 송의 중앙집권적 정치체제와 황제 독재체제에서 정치의 주체는 관료의 공론을 수렴하는 재상이어야 한다고 하였다.[154] 송대와 명대에는 황제권이 강했고 대간의 활동을 황제권 강화에 활용하였다. 명 태조 주원장은 《맹자》에서 역성혁명 등 황제를 업신여기는 조항을 삭제하여 《맹자절문》을 만들어 과거시험 교제로 쓰도록 하였다.[155] 명 초기의 경

---

153 《고려사》 권120, 列傳33 尹紹宗.
154 金駿錫, 〈17세기 正統朱子學派의 政治社會論〉, 《東方學志》 67(1990).
155 명 태조 주원장은 《맹자》의 '군주가 신하를 지푸라기처럼 여긴다면, 신하는 군주를 원수

연은 황제권 강화를 위해 이용되었다. 왕조의 수명이 약 200년인 중국의 왕조교체에 세습 가문 관료의 존재가 미약하여 상대적으로 황제권이 강해질 소지가 많았다. 주자는 황제권이 강화된 송나라의 정치운영에서 군수의 절대성을 자연의 질서로서 존중하면서, 천리를 궁구하고, 명분 질서를 유지하는 주체인 관료의 공론을 수렴하는 재상을 중시하였다. 이때 재상은 관료의 대변자로서 관료의 정치 경제적 이해를 보증하는 공적 기구가 되고 정치운영의 실질적인 주체가 되는 것이다. 주자의 재상정치론은 관료의 이해를 정치에 반영하는 수단으로 제시된 것이었다.[156]

정도전 등의 재상론은 세습 관료의 기반이 강한 현실에서 군자·대인상으로 무장한 신흥 관료를 제도권으로 수렴하려는 개혁안이다.[157] 과거 합격자의 증가를 비롯하여 향교와 서재, 학당과 같은 곳에서 등장한 유식자와 한량·유사들을 중앙에서 포섭하려는 것이다. 이들이 왕조국가의 중심 세력임을 인정하고 그들을 경학, 책문策問 중시의 과거제나 유일遺逸과 같은 천거제를 통하여 관료로 흡수하려는 것이다.

정도전과 조준이 주도한 조선왕조가 건국되었지만, 태조 대에는 국왕이 신료 전체의 공론을 반영한 재상정치론보다는 소수의 개국공신 중심의 정치가 행해졌다. 권력구조의 재편과 체제 정비가 필요했던 건국 초의 시점에서 태조는 소수의 공신 재상과 정치를 운영하는 것이 효율적이라고 보았고, 또한 이들의 존재 자체를 인정할 수밖에 없었다. 재상정치론은 언론 활동이 보장

처럼 여길 것이다'라고 한 구절에 탄식하며 유삼오에게 《맹자》의 구절 가운데 순일하지 않은 것은 산삭하라(이해임, 〈조선전기 중앙관료의 《맹자》에 대한 인식〉, 《태동고전연구》 40(2018), 11-16쪽)고 하였다. 조선시대에는 이러한 일은 없었다.

156 도현철, 《고려말 사대부의 정치사상 연구》, 일조각(1999).

157 고려 후기 신흥세력은 과거나 혹은 군공으로 실직 또는 허직을 얻을 수 있었지만, 그에 상응하는 정치적·경제적 대우를 받지 못하였다. 관료로서 당연히 받아야 할 수조지를 받지 못하였고, 농민과 함께 침탈당한 열세한 지배층이었다(李景植, 《朝鮮前期土地制度研究》(일조각, 1986)).

되어야 하고, 이를 제도적으로 뒷받침하는 언론기관, 예컨대 사간원, 사헌부, 예문관 등의 삼사 활동이 활발하게 진행되어야 한다. 건국 초에 경연이나 대간 활동이 있었지만, 제한적이었다. 더욱 무신집권기 이래 정치 사회 세력으로서 성장한 유학자 지식인의 활동은 미비하였다. 재상정치는 성리학에 기초한 정치·사회적 이념이 확산되고 그에 기초한 정치세력, 곧 사림파가 등장할 때까지 그 실현은 유보되었다.158

말하자면, 고려 말에 제기된 재상정치론은 삼성 육부제의 파행과 국왕권의 추락, 신흥세력의 성장에 대하여 성리학과 주자의 정치론을 활용하자는 것이었다. 재상정치론은 《주례》의 이념에 충실하여 중앙집권적 정치체제를 지향하고, 군주의 자연인으로서 성격을 강조하여 군주 수신을 강조하는 군주 성학론을 제시하였다. 또한 재상은 천리와 공의를 파악하기 위하여 군자를 등용하고 소인을 물리쳐야 한다고 하였다. 성리학을 익힌 군자·대인이 경명행수와 경제의 학을 익혀 관료가 되고, 이들이 천리를 파악하는 주체로서 공론을 만들고 그 공론을 수렴하는 재상의 역할을 제시한 것이다. 재상 한 개인이 아닌 여론, 공론을 수렴하는 제도적 장치로서 또한 그 주체로서 재상을 내세워, 정치를 주도하는 재상정치론을 주장하게 되었다. 이는 소수의 권력자 중심의 사권력, 사적 지배를 비판하고 공권력 강화와 공적 지배를 의도한 것이며, 무신집권기 이래 군자와 대인을 지향한 신흥세력을 관료로 등용하여 이들이 중앙 정치의 새로운 주체로 성장하고, 사대부 공론 정치를 실현해 가도록 하려는 것이었다.

---

158 도현철, 〈새 왕조를 개창하고 군신협력 정치를 추구하다〉, 《국왕과 신하가 함께 만든 나라 조선》(국립고궁박물관, 2016).

4. 맺음말

이 장에서는 고려 말에 《주례》에 기반한 정치체제 개편과 유교 이상적 재상상을 모색하게 된 사정을 신흥세력의 성장을 중심으로 살펴보았다.

고려 후기에는 유자 개념이 변하고 군자 대인이 본격적으로 등장한다. 이색은 유가의 이상적 인간형인 군자(군자유)를 지향하였고, 《대학》의 8조 목에 입각해서 수신, 제가 평천하를 이루려고 하였다. 유학자들은 군자와 대인처럼 수기에 힘쓰고 경학에 밝고 행실을 닦은(經明行修) 선비로서 나라를 다스려 백성을 구제하고자(經世濟民) 하였다. 공민왕 16년 성균관에서는 이색을 중심으로 성리학 학습과 연구를 통하여 정서적, 학문적 유대감을 공고히 하여 정서적 유대감을 견지하며 네트워크를 형성하였다.

고려 말에는 왕권의 약화, 왕실의 권위 실추가 이루어졌다. 권력자가 왕을 폐위하고, 중조重祚가 행해졌다. 공민왕 대에는 노국대장공주의 영전을 모시는 마암 역사 공사에 반대하는 유탁을 벌하는 글을 제출하라는 명령을 거부한 이색에게 태조 왕건도 처음부터 왕손이었던 것은 아니라고 하였다. 살아있는 왕의 교체를 시사하는 왕의 권위 약화를 보여 주고 있다.

국왕권의 권위 약화는 국왕의 존재 의의를 재검토하게 하였다. 윤소종은 황천이 성인을 임금으로 삼아 하늘을 대신하여 다스리고, 국왕과 관직, 일, 백성을 각각 천위, 천직, 천공, 천민이라 하여 이들의 공적인 성격을 부여하였다. 여기에 하늘을 대신하는 국왕과 신료들이 나라를 다스린다는 군신 공치가 성립된다. 이때 군주와 신하의 군신관계는 의로서 맺어진 절대 관계이면서 군주는 보통 사람처럼 어둡고 밝고, 강단 있고, 유약하고의 차이가 있다는 것, 곧 혈연에 따라서만 보장되는 자연인=국왕에게 제왕으로서 자질과 덕망을 쌓도록 군주수신론, 군주성학론을 요구하였다. 그리고 이는 경연과 간관 제도가 보장해 준다.

고려 말 정치변동을 타개하려는 일환으로 《주례》의 6전을 활용하고 재상 정치론이 논의되었다. 《주례》를 기준으로 제도를 정비하고 군자를 등용하고 소인을 배척하는 재상이 정치를 주도해야 한다고 하였다. 군신 공치를 통하여 군주와 함께 신하가 정치의 중심으로 등장하고, 어질고 적합한 신하를 등용하여 국가의 일을 맡도록 하는 재상정치를 구체화한 것이다.

재상정치론은 군주의 절대성을 존중하는 가운데 재상이 실질적으로 정치를 주도할 것을 주문한다. 《주례》의 총재 재상론과 주자의 견해를 바탕으로, 재상은 성현의 바른 도를 상고하여 천리의 소재를 구하고 천하의 공의를 파악하며 무엇보다도 군자를 등용해야 한다고 하였다.

이는 군자·대인상을 견지하며 성리학적 개혁 정치를 추구한 유학자 지식인의 등용을 의도하는 것이다. 무신 집권 이후 중소 지주적 기반을 바탕으로 성리학을 공부하고 과거에 합격하며 군자·대인을 지향하는 신흥세력이 성장하였는데, 이들을 과거제와 학제, 관료 선발 등의 개혁정치로 수렴하려는 것이다. 고려 소수의 재상, 문벌 귀족을 대신해서 더 넓은 범위에서 군자·대인을 관료로 등용하려는 의도이다.

정도전 등의 개혁안은 송나라 때 주자의 정치론을 참고한 것이다. 주자는 정치의 주체는 관료의 공론을 수렴하는 재상이어야 한다고 하였다. 관료는 군주에 의존하지만, 군주는 이들의 지지로 그 권력이 유지된다는 점에서 이들에 의존한다. 송나라의 관료는 군주와 이중적 관계를 체제의 집권성과 공공성을 확립하면서 보장받고, 공론 정치를 내세우는 정치 참여를 보장받아 자신의 이해와 주체성을 확보하려고 했다. 이때 재상은 관료의 대변자로서 관료의 정치 경제적 이해를 보증하는 공적 기구가 되고 정치운영의 실질적인 주체가 된다. 주자의 재상정치론은 관료의 이해를 정치에 반영하는 수단으로 제시된 것이었다.

정도전 등은 세습 관료의 기반이 강한 현실에서 군자를 지향하며 성장한 과거 관료의 주장을 제도권으로 수렴하려 하였다. 곧 과거 합격자 증가를 비롯하여 향교와 서재, 학당 등을 통한 유식자와 한량·유사 등 지방 유력자의 확대를 반영하여, 이들의 여론, 의견을 수렴하는 제도적 장치로, 공론을 수렴하는 주체로서 재상을 내세워, 재상정치론을 주장하였다.

이러한 유교의 정치론은 조선 건국 당초에 반영되지 못했다. 태조 대의 정치는 국왕과 소수의 개국공신이 정치를 주도했다. 건국 초에 태조는 소수의 공신 재상과 정치를 운영하는 것이 효율적이라 보았고, 또한 이들의 존재 자체를 인정할 수밖에 없었다. 재상정치론은 언론 활동이 보장되어야 하고, 이를 제도적으로 뒷받침하는 언론기관, 예컨대 사간원, 사헌부, 예문관 등의 삼사 활동이 활발하게 진행되어야 하고, 무엇보다도 유학 이념에 철저한 정치 사회세력이 요구되었다. 이는 16세기 성리학적 이념에 충실한 사림파가 등장할 즈음에 비로소 가능하였다.

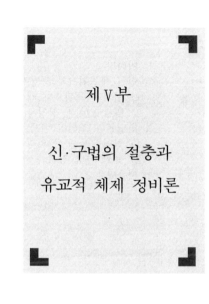

제 V 부

신·구법의 절충과
유교적 체제 정비론

제1장 이첨의 인 정치론과 조선의 체제 정비

1. 머리말

고려 후기 개혁 정치를 주도하고 조선왕조를 건국한 유학자는 출신 기반이나 정치적 지향이나 사상적 배경에서 똑같은 특징을 보여 주지 않았다. 유학자는 다양한 형태의 존재 양태를 보이며 사회변화나 정국 동향에 따라 각기 상이한 정치적 행동과 사상을 보여 주었다. 기왕의 연구에서 보여 주듯이 성리학적 정치 이념을 지향하면서 고려의 지배 질서를 유지하고 체제를 유지하려는 편이 있는가 하면, 체제를 변혁하여 새로운 왕조를 건설하려는 학자들이 있기도 하였다.[1] 이와 달리 유학자 가운데에는 분명하게 두 부류로 구분하기 어려운 인물들도 존재한다.[2] 고려왕조를 유지하는 쪽에서 체제 안

---

[1] 도현철, 《고려말 사대부의 정치사상연구》(일조각, 1999).

[2] 이익주, 〈권문세족과 신흥사대부〉,《한국역사입문》(청년사, 1996) ; 도현철, 〈고려말의 사회변동과 왕조교체〉,《새로운 한국사 길잡이 上》(지식산업사, 2008).

개혁을 지향하다가 체제 변혁적인 태도를 취하기도 하고, 주어진 군신관계에 충실하면서 성리학적 이상사회를 지향하기도 하였다. 이러한 사대부의 다양한 형태는 여말선초 사회변동의 특징을 반영하는 것이다.

　이러한 고려 후기 유학자 가운데 雙梅堂쌍매당 이첨李詹(1345–1405)이 주목된다. 이첨은 고려왕조를 유지하려는 입장에 있었지만, 조선왕조에도 출사하여 성리학적 이념의 구현에 주력하였다.3 창왕에게 군주의 모범적인 모습을 제시하고 공양왕에게는 군주가 해야 할 역할과 자세를 말하면서, 성리학을 익히고 정도전 등과 교류하며 공양왕 옹립에 기여하였고, 왕조 최말기에는 정몽주와 함께 정도전 등을 제거하는 데 앞장섰다. 조선 건국 뒤에는 왕자의 난 이후에 본격적으로 활동하여, 태종 대에 권근·하륜과 함께 조선왕조의 체제 정비에 참여하였다. 말하자면, 이첨은 여선교체기 첨예화된 정국 상황에서 성리학적 정치사상으로 유교적 이상사회의 구현에 앞장섰으며, 위화도회군, 공양왕 옹립, 왕조 개창, 태종 즉위라는 정국 변화에서 독자적인 사상과 정치적 행동을 보여 주었다. 그러므로 이첨의 사상과 정치적 행동을 살펴보면, 여선 교체기 사대부의 일면을 알 수 있고, 나아가 조선 건국의 사상적 배경까지 조망할 수 있을 것이다.4

---

3 鄭求福,〈雙梅堂 李詹의 歷史敍述〉,《東亞文化》 17(1989); 유경아,〈麗末鮮初 李詹의 정치 활동과 사상〉,《國史館論叢》 55(1994); 김동욱,《朝鮮 初期 官學派의 政治活動과 그 思想 的 基盤 -權近·河崙·李詹을 중심으로-》(고려대 석사논문, 2000); 김동욱,〈쌍매당 이첨〉,《고려시대작가론》(박이정, 2004).

4 이 장에서《쌍매당협장집(雙梅堂篋藏集)》 권1,2,22,23,24,25(민족문화추진회,《한국문집총간》 ⑥, 1990)와《국역동문선》(민족문화추진회, 1977);《국역신증동국여지승람》(민족문화 추진회, 1969); 金東柱 번역,《국역쌍매당선생문집》(1999).

2. 인적 네트워크와 공양왕 옹립 찬성

1) 인적 네트워크와 개혁의식

이첨(1345-1405)은 공민왕 14년(1365)에 한천韓蕆이 시관인 성균시에 합격하고, 공민왕 17년(1368)에 이색이 독권관인 친시에 합격하여 다음 해에 예문 검열이 되었다.[5] 사관史官으로 활동하면서 공민왕 19년 11월의 개혁 상소 가운데 사관을 근시케 하고 정사에 관한 모든 것을 기록하여 수성의 방도를 삼으라 하였다.[6] 공민왕 20년에 지통주사知通州事가 되었는데, 이때 강원도 염찰사 김구용이 보낸 시와 이첨의 답 시가 있다.[7]

이첨은 과거 합격 시 독권관이었던 이색과의 인연으로 당시 성균관에서 활동한 유학자와 교류한다. 《쌍매당협장집雙梅堂篋藏集》과 《동문선》에 나온 시문을 확인해 보면, 이첨은 고려 말엽에는 권근과 윤소종·정총 등의 성리학자와 교류하였고, 건국 뒤 태종 대에는 권근·하륜 등과 사상적으로 결합하였다.

이첨은 우왕 원년(1375)에 좌헌납으로 북원 사신의 영접에 반대하였다. 당시 공민왕 16년 성균관 중영을 계기로 성리학을 익힌 유학자들은 북원 사신 반대에 대하여 같은 의견을 제시하였고, 이첨도 마찬가지였다. 우왕이 즉위하고 정도전과 박상충의 주장으로 명에 시호와 승습을 요청하였는데,[8] 북원은 심왕 고의 손자인 탈탈불화脫脫不花를 고려왕으로 임명하였다.[9] 이에 고

---

5 《고려사》 권73, 志27 選擧1 科目1, "(恭愍王)十七年四月, 幸九齋親試, 賜李詹等七人及第."
6 유경아, 같은 논문, 202-207쪽.
7 이종묵 〈雙梅堂 李詹의 시세계〉, 《관악어문연구》 29, 2004.
8 《고려사》 권133, 列傳46, 禑王1(원년 1월).
9 《고려사》 권133, 列傳46, 禑王1(원년 1월), "納哈出遣使來, 問曰, 前王無子, 今誰嗣位耶?

려에서는 이인임 등이 종친·기로·백관들과 함께 북원의 중서성에 우왕이 공민왕의 유지로 즉위했음을 알리는 글을 올리려 하였다. 이에 박상충은 임박·정도전 등과 선왕께서 이미 명을 섬기기로 정책을 결정하였으니 지금 북원을 섬기는 것은 부당하다고 하여 서명하지 않았다. 선왕인 공민왕이 남쪽의 명을 섬겼으므로 북원을 섬기는 것은 부당하다는 이유에서였다.[10]

또한 북원이 사신을 보내자 이인임·지윤이 북원 사신을 맞이하려 하였으나,[11] 김구용·이숭인·정도전 등이 도당에 글을 올려 반대하였고, 정몽주와 박상충 그리고 이첨·전백영이 반대 상소를 올렸다.[12] 이때 지윤의 당여인 김승득과 김윤승은 임박이 북원 중서성에 보내는 글에 서명을 거부한 것은 심왕을 옹립하려는 뜻이 있기 때문이니 죄를 주어 마땅하다고[13] 주장하였다. 이에 이첨과 전백영을 가두고 최영과 지윤을 시켜 국문케 하였고 최영이 전녹생과 박상충을 매우 참혹하게 국문하여 길에서 죽음을 맞이하였다. 이첨·전백영·방순·민중행·박상진은 곤장을 때려 귀양보내고, 정몽주·김구용·이숭인·임효선·염정수·염흥방·박형·장사도·이성림·윤호·최을의·조문신 등이 자기를 해한다고 귀양보냈다.[14] 이첨은 지춘주사知春州事로 좌천되고 또 가을에 하동에 유배되었다.[15] 2년 뒤에 풀려나 이후 우왕 재위 10년 동안 야인 생활

<hr />

時北元以恭愍無嗣, 乃封藩王暠孫脫脫不花爲王, 故有是問.”

10 《고려사절요》 권30, 禑王(원년 여름 4월), “李仁任 與百官, 連名爲書, 將呈北元中書省, 書曰, 伯顏帖木兒王(공민왕)遺命元子禑襲位, 遣密直金湑, 申達訃音, 今來, 乃知脫脫不花, 妄生異心, 欲要爭襲, 乞賜禁約. 代左言林樸·典校令朴尙衷·典儀副令鄭道傳, 以先王決策事南, 今不當事北, 不署名.”

11 《고려사절요》 권30, 禑王(원년 5월), “北元, 遣使來曰, …… 李仁任·池奫, 欲迎元使 ……”

12 《고려사절요》 권30, 辛禑(원년 6월), “諫官李詹·全伯英上疏曰, ……”

13 《고려사》 권111, 列傳24 林樸.

14 《고려사절요》 권30, 禑王(원년 5월).

15 《고려사》 권117, 列傳30 李詹, “辛禑初, 陞獻納, 與正言全伯英上疏請誅李仁任·池奫, 貶知春州事, 伯英榮州事. 尋杖流河東, 蒙宥從便, 累歷門下舍人·典理摠郎”;《고려사》 권126, 列傳39 姦臣2 李仁任, “右獻納李詹·左正言全伯英上疏曰, …… 書上, 貶詹知春州事, 伯英知榮州事. 於

을 하였다.

이첨은 하동 유배와 야인 생활을 통하여 고려의 현실을 파악한다. 특히 왜구 침입으로 국토의 황폐화와 처참한 농민의 삶[16]을 목도한 이첨은 수많은 시문을 통하여 왜구의 폐해를 말하고, 합포·동래·울산의 영성기營城記[17]를 써 왜구 방비를 위한 축성의 중요성을 제시하였으며,[18] 고려의 사직을 구하고 왕조를 중흥시킬 인물을 기대하였다. 우왕 6년 9월 이성계는 남원 운봉에서 왜구를 격파하고, 구국의 영웅으로 부각되었다. 이색은 여섯 개의 시로 이성계를 찬양하였고,[19] 정도전[20]·윤소종 역시 그랬다. 특히 윤소종은 이성계가 왜구를 방어하는 것을 높이 평가하고,[21] 이성계에게 주자와 정이천의 학문으

是, 鷹揚軍上護軍禹仁烈, 親從護軍韓理, 阿仁任意, 上書以爲, ……"

16 당시 왜구는 해안선뿐만 아니라 대륙까지 침입하고 교동 심지어 개경 근처까지 침입해 왔던 것이다. 왜구는 고종 10년(1223)-공양왕 4년(1392)에 걸쳐서 169년 동안 529회 침입해 왔다. 특히 공민왕 대에는 115회, 우왕 대에는 378회에 달하였다(박용운, 《수정·증보판 고려시대사》(2008), 717-726쪽). 고려 말 왜구의 침입과 이에 대한 정부의 대책을 정리한 최근의 연구로 다음이 참고된다(박종기, 〈고려말 왜구와 지방사회〉《한국중세사연구》 24(2008)).

17 예컨대 합포영성기合浦營城記(우왕 4년), 영주영성기永州城門樓記(우왕 8년), 동래영성기東萊邑城記(우왕 13년)(이상 《동문선》 권77)와 울산군고읍성기蔚山郡古邑城記(우왕 11년)(《신증동국여지승람》 권22, 蔚山郡 古邑城記))에서 알 수 있다.

18 이첨은 왜구의 격퇴를 기원하는 각종의 자연신에 대한 제문을 제작하였다. 제명산문祭名山文, 제풍백문祭風伯文, 제독문祭纛文, 제우사문祭雨師文, 제마아문祭禡牙文 등이 그것이다 (유경아, 같은 논문, 230쪽).

19 《목은집》 詩藁 권26, 門生鄭達蒙, 以事至合坐所, 見持捷書者來云, 諸元帥圍倭賊於雲峯旦月驛之野 盡殲之, 喜而來報. 子躍然曰, 宗社威靈, 吾王之德, 吾相之功如此, 殘生可保無事矣. 嗚呼. 天道不僭, 昭然可見, 爲善可不彊乎.; 권26, 進紫門, 遇鄭令公暉·韓政堂父子, 皆欲還, 子曰, 見入直官員, 然後退室如何? 是再入, 則李那ㅁ出傳受, 肅拜賜屬酒. 若曰, 海寇之如此, 卿等老人之德也. 趍出歷謁領三司曲城君·侍中漆原君· 守侍中廣平君·判三司鐵原君賀平賊, 至晚乃歸.; 권26, 聞李商議·邊四宰與諸元帥凱旋, 病不能郊迓, 吟成一首; 권26, 雨不止, 坐念諸元帥行李艱苦; 권26, 諸將入城; 권26, 諸元帥入城矣 予以天陰病作 不能進謁(우왕 6년 9월).

20 《삼봉집》 권2, 窮獸奔.

21 《동문선》 권5, 五言古詩 送仍上人葬其師頓庵于錦州還京.

로 이윤과 같은 재상이 되어 태평 만세를 열어 달라고 하였다.[22] 이첨 역시 체제 위기, 사회 불안을 겪고 있을 때, 왜구를 물리치고 고려 사직을 구할 인물로 이성계를 주목하였다.

이첨은 우왕 10년 전교부령(종4품)으로 복귀하였는데, 정도전에게 "바닷가에서 3년을 나그네로 살란가, 신유년에 사은을 입어 돌아왔소 ……"[23]라고 하였다. 우왕 14년 3월에 예문관대제·예문응교를 지냈다. 우왕 14년(1388) 위화도회군 이후 요동 공격의 책임을 물어 우왕을 폐위하고[24] 새로운 왕을 옹립하려 할 때, 조민수는 우왕의 아들인 창을 세우고자 당시 명유인 이색의 말을 의지하였는데, 이색은 이전 왕의 아들을 세워야 한다[25]고 하였다. 그리고 창왕이 즉위하였다.

이첨은 조준과 윤소종, 정지와 같이 우왕과 창왕을 신돈의 아들, 곧 신씨라 보고, 창왕 즉위는 잘못된 것이므로 왕씨 성을 가진 왕을 새로이 옹립해야 한다는 우왕비왕설[26]에 공감했고, 창왕 폐위에 찬성하였다. 이성계는 심덕부·정몽주·설장수·성석린·조준·박위·정도전 등과 흥국사에 모여서 우왕과 창왕은 본래 왕씨가 아니므로 종사를 받들게 할 수 없고 천자의 명도 있으니 마땅히 가짜 왕을 폐하고 진짜 왕을 세워야 한다고 하였다. 그리하여 신

---

22 《동문선》 권8, 七言古詩 奉賀李相國大破倭寇于引月驛振旅還都.

23 《쌍매당협장집(雙梅堂篋藏集)》 권1, 被召至京奉簡三峯先生.

24 李佑成, 〈牧隱에게 있어서 祦昌問題 및 田制問題〉, 《牧隱 李穡의 生涯와 思想》(1996).

25 《고려사》 권115, 列傳 권28 李穡, "曹敏修謀立昌, 以穡爲時名儒, 欲藉其言, 密問於穡, 穡亦欲立昌, 乃曰, 當立前王之子. 遂立昌."

26 우왕은 신돈이 실각한 뒤, 공민왕이 신돈의 시비侍婢인 반야般若 사이에 아들을 낳았다고 말함으로써(《고려사절요》 권29, 恭愍王 20년 7월) 세상에 알려지게 되었다. 그 뒤 우祦로 개명하고 강녕부원대군에 봉해졌고 백문보를 사부로 삼았다(《고려사절요》 권29, 恭愍王 22년 7월)). 공민왕은 우를 죽은 궁인 한씨의 소생으로 말하고 한씨의 3대와 그의 외조에게 벼슬을 추증하였다. 우는 공민왕이 죽자 이인임과 왕안덕의 추대에 의해 10세의 나이로 즉위하였다(《고려사절요》 권29, 恭愍王 23년 9월).

宗神宗의 7대손으로 그 족속이 가장 가까운 정창군 왕요를 (공양)왕으로 옹립하였다.27

공양왕이 즉위하자 이첨은 성균관 대사성·우상시가 되어,28 조준의 추천으로 좌상시가 된 윤소종과 함께 대간 언론 활동의 핵심에 선다. 이첨은 공양왕 옹립 명분인 우왕비왕설과 관련하여 우왕과 그 아들인 창왕 옹립에 기여한 변안렬과 이림을 비판하였다. 이첨은, 윤소종, 오사충과 함께 변안렬이 신우를 왕으로 세워 왕씨의 종사를 영원히 끊으려 한 것은 김저가 말한 바 있으니 헌사에게 말하여 가산을 적몰하도록 하라고 했다.29

이첨은 공양왕 2년 좌부대언左副代言이 되어30 교서를 작성하는 등 공양왕의 최측근에서 왕조를 유지하려고 하였다.31 공양왕 2년 윤소종이 이성계가 소인을 물리치지 못한다고 비판하자,32 이성계는 병을 이유로 사퇴하였다. 이에 공양왕은 환관을 보내 이성계를 위로하고 공양왕 옹립 9공신을 포상하며,33 이첨이 위화도회군 공신록을 작성하게 하였다.34

그런데 이첨은 정몽주와 함께 정도전, 이성계의 정치활동에 반감을 가지기 시작했다. 정몽주는 우왕과 창왕이 왕씨가 아니라는 것에 동의하고 정도

---

27 《고려사절요》 권34, 恭讓王(원년 11월).

28 《고려사》 권45, 世家45 恭讓王1(원년 12월 을묘);《고려사》 권117, 列傳30 李詹, "恭讓卽位, 轉成均大司成, 改右常侍, 經筵講讀官, 歷工禮二曹判書, 尋拜密直代言,"

29 《고려사절요》 권34, 恭讓王(2년 봄정월);《고려사》 권126, 列傳39 姦臣2 邊安烈, "郎舍尹紹宗·李詹·吳思忠等上疏曰, 安烈欲迎立辛禑, 永絶王氏之祀, 實金佇之所明言, 國人之所共知. 請下憲司, 明正典刑, 籍沒家産."

30 《고려사》 권45, 世家45 恭讓王1(2년 4월 기묘), "以鄭道傳爲政堂文學·金士衡爲密直使兼大司憲·李詹爲左副代言·我太宗爲右副代言·韓尙質爲右常侍."

31 공양왕이 평소 이첨을 좋아하였다고 한다(《태종실록》 권9, 5년 3월 을축, "知議政府事李詹卒. ……恭讓王素與詹善, 拜詹代言, 頗信重之.").

32 《고려사절요》 권34, 恭讓王(2년 3월).

33 《고려사절요》 권35, 恭讓王(2년 4월).

34 《고려사절요》 권34, 恭讓王(2년 4월), "錄回軍功臣 敎曰, ……"

전, 이성계 등과 같이 공양왕 옹립에 찬성하였지만, 이성계, 정도전 등의 정
치활동에 거부감을 느끼게 되었고 이들과 결별하게 된다.[35] 그 시점은 윤이·
이초 사건으로 판단된다.[36]

　윤이·이초 사건은 공양왕 2년 5월 명에서 돌아온 왕방과 조반을 통해 윤
이·이초가 명 황제에게 무고하여 이성계가 자신의 친척인 왕요를 왕으로 세
웠는데, 이에 반대한 이색 등을 살해했다고 하면서 고려로 출병해 줄 것을
요청하였다는 것이다. 대간은 윤이·이초의 무리를 국문하라고 하였지만, 공
양왕은 그 글을 궁중에 두고 내려보내지 않았다. 이때 지용기가 친분이 있는
김종연에게 그가 연루되어 있음을 알려 주자 김종연이 달아났다. 이 일로 옥
사가 크게 일어나 이색·이림·우현보·권근·우인렬·정지·이숭인·이종학·이귀
생·권중화 등이 체포되었다.[37] 얼마 뒤 수재가 나고 옥에 갇힌 사람들은 석
방되었다.

　정몽주는 공양왕에게 대사면을 청해 그 사건과 관련된 인물들이 죄가 없
음을 밝혔다.[38] 계속해서 헌부와 형조에서는 윤이·이초 무리의 죄를 다스리
기를 청하였지만,[39] 공양왕[40]과 정몽주는 윤이·이초의 무리의 죄는 명백하지

35　李亨雨, 〈鄭夢周의 政治活動에 대한 一 考察〉, 《史學研究》 41(1990).

36　李亨雨, 같은 논문, 85쪽; 유경아, 같은 논문, 213쪽; 이익주, 〈고려말 신흥유신의 성장
　　과 조선 건국〉, 《역사와 현실》 29(1998), 33쪽; 이 밖에 공양왕 2년 11월 무렵(민현구,
　　〈고려에서 조선으로의 왕조교체를 어떻게 이해할 것인가〉, 《한국사시민강좌》 35(2004),
　　15쪽)으로 보는 견해가 있다.

37　《고려사절요》 권34, 恭讓王(2년 5월).

38　《고려사》 권104, 列傳17 金方慶 金士衡, "唯贊成事鄭夢周言, 彝初之黨罪, 固不白, 又經赦
　　宥, 不可復論."; 《고려사절요》 권34, 恭讓王(2년 8월), "憲府刑曹復請, 治彝初之黨, 下都堂擬
　　議. 鄭夢周云, 彝初之黨, 罪固不白, 又經赦宥, 不可復論. 王猶從衆議, 乃流禹賢寶權仲和慶補,
　　張夏于遠地."

39　《고려사절요》 권34, 恭讓王(2년 7월), "憲府刑曹上疏, 請治彝初黨, 翌日臺諫復請, 皆不報."

40　《고려사》 권104, 列傳17 金方慶 金士衡; 《고려사절요》 권34, 恭讓王(2년 8월), "又上疏
　　言, 尹彝李初之黨, 皆已遠竄, 而禹玄寶權仲和張夏慶補等, 尚在都下. 不宜罪同罰異, 請一切逐

않고 또 대사령이 내렸으니 다시 논할 수 없다[41]고 하였다. 이어 정도전 계열 간관들의 탄핵과 이에 대한 이반 등 정몽주 계열의 탄핵이 연속해서 이어졌다. 이첨은 윤이·이초 사건의 사실 여부를 의심하고 그 때문에 많은 사람이 희생당하는 것에 불만이었다.[42]

공양왕 2년 11월 이성계와 함께 공양왕을 옹립한 구공신 가운데 심덕부·지용기·박위 등이 유배되었고, 이성계가 중외의 모든 군사를 통솔하고 원수들이 가지고 있던 인장을 회수하는 조치가 내려졌다.[43] 공양왕 3년 정월 이성계가 도총제사, 배극렴·조준·정도전이 총제사가 되었으며, 이해 5월에 과전법이 시행되었다.

공양왕은 구언교(3년 4월)를 내려 신하의 의견을 구했는데, 이때 정도전과 남은의 상소는 받아들이지 않았고 불교 배척 상소를 올린 김초를 죽이고자 하였다. 공양왕 3년 7월 정몽주와 재상들은 이른바 오죄五罪에 대한 진상을 밝힘으로써 정도전 등과 대결을 시도하였고,[44] 정국이 역전되는 상황이었다. 이때 이첨은 공양왕에게 군주로서 해야 할 성리학적 군주론과 인의 정치를 개진하는 구규九規를 올려 고려왕조를 중흥하고자 하였다. 공양왕은 이첨에게 개태사에 있는 태조 진전에 제사를 지내게 하였고,[45] 정몽주가 올린 신율을 강의하도록 하였다.[46] 공양왕 3년 9월 성헌省憲 형조의 탄핵을 받아 정

之. 王以情狀未明, 事在赦前, 不允. 又再請, 皆不報."

41 《고려사》 권104, 列傳17 金方慶 金士衡;《고려사절요》 권34, 恭讓王(2년 8월)

42 《동문선》 권40, 陳情箋, "臣則以爲易代之際 枉善無辜者 衰季之事也"; 유경아, 같은 논문, 213쪽.

43 이익주, 〈고려말 신흥유신의 성장과 조선 건국〉, 《역사와 현실》 29(1998).

44 《고려사》 권117, 列傳30 鄭夢周(又疏日);《고려사절요》 권35, 恭讓王(三年七月鄭夢周與宰相上疏日).

45 《고려사》 권46, 世家46 恭讓王(3년 5월 신묘), "遣左代言李詹于連山開泰寺, 祭太祖眞殿, 獻衣一襲, 玉帶一腰."

46 《고려사》 권46, 世家46 恭讓王2(4년 2월 갑인).

도전이 봉화로 쫓겨 가고, 12월에 정몽주가 안사공신의 칭호를 받으며 이색과 우현보도 각기 한산부원군과 단산부원군으로 봉해졌다.[47] 그리고 공양왕 4년 4월 김진양 등이 조준·정도전·남은·윤소종 등을 논핵하고 먼 지방으로 유배보냈다.

그런데 이들이 유배된 지 이틀 만에 정몽주가 암살되고 이성계와 정도전 등이 다시 권력을 잡게 되었으며, 이첨은 결성結城(충남 홍성)으로, 이사영은 남원으로 유배되었다.[48] 공양왕 4년 7월 조선이 건국되고 이첨은 이색·우현보 등과 같이 논죄되어, 직첩이 회수되고 먼 지방으로 유배되었다.[49]

2) 곽광 인식과 공양왕 옹립 찬성

이첨은 정도전, 정몽주 등과 함께 우왕비왕설로 공양왕 옹립에 찬성하였는데, 여기에는 그의 독특한 군주관이 작용한다. 이러한 사실은 한나라의 재상 곽광에 대한 인식 변화에서 알 수 있다.

한나라의 권신인 곽광은 김일제·상관걸·상홍양과 함께 무제의 유조遺詔를 받아 8세로 즉위한 소제昭帝를 보좌하여 정사를 결정하였다. 그의 딸을 상관걸上官桀의 아들인 (상관)안에게 시집보내고, 다시 그에게서 낳은 딸을 소제의 황후로 삼아 황후의 외조부가 되었다. 원평 1년(B.C.74) 소제가 후계자 없이 죽고, 무제의 손자인 창읍왕昌邑王 류하劉賀가 즉위하였다. 하지만, 류하가 행실이 방탕하고 음란하여 사직을 위태롭게 할까 우려된다는 명분으로, 곽광은 27일 만에 류하를 폐하고 선제宣帝를 옹립하였다. B.C.68년에 곽광이 병사하고 곽광 부인이 선제의 황후 허씨를 독살한 것이 알려지면서, 곽광이 반역죄

---

47 《고려사절요》 권34, 恭讓王(3년 12월).
48 《고려사절요》 권34, 恭讓王(4년 4월), "流知申事李詹于結城, 右副代言李士穎于南原."
49 《태조실록》 권1, 원년 7월 기사, "敎中外大小臣僚閑良耆老軍民. 王若曰, …… 柳沂·李詹 …… 收其職牒, 決杖七十, 流于遐方. ……"

에 연루되고 B.C.66(지절 4년) 일족 수천가가 한꺼번에 죽음을 당했다.[50]

이첨은 위화도회군 이전 시기에 사관으로서 《한서》를 비롯한 중국 사서에 대한 폭넓은 이해를 바탕으로, 중국 역사상 인물을 시로 읊은 '독사감우讀史感遇'를 남겼다. 여기에는 장희백藏喜伯·제환공齊桓公에서부터 혜소嵆紹에 이르기까지 46명을 언급하였는데, 15번째가 곽광에 관한 것이다.

> 유언을 받아 어린 임금을 보필하였으니
> 권력 앞에 헐뜯는 말이 개재할 수 있었겠는가.
> 원평元平의 일에 의혹을 갖는 사람이 있다면
> 은나라의 이윤에게 질문해 보시오.[51]

이첨은 곽광이 한 소제를 보필하였고, 원평의 일, 곧 창읍왕 류하를 폐하고 선제를 옹립한 일에 대하여 의심한 자가 있다면 은나라 이윤에게 물어보라고 하여, 곽광의 행위를 긍정하였다. 《한서》에서 전연년田延年이 "이윤이 은나라 재상으로 있을 때 태갑太甲을 폐하여 사직을 안정시켰으므로 후세에 그의 충성을 칭송하였습니다. 장군[霍光]께서 만일 이렇게 할 수 있다면, 곧 한나라의 이윤伊尹이라고 할 것입니다."[52]라고 하여 무도한 창읍왕 류하를 폐위하고 사직을 안정시키면 은나라의 이윤이라고 하였다. 이첨 역시 전연년의 말과 이를 행한 곽광의 행동에 찬동한 것이다. 널리 알려져 있듯이 이윤은

---

50 《한서》 권68, 列傳38, 霍光金日磾; 《자치통감》 권11, 漢紀 孝昭皇帝; 《자치통감》 권12, 漢紀 中宗孝宣皇帝; 金翰奎, 〈漢代 및 魏晉南北朝時代의 輔政〉, 《歷史學報》 137(1993); 西嶋定生, 《秦漢帝國》(講談社, 1997)(최덕경·임대희 옮김, 《진한사》(혜안, 2004)); 金容天, 《전한후기 예제담론》(선인, 2007).

51 《쌍매당협장집》 권1, 讀史感遇 霍光, "寄托親承六尺孤 任專那得間讒夫 有人如惑元平事 請質殷家伊尹乎."

52 《한서》 권68, 列傳38, 霍光金日磾, "延年日 伊尹相殷 廢太甲以安宗廟 後世稱其忠 將軍若能行此 亦漢之伊尹也."

탕을 보좌하여 하나라의 걸을 쫓아내고 은(상)나라를 건국에 이바지한 인물이다. 이윤은 탕을 보필하여 걸을 쫓아내고, 은(상)나라를 세우는 데 기여하고, 탕왕의 손자 태갑이 군주의 도리를 갖추게 하였으나, 태갑이 이를 듣지 않자 동궁桐宮으로 추방했다가 태갑이 잘못을 뉘우치자 정권을 돌려주고 왕으로 받들었다.[53] 곧 이윤은 자신이 모신 군주를 요순과 같은 이상 군주가 되도록 보필하였다는 것이다.

고려 후기에는 신료의 직분 완수(군주에 대한 간언)과 함께 신료의 군주 추방 기사가 부각된다.[54] 권근은 우왕에게 태갑太甲이 군주의 도를 잃게 되자 이윤伊尹이 글을 지어 간언한 연후에 잘못을 후회하고 착한 일을 하여 은의 훌륭한 왕이 되었다[55]고 하였다. 나중에 남은은 공양왕을 폐위시키는 이유가 이윤이 태갑을 동궁으로 쫓아낸 것과 같다고 하여, 공양왕이 태갑과 마찬가지로 선으로 옮겨가고 잘못을 고친다면 왕으로 돌아올 수 있을 것이라고 하였다.[56] 위화도회군 이전 시기에 지어진 것으로 추측되는 위의 글은 이첨이 무도한 창읍왕 류하를 쫓아내고 선제를 옹립한 곽광을 높이 평가한 글이라 하겠다.

그런데 공양왕 대 쓰여진 다음 《동문선》의 글은 곽광에 대한 공적과 함께 비판적 관점이 들어 있다.[57] 이첨은 재상 곽광의 공적과 문제점을 구분하면서 《논어》[58]를 인용하여 곽광이 군자다운 사람이지만 어질지 못하다고 하였

---

53 《상서》 咸有一德.

54 현수진, 〈고려시기 伊尹 故事와 그에 나타난 군신관계〉, 《역사학보》 244(2019).

55 《고려사》 권107, 列傳20 權咺 權近(우왕 8년), "又上疏曰, ……"

56 《고려사》 권116, 列傳29 南誾, "誾對曰, 我等必得明主, 願勿憂. 遂廢王. 王將出, 誾跪曰, 禹玄寶父子, 謀迎辛禍, 又黨於金宗衍, 欲危社稷. 於是, 大臣·省憲, 以宗社大計, 請罪玄寶父子, 姻婭之故, 優游不斷, 曾未知五百年三韓之業, 在禹氏之生死也. 昔商王太甲, 欲敗度縱敗禮, 伊尹放之桐宮, 旣而太甲處仁遷義, 伊尹迎太甲, 復紹成湯之業. 今上若能遷善改過, 則不待朝夕而復矣"

57 《동문선》 권99, 霍光論(李詹).

58 《논어》 권14, 憲問, "子曰, 君子而不仁者有矣夫, 未有小人而仁者也."

다. 곽광이 무제가 주공의 그림을 준 의도에 감격하여 혼자서 천하의 안위와 국가의 존망을 도맡아, 한나라 소제를 보필하고, 선제를 옹립한 것은 류씨 왕조를 되살리고, 한나라의 기틀을 다시 세운 것이라고 하였다.

그러나 이첨은 곽광이 천하를 위해서 공公을 실현하려고 하면서 동시에 자기 집안을 위하여 사私를 도모한다면 이는 그 마음이 순수한 인에 입각한 것이라고 할 수 없다고 하였다. 두 가지 문제를 지적하였다. 첫째, 곽광이 상관걸 상관안 부자, 상홍양과 반목하여 이들이 반란을 일으켜 죽게 된 것에는 곽광의 잘못이 크다고 하였다. 처음 상관 부자가 연왕을 사칭한 잘못을 바로 잡아, 상관 부자를 쫓아내었다면, 조기에 일을 마무리할 수 있었는데, 일을 미뤄 모두 죽게 하였다는 것이다. 둘째, 곽광의 부인인 현은 허황후를 독살하고 자신의 딸을 황후를 세웠는데, 곽광은 이를 알았지만, 모른 체 하였다는 점이다. 만약, 곽광이 허황후를 독살한 부인의 잘못을 지적하고 딸을 황실의 일원이 되게 하지 않았다면 곽광 일족이 죽음을 당하지는 않았을 것이라는 것이다.

곧 이첨은 곽광이 한나라의 이윤과 같은 재상으로 국가를 위하여 공公을 행했지만, 집안의 사적인 일을 도모하였다고 하였다. 이첨에 따르면, 대의멸친이라는 《춘추》의 법에 따라 공을 위해 사를 희생해야 하는데, 곽광이 공적인 데에서 출발했다 할지라도 그 정당성을 얻지 못하였다고 하였다. 집안은 반드시 스스로 무너뜨린 다음에 다른 사람이 그를 무너뜨리는 것이고, 그런 점에서 곽광은 스스로 그의 집안을 무너뜨린 자라는 것이다. 이첨은 《한서》의 평59을 인용해서 "(곽광)이 학술이 없어서 집안사람을 윤리에 따라서 다

---

59 《한서》의 찬자는 곽광이 소제를 옹립하고 선제를 세워 국가를 바로잡고 사직을 안정시킨 공로를 인정했다. 그러나 곽광은 학술이 없어서 이치에 어두워 아내의 사악한 꾀를 좇아 딸을 황후로 세웠고, 탐욕에 빠져 큰 화를 입었으며, 죽은 지 3년 만에 종족이 다 죽음을 당하였다(《한서》 권68, 列傳38, 霍光金日磾傳, "贊曰, ……")고 하였다.

스리며 은혜와 사랑을 베풀 줄을 몰랐고, 그가 은혜를 베푼 것도 마침내 윤리를 어지럽히게 하였으니, 그가 삼족三族의 형을 받음이 마땅하다"[60]고 하였다. 즉, 이첨은 곽광이 천하를 위하여 공을 실현하려고 하면서 자신의 집안을 위하여 사를 도모하였다고 보고, 이는《논어》의 공정함을 의미하는 인仁[61] 하지 못한 사람에 해당하므로, 곽광에게서 공정하고 바른 마음에서 정치를 행했다고 볼 수 없다고 하였다.

이첨이 곽광을 통해서 말하려고 한 것은 무엇이고, 공양왕 대 이후 곽광에 대한 부정적 인식이 첨가된 이유는 무엇인가? 이는 이첨이 우왕비왕설과 공양왕 옹립이라는 현실 상황을 목도하며 곽광에 대한 생각을 다시 하게 된 결과로 이해된다.

이첨은 성리학을 수용하고, 공양왕을 정점으로 하는 고려왕조를 중흥하고자 하였다. 그는 왕조국가에서 국왕이 어떠하느냐에 따라 국가의 운명이 좌우된다고 보고 국왕의 정치에 임하는 자세를 역설하였다. 위화도회군 이후 개혁 정치에 동참한 이첨은 이상 군주상을 제시하고 성리학의 인의 정치를 제안하였다. 창왕이 즉위하자 당나라 태종의 제범帝範을 올려 군주가 마음을 비우고 스스로를 경계하며 어진 신하를 등용하고 간언을 받아들이는 교훈을 제시하였고,[62] 공양왕 대에는 당시가 당 태종의 말년 시기와 유사하다고 보고 당 태종이 위징과 같은 신하의 의견을 경청한 것을 본받으라고 하였다.[63]

공양왕 3년 11월 이첨은 왕에게 구규九規를 올렸는데, 여기에는 양덕養德·여사慮事·개과改過·돈본敦本·겸기謙己·시인施仁·비류比類·보업保業 등 군주가 견

---

60 《동문선》 권99, 霍光論(李詹).

61 《논어》 권8, 泰伯, "子曰, 唯仁者能好人, 能惡人." ○唯之爲言獨也. 蓋無私心, 然後好惡當於理, 程子所謂, 得其公正, 是也. ○游氏曰, 好善而惡惡, 天下之同情, 然人每失其正者, 心有所繫而不能自克也, 惟仁者無私心, 所以能好惡也.

62 《고려사》 권117, 列傳30 李詹, "辛昌立拜司憲執義, 書唐太宗帝範以進曰, ……"

63 《고려사》 권117, 列傳30 李詹, "詹進九規. …… 七曰, 比類. ……"

지해야 할 덕목을 9가지로 제시하였다.[64] 이 가운데 중심이 되는 것은 6번째
시인施仁이다. 이첨은 인을 천지가 만물을 생성하게 하는 마음이고 사람이 태
어나게 하는 원리라고 하였다. 그 본체를 생각하면 오상의 하나가 되고, 쓰
임을 생각하면 애愛의 리理가 되며, 인의 행함을 생각하면 자기 부모를 사랑
하는 데서부터 출발하여 백성을 사랑하고 만물을 사랑하는 것이라는 것이다.
그에 따르면, 요 임금이 큰 덕을 밝혀 구족九族을 친하고 백성을 고루 밝게
하여 나라가 화평하게 되었으니, 이는 인을 베푸는 순서를 얻은 것이라고 할
수 있다. 반면 제 선왕은 그 은공이 백성에게 미치지 못하면서 당 아래로 지
나가는 소를 불쌍히 여긴 것은 인을 베푸는 순서를 잃은 것이니, 큰 근본을
잃었는데 이것을 인이라 할 수 없다. 그러므로 요 임금을 모범으로 삼고 제
선왕을 경계하라고 하였다.[65]

　이는 성리학의 인론[66]을 그대로 반영하며 만물에 대한 보편적 사랑과 인간
론을 보여 주는 것이다. 유가의 최고 덕목인 인을 주자는 심의 덕이고, 애愛의
리理로서 인심의 정리正理로 파악하였으며,[67] 인의예지의 4덕을 포함하고 천
지 만물을 낳는 마음으로 존재 의의를 부여하였다.[68] 도덕적 정황에서 표출
되는 사람의 정감은 마음에 담지된 인이란 덕성에 뿌리를 두고 있다.[69] 그리

---

64 《고려사》 권117, 列傳30 李詹;《고려사절요》 권35, 恭讓王(3년 11월).

65 《고려사》 권117, 列傳30 李詹, "詹進九規 …… 六日, 施仁. 仁者, 天地生物之心, 而人所得
　以生者也, 論其體則五常之一, 論其用則愛之理, 論其施之之方, 則自親親而仁民而愛物, 自有等
　殺, 不可混施也, ……"

66 金都錬, 〈孔子의 '仁'에 대한 朱子와 茶山의 異同探討〉《中國學研究》 3(1987); 林宗鎭, 〈朱子
　의 仁說 연구〉, 《泰東古典研究》 10(1993); 鄭相峯, 〈주자의 인론(仁論)〉《中國學報》 40(1990).

67 《논어》 권1, 學而, "其爲人也孝弟 而好犯上者 鮮矣 不好犯上 而好作亂者 未之有也 君子務
　本 本立而道生 孝弟也者 其爲仁之本與" 仁者 愛之理, 心之德也: 권18, 微子, "微子去之, 箕
　子爲之奴 比干諫而死 孔子曰 殷有三仁焉" 故不啻乎愛之理 而有以全其心之德也;《孟子》 梁惠
　王, "王曰, 叟不遠千里而來, 亦將有以利吾國乎? 孟子對曰, 王何必曰利, 亦有仁義而已矣" 仁
　者, 心之德, 愛之理."

68 《주자대전》 권67, 仁說, "天地以生物爲心者也, 而人物之生, 又各得夫天地之心, 以爲心者也."

하여 인은 진순陳淳의 말처럼 마음의 생리로서 태어나 끊어지지 않기 때문에 그 단서가 나오게 되면 측은지심이 되고, 이 측은지심이 확충되면 애愛를 이룬다. 그러므로 인은 애의 뿌리이고 측은은 뿌리의 싹이며, 애는 그 싹이 커서 무성한 상태라고 한다.[70]

고려 후기에는 주자학이 수용되고《사서집주》·《대학연의》같은 저서를 통하여 주자학의 인론을 이해하였다. 하륜은 주문공의 인자설을 공양왕에게 바쳤고[71] 조준은, 순과 무왕이 폭군 주紂와 곤鯀을 죽인 것은 천지가 만물을 생육하는 마음에서 연유한 것인데, 근세에 와서는 사람을 죽이는 것을 음식을 먹듯이 한다고 비판하였고,[72] 태조 왕건은 삼국이 각축을 벌이고 재정이 급박할 때 군사상 문제는 뒤로 하고 백성을 구휼하는 것을 우선하였는데, 이것이 곧 천지가 만물을 낳게 하는 마음이라고 하였다.[73]

이첨은 여기에서 한 걸음 더 나아가 인의 주자학적 의미를 이해하여, 공양왕에게 인정을 말하면서 인을 천지가 만물을 낳게 하는 마음으로, 백성을 사랑하고 만물을 사랑하는 정치를 행하라고 하였던 것이다. 인은 천지의 가장 큰 덕이고 가장 온전한 심덕이 되는 것이니, 사람을 사랑하고 차마하지 못하는 정치〔不忍人之政〕를 행하는 실마리[74]라고 말한 정도전과 같은 생각이라고 할 수 있다. 성리학적 인의 정치를 추구한다는 점에서 이첨과 정도전은 같

---

69 鄭相峯, 같은 논문, 461-463쪽.

70 金都錬, 같은 논문, 18쪽.

71 《고려사》권46, 世家46 恭讓王2(4년 2월 병진), "王以誕辰幸壽昌宮, 受朝賀宴群臣. 全羅道都觀察使河崙, 書朱文公仁字說, 作屛以獻."

72 《고려사》권118, 列傳 권31 趙浚, "又上疏曰, …… 書曰, 罰不及嗣, 傳曰, 罪人不孥. 故舜殛鯀而相禹, 武王誅紂而封武庚, 卽天地生物之心也. 至於近世殺人如飮食, 滅人之族猶恐其有後, 不仁甚矣.……"

73 《고려사》권78, 志32 食貨1 祿科田, "大司憲趙浚等上書曰, …… 當是時, 三國鼎峙, 群雄角逐, 財用方急, 而我太祖後戰功先恤民, 卽天地生物之心, 而堯舜文武之仁政也."

74 《삼봉집》권7, 朝鮮經國典 上 正寶位.

은 지향점을 가졌다고 할 수 있다.

이첨은 위화도회군 뒤 성리학적 정치이념을 실현하면서 고려왕조를 유지하려고 하였다. 그가 올린 구규의 마지막인 아홉 번째 글은 왕조를 보존해야 한다는 보업(保業)이다. 이에 따르면, 왕업은 큰집과도 같아, 집터·기둥·주춧돌·마룻대·들보·지붕·울타리·빗장과 자물쇠 등이 집의 주요 요소라고 한다면, 백성이 집터이고 예법이 기둥과 주춧돌이며, 재신이 마룻대와 들보, 관리가 지붕, 장수는 울타리, 군사는 빗장과 자물쇠로 빗대며, 군주가 조종의 법을 잘 지키고 편안함과 참소를 경계한다면 왕조를 보존할 수 있다고 하였다. 그러니 공양왕은 선왕의 법도를 따르고 우왕의 잘못된 정치를 경계하여 왕조를 보존하라고 하였다.[75]

이첨의 성리학적 군주론과 인의 정치는 고려왕조 안에서 실현하려는 것이었고 그러한 관점이 곽광에 대한 인식 변화를 가져온 것으로 보인다. 그는 이상 군주상을 제시하는 데 재상의 역할을 무엇보다도 중요하다고 보고, 올바른 재상에 의해 군주가 인도되기를 기대했다. 이첨은 소제를 보좌한 곽광을 은나라의 이윤이라고 말하듯 이윤과 같은 재상의 출현을 염원하였고, 당시 왜구를 물리치고 고려 사직을 구할 인물로 이성계를 주목하였다.

그런데 이첨은 공양왕 2년 5월 윤이·이초 사건을 계기로 이성계의 저의를 의심하게 되었다.《동문선》에 실린 이첨의 곽광론 비판은 곧 이성계를 경계하는 표현이라고 할 수 있다. 처음 이첨의 곽광에 대한 긍정적인 견해는 위화도회군 전후에 고려의 사직을 구하고, 왕조를 중흥시킬 인물로 이성계를 주목하면서, 이성계를 한나라의 이윤인 곽광에 비유한 것이었다. 그러나 공양왕 즉위 뒤 이성계를 중심으로 새로운 왕조 개창의 움직임이 일어나자 딸을 황후로 삼으려 했던 곽광이 공(公)을 실현한 것을 높이 평가하면서도 가족을 위

75《고려사》권117, 列傳30 李詹, "詹進九規, …… 九日 保業 ……"

하여 사私를 실현한 것을 비판하였다.

이첨은 곽광 행적을 염두에 두면서 이성계가 천하를 위하여 공公을 실현하려는 마음으로 위화도회군을 감행하는 것은 인정하면서도, 왕조교체를 통하여 이성계 일가가 왕실의 일원이 되는 것을 경계하고자 하였다. 즉 정도전 등이 이성계를 추대하여 새로운 왕조를 수립하려는 것에 반대한 것이다. 고려왕조의 존속과 공양왕이 이상 군주가 되기를 바라는 이첨으로는 자연스런 귀결이라고 할 수 있다.

이첨은 고려와 국왕인 공양왕에 충성을 다하고자 하였다. 공양왕 말년에 지은 것으로 생각되는 밀봉설이 이를 잘 보여 준다. 꿀벌조차도 왕벌을 위해 죽음으로서 보답하는데, 하물며 신하는 임금과 하나가 되어 함께 천위天位를 누리고, 휴척을 같이하고 존망을 함께하며 임금을 위해서 죽는 것이니 다른 마음이 있을 수 없다. 꿀벌과 같은 미물이라도 신하의 거울이 될 만하다는 것이다.[76]

또한 그는 하동 유배지에서 손님과 대화 형식에서, 신하로서 군주에 대한 도리를 강조하고 있다. 손님이, 은나라 신하인 기자는 노비가 되고, 비간은 간하다가 죽었는데, 누가 현명한 사람인가를 질문하였다. 이에 대하여 이첨은, 두 사람은 주의 마지막 왕인 주왕의 잘못을 지적하여 바른 길로 돌아갈 것을 바랐는데, 이 둘은 모두 임금을 사랑하고 나라를 걱정하는 진실한 마음〔愛君憂國之誠心〕에서 우러나온 것이라 하였다. 그리고 한 사람은 자기 몸을 바쳐 도리를 따른 것이요, 한 사람은 정의를 얻고 죽은 것이니, 모두 천하 후세의 모범이 될 만한 것을 공자는 행동은 다르지만 모두 어질다고 말한 것이라 하였다. 그리하여 이첨은 성현이 어지러운 세상을 만나 죽고 사는 것과

---

76 《동문선》 권98, 蜜蜂說, "余聞而悲之曰, 夫蜜蜂虫之無知者. 其賴於君也, 惟隨飛占窠耳, 同窠催蜜耳, 尙能以死報之. 況臣之於君同爲一體, 共享天位, 共食天祿, 同休戚俱存亡, 義固爲君有死無二也. …… 惟微物足以爲人臣者之鑒."

가난하고 미천하더라도 만난 처지에 따라서 편안히 여기니 또한 각자 자신의 도리를 다할 따름이라고 하였다.[77] 기자와 비간이 신하의 도리를 다한 것을 높이 평가하고 있는 것이다.

그가 창왕에게 제범帝範을 올리고, 공양왕을 위하여 구규九規를 제시하고 정종에게 정심론을 올린 것은 '두 임금을 섬기지 않는다[不事二君]'는 절의와 다른 태도라고 할 수 있다. 이첨은 현실의 군주에 충성하고 신하로서 도리를 다하는 것을 중시하였다. 그는 우왕 14년 8월 권근과 함께 우왕을 호종하여 서경에 가서 최영의 요동 정벌을 독려하기도 했다. 국왕의 명령은 절대적인 것이다. 이첨은 주어진 군주의 권위에 복종하는 것을 군신 사이의 가장 중요한 의리로 간주하는 이른바 명분론적 군신 윤리[78]에 충실한 사실을 알 수 있다.

이첨은 성리학자이지만, 고려의 불교 이념을 비판하는 척불 상소에 반대하였다. 공양왕 3년 4월 구언 상소에서 김초는 불교의 윤회설, 인과응보설을 들어 불교의 교리를 비판하였다.[79] 이에 불교를 고려왕조를 정당화시켜 주는 체제이념이면서 국가 질서를 유지하는 준거, 곧 선왕성전先王聖典으로 본 공양왕[80]은 김초를 논죄하려고 하였다. 이때 성균 생원 박초는 태조 왕건은 불교를 숭상한 것이 아니고 유교의 성군을 본받았다고 보았다. 최응과 대화에서 보듯이 태조는 국초의 민심 수습 차원에서 갑자기 불교를 없앨 수 없었고 훈요를 지어 신라가 불교로 망한 사실을 교훈으로 남겼다는 것이다.[81] 따

---

77 《동문선》 권105, 客對, "…… 且聖賢之在亂世, 死生貧賤, 隨遇而安, 亦各自盡其道而已. ……"

78 김훈식, 〈16세기 군신윤리의 변화와 출처론〉 《역사와현실》 50(2003), 432-433쪽.

79 《고려사》 권117, 列傳30 李詹, "(恭讓卽位), …… 時成均博士金貂上書曰, ……"

80 《고려사절요》 권35, 恭讓王2(3년 8월), "王御經筵, 謂兼禮曹判書閔霽曰, …… 若佛事, 乃先王所爲, 子何敢擅罷耶."

81 《고려사》 권120, 列傳33 金子粹, "成均生員朴礎等亦上疏曰, …… 大師崔凝諫除佛法, 太祖以爲新羅之季, 佛氏之說, 入人骨髓, 人人以爲死生禍福, 悉佛所爲. 今三韓甫一, 人心未定, 若遽革佛氏, 必生駭心, 乃作訓曰, 宜鑑新羅多作佛事, 以至於亡, 然則太祖之垂訓於後世者, 至深切矣.

라서 선왕인 태조 왕건의 이념은 불교에 있는 것이 아니고 유교, 곧 삼강오륜에 있다는 것이다. 공양왕은 김초의 배불 상소가 선왕성전을 파괴한 것으로 보았는데, 뒷날 개국 1등 공신이 된 정탁은 《서경》의 "선왕성전에 의해서 정치를 하면 허물이 없다"를 인용하여, 이른바 선왕성전은 삼강오륜에 불과하고 불교가 이에 배치된다고 하여 김초를 변호하였다.[82] 하지만 이첨은 "태조 이래 불교를 숭신하여 왔는데 김초가 이를 배척하는 것은 선왕성전을 파괴하는 것이니 이 죄명으로 그를 처벌하면 이유는 충분합니다"[83]고 하였다. 선왕성전이 태조 이래의 불교 숭상이라고 보는 것이다. 이첨은 고려를 유지하려는 편에서 국가 이념인 불교를 비판하는 척불론자를 선왕성전의 파괴자로 보았던 것이다.[84]

이첨은 곽광이 새로운 황제를 옹립하여 한나라의 사직을 구했다는 사실을 바탕으로 위화도회군을 단행한 이성계를 지지했고, 공양왕 옹립을 찬성했다. 하지만, 공양왕과 함께 고려를 중흥하려는 이첨은 고려를 부정하려는 정도전과 이성계에 비판적일 수밖에 없었다. 이첨의 이성계에 대한 부정적 인식은 곽광을 재인식하게 되었고, 곽광이 한나라 류씨를 다시 잇게 한 충신이지만, 천하를 위해서 공적인 일을 하면서 동시에 자기 집안을 위하여 사적인 이익을 추구한다는 점에서 그 마음이 순수한 인에 입각하지 않는다고 하였다. 곽광이 가족을 위하여 사를 행한 것을 경계하듯이 이성계가 새로운 왕조를 창업하려는 것을 반대하였던 것이다.

…… (金琠)以爲太祖開國, 皆蒙佛力, 指闢佛者爲太祖之罪人, 太祖聖德神功, 順乎天而應乎人心."

82 《고려사》 권117, 列傳30 鄭夢周, "成均博士金貂上書毀佛, 王怒欲抵以死罪. 兵曹佐郎鄭擢上疏曰, 竊聞金貂排斥異端, 極言不諱, 上以其破毀先王成典, 將置極刑, 臣竊爲殿下惜之. 書曰, 監于先王成憲, 其永無愆, 所謂先王成憲者, 不過三綱五常. 而佛氏皆背之, 非毀先王成典, 乃殿下自毀之也. 願赦貂狂直之罪."

83 《고려사》 권117, 列傳30 李詹, "詹曰, 自我太祖以來, 歷代崇信佛法, 今貂(김초)斥之, 是破毀先王成典, 以此罪之, 不患無辭. 王然之."

84 都賢喆, 《高麗末 士大夫의 政治思想硏究》(일조각, 1999), 51쪽, 120쪽.

3. 천명론과 조선의 체제 정비

1) 천명론과 군신 의리

이첨은 고려 말에 조선 건국에 반대하여 유배당하였지만, 조선 건국이 천명이었음을 인정하였다. 이첨은 조선왕조의 건국을 왕조국가의 왕조교체 합리화 논리인 유교의 천명론으로 긍정하였다. 이첨은 《삼국도》의 후서에서 이렇게 말했다.

> 고려 태조 왕건이 몸소 갑옷을 입고 물과 불을 무릅쓰고 싸워서 통합한 공을 이루었다. 그러나 그 말엽에는 너무 쇠약해져 조상이 남긴 업적을 보존할 수 없게 되어 천명과 인심이 다시 돌아가는 데가 있게 되었다. 지금 우리 주상 전하는 자질이 총명하고 훌륭한 결단력을 가져 5백년 만에 일어나는 운세를 만나서 천명을 받고 인심을 따라 비로소 동쪽의 중화를 세워 조선이란 옛 이름을 되찾고 한양에 새로 도읍을 정했으니, 이 지도를 놓고 가만히 증험해 볼 때가 바로 지금이다.[85]

이첨은 여기에서 고려왕조의 500년이 운수가 다하고, 태조 이성계가 천명과 인심에 순응해서 조선을 건국하고, 동족의 중화를 만들고 조선이라는 옛 이름을 되찾고 한양에 도읍하였다고 하였다. 천명과 인심에 순응하는 왕조교체 합리화 논리로 역성혁명의 논리인 천명 개념을 통하여 고려에서 조선

---

85 《동문선》 권92, 三國圖後序, "王氏始祖躬擐甲冑, 火攻水戰, 克成統合之功. 至于季葉, 頹靡已甚, 祖宗舊物, 不能保有, 天命人心, 復有所歸. 今我主上殿下, 以聰明英斷之資, 當五百興王之運, 應天順人, 肇造東夏, 復朝鮮之舊號, 定新都于漢陽, 按圖考驗, 此其時也."

으로 왕조의 교체를 필연성을 역설하고 있다.[86]

그는 태조에게 보낸 진정전에서 신하로서 군주에 충성할 수밖에 없는 바를 설명했다.

우매한 생각이 천명과 인심의 거취를 살피지 못한 까닭으로 과연 왕씨의 파천하는 변을 이루었사오니, 개는 진실로 제 주인이 아니면 짖는 것이므로, 신이 전하를 저버림이 많았습니다. …… 지금 전하께서는 자상하시고 인애하시며, 넓고 큰 도량으로써 본래 여망 얻으시어, 하루 사이에 백성의 추대로 문득 즉위하였으니, 전일의 불순한 자도 지금은 다 전하의 교화 가운데 들어 있거늘, 그 구구한 혐의를 어찌 족히 염두에 두시겠습니까. 옛날 제나라 환공桓公은 사구射鉤의 죄를 용서하고, 관중을 정승으로 삼아 제후들을 규합하였고, 진나라 문공은 참거斬祛를 잊고 시인寺人을 접견하여 국난을 안정하였거늘, 하물며 전하의 인자하신 큰 도량으로써 어찌 제 환공·진 문공의 아래에 계시겠습니까.[87]

---

86 원래 왕조의 성립은 천명론에 근거한다. 천명론은 역성혁명을 통해서 드러난다. 역성혁명은 천의 명령에 의해 왕조의 성씨를 교체한다는 것으로, 중국 최초의 왕조인 은나라가 망하고 주나라가 성립하는 왕조 교체(은·주혁명)를 의미한다. 하늘을 명을 받아 즉위한 군주는 하늘을 대신해서 다스리고 하늘의 말을 대신하는 백성의 뜻(《서경》周書 泰誓:《맹자》萬章章句)에 따라 다스린다(人君代天理物). 만약 인군이 하늘의 뜻을 저버린다면 한 사람의 필부에 지나지 않게 되고 새로운 왕의 재목을 구해야 한다고 한다. 하의 걸이나 은의 주처럼 폭군은 한 사람의 필부에 지나지 않으므로, 은의 탕이나 주의 무왕처럼 하늘의 명을 받은 성군이 국왕이 되어야 한다는 것이다(《맹자》梁惠王章句). 그 방법은 폭력적인 방법인 방벌과 평화적인 방법인 선양이 있다. 공민왕 17년에 명이 원을 중원에서 쫓아내고 새로 천자가 되자, 고려는 명의 건국을 천명론으로 긍정하였다. 공민왕 18년에 명이 고려에 보낸 문서에서 하늘이 어둡고 음란함을 싫어하여 원을 대신해서 명을 성립시켰다(《고려사절요》 권28, 恭愍王(18년 4월))고 하여 천명론으로 명의 건국을 정당화하고, 반대로 원 마지막 황제 순제는 황음하고 어둡고 약하며 황제다움의 자격이 없다(《고려사절요》 권28, 恭愍王(19년 7월)고 하였다. 중국의 은·주 혁명에서 폭군으로 새로운 왕을 성왕으로 표시하듯이 원나라의 멸망을 당연시하였다.

87 《동문선》 권40, 陳情箋, "以愚不審, 天命人心之去就, 故果致王氏播遷之變, 犬固吠非其主, 臣負殿下多矣. 然當時以謂爲臣之道, 必如是而後爲盡耳. …… 今殿下以慈祥仁愛寬洪大度, 素得輿望, 一日因人民之推戴, 奄有大寶, 前日之不順者, 今皆囿吾敎化中矣. 其區嫌疑, 何足爲慮. 昔齊桓公寘射鉤而相管仲, 以合諸侯, 晉文公任斬祛而見寺人, 以靖國難, 況以殿下之仁慈大度, 豈

그는 어리석은 생각으로 천명과 인심의 거취를 살피지 못하였고, 도척의 개는 자신의 주인이 아닌 요임금에게도 짖듯이,[88] 괴통이 자신의 주인인 한신만을 알고 유방을 몰랐듯이, 고려왕에게 충성을 다하였다고 하였다. 주어진 군신의 의리에 충실하여 고려의 신하로 고려왕에게 충성했다는 것이다. 이제 천명과 인심에 순응해서 새로운 왕조가 들어서고 새로운 군신관계가 성립되었으니, 옛날 제나라 환공桓公이 그랬듯이,[89] 이첨은 자신을 조선왕조의 신하로 인정할 것을 요구하고 있다. 바뀐 왕조에서 군신의 의리에 충실하겠다는 뜻을 밝힌 것이라고 하겠다. 즉 이첨은 고려의 신하로서 국왕에게 충성할 수밖에 없었다고 하고, 이제는 새로운 왕조의 신하가 되어 국왕에게 충성하겠다는 말이 된다.

여기에서 천명과 인심이 바뀌어 새로운 왕조가 탄생하였음을 인정하고 새로운 왕조에 대한 충성과 의리를 다하겠다는 신하의 도리를 명시하였다. 이첨은 고려에서 조선의 왕조교체를 천명으로 정당화하고 기존의 군신관계를 대신하는 새로운 군신관계를 정립하고자 하였던 것이다.[90]

出於齊桓晉文之下哉.″

88 《사기》列傳 淮陰候, ″跖之狗吠堯, 堯非不仁, 狗固吠非其主.″

89 공자 규와 공자 소백은 제 양공의 아들인데, 양공이 무도하자, 공자 규는 소홀과 관중을 사부로 삼아 노나라로 가고, 공자 소백은 포숙아를 사부로 삼아 거나라로 나갔다. 양공이 시해되고 두 공자는 임금이 되고자 서둘러 귀국하는데, 관중이 쏜 화살이 소백의 허리띠 고리를 맞추었다. 소백은 거짓으로 죽은 체하여 귀국하여 왕(제 환공)이 되었다. 후에 제 환공은 포숙아의 말을 듣고 관중을 등용하여 패자가 되었다(《사기》).

90 이첨은, 이름과 실상이 상대적인 개념으로 만약 이름이 실상에 합당하지 않으면 고칠 수 있다고 보았다. 처음 집 서쪽에 당이 있었는데 두 그루 소나무가 있어서 쌍송雙松이라고 불렸다가 서울에서 벼슬하다 돌아와 보니 소나무는 없어지고 매화나무 두 그루가 남아 있어서 쌍매라고 고쳤다. 이름과 실상이 맞지 않으면 바꾸는 것은 자연스러운 일이라는 것이다(《동문선》권49, 雙梅堂銘). 최근의 연구에서는 이를 해석하여 이름과 실상은 명실상부해야 하는데, 부당한 실상은 고려이고, 이름은 실존하는 조선의 가치를 의미한다고 할 수 있으니, 쌍송에서 쌍매로 고치듯이 고려에서 조선으로 실상이 바뀌고 조선이란 실존 가치를 인정해야 한다(元周用, 〈雙梅堂 李詹의 意識의 變遷에 관한 考察〉, 《동방한문학》

그리고 새로운 왕조의 출사에 대하여 다음과 같이 물로 비유하였다.

아, 사람이 세상에 쓰이고 버림을 당하는 것은 물과 유사하다. 세상에 임금을 훌륭히 모시고 백성을 윤택하게 해줄 만한 재주를 가진 선비라도 사람들이 곁에서 비방하면, 물러서 더러움을 참으며 때를 기다린다. 그러다가 하루아침에 훌륭한 임금을 만나고 자신을 알아주는 이를 만나게 되어 자신의 도를 온 세상에 행할 수 있게 된다면, 이 물과 무엇이 다르겠는가? 오늘날 높은 자리에 있는 사람이 겉모습과 말솜씨만으로 등용하고, 그 사람 마음이 굽은지 곧은지 살피지 않으니, 이것은 물이 흘러가는 곳만 알고 그 근원을 모르는 것과 같다. "하늘을 말하는 자는 반드시 사람을 징험한다." 하였으니, 지금 물을 논함에 또한 그러하다. 맹자는, "물을 보는 데는 방법이 있으니, 반드시 그 물결을 보라." 하였다. 나는 또 말하기를, "물을 보는 데는 방술이 있으니, 반드시 그 근원에 근본하라." 하였다.[91]

이첨은 세상에 임금을 훌륭히 모시고 백성을 윤택하게 하는 재주를 가져도 때를 만나지 못하면 실현될 수 없다고 본다. 천하에 자신의 도를 실행할 수 있는가를 보고, 출사를 결정한다고 하였다. 공자는 도가 현실에 실현되기를 바라면서도 위태로운 나라에는 들어가지 않고 어지러운 나라에는 살지 않으며, 천하에 도가 있으면 나아가 벼슬하고 도가 없으면 숨어야 하며, 나라에 도가 있을 때 가난하고 천한 것이 부끄러운 일이지만, 나라에 도가 없을 때 부하고 귀한 것이 부끄러운 일이라고[92] 하였다. 이첨은 유학자로서 공

---

91 《동문선》 권105, 原水, "嗚呼. 人之用舍於人有類焉. 世有才足以致君澤民之士, 而人或從旁而 非議之, 則退而包荒含垢, 以竢時耳. 一朝逢聖主遇知己, 得行其道於天下, 則亦何異於是, 水哉. 今之在上者, 但以容貌言辭取人, 而不本其心之曲直, 亦猶知水之流而未知其源也. 言諸天者, 必驗 於人, 故今論水亦然. 孟子曰, 觀水有術, 必觀其瀾. 余亦曰, 觀水有術, 必本其源."

92 《논어》 권8, 泰伯, "子曰, 篤信好學, 守死善道, 危邦不入, 亂邦不居, 天下有道則見. 無道則

자적 출처관을 판단 기준으로 삼아 현실에서 도를 실현할 수 있는지의 여부에 따라 출처와 은둔을 결정하고자 하였다. 이때 당대가 도를 실현할 만한 때인지의 판단 여부가 중요할 수밖에 없는데, 이첨은 조선 건국 당초의 시기를 도가 세상에 행해질 수 있는 시기로 보았다.

2) 유교 이념 강화와 체제 정비

이첨은 하륜, 권근과 함께 태종의 정치를 도와 유교 이념에 맞는 조선왕조의 정치체제 확립에 노력하였다. 태조 7년 왕자의 난 후 세자(정종)로부터 군주의 정치에 관한 요체를 경서에서 바치라는 명을 받고 그해 12월에 조준·하륜·정이오 등과 함께《사서절요》를 찬진하여, 임금은 성학을 익혀 본성을 함양하고 태평한 정치를 행하라고 하였다.[93] 또한 경연에서 《대학연의》를 강의하였다.[94] 태종 2년 9월에는 중추원학사·동지공거로 권근과 함께 신효 등 33인을 뽑았다.[95] 태종은 이첨과 이직·조박·한리·유관·이정견에게 명하여, 날마다 성균관에 앉아서 여러 생도를 가르치게 하였다.[96] 이첨은 하륜, 권근과 함께《삼국사》의 수찬의 명을 만들고,[97] 이들과 함께 《동국사략》[98]을 편

隱, 邦有道, 貧且淺, 邦無道, 富且貴焉, 恥也.";"子曰, 直哉史魚, 邦有道, 如矢, 邦無道 如矢, 君子哉蘧伯玉, 邦有道, 則仕, 邦無道, 則可卷而懷之."

93《太祖實錄》권15, 7년 12월 기미, "左政丞趙浚·兼大司憲趙璞·政堂文學河崙·中樞院學士李詹·左諫議大夫趙庸·奉常少卿鄭以吾等, 撰四書切要以進. 箋曰 ……"

94《太宗實錄》권1, 1년 5월 병신;《太宗實錄》권2, 1년 12월 병자, "上講大學衍義畢, 經筵官李詹等詣闕欲陳賀, 上召金科語曰, 讀了此書, 乃知學問之功. 科對曰, 經筵官皆欲陳賀, 已詣闕矣. 上曰, 待子熟讀能行, 然後乃賀. 不可以畢讀, 爲足賀也."

95《太宗實錄》권3, 2년 3월 기해.

96《太宗實錄》권8, 4년 8월 갑신, "命星山君 李稷·平原君 趙璞·前知議政府事李詹·前府尹韓理·前雞林府尹柳觀·前承樞府提學李廷堅, 日坐成均館, 訓諸生."

97《太宗實錄》권3, 2년 6월 경신, "命領司平府事河崙·參贊議政府事權近·藝文館大提學李詹, 修三國史."

380   제Ⅴ부 신·구법의 절충과 유교적 체제 정비론

찬하였다. 그리고 태종 즉위를 알리는 사신으로 명에 갔고,[99] 명 성조 영락제의 등극을 축하하러 명에 갔다 왔다.[100]

또한 이첨은 《주례》에 입각한 의정부–육조 체제의 정비를 통한 체제 정비에 동참하였다. 태종은 즉위 뒤 하륜과 권근, 이첨에게 관제를 개정하라고 명하였다.[101] 이첨은 이에 부응해서 하륜과 함께 의정부서사제를 개편하고 육조직계제를 확립하는 데 참여하였다. 소수에게 권력이 집중되는 정치 구조를 개편하여 권한을 6부와 사간원으로 이관하여 권력의 분산과 기능별 분화를 도모하고 왕권의 강화를 모색한 것이라고 할 수 있다.[102] 이첨은 태종과 권근 그리고 하륜과 함께 정치체제 개편에 같은 생각을 가졌다.

또한 이첨은 하륜과 함께 농업 중심의 조선왕조의 경제정책에 부응하고 국가 재정을 튼튼히 하고자 화폐 사용을 주장하였다. 새로운 왕조의 경제적 토대를 마련하는 데는 농업 생산을 늘리고 화폐의 발행이 중요하다고 본 것이다. 태종 대에 화폐는 원년 4월에 추진하다가 3년 9월에 중단되고, 10년 7월부터 재추진되다가 또 중단되었으며, 15년 6월에 동전 주조와 통용 시도가 있었다. 이때 하륜은 태종 즉위부터 화폐인 저화의 발행을 주장하였고, 받아들여져 사섬서를 설치하고 저화를 발행하기로 결정하였다.[103] 하륜은 "국가가 백성들에게 필요한 것을 저화로 지급하고, 백성들이 국가에 납부하기를 미곡으로 하면 국가가 부유할 수 있다. 흉년이 들면 저화를 거두고 창고를 풀어 곡식을 풀어 주며, 풍년이 들면 저화를 내어 곡식을 거둬들이게 되면, 관

---

98 《태종실록》 권6, 3년 8월 을해, "左政丞河崙等進新修東國史略. 崙與叅贊權近·知議政李詹修之."
99 《태종실록》 권1, 1년 윤3월 갑진.
100 《태종실록》 권4, 2년 10월 병축.
101 《태종실록》 권1, 1년 6월 계유, "命領三司事河崙·叅贊權近·簽書李詹, 改定官制."
102 정두희, 〈조선건국 초기의 통치체제의 성립과정과 그 역사적 의미〉, 《한국사연구》 67(1989).
103 《태종실록》 권1, 1년 4월 갑자, "革門下注書·三司都事·中樞院堂後. 初置司贍署令一·丞二·直長二·注簿二, 以掌楮貨. 從河崙之議, 欲行鈔法也."

과 민이 함께 편할 것입니다"[104]고 하여 저화 보급을 국부 창출의 수단으로
생각하였다. 저화라는 화폐 보급이 민간의 교환경제에 편리함과 함께 국부
증진과 국가이익에 기여한다고 보는 것이다.

이첨은 하륜의 의견에 공감하였다. 조정에서 화폐 발행에 대한 논란이 일
어나자, 이첨은 세 번이나 상소하여 초법鈔法의 회복을 청하였는데, 셋째 상
소에서, "관을 고쳐 설치하지 않고, 법을 고쳐 세우지 않으면, 민심이 정하여
지지 않으니, 만일 초법을 행할 수 없다면, 사섬서를 혁파하여 백성의 뜻을
정하소서"[105] 하였다. 이첨의 화폐 발행 주장 근거에는 이권은 국가가 가져야
한다[106]는 생각이 깔려 있다. 국왕 또는 국가가 화폐를 장악하여 국부를 확대
하고 더 나아가 경제 운영 전반을 관장하고 통할하여야 한다는 것이다.[107] 이
처럼 이첨은 권근·하륜과 함께 태종을 도와 유학 이념이 반영된 조선왕조의
정치체제를 실현하는 데 기여하였다.

4. 맺음말

고려와 조선에 출사한 이첨이 두 편의 곽광에 대한 인식에서 보인 차이는
여선교체기를 살다간 유학 지식인의 현실 인식, 지적 흐름을 살펴보게 해준다.

---

104 《세종실록》 권18, 4년 12월 신사, " …… 本國舊用布幣, 晉山府院君河崙獻議曰, 國家之所
　　用於民者楮貨, 而民之所納於國者米穀, 則國可以富. 且凶年則斂楮貨而發倉, 豐年則散楮貨而斂
　　粟, 可便官民. 太宗從之, 乃立楮貨之法. 至此, 官民皆無所利, 欲罷之, 以太宗成憲, 不敢遽改."
105 《태종실록》 권6, 3년 9월 을유, "罷司贍署. 初大司憲李詹等, 再上疏請復鈔法, 上不允. 至
　　是, 三上疏曰, 官不改設, 法不改立, 民心未定. 若以鈔法爲不可行, 則革司贍署, 以定民志.
　　……"
106 《태종실록》 권6, 3년 9월 을유, " …… 崙曰 …… 況利權在民, 不可也. ……"
107 朴平植, 〈朝鮮前期의 貨幣論〉, 《역사교육》 118(2011); 〈朝鮮前期의 貨幣政策과 布貨流
　　通〉, 《동방학지》 158, 2012(《朝鮮,前期 對外貿易과 貨幣研究》(지식산업사, 2018)).

한나라의 권신인 곽광은 무제의 유지에 따라 김일제·상관걸·상홍양과 함께 유조를 받아 소제昭帝를 보좌하였다. 후계자가 없는 소제가 죽고, 무제의 손자인 창읍왕 류하劉賀가 즉위하였는데, 행실이 음란하고 무도하다는 이유로 곽광은 창읍왕을 폐하고 선제宣帝를 옹립하였다. 그 뒤 곽광이 병사하고, 곽광 부인이 선제의 전 황후 허씨를 독살하려 한 것이 세상에 알려지면서, 곽광이 반역의 계획이 있었다는 것이 드러나, 곽광 일족은 연좌되어 수천가가 죽음을 당했다.

이첨은 위화도회군 이전 시기에 곽광을 긍정하였다. 이첨은 곽광이 창읍왕 류하를 폐하고 선제를 옹립함으로써 꺼져 가는 한나라의 기틀을 다시 세운 충신이라고 하였다. 위화도회군 당시 윤소종과 정지 등이 곽광전을 이성계에게 주어 왕씨의 회복을 말하고 공양왕 옹립을 시도하였는데, 이첨은 곽광을 높이 평가하고 곽광과 같은 역할을 이성계에게 기대하며 고려 중흥을 도모하였다.

그런데, 공양왕 2년 5월 이후 이첨은 곽광이 군자다운 사람이지만 어질지는 못하다고 보았다. 이첨은 곽광의 두 가지 문제점을 지적하였다. 곽광이 상관걸 부자가 연왕을 사칭한 잘못을 논하고 쫓아내었다면, 큰 살육을 막을 수 있었다는 것과 자신의 딸이 황후가 되게 한 것을 알고도 모른 체하여 자신 집안의 사를 중요시 여긴 점이 그것이다.

처음 이첨은 올바른 재상에 의해 군주가 인도되기를 원했고, 한나라의 곽광에게서 은나라의 이윤과 같은 재상을 보게 되었다. 그리고 우왕 대 왜구 침입을 물리치고 위화도회군을 단행한 이성계를 고려의 곽광으로 파악하고, 이성계가 고려 사직을 안정시키고 왕조를 중흥시킬 인물로 생각했다.

그런데 이첨은 공양왕 2년 5월의 윤이·이초 사건을 계기로 이성계가 역성혁명을 의도하는 것에 반대하여 공양왕에게 구규九規를 올려 고려국가의 보위를 주장하고, 자신은 밀봉설을 통해서 꿀벌이 왕벌을 위해 죽음으로서 은혜를 갚듯이 신하는 임금과 하나가 되어 함께 천위를 누리고, 휴척을 같이하고자 하였다.

이첨의 공양왕에 대한 충성은 이성계에 대한 반감으로 나타나고 곽광이 천하를 위해서 공적인 일을 하면서 자기의 집안을 위하여 사적인 이익을 도모하였다는 점에서 순수한 인에 입각하지 않다고 하였다. 곽광에 대한 비판적 관점은 왕조교체를 통하여 이성계 일가가 왕실의 일원이 되는 것을 경계하고 새로운 왕조 창업에 대한 반대의 표시라고 할 수 있다.

이첨은 고려 말에 조선 건국에 반대하여 유배당하였지만, 조선 건국이 천명과 인심에 순응하는 왕조교체 합리화 논리로 설명하였다. 이첨은 《삼국도》의 후서를 쓰면서 고려왕조의 500년이 운수가 다하고, 이성계가 천명과 인심에 순응해서 조선을 건국하고, 동족의 중화를 만들고 조선이라는 옛 이름을 되찾고 한양에 도읍하였다고 하였다.

이첨은 공자의 출처관, 곧 천하에 자신의 도를 실행할 수 있는가를 보고, 출사를 결정한다고 보고, 새로 건국된 조선이 자신의 도를 세상에 행할 수 있을 것으로 보았다. 이첨은 하륜, 권근과 함께 태종의 정치를 도와 유교 이념에 맞는 조선왕조의 정치체제 확립에 노력한다.

그는 권근·하륜과 함께 《주례》에 바탕을 둔 의정부-육조 체제를 정비하고, 의정부서사제를 개편하고 육조직계제를 확립하는 데 참여하였다. 소수에게 권력이 집중되는 정치 구조를 개편하여 권한을 6부와 사간원으로 이관하여 권력의 분산과 기능별 분화를 도모하고 왕권의 강화를 모색한 것이라고 할 수 있다. 또한 이첨은 하륜과 함께 조선왕조의 농업 중심 경제정책에 부응하고 국가재정을 튼튼히 하고자 화폐의 사용을 주장하였다. 이첨은, 하륜의 의견에 공감하여 저화라는 화폐 보급이 민간의 교환경제에 편리함과 함께 국부 증진과 국가이익에 도움이 된다고 보았다.

제2장 권근의 권도 중시의 출처론과 정도전의 구상 실현 참여

1. 머리말
2. 불교 비판과 권도와 시의 중시의 출처관
   1) 유교 정치이념과 불교 비판
   2) 권도와 시의 중시의 출처관
3. 정도전과 정치적 결합과 《삼봉집》 완성에 관여
   1) 정도전과 정치적 결합
   2) 《삼봉집》 완성에 관여
4. 맺음말

1. 머리말

권근(1352-1409)은 고려 후기 성리학을 익히며 조선 초기 관학을 이끌어 갔던 유학자로, 16세기 조선 성리학의 학문적 기초를 닦은 인물로 평가된다.[1] 30대까지는 고려에서 개혁상소나 외교 활동을 통하여 왕조를 중흥하려 하였고, 40대 이후에는 성리학적 저술 작업으로 새로운 왕조의 성리학적 이념을 보급하는 데 주력하였다. 그가 저술한 《입학도설》·《오경천견록》·《동국사략》·《경서구결》 등은 선초 성리학의 수준을 가늠할 정도로 널리 알려져 있다. 그런데 권근의 정치적 행적은 성리학 수용의 공로만큼 인정받지 못하였다. 고

---

1 홍원식, 〈권근의 성리설과 그 철학사적 위치〉, 《韓國思想史學》 28(2007); 강문식, 《권근의 경학사상 연구》(일지사, 2008); 이봉규, 〈권근(權近)의 경전 이해와 후대의 방향〉, 《韓國實學研究》 13(2007); 〈조선시대 《禮記》 연구의 한 특색: 朱子學的 經學〉, 《한국문화》 47(2009).

려 말에는 이색의 제자로서 구법·구제·선왕지법이라고 표현되는 지배 질서를 복구하여 고려왕조를 유지하는 태도를 보였고, 조선왕조가 개창된 뒤에는 태종 이방원과 결합하여 정치권력을 장악하고 조선왕조의 체제 정비에 공헌하였다. 즉 권근은 유자로서는 보기 드물게 두 왕조에 참여하여 자신의 정치 이상을 현실에 구현하는 데 주력하였다.

권근의 두 왕조 출사는 유자의 출처와 관련하여 많은 논란을 일으켰고, 특히 그의 문묘 종사 여부를 둘러싸고 양론이 있었다. 성리학에 대한 학적 이해 수준을 높이는 데 기여한 점을 중시할 것이냐, 아니면 두 왕조를 섬겼다는 이른바 절의의 문제에 치중할 것이냐에 따라 찬반이 엇갈렸다.[2]

그렇다면 권근을 어떻게 평가해야 할 것인가? 권근은 어떠한 현실 인식과 사상적 맥락을 가지고 두 왕조에 참여하고 또 여말선초라는 격변기에 요구되는 시대적 과제에 충실하였는가? 그리고 그 과정에서 나타난 권근 사상의 성격은 무엇인가?

이 장에서는 당시 고려의 지배적인 사상인 불교나 유학의 세계관·현실관에 대한 권근의 견해를 파악하고 조선 건국 뒤 태조 대에 출사하고 정도전과 관계를 모색해 가는 바를 살펴보고자 한다. 이를 통해서 새로운 왕조에 출사한 권근의 정치적 지향과 성격을 이해하고, 조선 건국기 유학자의 한 일면을 파악해 보고자 한다.[3]

---

2 권근은 조선 초기 문묘종사 논의에서 제외되었다(池斗煥, 〈朝鮮初期 文廟從事論議－鄭夢周 權近을 중심으로〉, 《釜大史學》 9(1985)).

3 이 장에서 《양촌집》(《한국문집총간》 권7(민족문화추진회, 1990))을 주 자료로 이용하였고, 《국역양촌집》 1-5(민족문화추진회, 1967)를 참고하였다. 이 밖에 다음의 자료가 있다(《고려사》 권117, 列傳20 權旽 權近; 《태종실록》 권17, 9년 2월 정해(졸기); 權遇찬 墓誌銘 (태종9년, 1409)(《매헌집(梅軒集)》); 신도비(세종 29년), 이개 찬).

2. 불교 비판과 권도와 시의 중시의 출처관

1) 유교 정치이념과 불교 비판

권근은 사서오경을 익히고 성리학적 세계관과 인간관, 수양론을《입학도설》과《오경천견록》등을 통하여 자신의 언어로 정리하였다. 그는 성리학의 중심 개념인 태극과 리와 기, 성정 개념을 활용하여 우주와 자연, 인간과 사회를 설명했다. 그는 성리학이 이기·인성설을 근간으로 우주와 인간을 통일적으로 설명하면서 종래의 유교와 성격을 달리하는 것을 염두에 두고, 우주 자연의 질서와 그 운행 원리를 리理를 통해 설명하고 이를 토대로 현실 세계에 대한 보편성과 법칙성을 제시하고, 정통 정학인 유학에 대한 이단인 불교를 비판하였다.

최근 연구에서 그의 성리학적 특색이 드러났다. 그는 유교 사상의 학문적, 이론적 정리 작업을 벌이고, 정통, 정학으로서 유학을 확립하고자 하였다. 공양왕 2년부터 시작한《입학도설》·《오경천견록》등은 그러한 이론적, 학문적 탐구 작업의 일환이었다.《입학도설》은 초학자를 위하여 유학 사상을 도설 형태로 입체적이고 구조적으로 제시한 것이다.《입학도설》은 '천인심성합일지도天人心性合一之圖'에서 '무일지도無逸之圖'까지 25종의 전집과 '십이월괘지도十二月卦之圖'에서 '공족급태종지도公族及太宗之圖'까지 14종의 후집으로 구성되었는데,《대학장구》를 경1장 전10장의 체제로 재편하고 격물치지에 대한 보전補傳을 추가한 주자의 견해를 받아들였다. 이는 이황 등에게 전해져 주자학의 시각에서《대학》의 구조를 이해하는 단초를 열었고 조선 주자학을 형성하는 데 기여하였다.《오경천견록》은 오경을 성리학적 관점에서 해석하고 경敬을 통한 존덕성의 마음공부를 강조하여 성리학적 관점에서 마음을 해석하였다.[4] 특히 《예기천견록》은 상하 신분 질서를 옹호하는 예를 풍부하고 구체적으로 설명하는 가운데, 실생활에서 필요한 가치 규범, 행동의 이론적 근거를 제공한 것이다. 즉 《예기천견록》은 사욕私欲을 교정하는 기준으로, 법의 강제성을 극복하는 자발성의 텃밭으로, 나아가 다른 개체들과 구별되는 인간의 정체성을 담아내는 근거로 제시된 예에 대한 탐구를 통하여 궁극적으로는 예가 지배하는 유교 사회화를 추구한 저술이라 할 수 있다. 그는 명에서 《사서오경대전》이 나오기 전에 주자의 성리학 체계에 입각한 경전 연구의 기풍을 조성하고 《입학도설》에서 성리설의 이론적 진전에 기여하였으며, 《예기천견록》에서 성리학의 이론 구조를 반영시켜 경전의 내용을 재해석하게 하였고, 이는 이황 등에게 이어져 도설에 대한 정합적 해석의 문제를 제기하였다[5]고 한다.

권근은 당시를 유교가 지배하는 사회로 만들고자 하였다. 고려처럼 유·불·도의 삼교가 병존하는 것이 아니라 유교 단일의 종교사상이 정치·경제·사회·문화 모든 면을 지배하는 사회를 지향한 것이다.

권근은 현실 세계를 긍정하는 유학적 세계관에 기초하여 불교의 문제점을 지적하였는데, 이론적으로는 유학을 철학화, 체계화한 성리학의 세계관에 기초하여 불교의 세계관과 인간론을 비판하였다. 즉 성리학의 리는 자연과 인간을 관통하는 보편적 원리를 전제하여 현실의 객관적인 세계를 인정하였는데, 불교는 객관 세계와 그 원리를 부정한다는 것이었다.

물론 권근의 불교관은 조선 건국 이전과 이후가 차이가 있고, 불교의 종교적인 측면과 학문적인 측면으로 구분할 수 있다.[6] 특히 전자와 관련하여

---

4 홍원식, 〈권근의 성리설과 그 철학사적 위치〉, 《韓國思想史學》 28(2007).

5 이봉규, 〈권근(權近)의 경전 이해와 후대의 방향〉, 《韓國實學研究》 13(2007).

6 권근의 불교 관계 자료로 《주역천견록》, 《동국사략》, 《심기리편》의 서와 주해, 《불씨잡변》의 서와 같이 비판적인 저술, 불교를 종교로 긍정하는 각종 법석의 불도소佛道疏와 법화

자신의 삶의 역정이나 정국 상황에 따라 불교 인식의 차이를 보였고, 조선 왕조가 건국되면서 권근은 성리학적 이념에 더 충실하고 다른 종교사상과 구별되는 유학의 확립에 주력한다. 조선 건국 이전인 우왕 11년(1385)에 쓴 글에는 불교가 윤리도덕을 저버리고 사물과 절연한다는 유학의 일반적인 불교 비판에 치중하였다면, 건국 이후인 태조 3년(1394)에 서술한 글에서는 성리학의 핵심 개념을 활용하여 불교를 철학적으로 비판하고 있다.

원래 유학자의 불교 비판은 윤리적인 면에서 시작된다. 출가를 용인하는 불교에 대하여 부모와 자식, 군주와 신하의 관계를 끊어 버리는 금수의 종교라고 보는 것이 유학의 기본 시각이다. 유학자의 불교 비판은 그런 점에서 일상적인 일이라고 할 수 있다.[7] 권근 역시 이러한 견해를 제시했다. 그는 "불교가 부부의 윤리를 끊어 없애, 천지에서 태어났으면서도 스스로 천지의 의리를 어기고, 부모에게서 태어났으면서도 스스로 그 부모의 대한 제사를 끊어 버린다"[8]고 하였다.

권근은 유학의 윤리에 기반한 불교 비판에서 더 나아가 인식론의 차이, 곧 불교의 마음(心) 이해를 비판하였다. 불교에서는 심心의 작용을 성性이라

경·대장경 등을 간행하였을 때 쓴 발문 그리고 각종 사사寺社의 중창기, 승려들과 교유하면서 지은 시와 문 등이 있다(李廷柱, 〈權近의 佛敎觀에 대한 再檢討〉, 《歷史學報》 131(1993)).

7 《고려사》 권117, 列傳30 鄭夢周, "王御經筵, 夢周進言曰, 儒者之道, 皆日用平常之事, 飲食男女人所同也, 至理存焉. 堯舜之道, 亦不外此. 動靜語黙之得其正, 卽是堯舜之道. 初非甚高難行. 彼佛氏之敎則不然. 辭親戚, 絕男女, 獨坐巖穴, 草衣木食, 觀空寂滅爲宗, 豈是平常之道?"…… 夢周與同列上疏曰, …… 有國子博士生員等, 亦以排斥異端, 上書陳說, 言語不謹, 觸犯天威, 在朝之臣, 不勝恐懼. 臣等以爲斥詆佛氏, 儒者之常事, 自古君王置而不論."

8 《주역천견록》 권2, 易說 下經 歸妹, "乾稱父, 坤稱母, 天地萬物之父母, 而人者萬物之最靈, 全得天地之正理者也. 天地之道陰陽相交而生萬物, 萬物亦得天地之理, 各有陰陽之合, 而生生不窮, 故'歸妹者天地之大義也.' '天地不交, 而萬物不興', 男女不交, 而人道滅矣. 異端之道絕滅夫婦之倫, 生於天地, 而自悖於天地之義, 生於父母而自絕其父母之祀(一作嗣)以滅生生之理, 是果何道邪?"; 《양촌집》 권16, 心氣理三篇序, "釋欲無念, 不論念之善惡, 而皆遺之. 恐勞其神以動其心也. 心得定 則體常空寂, 雖有應變, 而不擾吾之中. 故其初也, 皆有所不爲, 而終也, 皆無所不爲也. 盖當其有所不爲也, 雖理之所當爲者, 亦絕之, 當其無所不爲也, 雖理之所不當爲者, 亦爲之."

고 하여 성性을 공空으로 봄으로, 일체의 작용이 근거할 이치를 인정하지 않는다. 따라서 불교에서는 마음과 사물의 이치를 분리하여 사물에 나아가서 이치를 궁구하지 않고 마음만 갈고 닦으며 그 작용을 마음에만 돌린다. 곧 불교는 마음속에 갖추어진 이치[理]나 도덕적 원리로서의 천리를 마음속에 밝혀내지 못하게 되며 비윤리적, 비도덕적 행위를 하게 된다. 이러한 불교의 심 이해는 좋은 생각이나 악한 생각을 막론하고 생각을 없애 버리도록 한다[無念無想]. 그러므로 불교는 비록 사리에 마땅해서 해야 할 것도 끊어버리게 하고, 마땅히 해서는 안 되는 것 또한 하게 만든다. 즉 마음속에 갖추어진 이치가 아닌 마음의 작용에만 기초한 일체 행위는 그 객관적 정당성[理]을 확보하기 어렵게 되어 비윤리적이고 비도덕적인 행위를 할 수 있게 된다[9]는 것이다. 권근은 달의 그림자를 떠나서 참 달을 찾을 수 없듯이 사물의 이치를 버리고서 본체를 얻을 수 없다고 보고,[10] 불교 승려가 세상을 등지고 윤리를 끊는 것은 마음과 사물의 이치를 분리하여 이해한 결과라고 하였다.

도는 천리에 근원하여 인륜에 나타난다. 요순은 이 도로써 임금이 되고, 이윤·주공은 이 도로써 신하가 되고, 공자·맹자는 이 도를 얻어서 아래 있었고, 증자·민자閔子는 이 도를 얻어서 어버이를 섬기어, 닥치는 곳에 따라 각각 그 직책을 다하였으니, 이것은 성현이 인륜을 다하고 천리를 온전하게 한 것이다. 예악·형정·관혼·상제의 대사와 부부·거실·경농耕農·잠직蠶織의 작은 일에까지 어디 존재하지 않은 것이 없으며, 미미해도 생략할 수도 없는 것이다. 그러므로 우리 유자의 도는 날마다 사용하는 일상적인 사물에 있지만 사물마다 각기 구

---

9 《양촌집》 권16, 心氣理三篇後附序.
10 《양촌집》 권11, 淮月軒記, "吾聞, 浮圖解外膠, 絶倫理, 是心與物理, 爲有二致, 吾心之體不其偏, 而吾心之用不其缺乎. 離分照之影, 固不得眞月矣, 遺事物之理, 而得心之全體乎. 內外交修, 本末修擧, 此聖學之所以全也. 余約而言之曰, 水月是影, 物理皆眞, 師試以是思之. 拙齋曰, 唯唯. 是爲記."

별이 있어서, 친함에 따라 사랑이 생기고 엄함에 따라 공경이 생기는 것이, 마치 자로 재면 네모가 생기고 콤파스를 돌리면 원이 생기는 것과 같다. …… 은·주 이전에는 이러한 도가 실현되어 잘 다스려졌는데, 진한 이후에는 그 도를 잃어 천하가 어지러웠다. 노·불의 말이 그 사이에 일기 시작하였는데 부처의 말이 더욱 크게 번성하여 천년을 내려오며 천하를 휩쓸어, 그것을 배우는 자가 더욱 많아졌고 그것을 신봉하는 자가 더욱 독실하였으니 그 도가 크게 퍼졌다고 할 수 있는데, 천하가 잘 다스려지지 않음은 무엇 때문인가? 윤리를 끊는 것을 고매하게 여기고 사물을 떠나서 도를 구하니 이는 마치 네모를 버리고 방정하기를 바라며 콤퍼스를 버리고 둥글어지게 하려는 것과 같다. 상인 그대가 신심身心·성명性命의 이치와 일상생활 속의 떳떳한 윤리에서 도를 구하지 아니하고 방향없이 사방을 헤매니, 나는 이른바 '나그네가 갈 곳을 모른다'는 것과 같이 될까 염려된다.11

위 글에서 권근은 유학은 일상생활의 평범한 일에서 법칙을 구하고 천리를 구하여 인간이 마땅히 따라야 할 도리를 찾는다고 본다. 그 도리는 천지가 만물을 창출해 내는 생명의 원리에 근원한다. 그것은 개인이 자신의 생명을 실현하는 원리[身心性命之理]이자, 사회의 인륜 질서이다. 그런데 불교는 출가를 용인하고 윤리도덕을 끊으며 사물을 떠나서 도를 구한다는 것이다.

윤리적인 측면의 불교 비판에서 더 나아가 권근은 이론적인 불교 비판,

---

11 《양촌집》 권16, 送贏菴上人游方詩序, "道原於天理, 而著於人倫, 堯舜以之而爲君, 伊周以之而爲臣, 孔孟得之而在下, 曾閔得之而事親, 隨所遇而各盡其職, 此聖賢之所以盡人倫而全天理也. 至於禮樂刑政冠婚喪祭之大, 夫婦居室耕農蠶織之細, 道無往而不在, 亦無微之可略也. 吾儒之道, 卽乎日用事物之常, 而物各有別, 因親以有愛, 因嚴以有敬, 操矩也而方生焉, 運規也而圓形焉. …… 得之於殷周之上, 而天下理, 失於秦漢之下, 而天下亂. 老佛之說, 作於其間, 而佛者尤大熾, 歷千載遍六合, 學之者益衆, 奉之者彌謹, 其道可謂大行矣, 而天下無善理, 何也? 絶倫理以爲高, 離事物而求道, 是猶廢矩, 而求其方, 撤規而欲其圓也. 上人不求道於身心性命之理 彝倫日用之常, 倀倀焉走四方, 吾恐如所謂游騎之無所歸也."

곧 세계와 인간에 대한 유학과 불교의 인식상의 차이를 궁구했다. 유학의 불교 비판은 리理를 기초로 한 성리학을 통하여 우주와 인간을 관통하는 철학적 원리를 갖추게 됨으로써 본격화되는데, 권근은 유학적 세계관에 입각해서 불교를 비판하였던 것이다.

권근은 불교를 대신해서 주자학의 인간론과 수양론에 근거해서 심을 설명하였다. 마음은 한 몸의 주인으로 모든 이치를 갖추어 만사에 응한다.[12] 즉 마음은 몸을 주재하고 성정性情을 통솔하며 만사 만물에 응하는 신명한 기능을 지닌 작용의 주체이다. 그런데 사람의 마음이란 변화가 무쌍하여 위태로운 듯 긴장하고 조심하면 잡을 수 있으나 안이하게 방치해 두면 잃어버리게 된다.[13] 또 마음은 그 신명한 기능을 스스로 발휘하지 못한다. 그러므로, 천리를 함양하고 겸허한 마음으로 경敬 공부를 수행하여 이치(도리)를 견지하고 천리가 유행하며 인욕이 없어지도록 해야 한다[14]고 하였다.

이는 정도전의 불교 비판과 함께 이 시기 성리학 이해의 수준을 보여 준다. 불교 비판은 유학자에게 보통 있는 일이지만, 불교를 이단으로 파악하여 논리적으로 비판하기 시작한 것은 성리학의 수용을 통해서 가능해진다. 개혁파 사대부는 개혁 정치를 추진하는 과정에서 불교의 폐단을 지적하고 불교 자체를 비판하기 시작하였다. 박초와 김초가 비록 단순하지만 성리학의 관점에서 불교를 비판하였고,[15] 정도전이 《불씨잡변》에서 주자의 불교 비판을 활용하여[16] 척불론을 최고 수준으로 정리하였다.[17] 정도전은 유학에

---

12 《양촌집》 권18, 澄心庵詩序, "夫心具萬理, 而爲一身之主, 人之所同然也."

13 《양촌집》 권21, 舟翁說, "夫人之心操舍無常, 履平陸則泰以肆, 處險境則慄以惶, 慄以惶可敬而固存也. 泰以肆必蕩而危亡也. 吾寧蹈險而常儆, 不欲泰以自荒."

14 《양촌집》 권18, 澄心庵詩序, "盖以天理涵養, 虛中而主敬, 以去物欲之汚, 方寸之間, 瀅撤光明, 天理流行, 人欲淨盡云耳."

15 《고려사》 권120, 列傳33 金子粹(成均生員朴礎等亦上疏曰, ……; 《고려사》 권117, 列傳30 李詹(成均博士金貂上書, …….

서 내면의 주체인 심心과 보편적 실재인 리理가 통일되어 있음을 밝힘으로써, 불교가 내면적 심心을 직관적으로 파악하고 객관적 실재를 부정하는 유심론의 주관주의적 견해를 배척하는 태도를 기본으로 삼고 있다.18 권근은 정도전의 불교 비판을 원용하였고 정도전을 맹자와 견주어 칭송하였다.19 그리고 〈심기리삼편〉·《불씨잡변》에 서문을 쓰면서 불교 비판을 도학의 확립이라고 극찬하였는데, 이러한 것은 성리학을 국시로 하는 조선왕조의 관점에서 고려 말부터 있어 온 불교 배척의 논리를 정리한 것이다. 《입학도설》·《오경천견록》·《동국사략》 등에서 보이듯이 성리학의 학적 체계를 조선왕조 체제 이념으로 정립하려는 권근의 생각이 반영된 것이라고 하겠다.

권근은 리理를 천지가 만물을 생성해 내는 생생지리生生之理로 파악하고, 그 생명 실현의 우주원리가 만물 가운데 내재되어 있다고 봄으로써 현실 세계의 객관적인 실재성을 인정하였다. 그리고 이치 탐구를 말하는 성리학의 방법론을 받아들였다. 그는 진실한 마음〔實心〕에 따른 사실〔實理〕 탐구를 주장하였다.

사물에는 각각 그 이치가 있고 사람은 누구나 마음이 동일하니 진실 아닌 것이 없다. 불이 건조한 곳으로 타들어가고 물이 습한 곳으로 흐르는 것은 물의 진실한 이치요, 물이 아래로 흐르고 불이 위로 타오른다고 말하는 것은 사람의 진실한 마음이다. 불을 이용하고 싶으면 반드시 건조한 물건을 태우고 물길을 돌리고 싶으면 반드시 낮은 곳으로 소통시킨 뒤에야, 일하기 쉽고 일을 이룰

---

16 한정길, 〈朱子의 佛敎批判〉, 《東方學志》 116(2002).

17 韓永愚, 《鄭道傳思想의 研究》(서울대 출판부 1983).

18 琴章泰, 〈三峯 鄭道傳의 佛敎批判論과 社會思想〉, 《朝鮮前期의 儒學思想》(서울대 출판부, 1997), 126쪽.

19 《양촌집》 권17, 佛氏雜辨說序, "孟子謂承三聖之統, 先生亦繼孟子者也. 張子所謂, 獨立不懼, 精一自信, 有大過人之才者, 眞生之謂矣."

수 있는 것이니, 이른바 '사물에 순응하고 어기지 않는다'는 것이 그러한 것이다. 가령 누가 불에 대해 묻는다면, 나는 뜨거운 것이라 하고, 물을 묻는다면 나는 차가운 것이라고 말해 줄 것이니, 이는 나의 진실한 마음을 다하여 말해 주는 것이다. 이에 그 사람이 불을 쥐자 손이 뜨겁고 물을 마시자 이가 차가워지면, 내 말이 진실이고 근거없는 것이 아니라고 여길 것이다. 만약 진실한 마음으로 말하지 않고, 불을 차가운 것이라고 하고 물을 뜨거운 것이라고 한다면, 그 사람이 반드시 나를 거짓말쟁이라고 할 것이니, 이른바 '진실대로 말한다'고 한 것이 그것이다. 임금과 어버이를 섬기고 벗들과 사귀는 등 일상생활에서 사물과 응접할 때 언제 어디서나 진실한 마음에서 벗어나지 않는다면, 그 믿음이 커져 천지를 감동시키고 귀신을 감격시키는 데까지도 자연스레 이르게 될 것이다.[20]

사물에는 각각 그 이치가 있고 사람은 누구나 마음이 동일하다. 자연에는 운행 원리가 있고 내 마음에는 도덕성이 자연의 이법으로 내재되어 있다. 즉 임금과 어버이를 섬기고 벗들과 사귀는 일상생활이나 사물에 응접할 때 어디서나 진실한 마음(實心)으로 행한다면 천지를 감동시키고 귀신을 감격시킬 수 있다는 것이다. 실심을 통하여 실리를 찾는 모습을 보여 주고 있다.

권근은 이러한 실심과 실리로 일상적인 삶의 영위를 주장하고, 이것이 유학자의 책무로서 구체적인 실천 덕목이라고 주장하였다.

생각건대 삼대의 학은 모두 오륜을 밝히려는 것이고 육경의 책 역시 이러한

---

20 《양촌집》 권14, 信齋記, "物各有理, 人同此心, 無非實也. 火之就燥, 水之就濕, 物之實理也. 謂水潤下, 謂火炎上, 人之實心也. 欲用火則必以燥而燎之, 欲導水則必自卑而疏之, 然後施功易而事可成, 所謂, 循物無違者然也. 設有人問火, 吾語之曰熱, 問水則吾語之曰冷, 是竭吾實心而語之也. 人於是熱火而手熱, 飮水而齒冷, 則以吾言爲實, 而非妄矣. 苟不以實心告之, 謂火曰冷, 謂水曰熱, 人必謂我爲妄矣. 所謂以實之謂者然也. 事君親, 交朋友, 日用動靜之間, 應事接物之際, 無所往而不出於實心, 則其爲信也大矣. 動天地感鬼神, 亦可馴致之矣."

도를 밝히려는 것이다. 이 학교에 머물면서 이 책을 읽는 사람은 마땅히 그 도를 구하고 인륜을 두텁게 할 것을 생각해야 한다. 신하가 되어서는 충성을 다하고 자식이 되어서는 효를 다하며 장유와 붕우에 이르기까지 가는 곳마다 각각 그 직분을 다하는 이것이 곧 유자의 실학이다. 한갓 장구에만 매달려 몸과 마음은 다스리지 아니하고 문사만 호화롭게 꾸며 이익과 영달만을 바라는 것은 우리 손공이 학교를 일으킬 뜻이 아닐 것이다.[21]

권근은 태종 3년 손공이 함경도 영흥에 학교를 세운 뜻을 기리면서 유학의 근본정신을 강조하였다. 그는 종래 장구에만 매달리고 문사만 호화롭게 하는 사장학이 아니라 몸과 마음을 다스려 인간의 도리를 체득하고 실천하는 의리학을 중시하였다. 전통의 유·불·도 삼교의 사상계에서 나타나는 비실용적이고 비현실적인 면에서 벗어나 인륜도덕을 밝히고 실천하는 유학의 본래 정신으로 되돌아갈 것을 주장하였다. 그리하여 그는 유자의 처지에서 성인의 학을 말하고 인륜을 두터이 구하여, 신하가 되어서 충성하고 자식이 되어서 효를 다하여 각기 직분을 다하도록 하는 것이 유학자의 실학實學이라고 하였다. 그리고 다른 글에서 사람의 큰 윤리는 하늘이 준 것이고 신하로서 아내로서 자식으로서 직분에 충실하라고 하였다.[22] 이는 일상적인 생활에 실심을 통하여 실리를 얻을 수 있고 참된 삶이 구현된다고 보는 것이다.

이는 고려 후기 이래 성리학이 수용되면서 사장학에 대신하는 경세학으로서 경학이 대두되는 것과 같은 맥락이라고 할 수 있다. 권근보다 조금 앞선 시기의 이제현은 시부장구에만 매달려 벌레를 아로새기듯이 문장 다듬기를

---

21 《양촌집》 권14, 永興府學校記, "子惟三代之學, 皆所以明五倫, 六籍之書, 亦所以明斯道. 居是學而讀是書者, 當思有以求其道, 亦思有以厚其倫. 爲臣盡忠, 爲子盡孝, 以至長幼朋友, 隨所往而各盡其職, 此乃儒者之實學也. 徒泥章句, 不治身心, 華其文辭, 以徼利達而已者, 非吾孫公興學之意也."
22 《양촌집》 권19, 三節堂詩序.

비판하고 인륜=오륜을 밝히는 실학을 주장하였고,[23] 사서四書를 학습해 격물·치지·성의·정심의 도를 익히라고 하였다.[24] 이색 역시 문장과 시구를 조탁하는 것보다는 성의 정심의 도를 익히는 마음 공부를 강조하였다.[25] 권근을 비롯한 이 시기 성리학자들은 비현실적인 불교를 대신하는 유학을 확립함으로써 현실에 필요한 참된 학문을 궁구하였다.

권근은 불교 비판을 통하여 리에 따른 객관 세계를 전제하고 참된 모습이 존재하는 현실을 올바르게 이끌어가야 한다는 책임의식을 불어넣었다. 이는 유학을 통하여 성의·정심의 수기·수양을 거쳐 자기 완성을 이루고 현실에 필요한 실용적인 학문을 궁구하는 것으로 이어졌다. 유자의 학문은 자기 자신이 얻은 게 있어야 반드시 남에게 미치는 것이 있다. 시서와 예악을 익히고 인의와 충신을 닦아 학문이 완성되어 자신이 얻은 것이 다른 사람에게 미치는 효과가 이로부터 시작된다고 보는 것이다. 이것이 바로 실학의 효과가 남에게 미치는 큰 단서가 되는 것으로, 이로 미루어 나가면, 천하 국가도 다스려질 수 있을 것이라고 하였다.[26] 수기치인, 곧 본성 함양이라는 수기·수양을 기초로 치인治人하여 실제의 효과를 거두는 바를 제시하고 있다. 이 시기 성리학의 실용적이고 실재적인 기능을 말한 것이라고 할 수 있다.[27] 고려 시기 시부장구의 학이 유행하고 출세 간의 불교가 만연하는 것과 달리 자기 수양과 현실에

---

23 《역옹패설》前集1, "又問我國古稱文物侔於中華, 今其學者, 皆從釋子以習章句, 何耶? 齊賢對曰, …… 今殿下誠能廣學校, 謹庠序尊六藝, 明五倫, 以闢先王之道, 孰有背眞儒而從釋子, 捨實學而習章句? 將見彫虫篆刻之士, 盡爲經明行修之士."

24 《고려사》 권110, 列傳23 李齊賢.

25 《고려사》 권115, 列傳28 李穡.

26 《양촌집》 권19, 送張監生詩序, "予嘗聞, 儒者之學得乎己, 必有以及乎物. 今君詩書禮樂, 仁義忠信是修, 學己造乎明, 而行己至乎成. 得於己者, 可謂己實矣. …… 此乃實學之效, 及物之大端也. 由是而推之, 天下國家, 亦可得而平治之矣. 豈唯吾東方賴之哉?"

27 韓沽劤, 〈李朝 實學의 槪念에 대하여〉, 《李朝後期의 社會와 思想》(을유문화사, 1961), 363-370쪽; 尹絲淳, 〈實學 意味의 變異〉, 《민족문화연구》 28(1995), 307-309쪽.

대한 책임의식을 견지하는 경세학으로서 유학(성리학)을 말한 것이다. 요컨대 그는 불교의 공허空虛와 그로 일어나는 현실 부정의 논리를 비판하고 리理에 따른 객관적 세계를 추구함으로써 후술하는 바와 같이 현실 참여의 정당성을 찾고자 하였다.

권근은 윤리 도덕적 정치론을 전개하였다. 그는 성리학의 인성론과 천리론에 근거해서 인간은 태어날 때부터 천성을 부여받아 그 본성이 인仁하다고 하였다.[28] "성이란 하늘이 명하고 사람이 받은 것으로 그 생명의 이치는 내 마음에 갖추어 있다"[29] "인이란 천지가 만물을 낳는 원리이니, 사람은 이것으로 마음을 삼는다"고 하였다. 그런데, 천성은 본래 선한 것이지만, 악이 생기는 것은 물욕에 천성이 가리워지는 것이라고 본다. 그래서 천성을 유지하도록 마음을 바로잡는 수양 방법론을 제시한다.

권근은 마음 공부론으로 경을 중시하였다. 평범한 일상 생활에서 사물마다 자기 법칙이 있어 친함에 따라 사랑이 생기고 공경함이 생긴다.[30] 만사 만물의 이치를 갖추고 있는 마음은 현실적으로 그 신명한 기능을 발휘하지 못하므로 경 공부로 마음을 잘 보존해야 한다. 그래서 경 공부를 위주로 하게 되면 천리는 항상 보존되고 인욕은 저절로 없어지게 된다[31]고 하였다.

더욱 권근은 사회 질서를 유지하는 예禮의 요체를 경敬으로 설명한다. "예의 삼백 가지 큰 절목과 위의 삼천 가지의 많은 항목의 요체를 쉽게 말할 수는 없지만 무불경毋不敬 한 마디에 있을 뿐이다."[32] "군자가 예를 행함에

---

28 《양촌집》 권14, 利川新置鄕校記(태종 3년), "予曰, 甚矣. 民之不可以無學也. 降衷而有性, 秉彝而好德, 斯民卽三代之民也. 有欲而爭效, 無知而固作, 陷於刑辟, 淪於禽獸, 非民之罪也. 長民者不能興學以明教化之故耳. …… 興學敎民爲先務, ……."

29 《입학도설》 天人心性分釋之圖, "性者, 天所命而人所受, 其生之理, 具於吾心也."

30 《양촌집》 권13, 克敵樓記.

31 《주역천견록》 권2, 易說 上經 无妄 九五, "若夫主敬, 則天理常存, 人欲自絕."

32 《예기천견록》 권2, 曲禮 下, "禮儀三百之大, 威儀三千之多, 雖未易言, 然其要, 只在毋不敬之

안으로 경을 주로 하여 엄약儼若하므로 배움의 공이 이루어지고 예의 근본이 서게 된다."[33] 권근이 경 중시의 예론을 전개한 것은 도덕 실천에서 인간의 주체적이고 자발적인 행위를 중시하였음을 의미한다. 경은 도심과 천리를 체득하는 실천 원리이고, 도덕적 본성을 자각, 함양하는 방법론이기 때문이다.[34] 경 중시의 수양론은 사회 안정, 질서 유지를 위해서는 인간의 도덕적 본성을 중시하는 것으로 이어진다. 그리하여 권근은 법과 제도라는 외재적인 강제보다는 인간의 도덕적 본성에 기초한 정치론을 전개한다.

권근은 인간 의식이나 생활양식까지 유교가 지배하는 사회를 위한 방법으로 학교 교육과 과거제를 중시한다. 그는 먼저 인간의 본성과 도덕적 실천을 중시하고 이를 위해 학교 교육론을 제시하였다.[35] 학교는 인간의 본성을 천리로서 재확인하고 그 본성을 발현하도록 하는 곳으로, 유학 진흥, 교화의 실현, 인재 양성의 전당이다. 사람은 천성을 타고났으므로 진실로 배우지 않으면 안 되고 성인의 책을 강론하지 않을 수 없다는 것이다.[36]

하늘이 부여한 인간의 선한 본성은 기질이나 인욕으로 가려져 욕망에 빠지기 쉽다.

나는 말한다. 중요하도다. 백성은 가르치지 않을 수 없음이여, 하늘이 천성을 부여하매 상도를 지켜 덕을 좋아하니 이 백성들이란 곧 삼대의 백성이다. 욕망

一言而已."

33 《예기천견록》 권2, 曲禮 下, "君子之行禮, 內在乎敬而儼若, 故學之功成, 而禮之本立矣."

34 《서경천견록》에서 《서경》의 전체全體와 대용大用을 흠欽과 중中으로 파악하고 있다(《서경천견록》 권2, "書者, 二帝三王之心之所寓. 求其心, 則一欽而已. 心自具全體大用. 故書亦有全體大用, 欽其全體, 而中其大用也).

35 《양촌집》에 보이는 4개의 향교기(권12, 提州鄕校記, 延安府鄕校記, 권14, 利川新置鄕校記 永興府學校記)와 지방지식인 자료(권13, 農隱記(김돈); 권7, 南行錄(余公))가 눈에 띈다.

36 《양촌집》 권14, 永興府學校記(태종 3년), "蓋人之有天性, 固不可不學, 而學之爲道, 尤不可 不講聖人之書也."

이 있어 싸우고 무지하여 멋대로 하다가 형벌에 빠지고 금수로 전락하게 된다. 그러나 이는 백성의 죄가 아니다. 백성의 어른 된 자가 학교를 세워 교화를 밝히지 못하였기 때문이다. …… 학교를 일으켜 민을 교화하는 일은 먼저 힘써야 할 것이다. …… 37

인간은 떳떳한 도리, 도덕적 본성을 본유하고 있다. 단 인욕이 이를 가로막아 금수로 전락하기 쉽다. 백성이 욕망을 절제하고 자각하여 본래 갖고 있는 마음을 보존케 해야 한다. 여기에 백성을 훈도하고 이끄는 역할이 생기게된다. 백성의 어른 된 자가 교육·교화를 행하여 백성의 본성을 되찾아 주어야 한다. 이처럼 권근은 백성의 도덕적 본성을 계발하는 인성·도덕교육을 언급하고 향교·학교의 역할을 강조하였다.

이때 권근은 지방관이나 지방에 거주하는 한량閑良·유신儒臣이 자율적으로 학교를 설립하고 운영하기를 바랐다. 조선은 중앙집권적 정치체제를 지향하면서, 1군(읍) 1학교를 목표로 향교의 설립과 운영을 도모하였다. 그런데, 국초에 전국 360여 개의 모든 군현에 교수관을 파견하고 생도를 두는 것은 불가능하였다. 그리고 여말선초에는 다수의 서재書齋에서 흥학 활동을 활발하게 전개하고 있었다.38 권근은 전국에 학교 설립이 미흡한 곳에서는 유력 인사가 독자적으로 농민을 교화할 것을 제안하였다. 권학사목勸學事目에서 지방에서 개인적으로 서재를 열어 교육하는 것을 말하고 서재를 열어 훈도하는 자

---

37 〈양촌집〉 권14, 利川新置鄕校記(태종 3년), "子曰, 甚矣. 民之不可以無學也. 降衷而有性, 秉彝而好德, 斯民卽三代之民也. 有欲而爭效, 無知而罔作, 陷於刑辟, 淪於禽獸, 非民之罪也. 長民者不能興學以明敎化之故耳. …… 興學敎民爲先務, ……"

38 李秉烋, 〈麗末鮮初 科業敎育 −書齋를 중심으로〉, 《歷史學報》 67(1975); 李秉烋·朱雄英, 〈麗末鮮初 興學運動〉, 《歷史敎育論集》 13·14(1990); 김호동, 〈여말선초 향교교육의 강화와 그 경제적 기반의 확보과정〉, 《대구사학》 61(2000); 정순우, 〈麗末鮮初 '私置書齋'의 역할과 성격〉, 《정신문화연구》 33-4(2010); 이상민, 〈15세기 지방 유식자의 활용과 평민교화〉, 《역사와 현실》 118(2020)).

들은 다른 지역의 교수로 정하지 말라고 하였다. 군현 단위의 향교 설치를 지향하되 한량 품관이라는 지방 양반층을 활용하는 방법을 구상하였다. 학교의 증설은 국가의 공적인 체계 속에서 이루어져야 하지만, 사하의 역할(私置書齋, 私置書院)도 인정한 것이다.

그리고 학교에서 배워야 할 내용으로 소학을 강조하였다. 권근은 성리학 이념을 사회적 삶으로 구현해 내는 유학의 텍스트로 소학을 중시하였다.

> 소학은 인륜, 세도世道에 매우 긴요하고 절실한 것이지만, 지금 배우는 자는 익히지 않으니 마땅하지 않습니다. 지금부터 서울과 지방의 교수관들에게는 생도들에게 먼저 이 글을 읽은 다음에 다른 경전을 익히도록 하게 하고, 생원시에 응시하여 성균관에 입학하고자 하는 자에게는 성균정록소에서 먼저 이 글을 읽은지 여부를 살펴 시험에 응시하도록 하는 것을 영원히 항식을 삼으십시오.39

소학은 인륜과 세도에 긴요하므로 사학四學과 향교의 생도들은 먼저 이것을 배우고 난 다음 다른 책을 공부하라고 하였다. 학생들이 배우는 것은 주자가 주석한 사서를 중심으로 한 유교 경전이지만 소학은 그 선수과목이 되어야 한다는 것이다. 그리고 그 실효를 보장하고자 생원시에서 소학을 가르치도록 제도화하자는 것이다.40

《소학》의 중시는 소학에서 대학으로 단계적 교육 과정을 제시한 것이라 할 수 있다. 소학 단계는 인간에게 인륜으로 구비되어 있는 본원으로서 덕성을 함양 실현하는 것을 목표로 하고, 대학 단계는 치지致知의 과정을 통해 정미精微한 수행 능력을 확보하는 것을 목표로 설정한다는 점에서 차이가 있

---

39 《태종실록》 권13, 7년 3월 무인(《양촌집》 권31, 論文科書), "吉昌君權近上書, …… 小學之書, 切於人倫世道爲甚大. 今之學者, 皆莫之習, 甚不可也. 自今京外教授官, 須令生徒先讀此書, 然後方許他經. 其赴生員之試, 欲入大學者, 令成均正錄所先考此書通否, 乃許赴試, 永爲恒式."

40 金駿錫, 〈朝鮮前期의 社會思想〉, 《東方學志》 29(1981).

지만, 소학의 과정은 대학의 과정에 진입하기 위한 전제가 되기 때문이었다. 이는 본원을 함양하는 소학의 과정이 생략된 채 대학 교육이 진행될 때 발생하는 관념성의 한계, 곧 건성으로 하는 학문에 빠지고 개인의 영달을 위한 사리의 수단으로 이용되는 것에 대한 염려와 성찰이 담겨 있다고 할 수 있다. 그래서 미성년 단계에서 물 뿌리고 청소하며 대답하는 행동[灑掃應對]의 의절[儀節]과 부모를 친애하고 윗사람을 공경하는 것[愛親敬長]과 같은 대인 관계의 도리를 교육하는 정도가 아니라 몸에 젖어들도록 함양시킴으로써, 대학의 단계에 진입하여 학문이 관념화되고 수단화되는 것을 막고자 하였다. 이렇게 소학의 실천을 강조한 것은 몸을 닦고 가지런히 하며 나라를 다스리고 천하를 편안케 하는[修齊治平] 근본을 함양시키는 실용의 학문으로 소학을 정립하려는 뜻이 담겨 있다고 할 수 있다.[41]

앞서 권근이 천리를 통하여 현실 세계의 객관적인 실재성을 인정하였는데, 이는 이치 탐구와 인륜과 도덕을 밝히는 학문인 실학을 천명하고 경학 공부를 강조하게 된다. 권근은 신왕조의 개창과 동시에 만들어진 과거제가 경서를 궁리한 실학의 선비를 등용하고 사장에 얽매이는 폐단을 시정하는데 동의한다. 태조가 즉위 교서[42]에 밝혔듯이 조선시대에는 과거시험의 초장[初場]에서 강경[講經]을 실시하여 경학에 밝고 경세의식과 의리의 통달한 인물을 등용하여 국가를 운영하도록 하였다.

권근은 문과 초장에서 제술을 중시했다. 권근은 초장 강경의 법을 몇 차례 시행했으나 아직 경학에 뛰어난 인재가 배출되지 않고 글재주와 기질의 습관이 도리어 저하되고 좀스러워졌다고 보았다. 그 이유는 배우는 자들이 구두와 훈고에 국한되어, 기억하고 외우는 것만 힘써 의리의 깊은 것과 문장

---

41 이봉규, 〈涵養論과 교육과정으로 본 조선성리학의 개성〉, 《퇴계학보》 128(2010).
42 《태조실록》 권1, 원년 7월 정미, "敎中外大小臣僚·閑良·耆老·軍民, 王若曰, ……"

의 법에는 힘을 쓸 여가가 없고, 시험장에서 한마디 말이라도 틀려 쫓겨날까 두려워 그 기가 먼저 꺾이는 것에 연유한다고 하였다. 중국과 사대 외교에서 중국에서 온 사신과 원활한 외교를 위해서라도 시문을 중시하지 않을 수 없다고도 하였다. 그래서 권근은 강론을 폐하고 다시 제술을 시험하고, 경의를 유의하게 하면, 응시자들은 오경에 통달하여, 마음이 너그럽고 박식하여 어투가 풍부하게 넓어지고, 글재주가 진작될 것으로 보았다. 권근은 경서를 읽고 외거나 시문을 아름답게 꾸미는 일에만 매달리는 학자들을 비판하고, 경서를 통해 성명性命의 근원을 탐구하고 심성 수양에 힘쓸 것을 강조하였다는 점에서 이색과 차이가 없다. 그러나, 한 걸음 더 나아가 시문이 성정을 도야하고 지기志氣를 기르는 작용을 하는 것이어서, 인재의 성쇠와 관계가 되는 것이므로, 경서에 정통한 것만으로는 충분하지 않아 반드시 시문에도 힘을 들여야 한다고 주장하였다.43 "시구를 주고받는 것은 유학자가 중시하는 바는 아니지만, 인재의 성쇠와 관계되는 것이니, 이를 함부로 폐할 수 없고, 또 성정을 시로 표현하다 보면 감흥하여 일어나는 바가 있으니, 이는 곧 옛날 전악典樂이 주자胄子들에게 시로써 노래하며 가르치던 뜻44"이라고 하거나, "공자가 《시경》을 찬술한 것은 배우는 자에게 읊조리고 노래하는 것으로 흥기시켜 성정의 바름을 얻도록 하기 위한 것이요, 《춘추》를 지은 것은 헛된 말에 의탁하는 것이 절실하게 밝게 드러나는 행적을 기록하는 것만 못하다고 여겼기 때문이라"45고 한 표현은 이를 말해 준다고 하겠다.

---

43 金勳埴, 〈寒暄堂 金宏弼에 대한 조선시대의 평가와 그 의미〉, 《東方學志》 133(2006).
44 《태종실록》 권13, 7년 3월 무인(《양촌집》 권31, 論文科書), "吉昌君權近上書, ……"
45 《양촌집》 권20, 孝行錄後序(태종 5년 6월), "且孔子編詩, 欲使學者興於詠歌, 而得其情性之正. 其修春秋, 以爲托之空言, 不如載諸行事之深切著明也."

2) 권도와 시의 중시의 출처관

(1) 권도 중시의 시국관

권근은 현실 사회를 이끌고 규제하는 원리로서 예의 근본정신을 전제하면서 현실 상황에 맞는 의리를 궁구하고 실천하기를 바랐다. 이는 그의 적극적인 현실 참여와 관련하여 위기의 시대에 능동적으로 대처하는 권도權道 중시의 시국관으로 이어진다. 권근은 경經과 권權으로 표현되는 원칙이나 법칙의 준수와 더불어 구체적인 상황에서 적용되는 변통을 중시하였다. 그는 예를 상도와 권도로 나누어 예의 제작과 작용을 설명하였다. 곧 사물의 마땅함[物宜]에 따라 예를 세웠으니 정해진 제도가 있어 어지럽힐 수 없는 것이 예의 경經이요, 때의 마땅함[時宜]에 따라 예를 행하니 절도에 반드시 얽매이지 않는 것이 예의 권이라는 것이다.46 이는 상도에 따르되 시의에 어긋나지 않으며 권도를 취하되 본질에서 벗어나지 않는 중용의 도를 강조한 것이다. 따라서 예의 올바른 실현은 상도를 체득하고 권도를 다할 때 이루어지는 것이다. 이와 같이 권근은 상도[常]와 권도[變]를 조화하고 통일하는 원리로서 중中을 실현하는 것이 예를 행하는 요체로 파악하고 있다.47

유학에서 경은 보편타당한 영원한 지도至道로서 상常의 의미를 갖는 자연현상의 법칙이고 인간의 존재근거, 도리가 되는 불변의 최고의 규범이다. 반면에 권은 경이 미치지 못하는 구체적인 상황에 대한 변용된 의리를 의미한다.48 예의 근본정신을 상실하지 않은 채 상황에 맞게 변용해서 쓴다는

---

46 《예기천견록》 권9 禮器, "蓋因物宜而立禮, 則有定制而不可亂, 是禮之經也. 因時宜而用禮, 則有制節而不必狗, 是禮之權也."

47 琴章泰, 〈陽村 權近의 經學思想〉, 앞의 책, 1997, 175−176쪽.

48 平岡武夫, 《經書の成立》(創文社, 1983); 柳七魯, 〈禮의 常變 構造에 관한 研究〉, 《충청문화연구》 2(1990).

의미이다. 원래 경과 권의 문제는 《맹자》의 임시방편적 논리에서 유래한다. 물에 빠진 형수에게 손을 내밀어 구하는 것은 특별한 상황의 불가피한 조치라는 것이다.[49] 원칙에 입각하되 불가피한 현실 상황에 맞는 필요한 조치를 인정하는 것이다. 도학은 천지의 상경常經이다.[50] 상이라고 하는 절대불변의 인륜 도덕은 평상시에 지켜져야 하는 것이지만, 변變을 당해 위기 상황을 맞았을 때 불변의 윤리 도덕을 지키는 것이 쉽지 않다. 갑자기 변을 만났을 때 그 직분을 다하는 것을 절의라 하고, 예의에 밝고 이해에 거리낌이 없으며 그 지킴이 견고하고 절의가 고정된 자가 아니면 할 수 없는 일이다.[51] 즉 그는 예의 근본이 서 있으므로 변을 당해도 평상시 원칙을 지키는 것이 중요하고, 마땅함에 따라 적절히 변통해야 한다고 보는 것이다.[52]

그런데 권근은 평상시 반드시 지켜야 하는 상도보다는 변이 생긴 특별한 위기 상황, 급박한 시기에 어떻게 대처하느냐에 관심을 집중했다. 그는 현실 상황의 변화, 곧 태평무사할 때에는 경을 지키고 위태롭고 변급할 때에는 권도를 행해야 하고, 이를 지키지 않으면 시중時中의 마땅함을 잃고 도리어 화난을 불러온다고 보았다.[53] 그는 태종의 양위에 대하여 경과 권으로

---

49 《맹자》 離婁章句上, "淳于髡曰, 男女授受不親, 禮與? 孟子曰, 禮也. 淳于髡曰, 嫂溺則援之以手乎? 孟子曰, 嫂溺不援, 是豺也. 男女授受不親, 禮也, 嫂溺援之以手者, 權也."

50 《양촌집》 권19, 題吉再堂先生後卷後考, "道學天地之常經, 萬世不容廢."

51 《양촌집》 권19, 題三節堂詩後序, "人之大倫, 天所敍也. 臣於其君, 婦於其夫, 子於其父母, 各有其職, 處常而能盡其所當爲, 遭變而不墜其所守, 二者兼盡, 爲全其節也. 然自古以節稱者, 皆不於常而必於變, 蓋處常者人所同, 而盡變者其所獨也. 故必待遭變, 而特著其義, 表表不群, 然後可謂之節, 非其明於禮義, 不怵於利害, 其守固其氣定者, 不能矣. 能盡臣子夫婦之道而以節稱者, 絶代而僅有也."

52 《양촌집》 권20, 送摠制成公奉使赴京詩序, "而又臨事無不敬, 則禮之大本旣立, 而從宜適變, 無往不當, 達之天下. 周旋無窮矣."

53 《태종실록》 권12, 태종 6년 8월 경술(《양촌집》 권32, 上書), "吉昌君權近上書曰, 臣竊惟, 天下之事, 有事同而勢異者, 當治平無事之時, 則守其經, 當危亂變急之際, 則行其權. 苟當治平而從其權, 則失時中之宜, 反致禍亂之生矣, 此不可以不察也. 未有天下國家者, 必以世及相傳, 禮之經也. 凡諸侯之承國, 必受命於天子, 禮之經也. ……"

반대하였고, 왕자의 난으로 즉위한 태종이 유학의 명분에 어긋나는 듯한 인상을 경과 권의 논리로 해소시켰다. 태종은 재위 기간 8차례에 걸쳐 세자에게 전위傳位하겠다는 의사표시를 하였다. 이에 대해 권근은 왕위계승에서 명 천자의 허락을 얻는 것이 경經이라고 하였다. 태조가 정종에게 양위한 것과 정종이 태종에게 양위할 때 명나라의 허락없이 이루어진 것은 불가피한 권도라고 하였다. 조선에서는 태조가 중병에 걸리고 정도전이 난을 일으켰으며, 명나라에서는 정변이 일어났다는 것이다. 그런데 지금은 위급한 화난도 없는 무사한 때이므로 태종이 양위를 하려면 명의 허락을 받아야 한다고 하였다.[54] 권근은 여기에서 태종의 즉위가 불가피한 상황의 정당성을 권도로서 인정하고 있는 것이다. 태종의 전위傳位 의사표시는 취약한 왕권을 오히려 강화하는 수단으로 이용한 것으로 이해된다. 즉 태종은 전위 의사를 표시하여 만류할 수밖에 없는 신하의 진언을 통하여 왕위의 정당성을 확인·강화하고 그의 전위를 바라는 반왕 세력을 색출하기 위한 것이었다.[55] 이에 대해 권근은 왕위 즉위가 개국 초의 불가피한 권도임을 설명하는 가운데 군신 간의 명분 질서를 확고히 다지려고 하였다. 태조의 즉위가 조선 왕조의 국시인 유학의 윤리도덕, 명분 질서에 어긋나지 않았음을 드러내고자 하였던 것이다.

권근의 경과 권의 논리는 상례喪禮와 관련된 가정사에서도 보인다. 부친상 중이던 권근은 예문관대제학을 제수받는다. 권근은 이를 사양하였는데,

---

54 《태종실록》 권12, 태종 6년 8월 경술(《양촌집》 32, 上書), "吉昌君權近上書曰, …… 及我太上(태조) 傳付上王(정종)之時, 太上疾漸, 亦有鄭道傳敢拒帝命. 又欲攻遼, 貪立幼孼, 謀戕冢嫡, 禍亂之急故爾. 中國亦値高帝(주원장)登遐, 建文新立, 庶事未遑, 故不問爾. 上王傳付殿下之時, 適中國方有燕亂, 不暇生釁於外國, 但於回咨, 反覆致意, 以示其意, 此皆幸而免耳, 非萬全之計也. 方今當中國堂堂無事之時, 我國亦無汲汲危亂之變, 殿下欲效其前轍, 不先請命, 傳付世子而後計稟."

55 崔承熙, 〈太宗末 世子廢位事件의 政治史的 意義〉, 《조선초기정치사연구》(지식산업사, 2002).

이유를 경과 권도로 설명하였다. 기복起復56은 전쟁과 같은 위기의 상황에 어쩔 수 없이 행하는 것이고, 태평한 세월에는 행해서는 안 된다는 것이다.57 태평의 시기에는 항상 불변의 경經이 지켜져야 하고 부득이한 위기 때 불가피한 권도가 행해질 수 있다는 논리를 뜻한다.

즉 권근은 경과 권의 논리를 통하여 권도가 관철될 수 있는 여지를 남겨 놓고 그것이 자신 시대, 자신의 처지와 관련시켜 설명하였다. 때나 장소와 관계없이 항상 관철될 수 있는 불변의 도를 전제하면서도 상황에 맞게 변용해서 써야 되는 임시방편적인 방법도 중시하는 것이다. 이는 절대적인 가치를 지닌 도를 원론적이고 근본적인 관점에서 현실에 적용하기보다는 현실의 변화나 그때그때의 상황을 중심으로 한 도의 적용을 말하는 권도 중시의 시국관을 보여 준다. 항상 불변의 도를 우선으로 한다면 굳이 권도를 내세울 필요가 없다. 도의 실현은 유학의 보편적인 이념이고 불변의 원칙이기 때문이다. 거꾸로 권도를 내세운다면 불변의 원칙이나 원리를 강조하기보다는 현실의 불가피한 상황을 강조하게 된다. 권근이 상황을 전제로 한 권도를 내세우는 것은 결국 현실의 불가피성을 전제로 변칙적 행동을 용인하는 논리를 끄집어내기 위함이었다.

(2) 시의 중시의 출처관

권근이 권도를 중시하고 상황 중심의 시국관을 보여 주는 것은 사대부의

---

56 기복(奪情)은 점괴苫塊, 곧 토개土塊를 벼개로 삼고 초석草席에서 잔다는 부조父祖의 거상居喪에서 몸을 일으켜 관직에 복귀한다는 말이다. 기원은 중국 춘추전국시대에 국가가 위급한 사태, 곧 병란이란 상황에서 유발된 것이다(李熙德, 〈起復慣行에 대하여〉, 《高麗儒教政治思想의 研究》(1984), 208~215쪽).

57 《양촌집》 권26, 辭免起復藝文館大提學箚序, "是在危難之祭, 不得已而爲之, 權宜也, 其在治平之世, 豈可以爲常典哉."

출처 문제, 곧 자신의 출처 문제와 직결되는 문제였다. 그것은 자신이 고려에서 조선으로 왕조교체기, 사회변동기에 사대부가 벼슬하고 물러가야 하는가의 선택 문제로 나타나기 때문이다. 권근은 유학자로서 유학의 도를 궁구하였고, 의리에 맞는 행동을 중시하였다. 앞서 언급한 대로 권근에게서 도학은 천지의 상경이고 만세에 폐할 수 없는 것이었다.[58] 하지만 권근은 현실 변화, 윤리도덕이 관철될 수 있는 현실적 조건을 염두에 두고 시의를 중시하였다.

사군자의 출처는 법도가 정해져 있지 않다. 요체는 시기에 맞고 의리에 합당하게 할 뿐이다. 세도가 쇠퇴하여 권간權姦이 권력을 잡고 탐관오리가 함부로 진출하게 되면 현명하고 지혜로운 선비가 몸을 깨끗이 하며 멀리 떠나 감추다가 세운世運이 흥왕하여 교화가 아름다워지면, 갓을 털고 갓끈을 떨치며 조정에 나아가 서로 지혜를 다해 공업을 이루고 백성에게 혜택이 가해지도록 한다. 그러므로 현인군자는 반드시 세도를 보고 내 자신의 출처를 결정한다. 만약 시기와 의리를 헤아리지 않고 진퇴하면 벼슬하는 사람에게는 녹을 탐낸다는 비난이 있게 되고, 들어앉는 사람에게는 자신만을 깨끗이 하고자 한다는 책망이 있게 되니, 비록 청탁의 차이는 있지만 의리에 맞지 않기는 마찬가지이다. …… 지금은 밝은 임금이 위에 게시고 어진 이들이 조정에 가득하며 모든 관직에 합당한 사람을 얻게 되었다. 사군자가 나와서 일을 해볼 만한 시기이다. 선생만이 끝까지 숨어 있을 수 있겠는가?[59]

58 《양촌집》 권19, 題吉再先生後卷後考, "道學天地之常經, 萬世不容廢."
59 《양촌집》 권17, 贈孟先生詩卷序(태조 6,1397), "士君子或出處, 其道無常, 要適於時, 合於義而已. 當世道之降, 權姦竊柄, 貪墨冒進, 則賢智之士高蹈遠引, 以潛光於寂寞之瀕, 及世運之方興, 政化之休美, 則彈冠振纓, 以彙進於王庭之上, 爭效智力, 以就功業而澤斯民, 故賢人君子, 必觀世道之汚隆, 以爲吾身之出處也. 苟不度時義而進退, 則仕者有冒祿之譏, 處者有潔身之責, 雖淸濁有間, 其不合義則一也. …… 今則明君在上, 群賢滿期, 百司庶府皆得於人, 此士君子出可以出而有爲之秋也. 先生獨可久隱乎?"

그는 의리의 존재 여부에 따라 출사出仕를 결정해야 한다고 하였다. 현실 사회에 성인의 도를 실현하려는 사대부는 인간의 도덕적 가치에 대한 불변하는 원칙이 있을 수밖에 없다. 하지만 현실 상황은 유동적이고 그러한 변화무쌍한 상황에 적합한 의를 찾고 그에 맞는 실천이 요구된다. 따라서 사대부의 출처에서 도의 항상됨보다는 시의의 합당성을 중시하였다고 할 수 있다. 사대부의 출처에 대해 항상 불변하는 절대적인 기준이 있는 것은 아니지만, 시대 상황에 알맞는 의리를 찾아야 한다는 것이다. 이 말은 자연이나 인간의 절대 불변의 원리·도리를 내세우기보다는 구체적이고 개별적인 현실 상황에 알맞는 원칙이 필요함을 뜻한다. 그리하여 그는 시의에 따라 세상에 나와 도를 행하거나 세상을 등지고 의리를 지키는 행위를 같은 차원에서 인정하였다. 그러기 때문에 그는 시기와 의리를 헤아리지 않고 진퇴하면 벼슬하는 사람에게는 녹祿을 탐낸다는 기롱이 있게 되고, 은거한 사람에게는 자신만 깨끗이 하려 한다는 책망이 있게 된다고 하였다. 이에 따라 일상생활의 언어 행동이나 궁달 환란 속에서 언제나 마땅한 바를 찾는 행동하는 것이 중中이며 올바른 것으로 이해하게 된다.[60]

시의時宜를 중시하는 권근의 생각은 역사적 인물에 대한 평가에서도 드러난다. 그는 과거 역사 속에서 현실정치에 직접 참여하여 도를 실현하려고 했는가 하면, 세상을 등지고 의리를 지킨 이가 있다고 하였다. 그는 세상에 나와 도를 행하거나 세상을 등지고 의리를 지키는 행위를 같은 차원에서 인정하였다. 이윤이나 태공이 처음에 숨었다가 정치에 참여하거나, 범여나 장자방이 처음에 나와 나중에 숨어 그 공을 차지하지 않는 자로서 모두 같이 논할 수 없으나 진퇴에서는 모두 잘했다고 하였다.[61] 즉 이윤이 신야莘野에서

---

60 《양촌집》 권21, 朴子虛說.
61 〈양촌집〉 권18, 澄心庵詩序.

밭을 갈 때 스스로 천민天民이라 일컬었고 백이가 서산西山에서 굶어 죽자 사람들이 의사라고 일컬었으니 그 끝은 다르나 그 처음을 지킨 것은 같은 것, 결국 처지를 바꾸면 다 같다는 것이다.62 결국 출사 문제는 현실 상황이 어떠하느냐에 달려 있다고 보는 것이다.

현실정치의 참여에 대한 더 분명한 인식은 원나라 유학자인 오징과 허형에 대한 서로 다른 평가에서 드러난다. 이민족 왕조인 원에 참여하여 원 관학을 이끈 허형과 원과 일정한 거리를 두며 절의에 충실한 오징에 대한 권근의 평가는 서로 달랐다.

권근은 오징의 경학론에 대한 비판적인 의견을 견지했다. 그는 《주역천견록》에서 오징의 설에 대하여 다음과 같이 말했다.

① 최근에 오징이 지은 《주역찬언》을 보았다. 그것은 괘효卦爻의 호체互體에서 상象을 취함에 있어 발명한 것이 많아 이 경전에 도움이 되는 것이다. 그러나 그 주장이 기이한 것 내세우기를 힘쓰고 견강부회한 내용을 포함한데다 선학들의 학설과 어긋나고 이단에 빠진 것도 간혹 있었다. 이에 나 자신의 광참狂僭을 헤아리지 않고 내 견해를 하나 둘 기록하여 그 뒤에 실었다.63

② 거북과 호랑이의 상象에 대하여 주자가 문인들에게 다음과 같이 말하였다. "모든 괘에서 거북을 말한 경우는 이離괘를 바로 얻었거나 이괘가 감추어져 있다. '턱을 떨군다'고 한 것이 이에 해당한다." 이것은 이미 분명하게 말한 경우이다. 호랑이에 대해서는 도리어 "상은 모른다"고 하였다. 오씨가 이 두 가지 상을 설명한 것은 또한 주자가 밝히지 않은 것을 밝힌 것이다. 대개 오

---

62 《양촌집》 권21, 義民字說, "伊尹之耕莘野自稱爲天民, 伯夷之餓西山, 人稱爲義士, 其終之出處雖異 而始之守則同, 所謂易地則皆然也."

63 《주역천견록》 권1, 易說 上經, "比觀草廬吳氏澄所著纂言, 其於卦爻互體取象, 多所發明, 亦有功於此經者也. 然其說務立奇異, 有牽强, 又倍先儒之說, 而淫於異端者, 而或有焉. 不揆狂僭, 輒疏鄙見之一二, 以著于後."

씨의 설이 괘·효·상의 범례에 대해서 발명한 것이 많다. 스스로 문왕과 주공의 마음에 가까울 것이라고 평가하기도 하지만 새로운 논의를 제기하여 선유와 차이를 두고자 애썼으므로 왕왕 견강부회하거나 기교를 부리는 병폐 또한 많았다. 게다가 근본적으로 노·불에 빠진 폐단을 벗어나지 못하고 있다. 이는 오씨의 설을 보는 이들이 당연히 스스로 알아서 분별해야 한다.[64]

①에서 오징은《주역찬언》을 지어서 봉효卦爻의 호체互體와 물상物象으로 표현한 부분에 대하여서는 새로 발견이 많았으나, 학설을 내세우기를 좋아하여 견강부회하는 가운데 선학들 학설과 배치되고 이단에 흐름 위험성이 많다고 하였다. ② 역시 오징의 설이 주자가 밝히지 못한 것을 밝혀내고 괘·효·상의 범례에 대해서 발명한 것이 많다고 하였다. 그러나 새로운 논의를 제기하여 선유와 차이를 두고자 애썼으므로 왕왕 견강부회하거나 기교를 부리는 병폐가 많았고, 근본적으로 노·불에 빠진 폐단을 벗어나지 못하고 있다고 하였다. ①과 ②에서 공통적으로 권근은 오씨 설의 장점을 인정하면서도 이단으로 흐를 가능성을 경계하고 있다. 주지하듯이 권근은《주역천견록》에서 가장 경계하고 힘썼던 것이 바로 이단에 빠질 위험성이었는데,[65] 그 실례를 오징의《주역찬언》을 들어 설명하고 있는 것이다.[66] 오징의 이단설에 대한 비판은 오징의 출처에 대한 이해와 연결되어, 권근은 그의 출처에 대하여 비판하였다.

---

64 《주역천견록》 권1, 易說 上經 頤 六四 龜虎之象, 朱子語門人, "凡卦中說龜, 不是正得离卦, 必是伏箇离. 如'朶頤', 是也."(《주역전의대전(周易傳義大全)》, 頤괘 初九 小註). 是已明說. 於 虎却云 "此象未曉"(《주역전의대전》, 頤괘 初九 小註), 吳氏說此二象, 亦發朱子之所未發. 大抵 吳說於卦爻象例, 多所發明, 自謂庶乎文王周公之心. 然務爲新論, 以異先儒, 故往往亦多附會奇巧 之病, 又於大本上未免有淫於老佛之弊. 此觀吳說者, 所當知而自擇也.

65 崔英成, 《《周易淺見錄》을 통해본 權近의 經學思想〉, 《한국철학논집》 3(1993), 104쪽.

66 이광호, 〈주역천견록 해제〉, 《國譯 三經淺見錄》(청명문화재단, 1999).

오씨의 이른바 "세상에 나아가서 무엇을 해보겠다는 것은 모두 비천한 일이다. 세상을 초월해서 아무것도 하려 하지 않는 것이 바로 고상한 일이다"라고 하였다. 아래 다섯 효는 자기 집안에 부지런히 마음을 쓰지만 상구上九는 천하의 일조차도 비천한 것으로 보고 하려 하지 않는데 자기 집안의 일이야 다시 말해 무엇이겠는가? 이것은 유자의 말이 아니다. 이윤伊尹과 여공呂尙(강태공)이 신莘에서 농사를 짓고 위수에서 낚시를 하면서 숨어서 지낸 것이 어찌 천하를 아울러 선하게 하기 싫어서 자신의 한 몸만을 깨끗이 하려 했겠는가? 탕왕과 무왕을 만나서 함께 천하를 위해서 일한 것이지 어찌 고상한 것을 버리고 비하한 곳으로 나아간 것이겠는가? 이는 바로 전날 높이 숭상한 것이 금일의 사업이며, 초야에서 즐긴 것이 요순의 도였고 사업으로 실천한 것이 요순이 백성들의 군주노릇한 바로 그 도리였으므로 일신상 나아가고 물러난 차이는 있지만 도는 두 가지가 아니다.[67]

권근은 오징이 이민족인 원나라가 지배하는 세상에 나아가는 것을 비천한 일이라고 하고, 세상을 떠나 아무것도 하지 않는 것이 고상한 일이라는 한 말에 동의하지 않았다. 오징의 말은 유자의 말이 아니라고 하였다. 그리고 이윤과 여상呂尙(강태공)이 신莘에서 농사를 짓고 위수에서 낚시를 하면서 숨어서 지낸 것은 자신의 한 몸만을 깨끗이 하려고 한 것이 아니고, 탕왕과 무왕을 만나서 함께 천하를 위해서 일한 것이라고 보았다. 권근은 이윤이 초야에 있으면서 요순의 도를 즐기고 태공이 북해에 살면서 천하가 맑아지기를 기다린 것은 도를 실현될 때를 기다린 것으로 보았고, 따라서 이윤과 태공이 벼슬하기 이전의 모습은 곧 증자와 자사와 같다고 말한 정이

---

67 《주역천견록》 蠱 上九, "吳氏乃謂, "凡處世間而有爲者, 皆卑下之事. 出世間而无爲者, 乃高尙之事. 下五爻屑屑於一家之事, 上九則天下之事, 猶且視爲卑下, 而不屑爲, 彼一家之事, 又何足道哉? 此非儒者之言也, 夫伊·呂在耕莘釣渭之時, 豈以兼善天下爲不屑, 而自潔其身? 及遇湯·文之日, 豈是舍高尙, 而就卑下乎? 即以前日之所高尙者, 爲今日之事業, 樂畎畝者, 堯舜之道, 而施事業者, 堯舜其君民也, 故身有出處, 而道無二致也.""

천의 견해에 찬동하였다.[68] 천하를 선하게 하는 일과 자신만을 깨끗이 하는 것을 대비하면서 결국 이윤과 태공이 도를 실현할 때를 기다린 것으로 보았다. 유자에게서 중요한 것은 도를 실현할 때임을 말한 것이라고 하겠다.

주지하듯이 허형은 현실 참여형이라면 오징은 절의론자라고 할 수 있다. 원대 사상계에서 대표적인 유학자인 허형과 오징은 원에 대한 출사를 두고 서로 다른 사상적 특징을 보인다. 허형(1209-1281)은, 원이 정복 왕조로서 정통성을 합리화시킬 수 있었을 뿐만 아니라 중국사의 발전 과정에 하나의 왕조로서 참여할 수 있도록 하였다. 반면에 오징(1249-1333)은 남송 송학의 근거지인 강남에 살면서 경학, 리학을 연구하였다. 그는 성리학의 말폐로서 교조화한 관학 성리학을 비판하였고 이에 대한 대안으로 육산학에 깊은 관심을 보였다. 오징은 85년의 생애에서 원의 수도에 네 번밖에 가지 않았고 천거로 상경하기도 하였지만 곧 낙향하였다. 그는 원 관학 성리학에 비판적이며 절의와 도의 그리고 남송 이래의 리학을 규명하는 데 주력하였다.[69] 원 조정에 출사하여 원 관학 성리학을 확립한 허형과는 사뭇 다른 길이었던 것이다.

권도를 중시하고 현실 상황을 중시한 권근은 오징의 태도는 유자의 모습이 아니라고 하였다. 즉 그는 세상에 나아가서 무엇을 해보겠다는 것은 비천한 일이고, 세상을 초월해서 아무것도 하지 않는 것이 바로 고상한 일이라고 한 오징의 말을 반박하고 있는 것이다.

오징의 행위를 유자의 일이 아니라고 할 때 참된 유자의 길은 무엇인가.

---

68 《주역천견록》蠱 上九 愚謂, 上九以陽居无位之地, 剛明之才, 不爲世用, 此蠱亂之時也. 懷抱道德, 不用於時, 功業未著, 但其所存之志, 可爲法則. 謂以治蠱之才, 高潔自守, 不肯屈己, 以求之也, 非謂其不事, 可以爲法也. '不事王侯', 與'不見諸侯'義同. 雖無其位, 不得行道, 亦不"枉尺以直尋", "衒玉以求售"也. 然而, 救天下之心, 未嘗不切, 非欲其終於不事不見也. 如伊尹在畎畝, 而樂堯舜之道, 太公居北海, 而待天下之淸, 是也. 故程子以爲"伊尹太公之始, 曾子子思之徒."

69 福田殖, 〈吳澄小論〉, 《文學論輯》 32(1986).

권근은 구체적인 현실에 참여하여 도를 실현하는 것이 유자의 역할이라고 보았다. 그는 유자에게서 심신을 닦고 이치를 탐구하여 현실을 바로잡는 통유적通儒的 성격을 강조하였다. 유자라면 유학뿐만 아니라 천문·지리·의약 등을 모두 알아야 치자로서 역할을 수행할 수 있다는 것이다. 그는 유학을 따로 독립시키기보다는 6학 속에 유학을 포함시켰다.[70] 유학이 여러 학문의 중심이 되지만 국가통치를 위해서는 병학·율학·자학字學 등의 잡학도 필요하였다. 권근은 《향약집성방》[71]과 《천문도》[72] 그리고 《역대제왕혼일강리도》[73]의 서문을 쓰는 등 여러 학문에 대한 관심을 버리지 않았다.

그에 따르면, 통유적인 학문관을 전제로 유자는 현실에 대한 책임의식을 견지해야 한다. 권근은 충청도관찰사에 임명된 한상경韓尙敬을 전송하는 글에서 임금을 어질게 만들고 백성에게 혜택을 주는 것은 모두 유자의 몫이라고 보았다. 특히 임금이 알아주고 녹을 얻게 된다면 비록 평시일지라도 보답하는 공로가 있어야 하고 위급하고 곤란할 때는 말할 것도 없다고 보았다. 그는 사군자가 되어서 뜻을 원대하게 세워 당대의 공업을 이루어 후세에 명예를 전하는 것을 당연하게 생각하였다.[74] 현실 상황에 따라 정도를 견지하고 도를 실현할 수 있기를 바라는 것이다. 그런 의미에서 이윤이나 제갈량처럼 때를 만나기를 학수고대하거나 장저長沮 걸익桀溺처럼 개결한 짓을 도모하지 않는다고 하였다.[75]

권근에게서 사대부의 출사 여부는 시대 상황, 곧 주어진 때가 어떠하느냐, 도가 실현될 수 있는가가 중요한 기준이 된다. 그는 사대부의 출처에

70 《양촌집》 권12, 義興三軍府舍人所廳壁記.

71 《양촌집》 권22, 鄕藥濟生集成方跋.

72 《양촌집》 권22, 天文圖誌.

73 《양촌집》 권22, 歷代帝王混一疆理圖誌.

74 《양촌집》 권15, 送慶尙道按廉典理呂摠郞序.

75 《양촌집》 권13, 農隱記.

대하여 도의 향상됨보다는 시의의 합당성을 중시하였다. 해당 시기, 사회현실이 어떠하느냐에 따라 정치 참여 문제를 고려한다는 것이다. 권근이 우시遇時라는 표현을 많이 쓰고 있는 것도 이러한 의식의 표현이다. 권근이 시의를 중시한 태도는 현실변화에 대한 더 예민한 파악과 그에 대한 관심 그리고 참여를 수반하게 된다.[76]

따라서 권근에게서 중요한 점은, 지금이 세상에 나아가 도를 실현할 때인가 아니면 세상을 등지고 절의를 지키는 시기인가라는 판단이다. 권근은 자신의 시기는 사군자가 뜻을 펼칠 수 있는 시기라고 보았다. 그는 조선 건국을 난세로부터 치세治世로 바뀌는 시기로 파악하였다. 그는 태조 이성계의 즉위를 천명으로 설명하거나, 고려 말에는 탐오하고 잔혹한 정사가 백성을 극도로 병들게 했지만 왕조가 들어서 기강을 세우고 경계를 바로잡아 병폐가 10에 8, 9가 없어졌다고 하였다.[77] 그는 당시가 현명한 임금과 충량한 신하가 서로 만나 어진 인재를 등용하고 다스림을 도모하는 사군자가 출사할 시기라고 하였다.[78] 그는 스스로 정치에 참여하여 자신의 이상을 실현하는 것이 우선적인 일이라고 보았다.

이러한 관점에서 권근은 조선왕조의 개창이 기정 사실화되자 적극적인 자기 변신을 꾀하였고 출사에 노력하였다. 그는 왕조 개창 후 논죄되지는 않았지만 왕조 개창에 반대한 인물로 분류된다. 그는 태조 2년 태조가 계룡산을 둘러 보러왔을 때 서울로 올라가, 검교예문춘추태학사겸성균관대사성檢校藝文春秋太學士兼成均館大司成에 임명되었다. 권근은 태조 6년 12월 진정전陳

---

76 이러한 권근의 유자상은 이율적 인간형으로 볼 수도 있다. 절의를 위해 굶어 죽은 백이와 달리 적극적인 정치참여형으로(《맹자》公孫丑章句下 ; 萬章章句下) 파악되기도 한다(최연식, 《수성과 창업의 정치사상》(집문당, 2003)).

77 《양촌집》 권17, 忠淸道觀察使韓公尙敬詩序.

78 《양촌집》 권15, 送金堂後序, "方今明良相遇, 任賢圖治, 士君子出仕之秋也."

情箋을 올려 개국 원종공신의 녹권을 받았고,[79] 태조 7년 왕자의 난 때 이 방원 측에 가담하여 그 공으로 좌명공신 4등에 책록되었다.[80]

결국 권근이 불교를 비판하여 객관 세계를 추구하고 권도를 중시하면서 유자의 일을 말한 것은 현실정치에 대한 적극적인 관심을 수반하는 것으로 조선왕조의 정치참여를 정당화하는 논리의 귀결이었다.

3. 정도전과 정치적 결합과 《삼봉집》 완성에 관여

1) 정도전과 정치적 결합

공양왕 3년 이래 충주에 있던 권근은 조선왕조의 개창이 기정사실화되자 시의 중시의 출처관으로 현실 참여를 꾀하였다. 태조가 개성에서 새로운 도읍지를 물색하러 계룡산을 둘러 보러왔을 때 충주에 적거 생활을 하던 권근을 부르게 되고,[81] 태조의 행차를 따라 서울로 올라가 검교예문춘추태학사겸 성균관대사성에 임명되었다.[82] 성리학적 이상사회를 실현하려는 권근은 조선 왕조에 참여하여 현실을 자신이 지향하는 유교사회로 끌어올리는 데 일정한 역할을 수행하고자 하였다. 새로운 왕조의 관료로서 새로운 군신관계를 맺고, 조선의 성리학적 질서를 확립하는 데 기여하고자 한 것이다.

---

79 《태조실록》 권12, 6년 12월 경자.

80 鄭杜熙, 〈太祖-太宗代 三功臣의 政治的 性格〉, 《朝鮮初期政治支配勢力研究》(1983), 41~54쪽.

81 《태종실록》 권17, 9년 2월 정해, "癸酉春, 太祖幸雞龍山, 特召近赴行在, 命與鄭摠, 撰定陵墓碑. 甲戌秋, 拜中樞院使."

82 《연려실기술》에는 태조 대 권근의 출사와 관련된 일화가 전해온다. 이에 따르면, 권근의 출사에는 아버지 권희(1319~1405)의 뜻이 반영되었다고 한다. 태조는 권근의 아들인 권규를 경안공주(태종의 딸)과 혼인시키고, 권희를 졸라 권근이 출사하도록 적극 권하였다고 한다(《연려실기술》 권2, 太祖朝故事本末 文衡 權近 逐睡篇).

이때 권근은 몇 가지 이견이 있기는 하지만, 성리학적 이상 국가를 지향하던 정도전과 공조하고자 하였다. 정도전은 당시 판삼사사判三司事와 판의흥군부사判義興三軍府事로서 병권과 정권을 독점한 명실상부한 최고 실권자로 조선왕조 체제를 정비하는 데 핵심적인 위치에 있는 인물이었다.

정도전과 권근은 10살의 나이 차이는 있지만 일찍부터 교류하였다. 이들은 공민왕 16년 이후 성균관에서 교류하며 성리학을 익히고 현실 개혁 방안을 모색했다.[83] 두 사람은 가까운 거리에 살면서 함께 시문을 짓고 세상과 자연을 논하였다.[84] 성리학을 매개로 동지의식을 견지하고 있었던 것이다.[85] 두 사람은 우왕 원년 북원 사신 영접에 반대하는 편에 있었고, 논죄의 대상이 되었다.[86] 단, 권근은 나이가 어리다는 이유로 유배를 면하였는데 유배당한 동료에 대한 미안함을 감출 수 없었다. 권근은 유배 떠나는 정도전을 정서에 비유하여 위로하고 있다.[87] 정서는 의종 대 정함 등 환관의 참소로 동래·거제로 유배되었는데, 유배지에서 과정곡이라는 가사를 지은 바 있다.[88]

권근은 1385년 정도전의 문집에 서문을 썼고,[89] 회군 이후인 1388년 10월에 정도전과 같이 과거를 주관하여 이치 등 33인[90]을 뽑았다. 하지만, 두 사

---

83 《삼봉집》 권3, 陶隱文集序(우왕 14년 10월), "牧隱李穡先生, 早承家庭之訓, 北學中原, 得師友淵源之正, 窮性命道德之說. 旣東還, 延引諸生, 見而興起者, 烏川鄭公達可·京山李公子安·潘陽朴公尙衷·密陽朴公子虛·永嘉金公敬之·權公可遠·茂松尹公紹宗. 雖以予之不肖,   亦獲側於數君子之列."

84 《삼봉집》 권1, 夜與可遠子能讀陶詩賦而效之.

85 文喆永, 〈詩·文을 통해본 鄭道傳의 內面世界〉, 《韓國學報》 42(1986); 강문식, 〈鄭道傳과權近의 생애와 思想比較〉, 《韓國學報》 115(2004).

86 《고려사절요》 권30, 辛禑(원년 5월).

87 《양촌집》 권2, 送金直長彌兼寄鄭三峰, "十年宦學未歸休 慣向長程送還遊 灩灩离狂隣舍酒 颼颼征袂結野風秋 鷺飛細雨經官渡 蟬噪斜陽上驛樓 寄語瓜亭安隱否 誰知南北憶君愁."

88 《고려사》 권97, 列傳10 鄭沆 鄭敍.

89 《양촌집》 권16, 鄭三峰道傳文集序.

90 《고려사》 권73, 志27 選擧1 科目.

람은 성리학적 정치론을 지향하면서도, 구체적인 실천 문제에서 의견 차이를 보인다. 전제 개혁 논의에서 찬반이 엇갈리면서 권근은 이색과 함께 왕조를 유지하려는 편에, 정도전은 이성계와 함께 새로운 왕조를 창업하려는 쪽에 서게 되었다.

조선에 출사한 권근은 자신의 정치이념을 실현하고자 정도전과 협력을 원했다. 우선, 정도전의 새로운 국가 구상을 이론적으로 뒷받침하고자 정도전의 구상이 담긴 주요 저서에 서문을 써주고 그것이 갖는 의의를 설명했다. 권근은 태조 3년의 〈심기리삼편〉·〈심문천답〉, 태조 4년의 《감사요약》, 태조 6년의 《불씨잡변》·《경제문감별집》의 서를 썼다. 그 서문에는 성리학적 도통론의 관점에서 정도전의 학문적 특성을 밝히고 새로운 국가체제를 확립하려는 인물로 높이 평가하였다. 태조 3년 〈심기리삼편후부서〉에서 정도전은 "노자와 부처의 사특한 해를 분별하여 백세토록 우매한 사람들의 폐해의 의혹을 풀어 주고, 세속의 공리설을 꺾어 바른 도의로 돌아가게 해야 한다"[91]고 하였고, 태조 7년의 〈의흥삼군부사인소청벽기〉에서는 "정공은 인후한 덕과 고명한 학문으로 태조를 도와 일대의 법전을 만들었다. 시행한 바는 반드시 주관의 법도에 근본하였으며 나라를 세운 규모는 크게 원대하였으니 그 나머지는 이를 통해 쉽게 알 수 있다"[92]라고 하였다. 심지어, 《불씨잡변》 서문을 쓰면서 정도전이 불교의 해를 절실하고도 명백하게 제시하여 맹자를 계승하였다고 평가하였다.[93] 책 서문은 비판보다는 그 의미를 부각시키는 것이

---

91 《양촌집》 권16, 心氣理三篇後附序, "三峯先生甞有言曰, 辨老佛邪遁之害, 以開百世聾聵之惑, 折時俗功利之說, 以歸夫道誼之正. 其心氣理三篇, 論吾道異端之偏正, 殆無餘蘊, 愚已訓釋其意矣."

92 《양촌집》 권12 義興三軍府舍人所廳壁記(《삼봉집》 권14 諸賢敍述), "鄭公道傳以仁厚之德, 高明之學, 實贊襄之, 以興一代之典, 凡所說施, 必本於周官法度, 立國規模, 宏大且遠, 擧此可觸其餘矣."

93 《양촌집》 권17, 佛氏雜辨說序, "孟子謂承三聖之統, 先生亦繼孟子者也. 張子所謂, 獨立不懼, 精一自信, 有大過人之才者, 眞生之謂矣."

불가피하다고 할 수 있다. 하지만, 권근은 통상적인 서문이 갖는 찬사 이상의 의미를 부여하였다.[94] 권근의 이러한 태도는 정도전이 죽는 태조 7년(1398)까지 계속되었다.[95]

권근이 정도전과 관계를 모색한 것은 어느 정도 성과를 거두었다. 그런데 태조 2년(1393) 2월 조선에 출사한 이래 태조 7년 7월 1차 왕자의 난까지 권근의 정치적 행적은 뚜렷하지 않다. 이 시기에 그가 역임한 관직은 대부분 '첨서僉書'·'검교檢校' 등의 이름이 붙어 있고 실직을 받지 못하였다. 또한 실직을 맡은 경우도 예문관춘관학사, 성균관대사성 등 교육 문한직에 국한되었고 정치적 요직에는 임명되지 않았다.[96] 권근은 명의 정도전 압송 요구에 정도전을 대신해서 명에 갔지만, 정도전은 고려 말에 권근이 이색과 정치적으로 결합하였다는 이유로 반대하였다.[97] 태조 대 권근이 새 왕조를 위해 지은

94 두 사람은 성균관의 提調가 되어 現任 閑良 4품 이하의 儒士와 三館의 儒生을 모아 경사를 강습하였다(《태조실록》 권13, 7년 4월 병신).
95 정도전의 지향에 동의하는 모습은 그의 부인 최씨의 초상화에 대한 찬을 써준 사실에서도 확인된다. 여기에서 권근은 정도전의 인품과 용모 그리고 학문을 찬양하였고 부인 최씨의 덕을 높였다(《양촌집》 권23, 三峯先生眞讚, 慶淑宅主眞讚; 《삼봉집》 권5, 題跋).
96 강문식, 《권근의 경학사상 연구》(일지사, 2008), 67~68쪽.
97 조선건국기 명과 조선의 주요 현안이었던 표전 문제에 대하여 권근은 정도전을 위해 노력한다. 명나라는 태조 4년 10월 조선의 하정사의 글에 모만지사侮慢之辭가 있다고 하면서 류구柳珣 등을 억류하고 찬문자를 소환을 요구하자 김약항만 갔다(《태조실록》 권9, 5년 2월 계묘). 그러나 명은 찬문자 정도전의 이름을 명기하여 그의 관송을 요구하였다(《태조실록》 권9, 5년 6월 정유). 또한 그 뒤에 하륜과 정탁 일행이 남경에 도착하여 명 태조를 알현하였을 때, 명 태조는 첫마디에 "도전은 어찌하여 오지 않았는가"라고 하여 정도전에 관심을 표했다. 이는 명에 억류된 류구의 공술에 의하여 표문을 찬술한 책임자는 정도전이고, 그가 요동을 공격할지 모른다는 의구심의 결과였다. 태조 5년 3월에 조선 국왕의 고명誥命과 인신印信을 내려줄 것을 요청하는 주청에 대한 글에서 '인용유사引用紺事'한 것은 매우 무례하다는 2차 표전문제가 제기되자, 계품사 정총을 억류하고 찬문자와 교정자의 관송을 요구하였다. 태조 5년 7월 명나라 사신 송패나宋孛羅가 귀국할 때, 권근은 이을수·정탁·노인도와 함께 명에 가게 되었다. 명은 우우를 보내어 정도전의 관을 요구하였는데, 정도전은 병을 칭탁하고 가지 않았다. 이때 권근이 임금께 아뢰기를 "표를 짓는 일은 신도 참여하였으니 원컨대 사신을 따라가서 변명하겠습니다"라고 하여 두 번 청하고

글은 태조 2년 2월에 환왕의 신도비명98에 불과하다.99 태조 이성계의 첫 번째 부인인 신의왕후 한씨의 신도비명100과 이성계(1335-1408) 묘지명인 건원릉,101 권근의 대표적인 유학 관련 저서인 《예기천견록》은 태종 대 지은 것이다.102 태조 대 국왕의 교서나 명과의 외교 문서의 작성은 정도전·정총·조박·김약항 등 조선의 개국공신이 담당하였다.

2) 《삼봉집》 완성에 관여

정도전이 새로운 국가 구상을 실현하는 데 협력한 권근은 《삼봉집》 편집에 관여하였다. 《삼봉집》은 성종본과 정조본이 있는데, 정조 대 간행된 《삼봉집》에는 저자와 조력자의 이름이 제시되어 있다. 성종본과 정조본을 비교하면 표와 같다.

이에 허락받았다. 권근은 명의 요구가 없었는데도 불구하고 자원하여 명에 간 것이다. 이때, 정도전은 고려 말에 권근이 이색과 함께 명에 간 사실을 들어 반대하였다. 정도전은 "권근은 이색이 사랑하던 제자입니다. 이색이 일찍이 기사년간(1389년)에 주상(창왕)을 황제에게 말하였다가 뜻을 얻지 못하였는데, 지금 권근이 굳이 청하여 가려고 하니 반드시 다른 생각이 있을 것입니다. 권근을 보내지 마십시오."("…… 道傳聞而心忌之, 言於上曰, '近李穡所愛門生也. 穡嘗在己巳年間, 訴上於帝而未得志. 今近固請以行, 必有異也, 請毋遣近.' 上不聽. ……"《태조실록》 권11, 6년 4월 壬寅)라고 하여 반대하였다(朴元熇, 《明初朝鮮關係研究》(일조각, 2002)).

98 《양촌집》 권36, 有明朝鮮國桓王定陵神道碑銘.

99 양촌의 글이 정총의 문집(《복재집》下 有明朝鮮國 桓王定陵碑銘)에도 실려 있다. 그런데 권근이 태종 8년에 지은 건원릉신도비를 보면 "기왕의 이색의 이자춘신도비와 정총의 환왕신도비가 있음을 밝히고 있어 환왕비문이 정총의 글임을 확인할 수 있다(《태종실록》 권17, 9년 윤4월; 《양촌집》 권36, 有明朝鮮國承仁順聖神懿王后齊陵神道碑銘并序). 환왕의 비문이 《양촌집》에 실리고 《동문선》에 권근의 글로 실리게 된 경위는 알 수 없는데, 상당히 이른 시기부터 오해가 있었던 것으로 추측하기도 한다(이익주, 〈이성계와 전주〉, 《왕의 초상》(국립전주박물관, 2005), 189쪽).

100 《양촌집》 권36, 有明朝鮮國承仁順聖神懿王后齊陵神道碑銘并序.

101 《양촌집》 권36, 有明諡朝鮮國太祖至仁啓運聖文神武大王健元陵神道碑銘并序.

102 《예기천견록》은 태종 4년에 지은 것이다(《태종실록》 권8, 4년 11월 병인).

〈표 17〉《삼봉집》의 항목별 내용과 조력자 및 서 찬자

성종본	정조본	정조본 조력자	서 찬자	편찬 시기
권1, 雜詠·錦南雜詠	권1, 賦 五言古詩 七言古詩 五言絕句 六言絕句	奉化 鄭道傳 著 昌寧 成石璘 選 安東 權近 批		
권2, 雜題·錦南雜題	권2, 七言絕句 五言律詩 七言律詩 詞 樂章	위와 같음		
권3, 奉使雜題·策·陣法	권3, 疏 箋 書 啓 序	奉化 鄭道傳 著		
권4, 經濟文鑑(상)	권4, 記 說	奉化 鄭道傳 著		
권5, 經濟文鑑(하)	권5, 經濟文鑑(상)	奉化 鄭道傳 著 安東 權近 訂	정총	태조 4년(1395) 6월
권6, 朝鮮經國典	권6, 經濟文鑑(하)	奉化 鄭道傳 著		
권7, 佛氏雜辯·心氣理篇·心問天答	권7·8, 朝鮮經國典	奉化 鄭道傳 著	정총	태조 3년(1394) 5월
권8, 經濟文鑑別集		奉化 鄭道傳 著		
	권9, 佛氏雜辨	奉化 鄭道傳 著	권근	태조 7년(1398) 5월
	권10, 心氣理篇 心問天答	奉化 鄭道傳 著 安東 權近 註	권근 권근	태조 3년 여름 우왕 원년
	권11·12, 經濟文鑑別集	奉化 鄭道傳 著	권근	태조 7년 7월
	권13, 陣法 拾遺		정총	
	권14, 附錄		권근(跋)	
	* 高麗國史			
	** 監司要約			

정조 대에 규장각 학사들이 《삼봉집》을 중간하면서[103] 《삼봉집》의 조력자를 조사하였고, 이를 '저著'·'선選'·'비批'·'주註'·'정訂'으로 표시하였다. 부賦와 시에는 '봉화 정도전 저, 창녕 성석린 선, 안동 권근 비'로 되어 있다. 성석린은 부와 시를 선별하고, 권근은 비점을 찍었다. 비점은 잘된 부분 위에 점을 찍고, 더 잘된 부분은 권점을 찍는다. 〈심기리편〉, 〈심문천답〉은 '봉화 정도전 저, 안동 권근 주'로 되어 있다. 정도전이 지침을 주면 권근이 이에 주석을 달았다.

특히 주목되는 것은 《경제문감》(상, 하)인데, 《경제문감》(상) 재상 조에만

103 강경훈, 〈鄭道傳의 문집 《三峯集》〉, 《정조의 시문집 편찬》(태학사, 2000).

'봉화 정도전 저, 권근 정'으로 표시되었다. '정訂'은 잘못된 부분을 바로잡는 것이다. 《경제문감》(상)에만 '권근 정'이 있는 것은 두 가지가 고려된 것으로 보인다. 하나는 《경제문감》에는 재상을 비롯한 8항목이 있는데, 재상 조에만 13개의 '근안近按'을 만들었다는 점이다. 정도전의 재상에 대한 선언적 지침에 대하여, 권근이 '근안'으로 재상의 역할을 중국의 경전과 역사적 사례를 들어 부연함으로써 재상정치론을 주장하는 정도전의 의도에 부응한 점을 드러내려 한 것으로 보인다. 또한 《경제문감》(상)에만 수정이 가해졌다는 점이다. 즉 중국에서 인용된 원전에 아무런 표시가 없는 글을 '주문공왈朱文公曰'로 명명하거나 '선생왈先生曰'을 '주문공왈朱文公曰'로, '오呑'를 '우愚'로 권근이 수정하였다. 정조 대 학사들은 《경제문감》에 대한 조사 연구를 통하여 권근의 이러한 교정 작업을 알았기 때문에 이를 '권근 정訂'으로 표시한 것은 아닌가 한다.

연구에서 밝혀진 바와 같이, 《경제문감》에는 중국의 송대 자료 예컨대 《주례정의》·《산당고색》·《서산독서기》·《문헌통고》 등이 활용되었다. 그런데, 《경제문감》의 인용 전거 표시는 상당히 부정확하다. 예컨대 《경제문감》에 있는 재상 조는 《주례정의》의 '우안愚案'이 활용되었는데, 인용 전거 표시가 없다. 여기에서 '우안'은 《주례정의》의 찬자인 왕여지王與之의 말인데, 《경제문감》에서는 정도전의 글로 바뀐 것이다. 《경제문감》 위병조의 '도전안道傳按'은 《주례정의》의 찬자인 왕여지의 말인 '우안'에서 따온 것이지만, 정도전의 말로 표시되고 있다. 《경제문감》에서 권근의 생각을 기록한 '근안近按'은 《주례정의》의 찬자인 왕여지의 '우안'에서 온 것인데 왕여지의 글이 권근의 글로 표시되고 있는 것이다.

이렇게 볼 때, 《경제문감》에 참고된 《주례정의》·《산당고색》·《서산독서기》·《문헌통고》의 인용 전거 표시가 없고, 심지어 혼동되고 있다. 앞서 언급했듯이 《경제문감》에는 '봉화 정도전 저, 권근 정'으로 표시되어 있으므로, 저자인 정도전이 일차적으로 책임이 있다고 할 수 있고, '정訂', 곧 정정한 권근도 이에 대한 책임에서 벗어날 수 없다. 말하자면, 정도전은 《경제문감》을 완성하는 데 어떤 사정으로 《주례정의》와 같은 여러 책을 그대로 옮겨오거나 인용 전거를 틀리게 표시하였다.[104] 권근은 이러한 정도전의 잘못된 인용을 알면서 방임하거나 동조하여 자신도 틀리게 인용 전거를 제시하였다.[105]

《경제문감》이라는 이름에는 경국제세에 귀감이 되는 문장을 모은 것이라는 뜻이 담겨 있다. 서문을 쓴 정총(1358-1397)이 '《경제문감》은 중국 역대 왕조 직임의 득실과 인물의 현부를 선유의 글에서 모았다'고 하였다.[106] 태종 연간에 권근이 대간의 직임을 논하면서 '《경제문감》을 편수할 때에 대간의 역대 연혁과 선유들의 격언을 두루 기재하지 않은 것이 없었다'고 하였다.[107] 하지만, 이러한 지적에도 《경제문감》의 부정확한 인용 전거는 정도를 넘어서는 것이다. 예컨대 권근은 《주역천견록》에는 주자와 정이천 그리고 오징의 주장을 분명히 밝히면서 자신의 비판적 주장을 개진하는 방법론을 견지하고 있다. 즉 권근은 고증의 중요성을 인식하고 타인의 생각과 자신의 생각을 구분하면서 자신의 논지를 전개하였다. 《경제문감》 저술 작업

---

104 필자는 《경제문감》의 인용전거가 불명확한 이유를 주자학이 국정 교학으로 되는 분위기에서 《주례정의》·《산당고색》과 같은 사공학 저술을 함부로 인용할 수 없었던 사정에 기인한 것으로 추론하였다(都賢喆, 〈《經濟文鑑》의 전거를 통해 본 鄭道傳의 政治思想〉, 《歷史學報》 165(2000)).

105 정조대 규장각 학사들은 《삼봉집》 정리 과정에서 《경제문감》에 《주례정의》·《산당고색》·《서산독서기》·《문헌통고》가 참고된 사실을 몰랐던 것으로 보인다. 이를 알았다면, 정조본 《불씨잡변》에서 처럼 세주로 '불법입중국(佛法入中國)'에 대한 설명으로 "按此以下, …… 引用眞氏大學衍義說"이라고 표시하거나, 정조본 《경제문감별집》에 있는 사론(史論) 부분에서 " …… 按此以下至恭讓王, 採用李齊賢贊及史臣贊"이라고 표시하였을 것이기 때문이다.

106 《삼봉집》 권6, 經濟文鑑 序(정총).

107 《양촌집》 권32, 上書類 論臺諫任啓本(《태종실록》 권16, 8년 11월 癸丑), "昔在國初, 臣奉化伯鄭道傳, 編修經濟文鑑, 其於臺諫之任, 歷代沿革, 先儒格言, 靡不具載, 臣在當時, 同加校正, 其言臺諫職任之重, 無餘蘊矣."

의 참여는 권근의 평소 학자적 태도와는 구분되는 것이었다.

주지하듯이, 《경제문감》은 정도전이 태조 4년(1395) 6월에 《조선경국전》 치전을 보완하여 재상과 대관·간관·위병·감사·주목·군태수·현령의 역할과 임무를 구체화하여 국왕에게 올린 것이다.[108] 정총과 더불어 《고려국사》를 편찬한 지 6개월 뒤이고,[109] 《조선경국전》 간행 1년 뒤의 일이다.[110] 정도전은 일련의 저술 작업을 통하여 조선의 정치사상, 지배이념을 정립해 갔고, 권근은 이에 부응하여 〈심기리삼편〉·〈심문천답〉·《불씨잡변》의 서문을 썼고, 《경제문감》을 교열하고 《경제문감별집》의 서문을 썼다. 전자는 유학의 정통을 학문 사상으로 보고 불교를 이단으로 구분, 배척하는 것이며, 후자는 경제經濟와 군도君道 등 국가를 다스리는 요체에 대한 대강과 방법을 제시한 것이라고 할 수 있다. 이때, 정도전이 기본 방침과 이념을 말했다면, 권근은 정도전의 지침을 부연 설명하고 뒷받침하였다.

고려 말에 권근과 정도전은 성리학적 사회질서를 지향하면서도 실현 방법, 고려왕조에 대한 태도에서 서로 다른 정치적 견해를 지니고 있었다. 하지만, 조선이 건국되자 권근은 성리학적 이상사회를 실현할 수 있는 또 다른 기회로 보고 출사하여 정도전과 적극적인 관계 개선을 도모하였다.

정도전 처지에서는 여말에 권근과 정치적으로 길이 달랐지만 성리학적 사회를 목표로 한다는 점에서 동의하는 바가 있었고, 공민왕 대 성균관 시절부터 인간적, 학문적 교감을 갖고 있었으므로 합일할 수 있는 여지가 많았다. 더욱, 새로운 왕조의 국가 체제를 확고히 다지는 데 권근의 학문적, 문학적 재능을 필요로 하였다. 물론, 자신을 대신해서 명에 가려는 것에 반대하였지

---

108 《태조실록》 권7, 4년 6월 戊辰, "判三司事鄭道傳, 撰經濟文鑑以進."
109 《태조실록》 권7, 4년 정월 庚申(《동문선》 권92, 高麗國史序), "判三司事鄭道傳·政堂文學鄭摠等, 撰前朝高麗史, 自太祖至恭讓君三十七卷, 以進."
110 《태조실록》 권5, 3년 5월 戊辰, "判三司事鄭道傳, 撰進朝鮮經國典."

만, 기본적으로 성리학적 이념에 대한 공조에 동의하였던 것이다.

권근은 고려 말에는 이색과 함께 왕조 유지에 힘을 쏟고, 조선 건국 뒤 태조 대에는 정도전과 결합하여 성리학적 정치이념의 확립, 곧 유학을 정통, 정학으로 불교를 이단으로 구분, 배척하고 국가를 운영하는 방법을 제시하고 자 하였으며, 태종 대에는 체제 정비에 실질적으로 참여하여 성리학적 이념 의 학문적 완성과 유교의 사회화, 제도화에 중심적인 역할을 수행했다. 종래 연구에서 고려를 유지하려던 이첨과 같은 성리학자들은 1, 2차 왕자의 난을 거치고 태종 대에 본격적으로 등장하여 조선 왕조를 확립하는 데 기여하는 것으로 알려져 있다. 태조 대 권근은 독자적인 정치 사상적 지향을 가지고 출사하여 성리학적 이상사회를 건설하려고 하였고, 그러한 생각이 정도전과 결합하고, 인용 전거가 부정확한 특이한 형태의 《경제문감》을 탄생하게 만든 것으로 보인다.

4. 맺음말

권근은 여말선초 정치적 격변기에 성리학의 학문적 정립뿐만 아니라 유 학 확산에도 기여하였다. 그는 《입학도설》·《오경천견록》·《경서구결》 등을 저 술하여 유교 사상의 학문적 이론적 정리 작업을 벌이고, 정통, 정학으로서 유 학을 확립하고자 하였다.

권근은 인륜 세계를 긍정하는 유학적 세계관에 기초하여 세계의 근원과 인간에 대한 불교와 인식의 차이를 밝혀냈다. 그는 심에 집약된 불교의 세계 관과 인간관에 대한 비판에 집중하였다. 그에 따르면 마음은 일신의 주인으 로 모든 이치를 갖추어 만사에 응한다. 단 마음은 현실적으로 그 신명한 기 능을 발휘하지 못하므로 사물의 이치를 탐구하고 마음을 잘 보존해야 한다.

그러나 불교는 심의 작용을 성이라고 하여 성性을 리理로 보지 않고 공空으로 봄으로서, 일체의 작용이 근거할 이치를 가지지 못하게 된다. 권근은 성리학의 리理라는 자연과 인간을 관통하는 보편적 진리를 전제로 현실에 존재하는 객관적인 세계를 인정하였는데, 이를 기초로 객관 세계와 그 원리를 부정하는 불교를 비판하였다.

권근은 현실에 대한 책임의식, 개혁의 태도를 지켰다. 그는 심신을 닦고 이치를 탐구하여 현실을 바로잡는 유자의 통유적 성격을 강조하였다. 유자라면 유학뿐만 아니라 천문·지리·의약 등을 모두 알아야 치자로서 역할을 수행할 수 있다는 것이다.

권근은 현실 사회를 이끌고 규제하는 원리로서 예의 근본정신을 전제하였고, 절대불변의 원칙인 상도와 때에 마땅함, 곧 현실 상황에 맞는 융통성 있는 적용을 말하는 권도를 말하였다. 그런데 권근은 평상시 반드시 지켜야 하는 상도보다는 변이 생긴 특별한 위기 상황, 급박한 시기에 어떻게 대처하느냐에 관심을 집중했다. 권근은 태평한 시기에는 항상 불변의 경을 지켜야 하고 어쩔 수 없는 위기의 시기에는 불가피한 권도를 행할 수 있다고 보았다.

권도를 중시하는 입장은 사대부의 출사 문제와 직결된다. 그는 도의 항상됨보다는 시의의 합당성을 중시하였다. 그는 과거 인물의 행적에서 세상에 나와 도를 행하거나 세상을 등지고 의리를 지키는 행위를 같은 차원에서 인정하였다. 더 나아가 그는 현실정치의 참여를 긍정하였다. 그는 세간에 나아가는 일을 비하卑下한 일로 본 오징을 유자의 일이 아니라고 하고 몽골족의 원 치하에서 출사한 허형을 높이 평가하였다. 그는 정권, 권력의 성격보다는 스스로 정치에 참여하여 자신의 이상을 실현하는 것이 앞서야 할 일이라고 보는 것이다.

권근의 정치 방법론은 윤리 도덕적 정치론이라고 할 수 있다. 그는 유학의 인성론 천리론에 근거해서 인간은 태어날 때부터 천성을 부여받아 그 본성이 인하다고 하였다. 그는 수양 방법으로 경을 중시하였고, 인간 의식이나 생활양식까지 유교가 지배하는 사회를 위한 방법으로 학교 교육과, 과거제를 중시하였다.

한편, 권근은 조선 건국 후 새로운 왕조에 출사해서 자신의 정치이념을 구체적으로 실현시킬 방안을 추진해 간다. 그는 정도전의 새로운 국가 구상을 이론적으로 뒷받침해 주고자 하였고 정도전의 구상이 담긴 주요 저서인 〈심기리삼편〉·〈심문천답〉·《감사요약》·《불씨잡변》·《경제문감별집》에 서문을 써주고 그것이 갖는 의의를 설명했다.

권근은 《경제문감》에 참고된 《주례정의》·《산당고색》·《서산독서기》·《문헌통고》의 인용 전거 표시가 불철저했는데, 이에 호응하였다. 《경제문감》에서 《주례정의》의 찬자인 왕여지의 말을 정도전의 말로 표시하고, 《주례정의》의 왕여지 말이 권근의 글로 표시되고 있다. 이는 권근이 정도전의 지향에 동조하여 특이한 형태의 《경제문감》을 완성하는 데 동참하였음을 보여 준다. 정도전이 《경제문감》의 기본 방침과 이념을 말했다면, 권근은 이를 기초로 정도전의 지침을 부연 설명하고 뒷받침하였다. 권근은 성리학적 이상사회를 실현하려고 하였고, 조선 건국 뒤 출사하면서 당대의 실권자인 정도전과 협력하여 일조하였다.

제3장 하륜의 실용적 유학관과 부국론

1. 머리말

　고려 말 성리학을 수용한 유학자들은 사회를 개혁하고 유교 이상사회를 건설하려고 하였다. 이들은 성리학에 입각한 개혁 정치, 특히 공민왕의 개혁 정치에는 동의하지만, 북원 사신의 영접이나 우왕 대 정치에 대한 대응, 창왕·공양왕 대를 거쳐 조선왕조의 개창으로 이어지는 격변기에 현실 인식과 대응에 차이를 보였다. 체제 유지와 왕조 재건에 치중하기도 하고, 체제 변혁적인 편에서 근본적인 문제해결을 추구하기도 하였다. 한편, 온건한 입장의 학문적 논거를 갖고도 점차 급진적인 노선을 지향하고, 고려왕조 안의 개혁을 꾀하며 새 왕조에 참여한 사대부들도 있었다. 권근·이첨·하륜·변계량 등 주로 조선 건국에 반대하다 조선 정부에 출사한 인물들인데, 이들은 새로운 왕조의 정치체제와 체제 안정에 기여하여 조선 왕조 500년의 기틀을 마련하는 데 기여했다고 할 수 있다.

호정 하륜(1347-1416)은 고려 말 성리학을 익히고 유교 정치이념으로 유교사회를 지향하면서 왕조를 유지하는 입장이었으나, 조선 건국 후에도 조선의 정치체제의 확립에 참여하였다. 특히 그는 성리학(도학)을 정학으로 추구하던 시기에 유학과 함께 다양한 학문을 익히며 건국 초 당장 필요한 실용적이고 실재적인 사상을 전개하며 법제와 다양한 제도를 마련하고자 하였다. 특히 그는 태종 이방원과 결합하여 왕자의 난을 일으켜 정도전 등을 대신하여 새로운 정치 주도 세력으로 등장하였다. 이는 고려 말 유학자들이 성리학이라는 공통된 사상 기반을 견지하면서 개혁 목표와 왕조 건국의 찬반으로 엇갈리지만, 조선 건국이 기정 사실화되자 출사하여 성리학적 이상사회를 만드는 데 동참하게 되는데, 하륜에게서 이러한 모습의 한 특징을 볼 수 있다.[1] 말하자면, 하륜의 삶과 사상에는 당시 개혁 정치와 왕조 개창을 둘러싼 유학자들의 다양한 정치사상을 파악할 수 있고 고려 말 사회변화, 변동과 이를 타개하고 극복하려는 지식인의 역동적인 역사상을 보여 준다고 하겠다. 그러므로 하륜의 정치활동과 정치사상을 분석하면 여말선초의 건국 과정이나 조선의 체제 정비 과정, 조선 초기 정치사회의 성격을 이해하는 데 도움을 줄 것이다.[2]

---

1 류주자, 〈하륜의 생애와 정치활동〉, 《사학연구》 55·56(1998); 유승원, 〈하륜, 태종대의 개혁을 이끈 보수적 정치가〉, 《한국사인물열전1》(돌베개, 2003); 윤훈표, 〈하륜, 태종을 만나 체제개편의 방향을 바꾸다〉, 《역사속의 인물》(한성대출판부, 2009); 박용국, 〈태종대 하륜의 정치적 존재 양태의 변화〉, 《남명학연구》 28(2009); 박홍규, 《태종처럼 승부하라》(푸른역사, 2021).

2 이 장에서 《호정집浩亭集》(《한국문집총간》 권6, 민족문화추진회, 1990)을 주된 자료로 이용하였고, 《진양하씨세어른문집》(하두철 옮김, 1972)을 참고하였다.

2. 유학적 실용주의와 타협적 외교론

1) 생애와 네트워크

하륜은 본관은 진주이다. 자는 대림, 호는 호정, 하윤린河允潾의 1남 1녀 가운데 외아들로 태어나고 전주 류씨 류극서柳克恕가 매부이다. 부인은 성주 이씨 이인미의 딸로, 과거시험 지공거인 이인복의 주선으로 조카와 하륜의 혼사3가 이루어졌다.4 4남 4녀를 두었는데 하구河久만 정실 소생이고, 하영河 永·하장河長·하연河延은 서자이며, 홍섭洪涉·이승간李承幹·김질金秩·장희걸張希傑 이 사위이다.5 홍섭과 이승간은 정실 소생의 사위이지만,6 장희걸은 비첩의 사위이다.7 뒷날 그가 신분 변정에서 일량칙양一良則良이나 종부법從父法을 주 장한 것은 이와 무관하지 않은 것으로 추정된다고 한다.

공민왕 14년 이인복과 이색 문하에서 과거에 급제하고 성리학을 익혔다. 하륜은 이색의 문하에서 성리학을 익히고 같은 이색의 제자인 권근과 함께

---

3 《씨족원류》(보경문화사, 1991), 성주이씨, 53쪽; 진주하씨, 643쪽.

4 《태종실록》권32, 16년 11월 계사.

5 《씨족원류》에는 하륜의 자식이 1남(河久), 2녀(사위 홍섭, 이승간)으로 되어 있다(《씨족원 류》(보경문화사), 1991, 진주하씨, 643쪽).

6 태종 7년 하륜·조영무를 파하고, 의안 대군 이화李和를 영의정부사, 성석린을 좌정승, 이 무를 우정승, 성석인成石因을 예문관 대제학, 박신朴信을 참지의정부사, 권진權軫을 사헌부 대사헌, 이직李稷을 동북면도순문찰리사겸병마도절제사, 조원曹瑗을 우부대언, 이승간李承幹 을 동부대언을 삼고, 최함崔咸을 좌사간대부를 삼았다. 조원은 조영무의 사위이고, 이승간 은 하륜의 사위인데, 특별히 대언으로 제수한 것은 두 사람의 마음을 위로하고자 함이라 고 한다.

7 태종 11년 형조에서 사직司直 장희걸이 그 첩을 구타하여 죽였으니, 장 1백대, 류배 3천 리에 해당한다고 하였는데, 태종은 장희걸은 영의정부사 하륜의 비첩의 사위이기 때문에 순금사로 하여금 장 1백 대를 때리게 하였다(《태종실록》권22, 11년 12월 정미).

고려사회를 유교사회로 만들고자 하였다. 공민왕 20년(1371)에 영주의 지방 관이 되었는데, 안렴사 김주金湊가 그 선정을 높이 평가하여 고공좌랑이 되 고, 여러 벼슬을 거쳐 첨서밀직사사에 이르렀다.[8] 자신의 능력과 성주 이씨 집안의 도움으로 관직 생활을 하였다.[9]

우왕 14년에 이인임·염흥방·임견미 등의 권력 농단과 전횡이 문제가 되 자, 최영과 우왕은 염흥방·임견미를 제거하게 되는데, 이때 하륜은 이숭인· 박가흥과 함께 이인임의 인척이라는 이유로 유배되었다.[10] 얼마 뒤 하륜은 최영의 요동 정벌에 반대하다가 양주襄州(강원도 양양)에 추방되었다.[11] 공양 왕 원년 12월 정도전 계열 인물들은 이색 등을 비판하면서 이숭인과 하륜에 대해서도, 전에는 이인임의 심복이었다가 뒤에는 이색의 간사한 꼬임에 넘어 가 창왕이 중국에 조견하도록 만들었다고 비난하였다.[12] 김저 사건과 윤이· 이초 사건에 연루되어 청주옥에 갇혔으나 청주의 홍수로 풀려나 진주에 머 물렀다. 이성계 정도전에 맞서 정몽주가 오죄五罪를 논하면서 실권을 찾게 되자, 전라도관찰사가 되었다.[13]

명분과 의리보다는 실리를 중시하는 실용주의적 학문관을 견지한 하륜은 조선 건국 후 논죄되거나 공신이 되지 않고, 태조 2년 9월에 경기좌도관찰출 척사가 되었다.[14] 태조 2년 12월에 천도론에 대하여 한양 모악을 추천한다.[15]

8 《태종실록》 권32, 16년 11월 계사, "晋山府院君 河崙卒于定平. ……."

9 유승원, 같은 논문(2003), 385쪽.

10 《고려사》 권126, 列傳39 姦臣 李仁任(우왕 14년).

11 《태종실록》 권32, 16년 11월 계사, "晋山府院君 河崙卒于定平. ……."

12 《고려사절요》 권34, 恭讓王(즉위년 12월);《고려사》 권115, 列傳28 李崇仁, "臺諫交章上 疏曰, …… 李崇仁·何崙, 前爲仁任腹心, 後徇穡姦計, 以督辛昌朝見, 而欲立辛禑, 以永絕列聖 之血食, 罪不容誅者也, ……."

13 《고려사》 권46, 世家46 恭讓王2(3년 6월 임신).

14 《태조실록》 권4, 2년 9월 을묘.

15 《태조실록》 권5, 3년 2월 계사.

당시 태조는 새로운 도읍지를 모색하고, 남경, 곧 한양을 제일 후보지로 생각하였다. 권중화는 계룡산으로 추천하였지만, 하륜은 풍수지리적으로 계룡산은 도읍지로 적합하지 않다고 하고 모악을 추천하였다. 하지만, 정도전 등의 반대로 한양으로 도읍지를 정하였다.

하륜은 태조 3년 3월에 첨서중추원사가 되었다. 태조 4년부터 3차례(4년 10월, 5년 3월, 6년 8월)에 걸친 명과의 표전 문제[16]에 대하여 하륜은 계품사로서 명 태조에게 정도전이 병이 나서 오기 어렵고, 찬문에 관여하지 않았다[17]고 변명하였다. 하지만, 하륜은 명과 관계 악화를 우려하여 명의 요구에 따라 정도전을 보내야 한다는 입장이었다.[18] 후술하는 바와 같이 정도전과 하륜은 같은 성리학자이지만, 출신 배경이 다르고 현실 인식이 다르며 명과 외교정책에서도 차이가 있었던 것이다. 태조 6년 5월에 계림 부윤이 되었는데 박자안 사건에 연루되어 수원에 안치되었다가 그해 10월에 사면되었다. 태조 7년 7월에는 충청도관찰출척사가 되었다. 부임에 앞서 이방원에게 정도전 등을 제거하라고 건의하였고, 마침내 1차 왕자의 난이 일어나 정사 1등 공신이 되었다.[19] 정종 2년의 2차 왕자의 난이 일어날 때 이방원을 세자로 책봉할 것을 주장하였고 태종이 즉위하자 좌명 1등 공신이 되었다. 태종의 즉위와 함께 고려 말에 왕조 개창에 반대한 유학자들이 대거 관직에 진출하

---

16 朴元㷼, 〈明初 文字獄과 朝鮮表箋問題〉, 《史學研究》 25(1975), 94-97쪽(《明初朝鮮關係研究》(일조각, 2002), 21-26쪽).

17 《태조실록》 권10, 5년 7월 갑술.

18 《태종실록》 권32, 16년 11월 병자, "高皇帝以表辭不謹, 徵我主文者鄭道傳入朝. 太祖密訪廷臣遣否, 皆顧望以爲不必遣, 崙獨言遣之便, 道傳衛之. 太祖遣崙如京師, 敷奏詳明, 事果得解."

19 《태종실록》 권32, 16년 11월 계사, "晋山府院君 河崙卒于定平. …… 時道傳與南誾比謀, 挾幼孽以害諸嫡, 禍且不測. 崙嘗詣上潛邸, 上屛人問計, 崙曰, 此無他策, 但當先事擊除此輩耳. 上默然. 崙復曰, 此特子弄父兵以救死耳. 雖上位動念, 畢竟若之何哉? 及戊寅八月變作, 崙時爲忠淸道都觀察使, 疾驅至京, 使人宣言提兵助順. 及上王嗣位, 拜崙政堂文學, 錄定社功爲一等, 賜爵晋山君."

게 되었다.[20]

하륜은 여흥부원군 민제와 마음과 뜻이 통하는 친구(同志之友)였다. 어느 날 관상 보기를 좋아하던 하륜이 민제에게 말하기를, "내가 사람의 관상을 많이 보았지만, 公의 둘째 사위(이방원) 같은 사람은 없었소. 내가 뵙고자 하니 공이 이런 나의 뜻을 전해 주시오."[21]라고 하여 태종과 만남이 성사되고, 이후 하륜은 이방원(1367-1422, 재위 1400-1418)을 주군으로 섬기기 시작하였다고 한다.

하륜과 권근, 이첨은 조준 등 개국공신 계열과 다른 차원에서 태종 이방원을 보좌하고 조선의 체제 정비에 힘을 기울였다. 태종은 하륜과 권근·이첨에게 《삼국사》의 수찬을 명하였고[22] 하륜에게 《태조실록》 편찬을 명했다.[23] 태조는 죽었어도 살아 있는 신하들이 많은데 당대의 역사를 편찬하는 것은 적절하지 않다[24]는 사관의 지적에 대하여 오히려 노성한 신하가 살아 있을 때에 실록을 만들어야 한다고 하였다. 이에 태종 13년에 《태조실록》을 완성하였다.[25] 또한 태종은 하륜에게 정도전과 정총이 완성한 《고려국사》(태조 원년 10월 착수, 태조 4년 완성)를 개찬하게 하였다. 《고려국사》에는 고려말 서술 부분에 태조의 기록이 부실하고 정도전이 필화를 두려워하여 곡필曲筆·개서改書가 많다는 이유에서였다. 하지만 태종 16년에 하륜이 죽고, 태종 18년 태종의 퇴위로 완성되지 못하였다. 태종 3년 4월에 하륜은 이첨·조박과 함께 명나라에 가서 명나라 사신 고득高得 등과 함께 고명誥命·인장印章을 받

20 류주자, 〈조선초 비개국파 유신들의 정치적 동향〉, 《역사와 현실》 11(1998) ; 〈王子亂을 전후한 朝鮮 開國功臣의 정치적 동향〉, 《조선시대사학보》 11(1999).
21 《태종실록》 권1, 총서.
22 《태종실록》 권3, 2년 6월 경신.
23 《태종실록》 권18, 9년 8월 정묘, "命領春秋館事河崙, 修太祖實錄. ……"
24 《태종실록》 권18, 9년 9월 경오, "春秋館記事官宋褒等上疏. 疏曰, ……"
25 《태종실록》 권25, 13년 3월 신축.

아 왔다.[26]

태종 11년 하륜은 태조 5년에 지은 이색의 묘지명이 문제가 되어 개국공신이나 대간으로부터 처벌을 요구받았다. 태종 11년 명의 사신 국자조교 진련陳璉이 만든 이색의 묘지명을 태조에게 보였는데, 진련이나 하륜의 묘지명은 권근이 쓴 이색의 행장을 바탕으로 정리한 것이었다.[27] 태종은 권근의 이색 행장에서, 국체國體를 돌보지 않고 오직 목은만을 찬미하여, 그 문사文辭가 사사 은혜私恩로써 의를 가린다고 하였고, '일을 꾸미는 자用事者가 이색이 자기를 따르지 않음을 꺼려하여 장단현으로 내쫓았다'고 되었는데, 이때 일을 꾸미는 자는 정도전 계열을 암시하는 것이었다.[28] 이러한 표현은 이색을 높이면서 상대적으로 조선 건국 주체 세력을 부정적으로 표현하는 것이었다. 하륜은 4번에 걸친 상소로 권근과 자신의 억울함을 호소하였고 태종은 이 두 사람을 보호하여 주었다. 조선 건국에 반대하는 쪽에 있었던 하륜과 권근은 무의식적으로 스승인 이색을 옹호하다 보니 반대쪽에 있던 조선 건국 세력을 비판적으로 보게 된 결과라고 하겠다. 얼마 뒤 태종 16년에 함길도 정평定平에 있는 선왕의 능침을 순시하는 일로 나갔다고 돌아오는 길에 죽었다. 태종의 배향공신이 되었다.

하륜은 유학 이외의 관상학 등 잡학에 관심이 많고, 후술하는 화폐 발행을 주장하듯이 경제적 부에 대한 관심이 많은 대토지 소유자였다. 그는 1차 왕자의 난을 수습한 공로로 받은 정사공신 1등으로 2000결, 태종 즉위 좌명 1등 공신으로 받은 150결의 공신전 이외에 김포지역에 개간형 농장을 갖고

---

26 《태종실록》 권5, 3년 4월 무신.

27 김윤주, 〈조선 태종 11년(1411) 이색 비명을 둘러싼 논쟁의 정치적 성격〉, 《도시인문학》 1(2008).

28 《태종실록》 권21, 11년 6월 무오, "……(河)崙上書至四, 自陳己之無罪, 上厭其煩, 悉還其書.……"

있었다. 그는 태종 14년에 사위가 지품地品을 조사하게 하고, 사위와 아들, 지인들로 고소하여 민정民丁 700명을 동원하여 개간하였다. 200석락石落의 면적이므로 3천 마지기 정도가 된다[29]고 한다. 이때 하륜의 문인인 윤자견尹自堅이 "통진의 고양군의 방축은 소민小民이 원망합니다."라고 하니, 하륜은 "원망하는 자는 미혹하다. 만약 제방을 쌓아서 물을 막아서 비옥한 전지田地를 만든다면 나라에 이익이 되는데 무슨 혐의가 있겠는가?" 하였다[30]고 한다. 민의 생활보다는 국가의 부를 생각하는 한 단면을 보여 준다.

2) 유학적 실용론와 권도론

하륜은 성리학 핵심인 사서를 익혔을 뿐만 아니라 당시 유학을 이끄는 역할을 하였다. 그는 공민왕 14년에 이인복과 이색이 시험관이고 사서육경이 시험과목인 과거에 급제하고 성리학을 익혔다. 장원인 윤소종과 박상진, 조호 등이 동년이다. 공양왕 3년에는 전라도관찰사로 부임하자, 무일편無逸篇과 입정편立政篇[31]과 주문공의 인자설仁字說을 병풍으로 만들어 공양왕에게 바쳤다.[32] 태조 7년에 조박과 함께 태조로부터 사서四書의 구절마다 점을 쳐서 바치라는 명을 받은 바 있고,[33] 조준·이첨·정이오 등과 함께 《사서절요》를 올려 태조에게 성학聖學을 익혀 제왕의 이상 정치를 지향할 수 있도록 하였다.[34] 또한 문한을 맡아 사대하는 사명辭命과 문사의 저술을 살폈고, 상장喪葬

---

29 박경안, 〈河崙의 高陽浦, 梁誠之의 大浦谷〉, 《여말선초의 농장 형성과 농학연구》(혜안, 2012).

30 《태종실록》 권27, 14년 5월 경인, "…… 崙之門人尹自堅告崙曰, 高陽防築, 小民怨咨. 崙笑曰, 怨之者惑也. 若築防止水, 以爲沃饒之田, 則利及於國, 何嫌之有?"

31 《고려사》 권46, 世家 권46 恭讓王2(4년 봄정월), "全羅道都觀察使河崙, 獻無逸·立政二簇."

32 《고려사》 권46, 世家46 恭讓王 2(4년 2월 병진), "王以誕辰幸壽昌宮, 受朝賀宴群臣. 全羅道都觀察使河崙, 書朱文公仁字說, 作屛以獻."

33 《태조실록》 권15, 7년 9월 기축.

은 《주자가례》에 따르도록 하였다.35 그는 유학 이외에도 진법을 포함한 병학36 관상학·음양·의술·성경星經·지리 등 여러 학문에 능하였다. 태조 2년에 하륜 등 11인에게 우리나라의 역대 현인들의 비록을 상고하여 요점을 추려 제출하고,37 이직과 함께 태조에게 《비록찰요》를 진강하였다.38 그는 태종 6년 11월에 국가 운영에 필요한 십학(儒學·武學·吏學·譯學·陰陽風水學·醫學·字學·律學·算學·樂學)을 설치하도록 건의하고 시행하도록 하였다.39

하륜은 건국 초 천도 문제에 깊이 관여하였다. 조선이 건국되고 새로운 도읍지를 모색하였는데, 남경, 곧 한양이 제일 후보지였다. 이미 공양왕은 "천도를 하지 않으면 군신관계가 없어진다"는 비설로40 1390년에 한양으로 천도 계획을 세우고 한양 궁궐을 수리하게 하였다.41 그러나 태조는 그곳이 자신이 폐위시킨 국왕이 가고자 했던 곳이므로 내키는 것은 아니었다. 그래서 새로운 다른 도읍지가 권중화가 제시한 계룡산이었다. 그러나 하륜은, 계룡산은 남쪽에 치우쳐 지리적으로 균형을 잃었을 뿐 아니라, 지형적으로도 산이 북서쪽(乾方)에서부터 낮아져 물이 남동쪽(巽方)으로 흘러가는 형국이어서 풍수설에 따르면 '오래도록 유지되지 못하고 곧 쇠락할 땅'42에 해당된다

---

34 《태조실록》 권15, 7년 12월 기미.

35 《태종실록》 권32, 16년 11월 계사, "晋山府院君 河崙卒于定平. …… 居家不喜奢麗, 不樂宴遊, 性好讀書, 手不釋卷, 悠然嘯詠, 至忘寢食. 至於陰陽 醫術 星經 地理, 皆極其精. 勸勉後生, 商確義理, 亹亹忘倦. 當國以來, 專典文翰, 事大辭命 文士著述, 必經潤色印可而後乃定. 排斥佛老, 預爲遺文, 藏之巾笥, 訓誨子孫, 纖悉周備. 且戒以喪葬一依朱子家禮, 毋作佛事."

36 《춘정집》 권5, 陣說問答, "或問於臣曰, 益齋·三峯·浩亭諸先生所撰. 與今撰陣法互有不同, 其詳乃何? ……"

37 《태조실록》 권5, 3년 2월 갑신.

38 《태조실록》 권5, 3년 2월 병술.

39 《태종실록》 권12, 6년 11월 신미, "置十學. 從左政丞河崙之啓也."

40 《고려사》 권45, 世家45 공양왕1(2년 8월 계축), "王詰之曰, 秘錄云, 苟不遷廢君臣. 爾何獨執不可耶?"

41 《고려사》 권45, 世家45 恭讓王1(2년 7월 을사).

고 하여 도읍지에 적당하지 않게 되었다. 하륜은 새 도읍지로 무악毋岳을 제시하였다. 무악의 명당이 비록 좁은 듯하지만, 송도의 강안전康安殿과 평양의 장낙궁長樂宮과 비교하면 조금 넓은 편이고, 비록과 중국의 지뢰의 법에 부합한다고 하는 이유에서였다.[43] 이처럼 새 도읍지 논의 과정에서 권중화는 계룡산을 추천하고 하륜은 모악을 제시하였는데, 그 기반에는 풍수설과 도참지리설 등이 자리하고 있었던 반면, 정도전은 이에 반대하여 조운·도리 등 인사 중심의 유학적 지리관을 제시하였다.[44]

하륜은 유학적 실용론을 주장한 것과 함께 권도權道를 중시하고 권도에 입각한 외교론을 전개했다. 그러한 그가 이인임·임견미 등의 권력자 편에 서서 명과 외교 관계를 권도라는 이름으로 표현하면서 임기응변식 대응 논리를 제공하였던 것이다. 그는 도당의 명령으로 명의 군대를 공격하여 중국으로 압송되어 가는 김득경을 죽이도록 하고 이를 권도로서 설명하였다. 우왕 10년 11월 명의 요동 도사가 여진 천호 백파파산(白把把山)을 보내자, 만호 김득경이 백파파산을 공격하였다. 이미 도당에서는 요동 도사가 북원 사신의 왕래를 막으려고 군사를 보내려는 사실을 알고, 김득경으로 하여금 미리 방비하도록 하였고 김득경은 이들을 죽였다.[45] 이에 우왕 11년 2월에 요동 도사가 보낸 백호 정여程輿가 김득경이 관군을 죽인 이유를 묻고 김득경을 경사로 압송하고자 하였다. 이때 하륜은 비밀리 임견미에게 일은 임시변통이 중요하니, 도둑이 김득경을 죽였다고 하자고 꾸몄다.[46] 실제로 그렇게 되었다. 하륜은 김득경을 희생하는 권도로서 명과 악화되는 사태를 막고자 하였다.

---

42 《태조실록》 권4, 2년 12월 임오.
43 《태조실록》 권5, 3년 2월 계사.
44 이태진, 〈한양천도와 풍수설의 패퇴〉, 《한국사시민강좌》 14(1994).
45 《고려사절요》 권32, 禑王(10년 11월).
46 《고려사절요》 권32, 禑王(11년 2월); 《고려사》 권126, 列傳39, 林堅味

유교의 예론에서 경과 권도가 있다. 경은 보편타당한 영원한 지도로서 상常의 의미라면, 권은 경이 미치지 못하는 구체적인 상황에 대한 변용된 의리를 의미한다.[47] 예의 근본정신을 상실하지 않은 채 상황에 맞게 변용해서 쓴다는 의미이다. 경과 권은《맹자》의 임시방편적 논리에서 유래한다. 물에 빠진 형수의 손을 잡아 구하는 것은 특별한 상황에서 불가피한 조치라는 것이다.[48] 원칙에 입각하되 불가피한 현실 상황에 맞는 필요한 조치를 인정하는 것이다. 그런데 하륜이 말한 권도는 유교에서 말하는 경과 권도가 아니고, 성인만이 능하다는 의미의 권도도 아니다. 그가 쓴 권도는 권모술수에 해당하며, 변화하는 사태의 기미를 포착하여 그것을 자신에게 유리한 것으로 만드는 임시적인 수단이고, 일 형편에 따라 원칙을 변경시키는 임기응변의 방식이라고 할 수 있다.

하륜의 현실적 외교론의 또 하나의 사례는 건국 초 발생한 표전 문제에 대한 대응이다. 표전 문제는 명나라가 태조 4년 10월 조선의 하정사인 유구柳珣와 정신의鄭臣義가 가지고 간 문서에 모만지사侮慢之辭가 있다면서 유구 등을 억류하고 찬문자를 소환하도록 요구한 것에서 비롯된다. 이에 조선은 표문을 지은 성균관대사성 정탁과 판전교사사 김약항 가운데 정탁은 마침 풍질을 앓아 움직일 수 없어 김약항만 보낸다고 하였다.[49] 그러나 명은 찬문자로서 특별히 정도전 이름까지 명기明記하여 그의 관송을 요구하였다.[50] 뿐만 아니라 그 뒤에 하륜과 정탁 일행이 남경에 도착하여 명 태조를 알현하였을 때, 명 태조는 정도전이 요동 공략에 뜻이 있음을 알고 정도전이 오지

---

47 平岡武夫,《經書の成立》(創文社, 1983); 柳七魯,〈禮의 常變 構造에 관한 研究〉,《충청문화연구》 2(1990).

48 《맹자》離婁章句上, "淳于髡曰, 男女授受不親, 禮與? 孟子曰, 禮也. 淳于髡曰, 嫂溺則援之以手乎? 孟子曰, 嫂溺不援, 是豺也. 男女授受不親, 禮也. 嫂溺援之以手者, 權也."

49 《태조실록》권9, 5년 2월 계묘.

50 《태조실록》권9, 5년 6월 정유.

않은 까닭을 물었다.[51] 한편 태조 5년 3월에 조선 국왕의 고명誥命과 인신印信을 내려줄 것을 요청하는 주청에 대한 글에서 은나라의 마지막 왕인 폭군 주紂를 인용한 것(引用紂事)한 것은 매우 무례한 일이라며 계품사 정총을 억류하고 찬문자와 교정자의 관송을 요구하였다.[52] 이때 하륜은 악화된 대명 관계 해소를 위해서는 당사자인 정도전 소환은 불가피하다고 보았다.[53] 정통 유학에 얽매이지 않은 것처럼 유학의 상도에 구애받지 않고 권도를 중시하는 하륜으로서는 닥친 위기 상황 해결을 위해서 정도전의 압송을 주장하는 것이다.

3. 중앙집권체제 강화와 부국론

1) 중앙집권체제 강화와 의정부 설립

하륜은 조선왕조의 중앙집권체제를 확립하는 데 기여하였다. 건국 초 정도전이 중심이 되어 새로운 왕조의 건국이념과 정치체제를 만들어 갔고, 이를 법전의 편찬으로 정리해 갔다. 그리하여 위화도회군 이후 제시된 개혁 상소를 모아 《경제육전》을 완성하였고, 《대명률직해》를 만들어 사회 운영을 도모하였다.

하륜은 국왕이 된 이방원을 도와 정도전이 추구한 중앙집권적 정치체제를 중단없이 추진하고 유교 이상 국가를 실현하고자 하였다. 정도전의 국왕-재

---

51 朴元熇, 앞의 책, 39-44쪽.
52 朴元熇, 앞의 책, 10-16쪽.
53 《태종실록》권32, 16년 11월 병자, "高皇帝以表辭不謹, 徵我主文者鄭道傳入朝. 太祖密訪廷臣遣否, 皆顧望以爲不必遣, 崙獨言遣之便, 道傳銜之. 太祖遣崙如京師, 敷奏詳明, 事果得解."

상-대간의 3자 균형의 정치운영 원칙을 받아들여, 문하부를 혁파하고 사간원을 만들었으며, 의정부 기능을 축소하고 육조 직계제를 실시하였다. 그리하여 왕-의정부-육조의 국정 체제를 왕-육조의 체제로 전환해 왕권과 중앙집권을 크게 강화하려고 하였다.

건국 초의 제도는 고려의 것을 그대로 썼다. 태조 원년(1392) 7월에 행정 업무는 문하부가 총괄하고, 문하부 소속의 낭사가 간관의 역할을 맡으며, 군사 부분은 중추원이 담당하였고, 국가 재정은 삼사에 일임하였으며, 인사 행정은 상서사가 관장하였다. 그리하여 문하부(국정 총괄), 삼사(국가 재정), 중추원(왕명·출납·군무)의 2품 이상의 재상으로 구성된 합좌 기구인 도평의사사에서 중요 문제를 처리하였다. 얼마 뒤 도평의사사에서 정권과 병권을 분리하여 의흥삼군부(병조)에서 군무를 담당하도록 하고, 정종 2년에 도평의사사를 의정부로, 중추원은 승정원으로 개칭하였다. 태종 5년에 삼사를 없애고 국가 재정은 호부에서 관할하도록 하였다.

태종은 하륜과 권근의 도움을 받아 조선왕조의 정치체제를 정비하되, 고려의 제도를 없애고 유교 이념에 맞는 정치체제를 만들고자 하였다. 그것은 《주례》에 입각한 의정부-육조 체제의 정비였다. 정종 2년(1400) 4월(11월에 태종에게 양위)에 하륜에게 명하여 관제를 다시 정하게 하였다. 도평의사사를 의정부로 하고, 중추원을 삼군부三軍府로, 의정부는 관여하지 못하도록 하였다.[54] 태종 원년(1401) 6월 태종은 하륜과 권근·이첨에게 관제를 개정하라고 명하였고 문하부의 낭사는 사간원으로 독립시키도록 하였고 재정을 맡은 삼사는 사평부로, 의흥삼군부를 승추부承樞府로 개편하였다.[55]

---

54 《정종실록》 권4, 2년 4월 신축, "命門下侍郎贊成事河崙, 更定官制. 改都評議使司爲議政府, 改中樞院爲三軍府. 職掌三軍者, 專任三軍, 不得坐議政府. ……"

55 《태종실록》 권1, 1년 6월 계유, "命領三司事河崙·參贊權近·簽書李詹, 改定官制."; 《태종실록》 권2, 1년 7월 경자, "河崙等上所改官制, 上覽之, 至司平府掌錢穀·承樞府掌軍事, 曰, ……"

이때 문하부의 재상들이 육부의 판사를 겸직하여 행정 실무까지도 총괄하여, 6조의 기능 분화가 필요하였다. 이에 태종은 하륜과 권근에게 《고려사》의 관직 제도를 상고토록 하였고,[56] 그다음 해인 태종 5년 정월에 관제 개혁을 단행한다. 그래서 사평부의 기능을 호조로, 승추부의 권한은 병조로, 동서반의 인사권은 이조와 병조에 일임하였다. 의정부의 서무를 모두 육조에 이관하도록 한 것이다.[57] 이는 태종의 명을 받은 하륜에 의해 이루어졌다. 소수에게 권력이 집중된 도평의사사 중심의 정치에서 벗어나 이를 해체하여 의정부를 설치하고 다시 의정부의 권한을 6부와 사간원으로 이관하여 권력의 분산과 기능별 분화를 도모하며 결국 왕권의 강화를 모색할 수 있게 되었다. 당시 하륜은 재이災異의 책임을 지고 사직해 있었지만 개혁의 단행과 동시에 좌정승에 임명되었다.[58]

그리고 태종 8년에는 의정부의 서사권이 축소되고, 태종 14년(1414)에는 육조 직계제가 성립되었다. 6조가 각각 담당 국무를 의정부로 통하지 않고 국왕에게 직접 보고하는 육조 직계제가 시행된 것이다. 육조의 권한이 강화되었지만, 의정부의 감독권은 인정되었다. 태종은 왕이 정부 운영에 상징적으로서만이 아니라 실제적으로도 직접 관여할 수 있는 제도적 장치를 강구하였던 것이다. 물론 왕권의 소장에 따라 의정부와 육조의 권한 행사의 차이가 있는데, 홍문관·사헌부·사간원 등이 국왕의 전제적인 권리를 제한하였고, 이 점에서 중국보다 왕권의 행사가 제한적이라는 데 특징이 있다.[59]

---

56 《태종실록》 권8, 4년 12월 병술, "命領春秋館事河崙·知館事權近, 考前朝官制於高麗史."

57 《태종실록》 권9, 5년 정월 임자, "改官制. 國初, 承前朝之舊, 議政府專總各司, 司平府掌錢穀, 承樞府掌甲兵, 尙瑞司掌銓注, 以左右政丞兼判事, 六曹不得與聞朝政. 至是革司平府, 歸之戶曹, 承樞府歸之兵曹, 以東西班銓選, 歸之吏兵曹, 分政府庶務, 歸之六曹. ……"

58 유승원, 〈하륜, 태종대의 개혁을 이끈 보수적 정치가〉,《한국사인물열전1》(돌베개, 2003), 396쪽.

59 정두희, 〈조선 건국 초기의 통치 체제의 성립 과정과 그 역사적 의미〉,《한국사연구》

하륜은 중앙 정치제도의 개편과 함께 법전을 통한 체제 정비에도 참여하였다. 그는 태종 7년(1407) 8월에 5년에 걸쳐 《이두원육전吏讀元六典》을 한문으로 바꾼 《경제육전원집상절》(원육전)과 태조 7년부터 태종 7년까지 10여 년 동안 조령 판지를 모은 《경제육전속집상절》을 만들었다. 원칙은 모든 수교를 모으는 것으로 하였지만, 실제로는 내용을 개수한 조항도 상당히 많았다.

원래 조선왕조가 건국되고 태조 대부터 체제 정비가 모색되었다. 조준과 정도전 등 건국 주체들은 고려 말의 개혁론을 실현시킬 방도를 구상하였고, 법전을 마련하고자 하였다. 그리하여 위화도회군 이후 제시된 개혁 상소를 모아 《경제육전》을 완성하였다. 《경제육전》은 태조 6년(1397) 12월 조준의 주도로, 검상조례사에서 국조헌장조례國朝憲章條例를 모아 교정한 뒤 간행하였다.[60] 여기에는 우왕 14년부터 태조 6년(1397) 10년에 이르는 수판受判·정령政令·조례條例가 실려 있다. 이 법전은 방언〔俚言〕과 이두를 섞어 썼기 때문에 《방언육전》·《이두원육전》이라고 하였다. 이는 《경국대전》과 같이 모든 조문의 중복과 모순을 조종하여 만든 종합 법전이 아니라 각사에서 수시로 받아낸 수판·정령·조례를 모아 놓은 것이다.

그런데 《경제육전》 편찬 이후 태조 7년(1398)에 1차 왕자의 난이 일어나고, 하륜은 이방원·조준·김사형·조박 등과 함께 정사 1등 공신이 되고 정국을 주도한다. 고려 말에 이색과 같은 입장에서 정도전 등과 대립하였는데, 이방원에게 정도전을 제거할 것을 건의하고 받아들여져 본격적으로 이방원과 함께 중앙 정치활동을 하게 되었다. 권근은 태조 2년부터 관직 생활을 하지만 실직을 얻지 못하다가 표전 문제로 명의 정도전 압송 요구에 대신 명

67(1989).

60 《태조실록》 권12, 6년 12월 갑진, "都堂令檢詳條例司, 冊寫戊辰以後合行條例, 目曰, 經濟六典, 啓聞于上, 刊行中外."; 《태종실록》 권9, 5년 6월 신묘, "領議政府事平壤府院君趙浚卒. …… 嘗使檢詳條例司, 裒集國朝憲章條例, 櫽括成書, 名曰, 經濟六典, 刊行中外."

에 가서 해명하고 돌아온 적이 있었는데,[61] 태조 6년 12월에 원종 공신에 추가해 달라고 요청하기도 하였다.[62]

왕자의 난으로 등장한 정사공신들과 정종은 새로운 정사를 다짐하며 지배체제의 근간인 법질서 확립이 중요하다고 보고, 우선적으로 《경제육전》을 시행하고자 하였다. 정종은 즉위 교서에서 《경제육전》을 중외에 널리 반포하여 준수케 하도록 하였다.[63] 그런데 우왕 14년부터 제시된 《경제육전》 조항이 새 왕조가 개창되고 새 정책과 어긋나거나 시행상의 문제가 노출되고 있었다. 이에 정종 원년(1399) 10월에 사헌부에서 정종이 즉위 때부터의 관리들의 건의 사항 가운데 시행해 볼 만한 것을 종류대로 간추려 문적으로 만들 것을 제시했다. 이것이 받아들여져 조례상정도감이 성립되었다. 《경제육전》의 편찬을 주관했던 검상조례사와 별도로 조례상정도감이 만들어져 법전 편찬 임무를 맡도록 하였다. 하지만 조례상정도감은 성과 없이 끝났다.[64]

정종 2년(1400) 정월에 2차 왕자의 난이 발생하고, 이방원이 세자로 정해지고, 이방원은 자신을 도와준 인물로 하륜·권근 등 고려 말의 유학자들을 대거 등용한다. 그리고 1400년 4월에 사병 혁파를 단행하고, 11월에 태종이 즉위한다. 2차 왕자의 난 이후 정치세력 내부의 반목과 갈등이 나타났다. 고려말부터 개혁 정치를 추구한 조준 등 개국공신은 고려 말에 왕조 개창에 반대하였다가 왕자의 난으로 재등장한 권근, 하륜과의 견해 차이를 드러냈던 것이다. 정종 2년(1400) 8월에 권근은 문생인 박은과 함께 조준을 탄핵하였다. 조준은 2차 왕자의 난 때 정국을 관망하였고, 사병 혁파 때 패기를 삼군부에 바치지 않았으며, 죄를 얻은 이거이가 판의흥삼군부 이무와 갈등 끝에

---

61 《태조실록》 권11, 6년 4월 임인.
62 《태조실록》 권12, 6년 12월 임인.
63 《태조실록》 권15, 6년 정종 즉위년 9월 정해.
64 윤훈표, 〈《經濟六典》의 編纂과 主導層의 變化〉, 《동방학지》 121(2003).

그를 죽이려 한다는 풍문이 있었는데, 이를 부추긴 이가 조준이라고 하기도 하였다. 또한 민제는 비밀리에 순군만호 윤저에게 조준 등이 자신과 하륜을 헤치려 한다며 끝까지 추궁할 것을 청하기도 하였다. 결국 조준은 옥에 갇히고 국문을 받았으나 조준은 그러한 말을 한 적이 없다고 하였다. 이때 우정 승 민제는 "조준 등이 나와 하륜을 해치고, 인연을 맺어 세자에게 미치려고 한다. 지금 잡혀 갇혔으니, 끝까지 추궁하지 않을 수 없다." 하였다. 그러나 정종은 조준과 이거이를 석방하였다.[65] 조준 등 개국공신 세력과 권근·민제· 하륜 등 이방원과 결합된 인물과의 대립을 엿볼 수 있다.

태종 대에 법전 편찬 문제에서도 그러한 차이는 드러난다. 당시 하륜과 태종과 긴밀한 관계를 갖고 정도전이 만든 제도나 규정들의 개편을 추진하였다. 이에 태종 4년(1404)에 조준과 같은 입장의 한성부윤 윤목과 전 계림 부윤 한리, 호조전서 윤사수는, 《경제육전》이 있는데 사람들이 이견을 갖고 여러 번 제도를 변경하니, 중외의 인민들이 조치할 바를 몰라 하므로, 《경제 육전》을 준수하고, 태종 즉위 이후의 판령과 판지 가운데 육전에 기재되지 못한 것으로 만세의 법이 될 만한 것을 속육전으로 간행하자고 하였다.[66] 태 종 7년 6월에 사간원이 좌정승 하륜의 일방적인 법 제정에 반대 상소를 올 렸다. "좌정승 하륜은 지식이 고금을 통달하고 재주는 변통하는 데에 합당하 여, 제작에 여유가 있으나, 매양 법령을 만들어서 백성에게 반포하면, 백성들 이 많이 불편하게 여기어 비방하고, 그 원망을 주상께 돌리오니, 작은 사고 가 아닙니다"[67]라는 이유였다. 태종의 지원 아래 하륜이 주도한 법 제정이

---

65 《정종실록》 권3, 2년 8월 계사, "下平壤伯 趙浚于巡軍獄, 旣而放之. …… 衛王室, 莫若兵 强…… 於是, 憲臣權近·諫臣朴訔等, 交章上言浚與居易等之罪, …… 右政丞閔霽密言於抵曰, 浚等欲謀害吾與崙, 而緣及世子. 今乃見囚, 不可不窮推也. ……"

66 《태종실록》 권8, 4년 9월 정사.

67 《태종실록》 권13, 7년 6월 계미, "諫院疏曰, 竊見左政丞河崙, 識達古今, 才合變通, 其於制 作之事, 可謂有餘裕矣. 然每爲法令, 以布於民, 民多不便, 起爲謗讟, 歸怨於上, 非細故也.

백성들에게 많은 불편을 준다는 것이었다. 이에 앞선 태종 2년에 민제는 아들인 민무구과 민무질에게 하륜이 시법時法을 자주 변경하여 나라 사람들이 하륜을 정도전에 비유하고, 하륜을 꺼려함이 이와 같아 머지않아 환난을 당할 것이라고 한 적이 있었다.[68] 조준 등은 하륜의 일방적인 제도 개편과《경제육전》개정에 반대한 것이다.

이에 태종은 악화된 여론을 의식하고, 이를 반영한 의정부의 신법 중지 요구를 받아들였다. 그리하여 태종은 태종 7년 8월에 속육전수찬소를 설립하고《속육전》의 편찬을 명령하였다. 이는 무리하게 신법 제정보다는, 이전의 잘못을 바로잡는 명분으로 내세워 실질적으로 새로운 규정을 만드는 것으로 조정한 것이라고 할 수 있다. 그리하여 태종 7년(1407) 8월에 5년에 걸쳐 《이두원육전》을 한문으로 바꾼《경제육전원집상절》(원육전)과 태조 7년부터 태종 7년까지 10여 년 동안 조령 판지를 모은《경제육전속집상절》을 만들었다. 그 뒤 속전 편찬 사업은 계속되어 1422년(세종4) 육전수찬색을 설치하고, 태조부터 단종조까지 60여 년은 각종 교지나 조례를 모아 이를 증보해 나가는《경제육전》시대를 열어가고 있었다.[69]

2) 부국론과 화폐론

하륜은 조선왕조 건국의 경제적 토대를 마련하는 데 힘썼다. 그는 새로운 왕조의 부국강병을 위하여 농업 생산을 늘리고 여러 경제 제도를 정비하는 시책을 제시하였다. 농업 문제에서 나라에 이롭고[利於國], 화폐 발행에서 이

_____

……."

68《태종실록》권3, 2년 1월 경자, " …… 壽忌崙屢更時法, 與子無咎·無疾等言曰, 國人以河崙 比道傳, 人之忌崙如此, 則其見患也不久矣. ……."

69 윤훈표,〈《經濟六典》의 編纂과 主導層의 變化〉,《동방학지》121(2003).

권이 국가(利權在上)에 있도록 하여 농민보다는 국가를 우선하는 정책을 취하였다. 건국 초에는 토목 공사가 많았다. 한양으로 새로운 도읍지를 건설함에 따라 태조 대에는 경복궁과 궁궐, 한양의 성곽, 도성, 태종 대에는 창덕궁, 청계천 등을 건설해야 했고, 지방에서는 관사, 향교 등 군현 지배에 필요한 신축, 개수를 위한 재정 지출이 많았다. 특히 태종 대에는 둔전 설치, 연호미법과 양맥세의 신설, 군적의 재작성, 인보법의 실시, 토지의 재양전 등의 사업으로 집권적 정치체제 아래 물적 인적 자원의 확보, 곧 부국강병에 힘을 쏟아야 했다.[70]

하륜은 국가재정이 튼튼한 나라를 건설하고자 합리적인 조세 운영을 도모하였다. 당시 현물로 거두어들인 조세를 서울로 운송하는 데 해난 사고가 자주 발생하여 큰 국가 문제로 떠올랐다. 특히 경상 전라 충청도에서 거둔 조세를 해로로 운반하는 과정에서 해난 사고로 조운선이 난파되는 사고가 자주 발생하였다. 이에 조정에서는 다양한 논의가 제기되었는데, 하륜은 실용적 유학의 관점에서 주도적으로 다양한 방안을 제시하였다. 그는 우선 조운선을 건조하고, 조세 운반을 해로가 아닌 육로로 하자는 주장을 하기도 했고, 사고가 빈번한 충청도 태안에 운하를 설치하자고 주장하였다. 예컨대 태종 3년 5월에 경상도 조운선 34척이 바다 가운데에서 침몰하여 많은 사람이 죽었다.[71] 이에 의정부·사평부·승추부가 기노耆老와 재추宰樞, 각사各司와 경상도 조세를 육로로 운반할 것인지, 수로水路로 운반할 것인지 가부를 의논하였는데, 하륜은 육로 운송을 주장하였다.[72] 사간원에서 경상도의 조세를 운반하는데 뱃길이나 육로는 폐단이 있으니 경기의 사전 1/2를 경상도로 옮겨 경상도에서 운반되는 조세액을 줄이자고 하였는데, 하륜은 이에 반대하고 경

---

70 金勳埴, 〈여말선초의 민본사상과 명분론〉, 《애산학보》 4(1986), 18-19쪽.
71 《태종실록》 권5, 3년 5월 신사.
72 《태종실록》 권5, 3년 6월 신해.

상도 조세의 육로 운반을 관철시켰다.[73] 이는 하륜이 경기지역 사전을 점유한 대토지 소유자이기 때문에 반대한 것이라고 한다. 또한 태종 14년 8월에 전라도 조선漕船 66척이 침몰하여 2백여 명이 익사하였고, 담수한 쌀·콩이 5천 8백여 석이나 되었다. 이에 하륜은 먼 고을에서 가까운 경기 땅에 이르기까지 차례로 실어, 곧 짐을 서로 전하여 실어 나르도록 하였는데, 이관李灌은 경기 백성들이 가을부터 봄까지 전조(田租)와 부역賦役으로 시달리는데 역사를 더하면 생업을 할 수 없다[74]고 반대하였다. 국가 입장에서 조세 운반에 주안점을 둔 이해를 보여준다고 하겠다.

국가 재정을 확충하기 위한 사업으로 하륜이 추진한 것은 저화의 유통과 호급둔전의 시행이다. 그는 군량 확보를 위해 둔전을 폐지하고 호급 둔전제를 주장했다.[75] 둔전은 황무지나 무주지無主地에 노비와 군인 또는 일반민의 노동력을 동원하여 개간 경작하고 수확을 배정 군수에 보충하려는 목적에서 설치되었다. 그런데 고려 말에는 권력층의 점탈 대상이 되었는데, 왜구의 침입으로 군수 보급은 절실하였다. 이에 둔전강화책이 나왔고 농민들에게 종자만을 지급하고 추수 때 그 수배를 징수하는 이른바 가호둔전家戶屯田을 시행하였다. 하지만, 가호둔전은 농사의 풍흉이나 토지의 비척 등이 고려되지 않고 그 약탈성이 극심하여 농민층 반발이 심하였다. 이에 우왕 원년(1375)에 가호둔전을 금지하였다. 그러나 가호둔전 금지령은 시행되지 않고 오히려 지방관의 주요한 수입원으로 자리 잡아 갔다. 조선 건국 뒤 군사제도로서 부병제가 정해지고 둔전이 재정확보의 중요한 방책의 하나로 되자, 차전차경且戰且耕의 합리적인 둔전 경영을 모색하게 되었다. 그리하여 군수 확보를 위한

---

73 한영우, 〈태종 세종조의 대사전시책―사전의 하삼도 이급 문제를 중심으로〉, 《조선전기사회경제사연구》(을유문화사, 1983).
74 《태조실록》 권28, 14년 8월 무오.
75 《태종실록》 권12, 6년 11월 기묘, "左政丞河崙等, 上祛民弊數條. 啓曰, ……."

둔전은 필요하였고, 더욱 지방관들 수입원의 하나로 지배층과 그 기구의 이해와 직결되므로, 존속은 하되, 일반 농민의 부당한 사역을 제거하고자 하였다. 하지만, 농민의 부당한 사역의 제거는 쉽지 않았다. 고려 말 왜구 격퇴에 공을 세운 선군船軍들은 태조 이후 왜구가 사라지자 각종 노동에 본격 사역되었다. 둔전, 어염, 해산물 채취, 병선수리, 조운 등 여러 가지 역무 외에 축성, 서울과 지방의 크고 작은 공역, 목장역사 등 온갖 잡역에 동원되고 입번 시에는 1개월분 식량까지 스스로 부담하여야 했다. 정부가 여러 조치를 취하였지만 해결되지 않았다.[76]

　태종 6년에 전라도 관찰사 박은은 선군船軍 고역의 실태와 그 대책에서 선군의 잡역 일체를 폐지하는 안을 제시하였고, 이때 선군 양곡의 확보는 가호마다 종자를 주어 추수 때 그 수배를 징수하는 가호둔전법家戶屯田法을 부활시키고자 하였다. 호급둔전戶給屯田의 소출로서 선군의 식량을 제공한다는 것이다.[77] 여기에는 지방관의 수입원(사비)으로 전용되는 것을 막고 오히려 국고 수입의 확대를 꾀하는 것이기도 하였다. 즉 둔전 자체를 폐기하고 둔전에 사역된 농민 노동력을 일정한 방식으로 재정비하여 그 수입을 국고로 전환시키자는 것이다.[78] 하지만 과도한 농민 수취로 민원이 발생하고 이것이 한재를 유발하므로 호급둔전제를 폐지하자는 의견이 제시되었다. 하지만, 군

---

76 하륜은 관둔전의 민폐 제거보다 국용이 되지 않고 사용으로 전용된다고 생각하여 폐지하고, 대신 호급둔전법의 시행을 주장하였다. 당시 둔전은 '취민둔종聚民屯種'과 '산종과렴散種科斂'의 두 가지 문제가 있는데 전자는 민정民丁을 징발하여 종곡種穀을 주어 경작하게 하면서 민호의 노력 동원을 증가시키고, 후자는 종곡을 민호에게 분급하여 가을 추수 시에 종곡의 몇 갑절을 거두어들여 조세 부담을 가중시키는 폐단이 있었다. 이에 하륜은 관둔전을 폐지하자고 하였다(《태종실록》 권12, 6년 11월 기묘, "左政丞河崙等, 上祛民弊數條. 啓曰, ……")(李鍾英, 〈둔전고〉, 《朝鮮前期社會經濟史硏究》(혜안, 2003)).

77 《태종실록》 권12, 6년 7월 정미.

78 李景植, 〈朝鮮初期 屯田의 設置와 經營〉, 《한국사연구》 21·22(1978)(《朝鮮前期土地制度硏究 Ⅱ》, 일조각, 1998).

량미 확보, 국가의 재정 수입의 증대는 신생 국가로서 꼭 필요하였으므로, 호등에 따라 종자 지급량을 조정하는 가운데 호급둔전제는 시행되었다. 건국 초에 재정확보에 주안을 둔 것으로 백성에 대한 과도한 수취 제거는 후 순위로 삼은 셈이다.

태종 대 하륜이 주도하는 국가재정을 튼튼히 하려는 노력은 백성들의 이해와 배치되는 것으로 인식되었다. 세종 시기에 단오전을 거행하고 상왕(태종)과 조말생·연사종 등과 주연을 베풀 때, 태종은 고려가 쇠해가고 건국 초에 창고가 비고 모자라던 까닭을 이야기하자, 연사종이 "예로부터 나라가 부하려면 백성이 가난하고, 나라가 가난하면 백성이 부하게 되는 것입니다." 하였는데, 조말생이 그렇지 않다고 하였다. 태종 역시 이에 동의하였다.[79] 전술한 바와 같이 하륜은 국가의 이익을 우선하는 생각에서, 고양의 방축防築은 소민小民이 원망한다는 제방을 쌓고 물을 막아서 비옥한 토지를 만든다면 나라에 이익이 된다[80]고 하였다. 국가 이익으로 백성이 이익이 될 수 있다고 본 것이다.

또한 하륜은 국가가 민에게 강제적으로 노동력을 무상으로 수취하는 요역의 부과 원칙에서 계정計丁·계전計田 절충을 주장하였다.[81] 조선 건국 후 호적과 양전제를 정비하는 가운데 계정제計丁制를 통한 합리적인 요역제를 만들고자 하였으나, 도성 축성과정에서 문제점이 드러났다. 계정제를 실시하려면 호적 작성이 전제되어야 하는데 농민 차역의 불균등으로 농민 유망이 발생하였다. 이에 하륜은 농민 유망의 발생 원인을 농민 토지 상실이라고 보고 토전의 넓이와 인구의 다소라는 계정·계전 방식을 제안하였다.[82] 하륜이 민

---

79 《세종실록》 권8, 2년 5월 무진, "…… 因論前朝衰季及國初倉庫虛耗之故, 延嗣宗曰, 自古國富則民貧, 國貧則民富. 末生以爲不然, 上王亦不說."
80 《태종실록》 권27, 14년 5월 경인.
81 김종철, 〈조선초기 요역부과 방식의 추이와 역민식의 확립〉, 《역사교육》 51(1992).

이 소유한 경작 크기를 기준으로 역을 부과시켰는데, 이 제도를 채택하자 농민들은 편하게 여겼으나 호강자나 토지를 많이 소유한 자들이 싫어했다고 한다.[83] 이에, 중앙과 지방의 토지소유자를 대표하는 삼군부에서 이를 반대하는 상소를 올렸다. 그리고 이를 시행하려면 은결·누결 등을 막는 부정확한 양안이 문제였고, 역은 토지와 인구의 다소로 정하는 것으로 했으나 실제로는 토지의 다소 기준이었다. 그리하여 세종 17년(1435)에 호등은 토지 결수로 5등분하는 것으로 정해졌다.

하륜은 태종과 함께 조선왕조의 농업 중심 경제정책에 부응하고 국가 재정을 튼튼히 하고자 화폐의 사용을 주장하였다. 화폐는 원년 4월에 추진하다가 3년 9월에 중단되고, 10년 7월부터 재추진되다가 중단되었으며 다시 15년 6월에 동전 주조 등 세차례 시도한 것이 그것이다. 이때 하륜은 태종 즉위부터 화폐인 저화 발행을 주장하였고, 받아들여져 사섬서를 설치하고 저화를 발행하기로 결정하였다.[84] 하륜은 "국가가 백성들에게 필요한 것을 저화로 지급하고, 백성들이 국가에 납부하기를 미곡으로 하면 국가가 부유할 수 있습니다. 흉년이 들면 저화를 거두고 창고를 풀어 곡식을 풀어 주며, 풍년이 들면 저화를 내어 곡식을 거둬들이게 되면, 관과 민이 함께 편할 것입니다"[85]고 하여 저화 보급을 국부 창출의 수단으로 생각하였다. 저화라는 화폐 보급이 민간의 교환경제에 편리함과 함께 국부의 증진과 국가이익에 기여한다고 보는 것이다. 그는 이권은 국가가 가져야 한다[86]고 하여 국가 재정의

---

82 《태조실록》 권15, 7년 9월 갑신.

83 《태조실록》 권15, 7년 12월 갑진.

84 《태종실록》 권1, 1년 4월 갑자, "革門下注書·三司都事·中樞院堂後. 初置司贍署令一·丞二·直長二·注簿二, 以掌楮貨. 從河崙之議, 欲行鈔法也."

85 《세종실록》 권18, 4년 12월 신사, "…… 本國舊用布幣, 晋山府院君河崙獻議曰, 國家之所用於民者楮貨, 而民之所納於國者米穀, 則國可以富. 且凶年則斂楮貨而發倉, 豐年則散楮貨而斂粟, 可便官民. 太宗從之, 乃立楮貨之法. 至此, 官民皆無所利, 欲罷之, 以太宗成憲, 不敢遽改."

확대를 주장하였다. 하륜은 화폐 장악을 통하여 국부를 확대하고 더 나아가 경제 운영 전반을 국왕, 국가가 관장하고 통할하여야 한다고 주장한 것이다. 그리하여 이권을 국가가 가져야 한다는 논의는, 국가의 상업에 대한 통제와 관리의 방침을 담고 있고 사농士農이 공상工商에 대해 상위에 있으면서 이권을 독점 지배함을 의미하였다. 현실에서 진행되는 사대부 지주의 공상 지배는 이로써 합리화된다. 그리고 이들 사대부 지주 대농의 최상위에 국가와 군주가 위치하는 만큼, 그 이권에 대한 최종 최고의 상은 자연 국가 군주에 귀속되는 것이다. 이에 따라 양반 지주의 이권이 인정되고 국가의 상업정책 역시 이들 위주로 펼쳐지고 있었다. 그러나 상업을 포함하여 경제 운영 전반에 대한 운용과 관장의 권한은 최종에는 국가 군주에 속하는 권리였다. 상업에 대한 국가의 적극적인 간여와 조정, 그리고 통제는 이로써 그 정당성을 보장받았다.[87]

또한 하륜은 조선왕조의 체제 강화, 태종의 왕권 강화에 수반하여 양인 확대책에 주력했다. 왕조국가의 근간이 되는 양인의 확보는 절대적이다. 그는 일량칙량一良則良을 주장하여 양인의 확대를 꾀하면서 국가의 근간이 되는 민을 확보하려 하였다. 당시에는 태종의 양인 확대책에 동의하였다. 태종 원년에 권중화는 "본조에서 노비의 소생은 종모從母 종부법從父法을 따른 지 오래되었습니다. 흉포한 천구賤口가 양녀良女를 취하여 낳은 자식은 모두 사천私賤이 되니, 이 때문에 천구賤口는 날로 늘고 양민은 날로 줄어 국역자가 크게 감소됩니다"고 하여 천구賤口와 양인良人의 혼인을 금지하고 양녀로서 이미 천구의 아내가 된 자는 이혼하게 하라고 건의하였다.[88] 신분

---

86 《태종실록》 권6, 3년 9월 을유, "…… 崙曰, …… 況利權在民, 不可也. ……"

87 朴平植, 〈朝鮮前期의 貨幣論〉, 《역사교육》 118(2011) ; 〈朝鮮前期의 貨幣政策과 布貨流通〉, 《동방학지》 158, 2012(《朝鮮前期 對外貿易과 貨幣研究》(지식산업사, 2018)).

88 《태종실록》 권2, 1년 7월 갑인.

이 다른 사람 사이에 혼인이 결국 국역자, 곧 양인의 감소를 가져온다고 보는 것이다. 태종의 이러한 노력은 5년에 노비와 관련된 수판을 정리하는 것으로 나타난다.

태종 14년에 하륜은 "또 아비는 양인이고 어미는 천인이거나, 어미가 양인이고 아비가 천인인 자는 모두 양인을 얻도록 한다면, 양인이 많고 천인이 적은 이치에 거의 합할 것 같습니다"[89]라고 하였다. 즉 고려의 부모 어느 한쪽이라도 천인이면 자식은 모두 천인賤人이니 되는 일천칙천一賤則賤의 법제를 폐지하고, 부모가 어느 한쪽이라도 양인이면 그 자식은 양인이 되는 법을 제시하였다. 결국 태종 14년에 종부법이 제정되었다.[90] 즉 고려의 노비 법은 양천良賤이 서로 혼인할 경우 천자賤者는 어미를 따랐기 때문에, 천구賤口는 날로 증가하고 양민은 날로 줄어들었는데, 양천 교혼일 경우에는 종부법從父法에 따라 양인으로 하라고 하였다.[91] 고려 후기의 급격한 양인 감소와 노비 증가를 경험한 조선 정부가 양천 혼인에 대해서만 고려와 다른 법제를 만든 것이다.[92] 조선은 고려 후기에 노비화된 농민들의 신분을 변정하여 그들의 원래 신분을 회복시켜 주고 국역부담자를 확보하자는 안이 있었는데, 하륜이 이러한 과제 해결에 앞장섰다고 할 수 있다.

---

89 《태종실록》 권17, 14년 2월 경술, "河崙復啓曰, …… 又父良母賤, 母良父賤, 者皆令得良, 則似合於良多賤少之義. ……"
90 하지만 세종은 이 법을 폐지하였다(《세종실록》 권55, 14년 3월 갑신).
91 《태종실록》 권17, 14년 6월 무진.
92 박진훈, 〈高麗末 改革派 사대부의 奴婢辨正策〉,《學林》 19(1997), 17쪽; 〈고려 후기 전민 변정과 조선초기 노비 정책의 의의와 한계〉,《역사비평》 122(2018).

4. 맺음말

하륜의 정치활동과 실용적 유학관 부국론을 살핀 것이 이 장의 목표였다. 하륜은 진주가 본관이고, 부인은 성주 이씨 이인미의 딸이다. 4남 4녀를 두었는데 하구만 정실 소생이고, 하영·하장·하연은 서자이며, 홍섭·이승간·김질·장희걸이 사위이다. 자신의 능력과 성주이씨 집안의 도움으로 관직생활을 하였다.

하륜은 공민왕 14년에 이인복과 이색이 시험관이고 사서육경이 시험과목인 과거에 급제하였고, 유학 이외에도 진법을 포함한 병학·관상학·음양·의술·성경·지리 등 여러 학문에 능하였다. 하륜은 위화도회군 이후 이색과 같은 왕조를 유지하는 편에서 정도전 계열의 비판을 받았다. 조선 건국 후 하륜은 실용적 학문을 바탕으로 새로운 도읍지를 물색하였고, 태조 4년부터 세 차례(4년 10월, 5년 3월, 6년 8월)에 걸쳐 명과 표전 문제 해결에 주력하였다.

태조 7년에 왕자의 난이 일어나고 정사 1등공신이 되었고, 이방원 즉위에 공헌하였다. 하륜은 권근, 이첨과 함께 조준 등 개국공신 계열과 다른 차원에서 태종 이방원을 보좌하고 조선의 체제 정비에 힘을 기울인다.

하륜은 유학적 실용론을 주장한 것과 함께 권도를 중시하고 권도에 입각한 외교론을 전개했다. 그러한 그가 이인임·임견미 등의 권력자 편에 서서 명과 외교관계를 권도라는 이름으로 표현하면서 임기응변식 대응 논리를 제공하였던 것이다. 그는 도당의 명령으로 명의 군대를 공격하여 중국으로 압송되어가는 김득경을 죽이는 것을 권도로서 합리화하였다. 김득경을 희생하는 권도로서 명과의 악화를 방어하고자 하였던 것이다.

하륜은 조선왕조의 중앙집권체제를 확립하는 데 기여하였다. 하륜은 국왕이 된 이방원을 도와 정도전이 추구한 중앙집권적 정치체제를 중단없이 추진하고 유교적 이상국가를 실현하고자 하였다. 그는 의정부의 서사권 축소와 육조직계제를 시행하도록 하였다. 그는 조준 등 개국공신 등이 개혁상소를 정리한 《경제육전》의 개정을 주장하였다.

하륜은 조선왕조 건국의 경제적 토대를 마련하는 데 힘썼다. 그는 새로운 왕조의 부국강병을 위하여 농업 생산을 늘리고 여러 경제 제도를 정비하는 시책을 제시하였다. 이권은 국가가 가져야 한다고 보고 농민보다는 국가를 우선하는 정책을 취하였다. 건국 초에는 신도 건설, 곧 경복궁과 궁궐, 한양의 성곽, 도성, 창덕궁, 청계천 등의 건설과 지방의 관사, 향교 등 군현 지배에 필요한 신축, 개수가 필요하였다. 국가의 재정확보가 시급했고, 이를 위해 둔전 설치, 연호미법과 양맥세의 신설, 군적의 재작성, 인보법의 실시, 토지의 재양전 등의 사업을 통하여 집권적 정치체제 아래의 물적 인적 자원의 확보, 곧 부국강병이 이루어지도록 하였다.

하륜은 국가 재정이 튼튼한 나라를 건설하고자 합리적인 조세 운반을 도모하였다. 하륜은 실용적 유학의 관점에서 주도적으로 조운선을 건조하고, 저화의 유통과 호급둔전의 시행을 주장했다. 군량 확보를 위해 둔전을 폐지하고 호급둔전제를 주장했다. 건국 초에 재정확보에 주안을 둔 것으로 백성에 대한 과도한 수취 제거는 후 순위로 삼은 셈이다.

또한 하륜은 태종과 함께 화폐의 사용을 주장하였다. 그는 이권은 국가가 가져야 한다고 하여 국가 재정의 확대를 주장하였다. 하륜은 화폐 장악을 통하여 국부를 확대하고 더 나아가 경제 운영 전반을 국왕, 국가가 관장하고 통할해야 한다고 주장한 것이다. 그리하여 국가의 상업에 대한 통제와 관리의 방침을 담고 있고 사농士農이 공상工商에 대해 상위에 위치하면서 이권을 독점 지배함을 의미하였다. 현실에서 진행되는 사대부 지주의 공상 지배는 이로써 합리화된다. 그리고 이들 사대부 지주 대농의 최상위에 국가와 군주가 위치하는 만큼, 그 이권에 대한 최종 최고의 上은 자연 국가 군주에 귀속되는 것이다. 이에 따라 양반 지주의 이권이 인정되고 국가의 상업정책 역시 이들 위주로 펼쳐지고 있었다. 그러나 상업을 포함하여 경제 운영 전반에 대한 운용과 관장의 권한은 최종에는 국가 군주에 속하는 권리였다. 상업에 대한 국가의 적극적인 간여와 조정, 그리고 통제는 이로써 그 정당성을 보장받았다.

또한 하륜은 조선왕조의 체제 강화, 태종의 왕권 강화에 수반하여 양인 확대책에 주력했다. 그는 일량칙량一良則良을 주장하여 양인 확대를 꾀하면서 국가의 근간이 되는 민을 확보하려 하였다. 조선은 고려 후기에 노비화 된 농민들 신분을 변정하여 그들의 원래 신분을 회복시켜 주고 국역부담자를 확보하는 과제를 안고 있었는데, 하륜이 이러한 문제 해결에 앞장섰다고 할 수 있다.

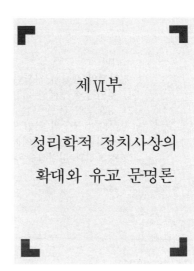

제Ⅵ부

성리학적 정치사상의
확대와 유교 문명론

제1장 정도전과 김익정의 군주관

1. 머리말

정도전은 두 번 과거시험 시관을 역임하였다. 창왕 원년(1389) 권근[1]과 조선 태조 5년에 조준과 함께 과거시험을 주관하였다.[2] 《삼봉집》에는 정도전이 출제한 과거시험 문제인 전시책이 실려 있는데,[3] 국립중앙도서관에 소장되어 있는 《동국장원책》과 동일한 문제가 태조 5년에 실시된 대책문으로 수록되어 있다. 《국조문과방목》에 태조 5년의 과거시험의 시관으로 지공거 문하좌정승 조준, 동지공거 판삼사사 정도전, 고시관 우승지 정탁, 좌산기

---

1 《고려사》 권73, 志27 選擧1 科目1, "辛昌卽位之年十月, 密直提學鄭道傳知貢擧, 知申事權近同知貢擧, 取進士賜李致等三十三人及第."

2 《태조실록》 권9, 5년 5월 丁巳朔, "上坐勤政殿, 試考試官趙浚·鄭道傳所取曹由仁等三十三人, 以金益精爲第一."

3 《삼봉집》 권4, 策題 殿試策.

이황, 대사성 함부림, 판교서 류관, 사헌司憲 중승中丞 이원, 성균좨주 장덕량, 전부 강사경이 참여한 것으로 되어 있다.[4] 시험 문제인 책문이 《삼봉집》에 수록된 것으로 보아 정도전이 출제한 것임도 확인할 수 있다. 이때 시제는 근정勤政으로서 그 전해에 완성된 근정전과 연관된 것이었다.

조선 건국기에는 국가의 체제 정비와 이념의 확립이 무엇보다도 필요한 시기로 그에 부응하는 인재 양성, 관료 선발이 절실한 시기였다. 이에 정도전은 가장 시급히 처리해야 할 문제를 시제인 책문으로 제시하여 자신이 구상하는 정책과 이념을 구체화시킬 수 있는 논리를 찾는가 하면, 이를 실현할 인물을 선발하고자 하였다. 그러한 정치이념의 하나가 '근정'이었고 이를 과거시험 문제로 출제했던 것이다.

조선왕조 최초의 과거시험은 태조 2년에 실시되고 조준과 김주가 시관이 되어 송개신 등 33명을 뽑았다.[5] 그다음 시험은 태조 5년에 시행되어 김익정 등 33인을 뽑았다. 《동국장원책》에는 태조 5년의 과거에서 장원을 차지한 김익정의 근정에 관한 답안이 실려 있다. 김익정의 답안은 정도전이 구상하는 이념과 정책에 가장 부합한 글로, 성리학적 정치이념 또는 군주정치의 실천 방안을 제시한 것이라 할 수 있다. 태조 5년 정도전이 출제한 시험 문제와 이에 대한 김익정의 답안을 분석하면, 조선왕조의 정치 지향과 정도전의 사상 그리고 조선 초 과거 시행에 관한 여러 문제를 살필 수 있을 것이다.[6]

---

4 《국조문과방목》(태학사, 1984), 96쪽.
5 《태조실록》 권3, 2년 6월 丁亥, "坐報平殿, 試知貢擧左侍中趙浚·同知貢擧藝文春秋館太學士金湊, 所擧尹定等三十三人, 以宋介臣爲第一."
6 김인호, 〈여말선초 군주수신론과 《大學衍義》〉, 《역사와 현실》 29(1998); 도현철, 《고려말 사대부의 政治思想 연구》(일조각, 1999); 정재훈, 《조선전기 유교정치사상 연구》(태학사, 2005); 강문식, 《권근의 경학사상 연구》(일지사, 2008).

2. 김익정의 생애와 정도전의 군주정치론

1) 김익정의 생애와 자료의 성격

김익정金益精의 본관은 안동, 자는 자비子斐이다. 아버지는 한성윤 김휴金休이고7 아우는 태종 8년 과거에 합격한 김익렴이다. 태조 5년(1396) 식년시 문과에 을과 1등으로 합격하였다. 여러 벼슬을 거쳐 1409년(태종 9)에 도망간 노비를 추쇄하는 쇄권색刷卷色의 별감이 되었다. 세종이 즉위하고 처음으로 경연이 열리자 김익정은 참찬관으로 이수·윤회와 함께 하루에 한 사람씩 《대학연의》를 강의하였다.8 이해 11월 세종이 경연에서 《자치통감》을 강하고자 하였으나 유관은 권수가 너무 많아 전체를 다 보는 것이 어렵다고 난색을 표명하였고 김익정이 《근사록》 읽기를 청하자 그렇게 하도록 하였다.9 세종 2년(1420)에는 《대학연의》를 간행하는 데 참여했다.10 1422년 군정軍政의 확립을 건의하였으며, 1431년 이조좌참판이 되었다. 1432년 세종이 파저강婆猪江 야인을 토벌하는 문제와 관련하여, 정부와 육조, 삼군도진무 등에게 야인을 대하는 방법과 그들의 죄를 성토할 말 그리고 그들을 공벌한 계책 등을 진술하게 하였다. 이에 김익정은 야인을 대하는 방법은 예전대로 하고 엄하게 지켜 위엄을 보이면서도, 은혜를 베풀어 편하게 해주면, 사나운 기운이 사라지고 엿보는 마음이 저절로 그칠 것이라고 하였다.

---

7 《씨족원류》(보경문화사, 1991), 안동김씨, 204쪽, 210쪽.
8 《세종실록》 권1, 즉위년 7월 계미.
9 《세종실록》 권2, 즉위년 11월 기미, "視事, 御經筵. 上日 欲講資治通鑑如何? 柳觀日, 卷數甚多, 恐未可遍覽. 金益精請講近思錄, 上曰, 然."
10 《춘정집》 권12, 銘·跋 大學衍義鑄字跋(韓國文集叢刊 8).

혹 죄를 성토하면서 공격하는 경우는, 섣불리 공격하여 반격을 받기보다는 정예병을 골라 샛길을 봉쇄하고 도주로를 차단한 뒤 공격한다면 적을 사로잡을 수 있다는 계책을 내놓았다.[11] 세종 17년(1435) 6월 경상도관찰사에 제수되었으나 부임하기 전에 죽었다. 그의 성품은 청렴결백하고 말은 신의가 있고 행동은 과감하였다. 김숙과 김향 두 아들이 있다.[12] 《동문선》에 오언율시 2편이 전한다.[13] 변계량은 김익정의 모친이 돌아가자 제문을 지었다.[14]

《동국장원책》(갑)은 태조 5년(1396) 과거의 장원인 김익정부터 세종 29년(1447) 합격자인 이승소까지 23명 급제자의 답안지를 수록하고 있다.[15]

2) 정도전의 군주관

조선왕조는 유교를 정치이념으로 삼고 군주와 신료가 함께 정치하는 군신 공치를 지향하였다.[16] 조선왕조의 국가 이념을 이론적으로 정리한 정도전(1337-1398)은 건국 후 《조선경국전》[17]과 《고려국사》[18]·《경제문감》[19]·《불씨

---

11 《세종실록》 권59, 15년 2월 기해, "上將討婆猪江野人, 欲試大臣, 密令政府六曹三軍都鎭撫等, 各陳接待之方·聲罪之辭·攻伐之策, …… 吏曹左參判金益精曰, 我國之有野人, 猶中國之有匈奴, …… "

12 《세종실록》 권71, 18년 1월 임인, "刑曹參判金益精卒. …… "

13 《동문선》 권10, 呈大使: 권10, 送秋.

14 《춘정집》 追補 祭文 金益精祭母氏文.

15 참고로 《동국장원책》(乙)(영남대, 고려대 소장)에는 세종 29년(1447) 성삼문부터 세조 8년(1462) 柳自濱까지, 《동국장원책》(丙)(일본 내각문고, 서울대 소장)에는 세조 7년(1461) 홍귀달부터 중종 9년(1514) 박세희까지 대책문이 담겨 있다.

16 최승희, 〈조선 태조의 왕권과 정치운영〉, 《진단학보》 64(1987); 민현구, 〈조선 태조대의 국정운영과 군신공치〉, 《사총》 61(2005); 도현철, 〈새 왕조를 개창하고 군신협력 정치를 추구하다〉, 《국왕과 신하가 함께 만든 나라 조선》(국립고궁박물관, 2016).

17 《태조실록》 권5, 3년 5월 戊辰, "判三司事鄭道傳, 撰進朝鮮經國典."

18 《태조실록》 권7, 4년 정월 庚申(《東文選》 권92, 高麗國史序), "判三司事鄭道傳·政堂文學鄭摠等, 撰前朝高麗史, 自太祖至恭讓君三十七卷, 以進."

잡변》[20]을 편찬하여 새로운 왕조의 유교적 정치이념을 확립하고 국가체제를 정비하고자 하였다.[21]

정도전의 유교 이념은 왕조국가에서 국왕의 존재 의의와 그 역할을 설명하고 그 지향점을 제시하는 것으로 구체화되었다. 이러한 사실은 수도인 한양의 건설과 궁궐 명칭을 짓는 작업에서 드러난다. 태조 3년 한양으로 수도를 정하고 한양의 도성 정비 작업을 벌이며 태조 4년(1394) 9월에 경복궁이 완성되자, 태조는 정도전에게 한양의 새 궁궐 전각의 이름을 짓게 하였다. 정도전은 새 궁궐을 경복궁으로, 연침燕寢을 강녕전으로, 동쪽에 있는 소침小寢을 연생전으로, 서쪽에 있는 소침을 경성전으로, 연침의 남쪽을 사정전으로, 그 남쪽을 근정전으로, 동루를 륭문루, 서루를 륭무루, 전문을 근정문으로, 남쪽에 있는 문[午門]을 정문이라 이름 하였다.[22] 정도전이 정한 도성의 궁궐은 안에서 밖을 향하여, 강녕전(군주의 정심, 성의) … 사정전(격물, 치지) … 근정전(정사) … 정문의 순서로 이루어져 있다. 이러한 순서는 《대학》의 단계적·계기적 수양 방법에 따라 정해진 것이라고 평가된다.[23]

정도전 자신은 근정전의 의미와 관련하여, 천하의 일은 부지런하면 다스려지는데 나라의 일도 예외가 아니다. 중국의 순과 우임금은 아침부터 날이 저물 때까지 밥먹을 겨를도 없이 백성들이 안락하게 살도록 노력했다. 그렇

19 《태조실록》권7, 4년 6월 戊辰, "判三司事鄭道傳, 撰經濟文鑑以進."

20 《양촌집》권17, 佛氏雜辨說序.

21 한영우, 《정도전사상의 연구》(서울대 출판부, 1983); 도현철, 《고려말 사대부의 정치사상 연구》(일조각, 1999).

22 《태조실록》권8, 4년 10월 정유, "命判三司事鄭道傳, 名新宮諸殿, 道傳撰名, 并書所撰之義 以進, 新宮曰, 景福, 燕寢曰, 康寧殿, 東小寢曰, 延生殿, 西小寢曰, 慶成殿, 燕寢之南曰, 思政 殿, 又其南曰, 勤政殿, 東樓曰, 隆文, 西樓曰隆武, 殿門曰, 勤政, 午門曰, 正門."

23 장지연, 〈태조대 景福宮 殿閣名에 담긴 의미와 사상적 지향〉, 《韓國文化》 39(2007), 85-86쪽; 박진훈, 〈景福宮에 투영된 조선초기의 理想的 國政運營體系〉, 《역사와 실학》 60(2016).

지만 임금이 부지런할 줄만 알고 부지런해야 하는 이유 또는 방법을 알지 못하면 지나치게 세밀히 살피는 폐단이 생긴다. 부지런해야 할 것으로는 어진 이를 등용하는 것이 제일 중요하다는 말로 마무리하였다.

다음 해인 태종 5년(1396) 5월 정도전은 시관이 되어 과거의 시제로 근면한 정치에 대하여 질문하였다. 근정전의 의의(①)와 태조 5년 과거시험 문제(②)를 함께 제시하면 다음과 같다.

① 천하의 일은 부지런하면 다스려지고 부지런하지 못하면 폐하게 되는 것이 필연적인 이치입니다. 작은 일도 그러한데 하물며 정사와 같은 큰일이겠습니까? 《서경》에 '근심이 없을 때 경계하고 법도를 잃지 말라'고 하였고, 안일과 욕심으로 나라를 그르치지 말고 삼가고 두려워하소서. 하루 이틀에도 기무는 만 가지나 됩니다. 그리고 庶官은 비워두지 마소서, 하늘의 일을 사람이 대신 처리하는 것입니다'라고 했는데, 이는 순과 우의 부지런함입니다. 《서경》에 '아침부터 해가 질 때까지 밥 먹을 겨를도 없이 일하여 모든 백성을 화평하게 살도록 했다.' 하였는데, 이는 문왕의 부지런함입니다. 인군은 부지런하지 않을 수 없는 데도, 편안히 봉양하기를 이미 오래한지라 교만과 안일이 쉽게 생기며, 또 아첨하는 사람들이 그 틈을 타 '천하 국가의 일 때문에 나의 정력을 소모시켜 나의 수명을 단축하는 것은 불가하다.' 하고, 또 '이미 숭고한 자리에 있는데 어찌 자기를 낮추고 수고를 해야만 하는가?'라고 합니다. 거기에 더하여 여자와 음악 또는 사냥, 혹은 진기한 물건으로, 또는 토목공사로 아첨하면서 황음한 일이라면 말하지 않는 것이 없습니다. 그러면 인군은 그가 나를 제일 사랑한다고 여기고 스스로 나태하고 무도함에 빠지는 것을 알지 못하게 됩니다. 저 한당의 군주들이 삼대만 못한 것은 바로 이것 때문이니, 그러하다면 인군은 하루도 부지런하지 않을 수 있겠습니까? 그러나 인군이 부지런해야 한다는 것만 알고 부지런히 하는 방법을 알지 못한다면, 그 부지런함이 번쇄하고 까다로운 데로 흘러가 볼만한 것이 못 될 것입니다. 선유가 말하기를 '아침에는 정사를 처리하고 낮에는 어진 이를 방

문하며, 저녁에는 조령朝令을 만들고 밤에는 몸을 편히 쉰다.'고 하였는데 이
것이 인군의 부지런함입니다. 또 이르기를, '어진 이 구하는 데는 부지런하
고, 어진 이 임명하는 데는 빨라야 한다.'고 하였습니다. 그래서 신이 이로써
올립니다.[24]

② 왕은 이렇게 말한다. "덕이 적고 도리에 어두운 내가 조종의 오래도록 쌓아
온 덕을 힘입고 신민들의 추대하는 마음을 받아 왕위에 오르고 보니, 책임은
크고 무거우며 구제할 방법을 몰라 이 때문에 두렵도다. 공경히 생각건대,
전대를 본받아 소강을 이루려 하고 있다. 《서경》을 살펴보니, '문왕은 아침부
터 해가 질 때까지 밥 먹을 겨를도 없이 일하여 모든 백성을 화평하게 살도
록 했다.'라고 하였고, 또 '문왕은 서언庶言과 서옥庶獄의 직책을 겸임하지 않
았다.'고 하였으니, 일마다 종사하지 않았던 것이 분명한데도 '겨를이 없었
다'고 한 것은 무엇 때문인가? 예로부터 임금이 된 자는 부지런히 힘써서
나라를 얻고 편안히 놀다가 나라를 잃지 않는 이가 없었다. 그러나 부지런할
줄만 알고 부지런히 할 방법을 알지 못하면, 그 폐단은 지나치게 살펴 다스
리는 것에 보탬이 없게 될 것이다. 그렇다면 임금이 부지런히 해야 할 일은
또한 무슨 일이란 말인가? 내가 늘 정사를 살필 때는 하나의 일이라도 잘못
될까 두려워하지만, 수많은 정무가 매우 번잡하니, 어떻게 해야 당부當否를
분별하여 처리하는 데 실수가 없을 수 있겠는가? 부지런히 어진 이를 찾아
서 물을 때는 백성들의 사정이 아래에서 막혀 있을 것을 염려하는데, 어떻게

---

24 《태조실록》권8, 4년 10월 정유; 《삼봉집》권4, 記 勤政殿 勤政門, "天下之事, 勤則治, 不
勤則廢, 必然之理也. 小事尙然, 況政事之大者乎? 書曰, 儆戒無虞, 罔失法度, 又曰, 無敎逸欲有
邦, 兢兢業業, 一日二日, 萬幾無曠庶官, 天工人其代之, 舜禹之所以勤也. 又曰, 自朝至于日中昃,
不遑暇食, 用咸和萬民, 文王之所以勤也. 人君之不可不勤也如此. 然安養旣久, 則驕逸易生, 又有
諂諛之人從而道之曰, 不可以天下國家之故. 疲吾精而損吾壽也. 又曰, 旣居崇高之位, 何獨猥自
卑屈而勞苦爲哉? 於是, 或以女樂, 或以遊畋, 或以玩好, 或以土木, 凡所荒淫之事, 無不道之,
人君以爲是乃愛我厚, 不自知其入於怠荒. 漢唐之君, 所以不三代若者此也. 然則人君其可一日而
不勤乎? 然徒知人君之動, 而不知所以爲勤, 則其勤也流於煩碎苛察, 不足觀矣. 先儒曰, 朝以聽
政, 晝以訪問, 夕以修令, 夜以安身, 此人君之勤也. 又曰, 勤於求賢, 逸於任賢, 臣請以是爲獻."

해야 나의 이목을 더욱 넓혀 가려지는 것이 없게 할 수 있겠는가? 정령을 정비하는 경우에도 취소되어 행해지지 않을 것을 걱정하는데, 어떻게 해야 정령이 공정한 이치에 부합하여 백성들이 복종하도록 할 수 있겠는가? 그대 대부들은 경학을 강구하여 옛일을 널리 알고 지금의 일에 통달하니 반드시 이 문제에 대해 말할 수 있을 것이다. 범연하거나 소략하게 하지 말고 마음을 다하여 대답하라. 내가 앞으로 그를 채택하여 쓸 것이다.[25]

근정전의 의의(①)에서는 경복궁 완공을 계기로 유교 정치에서 강조하는 군주의 근면한 정치를 《서경》과 《대학연의》의 글로 설명하고 있다. 그는 《서경》의 순[26]과 우[27] 그리고 문왕[28]을 항상 경계하고 조심하는 군주 수신의 전형으로 제시하고 그들 정치의 핵심이 인재를 등용하는 것에 있음을 지적하면서, 진덕수의 《대학연의》에서 부지런한 정치를 언급한 글로 마무리하고 있다. 태조 5년 과거시험 문제(②) 역시 《서경》에 기록된 문왕[29]의

25 《동국장원책》(甲)(《삼봉집》 권4, 策題 殿試策), "王若曰, 惟予寡昧, 荷祖宗積累之德, 膺臣民推戴之心, 獲登寶位, 任大責重, 罔知攸濟, 良用惕然. 仰惟前代是憲, 期致小康. 稽之於書曰, <u>文王自朝至于日中昃, 不遑暇食, 用咸和萬民</u>. 又曰, <u>文王罔攸兼于庶言庶</u>獄, 則宜若無所事事矣, 其日不遑者何歟? 自古爲人君者, 莫不以勤勞得之, 逸豫失之, <u>然徒知其勤, 而不知所以爲勤,</u> 其弊也, 失於<u>苛察</u>而無補於治矣. 然則<u>人君之所當勤</u>者, 抑何事歟? 予每當<u>聽政</u>, 惟恐一事之或廢, 然萬幾至繁, 何以辨其當否而處之無失歟? 孜孜訪問, 惟恐民情之鬱於下, 何以使聰明益廣而無所蔽歟? 至於<u>修令</u>, 惟恐反汗而不行, 何以合於公理而使民懷服歟? 子大夫講明經學, 博古通今,其必有能言是者矣. 毋泛毋略, 悉心以對, 予將採擇而用之矣."

26 《서경》 권1, 虞書 大禹謨第三, "益曰, 吁, 戒哉, 儆戒無虞, 罔失法度."

27 《서경》 권1, 虞書 皐陶謨第四, "無敎逸欲有邦, 兢兢業業. 一日二日萬幾. 無曠庶官. 天工人其代之."

28 《서경》 권17, 無逸, "周公曰, 嗚呼. 厥亦惟我周太王王季, 克自抑畏. 文王卑服卽康功田功, 徽柔懿恭, 懷保小民, 惠鮮鰥寡. 自朝至于日中昃, 不遑暇食, 用咸和萬民. 文王不敢盤于遊田, 以庶邦惟正之供, 文王受命惟中身, 厥享國五十年."

29 《서경》 권17, 無逸, "周公曰, 嗚呼. 厥亦惟我周太王王季, 克自抑畏. 文王卑服卽康功田功, 徽柔懿恭, 懷保小民, 惠鮮鰥寡. 自朝至于日中昃, 不遑暇食, 用咸和萬民. 文王不敢盤于遊田, 以庶邦惟正之供, 文王受命惟中身, 厥享國五十年."; 《서경》 권21, 立政, "文王惟克厥宅心, 乃克立

근면한 정치를 인용하여 군주가 정치에 어떻게 임해야 하는가를 제시하였다. 유교 경전 가운데 《서경》은 신하 측에서 군주에게 바른 자세와 마음가짐을 가질 것을 제시하는 것을 주된 내용으로 한다는 점에서 군주에 대한 경계가 풍부하게 기술된 경전이다. 정도전이 《서경》을 인용한 것은 재상정치론의 측면에서 군주의 마음 자세와 정사에 임하는 태도가 가지는 중요성을 강조한 것이라 할 수 있다.

두 글에서 주목되는 점은, 근면한 정치의 현상적 내용을 서술하는 것에 그치지 않고 근면한 정치를 실현할 구체적인 방법[所以爲勤]을 설명하고 있다는 사실이다. 성리학은 행위의 규칙과 준칙인 당위를 제시하고 그러한 준칙을 뒷받침하는 이유, 방법, 근거를 합리적으로 설명하는 학문이다. 따라서 성리학의 소당연[所當然]과 소이연[所以然]의 리理를 전제로 사물이나 사회 정치 현상의 이치와 근원 그리고 그 방법을 묻는 전통에 따라 부지런함의 근원과 방법을 질문하고 있다는 것이다. 근정전의 의의(①)를 설명한 글에서는 부지런한 정치를 해야 하는 이유와 방법을 천명하고, 태조 5년의 대책문(②)에서는 과거시험 문제를 통해 더욱 구체적인 이유와 방법을 당대 유학자에게 질문함으로써 유교 정치에서 군주의 근면함과 이에 기초한 정치의 구체적인 내용을 요구할 뿐 아니라, 근면한 정치라는 유교의 이념을 당시 유학자 전체 더 나아가 조선 전체로 확산시키고자 하였던 것이다.

정도전은 왕조국가에서 군주정치의 이념을 드러낼 수 있는 다양한 방안에 대한 성찰을 진행하였다. 태조 원년(1392) 9월 11살의 이방석을 세자로 정하는 데 동의하고,[30] 세자이사世子貳師로서 후계 국왕인 세자의 교육을 담당하며,[31] 현왕인 태조에 대해서는 '근정전'이라는 명칭을 통해 근면한 정치

茲常事司牧人, 以克俊有德, 文王罔攸兼于庶言庶獄庶愼, 惟有司之牧夫, 是訓用違. 庶獄庶愼, 文王罔敢知于茲."

30 《태조실록》 권1, 원년 8월 기사.

의 이상을 제시하고, 이를 태조 5년 과거의 시험 문제로 출제하는 일련의
과정을 통해 조선에서 이상적인 정치를 구현하고자 했던 것이다.

3. 성리학적 군주의 근면 정치와 군주성학론

1) 성리학적 근면 정치와 군주성학론

조선왕조는 성리학을 국시로 정하고 성리학에서 제시하는 정치이념을 바
탕으로 현실정치를 이끌어가려고 했다. 성리학적 정치이념은 건국 초의 정
책과 제도에 반영되고 교육 과거제도를 통하여 현실화 되었다. 태조 5년의
과거시험은 정도전이 출제하였는데, 시험 내용은 왕조국가에서 군주의 핵심
덕목인 부지런한 정치(勤政)에 대한 의미를 설명하라는 것이었다.[32] 즉 전시
책문은 새로운 왕조 건국 초기에 유교의 이상국가인 삼대를 모델로 제시하
면서 《예기》에 나오는 소강小康을 이루려면 군주는 어떠한 마음을 가지고
어떤 정치를 해야 하는가를 질문하고 있다.

첫째, 문왕은 아침부터 해가 질 때까지 밥 먹을 겨를도 없이 일하여 만
민을 다 화평하게 살도록 하였다고 하였다. 그런데도 일삼는 일이 없어야
마땅한데도 '겨를이 없었다.'고 한 것은 무엇 때문인가? 둘째, 임금이 된
자가 부지런할 줄만 알고 부지런히 할 방법을 알지 못하면, 그 폐단은 지
나치게 살펴 다스리는 것에 보탬이 없게 된다. 그렇다면 임금이 부지런히

---

31 《태조실록》 권7, 4년 3월 병오.

32 조선 초기와 비슷한 시기의 송과 명의 책제는 주로 황제가 개인의 능력을 시험하는 것이
었는데, 책제를 통하여 자신의 견문을 넓히고 치세에 도움이 되는 방책을 구하는 것이었
다(吳金成, 〈明代 展試의 策題에 대하여〉, 《東洋史學研究》 8·9(1975); 裵淑姬, 〈宋代 展試
의 策題에 관하여〉, 《東洋史學研究》 49(1994)).

해야 할 일은 또한 무슨 일인가? 셋째, 내가 늘 정사를 살필 때는 하나의 일이라도 잘못될까 두려워하지만, 수많은 정무가 매우 번잡하니, 어떻게 해야 당부當否를 분별하여 처리하는 데 실수가 없을 수 있겠는가? 넷째, 부지런히 어진 이를 찾아서 물을 때는 백성들의 사정이 아래에서 막혀 있을 것을 염려하는데, 어떻게 해야 나의 이목을 더욱 넓혀 가려지는 것이 없게 할 수 있겠는가? 다섯째, 정령을 정비하는 경우에도 취소되어 행해지지 않을 것을 걱정하는데, 어떻게 해야 정령이 공정한 이치에 부합하여 백성들이 복종하도록 할 수 있겠는가? 마지막으로, 그대 대부들은 경학을 강구하여 옛일을 널리 알고 지금의 일에 통달하니 마음을 다하여 대답하라고 하였다.

이러한 다섯 가지 질문에 장원 급제자인 김익정은 근면함이 정치의 급선무임을 인정하면서도 성리학적 사유를 바탕으로 근면함을 올바른 정책으로 구현해 내도록 인도하는 도의 밝음의 중요성을 강조한다.

신이 들건대, 정사에 부지런함은 정치의 급선무이지만, 도리를 아는 것이 밝지 않으면 무엇이 정사에 부지런한 것이 되는지 알 수 없습니다. 대저 군주 한 사람이 실로 모든 변화의 근원이 되니, 부지런하면서도 또한 도리를 아는 것이 밝다면 다스리는 방법이 갖추어지는 것입니다. 삼가 생각건대, 주상 전하께서는 정사에 부지런한 것에 뜻을 두고 계십니다만, 어리석은 제 생각으로는 도리를 아는 것이 밝지 않으면 정사에 부지런한 것이 되는 길을 알 수 없습니다. 신이 비록 우매하지만 한 마음을 순정하고 깨끗이 하여 전하의 아름다운 명령에 대답하지 않을 수 있겠습니까?33

부지런함[勤]은 정사를 행하는 데 급선무이지만 도리를 아는 것이 밝지

---

33 《동국장원책》(甲), "臣聞, 勤者爲政之急務, 然非見道之明, 無以知所以爲勤者也. 夫人主一身, 實萬化源, 旣勤且明, 爲治之道備矣. 恭惟主上殿下, 意在勤政, 然臣愚謂非明無以知所以爲勤也. 臣雖愚昧, 敢不精白一心, 以對揚休命."

않으면 무엇이 정사에 부지런한 것이 되는지 모른다. 군주 한 사람이 모든 변화의 근원이므로 부지런하면서도 도리를 아는 것이 밝다면 통치의 방법을 안다고 할 수 있다. 유학에서는 마음을 바르게 하여 이를 기초로 다른 사람을 다스리는 수기치인을 제시한다. 동중서는 임금이 위에서 마음이 바르면 조정이 바르고 백관이 바르면 만민이 바르게 되니 조정이 바르게 된다[34]고 하였다. 이러한 군주의 마음을 바르게 해야 한다는 논의는 송대에 인성론과 결합하여 성학聖學으로 발전한다.

군주 한 사람이 모든 변화의 근본이라는 생각은 원나라 제과 답안에서 이곡이 마음은 한 몸의 주재이고 모든 변화의 근본이므로, 군주의 마음은 정치를 하는 근원이고 천하를 다스리는 기틀이 된다[35]는 말로 진전된다. 그리고 고려 후기와 조선 초기의 성리학적 정치이념이 확산되는 가운데 김익정은 이러한 군주가 바른 마음을 가져야 한다는 생각을 재확인하고 있다.

김익정은 책문을 다섯 가지로 나누어 조목조목 답하고 있다. 첫째는《서경》에 문왕은 서언과 서옥의 직책을 겸하지 않았지만, 아침부터 해가 질 때까지 밥 먹을 겨를도 없이 일하여 만민을 다 화평하게 살도록 하였다고 하였다. 그렇다면 일마다 일삼는 것이 아니었던 것이 분명한데도 '겨를이 없었다.'고 한 것은 무엇 때문인가? 하는 질문에 대한 대답이다.

신이 엎드려 책문을 읽으니, '덕이 적고 도에 어두운 내가 …… 겨를이 없었다고 한 것은 무엇인가?'라고 하셨습니다. 삼가 생각건대, 전하께서는 총명한 덕과 용맹스럽고 지혜로운 자질로 조종께서 쌓은 덕을 이어받고 신민들이 추대

---

34 《한서》 권56, 列傳26 董仲舒, "武帝卽位, 擧賢良文學之士前後百數, 而仲舒以賢良對策焉. …… 仲舒對曰 ……故爲人君者, 正心以正朝廷, 正朝廷以正百官, 正百官以正萬民, 正萬民以正四方, 四方正, 遠近莫敢不壹於正."
35 《가정집》 권13, 廷試策, "臣聞, 心者一身之主, 萬化之本, 而人君之心, 出治之原, 天下治亂之機也. 故人君正心以正朝廷, 正朝廷以正百官, 而遠近莫敢不一於正."

하는 마음에 따라 왕위에 오르셨는데도, 지위가 높은 것을 영예롭다고 생각하지 않고 항상 책임이 막중한 것을 근심하여 새벽부터 밤까지 항상 두려워하면서 도의를 강론하며 밝히고 삼대의 법을 모범으로 삼으며 삼대의 정치를 기약하셨습니다. 문왕께서 비록 밥 먹을 겨를조차 없었다고 하지만, 부지런히 노력하고 스스로 힘쓰면서 정치가 안정되기를 도모하는 것이 어찌 이보다 더하였겠습니까? 이제 삼대의 정치가 오늘날에 다시 회복되는 것을 보게 될 것인데 어찌 小康이라는 말로 가볍게 표현할 수 있겠습니까?

또 문왕의 마음은 어찌 이처럼 겨를이 없었겠습니까? 백성들이 몹시 편안한데도 백성들을 보면서 상처가 있을까 근심하고, 도가 몹시 지극한데도 바라기를 마치 미치지 못한 듯이 하여 아침부터 한낮을 지나 저녁까지 한순간도 감히 나태할 겨를이 없었습니다. 그가 부지런했던 것은 다름이 아니라 모든 백성들을 모두 화평하게 살도록 하기 위함이었습니다. 그러나 도리를 아는 것이 밝지 않으면 어떻게 여기에 도달할 수 있었겠습니까? 문왕의 부지런함이 이와 같았지만 세 사람의 어진 신하의 마음을 환하게 알아 여러 자리에 포진을 시켰습니다. 각각 서언庶言과 서옥庶獄의 직임을 맡기고 내가 어찌 거기에 간여하겠냐고 하셨으니, 문왕께서 비록 밥 먹을 겨를도 없었지만 서언과 서옥을 겸하지 않았던 것은 이 때문입니다.[36]

김익정은 태조는 총명한 덕과 용맹스럽고 지혜로운 자질로 조종祖宗의 쌓은 덕을 이어 신민의 추대를 받아 왕위에 올라 새벽부터 밤까지 항상 두려

---

[36] 《동국장원책》(甲), "臣伏讀聖策曰, '惟予寡昧 止 其曰不遑者何歟?' 恭惟殿下, 以聰明之德, 勇智之資, 承祖宗之積德, 膺臣民之推戴, 肇登寶位, 不以位高爲榮, 常以任重爲憂, 夙夜寅畏, 講明道義, 式三代之法, 期三代之治, 其勤勵自強, 以圖治安, 雖文王不遑暇食, 何以加此? 將見三代之治, 復還於今日矣, 尙何少康之是言哉? 且文王之心, 何若是其不遑? 民已安矣, 而視之惟恐有傷, 道已至矣, 而望之猶若不及, 自朝至于日之中, 至于日之昃, 一息之頃, 不敢怠遑, 其所以爲勤者, 無他, 使萬民之咸和而已. 然非見道之明, 何以至此歟? 文王之勤如此矣, 然必灼知三有俊心, 布列庶位, 夫旣各任庶言庶獄之職, 吾何與於其間哉? 文王雖暇食之不遑, 而庶言庶獄之罔兼者, 此也."

위하시며 도의를 강명하시고 삼대의 법을 모범삼고 삼대의 정치를 기약하시며 근면하게 스스로 힘썼다고 하였다. 이로서 소강은 말할 것도 없고 삼대의 이상 정치가 오늘날에 다시 실현될 것이라고 하였다. 또 문왕이 아침 저녁으로 근면함은 만민을 편안하게 하는 것이었고, 도를 밝게 하여 여러 말과 송사가 없도록 하게 했다고 하였다. 문왕의 부지런함이 이와 같았지만 상백常伯(백성을 기르는)과 상임常任(일을 맡는)과 준인準人(법을 집행하는)에 오른 세 사람의 어진 신하의 마음을 환하게 알아 여러 자리에 포진시켰고[37] 각각 서언庶言[호령]과 서옥庶獄[소송]의 직임을 맡기고 간여하지 않았다. 문왕은 비록 밥 먹을 겨를도 없었지만 도리를 아는 밝음으로 백성을 화평하게 살도록 부지런히 마음 씀으로 정치의 안정을 도모하였다는 것이다.

두 번째는 예로부터 임금은 임금이 부지런해야 하는데, 부지런할 줄만 알고 부지런히 할 방법을 알지 못하면, 심하게 살피는 폐단에 빠질 것이다. 그렇다면 임금이 부지런히 해야 할 일은 무슨 일인가? 하는 질문에 대한 대답이다.

신이 엎드려 책문을 읽으니, '예로부터 군주가 된 사람 가운데 부지런히 힘써서 나라를 얻지 않은 이는 없었다. …… 부지런히 해야 할 일은 또 어떠한 일인가?'라고 하셨습니다. 신이 들건대, 게으름과 태만의 차이는 나라를 얻거나 잃는 것과 관계 되니 부지런하면서 게으르지 않는 것은 인군의 큰 보배입니다. 부지런하지 않아야 할 것에 대한 부지런함도 있고 부지런해야 할 것에 대한 부지런함도 있지만, 정사를 세우는 데 부지런하여 정사가 날로 다스려지는 것, 현자를 구하는 것에 부지런하여 현자가 날마다 나오는 것, 말을 구하는 데 부지런하여 충언이 들리게 되는 것, 백성의 일에 부지런하여 백성의 일이 완수되는

---

37 《서경》 권21, 周書 立政, "亦越成湯, 陟丕釐上帝之耿命, 乃用三有宅, 克卽宅, 曰三有俊, 克卽俊, 嚴惟丕式, 克用三宅三俊, 其在商邑, 用協于厥邑, 其在四方, 用丕式見德."

것, 이러한 것은 인군이 부지런히 해야만 하는 것입니다. 진시황이 저울과 추로 서류를 헤아린 것이나 수 문제에게 시위하는 군사가 밥을 나른 것은 부지런하다면 부지런한 것이지만 군주가 부지런히 해야 할 것은 아닙니다. 그러므로 인주의 정치는 부지런하지 않는 일이 없다는 점을 귀하게 여기기는 하지만 부지런해야 할 것에 부지런히 하는 것을 더욱 귀하게 여깁니다. 그런데 부지런히 해야 할 일을 알아서 부지런히 하는 것은 도리를 아는 것이 밝지 않으면 할 수 없습니다.[38]

게으름과 태만의 차이는 정치 득실과 관계되고, 부지런하고 게으르지 않은 것은 인군의 큰 보배이다. 정사를 세우는 데 부지런하여 정사가 날로 다스려지는 것, 현자를 구하는 것에 부지런하여 현자가 날마다 나오는 것, 말을 구하는 데 부지런하게 하여 충언이 들리게 되는 것, 백성의 일에 부지런하여 백성의 일이 완수되는 것, 이러한 것은 인군이 부지런히 해야만 하는 일이다. 진시황이 저울과 추로 서류를 헤아린 것이나 수나라 문제에게 시위하는 군사가 밥을 나른 것은 군주가 부지런히 해야 할 일은 아니다. 그러므로 인주의 정치는 부지런해야 할 것에 부지런히 하는 것을 중요하게 여긴다. 그런데 부지런히 해야 할 일을 알아서 부지런히 하는 것은 도리를 아는 것이 밝아야 가능하다.

군주의 근면한 정치는 어떤 것인가 하는 물음에 대해 김익정은 예로부터 군주는 부지런한 정치를 지향하지만 "부지런할 줄만 알고 부지런한 것이 되는 방법을 모른다(徒知其勤, 而不知所以爲勤)"는 것으로 대답한다. 이는 성

---

38 《동국장원책》(甲), "臣伏讀聖日, '自古爲人君者, 莫不以勤勞得之, 止 所當勤者, 抑何事歟?'臣聞, 勤怠之殊, 得失之係焉, 則克勤無怠者, 人君之大寶也. 有不當勤之勤, 有當勤之勤. 然勤於立政而政日治, 勤於求賢而賢日進, 勤於求言而忠言入耳, 勤於民事而民事以遂, 此人君之所當勤者也. 若秦始皇之衡石程書, 隋文帝之衛士傳餐, 勤則勤矣, 非人君所當勤也, 故人主之治, 固貴乎無所不勤, 而尤貴乎勤其所當勤也. 然知所當勤而勤者, 非明不能也."

리학에서 그렇게 된 이치[所以然]와 마땅히 해야 할 도리[所當然]를 구분하는 논리를 적용한 것이다. 김익정은 군주의 근면한 정치는 어떠한 것인가라는 질문을 현상적인 층위에서 논의하기보다는 근면해야 하는 이유 또는 그 방법을 묻는 근원적 질문으로 전환시킴으로써 리理에 대한 탐구라는 성리학적 방법론을 활용해 성리학적 이상 정치를 구현하려는 의도를 드러냈던 것이다.

셋째, 전하가 정사를 살필 때는 하나의 일이라도 잘못될까 두려워하지만, 수많은 정무가 매우 번잡하니, 어떻게 해야 당부當否를 분별하여 처리하는 데 실수가 없을 수 있겠는가? 하는 질문에 대한 대답이다.

> 신이 엎드려 책문을 읽으니, '내가 늘 정사를 살필 때는 …… 처리하는 데 실수가 없을 수 있겠는가?'라고 하셨습니다. 신은 다음과 같이 생각합니다. 전하께서는 매번 정사를 살필 때마다 사안이 미미하다고 여기지 않으면서 폐단이 있을 것을 염려하시고, 선이 적은 것이라 여기지 않으면서 혹 빠트렸을 것을 걱정하시어 전전긍긍하고 두려워하며 힘쓰시니, (전하의) 게으르지 않으려는 뜻은 비록 문왕께서 마음을 썼던 것에 견주더라도 보탤 것이 없습니다. 번거로운 일들은 매우 부지런하지 않으면 모두 다 처리할 수가 없고 도가 밝지 않으면 그 기미를 살필 수 없습니다. 원하건대 전하께서는 지극히 성실하여 쉼 없는 생각으로 이치와 욕심이 소장하는 기미를 살피시며, 또 사악한 자들을 물리치고 어진 인물을 등용하여, 그들이 (전하) 자신의 부지런함을 인도하고 (전하) 자신의 마음을 밝도록 돕게 하신다면, 정무가 매우 번거롭더라도 일을 처리하는 것이 적절하고 부지런하면서도 잘못되는 일이 없을 것입니다.[39]

---

39 《동국장원책》(甲), "臣伏讀聖策曰, '予每當聽政, 止 處之無失歟? 臣以爲殿下每當聽政之時, 不以事微, 而惟恐有弊, 不以善少, 而惟恐或遺, 戰兢惕勵, 無逸之意, 雖文王之用心, 無以加矣. 庶事之煩, 非至勤, 不能致其終, 非至明, 不能察其幾. 願殿下持之以至誠無息之念, 察之以理欲消長之幾, 又能黜退群邪, 以任衆賢, 使之導吾心之勤, 輔吾心之明, 則萬機雖至煩, 處之皆得其宜, 勤無過擧矣."

김익정에 따르면, 태조는 매번 정사를 살필 때마다 폐단이 있을 것을 염려하고, 선이 빠트렸을 것을 걱정하여 두려워하니, 전하의 게으르지 않으려는 뜻은 비록 문왕의 마음 씀보다 못하지 않다고 할 수 있다. 번거로운 일들은 부지런하지 않으면 다 처리할 수가 없고 도가 밝지 않으면 그 기미를 살필 수 없다. 그러니, 지극히 성실하여 쉼 없는 생각으로 이치와 욕심이 소장하는 기미[理欲消長之幾]를 살피고, 또 사악한 자들을 물리치고 어진 인물을 등용하여, 어진 이들이 군주의 부지런함을 인도하고 군주 마음의 밝음을 돕도록 한다면, 정무가 매우 번거롭더라도 일을 처리하는 것이 적절하고 부지런하면서도 잘못되는 일이 없을 것이라고 하였다. 이는 군주 개인의 노력으로 이치를 파악해야 하고, 어진 신하를 등용하여 군주의 부지런함을 인도하고 군주를 밝도록 도와야 한다는 것이다. 군주는 성인이 되고자 수기에 힘쓰면서 어진 현자를 등용하여 그들의 보필을 받아야 한다는 군주성학론을 보여 주고 있다.

넷째, 부지런히 어진 이를 찾아서 물을 때는 백성들의 사정이 아래에서 막혀 있을 것을 염려하는데, 어떻게 해야 나의 이목을 더욱 넓혀 가려지는 것이 없게 할 수 있겠는가? 하는 질문에 대한 대답이다.

신이 엎드려 책문을 읽으니 '부지런히 어진 이를 찾아서 물을 때는 …… 가려지는 것이 없게 할 수 있겠는가?'라고 하셨습니다. 신이 듣건대, 찾아 묻는 것은 군주의 직무입니다. 윗자리에 거한 군주는 그 높이가 하늘과 같으니 백성들의 기쁨과 근심을 어떻게 다 알 수 있겠습니까? 그러나 전하께서는 묻고 살피는 것을 좋아하시고 찾아 묻는 것을 게을리 하지 않으시어, 대신의 귀와 눈을 (자신의) 귀와 눈으로 삼고 대신이 보고 들은 것을 (자신이) 보고 들은 것으로 삼으십니다. 선을 좋아한다는 소문이 밖에까지 들리면 멀리 있는 사람이 모두 천리를 가볍게 여기며 와서 마음에 품은 것을 아뢸 것입니다. 이와 같다면 백성들의 마음이 저절로 전달되어 억울한 것이 있을까 근심하지 않을 것이

며, 총명이 더욱 넓어져 가려진 것이 있을까 걱정하지 않을 것입니다.[40]

　군주는 백성들의 기쁨과 근심을 다 알기 어려우므로, 찾아 묻는 것이 인군의 직무이다. 전하는 묻고 살피는 것을 좋아하시고[41] 찾아 묻는 것을 게을리하지 않아, 대신의 귀와 눈을 (자신의) 귀와 눈으로 삼고 대신이 보고 들은 것을 (자신이) 보고 들은 것으로 삼는다. 선을 좋아한다는 소문이 밖에까지 들리면 멀리 있는 사람이 모두 천리를 가볍게 여기며 와서 마음에 품은 것을 말할 것이다. 이렇게 되면 백성들의 마음이 저절로 전달될 것이라 하였다. 조선왕조가 추구하는 백성을 위한 정치를 하자면 백성의 목소리를 귀담아 들어야 하고, 백성의 소리를 듣게 되면 백성의 억울한 일이 사라질 것이라는 뜻이다.

　다섯째, 정령政令을 정비하는 경우에도 취소되어 행해지지 않을 것을 걱정하는데, 어떻게 해야 정령이 공정한 이치에 부합하여 백성들이 복종하도록 할 수 있겠는가? 하는 질문에 대한 대답이다.

　신이 엎드려 책문을 읽으니, '정령을 정비하는 경우에도 …… 백성들이 복종하도록 할 수 있겠는가?'라고 하셨습니다. 신이 듣건대, 정령은 풍속을 가지런하게 하고 백성들의 마음을 한결같이 하는 것입니다. 그러나 (정령을) 내어 시행할 때 시작하는 것에만 삼가면서 마무리하는 것을 태만히 하면 행해지지 않습니다. 신이 바라건대, 그 정령이 좋은지 나쁜지를 살피고 그 일의 시작과 끝

---

40 《동국장원책》(甲), "臣伏讀聖策曰,'孜孜訪問, 止 無所廢歟? 臣聞, 訪問人主之職也. 夫人主之居上也, 其高如天, 民之休戚, 何由盡知? 然殿下好問好察, 訪問不怠, 以大臣之耳目爲耳目, 以大臣之視聽爲視聽, 自好善之聲聞于外, 則遠方之人, 皆將輕千里, 而各陳其所蘊矣. 如此則民情自達而不患其有所雝, 聰明益廣而不患其有所廢矣."
41 《중용장구》6장, "子曰, 舜其大知也與! 舜好問而好察邇言, 隱惡而揚善, 執其兩端, 用其中於民, 其斯以爲舜乎!"

을 삼가, 당대에 힘써야 할 것에 적합하도록 하고 선왕의 제도에 비견되도록 하며, 또 군주에게 아뢰거나 군주의 정령을 받들 때 반드시 실정을 파악하게 된다면, 정령을 내린 것이 공정한 이치에 합치될 것이고 백성들이 마음으로 복종하는 것은 기약하지 않아도 그렇게 될 것입니다. 어찌 취소되고 행해지지 않으며 백성들이 믿지 않을 것을 걱정하겠습니까?[42]

정령은 풍속을 가지런하게 하고 백성들의 마음을 한결같이 하는 것이다. 그러나 정령을 내어 시행할 때 시작하는 것만 삼가면서 마무리하는 것을 태만히 하면 행해지지 않는다. 그러므로 정령이 좋은지 나쁜지를 살피고 그 일의 시작과 끝을 삼가, 당대에 힘써야 할 것에 적합하도록 하고, 또 군주에게 아뢰거나 군주의 정령을 받들 때 반드시 실정을 파악하게 된다면, 정령을 내린 것이 공정한 이치에 합치될 것이고 백성들이 마음으로 복종하게 될 것이라 하였다.

마지막으로, '그대 대부들은 경학을 강구하여 옛일을 널리 알고 지금의 일에 통달하니 마음을 다하여 대답하라'는 부분에 대한 대답이다.

신이 엎드려 책문을 읽으니, '그대 대부들은 경학을 강구하여 …… 내가 앞으로 채택하여 쓸 것이다'라고 하셨습니다. 신의 학술은 거칠고 소략하여 밝은 조정의 책문에 대답하기에 부족합니다만, 신이 듣건대 아침에 정사를 듣고 해질 무렵에 정령을 정비하는 것은 군주가 부지런히 해야 할 것입니다. 그런데 전하께서는 이미 그렇게 행하고 계시고 또 이것으로 신등에게 책문을 내리시니, 이는 스스로 자만하거나 나태하지 않으면서 종일토록 최선을 다하는 마음

42 《동국장원책》(甲), "臣伏讀聖策曰, '至於修令, 止 使民懷服歟?'臣聞, 令者, 齊其俗而一其心也. 然發施之際, 謹其始而慢其終, 則不行也. 臣願察其令之臧否, 愼其事之終始, 使宜於當世之務, 比於先王之制, 又當敷奏復逆之時, 必得其實, 則所令合於公理, 民之懷服, 不期然而然矣, 何患汗而不行, 下民未信哉?"

입니다. 그러나 마음의 온전한 체에 진실로 털끝만큼이라도 밝지 않은 것이 있다면, 번거로운 정무를 무엇으로 옳고 그른지를 변별할 수 있겠습니까? 백성들의 기쁨과 근심, 정령의 득실은 어떻게 실정을 파악하여 정비하겠습니까? 어떻게 이치에 합당하게 하겠습니까? 정치를 확립하는 데 부지런함으로 하고 도리를 아는 것이 밝으면, 안팎이 서로 닦여져 다스림의 공이 이루어질 것입니다. 전하의 책문은 오직 부지런함에 대해 질문하셨으나 소신의 대답은 도리를 아는 밝음을 아울러 언급하오니, 엎드려 바라건대 전하께서는 이것을 마음에 담아 두십시오.[43]

김익정은 겸양으로 자신의 학술은 거칠고 소략하여 밝은 조정의 책문에 대답하기에 부족하다고 하면서, 군주는 아침에 정사를 듣고 해질 무렵에 정령을 정비하는 것에 부지런해야 한다고 하였다. 이미 전하는 그렇게 행하고 있는데, 과거시험에 문제를 내니, 이는 군주가 스스로 자만하거나 나태하지 않으면서 종일토록 최선을 다하는 마음이라고 하였다. 그런데 마음의 온전한 체에 진실로 털끝만큼이라도 밝지 않은 것이 있다면, 번거로운 정무에서 옳고 그름을 판별하기 어렵고 백성들의 기쁨과 근심, 정령의 득실을 파악하기 어렵다고 하였다. 정치를 확립하는 데 부지런함으로 하면서 도리를 아는 것이 밝으면, 안팎이 서로 닦여져 다스림의 공이 이루어질 것이라고 하였다.

김익정은 군주의 근면한 정치라는 질문에 성리학적 사유를 바탕으로 군주 한 사람이 모든 변화의 근원이므로 부지런하면서도 도리를 아는 것이 밝아야 하고, 이치와 욕심이 소장하는 기미를 파악해야 한다고 하였다. 그

---

43 《동국장원책》(甲), "臣伏讀聖策曰,'子大夫講明經學, 止 子將採擇而用之.'臣學術荒踈, 不足以奉明庭之對. 臣聞, 朝以聽政, 暮以修令, 此人君之所當勤者也, 而殿下旣以行之矣, 而又以是策之臣等, 此不自滿暇終日乾乾之心也. 然而心之全體, 苟有一毫之未明, 則萬機之煩, 何以辨其當否? 民之休戚, 令之得失, 何以得其情而修之? 何以合於理乎? 立政以勤, 見道以明, 則內外文修, 而治功成矣. 殿下之策, 惟以勤爲問, 小臣之對, 并以明及之, 伏惟殿下以是潛心焉."

리고 어진 신하를 등용하여 군주의 부지런함을 인도하고 군주를 밝도록 도와야 한다고 하였다. 군주는 성인이 되고자 수기에 힘쓰면서 어진 현자를 등용하여 그들의 보필을 받아야 한다는 군주성학론을 보여 주는 것이다.

2) 정도전과 김익정을 통해 본 군주성학론

조선왕조는 천명사상, 곧 천의와 인심을 역성혁명의 주된 근거로 활용하였고, 그 왕조도 그에 입각하여 운영되도록 하였다.[44] 조선은 국왕을 정점으로 지배 질서를 확립하고 군주와 유교 이념에 충실한 관료가 협력해서 유교 이상사회를 실현하는 군신 공치를 지향하였다. 조선이 바라는 유교 이상사회의 원형은 고려 후기 성리학의 수용과 그에 따른 개혁 정치로 구체화된 바 있고, 조선이 건국되면서 이념형이 지향되고 실현되어 갔다. 그 과정에서 국가 운영에서 군주의 역할과 자세에 대한 논의가 활발하게 토론되었다. 세습 군주가 전권을 가지는 왕조국가의 특성상 바람직한 군주상은 어떤 것인가 하는 문제에 크게 주목하였던 것이다.

유교를 정치이념으로 삼은 고려와 조선은 왕정의 책임자인 군주의 역할과 자세에 대해 고민하는 가운데 우선적으로 채택한 것이 경연제도였다. 경연은 국왕과 신하들이 경사를 강론하면서 학문과 시무를 함께 논의하던 곳이다. 고려 중기의 경연은 당시 유학의 수준을 반영하여 오경이 강의되었고, 경전의 유명 구절이 강론되었으며 다른 관료들이 참석하였다. 《노자》와 같은 비유학 서적도 강의되었고 불교 의식에 대한 것도 거부반응 없이 진행되었다.[45]

---

44 李泰鎭, 〈朝鮮王朝의 儒敎政治와 王權〉, 《韓國史論》 23(1990), 217–221쪽.
45 고려 중기 경연에 대해서는 위의 논문의 예종, 인종대의 경연에 대한 자세한 내용이 표로 제시되어 있다(權延雄, 權延雄, 〈高麗時代의 經筵制〉, 《慶北史學》 6(1983), 8쪽, 11쪽; 南智大, 〈朝鮮初期의 經筵〉, 《韓國史論》 6(1980), 120–121쪽).

고려 말에 이르면, 정치체제의 전면적인 개편과 맞물려 경연제도의 개편이 이루어진다. 영서연사, 지서연사 등 경연관 직제가 개편되고, 참찬관·강독관·검토관 등으로 인원이 보강되며, 문무에 걸친 부서의 관원들이 참여하여 강의가 충실하게 이루어지도록 만전을 기하였다.46 조선 초기에는 사관과 간관이 경연에 참여하게 되었을 뿐 아니라 경연에 참여하는 인적 구성에 관한 기본 틀이 마련되었으며, 세종 대에는 경연 전담 기관으로 집현전이 설치되었다. 경연과목은 《대학연의》·《논어》·《정관정요》·《통감강목》이었다. 특히 《대학연의》는 군주 공부의 핵심 텍스트로서, 이것이 경연에서 강의되었다는 사실은 성리학적 군주관의 본령에 접근하고 있음을 보여 준다.

경연제도를 통한 군주학의 외형적 제도화가 실현되는 것과 함께 성리학의 군주성학론이 제시되었다. 원나라 제과에 급제하고 성리학을 익힌 안축은 성학을 목표로 하는 정치론을 제시하였고47 이곡은 원 제과 대책문에서 동중서나 주자의 말을 통하여 마음은 일신의 주재이고 만화의 근본이므로 군주의 마음은 정치를 하는 근원이고 천하를 다스리는 기틀이 된다고 하였다.48 또한 이제현은 충목왕에게 《효경》·《논어》·《맹자》·《대학》·《중용》 등의

---

46 윤훈표, 〈고려말 개혁정치와 경연제도의 개편〉, 《史學研究》 93(2009); 〈조선 定宗때의 경연에 대하여〉, 《한성사학》 25(2010).

47 《근재집》 襄陽新學記, "今者區宇混一, 而民不知兵, 聖學重興, 子弟日盛, 宜置學校養育人才."

48 〈표 18〉 고려 후기 군주의 정심正心에 관한 글

번호	시기		내용	근거
1	충숙왕 복위 2년	이곡	心者一身之主, 萬化之本, 而人君之心, 出治之原, 天下治亂之機也.	《가정집》 권13, 廷試策
2	우왕 8년 6월	정이	人主一身, 萬化之源, 宗社之安危, 生民之休戚係,焉	《고려사》 권134, 列傳47 辛禑2
3	공양왕 원년 12월	조준	敬之一字, 帝王所以作聖之基, 公之一字, 帝王所以致治之本.	《고려사》 권118, 列傳 31 趙浚
4	공양왕 3년	김자수	人君一心之得, 足以感天心, 一行之失, 足以召天變. 願殿下存心……	《고려사》 권120, 列傳33 金子粹

유교 경전을 학습해 격물·치지·성의·정심의 도를 익히고 윤리 도덕을 밝히라고 하였다.[49] 군주는 마음을 갈고 닦으며 행동거지를 바르게 하여야 한다는 것이다. 당시 원나라가 고려 왕의 자질 부족, 왕정의 불안정을 들어 충선왕을 유배시키고[50] 충혜왕을 압송하는 것[51]을 지켜본 이제현은 국왕 폐위가 군주의 도덕성, 자질에도 그 원인이 있으므로, 군주의 자질 함양이 중요하다고 보고 이를 개선하기 위한 대안을 제시한 것이다. 백문보는 공민왕에게 성학을 제안하였으며,[52] 이숭인 역시 동료들과 함께 성학을 제시하였다.[53] 이색은 서연 강의에서 우왕에게 성학을 제시하였고,[54] 더 구체적으로 성학은 한결같이 중中을 잡는 것이라 하여 유교의 심법인 16자[人心惟危 道心惟微 惟精惟一 允執厥中]를 제시하고 도를 따름이 도를 밝힘보다 앞서야 한다[55]고 하였다.[56] 윤소종은 정이천의 말을 인용하여 군주는 사대부들과 접견하여 기질을 변화시키고 덕성을 성취하여야 한다고 하였다.[57] 이상군주가 되기 위하여 군주성학론·군주수신론을 익혀야 한다고 하였던 것이다.

　조선에 들어서도 군주 성학이 제시되었다. 군주의 수신을 통하여 왕정의 합리적 운영을 도모한 결과였다. 태조 원년에 사헌부에서 군주의 마음을 바

49 《고려사》 권110, 列傳23 李齊賢.
50 《고려사》 권31, 世家31 忠烈王4(24년 8월 계유).
51 《고려사》 권36, 世家36 忠惠王(후4년 12월 癸丑).
52 《고려사》 권112, 列傳25 白文寶, "後上疏言事曰, …… 講究天人道德之說, 以明聖學."
53 《고려사》 권115, 列傳28 李崇仁, "轉右司議大夫與同僚上疏曰, …… 以爲聖學日進, 當日與老成大臣, 講論治道終始, 惟一不可怠忽."
54 《목은집》 詩藁 권16, 進講篤信好學 守死善道八字, "聖學規模具"
55 《목은집》 詩藁 권16, 進講 三年學不志於穀不易得也一章, "聖學由來一執中 潛龍忽躍是飛龍 誰知從道先明道 穆穆他年德可宗"
56 도현철, 〈이색의 서연강의〉, 《역사와 현실》 62(2006).
57 《고려사》 권120, 列傳33 尹紹宗, "紹宗在書筵上書曰, …… 昔程子爲講官, 而上言曰, 人主一日之內, 親寺人宮妾之時少, 接賢士大夫之時多, 則自然氣質變化 德器成就. ……"

르게 해야 하며 그 방법은 경敬임을 천명하였고,58 간관 역시 임금의 마음이 정치를 행하는 근본으로 임금의 마음이 바르면 모두 바르게 된다고 하였다.59 정종 원년에 사헌부에서는 군주의 마음이 만화의 근원이고 정치의 득실 그리고 민생의 이해와 연결된다고 하고,60 권근 역시 군주의 마음이 백성을 다스리는 근원이고 하늘을 감동시키는 중심이니 바르지 않을 수 없다고 하였다.61 또한 태조 7년 조박과 하륜 등이 《사서절요四書切要》를 찬술하면서 태조가 하늘이 준 성학을 밝혀 왔다고 하였고,62 정종 원년에는 문하부에서 경연에 나아가 성학을 닦는 문제를 논하였다.63

군주 성학의 강조64는 성학 관련 텍스트의 도입, 곧 《대학연의》의 도입으로 이어진다. 윤소종은 공양왕에게 당 태종을 모범으로 하지 말고 《대학연의》에서 제시한 하·은·주 삼대 성군인 이제삼왕(堯·舜·禹·湯·武王)을 본받아야 한다고 하였고,65 조준은 고려 말부터 《대학연의》를 이성계에게 주며 "이것을 읽으면 나라를 나라답게 만들 수 있을 것"66이라고 하였다. 조선 초

---

58 《태조실록》 권1, 원년 7월 기해, "司憲府又上疏曰, ……"

59 《태조실록》 권3, 원년 11월 신묘, "諫官上疏曰, …… 臣等聞, 君心出治之源也. 心正則萬事隨以正, 不正則衆欲得而攻之, 故存養省察之功, 不可不至. 大舜之兢兢業業, 湯·文之慄慄翼翼, 乃其泰和雍熙之本也. ……"

60 《정종실록》 권2, 원년 10월 기유, "司憲府上疏曰, 夫人主一心, 萬化之源, 政治之得失, 民生之利害, 繫焉. 若人君先正其心, 無一毫私意行乎處事之間, 而政平訟理, 則人心和天地泰矣. 復何災異之足患哉. ……"

61 《정종실록》 권2, 원년 10월 갑진, "簽書中樞院事權近上書, 陳時政六事. 一曰正心術. 人主一心, 治民之本源, 感天之樞機, 不可以不正也. …… "

62 《태조실록》 권15, 7년 12월 기미.

63 《정종실록》 권1, 1년 5월 경오.

64 金勳植, 〈麗末鮮初의 君主修身論〉(서울대석사논문, 1985); 鄭在薰, 〈朝鮮前期 大學의 이해와 聖學論〉, 《震檀學報》 86(1998).

65 《고려사》 권120, 列傳33 尹紹宗(공양왕 원년), "王欲覽貞觀政要, 命鄭夢周講之. 紹宗進曰, 殿下中興, 當以二帝三王爲法, 唐太宗不足取也, 請講大學衍義, 以闡帝王之治. 王然之."

66 《태종실록》 권9, 5년 6월 신묘, "領議政府事平壤府院君趙浚卒浚. ……上在潛邸, 嘗過浚家,

기에도 맹사성 등이 《대학연의》로 성학을 닦을 것을 설명하기도 하였다.[67]
태조는 대사성 류경과 한상경에게 《대학연의》를 강의하게 하였고[68] 정종과
태종 역시 《대학연의》를 경연에서 강하게 하였다. 특히 태종은 《대학연의》를
다 읽고 난 뒤 비로소 학문의 효과를 알겠다고 술회하였다.[69] 태조 5년 과
거시험 장원인 김익정은 세종 원년의 경연에서 《대학연의》를 강의하였다.[70]

　　남송 말기 진덕수(1178-1235)의 저작인 《대학연의》는 제왕위치지본·제왕
위학지서·격물치지·성의정심·수신·제가의 6항으로 구성하여 사서오경과 제
자백가서 가운데 제왕학에 관계되는 것을 《대학》의 8조목에 따라 수록한 책
으로, 치국·평천하의 외향적인 실천보다는 성의·정심 등 도덕적 내면 수양
을 강조하였다. 현실정치에서 국가의 근본인 군주가 도덕 수양의 완성인 내

浚迎之中堂, 置酒甚謹, 因獻大學衍義, 曰讀此, 可以爲國. 上解其意受之.”

67 《정종실록》 권6, 2년 11월 계유, “門下府郞舍孟思誠等以五事上言, 俞允. 一, 君心出治之源
　也. 心正則萬事隨以正, 心不正則衆欲得以肆. 然則有天下國家者, 可不思所以正其心乎? 萬機之
　治, 兆民之安, 莫非此心之所爲也. ……”

68 〈표 19〉 태조와 정종 연간 《대학연의》 강의

번호	시기	내용
1	태조 원년 9월 기해	대사성 류경에게 《대학연의》를 강론하게 하다
2	태조 원년 9월 을사	대사성 류경에게 《대학연의》를 강론하게 하다
3	태조 원년 10월 경술	대사성 류경에게 《대학연의》를 강론하게 하다
4	태조 원년 10월 계축	대사성 류경에게 《대학연의》를 강론하게 하다
5	태조 원년 11월 임인	대사성 류경과 사인 유관에게 《대학연의》를 강론하게 하다
6	태조 2년 11월 계묘	도승지 한상경에게 《대학연의》를 강론하게 하다
7	태조 3년 8월 갑술	도승지 한상경에게 《대학연의》를 강론하게 하다
8	태조 3년 8월 신묘	도승지 한상경에게 《대학연의》를 강론하게 하다
9	정종 2년 6월 계축	세자가 《대학연의》를 읽다.
10	정종 2년 11월 계유	《대학연의》를 강의한 권근에게 음식대접하다
11	정종 2년 12월 신묘	경연에서 《대학연의》를 읽다
12	정종 2년 12월 무신	지경연사 성석린이 경연에서 《대학연의》 강론하다

69 《태종실록》 권2, 1년 12월 병자, “上講大學衍義畢, 經筵官李詹等詣闕欲陳賀, 上召金科語曰,
　讀了此書, 乃知學問之功. 科對曰, 經筵官皆欲陳賀, 已詣闕矣. 上曰, 待予熟讀能行, 然後乃賀.
　不可以畢讀, 爲足賀也.”

70 《세종실록》 권1, 즉위년 10월 계미.

성내성聖을 달성하면 치국평천하의 완성인 외왕外王은 자연히 달성할 수 있다고 보았기 때문이다.[71] 즉《대학연의》는 이제삼왕과 같은 성인 군주를 목표로 방법론을 제시하였던 것이다.

성학은 성인이 되기 위한 학문, 요·순·주공의 요법을 체득해서 왕도와 인정을 실현하기 위한 학문이다. 치자=치인자는 마땅히 수기의 과정을 거쳐 도덕적 완성자인 성인이 되어 하·은·주 삼대의 이상 정치를 실행한다는 것이 성학의 취지로, 도학의 다른 표현이다. 즉 격치성정지학으로 요약되는 성학은 격물·치지로서 선을 밝히고 성의·정심으로서 몸을 닦아서 안에 온축하면 천덕天德이 되고 밖으로 정사에 베풀면 왕도가 실현되기를 바라는 것이다. 유교 경전 가운데《대학》은 군자·대인과 같은 인간형을 제시하고 그 방법으로 수기치인·격치성정이라는 공부 목적과 방법을 내용으로 군주뿐만 아니라 치자 일반을 포함하는 개념으로 해석된다. 즉 성학=도학은《대학》의 인간형을 바탕으로 군주를 포함한 치자 일반에게 공유되는 학문 정치론이었다.《대학》이 군자·대인지학이라고 할 때 군자·대인을 군주로 한정하는 경우와 치자 일반으로 관념하는 경우에 따라 제왕학과 사대부학으로 분리된다고 할 수 있다.[72]

제왕학으로서 군주성학론은 여말선초 군주상의 한 특징이라고 할 수 있다. 군주성학론은 군주가 성인되는 방법의 핵심은 마음을 바르게 하는 정심이고, 특히 군주의 한 마음이 국가 운영의 성패를 좌우한다는 군주 일심

---

71 지두환,〈朝鮮前期 大學衍義 이해과정〉,《泰東古典研究》10(1993); 윤정분,《중국근세 경세사상 연구》(혜안, 2002); 정재훈,《조선전기 유교정치사상 연구》(태학사, 2005).

72 錢穆,〈朱子의 四書學〉,《朱子學入門》(朱子學大系 제1책)(1974), 195-207쪽; 佐野公治,〈朱子以降における'大學'觀の變遷〉,《四書學史の研究》(創文社, 1988), 157-199쪽; 金駿錫,〈17세기 畿湖朱子學의 動向 - 宋時烈의 道統繼承運動-〉,《孫寶基博士停年紀念韓國史學論叢》(지식산업사, 1988), 352-354쪽;〈17세기 正統朱子學派의 政治社會論〉,《東方學志》67(1990), 106-110쪽.

성패론으로 제시되었다.[73] 이는 국가정치의 시비와 사회의 강약과 성쇠 그리고 역사 발전의 변화 모든 것이 군주 한 사람에 달려 있다고 보는 것이다.[74] 이에 군주는 성학, 곧 격물치지 공부를 통하여 사물 현상의 도를 파악하고 명철함을 가지고 정치에 임하며, 어진 현자를 등용하고 경연을 제도화해서 군주 자신을 돕도록 해야 한다고 하였다.

고려 후기 유학자들이 추구한 군주성학론은 조선왕조의 정치이념으로 자리 잡아간다. 정도전은 《대학연의》에서 제시한 성리학적 군주상을 《조선경국전》과 《경제문감》을 통해 구체화하였다. 정도전은 군신관계를 절대 관계로 인정하면서도 군주의 역할을 제한하여 이해하였다. 그는 맏아들이 아닌 현자나 중간 정도의 자질을 가진 아들에게 왕위가 계승되어도 좋다고 하였다. 군주는 혈연적인 승계 과정에서 어둡고 총명하고 강단이 있고 유약한 차이가 있어[75] 군주권이 항구적으로 안정되지 못할 소지가 있으므로 중간 정도의 자질만 있으면[76] 현인 재상의 도움을 받아 이상 정치가 구현될 수 있다고 보았던 것이다.[77]

정도전의 군주관이 반영된 것은 태조 원년의 세자 책봉이었다. 새로이 성립된 조선왕조는 세자를 빨리 책봉하여 후계 계승 국왕을 정함으로써 왕권을 안정시키고 왕조의 기틀을 마련해야 했기 때문이다. 더욱 이성계(1335-1408) 나이가 건국 당시 쉰여덟 살임을 고려할 때 세자 책봉은 무엇보다도 시급

---

73 《주자대전》 권12, 己酉擬上封事, "臣聞, 天下之事, 其本在於一人, 而一人之身,其主在於一心, 故人主之心一正, 則天下之事, 無有不正, 人主之心一邪, 則天下之事, 無有不邪. 如表木而影直, 源濁而流汗, 其理有必然者";《朱子大全》 권11, 戊申封事,"故人主之心正, 則天下之事, 無一出於正, 人主之心不正, 則天下之事, 無一得由於正."

74 張立文,《朱熹思想硏究》(谷風出版社, 1986), 713-723쪽.

75 《삼봉집》 권7, 朝鮮經國典 上 治典 摠序, "且人主之材, 有昏明强弱之不同."

76 《삼봉집》 권7, 朝鮮經國典 上 治典 宰相年表, "若夫中材之主, 相得其人則治, 不得其人則亂."

77 韓永愚,《鄭道傳思想의 硏究》(서울대출판부, 1983), 134-136쪽.

한 사안이었다. 그에게는 한씨 소생으로 6명(방우, 방과, 방의, 방간, 방원, 방연)과 강씨 소생으로 2명(방번, 방석)의 아들이 있었는데, 1392년 개국 당시 큰아들인 이방우(1354-93)는 서른아홉 살, 막내아들은 방석(1382-98)은 열한 살이었다.[78]

정도전은 세자는 국가의 근본으로 어릴 때부터 왕자가 되도록 가르침을 받아야 한다는 것을 이유로 당시 열한 살이었던 방석을 세자로 정하는 데 찬성하였다. 정도전은 이성계의 아들 가운데 장성하여 심성과 기질이 굳어 버린 아들이나 성격이 강한 이방원보다 제일 나이가 어린 방석을 세자로 삼아 덕성과 기질을 교육시켜 왕자의 재목으로 키우고자 하였던 것이다. 이에 태조 원년(1392) 9월에 이방석이 세자로 정해지고[79] 정도전은 세자이사世子貳師로서 세자 교육을 맡았다. 그는 《맹자》를 강의하면서 마음을 저울에 빗대 저울은 비워 두었다가 물건을 기다리는 것인데, 사람 마음도 이와 같으니 좋은 일을 보면 기뻐하고 못된 일을 보면 성을 내는 것으로, 기뻐하고 성을 내는 것이 사리에 맞아야 하므로 마음이라는 물건은 비워 두고 일을 기다려야 한다고 하였다. 마음을 바르고 공정하게 유지할 것을 요구하였던 것이다.[80] 이는 세습 군주의 인성을 중시하고 군주의 수신 여부가 국가경영

---

78 태조가 신료들에게 누구를 세자로 삼을 것인가를 묻자, 처음 배극렴은 "적장자를 세자로 정하는 것이 고금의 통의"라고 하였고, 조준은 "세상이 태평하면 적장자를 우선하고 세상이 어지러우면 공이 있는 이를 우선한다"는 원칙론을 개진하였다(《태종실록》 권9, 5년 6월 신묘)). 그러나 태조의 의중이 강씨 소생에게 있음이 알려지고, 배극렴은 강씨 소생으로 장인이 공양왕의 동생인 왕우王瑀였던 첫째 방번보다 둘째 방석을 세자로 정하도록 주청하였다(《태조실록》 권1, 원년 8월 기사)(도현철, 〈새 왕조를 개창하고 군신협력 정치를 추구하다〉, 《국왕과 신하가 함께 만든 나라 조선》(국립고궁박물관, 2016)).

79 《태조실록》 권1, 원년 8월 기사.

80 《태조실록》 권7, 4년 3월 병오, "世子貳師鄭道傳講孟子, 至權然後知輕重曰, 心猶衡也. 衡量小, 則爲兩, 量大, 則爲斤, 若大小并量, 則斤兩混矣, 故大小各量, 然後稱物之輕重, 而知其斤兩矣. 是以衡之爲物, 虛以待物. 人之一心, 亦猶是也. 見善則喜, 見惡則怒, 喜怒中節. 若當喜而怒, 當怒而喜, 則可乎? 是以心之爲物, 尤必虛以待事, 願世子精察之."

의 성패를 좌우한다는 성리학적 군주관이 반영된 것이라고 할 수 있다.

정도전의 군주관은 조선왕조 건국기 체제 정비 작업의 일환으로 한양 도성 건설 작업 특히 태조 4년(1395) 9월 완성된 새 궁궐의 전각 이름과 그 의미를 설명하는 것으로 표현되었고 근정전이라는 명칭을 통해 근면한 정치라는 성리학적 군주상이 제시되었다. 다음 해인 태조 5년(1396) 5월 과거시험 문제에서 정도전은 시제로 근면한 정치를 제시함으로써 그 구체적인 실천 방법을 질문하였다. 이 시험의 장원인 김익정은 성리학적 사유를 바탕으로 군주는 성인이 되고자 수기에 힘쓰면서 어진 현자를 등용하여 그들의 보필을 받아야 한다고 하였다. 정도전의 성리학적 군주관에 기초하여 근면한 정치와 성학의 필요성을 역설하였다고 하겠다.

말하자면, 조선 건국의 이론가인 정도전과 그의 생각에 부응한 김익정을 통하여 신생 조선왕조의 군주 정치론의 한 특징을 군주성학론으로 파악할 수 있겠다.

4. 맺음말

이 장에서는 태조 4년에 지은 근정전과 태조 5년에 출제된 책문이 군주의 근면 정치를 제시했다는 점에 착안하여 《동국장원책》에 있는 태조 5년 장원급제 대책문을 분석하여 정도전의 지향, 나아가 조선왕조의 정치이념을 살펴보았다.

조선 건국의 이론가인 정도전은 왕조국가에서 국왕의 존재 의의와 그 역할을 유교 이념에 입각해서 설명하였다. 태조 4년(1395) 9월에 한양의 새 궁궐 전각의 이름, 특히 근정전을 설명하면서, 천하의 일은 부지런하게 다스리려는 것인데, 임금이 부지런하는 것으로 최우선으로 삼아야 할 것은 어진 이를 등용하는 것이라고 하였다. 태조 5년(1396) 5월 정도전은 시관이 되어 군주가 정치에 어떻게 임해야 하는가를 질문하였다. 두 글에서 성리학의 원리와 방법에 근거해서 부지런함의 근원과 방법을 제시하였다.

태조 5년의 대책문은 군주정치의 핵심인 부지런한 정치인 근정에 대한 의미가 무엇인가를 질문하고 있다. 첫째, 문왕은 서언과 서옥의 직책을 겸하지 않았지만, 아침부터 해가 질 때까지 밥 먹을 겨를도 없었다고 한 것은 무엇 때문인가? 둘째, 임금이 부지런히 해야 할 일은 무슨 일인가? 셋째, 정사를 살필 때는 하나의 일이라도 잘못될까 두려워하는데, 어떻게 분별하는 것이 좋은가? 넷째, 부지런히 어진 이를 찾아서 물을 때는 백성들의 사정을 막힘없이 들을 수 있는가? 다섯째, 어떻게 해야 정령이 공정한 이치에 부합하여 백성들이 복종하도록 할 수 있겠는가?를 질문하였다.

이에 대하여 장원 급제자인 김익정은 부지런함은 정사를 행하는 급선무이지만 도리를 아는 것이 중요하여 군주 한 사람은 모든 변화의 근원이므로 부지런하고 도리를 알아야 한다고 하였다. 첫째, 문왕은 스스로 책임이 막중함을 근심하여 새벽부터 밤까지 항상 두려워하면서 도의를 강론하며 밝히고 삼대의 정치를 본받고자 하였다. 두 번째, 정사를 부지런하고, 현자를 부지런히 구하며, 백성의 일을 부지런히 살피는 일을 해야 한다. 셋째, 어진 인물을 등용하여, 군주의 마음이 명철하도록 도와야 한다. 넷째, 군주는 대신의 귀와 눈을 자신의 귀와 눈으로 삼고 대신이 보고 들은 것을 자신이 보고 들은 것으로 삼고, 멀리 있는 사람이라도 마음에 품은 것을 아뢰도록 해야 한다. 다섯째, 정령이 좋은지 나쁜지를 살피고 실정을 파악하게 되면, 정령을 내린 것이 공정한 이치에 합치될 것이고 백성들은 복종할 것이라고 하였다.

조선왕조가 건국되고 국가 운영에서 군주의 역할과 자세에 대한 논의가 부각되었다. 《사서절요》을 찬술하고 경연에서 《대학연의》가 강론되었다. 《대학연의》는 사서오경과 제사백가서 가운데 제왕학에 관계되는 것을 《대학》 8조목에 따라 치국·평천하의 외향적인 실천보다는 성의·정심 등 개인의 도덕적 수양을 강조하였다. 현실정치에서 국가의 근본인 군주가 도덕 수양의 완성인 내성을 달성하면 치국 평천하의 완성인 외왕은 자연히 달성할 수 있다고 보았다.

군주성학론은 조선 건국기 이상군주상의 하나의 특징이라고 할 수 있다. 군주성학론은 군주가 성인이 되는 방법의 핵심은 마음을 바르게 하는 정심이고 특히 군주의 한 마음이 국가 운영의 성패를 좌우한다는 군주 일심 성패론을 제시하였다. 국가 정치의 시비와 사회의 강약과 성쇠 그리고 역사 발전의 변화 모든 것이 군주 한 사람에게 달려 있다고 보는 것이다.

정도전은 군신관계를 절대 관계로 인정하면서 군주의 역할을 제한하여 이해하였다. 그는 세자 책봉 문제에서, 이성계의 아들 가운데 심성과 기질이 굳어 버린 장성한 아들이나 성격이 강한 이방원보다 제일 나이가 어린 방석을 세자로 삼아 덕성과 기질을 교육시켜 왕자의 재목으로 키우고자 하였다. 이에 태조 원년(1392) 9월에 이방석이 세자로 정해지고 정도전은 세자이사로서 세자 교육을 맡았다. 태조의 세자 선정과 정도전의 동의에는 세습 군주의 인성을 중시하고 군주의 수신 여부가 국가경영에 직결된다는 성리학적 군주관이 반영되어 있다.

이렇게 볼 때, 조선왕조의 유교적 정치이념, 곧 군신 공치와 재상정치론을 실현하려던 정도전은 자신의 사상을 태조 4년에 건립된 경복궁 근정전에 담고, 다음 해 과거시험 문제에까지 출제하였으며, 과거 장원인 김익정은 이를 성리학의 군주성학론으로 제시하고 구체적으로 군주가 해야 할 일을 제시함으로써 군주정치의 방향을 제시했다고 할 수 있다.

제2장 정도전의 문치사회 지향과 계승

1. 머리말

정도전(1342-1398)은 조선왕조의 사상적 기초를 수립하여 유교사회의 확립에 기여하였다.[1] 그는 태조 7년(1398년) 왕자의 난으로 죽음을 당하고 정치적으로 패배하였으며, 간신, 반역자로 규정되어 조선시대 내내 부정적으로 평가되었다. 정도전의 성리학적 정치이념은 조선 유교사회를 만드는 데 기여하였지만, 정작 간신, 반역자로 평가받은 두 측면을 어떻게 이해해야 하는가?

---

1 韓永愚, 《鄭道傳思想의 研究》(서울대출판부, 1983); 金宗鎭, 〈鄭道傳 文學의 研究〉(고려대 박사논문, 1990); 이익주, 〈삼봉집 시문을 통해 본 고려말 정도전의 교유관계〉, 《정치가 정도전의 재조명》(경세원, 2004); 정재훈, 〈정도전 연구의 회고와 사상사적 모색〉, 《韓國思想史學》 28(2007); 도현철, 《조선전기 정치사상사》(태학사, 2013); 문철영, 《인간 정도전》(새문사, 2014).

정도전은 500년 조선사회의 특징과 관련해서 한자, 유교 문명사회를 전제하면서 문치사회를 지향하였다고 할 수 있다. 문치사회는 인간의 도덕적 신뢰를 바탕에 두고 대화, 설득, 자각을 통한 합리적이고 이성적인 도덕 사회를 의미한다. 곧 일본의 무치사회와 같은 힘에 의한 폭력적 지배가 아니라 명분과 의리를 밝혀 백성을 설득하는 정치로 법치가 아닌 예치와 덕치를 추구하는 것이라고 할 수 있다. 문치는 주 문왕의 통치를 표현한 것으로 부국강병을 지향하는 공리적 국가나 형정 위주의 국가 운영에 대비해서 학술 진흥과 문물 정비를 통한 국가 운영을 가리키는데,[2] 위화도회군 이후 새로운 변화를 모색하는 시점에서 유교문명이 실현되는 문치사회를 지향하는 주장을 분명히 하였던 것이다.

이때 정도전이 지향하는 문치사회의 내용은 무엇이고, 문치사회를 향하게 된 지적인 배경은 무엇인가?[3]를 파악하고 조선시대 정도전 인식의 변화를 살펴봄으로써 조선 유교사회의 한 특징을 파악하고자 한다.

2. 문치사회 지향과 경학 강조

1) 성리학적 체제개혁론과 문치사회 지향

정도전은 성리학의 인문, 문명관을 견지하였다. 그는 성리학을 수용하면서

---

2 18세기 '문치'를 반정과 북벌을 극복하기 위한 방도였다는 연구(윤정, 《18세기 국왕의 '문치'사상 연구》(서울대 박사논문, 2007)와 악장 문학이 도덕 정치를 구현하기 위한 수단으로 이용되었다는 연구(박현숙, 〈天命의 역설, 정도전의 武德曲 연구〉, 《韓國思想과 文化》 57(2011)가 있다.

3 玉琦珍, 《禮與傳統文化》(江西高校出版社 1994)(김응엽 옮김, 《중국, 예로 읽는 봉건역사》 (예문서원, 1999).

성리학에서 말하는 태극·이기·천리인욕 등과 같은 주요 개념을 원용하여 우주·자연 그리고 인간을 설명하였다. 성리학의 세계관과 인간관을 견지하였고, 성리학적 사회 질서를 현실 사회에 실현하려 하였다.

정도전은 성리학의 세계관과 현세관을 바탕으로 천리 자연의 이법과 도덕을 당위로 인정하고 도덕이 문장으로 표현되는 문이재도文以載道적 문학관을 견지하였다.

해 달 별은 하늘의 문이고 산천초목은 땅의 문이며, 시서예악은 사람의 문이다. 그러나 하늘의 문은 기氣로써 되고 땅의 문은 형形으로써 되지만은 사람의 문은 도로써 이룩되는 까닭에, 문장을 '도를 싣는 그릇이다' 라고 하니, 인문이 그 도만 얻게 되면 시서·예악의 가르침이 천하에 밝아지고 일日·월月·성星이 순조롭게 행하고 만물이 골고루 다스려져, 문의 성대함이 여기에 이르러 다하게 됨을 말한다. 선비가 천지의 사이에 나서 빼어난 기운을 받아 문장으로 그를 나타내는데, 혹은 천자의 뜰에서 드날리고 혹은 제후의 나라에서 벼슬을 한다. …… 명나라가 천명을 받아 홍무제가 천하를 차지하게 되자, 덕을 닦고 무를 지양하여 문자와 제도가 통일되었으니, 예악을 제정하여 인문을 화성化成해서 천지의 질서를 바로 세우는 일이 지금이 바로 그때이니 ……4

인간의 문명 상태인 인문人文은 천문과 지문과 다르다. 해 달 별의 천문과 지상의 산천 초목의 지문地文과 달리 인간의 도인 시서예악이 드러난 것이 인문이다. 천문·지문은 자연 그대로이지만 인문은 인간의 작위, 곧 인

---

4 《삼봉집》 권3, 陶隱文集序(무진 10월), "日月星辰, 天之文也, 山川草木, 地之文也. 詩書禮樂, 人之文也. 然天以氣, 地以形, 而人則以道. 故曰文者, 載道之器, 言人文也得其道, 詩書禮樂之 敎, 明於天下, 順三光之行, 理萬物之宜, 文之盛至此極矣. 士生天地間, 鍾其秀氣, 發爲文章, 或 揚于天子之庭. …… 皇明受命, 帝有天下, 修德偃武, 文軌畢同, 其制禮作樂, 化成人文, 以經緯 天地, 此其時也."

공이 가해진 문이다. 문은 도를 싣는 그릇이 되는 것이다. 도만 얻게 되면 시서·예악의 가르침이 천하에 밝아서 해·달·별이 순조롭게 행하고 만물이 골고루 다스려지므로, 문의 극치는 여기에 이르러야 이룩되는 것이다. 이때 선비가 천지의 사이에 나서 빼어난 기운을 받아 문장으로 이를 나타낸다. 즉 선비는 천지 사이에 생을 영위하여 그 빼어난 기를 모아 문장으로 발휘하여 또는 천자의 조정에서 드날리고 혹은 자기 나라에서 국가 운영을 맡기도 한다. 이때 문장에 대한 정도전의 생각은, 주돈이의 문장은 도를 싣는 바와 비슷하게 문장은 도를 싣는 그릇이라고 하여, 사장을 배격하고 도덕을 중시하는 성리학의 문학관을 견지하였다. 정도전은 천자국이면서 문명국인 명이 중국을 통일한 이때가 유교문명으로 천하를 일신하여 인문으로 천지의 질서를 세울 때라고 판단하였던 것이다.

원래 문을 재도載道라고 한 것은 주돈이의 《통서》에서 비롯되었다. 정도전이 말한 문은 신심성명의 의리지학을 가리키는 도학적 문학을 의미하기도 하고, 사상을 전달하는 도구로서 언어 문자의 의미를 모두 내포하는 것 같지만, 그가 지향하는 이상사회나 경학 중시의 과거제를 생각해 보면 도덕에 힘쓸 줄 모르고 글 다듬는 것만을 능사로 여기는 유자에 대한 비판이 담겨 있다. 그는 세상이 타락하여 도덕이 변해 사장이 된다고 하였는데,[5] 이는 당시 시대상과 함께 성율과 대우어를 읽혀 시부를 짓는 데만 힘쓰는 풍토를 염두에 두면서 종래 기技로서 인식되던 사장을 배격하고 문학을 도덕의 범주 속에 끌어들이려는 것이다.[6]

정도전은 성리학을 수용하여 유학만을 바른 학문(正學)으로 파악하고, 유학에서 제시하는 문치 이념을 현실에 실현시키려 하였다. 유학을 정치이념

---

5 《삼봉집》 권3, 送楊廣按廉庚正郎詩序.
6 金宗鎭, 《鄭道傳 文學의 硏究》(고려대박사논문, 1990).

으로 받아들이면 요·순시대 성인의 정치처럼 도덕적 감화를 통하여 세상이 안정되고 교화가 실현되기를 바라는 것은 당연한 일이라고 할 수 있다.

정도전은 문치사회 실현을 위하여 구체적 방안을 제시하였다. 그는 우선 역사편찬에 힘을 기울였고, 《고려국사》(4년 1월)와 《경제문감별집》(태조 6년)을 편찬했다. 고려 이전의 역사 서술을 통하여 어떠한 사회가 바람직한 사회이고 어떠한 군주가 이상 군주인가를 궁구하며 중국과 고려 그리고 당대의 역사를 기록하고자 했던 것이다. 개국 후 3개월 만에 태조의 명에 따르는 형식으로 시작된7 《고려국사》는 정도전이 지향하는 문치사회의 방향을 잘 보여 준다. 정총은 서문8에서, 옛날 열국列國에는 각기 사관史官을 두어 잘하고 잘못한 것을 자세히 드러내어 권장하고 징계하는 자료로 삼았다고 전제한 뒤에, 중요한 정무를 보는 여가에 이 책을 보고 선악 취사의 단서와 정사를 하며 백성을 다스리는 도리에 조금이라도 도움이 되기를 바란다고 서술하였다.9 이 책은 개국공신의 입장에서 조선 건국을 정당화하려는 의도뿐 아니라 역사적 교훈을 지침으로 새로운 왕조를 다스리겠다는 뜻이 담겨 있다. 또한 《경제문감별집》은 중국과 고려의 군주 활동을 제시함으로써 군주정치의 잘하고 못하고를 평가하고 어떤 군주가 바람직한 군주상인가를 제시하였다.

또한 정도전은 문치사회의 기반을 조성하고자 서적 간행에 힘을 쏟았다. 그는

---

7 《태조실록》 권2, 원년 10월 신유, "命右侍中趙浚·門下侍郞贊成事鄭道傳·藝文館學士鄭摠朴宜中·兵曹典書尹紹宗, 高麗史修撰."

8 《태조실록》 권7, 4년 정월 경신, "判三司使鄭道傳·政堂文學鄭摠等 撰前朝高麗史, 自太祖至恭讓君三十七卷以進. 上親覽. 敎鄭道傳曰, …… . 敎鄭摠曰 …… ."

9 《복재집(復齋集)》 하, 高麗國史序 "古者, 列國各有史官, 掌記時事昭示美惡, 以爲後世之勸戒. 若晉之乘, 楚之檮杌, 魯之春秋是也. 高麗氏自始祖以來, 歷代皆有實錄, …… 若機政之暇, 賜以覽觀, 則於善惡取捨之端, 爲政治民之道, 庶幾有補矣."

대개 선비가 학문을 하고자 하여도 서적을 얻지 못하면 또한 어떻게 하겠는가? 우리나라는 서적이 드물고 배우는 자들이 모두 독서가 넓지 않은 것을 한스럽게 생각한다. 나 역시 이 점을 유감으로 여긴 지 오래다. 나의 절실한 바람은 서적포를 설치하고 동활자를 만들어서, 경사자서·제가의 시문과 의방·병·율의 서적에 이르기까지 모두 인쇄해서 학문에 뜻을 둔 사람들이 글을 널리 읽어 학문하는 시기를 놓치지 않게 하는 것이다. 오직 제공은 사문斯文을 흥기하는 일로 자기 책임을 삼아서 이 일에 공감해 주기를 바란다.[10]

라고 서적포를 설치하고 동활자를 주조해 많은 책을 펴내 선비들에게 보급해야 한다고 했다. 경사자서經史子書와 제가諸家의 시문과 의방醫方·병兵·율律의 서적에 이르기까지 모두 인쇄해서 학문에 뜻을 둔 사람들이 글을 널리 읽고 학문하는 시기를 놓치지 않게 하여 사문斯文의 흥기를 염원한 것이다. 이에 1392년 1월에 서적원을 설치하고[11] 같은 해 7월에 조선을 건국한 뒤에도 서적원은 그대로 조선의 관제가 된다. 활자와 인쇄를 관장하는 관청을 만들어 대대적인 서적 간행을 주선하였던 것이다.

정도전은 1395년에 서적원에서 간행한 《대명률직해》 작업에 관여하였다. 원래 《대명률직해》는 《대명률》에 이두로 구결을 달아 원문의 이해를 편리하게 한 책으로, 고사경과 김지가 이두로 구결을 단 것을 정도전과 당성이 윤문하여 간행하였다. 그런데 시구에는 "그대 보라 저 오랑캐가 윤리를 해치는 것을, 그들의 책이 시렁과 동량을 꽉 채웠네, 저들은 성하고 우리는 쇠했다 탄식할 것 있으랴, 본디 우리들 뜻이 강하지 못한 것을"이라고 하였다. 여기서 윤리를 해치는 오랑캐는 불교를 가리킨다. 그 점에서 정도전이 생각

---

10 《삼봉집》 권1, 置書籍舖詩, "夫爲士者, 雖有向學之心, 苟不得書, 亦將如之何哉? 而吾東方書籍罕少, 學者皆以讀書不廣爲恨, 予亦病此久矣. 切欲置書籍舖鑄字, 凡經史子書諸家詩文, 以至醫方兵律, 無不印出. 俾有志於學者, 皆得讀書, 以免失時之歎. 惟諸公皆以興起斯文爲己任, 幸共鑑焉."
11 《고려사절요》 권35, 恭讓王 4년 정월.

한 서적포는 불교를 제거하고 유교를 확대 보급하려는 의도를 갖는 것이다.[12] 윤리의 확립과 도덕사회의 실현 그리고 문치사회 확립을 전망하고 있는 것이다.

사실 고려 후기 이래 확대된 문화 의식을 배경으로 새로운 지식이 수용되었다. 충숙왕은 강남에서 1만 8백 권의 서적을 구입하였고,[13] 송 비각 소장의 서적을 얻기도 하였다.[14] 성리학 연구에 핵심이 되는 《자치통감강목》·《주자가례》·《대학연의》와 같은 성리학서뿐만 아니라 《문수》·《문선》·《문장궤범》 같은 문학 관련 서적이 들어왔다. 공민왕 13년에는 《옥해》·《통지》가 수입되는 등 중국 역대 왕조의 문물제도를 망라한 박문고거博文考據의 유서類書를 도입하였다.[15]

요컨대 고려 후기에 성리학의 수용으로 유교문화가 보편화되고 있었고, 이를 기반으로 문치가 실현되는 사회를 지향하는 의식이 성장하였는데, 정도전 또한 이에 부응해서 유학이 지배하는 사회를 지향하면서 인문이 지배하는 문치사회가 구현되기를 염원하였던 것이다.

2) 경학 강조와 문무 겸용 관리 임용

정도전은 성리학을 수용하였고, 사서오경의 경학 공부를 중시하였다. 정도전은 16-17세 무렵에 성율을 공부하면서 대우를 맞추고 있었는데, 민자복을

---

12 강명관, 〈혁명의 완성을 꿈꾸던 정도전의 금속활자〉, 《책벌레들 조선을 만들다》(푸른역사, 2007), 24-39쪽.

13 《고려사》 권34, 世家34 忠肅王1(원년 6월 경인).

14 《고려사》 권34, 世家34, 忠肅王1(원년 가을7월 갑인).

15 李泰鎭, 〈《海東繹史》의 學說史的 檢討〉, 《震檀學報》 53·54(1982); 〈15·16세기 新儒學 정착의 社會經濟的 배경〉, 《朝鮮儒敎社會史論》(1989); 文喆永, 〈朝鮮初期 儒學思想의 歷史的 특징〉, 《韓國思想史大系》(정문연, 1991).

통해 정몽주의 "사장詞章이 지엽적인 것일 뿐이고 진정한 몸과 마음의 학이 《대학》과 《중용》에 갖추어져 있다"16는 말을 듣고, 경학 공부에 눈뜨게 되었다. 몸과 마음을 닦는 수기·수양을 기초로 치인하도록 하는 성리학의 본령을 추구한 것이라 할 수 있다. 정도전은 공민왕 11년(1362) 과거 합격자로서 충목왕 원년 이래의 시험과목이었던17 사서오경을 익혔고 공민왕 16년에 성균관 교관으로 성리학 이념에 철저하였다.18

성리학을 수용한 고려 후기에는 경학 공부를 통해 사물의 이치를 터득하고 천하 변화에 대응하며 경학에 밝고 행실을 닦은, 곧 경명행수지사經明行修 之士라는 새로운 인간형이 제시되었다. 이제현은 문장만을 다듬는 세태를 비판하고 성리학의 핵심인 격치·성정의 도를 궁구하여 인륜=오륜을 밝히는 실학 공부인 경학을 도모할 것을 역설하였고,19 이색은 당시 사대부들이 화려하게 과시하고자 문장과 시구를 다듬는 데만 마음을 써 성의와 정심의 공부를 하지 않는다20고 비판하였다. 성의와 정심의 수기·수양을 거쳐 자기 완성을 이루고, 치인을 현실에서 실천하는 데 필요한 경학 공부를 요구하였던 것이다. 이는 종래 귀족 가문의 교양인 사장詞章을 대신해서 새로 성장한 사대부가 경학을 익혀 관리가 되고 인륜과 의리를 밝혀 유교적 이상사회가 현실에서 구현되기를 바라는 것이다.

정도전은 성리학이 현실을 이끌어가는 학문이자, 현실 변화에 대응하는 실제적인 학문으로 파악하고 유학의 사회적 정체성을 확보하려고 하였다.

---

16 《삼봉집》 권3, 圃隱奉使藁序丙寅(우왕 12년), "道傳十六七, 習聲律爲對偶語, 一日驪江閔子復, 謂道傳曰, 吾見鄭先生達可, 曰詞章末藝耳. 有所謂身心之學, 其說具大學中庸二書, 今與李順卿携二書, 往于三角山僧舍講究之, 子知之乎? 子旣聞之, 求二書以讀, 雖未有得, 頗自喜."
17 《고려사》 권73, 志27 選擧1 科目(충목왕 즉위년 8월).
18 《삼봉집》 권3, 陶隱文集序.
19 《역옹패설》 前集1.
20 《고려사》 권115, 列傳28 李穡.

그에 따르면, 유학은 음양오행과 일월성진日月星辰·산악·하해河海와 같은 천지 만물의 변화와 귀신의 정情과 유명幽明의 이치, 윤리도덕, 세도와 풍속, 군주와 신하의 잘잘못, 예악형정의 연혁 등을 천명에 근본하는 것으로 파악하여, 사단과 오전, 만사 만물의 이치를 궁구하는 학문이다.[21] 그는 유학자를 통유通儒로 표현하면서 궁극적으로 진유眞儒를 지향하였다. 그는 송대의 도학자를 진유로 보고, 이들에 따라 송은 경학과 도덕이 삼대를 따라갈 만하게 되었다고 평가하였다. 그는 과거에 응시하려는 조박에게 나라에서 과거를 두고 선비를 뽑는 것은 진유를 얻어서 지극한 정치를 행하는 것이라며, 나라에서 관리를 선발하는 뜻을 알아 유학의 효과를 세상에 드러내라고 하였다.[22] 이는 곧 진유가 관리가 되는 것, 다시 말해 관리유자일치官吏儒者一致를 주장한 것이다. 유자와 관리는 민을 교화하는 공동의 주체이다. 도덕이 몸과 마음에 온축된 자를 유자라 하고, 교화를 정사에 베푸는 자를 관리라고 하는데, 온축한 것이 바로 베푸는 것의 근본이며 그 베푸는 것도 온축한 것을 미루어 나가는 것이기 때문에 도덕과 교화는 두 가지 이치가 아니다. 그런데 세도가 땅에 떨어지면서 도덕은 사장으로 변하고 교화는 법률로 바뀌어서, 유자와 관리가 갈라지게 되었다. 그 때문에 유자는 관리를 속되다고 배척하고 관리는 유자를 썩었다고 비난하므로 세상에서 말하는 도덕과 교화는 모두 쓸모없는 것이 되고 말았다고 진단한다. 유자와 관리를 동일한 차원에 두고 참된 유자인 진유를 지향하면서 그러한 유자들이 순리循吏가 되어 세상을 교화할 것을 말하고 있다.[23]

---

21 《삼봉집》 권4, 錦南野人.

22 《삼봉집》 권3, 送趙生赴擧序, "恭惟國家設科取士, 冀得眞儒, 以臻至理, …… 蓋將以行其所學也, 生能體國家之意, 無蹈前失, 使儒者之效自於世."

23 《삼봉집》 권3, 送楊廣按廉庚正郎詩序, "嘗論儒吏之說, 道德蘊之於身心, 斯謂之儒. 敎化施之於政事, 斯謂之吏. 然其所蘊者, 卽所施之本, 而所施者, 自其所蘊者而推之, 儒與吏爲一人, 道德敎化, 非二理也. 自世道之降, 道德變爲詞章, 敎化易爲法律, 而儒吏於是乎判矣. 此斥彼爲俗, 彼

진유眞儒와 순리循吏의 일치를 주장하는 것은 과거제 개혁 문제와 직결된다. 관리 선발의 중요한 방법의 하나인 과거를 통하여 진유를 선발해야 하기 때문이다. 정도전은 주나라의 관리 선발을 예시하여 문장에 얽매이는 유학자를 배척하고 진유가 관리로서 등용되기를 기대하였고,[24] 이를 위해서 사장 시험인 진사시를 폐지하고 경학 중심의 과거제 개혁을 주장하였다. 이는 이제현 이래로 성리학을 수용한 사대부들이 경학에 밝고 도덕을 행할 수 있는 경명행수의 선비를 선발하도록 요구한 것을 집약한 것이라고 하겠다.[25]

정도전은 경학을 학제와 과거제에 적용하면서 특히 과거제의 개혁을 통해 경학을 활성화할 방안을 제시하였다. 그는 좌주문생제를 없애고 경학 교육을 강조하였다. 태조 원년 즉위 교서의 작성자인 정도전은 좌주문생제와 국자감시를 폐지하려 하였고,[26] 문과 초장에 강경講經, 중장에 표表·장章·고부古賦, 종장에 책문을 부과하고자 하였다. 이는 고려의 국자감시에 해당하는 시부 중심의 진사시를 폐지하고 대신 성균관 입학시험으로 경학 중심의 생원시를 설치하고자 한 것이다. 그는 시부 중심의 진사시를 선호하던 이색[27]에 대해 공민왕이 사부詞賦를 혁파했으나 좌주문생제는 시행된 지 오래되어 갑자기 제거하지 못하였으므로 식자들이 이를 한탄하였다면서,[28] 사장

譬此爲腐, 世之言道德敎化者, 皆無用之長物, 其間或有以儒術緣飾吏理者, 亦不過自濟其私而已.”

24 《삼봉집》 권5, 朝鮮經國典 上 禮典 貢擧, “殿下卽位, 損益科擧之法, 命成均館試以四書五經, 盖古明經之意也. 命禮部試以賦論 古博學宏詞之意也. 然後試以對策, 古賢良方正直言極諫之意也. 一擧而數代之制皆備, 將見私門塞而公道開, 浮華斥而眞儒出, 致治之隆, 軼漢唐而追成周矣. 嗚呼盛哉. 其武科醫科陰陽科吏科通事科, 各以類附見焉.”

25 李成茂, 〈朱子學이 14·15세기 韓國敎育 科擧制度에 미친 影響〉, 《韓國史學》 4(1983); 김대용, 《조선초기 교육의 사회사적 연구》(한울, 1984).

26 《태조실록》 권1, 원년 7월 정미.

27 《세종실록》 권2, 원년 12월 무자, “李良曰, 鄭道傳始廢進士, 合於生員試, 李穡甚恨之.”

28 《삼봉집》 권7, 朝鮮經國典 上 禮典 貢擧, “恭愍王一遵原制, 革去詞賦之陋, 然所謂座主門生之習, 行之甚久, 不能遽除, 識者歎之.”

중심의 유학을 배격하고 경학 중심의 유학을 장려하려고 하였다. 하지만 태조 2년에 감시를 실시하여 박안신 등 99인을 뽑았다. 고려시대 지속되어 온 진사시를 갑자기 없애기 어려웠던 것이다. 그러다가 태조 5년 5월 정도전은 시관이 되어 강경으로 시험을 보았고,[29] 태종 원년에 향시 관시에서는 사서오경의 각서마다 3장을 강문하고, 회시에서는 사서四書 가운데 1장, 오경 가운데 1장을 강문하여 그 대의를 통한 자를 뽑기로 하였다.[30] 강경론자들은 제술을 중시하면 응시자가 경서는 읽지 않고 초집抄集만 읽고, 시장詩章도 경학에 근원을 두지 않으면 안 되며, 사장詞章은 교화에 도움이 되지 않는다는 점을 지적하였다.[31]

한편 권근은 제술을 강조하는 상소를 통해 강경의 시험으로 유생들이 경서의 구두句讀나 훈고의 암송에만 힘쓰고 문장을 소홀히 한다며 제술의 실시를 주장하였다. 과거시험 초장에서 구술을 시험하니 경서의 구두나 훈고의 암송에 치중하여 문장을 소홀히 하며, 응시자들이 시관의 면전에서 떨어지는 것을 창피고 생각하여 문과 응시를 꺼린다는 이유에서였다. 그리하여 제술이 부활되고 사서의 1문 오경의 1문을 부과하였다.[32] 그러나 과거시험의 제술로 말미암아 이번에는 유생들이 경서는 읽지 않고 초집만 읽는 폐풍이 일어났다는 지적이 다시 일어났다. 태종 11년에는 반대로 황희 등

29 《태조실록》 권14, 7년 8월 기사, "…… 丙子(태조 5년), 同知貢擧, 始用初場講經之法"

30 《태종실록》 권1, 원년 윤3월 庚戌, "禮曹啓文科考講法, 館試鄕試, 講問五經四書, 每一書各三章 會試講五經中一章, 四書中一章, 通義理者取之. 依允."

31 이는 후에 시문과 도학관의 관계를 어떻게 설정할 것인가의 논의로 진전된다. 즉 김종직·김일손·남효온 등은 도학을 위해서는 시문 공부를 해야 한다고 보고, 정여창과 김굉필은 도학과 시문의 연관 관계가 없고 도학은 윤리·도덕적인 규범을 따르는 것이라고 하였다. 다 같이 도학이라는 개념을 쓰고 있어도 양자 사이에는 차이가 있다. 김종직에서 김굉필로 이어지면서 심성 수양에서 시문의 역할에 대한 이해 차이가 있고, 시문을 통해 지기志氣를 기르는 것과 경 공부를 통해 본원을 함양하는 것에 대한 인식 차이가 존재한다(金勳埴, 〈寒暄堂 金宏弼에 대한 조선시대의 평가와 그 의미〉, 《東方學志》 133(2006))고 한다.

32 《태종실록》 권13, 7년 3월 무인, "吉昌君權近上書, ……."

은 제술의 문제점을 들어 강경의 부활을 주장하였다.[33] 제술과 강경에 대한 논란은 조선 초기 주요 정책 현안의 하나가 되었다.[34]

정도전은 통유의 개념을 전제하면서 과거시험에서 강경을 중시함으로써 원리를 탐구하도록 하고 현실 문제에 경제經濟·의리를 중시함으로써 능력 위주의 인재 등용을 지향하였다.[35] 정도전이 지향하는 유교적 이상사회는 성리학적 의리가 사회의 지도 이념이 되고 의리에 밝은 인물들이 관료가 되어 나라를 다스리는 사회라고 할 수 있다.

정도전은 경학을 중시하는 가운데 능력 중심의 관료제 운영과 문무 겸용의 관리 임용을 주장했다. 유학은 문치를 지향하면서 주나라 문왕과 무왕을 각각 문무를 상징하는 인물로 추앙하였다. 문치가 교화에 힘써 백성을 편안하게 하는 것이라면 무치는 위엄과 정사를 엄히 하여 화란의 싹을 자르는 것으로, 전자가 교화와 안민으로 집약된다면 후자는 위엄으로 화난을 예방하는 것이라고 정리할 수 있다.[36] 정도전은 송대가 문치를 추구하여 국방력이 약화되고 이민족의 침입을 불러일으켰다고 진단하고, 조선왕조를 통해 성리학적 이상 국가를 실현하고 문치사회를 구현하는 방안과 관련해서 문무를 겸비한 인물을 관리로 등용하고자 하였다. 새 왕조의 체제 정비와 문치사회를 실현하기 위해서는 국방력 강화, 무력의 도움이 절실하다고 생각하였기 때문이다.

---

33 《태종실록》 권21, 11년 5월 무진.

34 조좌호, 〈조선시대의 경학진흥책〉, 《한국과거제도사연구》(범우사, 1996), 148-153쪽; 李成茂, 〈朱子學이 14·15세기 韓國教育·科擧制度에 미친 影響〉, 《韓國史學》 4(1983); 김대용, 《조선초기 교육의 사회사적 연구》(한울, 1984).

35 문과 초장의 사서삼경에 대한 시험을 어떤 방법으로 치루느냐의 제술 강경 논쟁과 이와 연관된 진사시 혁파를 둘러싼 찬반론은 지속된다. 경학 위주의 과거시험이라는 대원칙 속에서 진사시는 갑오경장까지 존속되었다(이성무, 〈교육제도와 과거제도〉, 《한국사》 23(1994), 389-341쪽).

36 윤정, 위의 논문, 1-5쪽.

정도전은 유교의 문반 중심의 국가 사회 운영, 곧 문신의 군 통제의 입장에 선다. 문치사회를 이상으로 문민적 지배를 전제하므로 유학자에 의한 국가 사회 운영을 지향하게 되고, 유학자라도 병서에 능통해야 한다고 보는 것이다. 다만, 문치에 치중하면 국방력 약화를 초래할 것이므로 무과를 설치하고 무반을 전문화하여 기능인으로 만들고자 하였다.[37]

정도전은 경학을 관리의 주요 요건으로 파악하고 관료제 운영의 측면에서 개인의 능력을 중시하는 인재 등용을 주장하였다. 고려시대처럼 음서나 문학을 중시하는 인재 등용에 반대하고 시험제도를 통하여 다양한 능력 소유자를 발굴하고 관리로 임용하고자 하였던 것이다.

그는 공양왕 대 올린 상소에서 문학·무과·이과·문음의 4과가 옛사람의 용인법이라고 하였다.[38] 또한 태조의 말을 빌려 경학에 밝고 행실이 닦여지며 도덕을 겸비하여 스승으로서의 모범이 될 만한 사람, 시무에 능통하고 재능이 경국제세經國濟世에 알맞아서 사공을 베풀만한 사람, 문장에 익숙하고, 글을 잘하여 문한직을 감당할 수 있는 사람, 형률과 산수에 정통하고 이치吏治에 통달하여 능히 민을 다루는 일을 감당할 사람, 도략이 깊고 용기가 삼군에 으뜸이어서 가히 장수가 될 만한 사람, 활쏘기·말타기를 익히고 돌멩이를 잘 던져 군무를 담당할 만한 사람, 천문·지리·복서·의약 혹은 한 가지 기술이 있는 사람 등 각 방면의 다양한 전문가를 관리로 임용해야 한다는 생각을 가졌다.[39] 앞서 진유를 포함한 통유의 개념을 전제로 진유를 이상으로 하는 관리상을 견지하지만 각 분야별 전문가로 함께 고려한 관료

---

37 韓永愚, 《鄭道傳思想의 硏究》(서울대출판부, 1983), 167쪽.
38 《고려사》 권75, 志29 選擧3 銓注 添設職(공양왕 2년 정월), "王謂鄭道傳曰, 罷僞朝添設職, 其術如何? 對曰, 古之用人之法, 有四, 曰文學, 曰武科, 曰吏科, 曰門蔭, 以此四科擧之, 當則用之, 否則舍之, 其誰有怨."
39 《삼봉집》 권 7, 朝鮮經國典 上 禮典 擧遺逸.

제 구상이라고 하겠다.

통유 개념을 전제한 정도전의 관료 구상에는 문무 겸비의 관리상을 포함한다.[40] 태조는 즉위 교서에서 문과와 함께 무과를 통한 인재 양성을 주장했다.[41] 정도전은 새로운 왕조가 창업되고 정치체제를 정비하는 과정에서 국방력 강화는 절대적으로 필요한 사항이었음을 깊이 자각하고 있었다. 그는 판의흥삼군부사로 군제 개편을 추진하면서, "예로부터 나라를 다스리는 사람은 문으로써 지극한 정치를 이루고, 무로써 어지러움을 평정하니 문무는 마치 사람의 두 팔과 같은 것이어서 하나라도 치우쳐 폐할 수 없습니다"[42]고 하였다.

고려 말 성리학을 수용한 유학자들은 문무 겸용 의식을 견지했다. 이색은 복중 상소에 가운데 문무 겸용을 전제로 무과의 설치를 제안하였다.[43] 공민왕 9년 홍건적 대책을 묻는 과거시험에 장원급제한 정몽주는 태공망太公望·사마양저司馬穰苴처럼 문무를 겸한 인재의 등용을 역설하였다.[44] 이러한 문무 겸용, 곧 문관이 병서를 읽고 병학을 익히는 것과 무관도 실기와

---

40 정도전은 무학을 겸비한 무반의 양성을 주장하고, 무인은 기예만이 아니라 문학을 익혀야 한다고 하였다. 《조선경국전》에서 육학을 제시하기도 하였다. 공양왕 3년에 만들어진 무과는 태종 2년에 경서가 과목으로 채택되어 무반도 경서는 익힌다. 하지만 성리학자 관료가 확산되면서 단순히 경서만 알고 있는 무반은 이에 따라가지 못하게 되었다. 이에 무반의 중앙 관료로의 등용은 제한된다. 성종대 승지를 무반 출신을 임명하려는 논의가 있었지만, 실현되지 못하고 이후 무반의 정계 진출은 제한된다. 무반 출신 정승은 배출되지 않았다(윤훈표, 〈고려말 문무병용론의 새로운 제기와 그 의미〉, 《韓國思想史學》 48(2014)).

41 《태조실록》 권1, 즉위년 7월 정미, "…… 一, 文武兩科, 不可偏廢, 內而國學, 外而鄉校, 增置生徒, 敦加講勸, 養育人才"

42 《태조실록》 권5, 3년 2월 기해, "判義興三軍府事, 鄭道傳等上書曰, 自古爲國者, 文以致治, 武以勘亂, 文武兩職, 如人兩臂, 不可偏廢, ……."

43 《고려사》 권115, 列傳 권28 李穡, "服中上書曰, …… 文武不可偏廢, 文經武緯, 天地之道, ……"; 《고려사》 권74, 志28 選擧2 武科(공민왕 원년 4월), "進士李穡上書, 設武擧科之科, 事未施行."; 《목은집》 文藁 권4, 重房新作公廨記(우왕 9년).

44 도현철, 〈대책문을 통해본 정몽주의 국방 대책과 문무겸용론〉, 《한국중세사연구》 26(2009).

이론에도 숙달되도록 문에 관한 교양을 쌓도록 하려는 움직임은, 공민왕 20년(1371) 교서에 "문무 관리의 등용은 어느 한쪽에 치우치거나 폐지할 수 없는 법이니 개경의 성균관으로부터 지방의 향교에 이르기까지 문무 두 학을 개설해 인재를 양성함으로써 관리의 임용에 대비하라"라는 명령으로 구체화되었다.[45] 문학은 전부터 있었던 것을 개설했던 것이고 무학武學은 이때 새롭게 세워졌을 것이다.[46]

원래 고려의 관료제는 문반 중심으로 운영되었고, 무과는 없었다. 예종대 여진 문제로 칠재 가운데 하나로 무학武學을 두었지만 얼마 지나지 않아 없어졌다. 후기가 되면 문반과 무반의 상호 교류를 통하여 대립이 해소되어 가면서, 무반의 문관직 진출이 활발해지고 종래 문반만이 차지할 수 있었던 외직까지 겸직할 수 있게 되었다.[47] 그런데 다른 한편에서는 무반직이 권문의 어린 자제들이 출세를 하는 데 발판이 되거나 피역의 수단이 되었다.

---

45 《고려사》 권74, 志28 選擧2, 學校(공민왕 20년 12월), "敎曰, 文武之用, 不可偏廢. 內自成均, 外至鄕校, 開設文武二學, 養成人才, 以備擢用."

46 고려시대 문무 양반 체계는 현종 5년(1014)의 김훈·최질의 난으로 문반의 무반 독점으로 나타난다. 무신들이 정권을 잡자 사납고 흉측한 자들이 문관직까지 겸하면서 겉과 속이 다른 음흉한 자들이 대각臺閣을 전부 차지해 정치가 중구난방이 되니 조정의 기강이 문란해졌다.'(《고려사》 권94, 列傳7 王可道)는 표현이 그것이다. 12세기 동북면의 위기감이 조성되고, 예종이 송 문화 수용에 적극적인 가운데, 예종 4년(1109) 국학에 칠재를 두고 무학을 가르치는 강예재를 두었는데 이는 무반을 체계적으로 교육시키고 선발하는 정규 과정이 수립됨을 의미한다. 하지만 관료의 반발이 심하였고, 문반이 무반을 겸해도 전투력에 큰 문제가 없다는 인식이 있고 실제 전투에서도 그랬다. 유학에 충실했다가 만약의 사태가 발생하면 그때 무예나 진을 치는 연습을 해도 충분하다고 여긴 것이다(윤훈표, 〈고려말 문무병용론의 새로운 제기와 그 의미〉, 《韓國思想史學》 48(2014)).

47 고려시대 문인들은 무인들이 대체로 무예만 익히고 독서를 하지 못하여 지조나 절의에 대해 알지 못하는 경우가 많다는 생각이 깔려 있다. 하지만, 점차 문관이 무관직을 겸대하거나 무관이 문관직을 겸대하는 일이 많아지고, 과거급제자가 무반직으로 나아가기도 하며, 한 집안에서 문무관이 병존하는 현상이 나타나, 문반과 무반의 구별이 어렵게 되었다(오일순, 〈사회집단간의 차별의식과 신분관념〉, 《東方學志》 124(2004), 157-166쪽; 邊太燮, 〈高麗後期의 武班에 대하여〉, 《高麗政治制度史研究》(일조각, 1971)).

이는 국방력 약화로 귀결되어, 홍건적과 왜구의 침입을 효과적으로 방어할 수 없는 지경에 이르게 된다. 이에 따라 고려에서는 새로운 인재 선발 방법을 통해 실력 있는 무장을 선발하고, 이를 바탕으로 양반 관료제를 재정비할 필요가 있었다.[48] 이색의 상소와 정몽주의 과거 대책문에서 문무 겸용의 인재등용을 역설한 것은 바로 이러한 배경에서 주장된 것이다. 이색의 무학 진흥론은 설장수, 우현보 등의 병제개혁안[49]으로 이어지고 무학 교육기관의 정비와 십학교수관의 설치,[50] 무예와 병서를 시험하는 무과제의 실시 등[51] 여말[52]의 개혁론으로 진전되었다.[53]

고려의 문관 중심의 국가 운영을 이어받으면서 문치 국가개혁을 주장한 정도전은 중앙집권적 정치체제를 지향하고 국방력 강화를 통해 내외안정을 꾀하고자 하였다. 그는 태조 2년에 의흥삼군부를 설치하여 군사 전반에 걸친 강력한 통어권을 가지고 종친과 중신이 갖는 사적인 영속관계를 끊어 공병화를 추진하고자 하였다. 특히 요동을 둘러싼 명과의 불완전한 국제정

---

48 尹薰杓, 〈朝鮮初期 武科制度 硏究〉, 《學林》 9(1987), 3~16쪽.

49 朴漢男, 〈恭愍王代 倭寇侵入과 禹玄寶의 '上恭愍王疏'〉, 《軍史》 34(1997); 尹薰杓, 〈高麗末 偰長壽의 築城論〉, 《韓國思想史學》 9(1997).

50 《고려사》 권77, 志31 百官2 諸司都監各色 十學.

51 공양왕 2년 도평의사사는 무과를 시험하여 병서에 통하고 무예에 능한 자 3명을 1등, 병서에 통하고 무예에 조습粗習한 자 7명을 2등으로, 혹 병서에 통하든지 한 가지 무예에 정통한 자 23인을 취하라는 글을 올렸다(《고려사》 권74, 志28 選擧2 武科(공양왕 2년 윤4월)).

52 특히 공양왕 2년(1390) 2월에 내린 하교에서, 예로부터 나라를 다스리는 도는 문교文敎와 무비武備를 어느 한쪽이라도 폐해서는 안 되는 것인데, 근년 이래 시행이 되지 않으니 직접 유학을 권장하고, 戰艦을 시찰하여 軍容을 사열하겠다고 하였다(《고려사》 권45, 世家45, 공양왕 2년 2월 癸亥, "敎曰, 自古爲國之道, 文敎武備, 不可偏廢. 近年以來, 法制陵夷, 人材不作, 盜賊興行. 予用惕然. 夫臨雍拜, 老農隙, 講武古之制也. 予欲謁文廟, 以勸儒學, 視戰艦, 以觀軍容. 有司啓聞施行.").

53 尹薰杓, 〈麗末鮮初 身分制의 改編과 武班層의 변화〉, 《중세사회의 변화와 조선 건국》(혜안, 2005), 212~215쪽.

세 속에서 국방력 강화의 필요성을 절감하여 무학의 진흥, 병법의 강화에 적극적이었다. 그는 태조 6년 6월과 7년 5월에 요동정벌 계획을 추진하여[54] 《진법》을 저술하고 진법 훈련을 실시하였다.[55]

요컨대 정도전은 성리학적 이상 국가를 지향하는 속에서 문치의 실현을 위한 토대로서 국방력의 강화와 공병의 확보를 도모하고 새로운 왕조의 군사적 기반을 확립하고자 도모하였다. 이를 위해서 경학을 익힌 문관이 중심이 되어, 문신도 병서를 익히고 무과를 설치하여 전문적인 무반을 양성하여 돌발적 대내외의 비상사태에 대비하고자 하였다. 이는 16세기 조선 문치사회와 구별되는 조선 건국기 정도전의 문치사회론의 특징이라고 하겠다.

3. 정도전 사상의 계승과 평가

1) 정도전 사상의 특징과 조선시대 인식

정도전은 성리학을 활용하여 사회모순을 해결하고 새로운 왕조를 건국하였다. 정도전 사상의 특징은, 권근이 "성리의 학문과 경세의 공으로 이단을 배척하여 우리 도의 정대함을 밝혔다"[56]고 하였듯이, 이단을 배척하여 성리

---

54 정도전은 외이外夷로서 중원에 왕이 된 경우를 긍정하였고 동명왕의 옛 영토를 회복할 만하다 하였다(《태종실록》 권9, 5년 6월 辛卯). 국왕인 이성계는 공민왕 대 요동을 공격하여 홍건적을 격퇴한 적이 있었다(《태조실록》 권1, 總書(공민왕 8년); 《고려사》 권114, 列傳27 池龍壽). 회군에 동참한 무장들은 정도전의 요동 공략에 찬성하였다. 정도전은 사대외교를 지향하였지만 '대'의 대상을 고정적인 것으로 보지 않았다. 그는 내정을 간섭하는 명에 적극적으로 대처하였고 이를 통해서 사병의 혁파와 병권의 공병화를 추진하였다(鄭杜熙, 〈《三峯集》에 나타난 鄭道傳의 兵制改革案의 性格〉, 《震檀學報》 50(1981)).

55 閔賢九, 〈陣法訓鍊의 强化〉, 《朝鮮初期의 軍事制度와 政治》(韓國研究院, 1983); 김광수, 〈鄭道傳의 〈陣法〉에 대한 고찰〉, 《육사논문집》 50(1996); 김동경, 〈정도전의 《진법(陣法)》과 태조대 군사력 재건〉, 《한국문화》 53(2011).

학을 확립하고 법제와 제도를 정돈하여 경제의 방책을 제시한 것이었다.

첫째, 정도전 사상의 특징은 이단을 비판하고 정통·정학으로서의 유학을 확립한 것이었다. 정도전은 《불씨잡변》과 〈심기리편〉을 통해 주자의 논의를 기초로 불교를 비판하고, 《주자어류》나 《주자대전》을 포함하여 《산당고색》과 같은 유서와 《대학연의》·《대학혹문》 등을 통하여 주자학을 받아들여 조선 성리학의 발전에 크게 기여하였다.

원래 고려에 수용된 성리학은 원과의 사대관계를 합리화하는 지배 이념으로 수용되었다. 당시 원은 송대의 여러 학문 가운데 정이천과 주자로 이어지는 정주학程朱學, 곧 도학을 정통으로 삼았고, 구법당 중심의 도학을 바른 학문인 정학으로 보고 왕안석의 신법당을 중심으로 하는 사공학을 부정적으로 보았다.57

고려는 1313년 관학화된 성리학을 텍스트로 하는 원 과거에 참여하고,58 원 관학을 참작하여 만든 과거와 교육제도에 성리학의 핵심 텍스트인 사서오경을 기본 과목으로 정하였다.59 심성과 수양 중심의 윤리적 성격이 강하고, 주어진 지배 질서를 인정하는 실천 윤리적 성격의 성리학이 초기에 수용된 것이 이를 말해 준다.60 원의 법전과 법제가 수용된 것도 고려와 원의

---

56 《양촌집》 권23, 贊三峯先生眞贊, "…… 性理之學, 經濟之功, 闢異端以明吾道之正. ……"
57 金陽燮, 〈遼·金·宋 三史 編纂에 대하여〉, 《中央史論》 6(1988), 257~261쪽; 權重達, 〈中國近世의 國家權力과 儒學思想의 變遷〉, 《中國近世思想史研究》(중앙대출판부, 1998), 276쪽.
58 《원사》 권81, 志31 選擧1 科目1, "考試程式, …… 漢人南人, 第一場明經經疑二問, 大學論語孟子中庸內出題, 竝用朱氏章句集註, 復以己意結之, 限三百字以上, 經義一道, 各治一經, 詩以朱氏爲主, 尙書以蔡氏爲主, 周易以程氏, 朱氏爲主, 以上三經, 兼用古註疏, 春秋許用三傳及胡氏傳禮記用古註疏, 限五百字以上, 不拘格律."
59 《고려사》 권73, 志27 選擧1 科目1 東堂試(충목왕 즉위년 8월), "改定初場試六經義四書疑, 中場古賦, 終場策問.";《高麗史》 권74, 志28 選擧2 學校(공민왕 16년), "成均祭酒林樸上言, 請改造成均館, 命重營國學于崇文館舊址, 令中外儒官隨品, 出布以助, 其費增置生員, 常養一百, 始分五經四書齋."
60 文喆永, 〈麗末 新興士大夫의 新儒學 수용과 그 特徵〉, 《韓國文化》 3(1982).

천자 제후 관계를 합리화하는 것과 무관하지 않은 듯하다.

정도전이 불교를 배척하고 유학을 확립한 사실은 박초의 개혁 상소에도 나타난다. 공양왕 대 성균관 생원인 박초는 맹자가 양주·묵적의 설을 배격하고 공자를 높인 이래 한의 동자·당의 한자·송의 정이천과 주자는 모두 이 도를 옹호하고 이단을 배격하여 천하 만세의 군자가 되었던 반면, 왕안석과 장천각은 불교를 제창하고 풍속을 바꾸어 천하 만세의 소인이 되었다고 평가하였다. 따라서 박초는 왕안석·장천각 등을 대신해서 동자·한자·정이천·주자와 같은 이들을 등용하라고 하면서, 정도전을 이단을 배척한 도학의 계승자로서 동방 제일의 진유라고 하였다.[61]

둘째, 정도전은 앞서 권근의 말에서처럼 유교의 경세론을 제시하여 조선의 국가체제를 완성하고 주자학에 기반한 사회를 만드는 데 기여하였다. 《조선경국전》과 《경제문감》에서는 《주례》를 기초로 중앙집권적 정치체제를 확립하고 재상정치론을 제시하였으며, 성리학의 명분론과 의리론 그리고 천리인욕설을 통하여 인위적(비혈연적) 유대감을 중시하고 이에서 파생되는 공적 관계를 내세워 정치 사회를 운영하고자 하였다.[62]

그런데 정도전이 고려의 정치체제를 개혁할 대안으로 새로운 체제를 제시하는 데는 사공학의 도움이 필요했다. 새로운 왕조의 체제 정비 과정에서, 인정과 예치와 덕치를 기본으로 하면서도 인간의 도덕적 본성과 수양을 강

---

61 《고려사》권120, 列傳33 金子粹, "成均生員朴礎等亦上疏曰, …… 嗚呼！正學不明, 人心不正, 不修德而惟福之, 是求不知道而惟怪之欲聞, 豈不痛哉？豈不惜哉？自孟子闢楊墨尊孔氏以來, 漢之董子, 唐之韓子, 宋朝之程朱子, 皆扶斯道, 闢異端爲天下萬世之君子也. 王安石張天覺等, 興佛敎易風俗, 而爲天下萬世之小人也. 若董韓程朱之輩, 安石天覺之徒, 並生於今日, 則殿下用董韓程朱爲天下萬世之法歟？用安石天覺倡夷狄禽獸之敎歟？ …… 鄭道傳發揮天人性命之淵源, 倡鳴孔孟程朱之道學, 闢浮屠屠百代之誑誘, 開三韓千古之迷惑, 斥異端息邪說, 明天理而正人心, 吾東方眞儒一人而已."

62 정호훈, 〈조선전기 법전의 정비와 경국대전체제의 성립〉, 《조선건국과 경국대전체제의 형성》(혜안, 2004); 윤훈표·임용한·김인호, 《경제육전과 육전체제의 성립》(혜안, 2007).

조하는 도학의 한계를 정치제제·문물제도에 대한 연구를 통해 보완하기 위해서는 사공학의 성과를 참조하지 않을 수 없기 때문이다. 특히 《주례정의》·《산당고색》은 유학의 이상인 주례적 정치체제와 함께 요·순 이래 중국 역대 왕조의 정치·경제·사상 등 모든 분야를 주제별로 분류하여 놓았고 주자의 사상이 핵심으로 정리되고 있었다. 이에 따라 그는 사공학을 새로운 정치체제를 확립하는 참고 도서로 적극 활용하였다. 다시 말해 정도전은 주자학을 기본을 하면서 조선 건국기 체제 정비에 필요한 실용적이고 경세적인 사공학을 받아들였던 것이다.

정도전의 사상은 외래사상인 성리학을 조선 현실에 적용하기 위하여 사상적 변형을 과감하게 시도했다는 것에 큰 특징이 있다고 할 수 있다. 정도전은 《경제문감》의 전거 인용 사례에서 보듯, 성리학의 발원지인 중국 역대 왕조의 사례를 참고하였고, 중국의 자료를 조선 현실에 맞게 선별하고 조합하여 조선화할 수 있도록 재구성하였다. 얼핏 보면, 정도전과 권근이 합작하여 구상한 조선 유교국가의 모델은 유교국가의 체제로서 계획적이고 조직적인 체제라고 말하기 어려운 면이 있지만, 고려 말 조선 초의 사회적, 국제적 현실에서 나온 최상의 선택이라고 할 수 있다.

셋째, 정도전은 성리학의 인성론과 수양론, 의리론에 철저했고, 이를 실천한 학자상을 보여 준다고 할 수 있다. 널리 알려져 있듯이 주자학은 인성을 천리인욕설에 입각하여, 물질 욕망의 추구와 도덕규범의 지향이라는 두 측면으로 나누어 전자를 천리의 공정의 선으로, 후자를 인욕의 사사私邪나 악으로 규정하고, 인욕의 사를 버리고 천리의 공으로 돌아갈 것을 주장한다. 정도전은 이에 충실하여 의리를 중시하고 공리를 부정적으로 파악하는 입장을 일관되게 견지하였다.

정도전은 우왕 원년 12월 북원 사신 영접에 반대하여 나주 회진현에 유배된 바 있다. 그는 〈심문천답〉에서 대명 외교의 정당성을 주장하고 자신의 주장이 천리天理로서 올바른 것임을 역설하고 있다. 마음(心)의 질문이 인간과 자연의 운행 원리인 천리가 있지만 혹 물욕에 의하여 가려워져 선에게 복을 주고 악에게 화禍를 내리는 것이 지켜지지 않으므로 세상 사람들이 의리를 돌아보지 않고 공리에만 매진한다는 것이다. 이에 대한 천天의 대답은 천인합일설을 전제로 하늘의 상도가 손상되어 복선화악福善禍惡의 원칙이 무너질 때도 있지만, 천리는 늘 일정하며 복선화악은 지켜진다고 대답하고 있다.[63] 여기에서 정도전은 천리의 불변성을 전제하는 가운데 의리의 공과 공리의 사를 엄밀히 준별하고 있다. 다시 말해 정도전은, 유학이란 불교와 도가의 사특한 해를 분별하여 백대의 무지한 의혹을 열어 주었고, 당시 시속의 공리설을 꺾어 도의의 올바른 데로 돌아가게 하는 것이라고 하여,[64] 주자학적 의리론에 기초하여 선악과 시비의 기준을 제시하였다.

정도전은 조선왕조의 개국 1등 공신으로[65] 판삼사사와 판의흥삼군부사를 맡으며 병권과 정권을 장악하며 왕조의 체제를 정비하는 데 앞장섰다. 하지만 태조 7년(1398) 7월 1차 왕자의 난(무인의 난)으로 죽임을 당하였다. 무인의 난은 정도전 등이 인욕에 사로잡혀 사악한 마음으로 부귀를 차지하고 권력을 강화하려고, 명 황제의 뜻을 어기고 적장자 왕위계승을 어기며 모반을 꾀하였다는 명분으로, 이방원 등이 이방번, 이방석과 정도전, 남은(1354-98), 흥안군 이제(1365-98)를 죽인 사건이다.[66] 태종 이방원이 정치·군사적으로 승리하면서 이방원 측의 논리가 사실로서 공인받게 되고 정도전의 반역은 공식적인 사실이 되었다.[67] 정도전은 정치적으로 간신, 반역자

---

63 《삼봉집》 권10, 心問, "人心之理, 卽上帝之所命, 而義理之公, 或爲物欲所勝, 而其善惡之報 亦有顚倒, 善或得禍, 而惡乃得福, 福善禍淫之理, 有所不明. 故世之人, 不知從善而去惡, 唯務趨 於功利而已. 此人之所以不能無惑於天者也."

64 《삼봉집》 권4. 錦南野人, "折時俗功利之說, 以歸夫道誼之正."

65 《태조실록》 권1, 원년 8월 기사.

66 《태조실록》 권14, 7년 8월 己巳.

로 인식되고, 그의 정치사상은 공식적으로 그 이후에 계승되지 못하였다.

조선 초기에 성리학적 정치사상이 확산되고 《경국대전》으로 완성된 조선의 정치체제가 확립된 뒤에는 정도전에 대한 적극적, 긍정적인 인식이 보이지 않는다. 왕자의 난의 승자인 태종이 집권하고 그 직계 후손들이 국왕으로 즉위하면서 태종의 입장이 옹호되고 그에 반대되는 정도전은 간신으로 규정되는 것은 자연스러운 일이었다.

태종 13년에 만들어진 《태조실록》의 정도전 졸기 기록은 다분히 부정적으로 서술되었다. 여기에서 정도전은 "총명하고 민첩하며, 학문을 좋아하여 많은 책을 읽고 의논이 두루 미쳤으며, 항상 후생을 가르치고 이단을 배척하는 일로써 자기의 임무로 삼았다"고 하였으나 "도량이 좁고 시기가 많아 자기보다 나은 사람들을 해쳐서 묵은 감정을 보복하고자 하였다"[68]고 기술하였다. 이와 함께 《고려사》는 조선 건국을 합리화하기 위해 편찬한 관찬 사서인데 개국공신인 정도전에 대해서는 고려 말의 행적을 서술하면서도 그가 천인 신분임을 명시하였다.[69]

성종 연간에 중간본 《삼봉집》이 간행되고 널리 읽혀지지만 주자학 수용상의 의의나 정도전의 사상은 공식적으로 인정받지 못하였다. 천하의 통사는 오직 문묘뿐이라고 한 정도전이지만,[70] 문묘종사에 배향되지 못한 것은

---

67 정도전이 무인의 난을 일으켰다는 것을 부정하는 연구가 있다. 국왕인 이성계의 비호 아래 권력을 잡고 있는 정도전이 서얼 왕자인 방석, 방번과 종친들을 죽이려 했다는 것은 납득이 안 가며, 당시 정도전 주변 상황에서도 난을 일으킬 준비를 한 것으로 보이지 않는다고 한다(李相佰, 〈鄭道傳論－戊寅難 雪冤을 中心으로〉, 《韓國文化史硏究論考》(乙酉文化史, 1947): 한영우, 《왕조의 설계자 정도전》(지식산업사, 1999), 90-94쪽).

68 《태조실록》 권14, 7년 8월 己巳, "…… 道傳天資聰敏, 自幼好學, 博覽群書, 議論該洽, 常以訓後生闢異端爲己任. 嘗窮居假仰, 自謂有文武才. …… 然以量狹, 多忌且怯, 必欲害其勝己, 報其宿憾, 每勸上殺人立威, 上皆不聽, ……."

69 《고려사》 권119, 列傳32 鄭道傳, "初玄寶族人金戩, 嘗爲僧, 私其奴樹伊妻, 生一女. 人皆以爲樹伊女戩, 獨以爲己女, 密加愛護, 以嫁士人禹延, 生女, 女適云敬, 生道傳, 故云."

508   제VI부 성리학적 정치사상의 확대와 유교문명론

말할 것도 없고, 수많은 서원이 세워졌지만 그 학문적 가치는 인정받지 못했다. 정통 성리학에 충실한 사림파가 등장하고 선조 이후 주자학의 시대가 도래한 뒤에도 그런 상황은 마찬가지였다.

경장更張을 주장한 이이나 주자학에 몰두한 이황 역시 정도전을 주목하지 않았다. 사림파인 김종직(1431-1492)은 "누가 종지가 기나 설과 같다고 하는가. 공연히 평지에서 위태로운 구렁텅이를 파고 있었네. 쓸데없이 동문에서 부로에게 일러주는 것보다. 아무 말 말고 회진에 가만히 있는 것이 어떠하리"[71]라고 하여, 정도전을 요임금 때의 현신인 기夔와 설契과 비유하기 어렵고, 조정에서 위태로운 일만을 저질렀으니 오히려 우왕 원년 북원 사신의 영접에 반대하여 나주 회진현으로 유배갔을 때 거기에서 가만히 눌러앉아 있는 것이 좋았을 것이라 하였다.

16세기 사림파가 들어서면서 의리를 중시하는 입장은 강화된다. 조광조(1482-1519)로 대표되는 사림파는 성리학적 세계관을 바탕으로 의리와 명분, 실천을 중시하고 인륜 질서를 확립하려고 하였다. 곧 지치주의를 내세워 성인의 도를 현실에 실현하려고 하였고 《소학》·《근사록》을 보급하며, 위훈 삭제 등 유학의 명분과 이념에 맞는 실천을 주장하였다.[72] 이러한 입장은 간신으로 규정되고 제도와 법제를 강조한 정도전의 사상과 일치되기 어려웠던 것이다.

박상(1474-1530)은 《동국사략》에서 조선 건국에 참여하지 않거나 비협조적인 인물을 평가하면서 정도전과 같은 개국공신에 대한 언급을 거의 하

---

70 《삼봉집》 권13, 朝鮮經國典 上 禮典, "天下之通祀, 惟文廟爲是."

71 《점필재집》 권22, 錦城曲(《삼봉집》 권14, 題羅州東樓論父老書後), "誰謂宗之夔契倫 崎嶇平地竟阽身 謾煩父老東門論 爭似三緘隱會津."

72 고영진, 〈조선시대 사상사를 어떻게 볼 것인가〉, 《조선시대 사상사를 어떻게 볼 것인가》 (풀빛, 1999), 77-90쪽.

지 않았다. 특히 정도전은 그가 천인 출신이라는 것을 세자細字로 표시하고 있다.73 기대승(1527~1572)은 "우리나라 이학의 비조는 정몽주이고, 길재는 정몽주에게 배웠고, 김숙자는 길재에게, 김종직은 김숙자에게, 김굉필은 김 종직에게, 조광조는 김굉필에게 배웠으니 그 연원의 정통을 계승하였다"74고 규정함으로써75 문묘 종사 논의에서 절의와 도의를 일차적인 기준으로 들었 고, 그 결과 정몽주—김숙자—김종직—김굉필—조광조로 이어지는 동방 오현 이 문묘에 배향되었다.76 실천적 절의 정신을 강조한 성리학의 계통이 정리 됨에 따라 정도전과 조준, 윤소종 등 조선 개국의 공신들은 조선 성리학에 서 배제되었다. 정도전에 대한 부정적 인식은 학통을 중심으로 연원을 정하 는 과정에서도 나타난다. 성리학을 국시로 하는 조선사회에서는 성리학의 학통을 학문 수수의 사실 여부나 학문 업적보다는 의리 정신의 실천에 그 기준을 삼은 것이다.

조선 후기에 성리학의 의리론이 강조되면서 조선 건국에 참여한 개국공 신에 대한 비판은 강화된다.77 허균(1569~1618)은 정도전을 비판적으로 바

---

73 《동국사략》 권6, 恭讓王 4년(세주)에 《고려사》 기사("初玄寶族人金戩, 嘗爲僧, 私其奴樹伊 妻, 生一女. 人皆以爲樹伊女戩, 獨以爲己女, 密加愛護, 以嫁士人禹延, 生女, 女適云敬生道傳, 故云"《고려사》 권119, 列傳32 鄭道傳)를 그대로 실었다. 이 내용은 《동국통감》에는 없다. ; 韓永愚, 〈16세기 사림의 私撰史書에 대하여〉, 《朝鮮前期史學史硏究》(서울대학교출판부, 1981), 234쪽.

74 《고봉집》 論思錄 下篇 宣祖二年潤六月七日, "我國學問, 箕子時事, 則無書籍難考. 三國時 天 性雖有粹美, 而未有學問之功. 高麗時, 雖爲學問, 只主詞章, 至麗末禹倬鄭夢周後, 始知性理之 學. 及至我世宗朝, 禮樂文物, 煥然一新, 以東方學問相傳之次言之, 則以夢周爲東方理學之祖, 吉 再學於夢周, 金淑滋學於吉再, 金宗直學於淑滋, 金宏弼學於宗直, 趙光祖學於宏弼, 自有源流也."

75 이종태, 〈도학적 실천 정신의 착근〉, 《조선 유학의 학파들》(예문서원, 1996).

76 李羲權, 〈鄭夢周 文廟從祀에 관한 一考察〉, 《人文論叢》 10(1982); 池斗煥, 〈朝鮮初期 文廟 從祀論議 - 鄭夢周·權近을 중심으로〉, 《釜大史學》 9(1985)(《朝鮮前期 儀禮硏究》(서울대출판 부, 1995)).

77 신흠(1566~1628)은 《태조실록》의 정도전 졸기를 인용하여 다음과 같이 말했다. 정도전 은 이숭인과 함께 이색에게 배웠고, 재주와 인망이 비슷했으나 출처가 달랐다. 정도전은

라보면서 다음과 같이 말했다. 정도전과 권근은 고려와 조선에서 벼슬을 얻었지만, 권근은 명대로 살았고 정도전은 죽임을 당하였다. 태조는 군왕이 되려는 마음이 없었는데, 정도전이 추대하려는 생각을 먼저 하였다. 정도전은 자기 몸을 이롭게 하려고 하였고, 마침내 죽임을 당하게 되었다. 권근은 이색 때문에 유배되었으나, 태조에 의해 등용되었다. 권근은 물러났어야 했지만, 목숨을 아껴 몸을 굽혔다. 이것은 신하가 되는 자들이 경계삼을 만하다. 고려가 멸망할 때 정도전이 충에 죽고, 권근이 물러나기를 청하여 벼슬하지 않았다면, 사람들이 정몽주와 이숭인처럼 숭배하였을 것이다. 정도전이 무인의 난에 죽을 것을 미리 알았다면, 명성을 손상시키지 않았을 것이다. 부귀만을 생각하여 지혜가 어두워지고, 공로만을 추구하여 군왕에게 어린 아들을 세자로 세울 것을 권하여 세력을 굳게 하려고 하였다. 이 두 사람 가운데 정도전의 죄가 더 크다고 하였다.[78]

홍여하(1620-74)는 《휘찬여사》에서 정도전을 비판하였다. "정도전은 옛날의 인재를 등용하는 법을 인용하여 첨설직을 혁파하고 총제부를 설치하여 체통을 엄격히 하였으니 그 재주는 칭찬할 만하다. 그러나 고려의 교목과 같은 신하인 이색을 죽이려 하여 왕씨를 배반한 죄를 씌워서 왕에게 상소하고, 도당에 상서하는 것을 그치지 않았으니 정직하지 않기로는 정도전이 조준보다 더욱 심하다"[79]고 하였다.

항상 불평을 품다가 태조가 즉위하자 권력을 잡고 황거정을 보내 이숭인을 죽이게 했으니, 소인의 마음 씀이 심하다. 얼마 뒤 정도전은 이방석의 난으로 죽임을 당하고, 황거정은 정도전의 문객이라 해서 태종의 미움을 사 훈적이 삭제되었다. 정도전이 받은 화는 이숭인보다 컸고, 이숭인의 이름은 후세에 남았으니 천도가 어긋남이 없다. 뒷세상의 소인들에게 경계시킬 만하다(《상촌집(象村集)》 권45, 外集5)고 하였다.

78 《성소복부고(惺所覆瓿藁)》 권11, 文部八-鄭道傳權近論.
79 《휘찬여사(彙纂麗史)》 권36, 名臣15 趙浚 鄭道傳, "論曰 …… 道傳引古用人之法, 以革僞朝添設職, 立摠制府, 以嚴體統, 其才足稱. 然李穡之忠賢, 麗室喬木之臣也. 道傳必欲誅之, 反加以背王氏之罪, 旣陳於王矣, 上書都堂不已, 甚乎. 繩以不直, 則道傳殆有甚於浚爾."

송시열(1607-1689)은 이색의 신도비를 찬술하면서,[80] 정도전이 목은의 제자임에도 스승과 왕조를 배반하였다고 하였다. 특히 우암은 창왕을 세운 목은에 대한 정도전의 비판을 소개하면서 정도전의 호 혹은 관작을 제시하지 않고 '오호'를 두번 연발하는 가운데 정도전의 집언執言에 비판적인 입장을 취하였다.[81]

이규경(1788-1856)은 우왕을 공민왕이 자신의 아들로 분명하게 선언한 정통성 있는 고려의 국왕으로 보았고, 윤이·이초 사건을 비롯한 고려 말의 사건 역시 정치적으로 꾸며진 것으로 보았다. 이러한 사건을 꾸민 정도전과 조준은 하늘의 도리를 저버린 인물로 보았다.[82] 조선 후기에 성리학의 절의가 강조되면서 조선 건국을 주도한 정도전을 긍정하기는 어려웠던 것이다.

다만 이덕무(1741-1793)는 "정도전이 국초에 죄를 얻어 죽었지만, 고려 말 불교에 아첨하던 시대에 책을 지어 불교를 물리칠 수 있었다. 그 논리가 확고하였고, 정몽주가 불교를 친근히 하는 것을 막았으니 이는 공이 될 만하다"[83]고 하였다.

조선시기 전반에 걸쳐 정치적으로는 정도전을 부정적으로 인식하였음에도, 부분적으로 그의 이단 배척에 대한 공은 인정되었다고 하겠다.

2) 조선시대의 정도전 사상 계승

이단 비판과 경제經濟의 공적을 통한 성리학 확립으로 요약되는 정도전의

---

80 《송자대전》 권6, 牧隱碑陰記.

81 朴冠奎, 《尤庵 宋時烈의 碑誌文 硏究》(고려대 박사논문, 2011), 48-52쪽.

82 《오주연문장전산고》 經史篇 史籍類 史籍總說 二十三代史及東國正史辨證說 東國正史, "……彼道傳也, 浚也, 紹宗也, 其無天哉?"

83 《청장관전서》 권5, 嬰處雜稿1 歲時惜譚, "三峯鄭道傳國初罪死, 然生於麗季佞佛之世, 能著書闢佛. 辨破甚確, 又抵書圃隱詆其親近釋子, 此事足爲儒門有功人."

사상은 조선시기에 계승되고 있었다. 이는 태종 16년(1418) 8월에 태종 이방원이 주관한 친시 과거시험에서 확인할 수 있다.[84] 친시는 국왕이 직접 책문을 출제하고 채점하여 등급을 정하는 것이 상례이다. 당시 주어진 문제는 왕조의 국가 운영에서 세자의 교육과 재상에 대한 질문이었다. 이 시험의 장원은 정지담鄭之澹이었고 그의 대책문에는 정도전이 《조선경국전》에서 제시한 세자에 대한 설명을 그대로 인용하고 있다. 정지담은 답안에서 "세자를 원로학자와 매우 덕이 깊은 자를 가려 사부로 임명하고 단정한 사람과 바른 선비를 요속으로 삼아, 아침저녁으로 강학하고 힘쓰게 하고 …… 기술을 일삼는 선비를 불러들여 다만 문장을 가르치게 하여 배운 것이 오히려 마음을 상하게 하는 도구가 되는 일이 있다"[85]고 하여 정도전의 글을 활용하였다. 정도전은 전술하는 바와 같이 왕자의 난으로 이방원 등에게 죽임을 당하였지만, 정도전의 저작은 널리 읽히고 있었다. 태종 이방원조차 이를 인정하고 장원으로 선발한 것이다. 정도전의 사상은 죽은 지 20년도 안 된 시점에서도 출제자인 이방원과 답안지 작성인 정지담에 의해 인정되고 있었다.

정도전 사상이 조선 초기에 계승되는 양상은 권근의 《입학도설》이 간행되

---

84 《태종실록》 권32, 16년 8月 丙子, "御正殿, 放文武科榜. 文科重試五人, 親試九人, 武科亦依此數. …… 親試第一名鄭之澹爲右正言. ……"

85 《동국장원책》 甲(정지담의 대책), "臣伏讀聖策曰, 云云. 臣聞, 國家之本, 莫大於儲副之立, 儲副之立, 莫先於嫡長, 而有君臣之義, 有父子之恩, 則忠孝之道 宜所當盡. 然必敎養有素, 而德業有崇, 然後可以克負荷之重. 故三代盛時, 必先於敎胄子, 而以隆國本. 爲重擇著儒宿德而爲之師傅, 以端大正士而爲之僚焉. 朝夕講勸,薰陶德性, 以養其出治之源, 則其敎養之法, 可謂至矣. 而其心之正可知矣. 自漢以降, 則敎養之無其法, 師傅之非其人, 有招致技術之士, 徒事詞章之學, 其所習者, 反爲喪心之具耳, 安有可法者乎?"

《삼봉집》 권7, 朝鮮經國典 上, 定國本, "儲副, 天下國家之本也. 古之先王, 立必以長者, 所以絕其爭也, 必以賢者, 所以向其德也. 無非公天下國家之心也. 尙慮敎養未至, 則德業未進, 無以克荷負托之重. 於是, 擇著儒宿德爲之師傅, 端人正士爲之僚屬, 朝夕講勸, 無非正言正事, 則其薰陶涵養者至矣. 先王之於儲副, 不徒正其位, 從而敎之者如此, 而或有招致技術之士, 徒事詞章之學, 其所習者, 反爲喪心之具, 甚者, 惟讒諂面諛之徒是信, 嬉遊逸豫之事是好, 卒無以保其位者多矣. 吁可惜哉."

는 과정에서 확인할 수 있다. 《입학도설》은 권근이 공양왕 2년(1390)에 초학자를 위하여 유학 사상을 도설 형태로 입체적이고 구조적으로 제시한 것이다. 《입학도설》은 태조 6년(1397) 김이음이 진양에서 간행하고, 세종 7년(1425) 권근의 아들 권도가 권근 사후 후집의 원고가 발견되자 박융 등에게 부탁하여 변계량의 발문을 받아 간행하였다. 명종 2년(1547)에도 황효공이 발문을 쓰고 간행하였다. 조선 초기에 간행된 《입학도설》에는 〈심기리편〉·〈심문천답〉 등의 글이 포함되어 있어 주목된다.

원래 태조 6년의 《입학도설》에는 〈천인심성합일지도天人心性合一之圖〉에서 〈무일지도無逸之圖〉까지 25종이 있는데, 세조 7년 간본에는 도설 뒤에 〈십이월괘지도十二月卦之圖〉에서 〈공족급태종지도公族及太宗之圖〉까지 14종의 도설을 후집으로 추가하였다. 그리고 이 과정에서 〈괘륵과설지법掛扐過揲之法〉과 〈십이월괘지도〉에 대한 정도전 관련 내용이 소개되어 있다. 이 글은 《삼봉집》에는 실려 있지 않다.

우선 《입학도설》의 '십이월괘지도'에는 다음과 같이 기록되어 있다.

  오른쪽 복復괘와 구姤괘는 음양이 나가고 들어오며 쇠퇴하고 성장하는〔出入消長〕 기미幾微이다. 삼봉 정공(정도전)이 일찍이 이 그림을 그려서 학자들에게 제시하였는데, 다만 박剝괘 상구上九의 남은 양이 위에서 아래로 내려와 순곤純坤의 아래를 꿰뚫어 복復괘 초구初九의 양에 접속하게 그려서, 10월이 비록 순음純陰의 달이지만 한시도 양이 없지 않다는 취지를 보여 주었다. 정밀하다고 할 만하다. 그러나 공부하는 이들은 그 점을 살피지 못하고 양이 처음 생겨나는 것이 위에서 아래로 내려온 것이요, 곤坤괘의 음이 구姤괘로부터 자라난 것이 아니라고 생각한다. 그러므로 이제 이 그림을 제작하면서 박剝괘의 남은 양이 곤坤괘의 위에서 다 소멸하면서 복復괘의 한 양이 아래에서 생겨나는 형태로 그려서 양이 바야흐로 위에서 소멸하면서 아래에서 생겨나 하루 한 시각도 양이 없지 않음을 보였다. 그림을 보는 이들은 자세히 살펴보기 바란다.[86]

즉 〈십이월괘지도〉는 본래 정도전이 그렸던 것을 활용한 것임을 밝히고 있어 《입학도설》 저술에 정도전과의 논의가 일정 부분 바탕이 되고 있음을 알 수 있다. 권근이 《삼봉집》 서문에서 제시한 정도전의 《학자지남도》[87]를 참고한 것이 아닌가 한다.[88]

또한 태조 6년 5월에 《주역》의 〈괘륵과설掛扐過揲〉의 법을 궁구해 보았지만, 그 설을 알 수 없어서, 권근에게 설명해 줄 것을 요청하였다. 권근은 이 법식을 풀이하여 하나의 작은 그림으로 만들고, 조목별 나누어 설명하였는데 마치 손바닥에 보여 주는 것처럼 쉬워, 명확히 이해되었다고 하였다.[89] 정도전이 권근을 통해서 알게 되었다는 이 내용이 《입학도설》에 실리게 된 것은 《입학도설》의 편목에 있는 괘륵과설에 대한 보충 설명이면서 동시에 학문적으로 정도전과 권근이 성리학적 사유를 매개로 연계되어 있음을 보여 주기 위한 것이다. 태조 7년 왕자의 난으로 정도전이 죽임을 당하였지만, 성리학 진흥에 공이 큰 정도전의 업적은 세종 연간 《입학도설》이 간행되는 과정에서 인정되고 있었다고 하겠다.

세종 10년 변계량은 정도전이 주장한 문과 초장에 '강경'을 두는 것을

---

86 《입학도설》 十二月卦之圖, "右復姤陰陽出入消長之幾也. 三峯鄭公嘗作此圖 以示學者. 但以剝之上九餘分之陽, 自上而下貫穿, 純坤之下接, 於復卦初九之陽, 以示十月雖純陰, 而未嘗一日無陽之意, 可謂精矣. 然學者不察以爲陽之初生, 自上而下, 又疑純坤之陰, 非自姤而長者. 故今爲此圖, 將剝之餘分, 極於坤上, 而復之一分卽生於下, 以示陽之方 極於上而卽生於下, 亦未嘗一日一刻之無陽也, 觀者詳之"

87 《삼봉집》 序(권근), "先生著述, 有學者指南圖若干篇, 義理之精, 曒然在目, 能盡前賢未所發."

88 김남일, 《고려말 조선초기의 세계관과 역사의식》(경인문화사, 2005), 108－110쪽; 강문식, 《권근의 경학사상 연구》(일지사, 2008), 109－110쪽; 이봉규, 〈入學圖說〉, 《고서해제》 X(2008), 357－358쪽.

89 《입학도설》, "道傳 一日, 得掛扐過揲之法, 反復參究, 莫知其說, 示可遠請講焉. 可遠解之, 爲一小圖, 條分類釋, 如指諸掌, 雖以余之昏蒙, 一覽了然. 噫, 用友講論, 其有益於學也, 如此夫. 洪武戊寅夏五月旣望, 三峯鄭道傳識".

반대하고 스승인 권근의 제술론을 옹호하면서, 정도전의 권근에 대한 평가를 인용한다.[90] 변계량은 "권근과 정도전의 우열은 후학이 감히 경솔하게 논의할 바가 아닙니다. 그러나 도전이 일찍이 스스로 이르기를, "예전에는 근이 나만 못하였는데, 지금은 내가 근에게 미치지 못한다."고 하였습니다. 그 말은 《입학도설》과 《역점법易占法》 가운데에 쓰여져 있으며, 아부하는 말이 아닙니다."[91] 라고 하였다. 변계량은 제술론을 주장하기 위하여 정도전과 권근의 학문을 언급하였지만, 정도전과 권근의 학문이 상호 연관 관계에 있었음을 간접적으로 확인할 수 있다.

한편 명종 2년(1547)에 간행된 《입학도설》에는 《삼봉집》에 있는 〈심기리편〉·〈심문천답〉이 실려 있다. 〈심기리편〉·〈심문천답〉은 정도전이 짓고, 권근이 주석한 것이다. 《입학도설》에 〈심기리편〉·〈심문천답〉이 실리게 된 것은 《입학도설》의 간행 목적과 관련된 듯하다. 《입학도설》은 초학자들을 위한 성리학 입문서로, 명종 2년(1547) 경상도 감사 안현이 재야학자인 황효공[92]에게 간행을 권하고, 이 과정에서 초학자를 위하여 도설로 유학의 기본 원리를 설명하기 위하여 권근 자신이 관여하고 주석을 가한 〈심기리편〉·〈심문천답〉을 수록하였던 것이다. 이는 또한 정도전과 권근이 성리학을 연구하고 성리학적 질서를 확립하는 데 보조를 같이하였음을 보여 준다.[93]

정도전 사상의 계승은 역사의식에서도 확인할 수 있다. 정도전은 태조 4

---

90 李鍾默, 〈卞季良의 인재 양성 정책〉, 《震檀學報》 105(2008), 146-147쪽.

91 《세종실록》 권40, 3년 4월 을해, "判府事卞季良上書曰 …… 然道傳嘗自謂'昔者, 近不及於子, 今則子不及近, 其說具於入學圖說·易占法中.' 非詼言也. 又況近與道傳, 雖俱爲通經達理之人, 而近則據行講經之法, 十年之後論其弊, 其說當矣."

92 안병걸, 〈黃孝恭의 龜巖先生文集 -附 農皐逸稿-〉, 《국학연구》 창간호(2001).

93 조선중기 권문해(1534-91)가 1589년 완성한 《대동운부군옥》에는 명종 2년(1547)에 간행된 《입학도설》을 예로서 제시하였는데, 정도전에 관한 언급이 없이 "《입학도설》에 심문이 있는데, 마음이 하늘에 묻는 말을 서술한 것이다. ……"하였다(《대동운부군옥》 권15, 去聲, 問字韻).

년에 《고려국사》를 완성하면서[94] 고려 국왕찬을 정리하고, 태조 6년에 《경제문감별집》에 반영하여 실었다. 《경제문감별집》의 국왕찬은 문종 대 완성된 《고려사》와 《고려사절요》에 수록되었고, 홍여하(1620-1684)의 《휘찬여사》와 《동사강목》에 반영되었다.

〈표 20〉《경제문감별집》·《고려사》·《고려사절요》·《휘찬여사》·《동사강목》의 왕찬

국왕	《경제문감별집》	《고려사》	《고려사절요》	《휘찬여사》	《동사강목》
태조	이제현 정도전	이제현	이제현 사신(정도전)	이제현	
혜종	이제현	이제현	이제현 사신(史臣)	이제현	
정종	이제현	이제현	이제현	이제현	
광종	이제현	이제현	이제현	이제현	
경종	이제현	이제현	이제현	이제현	
성종	이제현	이제현	이제현	이제현	
목종	이제현	이제현	이제현	이제현	
현종	이제현	이제현	이제현 최충 사신史 臣	이제현 최충	
덕종	이제현	이제현	이제현	이제현	
정종	정도전	이제현	이제현	이제현	
문종	이제현	이제현	이제현	이제현	
순종	이제현	이제현	이제현	이제현	
선종	정도전	이제현	이제현 사신(정도전)		
헌종	정도전	이제현	이제현	이제현	
숙종	이제현		이제현 사신		
예종	정도전	사신(정도전)	김부의 김부일 사신 (정도전)	안(홍여하) 사신(정도전)	사신(정도전)
인종	김부식	김부식 김신부	사신 김부식	김부식 김신부	
의종	김양경	김양경	임민비 유승단 김양경	김양경	
명종	정도전	사신(정도 전)	권경중 사신(정도전)	사신(정도전)	사신(정도전)
신종	정도전	사신(정도전)	임익 사신(정도전)		사신(정도전)
희종	정도전	사신(정도전)	사신(정도전)		사신(정도전)
강종	정도전	사신(정도전)	사신(정도전)	사씨史氏 (정도전)	사신(정도전)

94 《태조실록》 권7, 4년 정월 庚申(《동문선》 권92, 高麗國史序), "判三司事鄭道傳·政堂文學鄭摠等, 撰前朝高麗史, 自太祖至恭讓君三十七卷, 以進."

고종	정도전	이제현	이제현 사신(정도전)	사씨(정도전)	사신(정도전)
원종	정도전	사신(정도전)	사신(정도전)	사신(정도전)	사신(정도전)
충렬왕	정도전	사신(정도 전)	사신(정도전)	사신(정도전)	신(정도전)
충선왕	정도전	사신(정도전)	사신(정도전)	사씨(최부) 사신(정도전)	사신(정도전)
충숙왕	정도전	사신(정도전)	사신(정도전) 이연종 장항 허응린 유사겸 백 문보	사신(정도전)	사신(정도전)
충혜왕	정도전	사신(정도전)	사신(정도전) 원송수	사씨(정도전)	신(정도전)
충목왕	정도전		김중장		
충정왕	정도전	사신(정도전)	사신(정도전)	사씨(정도전)	사신(정도전)
공민왕	정도전	사신(정도전	사신(정도전) 하관 안 중온 윤소종 하륜	사신(정도전)	
우왕	정도전		사신(정도전)		
공양왕	정도전	사신(정도전)	진자성 정정	사신(정도전)	

《경제문감별집》 고려의 국왕찬은 정도전이 고려 유학자의 국왕찬을 참고하여 쓴 것이다.[95] 고려왕 34명 가운데 태조부터 숙종 때까지는 이제현의 고려왕찬을 그대로 활용하였고,[96] 인종찬은 김부식, 의종찬은 김양경의 사찬을 이용하였으며, 나머지는 정도전이 썼다. 《경제문감별집》에 34개의 국왕찬이 있는데, 이제현이 12개, 김부식과 김양경이 각 1개이고 정도전이 21개를 썼다. 《고려사》 34개 가운데 실명實名의 사신史臣은 19개이고, 이름이 없는 사신史臣은 14개인데, 이름이 없는 13개의 사신史臣의 말이 《경제문감별집》과 같다. 《고려사절요》의 108개 가운데 이름이 없는 사찬이 57개이고, 이 가운데 20개가 《경제문감별집》과 같다. 《휘찬여사》에는 33개의 왕찬 가운데 《경제문감별집》과 같은 것이 11개이다. 《동사강목》은 《경제문감별집》의 왕찬 12개가 같다.[97]

---

95 邊太燮, 《《高麗史》의 硏究》(삼영사, 1982), 171-172쪽, 177쪽.
96 정총은 《고려국사》 서에서 이제현의 《사략》이 숙종까지, 이인복과 이색의 《금경록》이 정종까지 기록되어 있다고 하였다(《동문선》 권92, 高麗國史序(정총)).

《휘찬여사》와 《동사강목》은 《고려사》에 있는 왕찬만 참고했고, 《고려사》의 왕찬이 《경제문감별집》의 왕찬과 같다는 사실을 알지 못한 것으로 보인다. 《경제문감별집》·《고려사》·《동사강목》의 왕찬을 비교하여 보면, 고려의 예종·명종·신종·희종·강종·고종·원종·충렬왕·충선왕·충숙왕·충혜왕·충정왕 등 12명의 왕찬을 선별적으로 《고려사》가 빌려왔고, 이를 《휘찬여사》와 《동사강목》에 수록되었다.[98] 다시 말해 《동사강목》은 원종과 충선왕, 충정왕의 왕찬을 《경제문감별집》에서 따온 《고려사》의 사론을 가져왔다. 즉 원종이 원나라와 혼인 관계를 맺어 우리나라가 백 년 동안 태평하였다고 하였는데, 원종을 이어 등장한 충렬왕 대는 왕이 일을 할 만한 때라고 하였다.[99]

---

97 이는 《동사강목》의 史論 579개 가운데 미비한 숫자이지만, 최부 66개, 유계 46개, 이제현 20개 다음가는 숫자이다(차장섭, 〈안정복의 역사관과 《동사강목》〉, 《조선사연구》 1(1992)).

98 《삼봉집》 권12, 經濟文鑑別集 下 高麗國 高王, "高王之世, 內有權臣崔怡, 沆·竩·金仁俊, 相繼執國命, 外有女眞·蒙古, 遣兵侵伐, 無歲無之. 當是時, 國勢岌岌殆哉. 王小心守法, 進退以禮, 故權臣跋扈而莫敢犯, 狄兵至則堅壁固守, 退則遣使通好, 至遣世子, 執贄親朝, 故雖與强暴之國爲隣, 而卒得其和好, 以保民社, 其享年有永, 傳祚子孫宜矣."
  《고려사》 世家 권24 高宗3(46년 6월), "史臣曰, 高宗之世, 內有權臣, 相繼擅執國命, 外有女眞, 蒙古遣兵歲侵, 當時國勢岌岌殆哉. 然王小心守法, 包羞忍恥, 故得全寶位, 而終見政歸王室, 敵至則堅城固守, 退則遣使通好, 至遣太子, 執贄親朝故卒, 使社稷不殞, 而傳祚有永云."
  《동사강목》 권11상 高宗 46년 6월 "史臣曰, 高宗之世, 內有權臣, 相繼擅執國命, 外有女眞, 蒙古遣兵歲侵, 當時國勢岌岌殆哉. 然王小心守法, 包羞忍恥, 故得全寶位, 而終見政歸王室, 敵至則堅城固守, 退則遣使通好, 至遣太子, 執贄親朝故卒, 使社稷不殞, 而傳祚有永云."

99 《삼봉집》 권12, 經濟文鑑別集 下 高麗國 忠烈王, "爲世子, 明智國家典故, 喜怒不形於色, 寬厚長者也. 讀書知大義, 嘗與大司成金坵祭酒李松縉唱和, 有集行于世. 當忠烈父之代, 內則權臣擅政肆毒, 外則强敵率衆來侵, 一國之人, 不死於虐政則必死於鋒鏑, 禍變極矣. 一朝上天悔禍, 誅戮權臣, 歸附上國, 天子嘉之, 釐降公主, 而公主之至也. 父老喜而相慶曰, 不圖百年鋒鏑之餘, 復見太平之期. 王又再朝京師, 敷奏東方之弊, 帝旣俞允, 召還官軍, 東民以安, 此正王可以有爲之日也. 奈何驕心遽生, 耽于游畋, 廣置鷹坊, 使惡小李貞等侵暴州郡, 溺於宴樂, 唱和龍樓, 淫僧祖英等昵近左右, 公主世子言之而不聽, 宰相臺諫論之而不從, 及其晚年, 過聽左右之譖, 至欲廢其嫡而立其姪, 其在東宮, 雖曰明習典故, 讀書知大義, 果何用哉? 嗚呼 靡不有初, 鮮克有終, 非忠烈之謂乎?"
  《고려사》 世家 권32 忠烈王(34년 추7월), "史臣贊曰, 當忠烈之世, 內則權臣擅政, 外則强敵來侵, 一國之人, 不死於虐政, 則必殲於鋒鏑, 禍亂極矣. 一朝上天, 悔禍, 誅戮權臣, 歸附上國,

충선왕은 세자로 원 조정에서 볼 만한 의논을 제시하였고 국왕이 되어서 사대하고 법을 바로잡았다고 하였다. 다만 국왕이 되어서 원나라에 머물고 조카 호를 심양왕으로 삼아 화가 일어나니 토번에 귀양한 것은 당연하다고 하였다.[100] 충렬왕·충선왕·충숙왕·충혜왕은 4대에 걸쳐 부자까지 서로 해치고 싸웠고 원나라에 송사하여 천하의 웃음거리가 되었다고 하였다.[101]

정도전은 《경제문감별집》에서 성리학적 명분론에 충실하여 국왕을 정점으로 하는 상하질서를 옹호하였으며, 국왕은 어진 사람을 등용하고 기강을 닦아 왕실을 튼튼히 해야 한다고 보았다. 고려 희왕의 왕찬에서 "바른 마음으로 어진이를 등용하고 유능한 사람에게 일을 맡겨 강한 신하로도 제어할 줄 알아야 한다"[102]고 하였듯이 왕실과 왕권을 중시하면서 권신의 권력 남용을 비판하였다. 정도전의 성리학적 명분론과 군주상은 조선 초기의 성리학자들에게 공감할 수 있는 내용이었기에 자연스럽게 16세기의 《고려사》, 17세기의 《휘찬여사》, 18세기의 《동사강목》으로 이어지고 있었다.

天子嘉之, 釐降公主, 而公主之至也. 父老喜而相慶曰, 不圖百年鋒鏑之餘, 復見大平之期. 王又再朝京師, 敷奏東方之弊, 帝旣兪允, 召還官軍, 東民以安, 此正王可以有爲之日也. 奈何驕心遽生, 耽于遊畋, 廣置鷹坊, 使惡小李貞輩侵暴州郡, 溺於宴樂, 唱和龍樓, 使僧祖英等昵近左右, 公主世子言之而不聽, 宰臣臺省論之而不從, 及其晚年, 過聽左右之譖, 至欲庇其嫡而立其姪, 其在東宮, 雖曰明習典故, 讀書知大義, 果何用哉? 嗚呼 靡不有初, 鮮克有終, 非忠烈之謂乎?"

《동사강목》권13상 忠烈王 34년 추7월, "史臣贊曰, 當忠敬之世, 內則權臣擅政, 外則强敵來侵, 一國之人, 不死於虐政, 則必殲於鋒鏑, 禍亂極矣. 一朝上天, 悔禍, 誅戮權臣, 歸附上國, 天子嘉之, 釐降公主, 而公主之至也. 父老喜而相慶曰 不圖百年鋒鏑之餘, 復見大平之期. 王又再朝京師, 敷奏東方之弊, 帝旣兪允, 召還官軍, 東民以安, 此正王可以有爲之日也. 奈何驕心遽生, 耽于遊畋, 廣置鷹坊, 使惡小李貞輩侵暴州郡, 溺於宴樂, 唱和龍樓, 使僧祖英等昵近左右, 公主世子言之而不聽, 宰臣臺省論之而不從, 及其晚年, 過聽左右之譖, 至欲庇其嫡而立其姪, 其在東宮, 雖曰明習典故, 讀書知大義, 果何用哉? 嗚呼 靡不有初, 鮮克有終, 非忠烈之謂乎?"

100 《삼봉집》 권12, 經濟文鑑別集 下 高麗國 忠宣王;《고려사》 世家 권34 忠宣王2(12년 11월);《東史綱目》忠宣王 12년 11월.

101 《삼봉집》 권12, 經濟文鑑別集 下 高麗國 忠定王;《고려사》 世家 권37 忠定王(3년 10월);《동사강목》忠定王 3년 10월.

102 《삼봉집》 권12, 經濟文鑑別集 下 高麗國 熙王.

4. 맺음말

정도전은 유교의 인문주의에 바탕을 둔 문치사회를 지향하였다. 그는 당시를 명나라가 천명을 받아 그 황제가 천하를 차지하게 되자, 덕을 닦고 무를 지양하면서 문자와 제도가 통일되었고, 예악을 제정하고 인문을 육성하여 천지의 질서를 바로잡을 때라고 말한 것은 그러한 사실을 보여 준다.

정도전은 문치사회를 실현하기 위하여 중앙집권적 정치체제를 확립하려하였고, 재상정치론과 군주성학론을 제시하였다. 그리고 교육 과거제를 강화함으로써 유교 교육을 통한 도덕적 각성과 교화를 확대하고, 대간 제도를 활성화하여 공론 정치를 확대하며, 역사를 서술하여 역사적 교훈을 통하여 인간이 어떻게 살아야 하고, 사회가 나아갈 방향을 무엇인지 궁구하도록 하였다. 또한 경연 공부를 통하여 국왕과 문신 관료들의 경학과 시무를 함께 토론하면서 국왕을 올바른 정치로 인도하고 왕도정치의 이상을 구현하도록 하였다. 또한 정도전은 능력 중심의 관료제 운영과 문무 겸용의 관리 임용을 주장하였다. 진법 등 군사상의 전술 개발과 함께 전문 무인을 양성하고 문신도 병서를 익힘으로써 국가의 공적인 군사 체계를 확립하여 건국 초 불안정한 대명 관계와 사병의 존재에 따른 정치적 불안정을 해결하려고 하였다. 그리고 이를 위해서 서적포를 설치하고 유교 서적을 간행하며 유학 지식층의 확대를 도모하였다.

정도전의 문치사회 지향은 조선시대에 계승된다. 정도전의 사상은 이단 비판과 경제經濟의 정비, 곧 경세 사상을 통한 성리학과 성리학적 제도론의 확립으로 요약된다. 그리고 정도전의 사상은 권근뿐만 아니라 조선 시기 정치가 사상가에게 큰 영향을 미친다. 우선, 그의 사상은 권근의 《입학도설》이 간행에 일정한 영향을 주었다. 《입학도설》의 〈십이월괘지도〉에는 본래 정도전이 그렸던 것을 활용한 것임을 밝히고 있어 《입학도설》에 정도전과의 논의가 일정 부분 바탕이 되고 있음을 알 수 있다. 또한 《경제문감별집》의 국왕찬은 《고려사》와 《고려사절요》에 수록되었고, 《휘찬여사》와 《동사강목》에 반영되었다. 특히 《동사강목》에서는 《경제문감별집》에 있는 예종·명종·신종·희종·강종·고종·원종·충렬왕·충선왕·충숙왕·충혜왕·충정왕 등 12명의 왕찬을 가져왔다. 정도전의 군주상은 조선 초기의 성리학자들에게 공감할 수 있는 내용이고 자연스럽게 16세기의 《고려사》, 17세기의 《휘찬여사》, 18세기의 《동사강목》으로 이어지고 있었다.

정도전 사상이 조선시대에 큰 영향을 주었지만, 간신으로 인식되어, 그의 사상은 공식적으로 인정받지 못했다. 이는 조선에서 성리학의 학통을 학문 수수의 사실 여부나 학문 업적보다는 의리 정신의 실천에 그 기준을 삼는 것으로 이어졌기 때문이다. 실천적 절의 정신을 강조한 성리학의 계통이 조선왕조의 공식적인 입장이 됨으로써 정도전, 윤소종 등 조선 개국의 공신들은 조선 성리학에서 배제되었다. 정도전에 대한 재평가는 정조 15년(1791)에 《삼봉집》이 간행되고, 고종 2년(1865)에 경복궁을 중건하면서 정도전을 훈작하는 과정 등을 통하여 이루어지게 된다.

정도전은 고려 후기 조선 건국의 정치이념을 정립하고, 신국가의 정치 체제의 기본 골격을 정립하고자 하였다. 그는 《불씨잡변》을 통하여 유학적 국가 이념의 방향을 제시하고, 《조선경국전》과 《경제문감》·《경제문감별집》을 통하여 중앙집권적 정치체제와 재상정치론, 군주성학론을 제시하였다. 그의 사상은 태조 당대에는 고려의 정치적 유산과 새로운 방향과의 조정 과정을 거치게 되므로, 바로 실현되지는 못하였는데, 그 이후 조선왕조의 정치가 안정되면서 그가 지향하는 정치이념과 정치체제, 그리고 정치운영론은 그대로 조선사회를 이끌어가는 이념으로 정착되었다.

제3장 길재의 충절론과 문치 이념의 확산

1. 머리말

야은 길재(1353-1392)는 고려 말 삼은의 한 사람으로 불사이군의 절의를 다하고 유학의 이념을 몸소 실천하며 당대뿐만 아니라 후대의 학자와 일반 백성들에게 큰 영향을 끼쳤다. 그간 야은 길재에 대한 연구는 그의 행적과 사상을 평가하되 유학의 충절과 선비상이라는 관점에서 조망하였고,[1] 최근에는 이를 심화시켜 새로운 왕조국가가 지향한 유교 이념에 입각해 달라진 야은 길재상을 살펴보았으며,[2] 기초 자료인 《야은집》에 대한 검토[3]와 문학세계·찬영시,[4] 증첩 문서,[5] 우왕 출사에 대한 찬반[6] 등이 연구되어 많은

---

1 이장희, 〈여말선초 선비군과 길재의 위상〉, 《韓國思想史學》 4·5(1993).

2 李泰鎭, 〈吉再 忠節 追崇의 時代的 變遷〉, 《韓國思想史學》 4·5(1993); 김훈식, 〈15세기 朝家의 길재 추승과 인식〉, 《민족문화논총》 50(2012); 〈조선시대 길재 추승과 출처의리〉, 《영남학》 26(2014).

3 김석배, 〈야은선생행록〉, 《영남학》 27(2015).

사실이 밝혀졌다.

역사 속의 인간은 사회적, 시대적 배경 속에서 탄생하고 주어진 조건에 순응하는 삶과 행동을 보여 주는 동시에, 그것을 극복해서 새로운 가치와 이념을 창출하기도 한다. 또한 역사는 현재와 과거의 끊임없는 대화라고 하듯이 또는 역사는 미래학이란 지적처럼 현재의 문제의식, 시대적 과제 속에서 과거 인물을 평가·재해석하게 된다. 시대적 상황이나 역사적 과제의 변화에 따라 평가 기준이 달라지면서 기존의 평가를 재확인하기도 하고 새로운 해석을 제출하여 평가를 달리하기도 한다는 것이다. 길재의 삶과 행동에 대한 평가 역시 조선시대 500년 동안의 시대적 상황에 따라 달라져 왔으며, 오늘날도 현재 상황과 시대적 과제에 따라 그 평가가 달라질 수 있을 것이다.

이 장에서는 현재까지 밝혀진 야은 길재의 삶과 사상에 대한 연구 동향을 살펴보고, 새로운 해석의 가능성, 새로운 연구 과제는 무엇인지를 시대적 과제와 함께 조망해 보고자 한다. 이는 야은 길재의 사상과 활동의 역사적 의미를 규명하는 한편으로 시대를 뛰어넘어 평가할 수 있는 측면이 있는지를 살펴보고자 하는 것이다.[7]

4 송준호, 〈冶隱의 詩文과 文學世界〉, 《韓國思想史學》 4·5(1993): 남재철, 〈야은 길재에 대한 찬영시 검토(Ⅰ) - 태종조 제현의 찬영시를 중심으로-〉, 《대동한문학》 42(2015).

5 심영환, 〈조선초 吉再의 추증과〈追贈牒〉의 복원〉, 《포은학연구》 7(2009).

6 안장리, 〈야은 길재에 대한 추숭과 비판에 대한 연구〉, 《포은학연구》 18(2016).

7 길재의 글은 13수의 시와 11개의 문이 남아 있고, 36명이 44수의 차운시를 남겼다. 길재에 관한 자료로는 《야은집》 권6(《한국문집총간》 권7(민족문화추진회, 1990))이 있는데 여기에는 《야은선생언행습유》(권3)과 《야은선생속집》(권3)이 있다. 역주본으로 《국역야은집》(안병주 역주, 한국정신문화연구원, 1980)이 있다.

2. 충절론과 유학의 진흥

1) 충절론

야은 길재에 대한 기왕의 연구를 몇 가지로 구분해 보면 다음과 같다. 첫 번째는 조선시대의 참된 지식인인 선비의 전형이라는 관점에서 접근한 연구이다.[8] 선비는 벼슬해서는 도를 실행하고 물러나서는 만대의 모범이 되는 가르침을 남겨야 하는데, 이를 실행한 인물이 길재라는 것이다. 또한 길재는 지조가 고결하고 학문이 순정하며, 무엇보다도 두 임금을 섬기지 않은 불사이군의 충절은 조선조 선비의 표본이며 귀감이 되었다고 한다.

두 번째는 길재의 교학 활동과 인재 양성에 대한 연구이다.[9] 길재는 낙향하여 교육에 힘썼는데 구름처럼 학도들이 모여들었다는 말에서 보듯이 주변의 많은 학생을 가르쳤고, 그의 제자가 또 제자를 가르치며 인재를 양성하였다. 선산 출신 길구·김숙자·천장서·김극유, 경상도 출신 박서생, 이보흠 등은 길재의 제자이고, 이 가운데 김숙자(1389-1456)는 세종 31년(1449)에 선산과 인접한 개령 현감으로 4년 동안 재임하면서 열정적인 교육 활동을 전개했고, 그의 아들 김종직은 선산부사로 재직하며 강학 활동에 힘썼다.[10] 또한 길재는 지례知禮 출신 장지도張志道와 교류하였고 장지도는 윤은보와 서즐이라는 효자 제자를 두었다.[11] 이러한 제자 양성은 조선 건국 이

---

8 이장희, 〈여말선초 선비군과 길재의 위상〉, 《韓國思想史學》 4·5(1993).

9 한충희, 〈善山과 조선전기 성리학 및 사림파〉, 《한국학논집》 24(1997); 김용헌, 《야은 길재, 불사이군의 충절》(예문서원, 2015).

10 김종직에 대한 최근 연구로 다음이 참고된다(최민규, 〈김종직의 강학 네트워크와 도덕적 권위의 확산〉, 《학림》 44(2019)).

11 김성우, 〈15~16세기 善山 - 金泉 지역 儒學者들의 교류와 朝鮮 性理學의 전개〉, 《지방사

래 60년 동안 선산 출신 문과 급제자를 36명이나 배출하는 결과를 낳았다고 한다. 《농사직설》의 저자인 정초나 사육신 가운데 한 사람인 하위지가 바로 이 지역 출신이라고 한다. 18세기에 서술된 《택리지》(1751)에서 "조선 인재는 절반이 영남에서 나고, 영남 인재의 절반이 선산에서 난다"[12]고 한 표현은 그러한 인재 배출 상황을 잘 보여 준다.

세 번째는 두 번째의 결과로 길재의 삶이 유교 교화에 기여했다는 것이다.[13] 이덕무는 길재의 충절이 많은 사람들에게 영향을 주었고, 열녀 약가藥 哥는 길주서吉注書의 말을 믿고 자신의 삶의 지침으로 삼았고, 향낭鄕娘은 개가하지 않고 물에 빠져 죽은 것은 길재의 유풍冶翁之遺風이 남아 있는 것으로 보았다.[14] 인조 8년(1630)에 간행된 《일선지》에는 선현 36명이 수록되어 있고, 효자 25명, 효녀 1명, 열녀 29명의 사례가 실려 있는데, 사비私奴·사노寺奴가 포함되어 유교 윤리가 하층민에게까지 확산되고 있음을 보여 준다.[15] 후대 사람에게 길재는 유교의 규범을 실천한 본받아야 할 인물로 유교 교화를 실현하는 데 기여하였다고 보는 것이다.

네 번째는 길재의 학문적 계승과 조선시대 도통의 계보와 관련된 내용이

와 지방문화》 18-1(2015).

12 이중환 지음, 안대회·이승용 외 옮김, 《완역정본택리지, 팔도론》(Humanist, 2018), 123쪽. 이 말은 노경임(1569-1620)의 숭선지서崇善誌序에서 "세상에서 이른바 조선 인재는 절반이 영남에서 나고, 영남인재의 절반이 선산에서 난다는 말을 어찌 믿지 않겠는가?"에서 확인된다. 이 밖에 김종직은 "일선은 예로부터 선비가 많아서, 영남의 반을 차지한다. 삼 년마다 수재를 논할 때면, 뛰어난 재사가 마을을 빛내었고, 조정에서 높은 재능 발휘한 사람도, 한두 사람이 아니라네"(《점필재집》 권14, 書黃著作璘榮親詩卷)하였다.

13 김훈식, 〈조선후기의 吉再 追崇과 백성교화 - 烈女 藥哥 이야기를 중심으로〉, 《역사와경계》 92(2014).

14 《청장관전서》 권69, 寒竹堂涉筆·下 吉冶隱；《야은선생언행습유》 권중, 對調使間；《소곡선생유고(素谷先生遺稿)》 권4, 雜著 烈女鄕娘傳

15 박주, 〈조선중기 경상도 善山지역의 효자·열녀 -《一善志》를 중심으로-〉, 《조선시대사학보》 8(1999).

다. 16세기 선산 지역 유림들은 길재의 학문적 계승자임을 자임하며 분화한다.[16] 박영朴英(1471-1540)의 제자들로 결합된 송당학파는 길재를 주향으로 하는 금오서원을 건립하고 문집과 지리지인 《일선지》를 간행하였다. 반면 류운용과 류성룡 등 퇴계학파는 길재의 묘소 수축과 묘역 정비, 비와 묘표의 조성, 길재를 배향할 오산서원의 건립과 서원지인 《오산지吳山志》의 편찬, 지주중류비砥柱中流碑[17] 등을 통해 길재의 계승자임을 자임하였다. 두 흐름은 17세기 두 서원의 중건 과정에서 장현광(1554-1637)의 여헌학파가 하나로 통합했다고 한다.

조선시대 도통은 학문적 수수보다는 실천적 의리를 중시하는 가운데 정몽주-길재-김숙자-김종직-조광조로 도통이 계승된다[18]고 본다. 이에 대하여 길재의 학문적 연원은 정몽주가 아니라 권근이라는 견해가 제출되었다.[19] 조선 건국 후 권근 등의 관학파는 학술과 문화를 주도하였고, 새로운 왕조의 군신의리를 확립하기 위하여 길재의 충절을 추숭하였다는 것이다. 길재의 위상은 달라진 것이 없으나 길재의 도통이 정몽주가 아닌 권근에게서 왔다고 이해하는 점에서 차이가 있다.

다섯 번째 조선시대의 시기별 길재 인식의 추이를 살펴본 연구이다. 조

---

16 임근실, 〈16세기 善山지역 서원 건립에 나타나는 道統意識 - 金烏書院과 吳山書院을 중심으로〉, 《퇴계학보》 137(2015).

17 인동 현감 류운룡은 길재의 무덤을 수리하였고, 그 앞에 비석을 세우면서 중국인 양청천楊晴川이 쓴 '지주중류砥柱中流'라는 4자의 큰 글씨를 새기게 하고, 류성룡에게 황하의 물이 흘러 온 천하를 뒤덮을 때 한 돌이 우뚝하게 홀로 빼어나서 거세게 용솟음치는 물결이 부딪쳐도 기세를 막아 내듯이, 절개 있는 선비가 우뚝 떨치고 일어나 시대의 세류의 흐름에 맞선 우주의 삼강과 오상의 무거운 책임을 지는 지사志士·인인仁人으로 길재를 비유하였다(《야은선생언행습유》 권하, 砥柱碑陰記(류성룡)).

18 홍원식, 〈여말선초 낙중 사림들의 '학통'과 '도통'〉, 《조선전기 도학파의 사상》(계명대출판부, 2013); 김용헌, 《야은 길재, 불사이군의 충절》(예문서원, 2015).

19 김훈식, 〈조선 초기의 정치적 변화와 사림파의 등장〉, 《조선전기 도학파의 사상》(계명대출판부, 2013).

선시대 길재에 대한 인식을 왕조 초기의 유교적 군신 의리 확립의 단계, 16세기 사림의 도통 확립의 단계, 17세기 말엽 왕권 강화 단계로 구분한 이래,[20] 이를 구체적으로 천착하여,[21] 15세기의 '충신 길재'상이 17세기에 '도학자 길재'상으로 전환되었다고 한다. 즉 정종 2년(1400)에 세자인 이방원이 길재를 불러 봉상박사에 임명하자, 길재는 불사이군의 충절을 내세워 향리로 돌아가고자 하였고,[22] 태종 원년에 권근은 길재가 예전 임금을 위하여 작록爵祿을 사양하여 절의를 지켰다[23]고 하였다. 이는 불사이군의 충절을 내용으로 하는 '충신 길재'상을 공식화하면서, 새 왕조의 군신 의리, 관료 윤리를 정립하게 하는 것이라고 하였다.

한편 17세기에 조익은 "선비가 벼슬을 하다가 나라에 도가 행해지지 않는 것을 보면 자기의 뜻을 거두어 속에 감추어 두어야 하는데, 이것은 자신의 몸을 깨끗이 하는 도리요, 나라가 망하고 새로운 왕조가 들어서면 두 마음을 품지 않는 의리"[24]인데, 이를 위해서는 자신이 배우고 공부한 내용〔性理之說, 聖人之書〕을 굳게 믿고 그 학문적 가치를 실현하려는 의지와 기미幾微를 살필 수 있는 능력이 있어야 하는데, 길재는 자신의 몸을 깨끗이하고 공부한 바를 굳게 믿으며 기미를 파악하여 장차 나라가 망하려고 할 때 벼슬에서 물러날 수 있었다고 한다. 여기에서 기미를 살펴 도를 실현할 수 있는가 여부를 따져 출처를 정하는 '도학자 길재'의 상이 제시되었다고 한다.

다시 정리하면, 길재를 15세기에는 군신 의리를 중요시하고 군주의 권위

---

20 李泰鎭, 〈吉再 忠節 追崇의 時代的 變遷〉, 《韓國思想史學》 4·5(1993).

21 김훈식, 〈15세기 朝家의 길재 추승과 인식〉, 《민족문화논총》 50(2012); 〈조선시대 길재 추승과 출처의리〉, 《영남학》 26(2014).

22 《정종실록》 권6, 2년 7월 을축, "吉再辭職而歸, ……."

23 《태종실록》 권1, 1년 1월 갑술, "參贊門下府事權近上書曰, ……."

24 《포저집》 권27, 書冶隱先生言行拾遺後.

에 복종하는 것에 치중하여 평가하였다면, 17세기에는 이것과 함께 자신의 몸을 깨끗이 하고, 기미를 살펴 도의 실현 여부를 판단하여 나가야 할지 머물러야 할지를 결정하는 출처 의리의 관점에서 평가하였다고 한다.

2) 유교 이념(소학 주자가례)의 실천

조선왕조는 유학을 체제이념으로 삼아, 유교 이념이 지배하는 사회를 지향하였다. 그리하여 성리학적 세계관과 정치 사회 이념이 사회에 뿌리내릴 수 있도록 유도하는 여러 조치를 취하는 가운데, 유교의 명분론과 삼강오륜을 확산하여 상하 지배질서를 확립하고자 하였다.25 이는 학교 설립과 과거 제도를 통한 유교 지식의 확대와 일반 민을 대상으로 하는 교화 정책으로 나타난다.26

조선왕조의 이러한 지향은 유학의 사회 이념이 담긴 《주자가례》와 《소학》의 보급으로 나타난다. 왕실의 상장례를 포함하여 모든 제의는 《주자가례》를 따르도록 하고, 처음 관직에 등용된 입사자와 7품 이하의 관료들에게 《주자가례》를 시험 보게 하며,27 평양부에서 《주자가례》 150부를 인쇄하여 각 관청에 나누어 주었다.28 또한 음양오행이나 풍수지리적인 장서葬書들을 가지고 상례를 주관하였던 경사經師들에게 《주자가례》를 가르치게 하였다.29

길재는 유교 이념에 공감하고 유교의 사회화, 생활화에 부응해서 유교 윤리의 확산에 기여하였다. 즉 공양왕 2년에 선산으로 낙향하여 지방민과 부

25 金駿錫, 〈朝鮮前期의 社會思想〉, 《東方學志》 29(1981); 梶村秀樹, 〈家族主義の形成に關する一試論〉, 《朝鮮史の構造と思想》(1982).

26 이상민, 〈15세기 지방 유식자의 활용과 평민교화〉, 《역사와 현실》 118(2020).

27 《태종실록》 권5, 3년 6월 을묘(1책, 267쪽).

28 《태종실록》 권5, 3년 8월 갑술(1책, 275쪽).

29 高英津, 〈15, 16세기 朱子家禮의 施行과 그 意義〉, 《韓國史論》 21(1989).

녀자, 심지어 승려까지도 포함된 학교 교육에 힘썼다.[30]

길재는 《주자가례》와 《소학》 실천을 중시하였다. 그는 태종 3년 모친상을 당하자, 《주자가례》에 입각하여 삼년상을 치렀다.[31] 길재는 사당에서 제사를 지내는 예는 한결같이 《주자가례》를 따랐고, 삭망의 참배와 사중월의 시제를 행하며, 출입할 때는 반드시 고하여 조금도 예를 어기는 일이 없었다[32] 고 한다.

《주자가례》는 유교 이념을 사회화하는 핵심적인 지침이다. 유교에서 만사의 근원은 효이고, 효가 모든 덕의 근본이다. 효행의 실천 가운데 관혼상제가 중요하다. 《주자가례》는 기본적으로 사가私家에서 행하는 예이지만, 국왕으로부터 일반 민에 이르기까지 공유하는 통례通禮인데, 《주자가례》로 가정과 향촌에서 수행할 규범을 익히고, 천리로서 인간이 지켜야 할 도를 행하게 한다. 《주자가례》 서문에서 주자는 예는 근본이 있고 형식이 있는데 명분을 지키고 사랑하고 공경하는 바가 근본이고, 관혼상례와 의식과 장치, 법도와 절차가 그 형식이라고 보고, 이것들을 일상생활에서 실천할 것을 주장하였다.[33] 그리하여 명분을 통해서 사회구성원이 직분에 충실하고, 애경愛敬에 기초한 효의 인륜을 실천하여 사회적 풍습을 다지는 것이라 할 수 있다. 이는 《주자가례》를 단지 실천하는 수준에서 벗어나 예의 본질에 대하여 사유하면서 준수遵守와 의기義起를 병행해야 한다고 보는 것이다.[34] 《주자가

---

30 《목은집》 詩藁 권35, 長湍吟 門生吉注書, 須次于家, 携老少還善州來別, 一宿而去(1390년 1월); 《동사강목》 권17·하, 경오년 공양왕 2년 3월, "(門下注書吉再 棄官歸鄕) ⋯⋯ 講明道學, 務合程朱之旨, 言必主忠孝, 排闢異端, 緇流覺悟, 而反本者數十人. 村夫港女, 亦感其化, 能以禮自守."

31 《세종실록》 권3, 원년 1월 병술, "高麗門下注書吉再卒. ⋯⋯ 母卒, 喪葬祭祀, 一遵文公家禮, 不用浮屠法."

32 《야은선생언행습유(冶隱先生言行拾遺)》 상권 행장(박서생), "⋯⋯其祠堂之制, 祭享之儀, 一遵家禮. 行朔望參禮四仲時享, 出辭反告, 無敢或虧, ⋯⋯."

33 《주자가례》 序(주자)(민족문화문고 영인본).

례》는 인간의 통과의식인 관혼상제를 중심으로 일상의 생활 의식을 정립해 가족 간의 유대강화와 사회 질서를 유지하는 데 활용되었다.

고려 후기에 《주자가례》는 널리 보급되지 않았다. 정몽주는 상례의 경우 오로지 불교식 방법을 따르는 세태를 보고 사서士庶로 하여금 《주자가례》에 따라 가묘를 세우고 선사先祀를 받들도록 하였고,[35] 조준은 《주자가례》를 품계에 따라 실시할 것을 제안하였다.[36] 그러나 당시에는 불교식 상장례가 우세하고 《주자가례》를 시행하기 위한 사회적, 경제적 여건이 성숙하지 못하였다. 그런 시기에 길재는 《주자가례》에 입각한 상장례를 행용함으로써 유교식 상장례의 확산에 기여했다고 할 수 있다.

한편 길재는 《소학》에 충실하여 유교의 사회화에 앞장섰다. 김종직에 따르면

> 향선생 길재는 일찍이 고려를 섬겨 왔다고 해서 본조의 녹을 사양하고 여러 번 불렀으나 나가지 않았다. 금오산 아래 집을 짓고 자제들을 가르치니 아동들이 구름같이 모여들었다. 그의 가르침은 물 뿌리고 쓸며 응대하는 절차에서부터 춤추고 노래하는 데에까지 이르러 차례를 넘어서 가르치지 않았으며 공(김종직 부, 김숙자)께서도 수업하였다.[37]

---

34 高英津, 〈15, 16세기 朱子家禮의 施行과 그 意義〉, 《韓國史論》 21(1989); 장동우, 〈朱熹 禮學에서 《朱子家禮》의 位相과 企劃 意圖〉, 《정신문화연구》(2000, 가을); 〈한국의 주자가례 수용과 보급과정 - 東傳 版本의 문제를 중심으로-〉, 《국학연구》 16(2010); 이봉규, 〈명청조와의 비교를 통해 본 조선시대 《家禮》 연구의 특색과 연구방향〉, 《한국사상사학》 44(2013).

35 《고려사》 권117, 列傳30 鄭夢周, "時俗喪制, 專尙桑門法, 夢周始令士庶倣朱子家禮, 立家廟, 奉先祀."

36 《고려사》 권118, 列傳31 趙浚, "又上疏曰, …… 吾東方家廟之法, 久而廢弛. 今也國都至于郡縣, 凡有家者, 必立神祠, 謂之衛護, 是家廟之遺法也. …… 願自今一用朱子家禮, 大夫已上祭三世, 六品已上祭二世, 七品已下至於庶人止祭其父母."

37 《야은선생언행습유》 권중, 彝尊錄語(김종직); 《점필재집》 彝尊錄 하 先公事業 제4, "鄕先

길재는 조선왕조가 성립되고 여러 번 조정에서 불렀으나 사양하고 금오
산 아래에서 자제들을 가르쳤는데, 가르친 내용은 물 뿌리고 쓸며 응대하는
절차에서부터 춤추고 노래하는 데에까지 이르러 차례를 뛰어넘지 않게 하
였다. 여기에서 가르친 내용인 물 뿌리고 쓸며 응대하는 절차에서부터 춤추
고 노래하는 것이라는 표현이 주목된다. 《소학》에서 물 뿌리고 청소하며 응
대하는 일상적인 일부터 시작하여 격물格物, 곧 사물의 이치를 탐구하고 사
람의 도리를 알아, 집을 가지런히 하고 나라를 다스리며 천하를 화평하게
일로 나아가야 한다는 것을 제시함으로써 《대학》 공부에서 앞서서 《소학》
에서 본성 함양 공부가 선행되어야 함을 제시하고 있기 때문이다. 요컨대
미성년의 단계에서 물 뿌리고 청소하며 대답하는 행동의 의절과 부모를 친
애하고 윗사람을 공경하는 것과 같은 대인 관계의 도리를 교육하는 정도에
서 더 나아가 몸에 젖어 들도록 함양시킴으로써, 《대학》의 단계에 진입하여
학문이 관념화되고 수단화, 곧 건성으로 하는 학문에 빠지고 개인 영달을
위한 사적인 이익을 구하는 수단으로 이용되는 것을 막고자 하는 것이었다.
곧 《소학》에서 인간에게 인륜으로 구비된 본원으로서 덕성을 함양하고, 《대
학》의 단계에서 치지致知의 과정을 통해 정미한 수행 능력을 확보하는, 교
육 과정의 객관화를 제시하고 있는 것이다.[38]

길재는 《소학》을 강의함으로써 인간의 수양 과정에서 기본이 되는 본성

生吉公再, 以嘗事高麗, 辭祿於本朝, 累徵不起. 卜築金烏山下, 敎授子弟, 童丱雲集. 其敎自灑掃
應對之節, 以至蹈舞詠歌, 不使之躐等, 公亦往受業焉. 公卽司藝金俶滋."
38 최근의 연구에 따르면, 주자의 만년 저작인 《소학》을 통하여 일상생활에서 인륜을 수행하
는 규범적 지침을 중시하고 인륜의 교육과 관련하여, 독서 등을 통한 이론적 이해와 더불
어, 평소 일상생활에서 자연스럽게 생각과 행동에 배게 하는 수행 공부가 병행되어야 함
을 주장한다. 그리고 그 수행은 사후에 교정해 가는 '성찰의 방식과 사전에 익숙해지게 하
는 '함양'의 방식이 병행되어야 하지만, 후자가 더 근본적임을 강조한다. 《소학》은 바로 그
본원을 함양시키는 구체적인 방법으로 주자가 제시한 지침이라고(陳媛, 〈제2장 주자의 소
학론〉, 《주자의 소학론과 한·중에서의 변용》(민속원, 2012) 한다.

함양과 장차 《대학》 공부를 위한 기초 소양을 갖추도록 하였다.[39] 이러한 《소학》 교육은 사실 태종이 집권하고 조선왕조의 유교적 정치체제의 토대를 마련한 권근이 제창한 바 있다. 권근은 태종 7년에 권학사목을 제시하며, 《소학》은 인륜과 세도에 긴요하므로 사학四學과 향교의 생도들은 먼저 이것을 배우고 난 다음 다른 책을 공부하라고 하였다. 학생들이 배우는 것은 주자가 주석한 사서四書를 중심으로 한 유교 경전이지만, 《소학》은 선수과목이 되어야 하고, 생원시에서 《소학》을 시험하도록 제도화하자고 하였다.[40] 이러한 《소학》의 강조는 수제치평을 수행하기 위한 근본을 함양시키는 실용의 학문으로 정립하려는 뜻이 담겨 있다.[41]

3. 문치 이념의 확산과 길재의 위상

1) 교화의 전범과 문치 이념의 확산

길재는 조선 초기 유학의 이념을 실천하고 타인의 모범이 되어 교화의 전범으로 인정되었다. 길재에 대한 높은 평가는 당대 그의 삶 자체로 형성된 것이고 권근을 비롯한 당대 최고 유학자의 평가로 확산되어 많은 사람들의 공감과 지지를 얻었다.

길재(1353-1419)는 지금주사知錦州事를 역임한 원길진과 토산 김씨 사이

---

39 설장수(1341-1399)는 태조 3년(1394)에 사역원의 책임자가 되어 역관의 양성 및 교육을 담당하고 《사서》와 함께 《소학》을 역관들이 익히도록 하였고(《태조실록》 권6, 3년 11월 을묘), 정종 원년에 《직해소학》을 편찬하였다(《정종실록》 권2, 원년 10월 을묘).
40 《태종실록》 권13, 7년 3월 무인(《양촌집》 권31, 論文科書), "吉昌君權近上書, …… 小學之書, 切於人倫世道爲甚大. 今之學者, 皆莫之習, 甚不可也. 自今京外敎授官, 須令生徒先讀此書, 然後方許他經. 其赴生員之試, 欲入大學者, 令成均正錄所先考此書通否, 乃許赴試, 永爲恒式."
41 이봉규, 〈涵養論과 교육과정으로 본 조선성리학의 개성〉, 《퇴계학보》 128(2010).

에 선산 봉계리鳳溪里에서 태어났다. 본관은 해평, 자는 재부再父, 호는 야인, 금오산인, 시호는 충절이다. 부인은 아주 신씨 신면申勉의 딸이다. 공민왕 19년(1370)에 상산사록商山司錄 박분朴賁에게 《논어》와 《맹자》를 배웠다. 공민왕 23년에 생원시에 합격하여 이방원과 동문수학하고, 성균관에서 이색·정몽주·권근과 학문적으로 교류하였다.[42] 우왕 12년(1383)에 이색과 염흥방이 시관인 과거에 급제하였다. 맹사성 등 33명이 같은 해에 뽑힌 동년이다.[43] 당시 시험과목은 사서오경으로, 길재는 주자가 주석한 사서오경으로 성리학을 익혔다고 할 수 있다.

이때의 성리학은 이기 심성을 주제로 한 철학적 논의가 중심이던 조선시대의 그것과는 달리, 불교와 도교와 구분되는 정통·정학으로서의 유학의 정체성을 견지하는 것이었다. 널리 알려져 있듯이 성리학은 이기, 인성설을 근간으로 우주와 인간을 통일적이고 완결적으로 설명하는 체계적인 철학사상이라는 점에서 단순히 사회·정치론, 수양론의 수준에 머물렀던 종래 유교와는 차원을 달리하는 것이었다. 특히 성리학은 유교 본래의 문제의식, 곧 중국 춘추전국시대 사유와 세습에 기반한 약육강식의 논리가 횡행하며 법술을 위주로 정치를 행하던 상황에서 일어난 쟁탈성을 해소해 가는 방법으로서 인륜에 대한 성찰과 제도화를 꾀하는 유교의 정치론을 제시한 것이라 할 수 있다.[44] 고려 후기에 수용된 성리학은 유교 발생 당초에 사유와 세습에 따라 필연적으로 발생한 쟁탈의 문제를 해결한다는 유학 본래의 문제의식에 충실하여 윤리 도덕의 확립을 주장하고 개혁 정치로 연결되었다.

길재는 1387년에 성균학정成均學正 다음 해 순유박사諄諭博士·성균박사가

---

42 《야은선생언행습유》 상권 행장(박서생).

43 《고려사》 권73, 志27 選擧1 科目1, "(우왕 12년 5월) 韓山府院君李穡知貢擧, 三司左使廉興邦同知貢擧, 取進士賜孟思誠等三十三人及第.";《冶隱先生言行拾遺》 상권 행장(박서생).

44 이봉규, 〈인륜: 쟁탈성 해소를 위한 유교적 구성〉,《泰東古典硏究》 31(2013).

되었다. 창왕 원년(1389)에 문하주서(정7품)가 되었고, 공양왕 2년(1390) 봄 나라가 장차 위태로움을 알고 벼슬을 버리고 낙향하였다.[45] 정종 2년(1399) 7월 국왕이 길재를 봉상박사(정 6품)에 임명하였으나 사양하였다. 태종 3년(1402)에 모친상을 당하자,《주자가례》에 입각하여 삼년상을 치렀다.[46] 세종 원년(1419) 4월 타계하였다. 세종 4년(1423) 문인 박서생이 행장을 지었다.

길재는 성리학을 수용하고 유학 본래의 문제의식에 충실해서 유학적 실천과 강학 활동을 전개하여 유학의 이념 확산에 노력했다. 이 과정에서 권근·남재·변계량·하륜·정이오 등 당대 최고의 명사들과 교류하여 인적 네트워크를 형성하였다. 겸대사성과 예문관 대제학으로 관학을 주도하고 《오경천견록》과 《입학도설》 등으로 조선왕조의 유교 이념의 이론적 근거를 마련한 권근(1352-1409)은 태종 원년에 고려왕조에서 신하의 절개를 다한 정몽주·김약항·길재 등을 포상하여 왕조에 대한 신하들의 절의와 규범을 확립하는 길을 제안하였는데, 길재에 대하여, "전 주서 길재는 고절苦節한 선비입니다. 전하께서 동궁에 계실 때에 예전 교의를 잊지 않으시고 독실한 효도를 아름답게 여기시어, 상왕께 사뢰어 벼슬을 제수하셨는데, 길재가 일찍이 위조僞朝에 벼슬하였다[47]고 하여 스스로 오늘에 신하 노릇을 하지 않

---

45 《세종실록》권3, 원년 1월 병술, "高麗門下注書吉再卒. …… 庚午春, 知國之將危, 棄官而歸, 就李穡告別";《목은집》詩薰 권35, 長湍吟 門生吉注書, 須次于家, 携老少還善州來別, 一宿而去(1390년 1월).

46 《세종실록》권3, 원년 1월 병술, "高麗門下注書吉再卒. …… 母卒, 喪葬祭祀, 一遵文公家禮, 不用浮屠法."

47 길재가 우왕과 창왕 대에 벼슬한 것에 대하여, 안방준은 길재가 신씨 조정에서 벼슬하였으니 이는 한나라 신하로 왕망의 신나라에 벼슬한 양웅과 같은 부류라고 하였다(《은봉전서》권10, 雜著 牛山答問). 이는 선초에 홍여강의 사론에서 제시되었다(《정종실록》권6, 2년 7월 을축). 그런데 《삼강행실도》등에서는 신씨에 벼슬한 것은 문제 삼지 않고, 새 왕조에서 벼슬을 내렸는데도 충절을 지키기 위해 벼슬하지 않았다는 점만을 강조했다(김훈식,〈조선시대 길재 추승과 출처의리〉,《영남학》26(2014)). 곧 15세기에는 길재를 주어진 처음의 군주에 절의를 다한 점을 강조하였다. 이황은 신씨일지라도 우리 임금이 이미

으려고 하였습니다. 전하께서 그가 시골로 돌아갈 것을 들어주시어서 그 뜻을 이루게 하였으니, 길재가 지키고자 한 바가 비록 중도中道에 벗어나고 바른 것을 잃었다고 하지마는, 혁명한 뒤에 오히려 예전 임금을 위하여 절개를 지켜 능히 작록을 사양한 자는 오직 이 사람뿐입니다. 어찌 높은 선비가 아니겠습니까. 마땅히 다시 예로써 불러 작명爵命을 더하시고, 굳이 앞의 뜻을 지키어 오지 않는다면, 고을에 정문旌門을 세우고 부역을 면제하여, 조정에서 절의를 포상하는 법을 빛나게 하소서."[48] 하였다.

태종 5년(1405)에 권근은 길재의 시를 모아 시권을 간행하였는데,[49] 여기에는 권근·남재·변계량·하륜·정이오 등 작가 36명의 총 44수가 실려 있다. 길재에게 시를 보낸 이들은 선초의 문한을 주도하며, 조선왕조가 유교 정치이념으로 운영되고 유학사회를 진작시키는 사회 환경을 조성하고자 하였다. 권근은 "고려 오백년에 교화를 배양하여 선비의 기풍을 격려하는 효과가 선생의 한 몸에 모여서 거두었고, 조선 억만년의 강상을 부식하여 신하된 전개를 밝히는 근본이 선생의 한 몸에서 터를 닦았으니 명교에 공이 있음이 크다"[50]고 하였다. 조선 개국 1등 공신으로 태종 집권에 공이 있는

아들로 삼았으니 포은과 야은이 섬긴 것은 당연하다고 하였고(《퇴계언행록》), 정경세는 신씨설에 대하여 의심하는 사람이 많다고 하였다(안장리, 〈야은 길재에 대한 추숭과 비판에 대한 연구〉, 《포은학연구》 18(2016)). 안정복은 《동사강목》의 凡例 統系에서 우왕·창왕을 왕씨로 인정하고 본문에서 전폐왕우前廢王禑·후폐왕창後廢王昌이라 하여 고려의 국왕으로 파악하였다.

48 《태종실록》 권1, 원년 1월 갑술, "參贊門下府事權近上書. 書曰 …… 前注書吉再, 苦節之士. 殿下在東宮, 不忘舊要, 且嘉篤孝, 自於上王, 授以爵命, 再乃自以嘗仕僞朝, 不欲臣於今日, 殿下聽還鄕里, 使遂其志. 再之所守, 雖曰過中失正, 然在革命之後, 尙爲舊君守節, 能辭爵祿者, 惟此一人而已, 豈非高士哉! 宜更禮召, 以加爵命, 苟守前志, 尙不克來, 卽令其州, 旌門復戶, 以光盛朝褒賞節義之典."

49 《양촌집》 권20, 題吉再先生詩卷後序(태종 5년); 《冶隱先生言行拾遺》 권하, 次幷序 陽村 權近.

50 《세종실록》 권3, 원년 1월 병술, "高麗門下注書吉再卒. …… 權近嘗序贈再詩曰, 有高麗五百年培養敎化, 以勵士風之效, 萃先生之一身而收之. 有朝鮮億萬年扶植綱常, 以明臣節之本, 自先生之一身而基之, 其有功於名敎也大矣."

남재(1351-1419)는 길재의 신하로서 절개와 효행을 기리며 "고려 오백 년에 오직 선생뿐이니, …… 우리 조선 억만년에 그 성망聲望 영원하리"[51]라 하였고, 태종 3년(1403)에 경상감사로 재직하면서 길재에게 가묘를 지어주고 살 집을 마련하여 주었다.[52] 성균관대사성·예문관 대제학을 역임하고 《사서절요》를 찬술한 정이오(1347-1434)는 선산부사 시절(태조 3년-7년)에 길재가 생활이 어렵고 어머니를 봉양하기 곤란해 하는 것을 보고 오동동梧桐洞의 묵정밭을 주어 비용으로 쓰게 하였고,[53] 길재를 도연명과 견주고, 사마광과 구양수가 길재를 알았다면 높이 평가하였을 것이라 하였다.[54]

이들은 길재의 충절과 유교 이념의 실천에 경의를 표하고 있었다. 길재는 이들과 성리학의 문제의식에 공감하며 소통하고 교류하며 유학의 사회적 확산을 도모하였다. 이른바 인문 문치사회를 확립해 가려 하였다고 할 수 있다.

또한 길재의 삶은 사대부뿐만 아니라 일반 백성 심지어 노비에게까지도 귀감이 되고 있었다. 그는 낙향하여 학도를 가르치되 지방의 교육 활동에 힘썼는데, 효제·충신·예의·염치를 우선하였다.[55] 길재의 소문을 들은 많은 지방민이 모여들어 길재의 가르침을 받고자 하였다. 박서생은 "원근의 학자들이 사방에서 모여들었다"[56]고 하고, 김종직(1431-1492)은 "금오산 아래

---

51 《귀정유고(龜亭遺藁)》 권상, 寄吉冶隱再(신미), 寄吉冶隱; 《冶隱先生言行拾遺》 권하, 차운 남재.

52 《야은선생언행습유》 상권 행장(박서생).

53 《청장관전서》 권69, 寒竹堂涉筆·下 吉冶隱; 이정주, 〈鄭以吾의 交遊 관계와 정치활동〉, 《韓國人物史硏究》 12(2009).

54 《교은선생문빕(郊隱先生文集)》 권상, 呈吉冶隱再, 題吉冶隱再忠臣圖; 《야은선생언행습유》 권하, 차운 鄭以吾.

55 《세종실록》 권3, 원년 1월 병술, "高麗門下注書吉再卒. …… 敎授學徒, 以孝悌·忠信·禮義·廉恥爲先. ……."

56 《야은선생언행습유》 상권 행장(박서생), "歲乙亥 郡事鄭公以吾聞之, 賜梧梧開田以資養焉.

집을 짓고 자제들을 가르치니 아동들이 구름같이 모여들었다"[57]고 하면서 밥 짓는 계집종도 시를 읊으며 절구질하니, 지금 사람들이 정공향에 비유한 다오"[58]고 하여 한나라 정현의 집에서도 여자 노비가 《시경》을 잘 알아서 일상의 대화가 되었듯이 집안의 밥 짓는 노비조차도 도리를 알고 있었다고 하였다.

홍여하(1621-1678)는 원근의 학자들이 식량과 책을 들고 와서 경의經義를 질문하니 길재는 그들의 재주에 따라 이끌어 주고 토론하는 데 게으름을 모르고, 자고 닭이 울 때 일어나 의관을 입고 사당에 나아가고, 앞선 성인을 배알하고 하나의 방에 앉아서 성리학을 강명하였다고 하였다. 또한 그 뜻을 정밀하게 해석하여 염락의 뜻에 맞도록 하였으며, 그의 말은 충효를 위주로 이단을 물리치는 것이었으며, 그 가르침은 물 뿌리고 응대하며 춤추며 노래하는 것으로까지 이어졌다고 하였다.[59]

안정복(1712-1791)은 길재는 혼정신성하며 극진히 부모를 봉양하였고, 도학을 강구하되 성리학의 논지에 부합되도록 힘썼으며, 말마다 반드시 충효를 으뜸으로 삼고 이단을 배척하여 승려들 가운데에도 깨달아 근본을 되찾은 이가 수십 인이었고, 마을의 부녀자들까지도 그의 가르침에 감화되어 예로써 자기 몸을 지킬 줄 알았다고 하였다. 이웃에 먼 변방으로 수자리

先生終無去意, 遠近學者四集, 常與討論經傳, 講解性理. 入孝出恭, 樂以忘憂, 無復有聞達之意."

57 《야은선생언행습유》 권중, 彝尊錄語(김종직);《점필재집》彝尊錄하 先公事業 제4, "鄕先生 吉公再, 以昔事高麗, 辭祿於本朝, 累徵不起. 卜築金烏山下, 敎授子弟, 童丱雲集. 其敎自灑掃應 對之節, 以至蹈舞詠歌, 不使之躐等, 公亦往受業焉. 公卽司藝金俶滋."

58 《점필재집》 권13, 允了作善山地理圖 題十絕其上, " …… 爨婢亦能詩相杵 至今人比鄭公鄕 …… "

59 《휘찬려사》 권38, 儒學傳 吉再, "再退而卜築于金烏山下, 遠近學者, 翕然嬴粮, 箇書而從, 質問經義, 再隨才誘掖, 討論忘倦, 每入中夜而寢, 鷄鳴而起, 具衣冠, 晨謁祠堂, 次及先望, 退座一室, 終日儼然, 講明性理之學, 剖析精微, 務契濂洛之旨. 其言必主忠孝, 闢異端, 其敎自灑掃應對之節, 以至蹈舞詠歌, 不使之躐等. 童丱雲集, 講誦之聲, 晝夜不輟, 一家化之, 爨婢詩歌相杵人, 比鄭公卿焉."

떠난 병졸의 부인이 몸을 더럽힐까 두려워 가시울타리를 쳐놓고 정절을 지키며 살고 있었다. 10년이나 지난 어느 밤에 그 병졸이 돌아와 문을 열라고 소리쳤으나 아내가 응하지 않았다. 남편인 줄 알면서도 밤중에 몰래 들어오는 것은 반평생 수절한 자신의 뜻에 부합하는 것이 아니라는 판단 때문이었고, 이는 길재의 영향 때문이었다. 결국 병졸을 울타리 아래서 밤을 지새우게 한 뒤, 이튿날 아침 이웃들을 모아 놓은 자리에서 맞아들이니, 그들의 사이는 다시금 전과 같이 되었다고 한다.[60] 마을의 부녀자들까지 감화되어 예로서 자기 몸을 지키고 교화되며 윤리 도덕이 확산됨이 이와 같았다[61]고 한다. 길재에 대한 추숭과 백성에 대한 교화는 이처럼 자연스럽게 연결되었다.

봉계리 출신 열녀 약가藥哥 역시 항상 길재의 영향을 크게 받았음을 언급하였다. 약가는 "열녀는 두 남편을 섬기지 않는다"는 말을 하였는데, 어떤 사람이, "너는 시골의 천한 계집인데 어떻게 이런 말을 아는가?" 하니, 약가는, 우리 마을의 길주서吉注書가 "충신은 두 임금을 섬기지 않고 열녀는 두 남편을 섬기지 않는다."고 하였으므로 내가 이 때문에 그 말을 알았다."[62]고 하였다. 또한 선산 사람 향랑鄕娘은 계모가 인자하지 않고 남편은 학대하여, 모두 개가改嫁를 권했으나 물에 뛰어들어 죽었다. 윤광소(1708-1786)는 이것이 길재의 유풍冶翁之遺風이 남아 있기 때문이라고 하였다.[63] 길재의 삶과 행동은 마을 사람들을 감화시켜 비록 평범한 아낙네(庸婦)라도 정조를 스스로 지켰다[64]고 하였다.[65]

---

60 《동사강목》 권17·하, 경오년 공양왕 2년 3월, "(門下注書吉再 棄官歸鄕) …… 講明道學, 務合程朱之旨, 言必主忠孝, 排闢異端, 緇流覺悟, 而反本者數十人. 村夫港女, 亦感其化, 能以禮自守."
61 《야은선생속집》 권하, 麗史提綱 市南 俞溪.
62 《청장관전서》 권69, 寒竹堂涉筆下 吉冶隱.
63 《소곡선생유고(素谷先生遺稿)》 권4, 雜著 烈女鄕娘傳.

교화는 유교적 가치관과 생활양식, 특히 오륜으로 집약되는 유교 윤리에 대한 지식이 확산되고 일상생활 속에서 실천되는 것이다.⁶⁶ 성종 10년 홍문 관의 상소에서 보여 주듯 교화의 의미는 위에서 행하면 아래에서 본받는 것을 풍風, 훈도되어 물들 듯이 젖어 가는 것을 화化, 함께 어울려 휩쓸리는 것을 유流, 여러 사람의 마음이 안정되는 것을 속俗이라 한다. 풍화風化가 위에 서 실행되고 유속流俗이 아래에 이루어지듯이⁶⁷ 길재는 위에서 행하여 모범 이 되고, 아래에 스며들어 퍼져 나가는 유교 교화의 전범이 되고 있었다.

길재의 유교적 상징화는 곧 한자 문화권의 문명, 인문 문치사회를 모색 한 조선왕조의 지향을 반영하는 것이다. 정도전은 유학만을 바른 학문〔正學〕 으로 파악하고, 유학에서 제시하는 문치〔文理·右文·人文〕 이념을 현실에 실 현하려고 하였다.⁶⁸ 그는 명나라가 중국을 통일하고 문치를 행하여 예악을 제정하고 인문을 닦아 천지의 질서를 바로잡을 때가 지금이라고 하였다. 문 치는 주 문왕의 통치를 표현한 것으로 부국강병을 지향하는 공리적 국가나 형정 위주의 국가 운영에 대비해서 학술 진흥과 문물 정비를 통한 국가 운 영을 가리킨다.⁶⁹ 문치사회는 인간의 도덕적 신뢰를 바탕에 두고 대화, 설

---

64 《야은선생언행습유》 권중, 對調使問.

65 이때 역가藥哥와 약가이藥加伊는 동일인으로 《신증동국여지승람》·《고봉집》·《여헌집》이나 성여신成汝信(1546-1632), 이준李埈(1560-1635)의 글에서도 보이는데, 길재 추숭과 약 가藥哥가 결합된 것이라고 한다. 한편 《삼강행실도》의 보급 대상은 지배층이었으나 《경민 편》은 일반 백성이고, 경기체가의 오륜가가 군신유의를 주제로 노래하고, 주세붕의 오륜가 는 군신이 아닌 주노主奴, 곧 상전과 종의 관계를 내용으로 한다고 한다. 전자의 교화 대 상은 지배층, 후자의 교화 대상은 농민층인데, 이는 16세기 농민의 사회적 성장을 반영하 는 것이라고 한다(김훈식, 〈조선후기의 吉再 追崇과 백성교화— 烈女 藥哥 이야기를 중심 으로〉, 《역사와경계》 92(2014)).

66 이석규, 〈朝鮮初期 '敎化'의 性格〉, 《韓國思想史學》 11(1998).

67 《성종실록》 권174, 16년 1월 임진, "弘文館上疏曰, …… 蓋上行下效謂之風, 薰蒸漸漬謂之 化, 淪胥委靡謂之流, 衆心安定謂之俗, ……."

68 林熒澤, 〈고려말 文人知識層의 東人意識과 文明意識〉, 《牧隱 李穡의 生涯와 思想》(1997); 도현철, 〈정도전의 문치사회론의 성격〉, 《다산과 현대》 7(2014).

득, 자각을 통한 합리적이고 이성적인 도덕사회를 지향한다. 곧 일본의 무치사회와 같은 힘으로 폭력이 지배하는 것이 아니라 명분과 의리를 밝혀 백성을 설득하는 정치로서, 법치가 아닌 예치와 덕치를 추구하는 것이라고 할 수 있다.

길재는 유학의 세계관과 인간론에 기초하여 천리가 있고 인간의 도리가 행해지는, 말하자면 삼강오륜이 확립된 유교사회를 지향하였다. 일상의 평범하고 세속적인 삶 속에서 인간이 인간일 수 있는 도리를 알고 실천하는 사회였다. 이를 위해서는 유학적인 가치 기준을 정립하여 시시비비를 정하고 그 기준에 입각하여 현실정치를 운영하도록 해야 한다. 길재는 유교적 이념을 모범적으로 실천하여 전국적으로 유교 이념의 상징적 인물로 알려지게 되고 교화의 전범으로 평가됨으로써 조선사회가 윤리 도덕사회로 정립되는 데 기여했다고 할 수 있다.

2) 여말선초 사상 동향과 야은의 위상

고려 후기에 성리학적 정치사상에 기반한 개혁 정치가 행해지고 조선왕조가 건국되었다. 처음 원으로부터 수용된 고려의 성리학은 실천 윤리적 성격이 강하였다. 원(몽골)은 중국을 지배하면서 종래 정복 위주의 유목적 성격 정책에서 벗어나 관리·체제 유지 위주의 농경적 지배 정책으로 전환하였고, 한화漢化, 중국화 정책을 추구해 갔다. 원나라는 유교를 국교로 삼고, 송대의 여러 학문 가운데 정이천, 주자로 이어지는 성리학[程朱學·道學]을

---

69 《삼봉집》 권3, 陶隱文集序(무진 10월), "日月星辰, 天之文也, 山川草木, 地之文也. 詩書禮樂, 人之文也. 然天以氣, 地以形, 而人則以道. 故曰文者, 載道之器, 言人文也得其道, 詩書禮樂之教, 明於天下, 順三光之行, 理萬物之宜, 文之盛至此極矣. 士生天地間, 鍾其秀氣, 發爲文章, 或揚于天子之庭. …… 皇明受命, 帝有天下, 修德偃武, 文軌畢同, 其制禮作樂, 化成人文, 以經緯天地, 此其時也."

정통으로 삼았으며, 학교제도, 과거제도를 부활하며 사서오경을 기본과목으로 정하였다.[70] 원나라는 한족 중심의 화이론을 변용하여 이민족인 몽골족을 인정하였고, 원의 지배 체제를 합리화하고 중국 지배에 필요한 실천적 규범과 윤리론을 제시하였다. 원나라 관학을 주도한 허형(1209-1281)[71]은 《소학》과 《사서》를 신명처럼 존중하고 신뢰하며 유학의 실천 궁행躬行을 중시하였고, 사물에 대한 본원적 탐구와 도덕적 본질에 대한 철학적 논의보다는 주어진 직분에 충실하는 수분적守分的 성리학과 도덕 윤리 규범을 중시하였다. 다시 말해서 이기론과 태극론을 기반으로 우주와 자연에 대한 근원적인 탐구나 인성과 심心 문제를 깊이 있게 천착하기보다는 경敬을 중심으로 한 수양론, 실천 윤리를 내세운 것이다.[72]

고려는 원나라와 긴밀한 관계를 바탕으로 원으로부터 선진 문화, 성리학을 수용하였다. 충선왕은 동성혼 금지 등 원 문화 수용에 적극적이었고, 만권당을 설치하여 원 유학자들과 이제현 등 고려 유학자의 교류를 주선하였으며, 원 과거시험에 응시할 수 있도록 고려에 응거시를 만들어 고려인의 제과 응시를 독려하였다. 학교의 과거제도에서 유교 경전을 필수 과목으로 정하여 충목왕 즉위년(1344)에 오경사서를 과거시험 과목으로 정하고,[73] 공

---

70 《원사》 권81, 志31 選擧1 科目, "考試程式, …… 漢人南人, 第一場明經經疑二問, 大學論語孟子中庸內出題, 竝用朱氏章句集註, 復以己意結之, 限三百字以上, 經義一道, 各治一經, 詩以朱氏爲主, 尙書以蔡氏爲主, 周易以程氏, 朱氏爲主, 以上三經, 兼用古註疏, 春秋許用三傳及胡氏傳禮記用古註疏, 限五百字以上, 不拘格律."

71 이석주, 〈許衡 理學의 硏究〉(동국대 박사논문, 1999); 金洪徹, 〈許衡의 思想과 元代 朱子學의 定力-實踐躬行과 朱子學 官學化와 關聯하여〉(한양대 박사논문, 2004); 이원석, 〈노재 허형(1209-1281)의 생애와 철학사상〉, 《규장각》 29(2006); 〈허형의 독역사언 연구〉, 《유학연구》 55(2021).

72 文喆永, 〈麗末 新興士大夫의 新儒學 수용과 그 특징〉, 《韓國文化》 3(1982), 113-115쪽; 周采赫, 〈元 萬卷堂의 設置와 高麗儒者〉, 《孫寶基博士停年紀念韓國史學論叢》(1988).

73 《고려사》 권73, 志27 選擧1 科目1 東堂試(충목왕 즉위년 8월), "改定初場試六經義四書疑, 中場古賦, 終場策問."

민왕 16년에 성균관에 오경사서재를 만들었다.[74]

이 시기에 수용된 성리학은 인륜, 곧 오륜을 천리로 이해하고 효와 충으로 구체화된 도덕규범을 내세움으로써 고려의 지배 체제를 확고히 할 수 있었다. 이는 성리학이 오륜을 기초로 한 명분을 인간관계에서는 반드시 지켜야 할 합당한 도리로 파악하여, 자식과 신하가 각각 부와 군에 대한 주어진 직분과 분수에 충실한 것을 자연의 이치로 파악한 영향이라고 할 수 있다. 인간 도리를 강조하고 도덕규범을 내세우며 직분과 분수를 강조하면서 현존하는 지배관계, 군주와 신하의 상하관계를 옹호하는 논리로 작용하였던 것이다. 군신관계를 기축으로 윤리 의식은 국가와 국왕에 대한 충성과 역사공동체 인식을 강화할 수 있었다.[75]

이제현과 이곡, 이색 등 당대 유학자들은 원 국자감에 유학하고 원 제과에 합격하며 원 성리학의 영향을 강하게 받았다. 이들은 성리학의 심성론과 경 중시의 수양론을 중시하며, 인성 중심의 교화론, 유불동도론 등을 통하여 왕조의 체제를 옹호하였다. 이색은 유학의 도의 전수를 의미하는 도통, 곧 성인의 도가 이어진 밀지인 16자 심법[76]을 전제하는 가운데[77] 도학·도통의식을 견지하여[78] 유교의 도가 요·순을 거쳐 주나라의 공자, 맹자, 송의

74 《고려사》 권74, 志28 選擧2 學校(공민왕 16년), "成均祭酒林樸上言, 請改造成均館, 命重營國學于崇文館舊址, 令中外儒官隨品, 出布以助, 其費增置生員, 常養一百, 始分五經四書齋."

75 채웅석, 〈원 간섭기 성리학자들의 화이관과 국가관〉, 《역사와 현실》 49(2003).

76 도통론은 유가의 학문의 요지인 "人心惟危 道心惟微 惟精惟一 允執厥中"(《서경》 권2, 虞書 大禹謨)의 16자가 전수해 간 내력으로서, 요·순·우·탕·문·무의 제왕과 주공으로 이어진 뒤 공자가 이것을 계승하였고, 이것이 다시 안자·증자를 거쳐 자사·맹자에게 전해졌다는 것이다(金駿錫, 〈17세기 畿湖朱子學의 動向-宋時烈의 道統繼承運動-〉, 《孫寶基博士停年紀念 韓國史學論叢》(지식산업사, 1988), 352-354쪽).

77 《목은집》 文藁 권10, 仲至說, "虞夏書所載格言甚衆, 十六字傳心之語, 可見危微之辨, 精一之功, 所以至夫道之準的也. 孔氏弟子, 月至日至, 獨顏氏曾子得其宗."; 詩藁 권7, 讀書 "精微十六字"; 詩藁 권7, 讀虞書; 詩藁 권8, 有感; 詩藁 권8, 讀史; 詩藁 권11, 讀中庸有感二首; 詩藁 권16, 進講三年學 不志於穀 不易得也一章.

주렴계와 정이천을 거쳐 원의 허형에게 이어졌다고 하였다.[79] 원 관학을 받아들인 이색은 자신의 학문의 영역을 성리학, 도학의 관점에서 도통으로 설명한 것이다.

한편 고려 말 사회모순이 심화되고 성리학(정주학·도학)에 대한 이해가 깊어지면서 성리학의 이단 배척 논리가 제시되었다. 이곡과 이색 등이 불교 국가인 고려왕조의 체제를 전제하면서 성리학을 받아들이고 유불동도의 입장을 견지한 것과 달리, 위화도회군 이후 개혁 정치가 본격화될 때, 정도전 등은 성리학 원론에 충실하면서 정통과 이단에 대한 구분을 강화하고 척불론을 제기한다. 공양왕 3년 구언교에 대답하는 상소에서 성균생원 박초는 맹자가 양주楊朱·묵적墨翟의 설을 배격하고 공자를 높인 이래 동중서·한유·정이천·주자는 이 도를 옹호하고 이단을 배격하여 천하 만세의 군자가 되었고 왕안석과 장천각은 불교를 제창하고 풍속을 바꾸어 천하 만세의 소인이 되었다고 평가하였다.[80] 왕조 개창을 추진하는 정도전 계열 유학자들은 척불론을 제시하고 불교를 공리功利의 학으로 파악하며, 유학의 이상사회를 실현하는 방해물로 인식하였던 것이다.

그런데 왕조교체에 반대하는 이색 계열 사대부든, 새로운 왕조를 전망하는 박초와 같은 사대부든, 성리학 도통의 관점에서 공맹의 도가 송을 거쳐 원으로 이어졌고, 명시적으로 언급하고 있지는 않지만 그러한 도통이 그것을 배운 학자들을 통해 고려로까지 전해졌다고 본다. 말하자면 고려 말 왕

---

78 《목은집》 文藁 권9, 贈金敬叔秘書詩序 ; 詩藁 권32, 遣興.

79 《목은집》 文藁 권9, 選粹集序, "孔氏祖述堯舜, 憲章文武, 删詩書, 定禮樂. 出政治, 正性情, 以一風俗, 以立萬世大平之本, 所謂生民以來, 未有盛於夫子者, 詎不信然. 中灰於秦, 僅出孔壁, 詩書道缺, 泯泯棼棼. 至于唐韓愈氏, 獨知尊孔氏, 文章遂變, 然於原道一篇, 足以見其得失矣. 宋之世, 宗韓氏學古文者, 歐公數人而已, 至於講明鄒魯之學, 黜二氏詔萬世, 周程之功也. 宋社旣屋, 其說北流, 魯齋許先生用其學, 相世祖, 中統至元之治, 胥此焉出, 嗚呼 ! 盛哉."

80 《고려사》 권120, 列傳33 金子粹, "成均生員朴礎等亦上疏曰, ……."

조 교체기에 왕조 개창에 대한 찬반 여부를 떠나서 성리학(도학)을 정통, 정학으로 보고 지향해야 할 정치이념이라고 여겼다는 점은 모두 동일하였던 것이다.

고려 후기 성리학적 관점은 유교를 국정 교학으로 삼고 유교 정치이념을 내세웠던 정도전과 권근으로 이어진다.[81] 정도전은 《조선경국전》·《경제문감》 그리고 《불씨잡변》을 통하여 유학 정치이념으로 조선왕조의 지배체제 정비에 앞장섰다. 왕자의 난 이후 이색의 심성, 경 중심의 수양론[82]을 이은 권근은 성균관이나 예문관 등 문한 기구를 통하여 학술을 주도하며 유학적 정치이념을 확립하여 갔다. 그는 《입학도설》·《오경천견록》·《동국사략》·《경서구결》 등을 저술하고 성리학을 관학으로 발전시켰는데, 특히 《오경천견록》은 오경을 성리학적 관점에서 해석하고 경을 통한 존덕성의 마음공부를 강조하였다.[83] 그리하여 고려 후기 성리학이 수용된 이래, 이제현·이곡·이색·권근으로 성리학의 전승이 이루어지고, 세종 대의 문묘 종사 논의로 표출되었다.[84] 왕조교체는 성리학이 정학, 정론으로 확정되고 학교와 과거시험의 기준이 되었으며, 시시비비의 판단 기준으로 확립되어 조선시대가 유학 독존의 시대가 되는 여건이 마련되는 결정적 계기였다.

---

81 정재훈, 《조선전기 유교정치사상 연구》(태학사, 2005) ; 강문식, 《권근의 경학 사상 연구》 (일지사, 2008).

82 도현철, 《목은 이색의 정치사상 연구》(혜안, 2011).

83 홍원식, 〈권근의 성리설과 그 철학사적 위치〉, 《韓國思想史學》 28(2007).

84 이는 권근 제자의 문묘 종사 논의로 알 수 있다. 세종 15년 성균사예 김반은 "익재 이제현이 도학을 창도하였고 목은 이색이 그 정통을 전하였는데, 양촌 권근이 종지를 얻었다" (《세종실록》 권59, 15년 2월 계사, "成均司藝金泮上言曰, ……") 고 평가하였고, 세종 18년에 김일자 역시 공자와 맹자의 도학이 우리나라에 행하게 된 것은 이제현·이색·권근 이세 분이므로, 세 사람을 문묘에 종사할 것'을 주장하였다(《세종실록》 권72, 18년 5월 정축, "成均生員金日孜等上言 ……"). 문묘 종사의 기준을 성리학의 진흥과 정통 계승 여부에 두고 있을 뿐 아니라 이제현·이곡·이색으로 이어지는 고려의 성리학(도학)은 조선시대 권근으로 전승되었다고 본 것이다.

길재는 이러한 여말선초 성리학의 정향 속에서 이색·정몽주·권근의 학문적 영향을 받으며 학문의 지론을 얻게 되었고[85] 신절과 효행을 다하였다. 우왕 12년 이색이 과거에 급제하여 그의 문생이 되고,[86] 이색의 심성, 수양 중심의 성리학을 익히고 유학의 윤리를 실천코자 하였다. 공양왕 2년(1390) 봄에 나라가 장차 위태로움을 알고 벼슬을 버리고 낙향하였는데, 정종 2년(1399) 7월에 국왕이 길재를 봉상 박사로 임명하였으나 불사이군의 충절을 내세워 벼슬을 사양하였고,[87] 태종 원년(1401)에 권근은 고려왕조에 신하의 절개를 다한 인물로 길재를 정몽주·김약항과 함께 논의하였다.[88] 길재는 태종 3년(1402)에 모친상을 당하자, 《주자가례》에 입각하여 삼년상을 치렀고,[89] 향리에서 《소학》의 물 뿌리고 쓸며 응대하는 절차에서부터 춤추고 노래하는 데에까지 가르쳐,[90] 선산과 그 인근 김천에 이르기까지 많은 학자들을 양성하였다. 고려 후기 수용된 실천 윤리적 성격의 성리학을 몸소 실천하고 강학 활동으로 이를 확산시키고자 하였다.

　　실천 윤리를 중시하는 길재의 유학적 삶은 세종조에 간행된(1426) 《삼강행실도》의 충신도에 '길재항절吉再抗節(길재가 절의로 맞서다)'이라는 항목에 수록되어 주자학의 윤리 규범에 충실한 인물로 추숭되었고 《용재총화》(152

---

85 《야은선생언행습유》 상권 행장(박서생), "因遊牧隱圃隱陽村諸先生之門, 始聞至論. …… 歲甲寅入國子監, 中生員試二十三名, 癸亥中司馬監試第四名. 自是, 學盆就, 道盆明, 日遊陽村門, 陽村語人曰, 踵余門, 而承學者有幾, 吉再父獨步也."

86 《목은집》 詩藁 권35, 長湍吟 門生吉注書, 須次于家, 携老少還善州來別, 一宿而去(1390년 1월).

87 《정종실록》 권6, 2년 7월 을축, "吉再辭職而歸, ……."

88 《태종실록》 권1, 원년 1월 갑술, "參贊門下府事權近上書. 書曰, ……."

89 《세종실록》 권3, 원년 1월 병술, "高麗門下注書吉再卒. …… 母卒, 喪葬祭祀, 一遵文公家禮, 不用浮屠法."

90 《야은선생언행습유》 권중, 彝尊錄語(김종직); 《점필제집》 彝尊錄 하 先公事業 제4, "鄕先生吉公再, 以嘗事高麗, 辭祿於本朝, 累徵不起. 卜築金烏山下, 教授子弟, 童丱雲集. 其教自灑掃應對之節, 以至蹈舞詠歌, 不使之躐等, 公亦往受業焉. 公卽司藝金俶滋."

5)[91]·《신증동국여지승람》(1530)[92]·《대동운부군옥》[93](1589)·《휘찬여사》·《동사강목》(1778) 등에 수록되었다. 이러한 일련의 과정은 새로운 왕조에서 유교 윤리에 기반한 군신 윤리를 정립하면서 유교사회를 실현해 가고자 한 것이다. 기대승(1527~1572)이 "우리나라 이학의 비조는 정몽주이고, 길재는 정몽주에게 배웠고, 김숙자는 길재에게, 김종직은 김숙자에게, 김굉필은 김종직에게, 조광조는 김굉필에게 배웠으니 그 연원의 정통을 계승하였다"[94]고 말한 것처럼 성리학의 학통은 학문 수수의 사실 여부나 학문 업적보다는 의리 정신의 실천에 그 기준을 삼았다. 길재는 이색·정몽주·권근의 학문적 영향을 받고 실천적 윤리, 의리를 실천한 인물이라고 하겠다.

이렇게 볼 때, 고려 후기 성리학이 수용되어 개혁 정치와 조선 건국 그리고 15세기 체제 정비와 성리학 이념의 확립 과정에서 심성, 수양론을 중시하고, 그것의 실천을 강조하는 지적 흐름을 견지하였는데, 길재는 이러한 여말선초 유학계의 흐름인 심성·수양 중시의 성리학을 견지하며 신절과 효행을 실천하는 모범적인 유학자상을 보여 주었고, 조선사회가 윤리 도덕이 확립된 유교사회가 되는 데 기여했다고 할 수 있다.

---

91 《용재총화》 권3, 吉先生再.
92 《신증동국여지승람》 권29, 경상도 선산도호부 인물 길재.
93 《대동운부군옥》 권18, 入聲 34質 姓氏 吉再.
94 《고봉집》 論思錄 下篇 宣祖二年潤六月七日, "我國學問, 箕子時事, 則無書籍難考. 三國時 天性雖有粹美, 而未有學問之功. 高麗時, 雖爲學問, 只主詞章, 至麗末禹倬鄭夢周後, 始知性理之學. 及至我世宗朝, 禮樂文物, 煥然一新, 以東方學問相傳之次言之, 則以夢周爲東方理學之祖, 吉再學於夢周, 金淑滋學於吉再, 金宗直學於淑滋, 金宏弼學於宗直, 趙光祖學於宏弼, 自有源流也."

4. 맺음말

야은 길재(1353~1419)의 삶과 사상에 주목하여 그가 조선시대에 추앙받는 양상을 살펴보면서 그의 행적이 갖는 의미를 설명하는 것이 이 장의 목표였다.

길재는 여말선초 성리학의 정향 속에서 신절과 효행을 다한 유학자였다. 고려의 과거에 합격하고 출사하였으나 나라의 위태로움을 알고 벼슬을 버리고 낙향하였으며 왕조가 바뀌고 벼슬이 제수되었으나 불사이군의 충절을 내세워 사양하였다. 그리고 향리에서 《소학》과 《주자가례》를 몸소 실천하고 학도를 가르치며 본성 함양과 유교의 명분을 확산하는 데 기여하였다. 그리하여 길재가 유교 교화의 상징이 되고 길재의 유풍[冶翁之遺風]으로 전해져 향리의 백성들에게 삼강오륜, 곧 인간의 도리를 가르치고 윤리도덕 사회를 만들어 갔다. 길재의 삶은 《삼강행실도》(1426)를 비롯하여 《용재총화》(1525)·《신증동국여지승람》(1530)·《대동운부군옥》(1589)·《휘찬여사》 등에 수록되어, 윤리를 정립하고 확산하여 조선 유교사회를 실현하는 데 기여했다고 할 수 있다.

길재의 충절과 효행, 출처의 인간상은 인문 문치사회를 실현하는 데 기여하였다. 길재는 유학의 세계관과 인간론에 기초하여 천리가 있고 인간의 도리가 행해지는, 말하자면 삼강오륜이 확립된 유교사회를 지향하였다. 일상의 평범하고 세속적인 삶 속에서 인간이 인간일 수 있는 도리를 알고 실천하는 사회였다. 이를 위해서는 현실정치에서 유학적인 가치 기준을 정립하여 시시비비를 정하고 정치운영을 그 기준에 입각해서 해야 한다. 길재는 유교적 이념을 모범적으로 실천하고 일반백성들에게 교육하여 전국적으로 유교 이념의 상징적 인물로 알려지고, 조선 후기에는 조선에 실천적 유교 지식인으로 추앙받는 유교 교화의 전범으로 평가됨으로써 조선시대 유교사회 윤리 도덕사회를 확립하는 데 기여했다고 할 수 있다.

고려 후기에 원으로부터 수용된 성리학은 실천 윤리적 성격이 강하였다. 원(몽골)은 중국을 지배하면서 종래 정복 위주의 유목적 성격의 정책에서 벗어나 관리와 체제 유지 위주의 농경적 지배 정책으로 전환하였고, 한화·중국화 정책을 추구하면서, 유교를 국교로 삼고 송대의 여러 학문 가운데 정이천, 주자로 이어지는 정주학, 곧 도학을 정통으로 삼았으며, 학교제도, 과거제도를 부활하며 사서오경을 기본과목으로 정하였다. 원나라 관학을 주도한 허형은 《소학》과 《사서》를 신명처럼 존중하고 신뢰하며 유학의 실천궁행을 중시하였고, 사물에 대한 본원적 탐구와 도덕적 본질에 대한 철학적 논의보다는 주어진 직분에 충실하는 수분적 성리학과 도덕 윤리 규범을 중시하였다.

고려는 이러한 원나라 성리학을 수용하였고, 오륜 중심의 실천 윤리적 도덕규범을 강조하였고 지배 체제를 공고히 하는 데 활용하였다. 이는 이제현과 이곡·이색 등으로 이어졌고, 고려 말기 사회모순의 대응 방법에서 왕조를 유지하거나 새로운 왕조를 개창하든 현실 개혁의 방법과 목표의 차이에도 불구하고 성리학이 정착되어 갔다. 야은 길재는 이러한 여말선초 성리학의 정향 속에서 신절과 효행을 실천하는 모범적인 유학자상을 보여 주었고, 조선의 유교 문치사회를 형성하는 데 기여했다고 할 수 있다.

제Ⅶ부

맺음말: 유교 문치,
문명사회를 지향하며

이 책에서는 고려 말의 사회변동을 성리학의 정치 사상에 입각하여 타개한 유학자 지식인의 삶과 사상을 파악하고 그들의 사상의 성격을 살펴보았다. 이들은 고려를 유지하려 하기도 하고, 새로운 왕조를 개창하려 하기도 하였으며, 처음에는 반대하다가 뒤에 긍정하는 등 다양한 정치활동을 전개하였다.

원으로부터 성리학을 수용한 유학자 지식인들은 성리학적 개혁론을 추구하고 이상사회를 모색하여 갔다. 당시 고려 후기는 사회변화가 급격히 진행되는 변동기로, 생산력이 발전하고 토지제도가 변화하며, 왕실 권위가 실추되고 권신이 출현하며, 국가 기강이 이완되고 제도가 문란하였다. 여기에 왜구와 홍건적의 침입과 원·명의 압력으로 대외적 위기가 고조되는 시기였다. 유학자 지식인은 당시로서는 선진적인 성리학으로 이를 극복하고자 하였다.

그런데 이들 유학자 지식인들은 시기별 상황이나 각자의 지향에 따라 다양한 대응 논리를 제시하고 상이한 정치적 행동을 보여 주었다.

우선 안향·이제현·이곡은 성리학을 수용하여 고려사회를 개혁하려 하였다. 이들은 원과 밀접한 관계를 유지하며 유학 본래의 문제의식인 인륜 도덕에 충실하는 실천적 윤리를 강조하였다. 이들의 사상은 백이정·최성지·우탁·권부·이제현·이곡·이색 등으로 계승되었고, 고려 말 개혁론과 조선 건국의 이론적 기초, 공유되는 사상의 기반이 되었다.

공민왕 대 이색·정몽주·이숭인은 구법을 존중하고 왕조를 유지하려 하였다. 이들은 성균관에서 성리학의 세계관과 인간론을 학습하고 성리학의 분석과 절충의 학문 방법을 익혔다. 이들은 성리학을 연구하여 현실에 적용 가능성 여부를 타진하였다. 그리고 이들은 성리학을 매개로 지적 공감대를 형성하고 시문을 주고받는 등 개인의 생활까지 친분을 유지하며 유대감을 굳게 하였다. 뒷날 성리학으로 고려의 제도나 예제를 보강하여 왕조를 중흥하려고 하였다.

또한 정도전·조준·윤소종은 신법을 제창하고 체제를 변혁하고자 하였다. 이들은 성균관에서 성리학을 익혔고, 이색의 학문적 영향을 받으면서도 이색과 달리, 송나라 성리학의 원론에 충실하면서 《주례》에 기초한 제도개혁, 체제 변혁을 도모하였다. 이들은 주자의 재상정치론과 대간론을 모델로 정치개혁과 공론 정치를 주장하였고, 성리학의 천리天理와 공의에 입각한 정치이념을 기준으로 불교와 공리功利 등 비유학적인 고려의 제도와 예제를 개혁하고자 하였다.

이첨·권근·하륜은 신·구법을 절충하고 유교 국가를 건설하고자 하였다. 이들은 성리학을 통한 개혁 정치를 전개하되, 왕조교체의 여부보다는 유교 사회의 실현을 중시하고, 두 왕조에 출사하였다. 이들은 처음 수양 중시의 성리학을 견지하고 고려왕조를 유지하려고 하였는데, 조선왕조가 건국되자 이를 기정사실화하고 오경五經에 대한 경전 연구를 심화시키고, 유교 이념의 제도화를 꾀하여 유교의 확산에 주력했다.

조선왕조가 건국되고 정도전과 길재는 성리학의 이론적 심화와 사회적 확산에 기여하였다. 정도전은 새로운 국가를 성리학적 이념으로 다스리고 군주 성학론을 강조하였다. 그리고 통유적 관리, 문무 겸용의 관리 등을 통하여 국가의 유교적 운영을 도모하였고 궁극적으로 유교 이념을 확산하여 문치사회를 실현하려고 하였다. 한편 길재는 인륜 도덕의 핵심인 불사이군의 충절을 행하여, 유교의 본령인 천리天理로서의 오륜을 통하여 절의의 모범적인 실천을 보여 주었다. 길재의 삶은 전국적으로 유교사회의 모범적인 인간상으로 알려지고, 유교 문치사회의 상징으로 자리잡게 되었다. 중앙 차원에서 유교 이념에 입각한 국가운영과 함께 지방사회에서 유교 교화가 진행되어 궁극적으로 조선사회가 유교 문치, 문명사회에 다가가도록 하였다.

고려 후기에 수용된 성리학은 송대 사대부가 지배층으로 성장하는 과정에서 형성된 학문 사상으로, 이기理氣·인성설人性說을 근간으로 우주와 인간을 통일적으로 설명하였다는 점에서 단순히 사회·정치론과 수양론에 머물렀던 종래의 유교와는 차원을 달리한다. 또한 성리학은 중국 황하를 중심으로 한자, 유교문화를 견지하고 발전한 송대의 문화, 문명국가를 견지한 선진 국가의 사상이었다. 이에 따라 불교와는 달리 성리학은 현실긍정의 입장에서, 우주 자연의 질서와 그 운행 원리인 리理를 통해 설명하고 이를 토대로 현실세계에 대한 보편성과 법칙성을 제시함으로써, 이에서 벗어난 현실 세계의 변화를 추동하는 성격을 갖고 있었다.

고려 후기 유학자 지식인들은 성리학을 수용하여 치인의 전제로 수기를 지향하였다. 이색은 공자와 맹자의 성인의 도를 배워 유가적 이상적 인간형인 위기지학爲己之學에 힘쓰는 군자君子儒 되기를 힘썼다. 그는《대학》의 8조목에 입각해서 마음을 공평하게 쓰고 기질을 평이함으로 다스려 수신, 제가, 평천하를 이루려고 하였다. 고려 전기에 유자가 문장을 짓는 역할에 치중한 것에서 더 나아가 수기와 이를 기초로 치인을 겸하는 인간상으로 바뀌어 갔다.

이렇게 수기에 기초한 유학자들은 군자인 관리가 나라를 다스리고 백성을 편안하게 하는 정치를 펴고자 하였다. 이들은 중앙집권적 정치체제와 국가의 공권력을 강화하여 공적 지배를 확대하려 하였다. 이들은 나라의 근본인 백성을 위한 위민정책을 전개하였고 특히 항산恒産이 있어야 항심恒心이 있다는 말을 기초로 구체적인 경제經濟 대책을 수립하였다. 또한 이들은 성리학의 인간론, 수양론에 따라, 인성을 천리인욕설天理人欲說에 입각하여, 물질 욕망의 추구와 도덕규범의 지향이라는 두 측면으로 나누었다. 전자를 천리의 공정의 선으로, 후자를 인욕의 사사私邪나 악으로 규정하고, 인욕의 사를 버리고 천리의 공으로 돌아갈 것을 주장하였다.

이들은 중국의 하·은·주 삼대를 이상사회로 삼아 고려사회를 인의와 효제가 실행되는 인수仁壽 나라가 되기를 염원하였다. 이러한 세상은 요임금이 가만히 남쪽만 바라만 보아도 정치가 행해지고, 사람이 본래의 성품을 발현하여 백성의 삶이 넉넉한 사회였다. 그리하여 집집마다 표창을 받을 수 있는(比屋可封) 사회이기도 하였다.

이들은 이를 위해서 문치, 곧 무력이 아닌 문덕文德에 따른 정치를 추구하였다. 정도전은 덕치와 예치가 정치의 근본이 된다고 하였는데, 이때 제도와 형벌은 말末이고 경輕으로서 예치와 덕치를 보완하는 수단이라고 하였다. 공자는 '덕·예에 의한 정치'인 인정仁政과 맹자의 '인륜적 덕성에 기반한 왕도정치를 당시 조선사회에 구현하려 하였던 것이다.

이들이 지향하는 사회는 하·은·주 삼대를 모델로 유교의 문치, 문명사회라고 할 수 있다. 문치는 주 문왕의 통치를 표현한 것으로, 부국강병을 지향하는 공리적 국가나 형정 위주의 국가 운영에 대비해서 학술 진흥과 문물 정비를 통해 국가를 운영하는 것을 가리킨다. 문교를 숭상하여 교화를 넓혀 성인의 도를 실현한다는 것이다. 원래 유교 문명의 문文은 인문의 문으로 본체이고, 명은 그 발현 형태에 해당한다. 즉 태양의 빛이 세상을 밝게 비춰 개명해지는 형국이고 문이 고도로 실현된 상태이다. 이때 도와 문은 하나로서 예악제도라는 세상을 다스리는 경세론으로 이어지고, 천하의 질서를 바로 잡는다는 경위천지經緯天地를 의미하게 된다. 유교 문명은 도가 표현된 예악제도(文)가 태양의 빛이 세상을 밝게 비춰(明) 세상에 실현되는 것을 말한다.

성리학 수용을 통하여 문치, 문명사회를 실현하려는 이 시기의 특징 가운데 하나는 불교가 문치사회를 이루는 데 기여한다고 보는 것이다. 이색 등은 불교가 지닌 효·충의 윤리 기능을 긍정하였다. 유교는 인륜을 천리天理로 삼아, 인간이 인간일 수 있는 기본 규범인 오륜을 인간관계에서는 반드시 지켜야 할 합당한 도리로 제시한다. 반면에, 불교는 사상 자체에 천륜으로서 인륜에 대한 개념이 없고 불교의 효는 출가를 허용한다. 이처럼 유교 윤리에 어긋나지만, 불교의 효·충 기능은 유교의 효·충과 같은 윤리의 확립에 도움이 된다고 보는 것이다. 유교 관점에서 불교가 마음을 안정시키고, 평화롭고 행복한 인간의 삶을 지향하여 가족, 사회, 국가의 안녕을 도모한다는 점에서 유교가 지향하는 윤리도덕이 확립된, 문치, 문명사회를 실현하는 데 기여한다고 본다.

이 시기 유교 문치, 문명 지향은 소중화 의식으로 이어진다. 왕조를 유지하려는 이색이든 새로운 왕조를 개창하려는 정도전이든 우리나라를 동쪽의 주나라를 만들겠다는 목표가 있었고, 중화인 한족漢族의 다음가는 문화국가인 소중화를 건설하려고 하였다. 소중화 의식은 화華에 대한 강한 욕구와 화華로의 전환 가능성을 타진하던 자세로 만약 화華가 존재하지 않는다면 중화로 자부할 수 있는 근거를 마련해 주기도 하였다.

말하자면, 고려 후기 성리학을 수용한 유학자 지식인들은 공맹이 추구한 성선性善과 명덕明德을 기초로 인륜을 수행하여 인간이 공동체적 삶을 이루어 내기를 바랐다. 이들은 성리학 가운데 심성·수양을 중시하여 왕조를 유지하려 하기도 하고, 제도를 중시하여 체제 변혁을 도모하기도 하며, 양쪽을 아우르며 성리학의 조선적 이론 개발과 성리학의 실천에 주력하기도 하였다. 이러한 성리학 수용의 여러 양상들은 인륜이 온전히 반영된 예악제도를 실현하고, 인간의 도덕적 신뢰를 바탕에 두고 대화, 설득, 자각으로 합리적이고 이성적인 도덕사회, 곧 유교의 문치, 문명사회를 건설하려는 노력의 일단이라고 할 수 있다.

논문 출전

표 목차

찾아보기

ㄱ